20 世纪中国图书馆学文库·49

图书馆建筑

鲍家声 主编

姚宇澄 赵富赤 倪波 编著

国家圖書館出版社

本书据书目文献出版社 1986 年 9 月第 1 版排印

目　　录

第二部分　图书馆实例图录

4

前　言

这本《图书馆建筑》的问世大致经历了三个阶段。最初,于1975年,南京工学院建筑系教师鲍家声同志带领毕业班的一个小组在江苏省建筑设计院进行毕业设计,学生在该院三室技术人员和教师的指导配合下,完成了两个图书馆设计工程;并在实地调查的基础上,总结编写了"图书馆建筑设计专题报告"及"国内图书馆建筑实例图"两部分资料,作为内部资料交流。此后,由于图书馆建设的发展以及教学工作的需要,鲍家声同志于1977年将上述资料重新加以整理、修改和补充,编写成《图书馆建筑设计》一书并铅印成册,内部发行。1979年,经有关方面推荐,决定修订增补后,交出版社正式出版。为了进一步提高书稿的质量,本书的编写工作由鲍家声、江苏省建筑设计院副总工程师姚宇澄、北京图书馆赵富赤和南京大学图书馆倪波四位同志共同承担,并以鲍家声同志任主编。

本书编写时是以1977年鲍家声同志编写的《图书馆建筑设计》为基础,综合增加了姚宇澄同志从事图书馆建筑设计和研究所积累的资料和手稿,赵富赤同志在北京图书馆新馆建设工作中所收集的有关图书馆现代化设备和新结构方面的资料,以及倪波同志在图书馆多年工作的经验和心得。编写中,一方面注意保持了原书注重国内实际情况的特点,又在实地调查的基础上,对我国半个多世纪以来图书馆的建设进行了比较系统的总结；另一方面又根据当前图书馆事业发展的新要求，介绍并分析了一些国外图书馆的情况，研讨了我国现代图书馆设计的新趋向、新的设计原则和方法，阐述了图书馆现代化设备及其对设计的影响，此外还对图书馆的造型艺术问题进行了专门的论述。

这次编写工作是在相互商讨的基础上完成的。本书第一章、第二章的初稿由倪波同志执笔增补；第三章到第九章的初稿和全部实例图录由鲍家声同志执笔；第十章的初稿由赵富赤同志执笔，并对文图进行了全书的整理工作；姚宇澄同志除提供了一些文、图素材外，还与鲍家声同志对第一章到第九章的初稿共同进行过修定。最后，全书的文字、插图以及实例图录部分等修改定稿工作，则由鲍家声同志负责。

全书的绘图工作主要由龚蓉芬同志承担，另外参加绘图的还有赵国权、钱祖仁、卢志昌及李国宁等同志。

在本书编写的过程中，中国建筑科学院副总建筑师杨芸同志、文物出版社文物副主编朱启新同志都提出过宝贵意见，南京图书馆余宝成主任还曾给予了具体的帮助和指导。在此，我们一并向他们表示衷心的感谢。此外，南京工学院建筑系1975届毕业生余运江、孙卫心、王登奇、唐光痴、王维国、陈士能及陈建政等也对本书做了一定的工作。

本书的编写工作虽已历时数载，但因我们均系利用业余时间，故编写起来仍显仓促，加之我们水平有限，缺点和谬误之处亦在所难免，敬请读者批评指正。

编著者

一九八三年十二月

第一部分　图书馆建筑

第一章　图书馆建筑的发展

第一节　我国图书馆建筑的发展

一、我国古代图书馆建筑的起源

文字是形成图书的必要条件。人类有了文字才有书籍，为了保存和使用书籍才有图书馆建设。因此，在论述我国古代图书馆的起源时，还得先从书籍谈起。距今3500多年前的殷商时期就出现了用龟甲牛骨刻文记事，这种甲骨是今天正式书籍的一种原始形式。甲骨文（又称卜辞）是商王进行占卜的一种象形文字记录。凡是国家大事和统治者的主要活动，都要通过占卜来预测凶吉；占卜后就将刻有卜辞的甲骨保存起来，以备查考。根据最近半个多世纪以来的发掘和考古研究，在河南安阳小屯村，即殷王朝首都的遗址地下，就出土了大量的甲骨卜辞。从发掘处的几个窖穴情况来看，坑壁较直，底较平，坑内填有纯净的黄土，甲骨层层叠放，其中并无其他废弃杂物，这显然说明，它是当年贮存甲骨的专用库房。这种甲骨库房，已具有当年皇家档案馆或图书馆的性质。因此，有人称它为我国档案馆和图书馆的先声。

二、我国古代图书馆建筑的概况

公元前722年—公元前221年是我国春秋战国时代，其政治、经济、文化已达到奴隶社会的鼎盛时期,并开始向封建社会过渡,出现了学术繁荣的局面。当时诸子百家聚徒讲学,著书立说风气很盛,在文化、科学、技术、军事等方面都取得了突出的成就。那时已普遍使用了竹简、版牍和缯帛等的书籍形式。当时周、晋、鲁等国都有藏书处,称为"盟府"或"故府",并设有史官负责管理。我国古代著名哲学家老子(聃)就担任过这种官职,掌握着国家档案图书的工作。

秦统一中国后,在咸阳阿房宫内也建有藏书机构。

公元前206年,西汉建立,随着社会经济的上升和文化的发展,特别是由于纸的发明和用纸写书的出现,古代书籍得到进一步的改进,藏书机构及其建筑物也初具规模。西汉储藏图书的地方分内外二府:外府有石渠、石室、延阁及广内等阁;内府有兰台、麒麟及天禄等阁。例如,有关石渠阁的情况,在《三辅黄图》一书中就有明确的记载:"石渠阁,萧何造,其下砌石为渠,以导水,若今御沟,因为阁名,所藏入关得秦之图籍。"《汉书》又说到武帝时,"大收篇籍,广开献书之路"并"建藏书之策,置写书之官,下及诸子传说,皆充秘府"。以后汉成帝发现国家藏书有断烂残缺现象,在河平三年(公元前26年),又令陈农在全国各地征集图书,设藏书府专门保管图书。当时征集到的图书"积立如山",在宫内扩建收藏图书的馆舍,藏书量达到33090卷。东汉时代,除了上列诸阁外,东京更建有东观、仁寿等阁储藏新书。汉桓帝曾特设秘书监管理国家藏书。这个制度一直沿袭到隋唐。这些都是我国古籍上明确记载有关皇家藏书的情况,虽然文中对藏书的建筑物本身的规模构造均未详述,但是从石渠阁下面设有水渠来分析,可见当时对这类建筑已特别注意到防火问题了。

以后,历代封建王朝均仿照汉朝制度建立过皇家藏书处,称它们为阁或观、馆、院、殿、库、楼等。这些建筑物都随着朝代的更替在战火中焚毁殆尽,然而,在史书上还记载了一些。例如,《隋书》上记载隋炀帝（公元605年—617年）时观文殿前书室的藏书情况为"正御书,皆装翦华绮,宝轴锦标"。书室内的设施是"窗户褥幔,咸极珍丽"。以及"每三间开方户,垂锦幔,上有二飞仙,户外施机发,帝幸书室,官人执香炉前行,践机则飞仙下,收幔而上,户及橱扉皆自启,出则复闭如故。"这里生动地描绘了一幅帝王书室的景象,说明当时还采用了一些简单自动的机械设施。

唐、宋时期,由于雕版印刷术的发明和普遍的运用,直接促进了当时文化事业的发展。唐代建立的著名藏书处所,有秘书省、弘文馆和崇文馆等。唐玄宗特设修书院专掌抄校书籍。所抄的经、史、子、集四部书,长安、洛阳各藏一部,共计125960卷,并设知书官八人,分别掌管。宋代封建统治者非常明了图书的作用和重要性。宋初原有皇家藏书楼三处,即史馆、昭文馆和集贤院。公元978年,宋太宗见三馆都较简陋,不足以"蓄天下图籍,延四方之士",于是又下令新建崇文院。

元代建立的皇家藏书处有艺林库、平阳经籍所和秘书监。其中平阳经籍所后迁至大都（今北京）,改名为宏文院。

以上所述,都是古籍中的文字记载。至于保存到今天,历时最久的、古代藏书或保管档案的建筑实物,属于皇家的有北京皇史宬,属于私人的有宁波天一阁。两者都建于明代嘉靖年间,距今天已400多年了。

皇史宬　皇史宬建于明代嘉靖十三年（公元1534年）,是当时封建王朝保存"圣训"和"实录"的地方,也储放过《永乐大典》,位置在北京城里太庙（现北京市劳动人民文化宫）的东南附近。皇史宬的总平面（图1-1,c）分为前后两个院子,外院系管理部分,内院为藏书部分,中间以三座门隔开。进入三座门后,有正殿和东西配殿共三幢主要建筑物,东北角处另有一个碑亭。正殿（图1-1,a）为七开间,系一无梁殿建筑。全部建筑物为石质所造,不但墙身、屋盖没有用木料,连门窗都为石质。内部是一个巨大的砖拱圈,形成一个半圆筒形空间。屋内石台上整齐地排列着100多个金漆大柜,樟木衬里。这种设计据称是取自古人"金匮石室"的含义。同时墙身厚达4米,仅在西侧山墙处开设很小的镂空石花窗,使室内少受外界气温变化的影响,因此冬暖夏凉,能保持一定程度的恒温。实践证明,储存于此的明清两代文档,至今都无霉迹和虫蛀现象。这说明当时在建筑上所采用的防火、防潮及防蛀这一套技术措施还是成功的。

　　皇史宬配殿(图1-1,b)的殿身虽不像正殿那样厚实,但外墙也不开窗户,仅在靠近屋檐的部位开了21个通风小花窗;并在勒脚部位又设有若干通气孔,以利通风。屋檐挑出很少,外形别具一格。

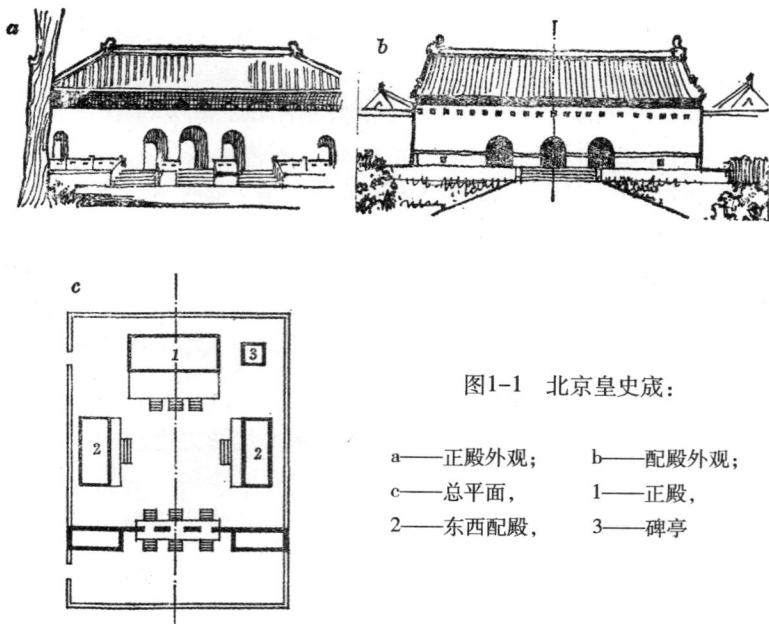

图1-1　北京皇史宬:

a——正殿外观;　　b——配殿外观;
c——总平面,　　　1——正殿,
2——东西配殿,　　3——碑亭

中国是诗书之邦，早有私家藏书的风气。我国古代私家藏书，既有"达官贵人"，又有学者和书生。战国时代，不仅私人著书立说成风，而且私人藏书亦纷纷涌现。相传苏秦竟然藏书数十箧。汉代蔡邕藏书达万卷之巨。西晋张华移居时载书用车30余辆。范蔚藏书有7000卷。梁代任昉藏书万余卷。唐时，私人藏书家也很多，苏弁、李泌、柳公淖等藏书有达20000至30000卷的。明代范氏天一阁藏书达70000多卷。毛子晋汲古阁藏书84000多册。仅据《藏书纪事诗》一书记载，宋至清末各地著名的藏书家竟达1100多人。自汉以后，私家藏书逐渐集中于江南地区。私家藏书一般都很重视图书的收藏、管理及相互借抄，也建造了一些专供藏书的建筑物。这些建筑物中最富有代表性又保存至今的，当首推名重海内外的浙江宁波天一阁（图1-2）。

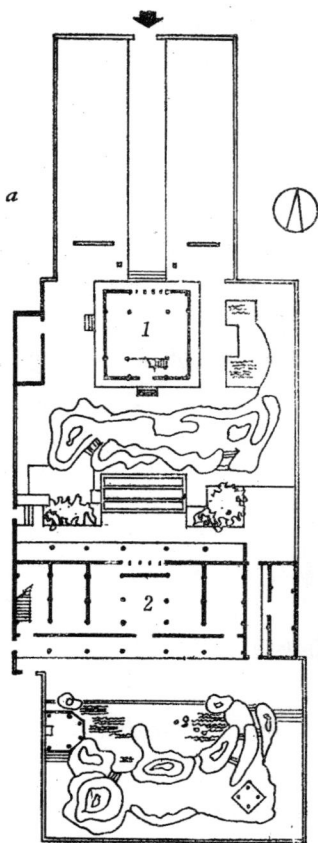

图1—2　宁波天一阁：
a——总平面，1——尊经阁
2——天一阁；b——外观

7

天一阁 天一阁原名"东明草堂",由进士范钦创建于明嘉靖四十年(1561年)。到嘉靖四十五年(1566年)才竣工。这是我国现存最早的私家藏书楼。它位于浙江宁波月湖西畔,坐北朝南,为六开间硬山式建筑。楼下为厅堂,楼上为藏书和阅览之处。偏西一间为楼梯,偏东一间因靠近山墙,唯恐受潮也不存书。仅在居中的几间排列着十几只大橱,有些橱前后有门,可两面取书,使其通风。橱下放有浮石用以吸收潮湿,维持一定干燥条件。霉、蛀、鼠、火是危及藏书的四害,尤以火灾为最。天一阁在建筑设计上,特别注意防火。在总体上,前后院均挖池叠山,这不仅是为了造成一个幽雅的庭园,更重要的是为了防火,以便一旦发生火情,就近有水可取。此外,也注意与四周建筑的隔离,高筑围墙,以防邻舍火灾波及。特别在建筑上,一反我国古代建筑惯例,采用六开间,甚至高低进深的尺寸,书橱的数目都是六的倍数,究其用意系取"天一生水,地六成之"的含义。楼上设计为一大通间,不置墙壁,以书橱作隔,以体现"天一生水"之意,楼下并列六间,以应"地六成之"。并在阁前凿池,池名亦为"天一池",可见范氏为保护藏书用心之良苦。这些构造虽带有一定的唯心迷信色彩,但有些做法和要求还是今天新建图书馆需要解决的问题。

天一阁在我国旧式藏书楼建筑中的影响很大。下述的清代七所著名皇家藏书楼,基本上就是以它作为建造的蓝本。当时,清廷曾特地派员到宁波查勘,并模取天一阁的图样,命令全国按图仿造,可见天一阁在藏书楼建筑上的成就。

清朝初年,为了巩固其统治地位,在士大夫文人中软硬兼施,一方面大兴文字之狱,残酷镇压;一方面又大事修书编典,牢笼羁绊。继《康熙字典》之后,乾隆年间又纂修《四库全书》,这套书卷帙极为浩大,共计79030卷,分装36000册,纳为6752函,非建专阁不足以保存。书成后,先在北京皇宫东部文华殿北面造了文渊阁,在圆明园内造文源阁,接着相继在沈阳造文溯阁,在热河造文津阁,在杭州造文澜阁,在扬州造文汇阁和在镇江造文宗阁。这批清代七阁中,文渊阁是主要的,它的平面是仿照天一阁,也是六开间(图1-3)。全楼共有三层,底层和顶层设有专供皇帝

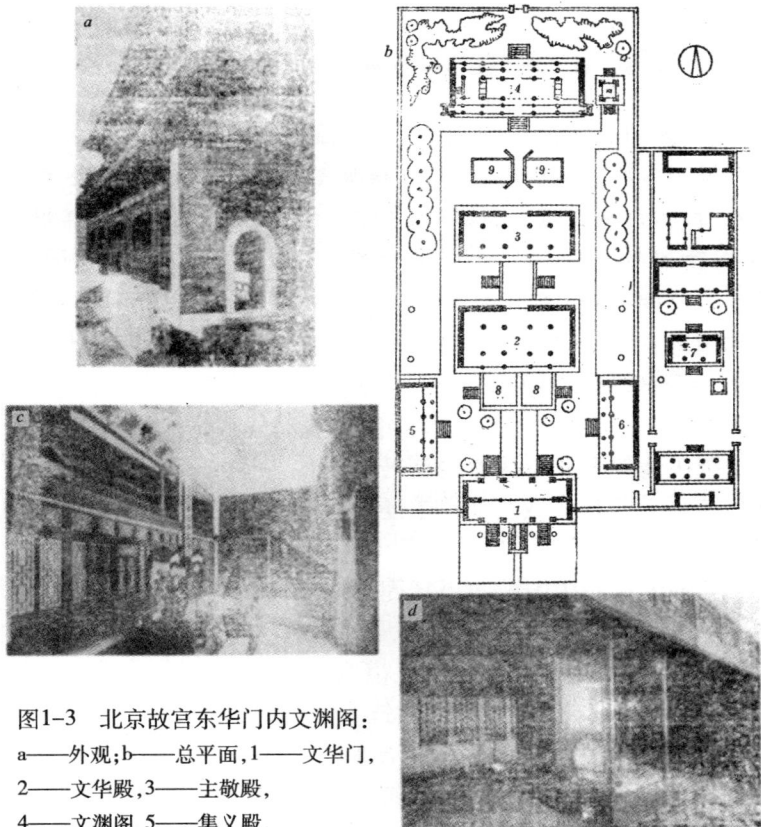

图1-3 北京故宫东华门内文渊阁:
a——外观;b——总平面,1——文华门,
2——文华殿,3——主敬殿,
4——文渊阁,5——集义殿,
6——本仁殿,7——传心殿,
8——月台,9——水池;c—御案;d—御榻

9

读用的御案和御榻（图1-3,c、d）。文渊阁的色彩由上至下全用绿色,这与宫中其他暖调子色彩迥不相同,更显得端庄宁静。

值得一提的是:当时杭州的文澜阁和扬州文汇阁已放宽禁例,允许社会上层人士入阁阅览和抄录。此事姑不去深究其动机和背景,就效果言,毕竟是我国旧式皇家藏书楼走向公共图书馆的萌芽。

三、我国近代、现代图书馆建筑

1840年鸦片战争以后,封建式的藏书楼已不能适应近代社会的需要,逐渐衰落下去。当时维新派在各地设立的学堂、报社、译书局等,大都附有藏书室建筑。资产阶级民主派也创办了一些图书馆、阅览室。所有这些都与封建藏书楼有所不同。例如,1897年浙江古越藏书楼（即今绍兴鲁迅图书馆的前身）,稍后的有湖南的湘学会、南学会藏书楼、武昌圣公会阅览室等。其中,1898年由浙江文澜阁改组成的浙江省图书馆则是我国最早的一个公共图书馆。

南京江南图书馆,创办于1908年（清光绪三十四年）,它系清朝两江总督端方赴欧美考察时,看到国外名都巨埠都设有官办的公共图书馆,因而奏请光绪皇帝后,在南京兴办的公共图书馆。该馆为龙蟠里"惜阴书院"旧址,共建造了前后两幢古式楼房,1910年竣工,同年11月对外开放。现已为南京图书馆的一部分（图1-4）。

图1-4 原南京江南图书馆：
a——正面入口外观；b——东南角外貌

    我国规模最大的公共图书馆——国立北京图书馆（图1-5），建于1931年，当时的建筑面积是8000平方米。全幢建筑模仿木结构形式，实际上是采用钢筋混凝土柱子、梁、椽子屋面板现浇而成的宫殿式大屋顶，其上铺有绿色琉璃瓦。前部连地下室共为三层，供读者阅览使用。借书处设在二楼，后部为书库，这种设计是当年盛行于国外的一种典型的图书馆建筑布局方法。设计者为丹麦建筑师莫勒（V.L.Moller）。最后的一排书库系1954年扩建而成的。我国以后所建的公共图书馆和大专院校图书馆，在平面布局上绝大多数都属于这一类型。

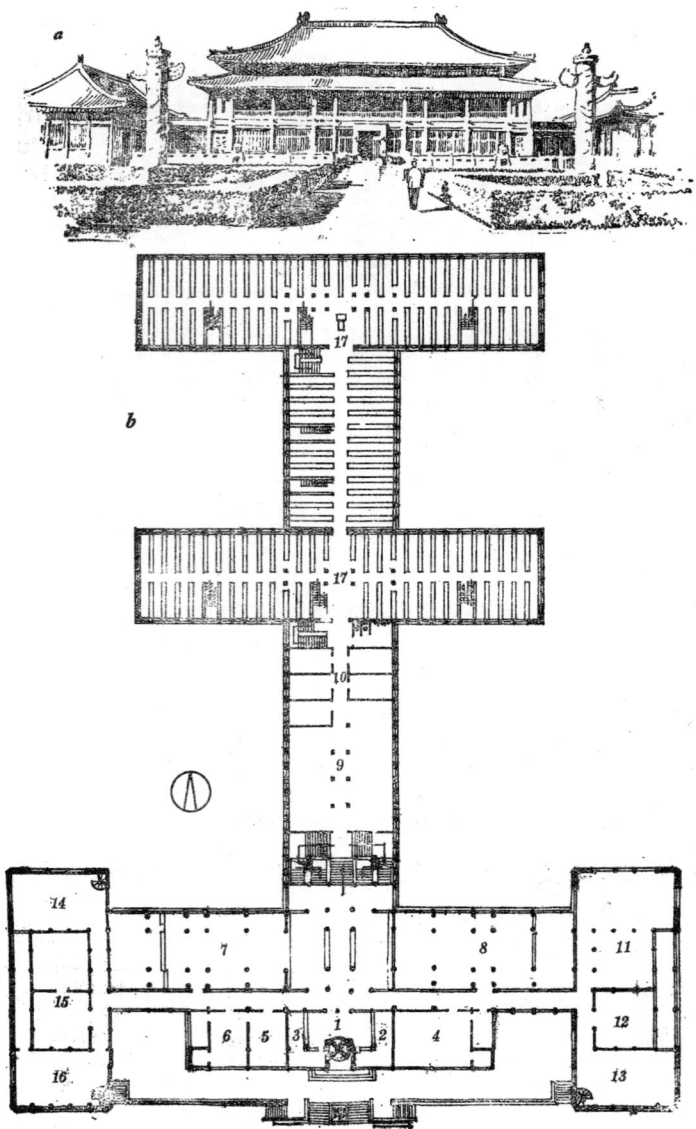

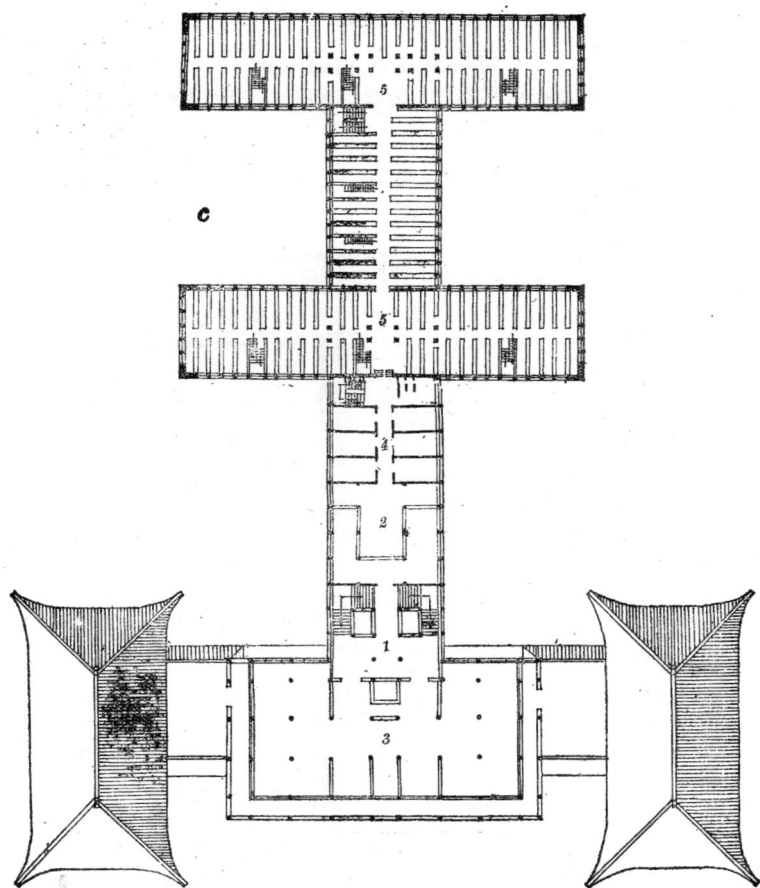

图1-5　北京图书馆:

a——外观;b——一层平面,1——门厅,2——登记处,3——存衣物处,4——贵宾室,
5——休息室,6——内部目录室,7——阅览室,8——中文期刊室,9——目录厅,
10——办公咨询室,11——外文期刊室,12——缩微读物阅览室,13——展览室,
14——内部资料阅览室,15——检索工具阅览室,16——善本书阅览室,17——书库;
c——二层平面,1——过厅,2——出纳厅,3——大阅览室,4——办公室,5——书库

二十世纪初,随着帝国主义的文化入侵,一些洋学堂和教会学校相继建立,于是一批欧美学院式图书馆相继出现。例如,1916年建造的原清华学堂图书馆（图1-6）;1922年初建和1933年扩

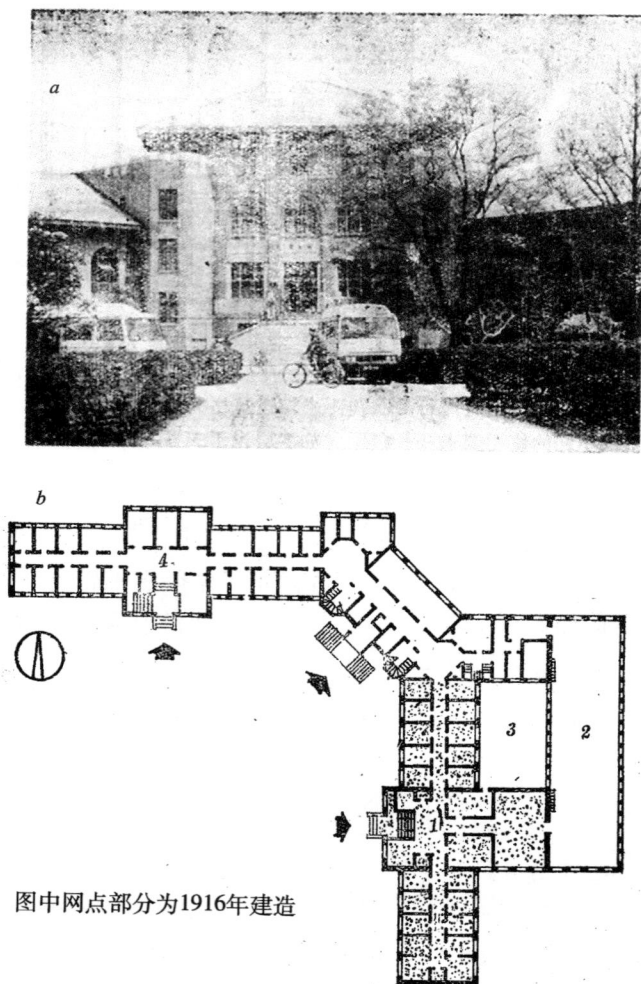

图中网点部分为1916年建造

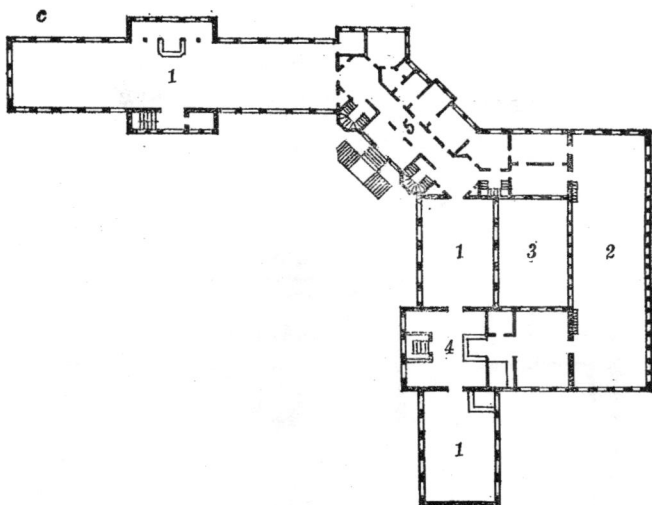

图1-6 原清华学堂图书馆（现为清华大学图书馆）：
a——外观； b——层平面，1——研究室，2——书库，3——天井，
4——办公室；c——主层平面，1——阅览室，2——书库，3——天井，
4——借书处，5——采编办公室

建的原东南大学孟芳图书馆（现为南京工学院图书馆，图1-7）；
1936年建造的武汉大学图书馆；1937年建成的金陵大学图书馆

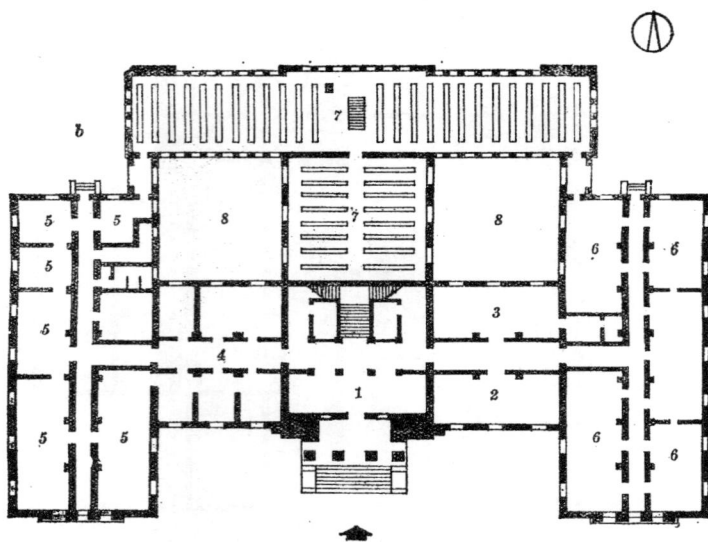

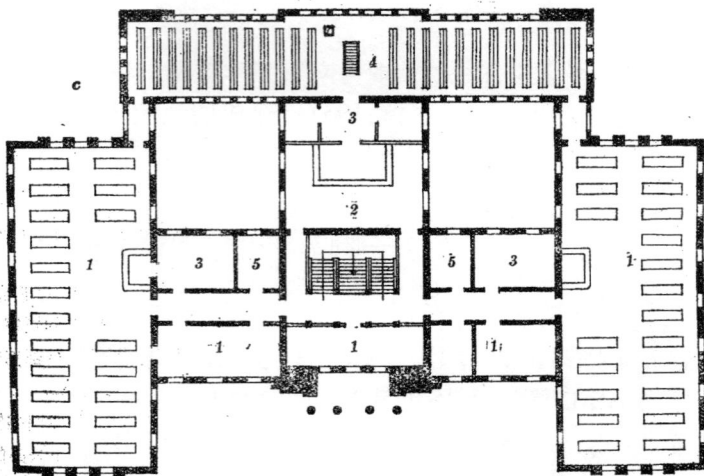

图 1-7 原东南大学孟芳图书馆（现为南京工学院图书馆）：
a——全景外观；b—— 一层平面，1—— 门厅，2—— 阅览室，3—— 期刊室，
4——办公室，5—— 采编办公室，6—— 研究室，7—— 书库，8—— 天井；
c——二层平面，1—— 阅览室，2——借书处，3—— 工作室，4—— 书库，
5——办公室；d——入口

（现为南京大学图书馆，图1-8）。所有这些图书馆都深受西方一些大学图书馆的影响，已不再是天一阁的翻版了。

原清华学堂图书馆系按当时流行的欧美图书馆建筑格局设计的，采用"丄"形平面，明确地将图书馆按不同的使用要求分开

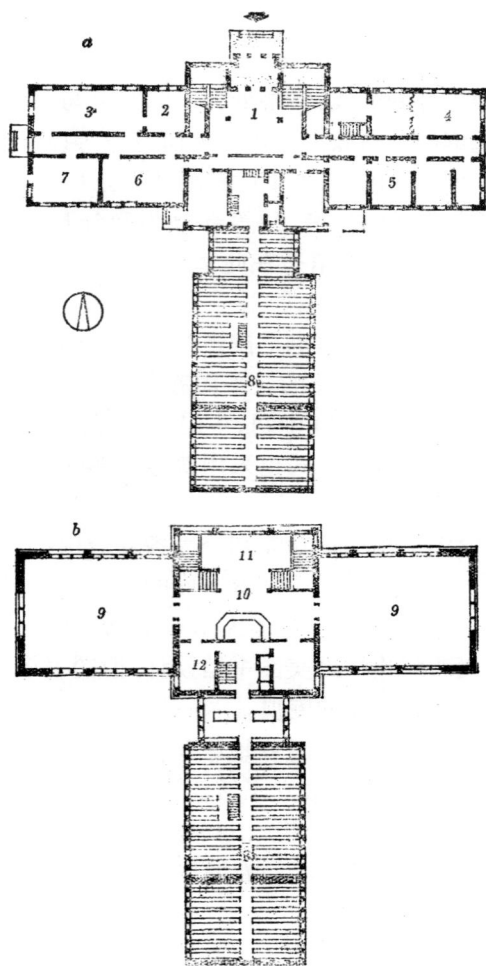

图 1-8　原金陵大学图书馆（现南京大学图书馆旧馆）：

a——一层平面，1——门厅，2——工作室，3——期刊室，4——西文编目室，
5——中文编目室，6——文艺室，7——教师参考室，8——书库；b——二层平面，
9——阅览室，10——出纳台，11——目录室，12——办公室

布置。如主层设于二楼,阅览室放在前部,位于主层两侧;书库置于后方,采用铸铁固定式书架和三层堆架式结构,甲板为玻璃地板,以改善书架下部的光线;借书处介于阅览室与书库之间,位于二层正中;采编部门及行政办公用房和研究室等设于前部底层作成小的房间,并自成一区,与大量读者活动区分开。这是我国按图书馆闭架管理要求,将藏、借、阅等部分明确分开布置的早期之例。现在的清华大学图书馆是在此基础上于三十年代初扩建而成。

原东南大学孟芳图书馆也是按当时图书馆的使用要求,仿西方图书馆建筑的格局而建造的。平面亦采用"⊥"字形,书库在后,阅览室在前,借书处扼守中间,主层设于二楼,底层为办公业务用房。图书馆建筑外部形式也采用西方古典建筑样式,门廊采用了爱奥尼克式柱廊。

原金陵大学图书馆也按功能划分为各部分用房,书库与阅览室采取"⊥"字形布局。"⊥"字形平面的前部为两层,设有半地下室,主层设在二楼,二侧为两个大阅览室,后部书库共四层,采用堆架式。平面布局也仿欧美图书馆设计,但图书馆建筑外部形式却采用了我国民族形式的屋顶。

与此同时,1937年5月在延安地区建立了中山图书馆,1938年建立了鲁迅图书馆,1942年成立了绥德子洲图书馆等。所有这些都是在物质条件极其困难的情况下兴办的,虽然是利用旧房,因陋就简,勤俭办馆,但却都起了应有的作用。

四、新中国图书馆建筑

中华人民共和国成立后,我国图书馆事业发生了根本的变化,逐步有计划地建立和发展了各种类型的图书馆。

解放初期,我国县以上公共图书馆83所,藏书总量为1600多万册,1975年达到624所,其中藏书量在100万册以上的有25所。

1979年统计全国公共图书馆共有1600多所。高等学校图书馆1950年为132所，藏书量为794万册，1978年增至598所，其中藏书在100万册以上的有35所。中国科学院系统的院图书馆、分院馆、研究所图书室，1949年仅为17所，1979年达到130多所，藏书总量超过1000万册。工厂、农村、街道、部队等图书馆（室）也都有很大的发展。1980年全国各种类型的图书馆已超过30万所（参见下表）。

我国图书馆发展简表

基础图书馆
- 1956年工会—17485所
- 1956年农村人民公社—约28万所
- 1979年县级—900多所

县以上公共图书馆
- 1949年—83所
- 1975年—624所
- 1978年—1600所

高等院校图书馆
- 1950年—132所
- 1976年—598所

科学院系统图书馆
- 1949年—17所
- 1979年—130多所

图书馆总数
- 1949年—391所
- 1979年—30万多所

　　五十至六十年代，新建规模较大的公共图书馆有山西省图书馆（图1-9），黑龙江省图书馆及安徽省图书馆（参阅实例图录I-1）等。其中山西省图书馆建于1958—1960年，总建筑面积近1000平方米。平面布局也是按不同使用要求分开布置的，但与前述的布局方式有所不同。它将借书处设于二层中部，且突出于前方，使阅览室置于两侧。这样，借书处既靠近入口，读者又能方便地进入阅览室，缩短往返借书处与阅览室之间的路程。此外，它也将二层作为主层，底层为办公、采编业务等用房。书库置于后部，采用七层钢书架堆架式结构。

　　七十年代新建规模较大的公共图书馆可推云南省图书馆（参

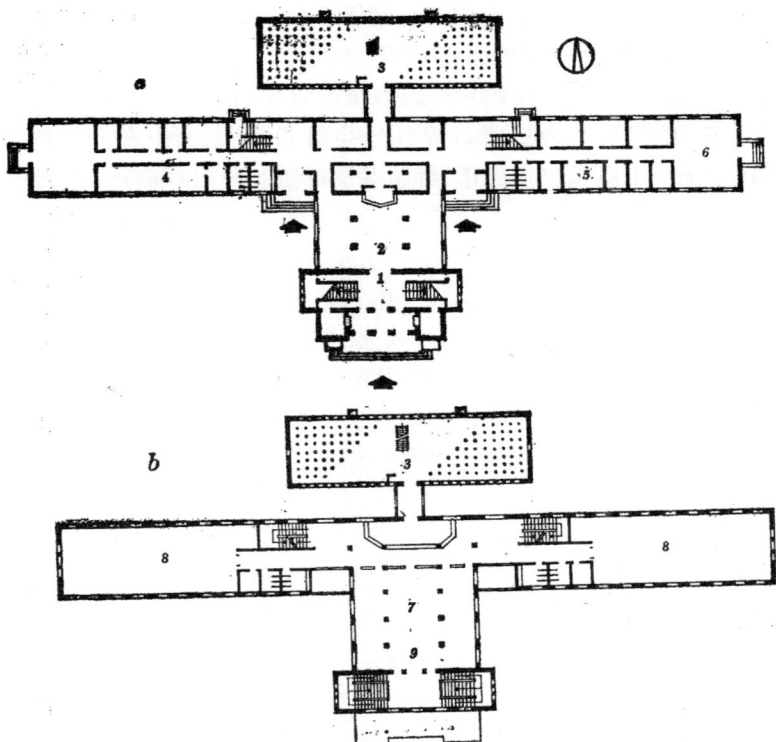

图1—9　山西省图书馆：

a—— 一层平面，1——门厅，2——讲堂，3——书库，4——采编室，5——行政办公室，
6——期刊库；b——二层平面，7——借书处，8——阅览室，9——阅报处

阅实例图录I-2），大学图书馆则为北京大学图书馆，建筑面积达24000平方米（参阅实例图录I-3 ）。

　　1980年5月中央书记处还首次研究了图书馆的发展规划和有关北京图书馆新馆的建设问题，这将使我国图书馆建筑事业进入一个新的发展时期。

现在,北京图书馆将在新址建馆(参阅实例图录I-4)。全国科学技术和社会科学的最高研究中心——中国科学院和社会科学院也在积极筹建新的图书馆;许多高等学校也都在重新规划建设新馆和扩建原有图书馆;地方公共图书馆,国家也在有计划分期地建设,如湖南、四川和广西等省及自治区都在筹建新馆(参阅实例图录I-5,I-6,I-7)。

仅以南京为例,近几年来不但对南京图书馆(省馆)已进行了彻底的改建,而且还新建成了南京市人民图书馆(参阅实例图录I-8)。高等学校系统除了已建成的南京医学院、南京铁道医学院及南京化工学院等图书馆外,其他高等院校几乎都在兴建或筹建新馆,如南京大学图书馆的扩建工程即将完工(参阅实例图录I-21)。目前,全国范围内的各种类型的图书馆建设正在加速发展中。

第二节　国外图书馆建筑的发展

一、国外古代图书馆建筑

据西方有关文献记载,公元前1250年,在人类文明发达较早的埃及,拉美斯二世(Rameses Ⅱ)就曾在底比斯城(Thebes)建造过图书馆。公元前668年,另一个人类发展较早的两河流域,古亚述王阿叔巴尼伯尔(Ashur-bani-pal)在尼尼微(Nineveh)城也修建过藏书处,四周书柜内珍藏着楔形文字的粘土版书籍。

公元前36年到28年,帕拉丁山(Palatine Hill)的一座图书馆,已采用了按文种划分书库,将希腊文和拉丁文图书分别庋藏。

图1-10为公元107年的罗马依弗塞斯(Ephesus)图书馆,其大厅为10×26米的长方形,从顶部采光,周围升高的柱廊地带是管理

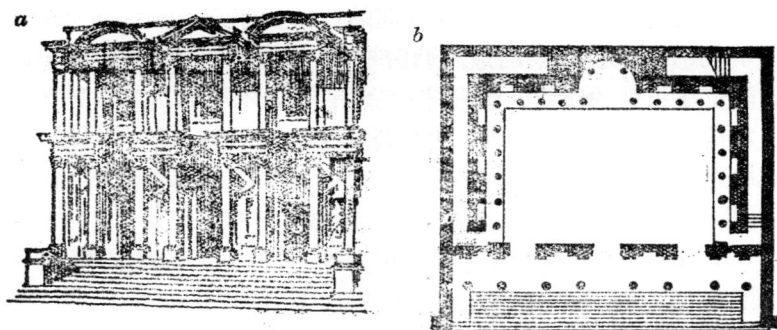

图1-10　依弗塞斯图书馆：

a——外观透视；　　b——平面

人员工作的地方。大厅两旁共有十个壁龛，每个壁又分三层，平均每层深0.5米、宽1米、高接近1米，用来放置陈列书籍的书柜。这座图书馆坐西朝东，正立面为典型的古罗马建筑，有壮丽的柱廊。

罗马时代建造于非洲的提姆加德（Timgad）图书馆，迄今依然有部分保

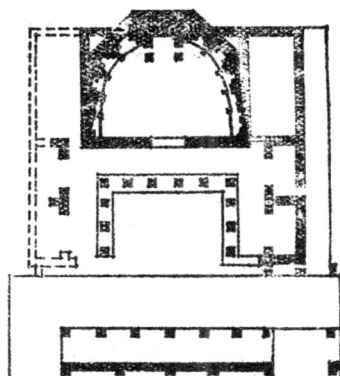

图1-11　提姆加德图书馆

存着。它的半圆形大厅直径达24米，也用顶部采光。周围有高大的柱廊和小间，入口时需通过天井（图1-11）。

欧洲在五世纪到十四世纪，经历了历史上一段黑暗时期。统治者主要是封建教会的僧侣，以及封建统治的卫道士——骑士。在这一黑暗的漫长岁月里，科学工作者被看成是亵渎上帝的罪

人,谁要谈论真理就会被构成判刑的依据。图书馆建筑和书籍被毁灭,只有教堂在神权思想的庇护下尚保存着部分图书,修道院就起了藏书处的作用。僧侣们在寺院拱圈下和小窗边的单独座位上不受干扰地阅读和写作。西方图书馆史往往称这段时期为"小书斋(Carrel)时期"。

十三世纪到十六世纪末,以意大利为中心的欧洲,兴起了文艺复兴运动。它推动了社会的进步,促进了科学技术的发展。由于西方采用了我国的造纸法与印刷术,书籍增多了,西欧各国就纷纷掀起了一个建造图书馆的热潮。在这时期,罗马教皇的宫廷图书馆——梵蒂冈图书馆进行了扩建,继意大利威尼斯圣马可图书馆(图1-12)和著名的建筑师米开朗琪罗(Michelangelo)设计的佛罗伦萨的劳伦齐阿(Laurentian)图书馆之后,在西欧出现了很多皇家图书馆、公共图书馆和大学图书馆。当时,由于书籍收藏量不多,书籍和阅览场所都还是布置在同一房间内,形成了古老的"开架阅览"方式。同时,又因为当时书籍很珍贵,有些图书馆,是用链子将书籍拴在书架上保存的,读者只能站在书架旁边把书连同链子放在斜板上阅读,人们称它为"链子图书馆"(图1-13)。

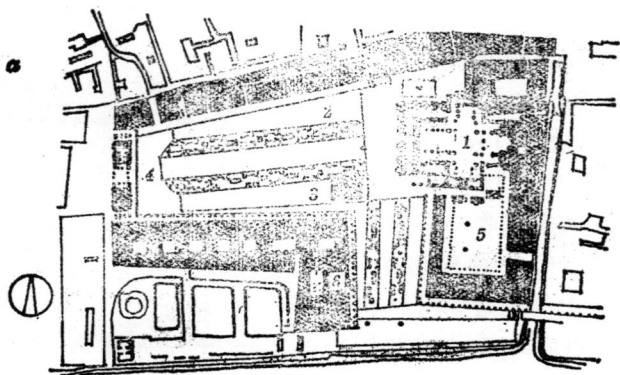

图1-12 威尼斯圣马可图书馆：
a——广场平面，1——圣马可主教堂，2——旧市政厅，3——新市政厅，
4——新旧市政厅连接体，5——总督府，6——图书馆；b——图书馆外观

在这段时期中，形成了两种不同特点的图书馆布局方式：一是以大学图书馆为代表，比较讲究实用；另一种是以皇家图书馆为典型，显示豪华。前者如十四世纪英国牛津大学麦尔通（Merton）图书馆，它把藏书和阅览都布置在一个长房间内，中间走道，两边横列着一排排的书架，每两排书架中间夹放着一排座位，每排书架间开一窗户，形成一个幽静隐蔽的空间（图1-14）。这种办法很受当时人们的喜爱，

图1-13 链子图书馆

25

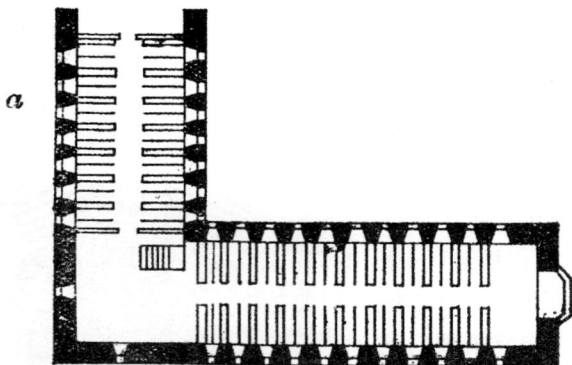

图1-14　牛津大学麦尔通图书馆：
a——平面；　b——阅览室内景

被沿用了好几个世纪,如牛津大学圣约翰(St.John's)学院图书馆(图1-15)和科帕斯(Corpus)图书馆(图1-16)等。

1926年建造的维也纳帝国图书馆(图1-17),它的布置方法则是将大量的书籍陈列在贴墙架设的很高的书架上,而把一部分较贵重的书籍摆在很精致的柜子里陈列在大厅的两旁。在沿墙高达4米的铸铁书架上再设置挑台,挑台上再立书架。这种方式是随藏书量的日益增加,书架不断增高的结果。它既可充分地利用沿墙空间,也可用书架构成一片光彩夺目

图1-15 牛津大学圣约翰学院图书馆

图1-16 牛津大学科帕斯图书馆

图1-17 维也纳帝国图书馆内景

的墙面，烘托出浓厚的书斋气氛，并与豪华的建筑内部装修相映交辉，形成了一派富丽堂皇的宫廷气氛。这种方式在其他各国的皇家图书馆中也曾流行过一个时期。

二、国外近代、现代图书馆建筑

十九世纪四十年代是西方国家图书馆建筑发展史上的一个转折点。当时经历了产业革命，近代科学技术开始有了发展；特别是滚筒印刷术的广泛使用，使各种图书的出版数量迅速上升。图书馆的藏书量也大为增加，读者日益增多，内部业务及服务工作更加繁重。以藏书为主的古老图书馆建筑手法，即将藏书、阅览、工作室三合一的布局方法，已不再适应新的发展需要。因而从规划设计上如何正确处理图书馆中三个基本工作环节——书籍典藏、读者阅览、服务管理的关系，即如何处理好书库、阅览室及工作用房三者之间的布局关系，已成为当时设计图书馆的建筑师需要解决的一个课题。

1816年意大利的著名建筑师利奥彼德·德拉·桑塔（Leopold della Santa）提出了一个大胆的设想，将阅览大厅三面的许多小间作为庋藏书库，另一面的小间作为工作室。翌年德国图书馆工作者贝尔巴赫（Beyerbach）为法兰克福图书馆提出的设计方案中，除将三者分开外，还作了一些有益的尝试，将书库层高降低为2.3米。此后，又有许多很好的设计方案，如1843年建筑师亨利·拉布鲁斯特（Henri Labroust）设计的巴黎圣杰尼维叶芙（Ste. Geneviève）图书馆，就是其中的一个。这是一幢长方形二层楼建筑，楼上是一大间阅览室，计有600多个座位，两旁排放着开架书，楼下为基本书库及工作室，并设有小楼梯与上下阅览室相通。这种把阅览和藏书分开的新型布局方式，摆脱了古老的"三合一"的布局方法（图1-18）。

伦敦大不列颠博物院图书馆是由图书馆工作者安东尼奥·帕

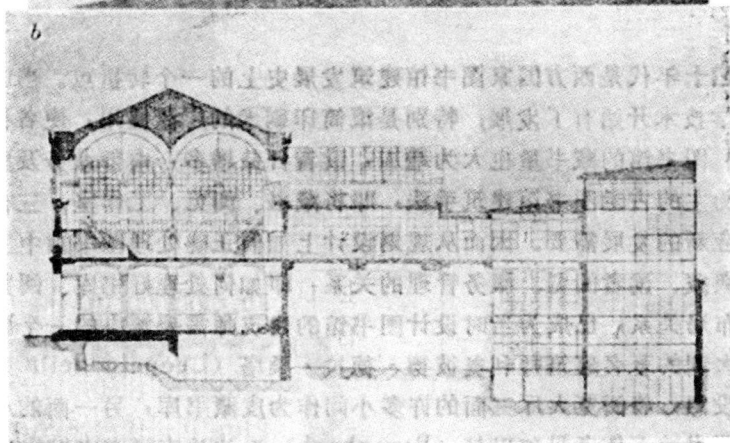

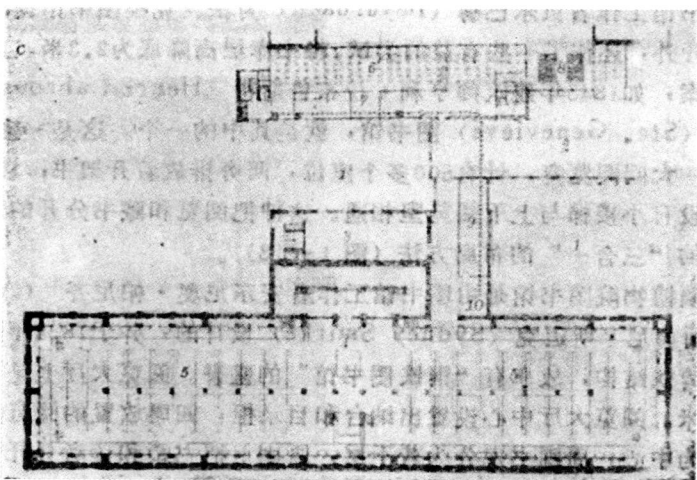

图1-18　巴黎圣杰尼维叶芙图书馆：
a——外观；b——新、旧馆剖面，1——目录，2——走廊，3——阅览室，
4——书库；c——楼层平面，1——内院，2——目录厅，3——馆员办公室，
4——管理台，5——阅览室，6——书库，7——办公室，8——屋顶庭院，
9——机器房，10——图书分发

尼齐（Antonio Panizzi）与建筑师西德尼·斯迈克（Sydney Smirke）设计的，并于1854年建成。由于整个图书馆采用了铸铁结构，故享有"钢铁图书馆"的盛誉。阅览大厅上是一个大穹隆屋顶，直径为42.7米。阅览大厅中心设置出纳台和目录柜，四周放置的阅览桌呈放射形排列。以阅览大厅为中心，周围书库分为若干层，原则上把书籍和读者分开，首创圆形中央阅览大厅的先例（图1-19）。这种办法成为后来相当长时期中图书馆设计的一个主要流派，曾被西方许多著名的图书馆所效仿。但是，由于圆形大厅排列阅览桌不便，空间高大浪费，书库分散，读者借书时间长等原因，这种布局方式终于被日渐淘汰。

30

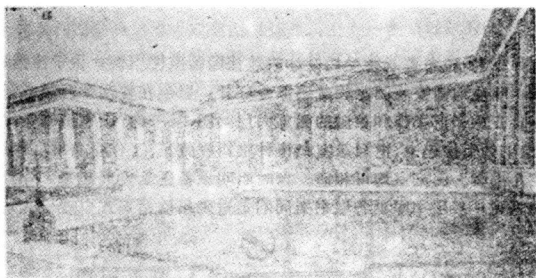

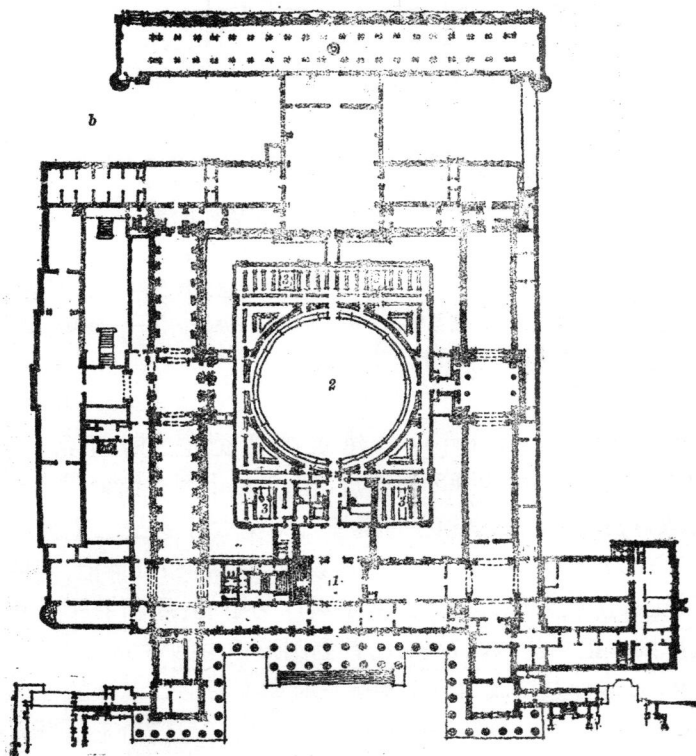

图1-19 英国伦敦大不列颠博物院图书馆：
a——外观；b—— 一层平面，1——门厅，2——阅览厅，3——书库

1854年建筑师亨利·拉布鲁斯特受托设计改建法国国家图书馆。由于该馆规模庞大，藏书量不断增长，明显地需要将阅览和藏书部分分开，以免在发展中互相牵制，于是第一次设计了一个真正的多层书库和单独的阅览大厅（图1-20）。它把阅览厅和书库截然分开，两者藉借书处衔接起来，把目录室和特种书籍收藏室、

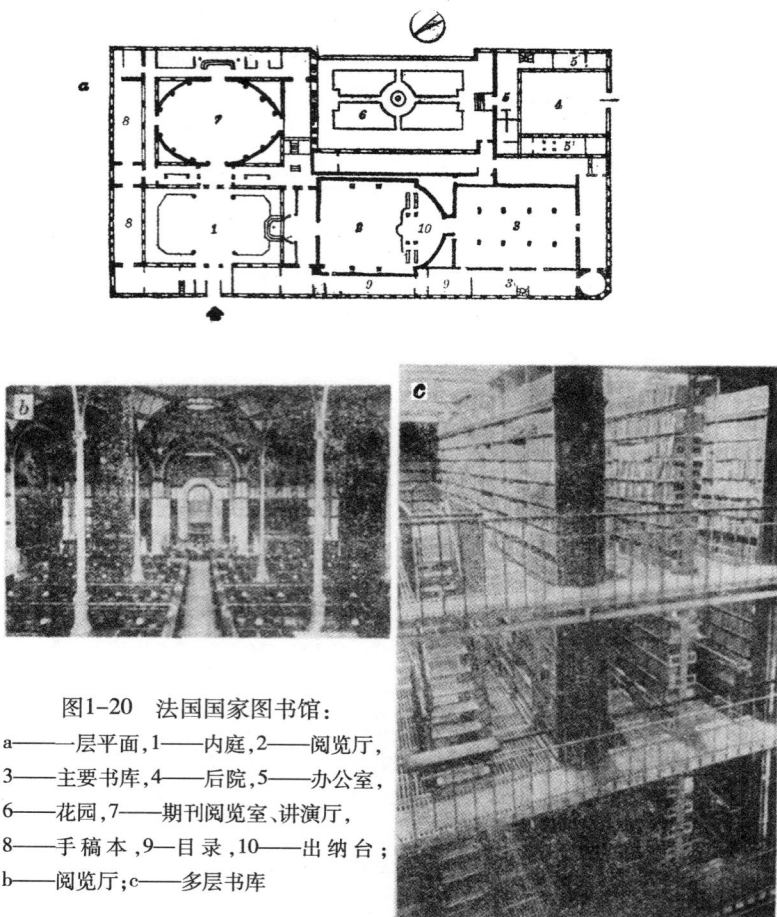

图1-20　法国国家图书馆：
a——一层平面，1——内庭，2——阅览厅，
3——主要书库，4——后院，5——办公室，
6——花园，7——期刊阅览室、讲演厅，
8——手稿本，9——目录，10——出纳台；
b——阅览厅；c——多层书库

工作室布置在四周,办公室单独放在后院,与书库、阅览室均可相通。当时照明设备还未发展起来,书库和阅览大厅采用顶部自然采光,多层书库里各层书架间的走道采用铁箅形式以便使光线能向下透射。这种把藏书和阅览分开的方式是图书馆建筑史上一个划时代的改革。自此以后,一个多世纪以来,世界各地图书馆的设计很多都仿效它。甚至今天,也有不少图书馆仍然基本上沿袭这种设计方法;在我国也是如此,只是规模不同而已。图1-21为采用书库与阅览室分开方式建造的图书馆。

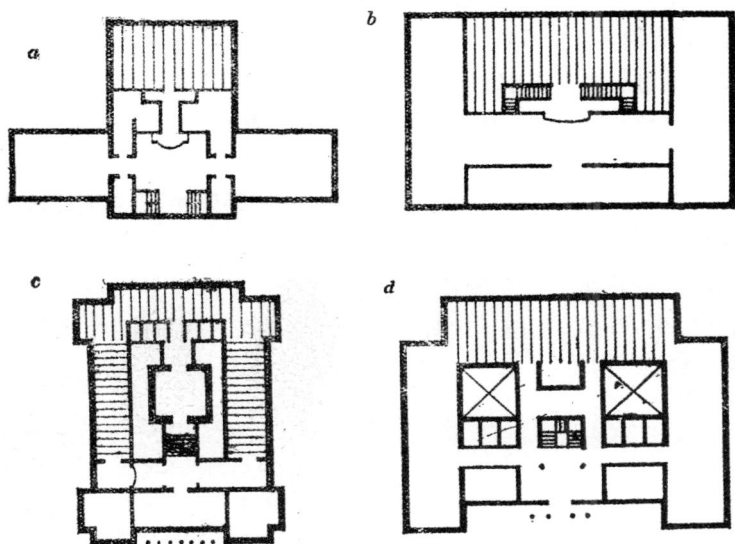

图1-21 书库和阅览室分开方式建造的图书馆之例:
a——美国华盛顿公共图书馆;b——美国犹他大学图书馆;
c——美国哈佛大学图书馆;d——南京工学院图书馆

美国大型公共图书馆的建筑是在十九世纪下半叶，随着科学技术中心从欧洲转向美国以后才开始的。当时美国图书馆仍受西欧中央圆形大厅的布局影响，将阅览和藏书设计在一个高大的空间内。著名的美国国会图书馆（图1-22）是其典型的例证。该馆1888年动工至1897年建成，前后共费时约10年，占地10英亩，平面呈"田"字形，建筑面积为30000平方米。南北长142米，东西长103米，从地下室到顶楼共五层。书库总藏书量为500万册，为当时世界上最大的图书馆。该馆的中央部位是一个高大的八角形穹窿屋顶的阅览大厅，大厅直径为30.5米，高度为50米，由八个大圆拱窗采光。出纳台置于阅览大厅的中央，阅览桌和目录柜则围成弧形布置，可同时容纳250人。室内沿墙设有凹龛，装两层书架，能放参考书12万册。为了追求建这所外观宏伟、内部富丽堂皇的大厦，这个图书馆在建筑过程中还有50多名美术家参加了雕刻壁画工作，极尽豪华之能事。

　　书库与阅览室的平面布局和有机联系，是图书馆建筑设计中要解决的一个关键问题。1911年建成的纽约公共图书馆，便在这方面作了新的尝试。它的建筑平面为"日"字形，书库设在后部，共七层，主要阅览室位于书库的顶层，从而使提书时间大大缩短（参见实例图录Ⅱ-1）。

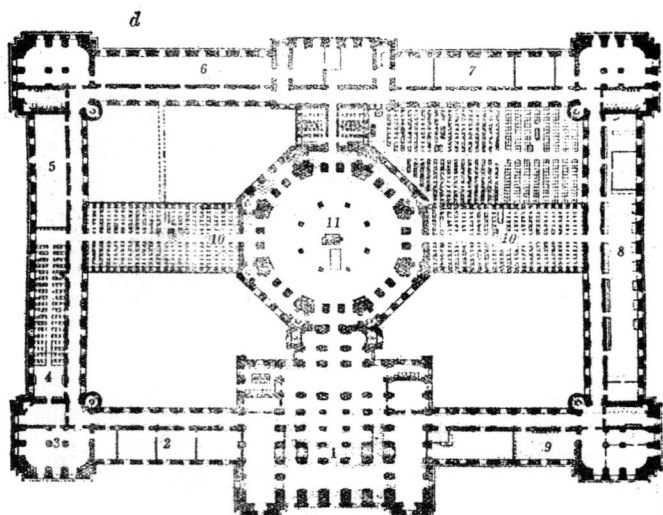

图1-22　美国国会图书馆:
a——外观; b——入口; c——八角形阅览大厅; d—— 一层平面,1——门厅,
2——秘书室,3——音乐部,4——音乐库,5——印刷,6——装订,7——暂存库,
8——办公室,9——盲人阅览室,10——书库,11——阅览大厅;e——门厅

　　十九世纪的西方图书馆建筑,在内容上虽然有了新的变化、新的要求,也出现了新的结构和材料,但是在建筑艺术上并没有很好地完成时代所赋予的使命,只是依托于旧的形式,搬弄历史遗产,采用折衷主义手法,没有创造出具有自己时代特征的完美的艺术风格来。

　　第一次世界大战前后,在欧洲资本主义国家中开始了新建筑运动。这个运动主要是在建筑领域中摆脱传统形式的羁绊,拚弃折衷主义,主张发展一种适应新的变化与要求的新建筑形式。于是高大豪华的空间和繁琐的装饰被取消,厚重的墙身变为轻巧的结构,外形也由宏伟壮观而变得开朗朴实,充分反映出内部空间结构及使用的特点。例如,1931年建成于伯尔尼的瑞士国家图书馆(图1-23)便可作为这方面的代表作。其特点是读者主要出入场所——目录厅、出纳台、阅览室等用玻璃隔墙,层次感鲜明,顶部用遮阳设备的玻璃棚采光;其外观充分显示了钢筋混凝土结构的特征及内部不同用途的空间性格,这在当时是非常新颖和大胆的。

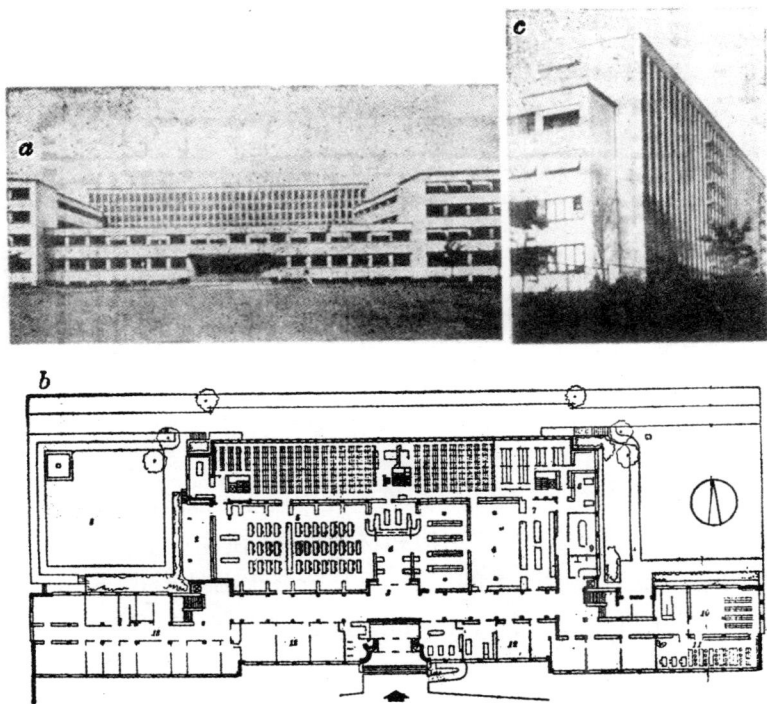

图1-23 瑞士伯尔尼国家图书馆:
a——正面外观;b——一层平面,1——花园,2——阅览平台,3——借书处,4——出纳台,
5——阅览室,6——陈列室,7——地图室,8——工作室,9——会议室,10——特藏室,
11——特藏阅览室,12——办公室,13——分编室;c——书库外观

1933年正建筑的芬兰维堡里公共图书馆是新建筑运动中又一个成功的杰作（图1-24）。它是由著名建筑师阿尔伐·奥托（Alvar Valto）设计的。整个建筑物包括两大部分，它既是图书馆，

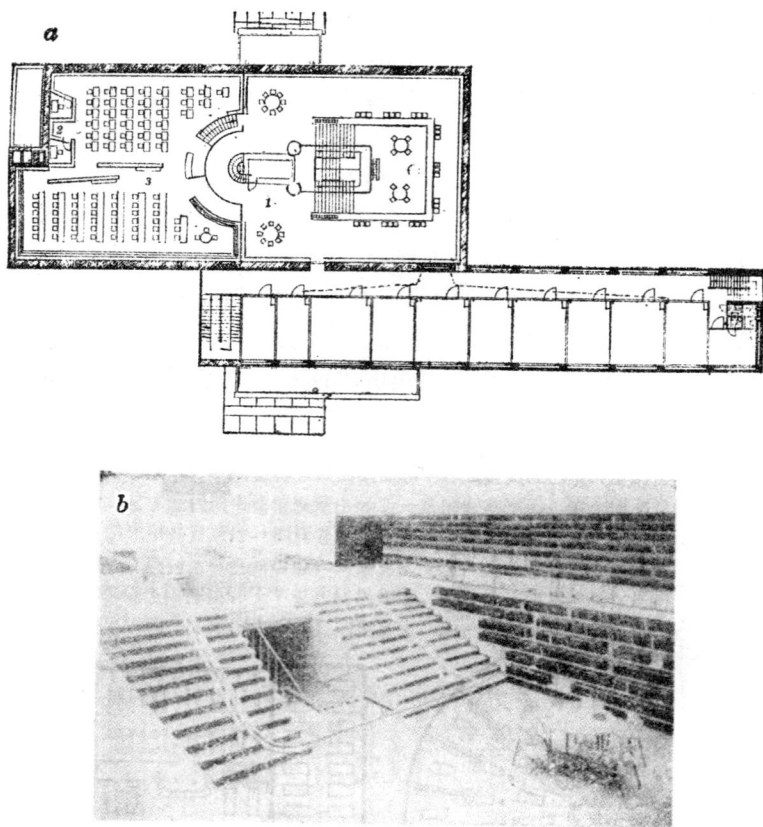

图1-24　芬兰维堡里公共图书馆:
a——上层平面，1——出纳目录厅，2——阅览室，3——单人阅览间; b——借书大厅

又是一个社会文化活动场所,其中包括讲演厅、展览厅等。建筑物的外形也反映了内部使用不同的两方面内容,室内的布置也十分宜人。房间面积不大,但感觉宽敞,家具和建筑也和谐统一,色彩与装修力图创造一种宁静与宽适之感。内部各层地面高低错落,室内空间富于变化,在讲演厅里采用波浪曲线的平顶,运用了声学上的成就,从而获得了一个崭新的建筑艺术效果。

从十九世纪中叶直到第二次世界大战前夕,西方图书馆建筑有着显著的进展,不仅在规模上超越了以前的历史时代,更重要的是在空间布局上不断改进,其中某些经验至今仍有参考价值。图1—25是这段时期欧美一些比较著名的图书馆的平面,从图上可以看出这些图书馆在设计上所受的影响及其发展过程。

在这些图书馆中,特别值得一提的是1933年建成的美国巴尔的摩的伊诺克·普拉特自由图书馆,它在近代图书馆的发展中起了一定的推动作用。这个图书馆的平面是一个矩形,主层的正中是目录厅,四周是各种专业阅览室。各阅览室之间并无固定的隔墙,只用书架加以分隔,上部空间敞通,天棚连成一片,不常用的书分门别类地存放在相应阅览室下面的地下书库里,上下设有楼

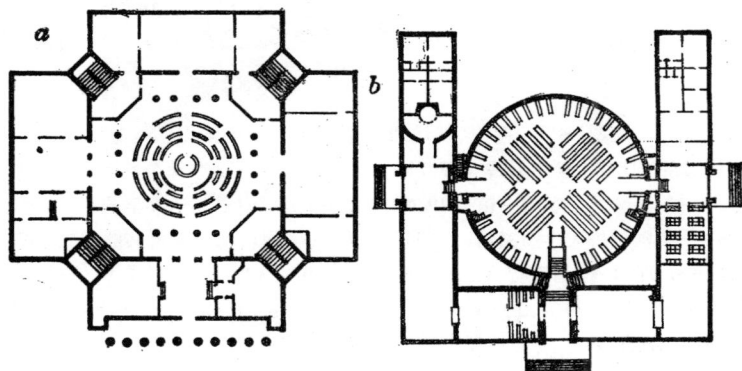

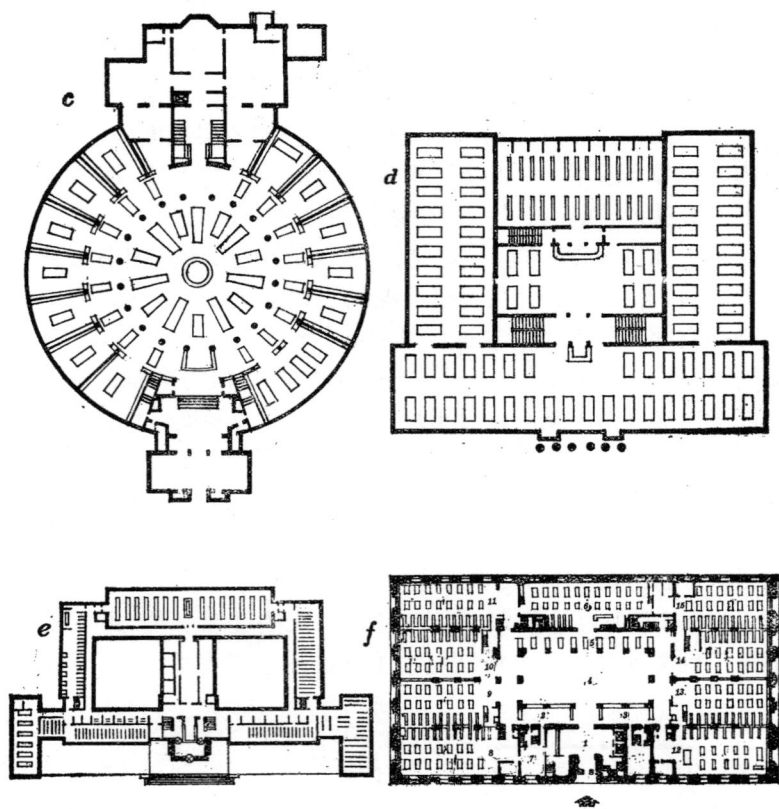

图1-25 近代、现代西方图书馆平面的演变：

a——美国哥伦比亚大学图书馆（1897年）；b——瑞典斯德哥尔摩公共图书馆（1927年）；c——英国黎芝大学图书馆（1936年）；d——美国明尼苏达大学图书馆（1931年）；e——英国剑桥大学图书馆（1934年）；f——美国巴尔的摩公共图书馆（1933年），1——门厅，2——管理台，3——登记处，4——中央大厅，5——目录，6——参考阅览，7——办公，8——科学、工业阅览室，9——商业、经济阅览室，10——社会、市政阅览室，11——教育、哲学、宗教阅览室，12——通俗阅览室，13——文学阅览室，14——传记阅览室，15——历史阅览室梯相通。这种设计使建筑物在使用上具有较大的灵活性,阅览室的安排可按使用需要加以变化。因此,它被认为预示着"模数式"图书馆的到来。

第二章 图书馆类型、任务及规模

第一节 图书馆类型

图书馆按系统和业务关系划分,主要有以下几种类型:

1. 公共图书馆——包括国家图书馆(北京图书馆),省、市、自治区图书馆,县(市)图书馆,城乡区、街道图书馆,农村图书馆等;

2. 学校图书馆——包括高等院校图书馆,各类专科学校图书馆,中小学图书馆等;

3. 科学和专业系统图书馆——包括中国科学院、中国社会科学院、中国林业科学院、中国农业科学院、中国医学科学院、中国铁道科学院及各地分院,中央各部委各专门研究机构图书馆(室),以及各省、市、自治区所属各专业研究所图书馆等;

4. 中国人民解放军各系统图书馆。

此外,还有各部门的图书馆,如厂矿企业图书馆、工会系统图书馆(室)和机关团体图书馆等。除了按系统划分之外,有的还根据藏书特点分为综合性图书馆和专业性图书馆,有的按读者对象划分为儿童图书馆、青年图书馆、盲人图书馆、少数民族图书馆等。

第二节　图书馆任务

图书馆的主要任务是搜集、整理、保管和传播文化科学知识的场所,是为科学研究提供书刊资料情报的有力工具,同时也是提高广大人民群众文化教育水平和精神文明的重要阵地。

一、公共图书馆

公共图书馆是按行政区域划分和设置的。它的服务对象是面向社会开放,公开登记读者;服务对象一般没有特殊的限制。一个国家的最高一级的公共图书馆是设在首都的国家图书馆, 其次,是地方上的省、市、县各级公共图书馆。国家图书馆即是全国性书刊荟萃的文化中心, 也是全国各地公共图书馆的业务指导中心,并且还担负着出版国家书目、组织国内外书刊互借、交换和业务交流的任务,同时也是电子计算机存查书刊资料的网络中心。我国国家图书馆是北京图书馆。

省、市自治区图书馆是我国公共图书馆的主体,也是所在地区各类型图书馆的藏书、目录编制、书刊互借、业务研究和交流等的区域中心。

县(市)图书馆的工作重点是直接为当地读者服务。

二、高等院校图书馆

高等院校图书馆的基本任务, 就是为教学和科学研究服务。服务对象是全校师生员工,藏书特点取决于学校的性质、系科和专业设置的情况。高等院校图书馆就其性质而言,既有综合性的,也有专科性的,既有多学科性的,也有单学科性的。

三、科学和专业图书馆

科学和专业图书馆的藏书内容和服务方法都比较专深。这一类型图书馆的读者大多数为本系统、本部门的科研人员，文化水平比较高，所需书刊文献资料范围比较集中。这里更应重视对外文书刊、科技情报的收集和整理工作。它要做到及时、准确地将有关书刊文献资料送到读者手里，积极开展咨询工作。

第三节　图书馆规模

图书馆规模大小受多方面因素所决定：诸如服务范围、性质和任务；读者多少；藏书数量以及建筑投资、原有基础等。

一、公共图书馆规模

根据图书馆有关资料统计，到1983年4月止，我国省级公共图书馆的藏书规模绝大多数都在100万册以上，唯北京图书馆藏书竟多达1177万册。国家和省、市公共图书馆情况参见表2-1。

表2-1　我国国家级、省市级公共图书馆编制与藏书一览表（1983年4月）

馆名	编制人数	藏书总数（万册）	馆名	编制人数	藏书总数（万册）
北京	1061	1177	吉林	256	312
首都	174	112	黑龙江	398	299
上海	485	326	江苏	433	571
天津	406	352	安徽	199	174
河北	103	120	浙江	158	220
山东	188	207	江西	144	155

馆名	编制人数	藏书总数（万册）	馆名	编制人数	藏书总数（万册）
河南	278	346	湖北	288	385
山西	133	120	湖南	120	260
内蒙	313	112	四川	191	364
陕西	120	170	贵州	386	592
甘肃	66	62	云南	69	42
宁夏	101	32	福建	53	91
青海	75	46	广东	157	192
新疆	48	29	广西	350	201
辽宁	676	882	西藏	152	145
台湾	／	／			

公共图书馆读者座位设置数量，目前尚无一定规定，从目前实际情况看，一般省级以上公共图书馆读者座位数为500—1000座，市级图书馆读者座位为300—500座，区（大城市中）、县图书馆读者座位数一般为100—200座（表2-2）。

表2-2 我国若干公共图书馆读者容量调查表

馆　　　　名	读者座位数（个）
上　海　市　图　书　馆	1000
云　南　省　图　书　馆	500
四　川　省　图　书　馆	800
湖　南　省　图　书　馆	1270
山　西　省　图　书　馆	500
南　京　图　书　馆	1000
南 京 市 人 民 图 书 馆	400

馆　　　　名	读者座位数（个）
徐　州　市　图　书　馆	400
上 海 市 卢 湾 区 图 书 馆	250
江 苏 溧 水 县 图 书 馆	60

县（市）图书馆在图书馆事业中肩负着普及和提高科教文化水平的双重任务。然而，目前有些图书馆虽有建制，但馆舍却简陋不堪，不敷使用，或与县文化馆合用一处房屋，拥挤不堪。近年来，有的虽新建了一些馆舍，也常因规划不周、设计不当，建成后使用的效果欠佳。如何制定这些图书馆的规则和设计要求，是建馆前必须首先要解决的问题。

1. 地方图书馆网的建设及县（市）图书馆的分级标准

各省除了应有相当规模的省级图书馆外，还应有计划、分期地建设并组成一个县（市）图书馆及基层图书馆（室）网的长远规划（图2-1）。

县级图书馆的规模，应根据各县人口的多少划分为一定的级别。一般把它们划分为甲、乙、丙三级。1957年国家城市建设部曾编制了一个《图书馆建筑设计规范（修正草案）》，规定：

50万人口以上………甲级馆；

30—50万人口………乙级馆；

30万人口以下………丙级馆。

然而由于人口的增加，这一分级标准与目前情况已不完全相符。尤其是在人口较为稠密的地区，50万人口以下的县并不多。为此，可以考虑在原有基础上作适当调整：

100万人口以上…………甲级馆；

50—100万人口…………乙级馆；

50万人口以下…………丙级馆。

至于人口稀疏的边远地区和少数民族地区,则应根据具体情况另定。

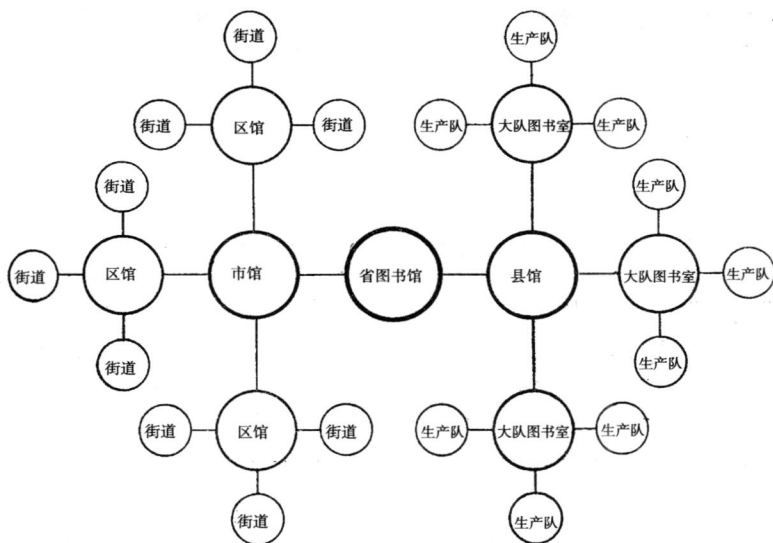

图2-1　地方公共图书馆网示意图:
图中的街道、生产队均为图书室

2. 县(市)图书馆规模的确定

县(市)图书馆的规模,除了考虑地区性质、历史条件及文化、经济发展情况外,主要应考虑它所服务的人口数量,从而决定图书馆最基本的规模。因为图书馆不仅是要保存图书,而且更重要的是要使用这些图书为读者服务。为此,各馆应从实际出发,根据其所服务人口的多少来确定本馆的规模及其面积。图书馆的藏书数量、阅览座位及外借服务工作,都与服务人口的多少密切相关,应该根据服务人口的数量来确定各部分的比例及全馆的建筑面积。

（1）藏书与服务人口的关系　世界上很多研究公共图书馆的学者都把服务人口作为确定图书馆藏书容量的依据。

研究藏书与服务人口的关系,在国外一般有以下几种方法:

①按服务人口的总数确定藏书规模——这方面日本的标准如下（表2-3）。

表2-3　日本图书馆藏书与人口关系表

服　务　人　口（人）	藏书（册）
10000-30000	20000
50000	30000
70000	40000
100000	55000
150000	70000

其中10000—30000人口为市町村立图书馆分馆的标准,30000以上者为市町村立图书馆标准。这一人口服务范围,与我国县级图书馆县城人口服务范围大致相符。

②按人口计算藏书——服务人口在40000以上的图书馆,藏书按每人平均不少于1.5册计算。1959年也有人建议按每人平均1.5—3册计算。

苏联农村图书馆（室）按每人平均1—2册计算。

③按每户计算藏书——每户藏书的幅度一般为1—3册,服务人口少的图书馆应取上值,服务人口多的图书馆可取下值。

④按每1000人计算藏书——1972年修订的国际图书馆协会联合会（International Federation of Library Assuication,缩称为IFLA）的标准就提出按每千人计算开架书的数量（表2-4）。

表2-4　　开架书和服务人口的关系（IFLA）

服务人口	开架藏书		所需面积15平方米/千册
	册/千人	藏书总量	（最小100平方米）
3000	1333	4000	100
5000	800	4000	100
10000	600	6000	100
20000	600	12000	180
40000	600	24000	360
60000	600	36000	540
80000	550	44000	660
100000	550	50000	750

　　以上指标数值仅供规划参考。各国各地区的具体情况和条件往往差异很大，实际上不可能按统一标准计算。因此，应该从各地区的实际情况出发，求其合理的关系。现以县级馆为例，我国县馆名义上是向全县人口服务，但因馆址坐落在县城，因而实际上它主要是为城镇人口服务。可见，服务人口数应从两个方面考虑：即全县人口和县城人口，并且按不同的方法计算。全县人口可按千人计算，而县城人口则按每人来计算。根据调查资料分析，目前江苏省县馆藏书若按全县服务人口计算，平均每千人为40—60册，若按城镇服务人口计算，平均每人则为1—2册书（表2-5）。

表2-5　　江苏省县级图书馆藏书与服务人口关系调查资料表（1980年）

馆名	藏书量（册）	按全县服务人口计		按县城服务人口计	
		人口（万）	册/千人	人口（万）	册/人
泰兴县图书馆	57000	136	41.9	4.3	1.33
如皋县图书馆	50000	130	38.46	5	1
武进县图书馆	90000	130	69.23	2.5	3.6

（续表）

馆名	藏书量（册）	按全县服务人口计		按县城服务人口计	
		人口（万）	册/千人	人口（万）	册/人
东台县图书馆	64100	110	58.27	6	1.06
盐城县图书馆	159000	100	144.5	11	1.45
常熟县图书馆	380000	100以上	380	10.4	3.65
赣榆县图书馆	40000	70	57.1	4	1
沛县图书馆	45000	80	56.25	2.5	1.8
海门县图书馆	38000	98	38.77	1.6	2.38
句容县图书馆	42000	55	76.36	2	2.1
灌云县图书馆	25000	80	31.25	5	0.5
江阴县图书馆	45000	80	56.25	8	0.56
昆山县图书馆	48000	52	92.3	5	0.96
丹阳县图书馆	115000	72	159.72	5	2.3

从表中可以看出：上述各县馆藏书并不算少，但与全县服务人口的相对数字比较仍是很低的，和一些先进国家藏书标准相距更大。然而如按县城人口计算，则与国外标准相仿。从我国实际的情况出发，县馆藏书量的计算可以按县城人口为主要依据，而对全县人口数量也应适当考虑。因为它们要为全县服务，而且有的县城虽小但全县人口较多。所以，可以考虑将70%的藏书量，按县城人口数每人2—3册书计算；另将30%的藏书量按全县人口每千人150—200册书计算。人口多的县可取下限，人口少的县可取上限（参见表2-6及图2-2）。

表2-6　县级图书馆藏书量与服务人口的计算标准

级别	按 全 县 人 口 计			按 县 城 人 口 计			总藏书量（万册）（30%+70%）
	人口（万）	150册/千人（万册）	30%（万册）	人口（万）	3册/人（万册）	70%（万册）	
甲	100以上	15	4.5	2	6	4.2	8.7
				3	9	6.3	10.8
				4	12	8.4	12.9
				5	15	10.5	15
				6	18	12.6	17.1
				8	24	16.8	21.3
				10	30	21	25.5
乙	80	12	3.6	2	6	4.2	7.8（6.9）
				3	9	6.3	9.9（9）
				4	12	8.4	12（11.1）
	（60）	（9）	（2.7）	5	15	10.5	14.1（13.2）
				6	18	12.6	16.2（15.3）
				8	24	16.8	20.4（19.5）
丙	50	10	3	1.5	4.5	3.15	6.15（4.95）
				2	6	4.2	7.2（6）
	（30）	（6）	（1.8）	2.5	7.5	5.25	8.25（7.05）
				3	9	6.3	9.3（8）

（2）读者座位数与服务人口的关系　图书馆读者座位一般也以服务人口为基本依据来计算，在国外是按每1000个服务人口来计算的。

国际图书馆协会联合会出版的公共图书馆参考部的标准指出，图书馆需要为每500个服务人口提供一个参考座位，即每千人提供二个参考座位。美国巴西尼特（Bassenet）在研究了大量中心

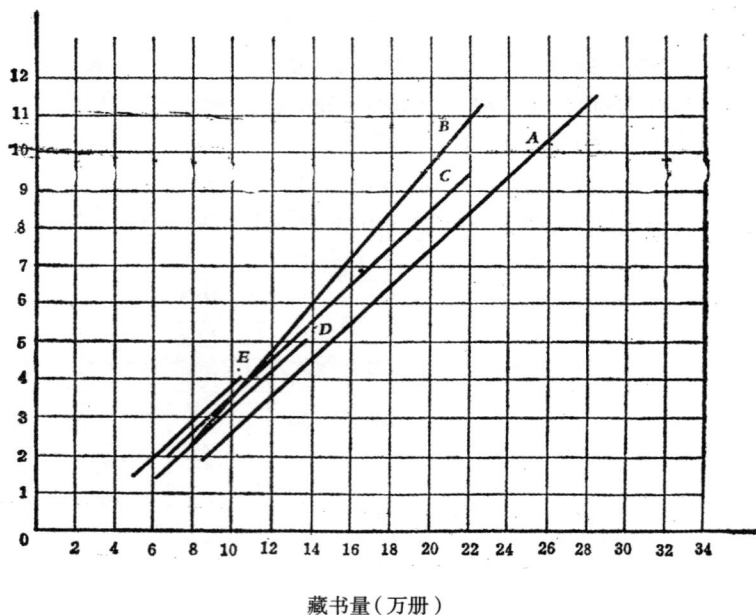

藏书量（万册）

图2-2　县级图书馆藏书量与服务人口关系图：

A——100万人口以上的县；B——80万人口左右的县；C——60万人口左右的
县；D——50万人口左右的县；E——30万人口左右的县

图书馆后，也提出按每千人为单位的建议（表2-7）。

表2-7　读者座位与服务人口关系的建议

服　务　人　口	座/千人
100000—200000	3—4
200001—400000	2—3
400001—700000	2—2.5
700000以上	1.5—2

对于县级图书馆来说，计算读者座位数也应像计算藏书一样，主要按县城人口为基本依据,同时也参考全县人口来计算。

根据对江苏省的调查,县级图书馆若按城镇人口每千人为单位计算,目前的现状是:

服务人口在100万以上的县馆为1座/千人以下;

服务人口在50—100万之间的县馆为1-2座/千人;

若按全县人口计算则小于0.1座/千人。

具体可参见表2-8。

表2-8 江苏省县级图书馆读者座位数与服务人口关系调查资料表（1980年）

馆　名	现有座位（个）	按全县人口计		按县城人口计	
		人口（万）	座/千人	人口（万）	座/千人
太仓县图书馆	200	44	0.455	2	10
泰兴县图书馆	130	145	0.089	13	1
武进县图书馆	150	130	0.12	2.5	6
金坛县图书馆	70	50	0.14	3.2	2.18
盐城县图书馆	70	110	0.063	11	0.63
常熟县图书馆	74	100以上	0.074以下	10.4	0.71
赣榆县图书馆	70	70	0.1	4	1.75
沛县图书馆	30	80	0.037	2.51	1.2
句容县图书馆	54	55	0.098	2	2.7
灌云县图书馆	48	80	0.06	5	0.96
江阴县图书馆	50	80	0.062	8	0.62
昆山县图书馆	20	52	0.038	5	0.4
丹阳县图书馆	80	72	0.111	5	1.6
海门县图书馆	200	98	0.204	1.6	12.5

从上表可知:目前县级图书馆的阅览座位数,已不能适应日益发展的需要,因此,在规划设置阅览座位的标准时应予提高。参

照国际上的一些标准,可以按下述原则进行计算:

①座位数量80%按县城人口计算,20%按全县人口计算。

②县城人口按每千人设2—4座计,8万人口以上的县城取下限,按2—3座/千人计。

50万人口以上的县,县馆为0.25座/千人;50万人口以下的县,县馆为0.3座/千人。据此可计算出不同规模县城人口与读者座位数的关系(参见表2-9及图2-3)。

表2-9　县级图书馆读者座位数与服务人口的计算标准

级别	按全县人口计（A）			按县城人口计（B）			座位总数（A）+（B）20%+80%
	人口（万）	0.25座/千人	×20%（座）	人口（万）	甲—2座/千人乙—2.5座/千人丙—4.0座/千人	×80%（座）	
甲	100以上	250	50	2	40	32	82
				3	60	48	98
				4	80	64	114
				5	100	80	130
				6	120	96	146
				8	160	128	178
				10	200	160	210
乙	80	200	40	2	50	40	80
				3	75	60	100
				4	100	80	120
				5	125	100	140
				6	150	120	160
				7	175	140	180

级别	按全县人口计（A）			按县城人口计（B）			座位总数（A）+（B）20%+80%
	人口（万）	0.25座/千人	×20%（座）	人口（万）	甲—2座/千人乙—2.5座/千人丙—4.0座/千人	×80%（座）	
乙	60	150	30	2	50	40	70
				3	75	60	90
				4	100	80	110
				5	125	100	130
				6	150	120	150
				7	175	140	170
丙*	50	150	30	1.5	60	48	78
				2	80	64	94
				2.5	100	80	110
				3	120	96	126
	30	90	18	1.5	60	48	66
				2	80	64	82
				2.5	100	80	98
				3	120	96	114

*丙级馆按0.3座/千人计算。

图2-3为不同级别人口数的县馆与城镇的服务人口及读者座位数的关系。

（3）外借与服务人口关系　图书馆的外借工作直接面向读者，一个图书馆服务对象的多少也直接影响到外借工作量的大小。通常可以用书籍流通量作为衡量外借工作的一个标准。据初步调查，以江苏省县级图书馆全年借出的图书数计算，有的县馆仅3万册次左右，也有高达20多万册次的，一般为4—8万册次。平

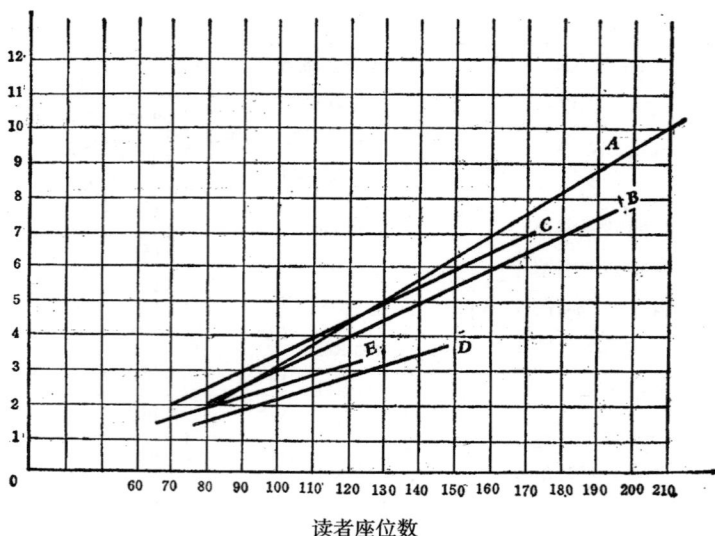

图2-3 县级图书馆读者座位数与服务人口关系图：
A——人口在100万以上；B——人口为80万左右；C——人口为60万左右；
D——人口为50万左右；E——人口为30万左右

均每天借出率最低的为100册次，多的达700—800册次（表2-10）。

表2-10 江苏省县级图书馆图书出借率调查资料表（1980年）

馆 名	年出借率（册次）	日出借率（册次）
赣榆县图书馆	30680	98
如皋县图书馆	20000	65
东台县图书馆	147700	420
沛县图书馆	100800	336
海门县图书馆	54000	180
泰兴县图书馆	26000	87
句容县图书馆	66000	220

馆　　名	年出借率（册次）	日出借率（册次）
灌云县图书馆	54000	180
武进县图书馆	38000	126
昆山县图书馆	39938	133
丹阳县图书馆	106630	355
常熟县图书馆	227400	758
太仓县图书馆	35075	116
江浦县图书馆	45000	150
金坛县图书馆	39600	132
江阴县图书馆	38000	126
盐城县图书馆	84000	280

以上着重论述了县级图书馆容量与服务人口的关系,至于市级图书馆参考上述方法按全市实际服务人口进行计算,就勿庸赘述了。由于城市人口一般都包括城区人口与郊区人口,而主要是供城区人口所用,因而应以城区人口为主来计算,其比例可根据各城市实际情况确定。

根据对江苏省几个市级图书馆的调查,可以看出:目前中小城市图书馆的藏书量较大,城市平均每人藏书为1—2册,已可以达到国外一些发达国家的标准;而读者座位数则很低,平均每千人只有0.5—1个座位,与国外标准相差甚大(表2-11)。从我国实际情况出发,中、小城市图书馆的藏书量,按城市人口计算每人以1—2册为宜;50万人以上的城市每人以1—1.5册为宜;50万人口以下的城市以每人1—2册为宜。图书馆读者座位可按城市人口每千人提供1—2个座位为标准:其中50万人口以上的城市可按每千人设1—1.5个座位;50万人口以下的城市可按每千人设1.5—2个座位来计算。按此标准对拥有不同人口规模的城市图书馆,其容量计算可参考表2-12。

表2-11　江苏省市级图书馆藏书与服务人口关系调查资料表（1980年）

馆名	城市人口（万）	藏　书		读　者　座　位		全年书籍流通量（册次）
		藏书量（万册）	册/人	座位数	座/千人	
南京市人民图书馆	360	40	0.11	500	0.14	350360*
常州市图书馆	42	48	1.14	220	0.46	480000
无锡市图书馆	75	67	0.89	400	0.53	357997
扬州市图书馆	25	54.4	2.17	220	0.88	86000
泰州市图书馆	13	26	2	130	1	28786
南通市图书馆	36	48.3	1.34	120	0.33	228456

*1980年10月1日开馆，以开馆后月平均数推算全年而得。

表2-12　市级图书馆容量计算标准

城市人口（万）	藏　书		座　位　数	
	容量标准册/千人	藏书量（万册）	容量标准座/千人	座位数
200000	1.5—2	20—40	1.5—2	200—400
300000	1.5—2	30—60	1.5—2	300—600
400000	1.5—2	40—80	1.5—2	400—800
500000	1.5—2	50—100	1.5—2	500—1000
600000	1—1.5	60—90	1—1.5	600—900
700000	1—1.5	70—105	1—1.5	700—1050
800000	1—1.5	80—120	1—1.5	800—1200
900000	1—1.5	90—135	1—1.5	900—1350
1000000以上	1—1.5	100—150以上	1—1.5	1000—1500以上

3. 县（市）图书馆建筑面积的确定

图书馆建筑面积一般应根据其服务人口所需要的藏书量、读

58

者座位数、图书流通量及其相应的业务办公用房等因素来计算书库、阅览室及外借服务和业务办公用房等各部分所需要的空间和面积,并依此而确定全馆总的建筑面积。

国外计算公共图书馆的建筑面积也有不同的方法。我们选择其中具有代表性的两种方法介绍如下:

一种是按每千人服务人口所需面积来计算,国际图书馆协会联合会(IFLA)1972年修改的公共图书馆建筑面积指标就是采用这种方法(表2-13)。

表2-13 公共图书馆建筑面积服务人口与标准(IFLA,1972年)

服 务 人 口	每千人所需面积(平方米)
10000—20000	42
20001—35000	39
35001—65000	35
65001—100000	31
100000以上	28

另一种方法是美国惠勒(Wheeler)和吉塞斯(Cithens)在研究美国公共图书馆中所提出的一个被称为VSC公式来决定公共图书馆的使用面积(A)。

$$A=\frac{V}{110}+3.72S+\frac{C}{430}$$

式中:

V—总藏书量(包括开架与闭架);

S—所需读者座位数;

C—每年图书流通的册数。

此外,他们还根据调查分析,提出了相应的参数。如:

每平方米的藏书为110册(不管开架或闭架);

每个读者所需要的面积是3.72平方米;

每平方米可供流通430册书。

根据我国县（市）级图书馆的实际情况和特点，兹提出以下公式：

$$A=\frac{V}{K_1}+K_2 \times S+\frac{C}{K_3}$$

式中：

A——使用面积；

V——总藏书量，根据全县人口和城镇人口可按表2-6查得；

S——读者座位数，可根据表2-9查得；

K_1——300—400册/平方米；

K_2——1.8—2平方米/一个读者座位；

K_3——430册流通书/平方米（国内尚无此资料，现参考美国资料）；

C——全年图书流通量（可根据各馆实际情况确定）。

例如，某县全县人口为60万，其中县城人口为3万，求该县图书馆的使用面积。

根据 表2-6 查得 V=90000册；

根据 表2-9 查得 S=90座。

若

K_1=400册/平方米；

K_2=2平方米/一个座位；

K_3=430册流通书/平方米；

C=60000（这是实际调查的平均数，各馆可根据本馆情况确定）。

所以

$$A=\frac{90000}{400}+2 \times 90+\frac{60000}{430}=225+180+140=545平方米。$$

还需指出，建筑面积除了使用面积外，还包括交通面积、辅助面积及结构面积等。因此，一般公共建筑常以平面系数来控制面积的经济指标。所以，建筑面积可用下式表述：

$$建筑面积Q=\frac{使用面积A}{平面系数K}$$

对图书馆建筑来讲,可取K=0.6—0.8,若K=0.7,则建筑面积$Q=\frac{545}{0.7}\approx780$平方米。

使用这种方法,可以计算出不同人口数的县、市公共图书馆的建筑面积和规模的参考数(参见表2-14和图2-4)。

表2-14 县级图书馆建筑面积计算标准

级别	全县人口（万人）	县城人口（万人）	总藏书量V（万册）	读者座S（座）	全年书籍流通量C（万册）	使用面积（平方米）$A=\frac{V}{K_1}+K_2\times S+\frac{C}{K_3}$	建筑面积（平方米）$Q=\frac{A}{0.7}$
甲	100以上	2	8.7	82	10	639	913
		3	10.8	98	10	698	998
		4	12.9	114	10	783	1118
		5	15	130	15	984	1405
		6	17.1	146	15	1118	1598
		8	21.3	178	20	1354	1934
		10	25.5	210	20	1522	2175
乙	80-60	2	7.8-6.9	80-70	8-6	541-451	773-644
		3	9.9-9	100-90	8-6	633-544	900-777
		4	12-11.1	120-110	8-6	726-637	1030-910
		5	14.1-13.2	140-130	8-6	819-729	1170-1040
		6	16.2-15.3	160-150	10-8	957-869	1370-1240
		8	20.4-19.5	180-170	10-8	1095-1009	1564-1440
丙	50-30	1.5	6.15-4.95	78-66	4-3	405-265	580-400
		2	7.2-6	94-82	4-3	457-321	650-460
		2.5	8.25-7.05	110-98	5-4	542-465	775-664
		3	9.3-8.1	126-114	6-4	625-523	893-747

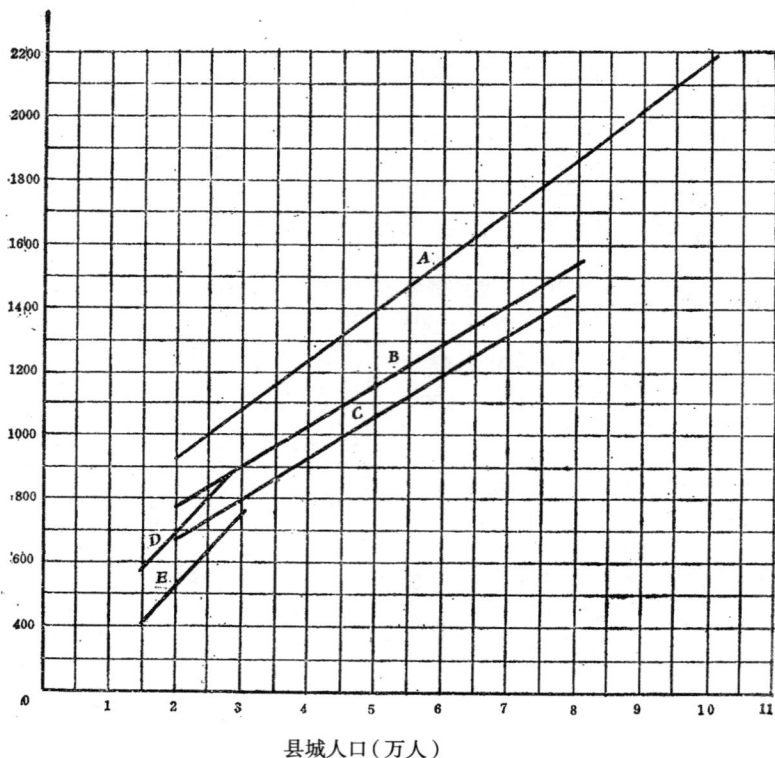

图2-4　县城人口与图书馆的规模：
A——人口为100万以上的县；B——人口为80万左右的县；
C——人口为60万左右的县；D——人口为50万左右的县；
E——人口为30万左右的县

　　同样，省、市级图书馆的使用面积也可按上述公式进行计算，其部分结果可参见表2-15，但它的参数值均属最低参考标准。如根据要求提高V·S·C的数值，其使用面积也相应提高。

表2-15　省、市级图书馆面积最低标准

城市人口（人）	藏书量V（万册）	座位数S（个）	全年书籍流量C*（册次）	使用面积A（平方米）	建筑面积Q（平方米）
200000	20—40	200—400	100000	1132—	1617—
300000	30—60	300—600	150000	1698—	2425—
400000	40—80	400—800	200000	2265—	3235—
500000	50—100	500—1000	250000	2831—	4044—
600000	60—90	600—900	300000	3397—	4852—
700000	70—105	700—1050	350000	3963—	5661—
800000	80—120	800—1200	400000	4530—	6471—
900000	90—135	900—1350	450000	5096—	7280—
1000000以上	100—150以上	1000—1500以上	500000	5653—	8067—

*全年书籍流通量根据调查,其数值与总藏书量之关系为1:1—1:$\frac{1}{3}$,故取总藏书量的一半计算。各馆可根据实际情况决定。

二、高等院校图书馆规模

　　高等院校图书馆的规模,主要决定于在校学生人数、教师编制,以及学校的最终发展目标,然后再根据在校师生人数来确定其藏书数量及阅览座位。当然,还需要考虑到学校原有的条件,专业设置等方面的情况。1957年原高等教育部曾制定过《高等学校远期建筑面积定额(草案)》(表2-16)。草案按学校规模、师生人数的多少提出了图书馆的容量 (藏书量及读者阅览座位数等)。1964年5月又作过修订,颁布了《一般高等学校规划面积定额修订草稿》。多年来,在设计工作中一般都按这两份《草案》来确定学校图书馆的规模。实际表明,按《草案》指标设计的图书馆阅览室

表2-16 高等院校图书馆规模（1957年）

学校规模（学生人数）	书库		学生阅览室		教师阅览室面积（平方米）	报刊阅览室面积（平方米）	办公室面积（平方米）	使用面积（平方米）	建筑面积（平方米）
	容量（万册）	面识（平方米）	容量（座）	面积（平方米）					
工科、理科									
5000	50	1250	1250	2120	200	500	600	4670	7200
8000	80	2000	2000	3400	300	800	800	7320	11300
10000	100	2500	2500	4250	400	1000	1000	9150	14100
农科、医药科									
2000	20	500	500	850	120	300	400	2170	3350
3000	30	750	750	1275	130	400	500	3105	4750
4000	40	1000	1000	1700	140	500	600	4040	6200
文史、政法、财经科									
1000	10	250	300	510	60	100	200	1120	1700
2000	20	500	600	1020	120	200	300	2140	3300
3000	30	750	900	1530	180	300	400	3160	4900

有些偏大。例如,安徽大学图书馆,当时按万人大学考虑,共设有12个大阅览室,但并未全部使用;安徽医学院图书馆设计时,按在校学生人数25%计算,设置了800座的阅览室,实际也未能充分利用。1980年教育部又在1964年《修订草稿》的基础上,征求了有关单位的意见后而制订了《一般高等学校校舍规划面积定额》(试行) 文件,并作为今后高等院校图书馆发展规划的依据 (表2-17)。

表2-17　高等院校图书馆书库与学生阅览室规模（1980年）

科别	规 模（学生人数）	书 库				学生阅览室			
		容量		面积		阅览座位数与学生人数（%）	座位数（座）	面积定额（平方米/座）	面 积（平方米）
		册/人	万册	册/平方米	平方米				
理、工、农林、医药、体育	500	260	13	300	433	20%	100	1.8	180
	1000	220	22	300	733	17.5%	175	1.8	315
	2000	200	40	300	1333	16%	320	1.8	576
	3000	166	50	300	1666	14%	420	1.8	756
	5000	140	70	300	2333	12.5%	625	1.8	1125
文、政法、财经	1000	300	30	350	857	20%	200	1.8	360
	2000	250	50	350	1428	17.5%	350	1.8	630
	3000	220	66	350	1885	15%	450	1.8	810

容量的规定如下：

1. 阅览室的座位数

1980年教育部制定的《一般高等学校校舍规划面积定额》（试行）中规定：高等院校图书馆的学生阅览室只解决学生借阅参考书的需要，学生做作业及自习则安排在宿舍及教室中进行。学生阅览室的座位数，理、工、农、医、体育各科按学生人数的12.5%（5000人规模）到17.5%（1000人规模）设置，文科及政法、财经按学生人数的15%（3000人规模）到20%（1000人规模）设置。教师阅览座位按教师总人数的16%设置。

学生阅览室每个座位占使用面积1.8平方米（包括走道及一般工具书架所占面积，下同）。教师阅览室每个座位占使用面积3.5平方米。业务办公用房按工作人员数每人占使用面积8—10平方米计算（包括分编、整理、装订等）。

同时规定研究生阅览室的座位数与研究生人数之比应为同

类本科生比例数的两倍,即:理、工、农、医各科研究生的阅览座位数应为研究生人数的25—35%。文科研究生的阅览座位数应为研究生人数的30—40%。研究生阅览座位面积定额按每座比本科生增加0.32—0.51平方米,即每座可占面积1.82—2.31平方米。

2. 书库的藏书量

理、工、农、医、体育各科,学校规模为5000人时藏书为70万册,3000人时藏书为50万册,2000人时藏书为40万册,1000人时藏书为22万册,500人时藏书为13万册。文科及政法、财经科学校规模为3000人时藏书应为66万册,2000人时藏书为50万册,1000人时藏书为30万册。全国重点高等院校及个别历史悠久的院校现有藏书已超过上述指标者,可在现有藏书量的基础上适当留有发展余地。在进行书库规划时,应注意对过时期刊及复本书籍作经常性必要的处理,不要使藏书量无限制地增加下去。

3.图书馆的建筑面积定额

这里按阅览室、办公室的平面系数K=70%,书库的平面系数K=90%计算(参见表2-18)。理、工、农、医、体育各科书库每平方

表2-18　高等院校图书馆建筑面积定额(1980年)

科　别	规模(人)	平方米/人
理、工、农、医、体育	500	2.66
	1000	2.09
	2000	1.8
	3000	1.54
	5000	1.31
文、政法、财经	1000	2.41
	2000	1.95
	3000	1.71

米的（使用面积）藏书为300册，文科、政法、财经科书库每平方米的（使用面积）藏书为350册。

就国内大专院校图书馆的实际调查表明，在目前一般专科院校图书馆藏书量都在15—50万册，建筑面积一般在3000平方米左右。综合性大学图书馆藏书量一般都在100万册上下，建筑面积在8000—12000平方米左右。

第三章　图书馆选址与总体布置

第一节　图书馆选址原则

筹建一所新的图书馆,首先遇到的一个重要问题就是选择馆址。馆址是否合理,要根据许多因素和条件综合判断,但最重要的标志是预见建成后长期使用的效果。这对于方便读者,保护图书,降低造价以及充分发挥图书馆的使用效率关系极大。

负责建筑设计的人员并非每次都有机会参加选址工作,往往在接到图书馆设计任务书之前,馆址就已由城市建设部门确定。即使如此,设计工作者面对已经确定的馆址也要作一番全面的了解和实事求是的分析,充分利用它的有利条件,克服它的不利因素。如果建馆基地的地理位置不具备最基本的使用要求,就应提出建议重新选址。

在选择馆址时,一定要注意以下原则。

一、位置适中,交通方便

图书馆是为读者服务的群众性的公共建筑,它的一切工作都要围绕这个中心。选址也是一样,首先应考虑到方便读者。

对于公共图书馆来说,最好坐落在城市交通方便的适中地区,使它靠近服务范围的中心,不要偏于一隅,以免读者往返不便,把时间都浪费在路途上。例如:北京图书馆建在北京市区中心地段,北海公园旁边,位置适中,交通方便,就是一个较理想的馆址位置;南京图书馆及南京市人民图书馆也都建在城市中心地带的太平北路及长江路上,它们附近有几条公共汽车线路通过,无论从哪个方向来的读者都不会有偏远的感觉,馆址也较为适合(图3-1)。

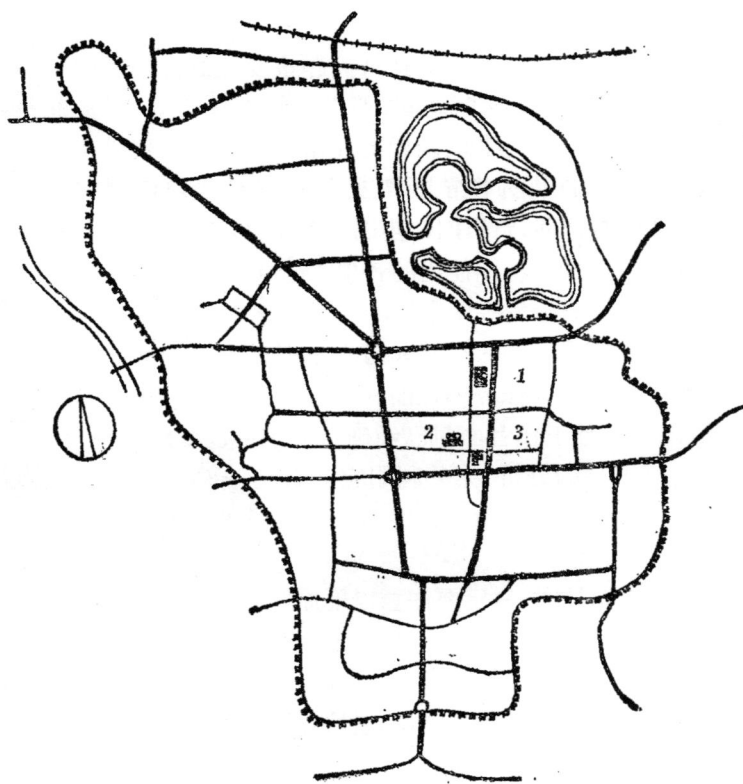

图3-1 南京图书馆和南京市人民图书馆在城市中的位置:
1——南京图书馆; 2——南京市人民图书馆; 3——玄武区文化馆

在一个大城市里，一般设有省、市、区几级公共图书馆，这些图书馆虽然任务有所侧重，服务对象也不尽相同，但是它们的馆址应该由城市规划部门进行合理布局，不要挤在一起，同时要避免将图书馆和文化馆靠得太近。从上图可以看出，南京图书馆、南京市人民图书馆及区文化馆的位置过于集中，这一点是值得规划部门注意的。在县城，虽然城市不会很大，但也要注意将图书馆建在城镇适中的位置。

同样，高等院校图书馆的选址问题也要注意位置适中。一般都建造在教学区与生活区之间，使广大师生从教室、实验室或宿舍来馆都比较方便。例如：新建的北京大学图书馆就是布置在校园的中心位置，四周为教学区和生活区，并位于总体规划的主轴线上，成为学校建筑群的主体，取得了较好的效果（图3-2）。

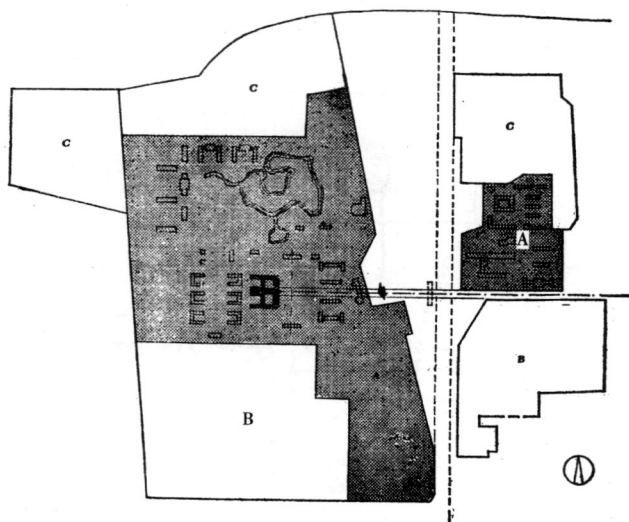

图中虚线表示规划的道路和学校入口

图3-2　北京大学图书馆位置：

A——教学区；B——学生宿舍区；C——教职工宿舍区

70

将馆址选择在学校总体规划的中轴线上,以图书馆作为学校建筑群的主体的方式,采用的较多,如西安交通大学图书馆(图3-3)、上海同济大学图书馆(图3-4)等都属此例。

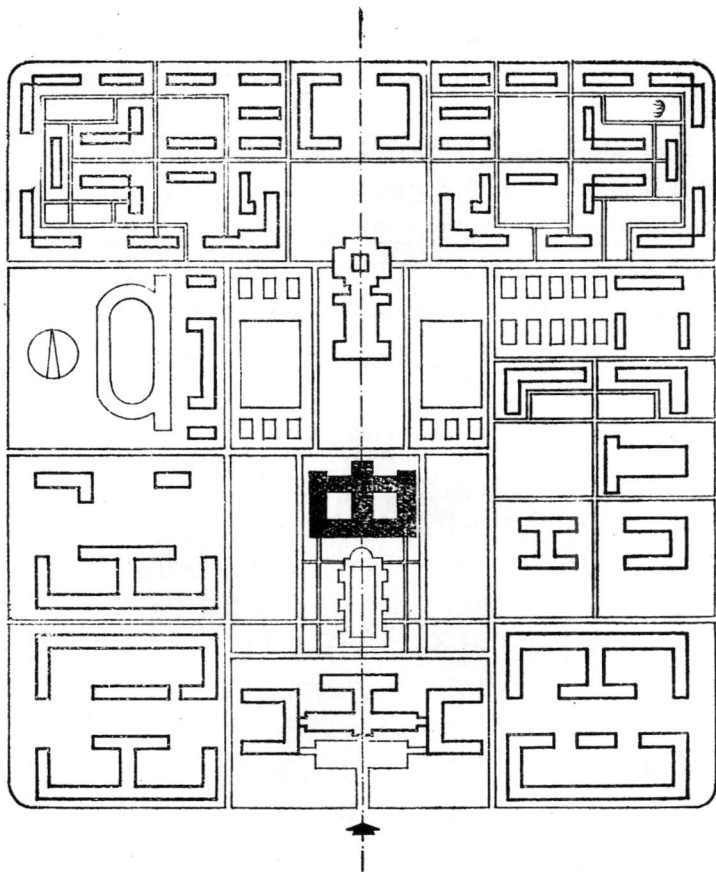

图3-3　西安交通大学图书馆位置

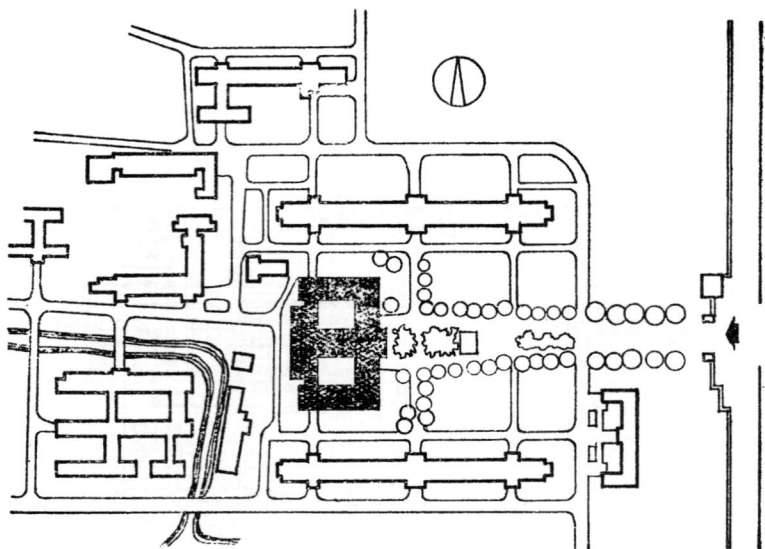

图3-4　上海同济大学图书馆位置

　　另一种方式是将图书馆布置在教学区中,但不在学校总体的中轴线上,只是位于学生上下课必经的道路旁边,在整个学校建筑群中仍占有重要的地位。例如,南京工学院图书馆就是布置在师生来往频繁的主干道旁边,位于以礼堂为中心的中轴线西侧(图3-5)。上海复旦大学图书馆同样也属此例(图3-6)。

　　国外高等院校图书馆在总体设计中,也是以位置适中,方便读者为原则。从资料上还可以看出,图书馆在总体规划中往往被作为一个主体建筑物看待。现选择三个美国院校图书馆作为实例来看,以见一斑。

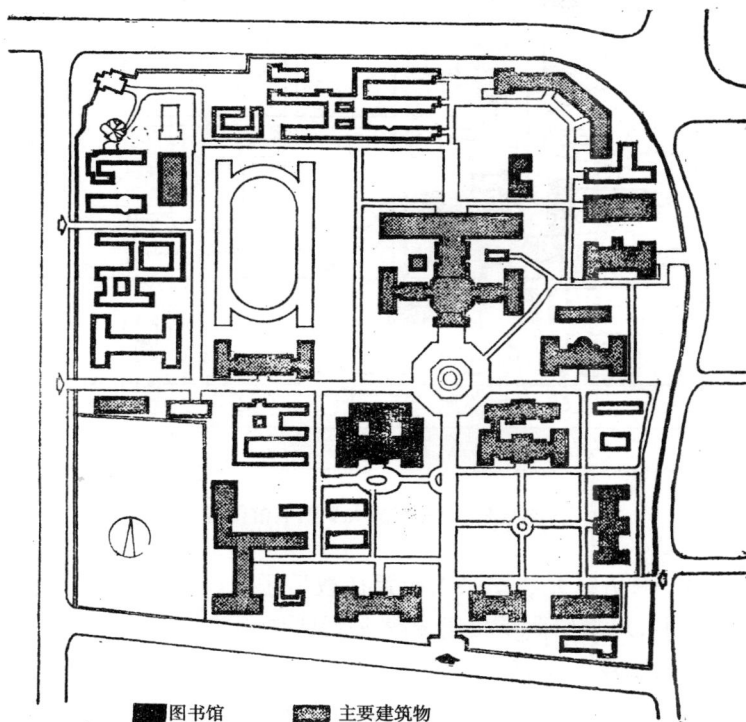

图例：■ 图书馆 ▨ 主要建筑物

图3-5 南京工学院图书馆位置

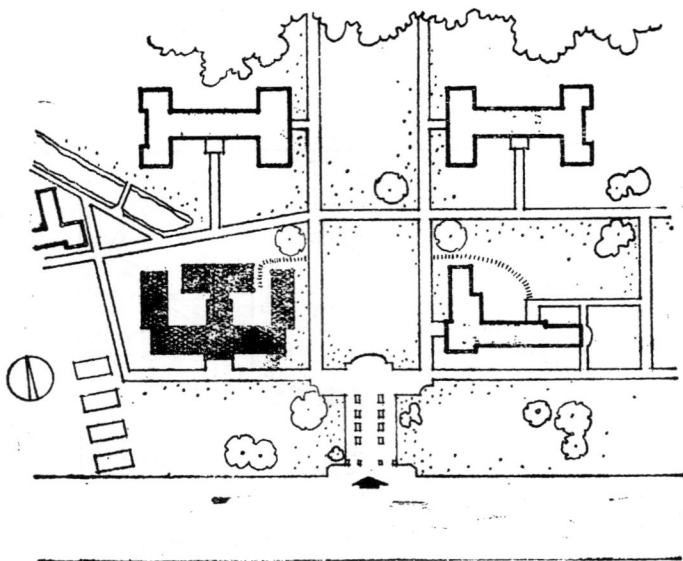

图3-6　上海复旦大学图书馆位置

1. 纽约哥伦比亚大学（图3-7，a）

这所大学历史悠久，北面的图书馆建于1899年，南面的系1934年新建，都作为中轴线上主体建筑物看待。

2. 缅因州考尔贝学院（图3-7，b）

这个学校把图书馆放在教学区建筑群的纵横两条重要轴线的交叉点上，成了建筑群的中心。

3. 佛罗里达州迈阿密大学（图3-7，c）

大学的总平面是不对称的，没有明显的轴线，图书馆虽然放在教学区中心广场的一角，但是从一些主要教学楼的方向来看，其位置仍然是适中的。

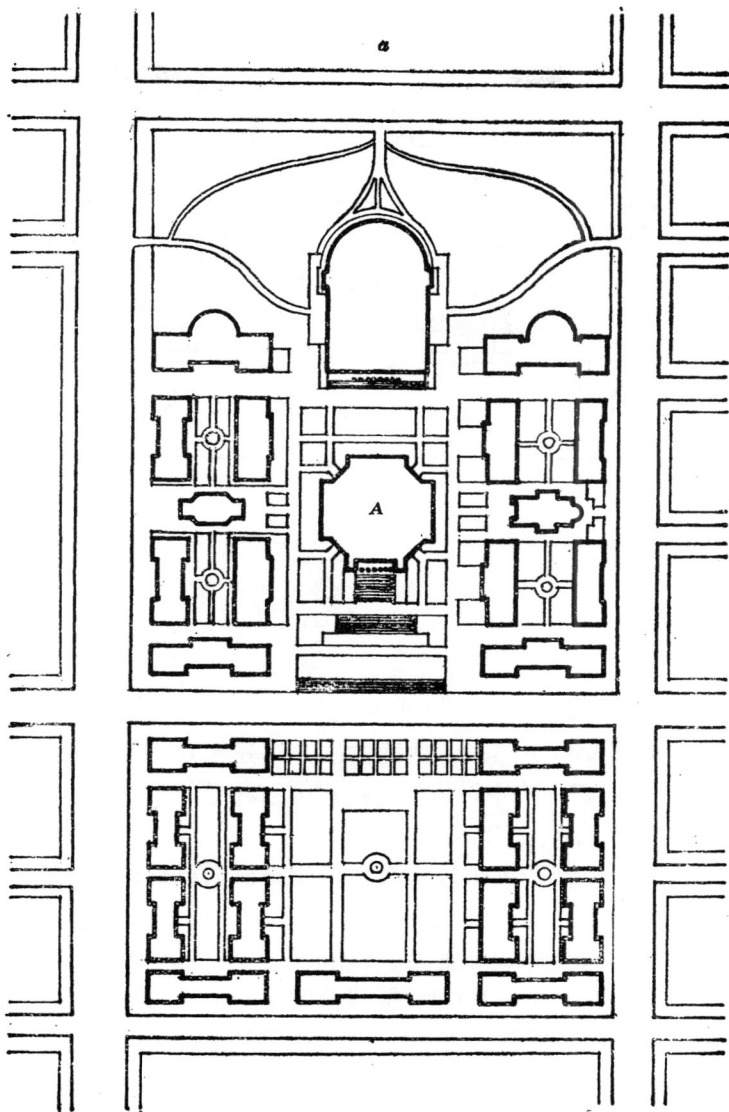

a

A

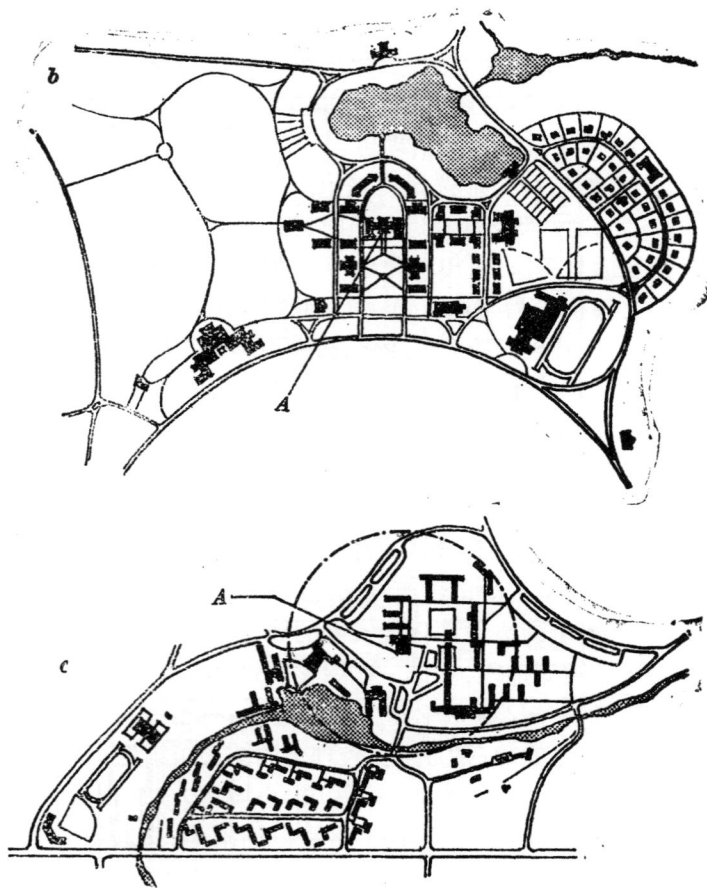

图3-7　美国高等学校图书馆位置实例（图中A为图书馆）：

　　　　　a——纽约哥伦比亚大学总平面；

　　　　　b——缅因州考尔贝学院总平面；

　　　　　c——佛罗里达州迈阿密大学总平面；

二、环境安静、优雅，防止各种干扰和污染

为了使读者能专心致志，集中精力地进行学习和研究，给图书馆创造一个安静的环境是极为重要的。否则，即使房屋内部条件再好，其使用效果也不会理想。公共图书馆为了尽可能接近服务对象，虽然常将馆址选择在城市的中心地带，但也不应忽视环境安静的问题。当基地临近干道时，为了防止噪声干扰，建筑物应该自红线适当后退，留出绿化地带作为隔声的屏障。北京图书馆门前的文津街虽为交通干道，车辆频繁，但由于主楼离马路边线80米左右，又有较好的庭院绿化，故噪声影响甚微。广州中山图书馆虽位于文德路干道，但由于后退60米，中间也隔以一个绿化很好的前院，从而使内部的阅览环境也较为安静。

为了避免和减少噪声的干扰，图书馆还应该离开声响较大的厂房、铁路和公路，千万不要建在城市的干道交叉口或交通频繁的主要干道上；也不要建在临近人流聚散很大，人声嘈杂的影剧院、商场、体育馆之类的建筑物附近。一般应以"闹中取静"为原则，选择在既交通方便而环境安静的地方。最好在主建筑物前有一个较大的独立地段，安排一些绿化地带和开阔的室外场地。云南省图书馆选于昆明市翠湖公园附近，内有水池、绿化及园林式庭院设计，环境安静，是一个比较理想的图书馆馆址（图3-8）。

但是，有些地区，特别是一些中、小城镇，往往把公共图书馆放在市、镇的中心区，甚至在十字路口的闹地，交通虽方便，但不安静，噪声灰尘都很大，对读者的阅览和图书保管都有很大的影响。这一点应该引以为戒。

当然，随着科学技术的发展，交通对空间和时间的影响将逐渐缩小，选址工作的某些条件也会发生变化。国外有的把公共图书馆建在新城区的适当位置上，条件较理想，不受旧城区的限制。例如，澳大利亚国家图书馆就设计在首都堪培拉新规划的中心三

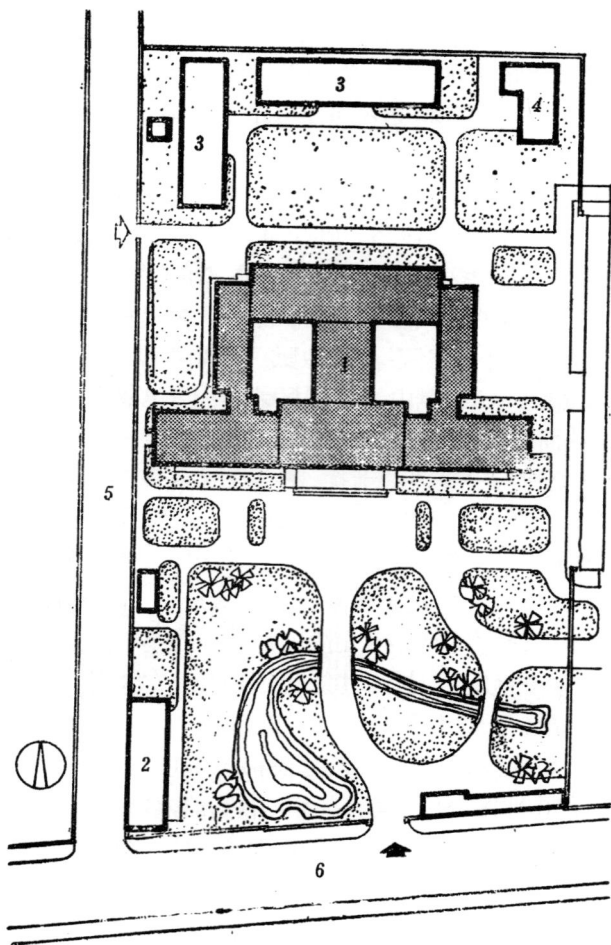

图3-8　云南省图书馆总平面:

1——图书馆;2——办公室;　3——宿舍;4——食堂;
5——钱局街;6——翠微南路

角区中，面临伯利格里芬湖，这里将建造国会大厦、高等法院、国际会议中心、国家美术馆及其他一些重要的建筑物（图3-9）。

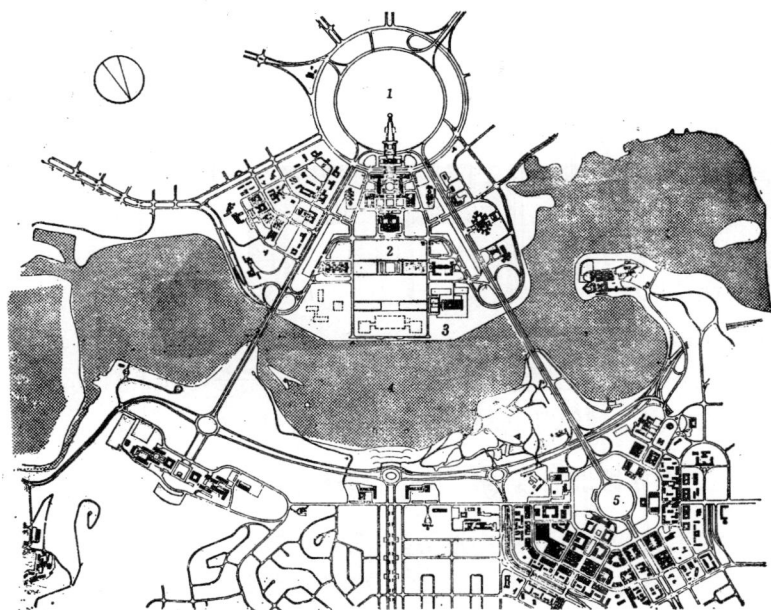

图3-9　澳大利亚国家图书馆位置：
1——首都山；2——国会；3——国家图书馆；
4——伯利格里芬湖；5——市中心

　　高等院校图书馆一般都建于校园中，虽然校园与城市比较起来要安静得多，但也要注意避免靠近城市的主要干道；同时也要远离校内的运动场、体育馆或响声大的工厂车间及实验室。按声学要求，阅览室的允许噪声为40—45分贝，图书馆与其他噪声源应保持下列表3-1中所提出的距离。

表3-1　图书馆与噪声源防护距离

声源种类及其 平均噪声级	城市干道 80分贝	运动场 77分贝	实习工厂 78分贝	音乐教室 75分贝
与图书馆距离	160—100米	45—70米	45—80米	35—60米

图书馆的馆址除了环境要安静外,防止各种污染也是很重要的问题。因此,在选择馆址时,要尽量避开生产灰尘、煤烟或其他有害气体的污染源,对于产生浓烈气味的化验室、工厂和食堂都不宜靠近。如果因外部条件限制,一时不能避免时,则应在设计中设法改善,例如,把阅览室放在上风向,或利用绿化和附属用房作为屏障。实践证明,馆区的绿带是防止灰尘、防止空气污染的一个有效手段。

此外,图书馆建筑,特别是书库建筑要注意防火,馆址应远离有失火可能的建筑物和易燃仓库,以策安全。

三、选择馆址的自然条件和地质条件

图书馆的馆址要选在地势高、日照通风良好的地方。图书馆切忌放在低洼潮湿的地段,因为低洼潮湿的地段往往雨水流泄不畅,容易造成积水。在这种地方建馆,不但地下室部分容易漏水和潮湿,很难加以利用,就是地面一层也常常在霉雨季节反潮;遇到暴雨,地面水一时排不出去就会泛滥成灾,造成极大的不便和损失。

广西图书馆馆址选在有几十个水塘相通的地段,设计者利用水面,采用水庭式的布局,将阅览室和书库建于水上或邻水布置(实例图录Ⅰ-7),力求为读者创造清静的阅读环境,但水气的蒸发,尤其在霉雨季节,将无疑会增加空气的湿度,对图书的保存工作将会有一些影响。下述上海华东师范大学图书馆已有这方面的教训。

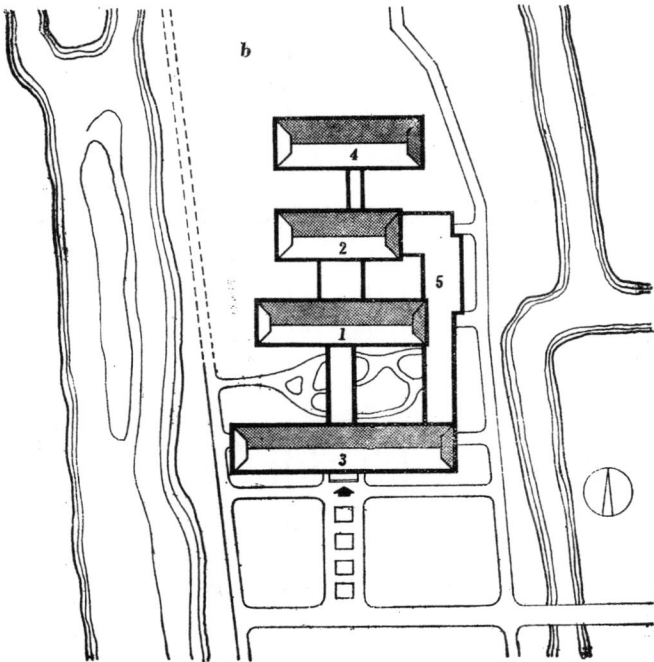

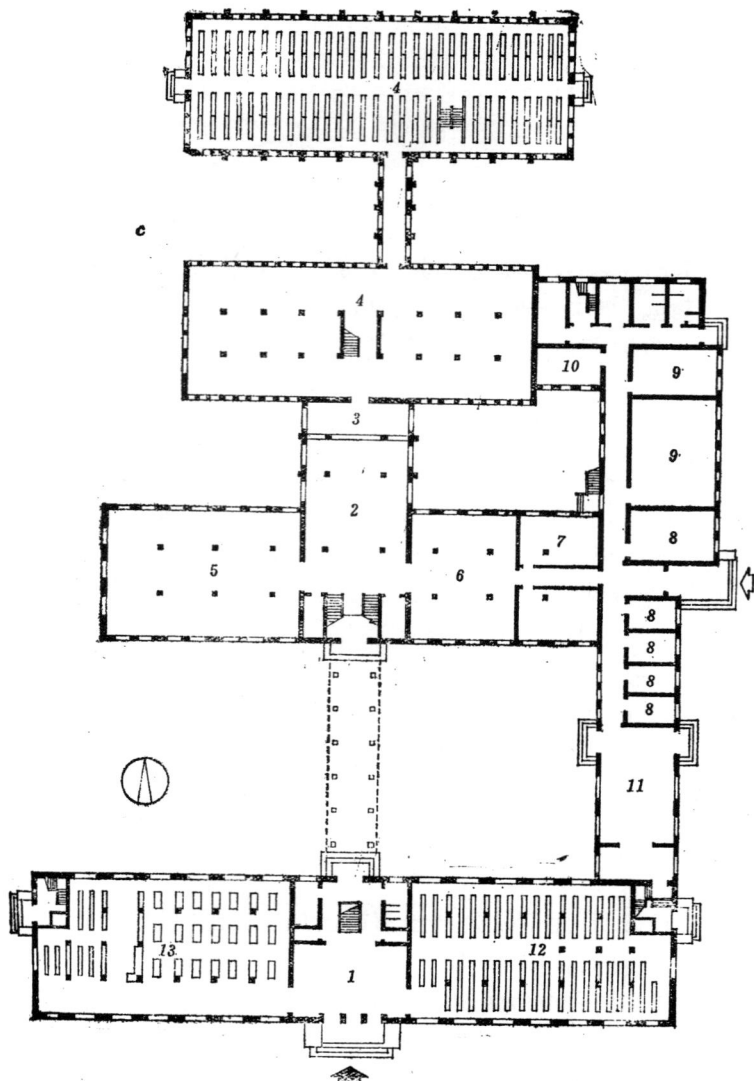

图 3-10 上海华东师范大学图书馆基地与扩建：

a——外观鸟瞰图;b——总平面,1——原有阅览楼,2——原有书库,
3——后建阅览楼,4——后建书库,5——后建业务办公用房;c—— 一
层平面,1——门厅,2——目录厅,3——出纳台,4——书库,5——阅览
室,6——编目室,7——采购室,8——办公室,9——装订室,10——储
藏室,11——阅报室,12——期刊库,13——自然科学阅览室

图书馆的馆址要避免过分狭长的地形。这种地形将给会规划
设计带来不少困难,使建筑物与外部的防护距离过小。南京图书
馆的基地就有这个缺点。此外,基地过于狭长,还会给扩建带来不
便,难于发展,即便能勉强扩建,也将影响馆舍合理的使用。例如,
上海华东师范大学图书馆(图3-10),其基地东西两面临河,扩建
发展受到限制,只能南北延伸。扩建后馆舍前后相距100余米,致
使书库与阅览室联系很不方便。

此外,图书馆建筑,特别是多层书库部分,它的总载荷较大,
应选择天然地基条件较好、土壤承载力比较高的地段,不然会增
加很多的基础处理费用。在正常情况下一个3到4层的钢筋混凝土
框架结构的图书馆工程,其基础费用约为全部造价的10—15%,如
果遇到较软弱的天然地基, 结构设计要加大基础或者要采用椿
基。这样基础费用有可能上升到30%左右。在进行工程地质勘察和
钻探时特别要摸清暗塘、冲沟流砂、大孔土和有滑动可能的岩石
断层等情况。这些都是造成严重工程质量事故的原因。

四、便于发展扩建

实践证明,无论是公共图书馆还是学校图书馆,扩建任务都
是不可避免的,在国外(如英国、美国等)也是如此。一般大专院
校图书馆和研究单位的图书馆,图书的增长率一年为4%到5%,这
意味着16—17年图书就要增加一倍;即使发展较完善的图书馆其
增长率也达2%左右,即35—40年左右就要增加一倍。我国情况也

基本如此。北京师范大学图书馆1959年新建,当时按160万册藏书量设计,建筑面积为9300平方米,但目前已不够使用,又在筹建9000平方米的书库,建成后藏书可达320万册。事隔二十多年,图书就增加了一倍。大型的公共图书馆图书的增长率更为可观,因此发展和扩建是图书馆建设事业中一个普遍性的问题。例如,北京图书馆、南京图书馆、广州中山图书馆等,解放后都大规模地进行了扩建。

所以,在选择馆址时,一定要充分注意发展和扩建的可能性,这是图书馆在开始规划和设计时必须考虑的首要问题。为此,在拟定建馆任务书时,除要有一个较长远的业务和建设规划设想外,还必须考虑基地是否有发展的余地,以便在规划设计时,预先保留将来需要扩建的用地。

当然,扩建不是无止境的。目前,大多数图书馆都是以扩建书库居多,这是由于图书增长和积累的速度较快所致。但发展到一定程度后就应有所节制,否则,无限制地扩建下去将会影响内部的使用,而且会导致各部分之间的功能关系松散、混乱。那时就要采取另外的办法来解决,例如,加建附馆、分馆或储备书库等。甚至可以在一定的范围内(如一个城市或大城市中的一个系统)建立保存图书馆,即把每个图书馆呆滞的书籍集中储存到这种图书馆中,这样可以大大节省每个图书馆的书库面积。当然,在若干年以后,随着缩微读物的发展,所需书库的空间将会大大缩小,从而不断扩建书库的问题将会得到缓和。

第二节　图书馆总体布置

前面已论述了对图书馆选址工作的一些基本要求,这会为新建图书馆的规划设计提供一个较好的基地建设条件,但能否真正创造一个较好的阅览和工作环境,重要的还在于总体布置的合理与否。特别是在实际工作中,有些新建馆的基地往往不是全都能满足上述要求的,在这种情况下,更需要合理地进行总体规划设计。

一、总体规划设计的原则和要求

新建图书馆的总体规划设计,目的是使图书馆的建设能做到布局合理、使用方便、节约土地、造价经济,同时又达到造型美观的要求。为此,一般应考虑以下几个问题。

1. 合理的划分功能分区

图书馆建筑是功能复杂,内容繁多的一种公共文化、教育活动场所。要把不同使用对象、不同工作内容的各种房间有机地组成一个整体,既要彼此联系方便,又要内外有别,避免使用中的相互干扰和影响,尽可能使图书馆的不同使用性质的各部门都有一个相对独立的既适用又安静的场所。这就要求在有限的基地上进行合理的功能分区。

对于大型公共图书馆来讲,总体规划设计中的功能分区合理与否,尤为重要。因为在这些图书馆中,一般都划分为读者活动区和内部工作区。在读者活动区中,又分有成年人、青少年和儿童活动区;在一般读者阅览活动区中,还有对外开放的公共活动区(如陈列室、讲演厅等)。在内部工作区中,除了办公业务用房以外,又有图书修整、照相、裱糊、复印等类似加工厂的区域。在某些大型公共图书馆中,还设有工作人员的生活区,如职工宿舍、食堂等。这些不同使用性质的各个区域,首先应在总体规划中加以解决,否则,总体布置不合理,单体设计肯定是不会令人满意的。因此,一定要从总体规划设计入手,合理地进行布局。

总体设计最基本的一条,就是要做到内外有别,把对外读者活动区和对内工作管理区严格区分开来。在分清内、外两大区的前提下,进一步将阅览区和公共活动区分开,成年阅览区和青少年儿童阅览区分开,把业务办公与一般加工用房分开。在大型公共图书馆中,如设有生活区的话,那定要把生活区与馆区严格分开来,切忌混杂布置。例如,云南省图书馆及北京图书馆新馆的总体设计(图3-11),就是按照这个原则进行布置的。其中,云南省图书馆是将生活区(宿舍和食堂)置于馆的后部,二者分开出入,在馆前专辟庭院绿化区,以创造安静的环境。北京图书馆新馆建筑规模浩大,面积近140000平方米。除了主体建筑物外,尚包括附属建筑、展览用房及可容纳1200人的报告厅。内容繁多,功能复杂,分区布局就显得更为重要。该馆设计者们在总体布局中,将全馆不同使用要求的各个部门,相对集中,分区组建为成团、成组地对称布置。业务加工用房设在建筑群的底层,而把读者活动区布置在4米高以上的读者一层(实际上为第二层)、东西轴线的两侧,并以书库为中心,东、南两面均设读者入口,但以东入口为主。内部管理区(包括办公、车间、印刷、装订、图书修复、食堂、锅炉房、冷冻、配电、汽车库等附属用房)则置于基地的北部和西北部,并另设行政及服务人员出入。此外,还将展览、报告厅等可直接对外的公共活动区单独置于基地东北一隅,与图书馆主体建筑又分又合,使与读者阅览区相分开,生活区则完全另辟基地建造。

当然,对一般中、小型公共图书馆或高等学校图书馆来讲,问题虽没有这样复杂,但是也必须做到"内外有别",尽量使读者活动场所和内部工作区域分开。在总体规划设计上应把内部用房规划为一个独立区域并设置单独出入口。目前不少图书馆忽视这一问题,全馆仅设一个出入口,工作人员与读者必须从同一个大门进出,造成相互干扰,使用不便。南京医学院图书馆,虽然规模不大,但由于设置了各自的单独出入口,且内部管理自成一区,就能较好地解决了这个问题。合肥工业大学图书馆也在不同的方向设置了读者入口和内部工作人员出入口;第二汽车制造厂图书馆结

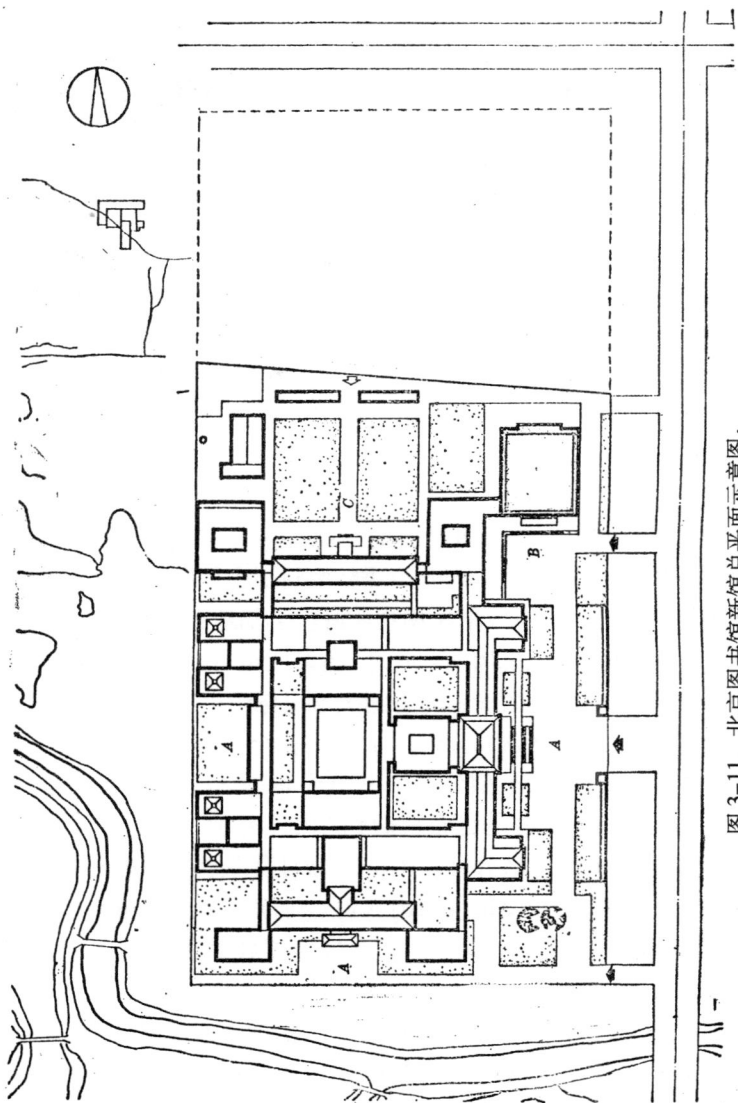

图 3-11 北京图书馆新馆总平面示意图：
A——读者阅览区；B——公共活动区；C——内部管理区

合地形,将读者入口与工作人员入口分设两层,也是一个较好的例子(图3-12)。

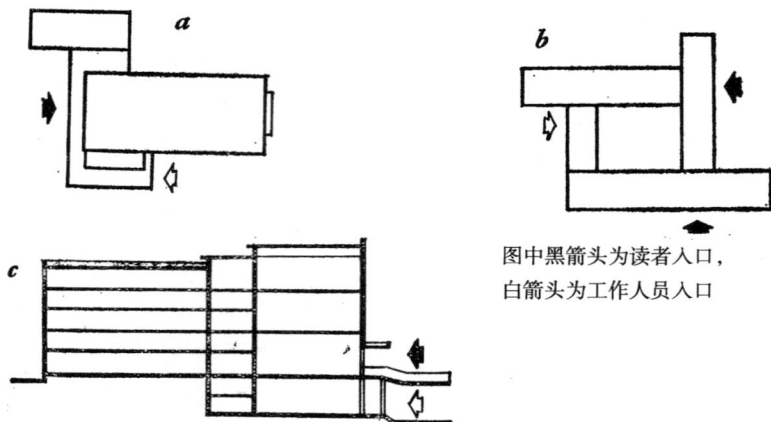

图中黑箭头为读者入口,
白箭头为工作人员入口

图3-12 图书馆入口的设置:
a——南京医学院图书馆;b——合肥工业大学图书馆;c——第二汽车制造厂图书馆

对于实行开架方式的图书馆来讲,为了便于管理,不论馆的规模大小,通常只设一个读者出入口。

此外,不论公共图书馆还是学校图书馆或科学研究图书馆,都要考虑设置室外活动区、庭院绿化区,供读者停放车辆、休息之用,还要注意环境的美化。

2. 争取良好的朝向及自然通风

图书馆建筑要有较好的朝向和自然通风,这些都关系到读者的学习环境和图书的保护。一般当建筑基地坐向南北时,主体建筑的布置能较容易地将内部朝向和通风与外部的造型要求相统一。但基地方位往往不尽理想,有些常常是坐向东西。有不少公共图书馆的主立面朝向东面或西面而又面临城市的主要干道时,内部的朝向和通风要求就会与城市规划的街景产生矛盾。因为按照朝向和使用要求,建筑物就应南北向布置,而建筑物的山墙面就

88

要对着主要干道,造成了所谓"肩膀朝街"的形状,这种做法常常遭到一些人的反对。按照他们的意见,为了街景"好看",即使在这种基地上也要将图书馆建筑主要面平行于干道,不惜使大部分阅览室或书库成为东西向布置,这显然是不合理的。设计人员必须反对这种牺牲使用要求,片面追求街景的做法。当然,街景也是重要的,但它不是图书馆建筑的最基本、最主要的目的。何况,二者是可以通过精心设计、合理布置使之统一的。新设计的北京图书馆和已建成的南京图书馆都是基地坐西朝东,它们的总体布置基本上是以满足使用要求为前提,书库、阅览室等主要房间朝向南北,为它们提供了较好的朝向、采光和自然通风的条件,另外也充分地满足了城市规划部门对主要街景的要求(见实例图录 I -4 及实例图录 I -9)。

当然,在一些大型图书馆设计中,当基地条件不易保证各部用房都能朝向南北时,总体布置就要分清主次、统筹兼顾。一般优先考虑的次序是:阅览室→书库→出纳→业务办公→附属用房。

3. 总体布置要因地制宜、结合现状、集中紧凑

城市规划部门批准图书馆建设用的基地有各种各样的地形,最理想的是长宽比接近于3:2或2:1的独立地段,且地形平整,基地较大,条件较理想。这为总体规划和设计提供了有利条件。但在这种条件下,也不宜将建筑物布置的太分散,仍应尽量集中紧凑,以缩短馆内的交通路线和争取更多的室外绿化面积,并为今后的扩建,留有充分的余地,不要将基地全部塞满。建筑密度一般以不超过40%为宜。

另一种情况是建馆基地条件相当差,不仅基地面积小,且长宽比过于狭长,附近又有不宜拆除的建筑物等。在这种条件下,总体布置更要紧凑集中。国外有些图书馆甚至向空中或地下发展。在这方面,一个较突出的例子就是加拿大哥伦比亚大学新图书馆。它建于校区中心, 在这个中心的东西两端分别为现有的老图书馆及教

学楼。广场中心是传统的林荫道,种植有40多年有名的橡树。新建图书馆如若按常规的方法将它建造在地面上的话，就将完全破坏这个中心和林荫大道。就在这个特殊的基地上，设计师采用了地下布局的方式，巧妙地运用采光天井的办法，使建在中心广场地下图书馆的二层和三层房屋仍能获得自然光线。这样的设计不但没有破坏原有的广场中心的林荫道和树木，而且还保留了原来的安静气氛和郁郁葱葱的绿化环境（图3-13及实例图录Ⅱ-2）。

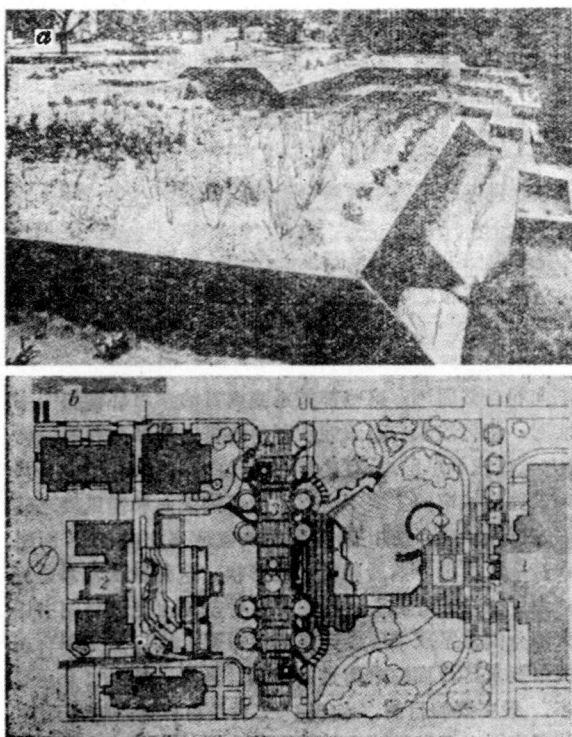

图3-13　加拿大哥伦比亚大学图书馆：

a——外貌；b——总平面，1——老图书馆，2——教学楼，3——林荫道

类似这样的布局方式在美国也屡见不鲜。如美国哈佛大学中心图书馆旁边的地下新图书馆（图3-14）及美国哥伦比亚大学建

图3-14　美国哈佛大学地下图书馆
a——外貌;b——入口

筑系扩建的图书馆（图3-15）也就建在原有建筑物的内院中，地下图书馆的屋顶就成了新的绿化很好的内庭。

此外，还有的图书馆建设基地是山坡地或地形有高差的地段。总体布置就要因地制宜地充分考虑地形的高差，以节约土方工程量，降低造价，并能较好地保护原有的自然环境。日本名古屋市立千种图书馆在这方面更是

图 3-15　美国哥伦比亚大学建筑系图书馆：
a——新老馆联接处；b——地下阅览室内景；c——地下图书馆房顶（新的内庭）

别具一格（图3-16）。

4. 正确处理好总体规划和个体设计的关系

图书馆的总体建设规划应根据其长远的业务发展规划和具体的建设任务,分期、分批地去实现。因此,要求各个不同使用性质的建筑物,一定要在总体建设规划的指导下,进行个体设计。

解放后,我们的基本建设工作虽取得了很大的成绩,但有的地区和单位在基本建设中往往缺乏一个长远的总体规划。因此,在个体建设中过分地强调了客观条件和个体的特殊性,结果是各行其是,在平面布局和立面形式上造成一个杂乱无章,不谐调的总体。另外,还需很好地总结经验,认真加以改进。在图书馆的建设中不能忽视这些历史的教训。

在资本主义国家,土地是私有的,往往给总体规划带来极大的局限性。但是尽管如此，他们在设计工作中，还是很重视群体关系，注意从总体规划出发，来进行个体设计。如法国雷恩大学科学图书馆的设计，就是从总体规划出发而进行个体设计的一个较好

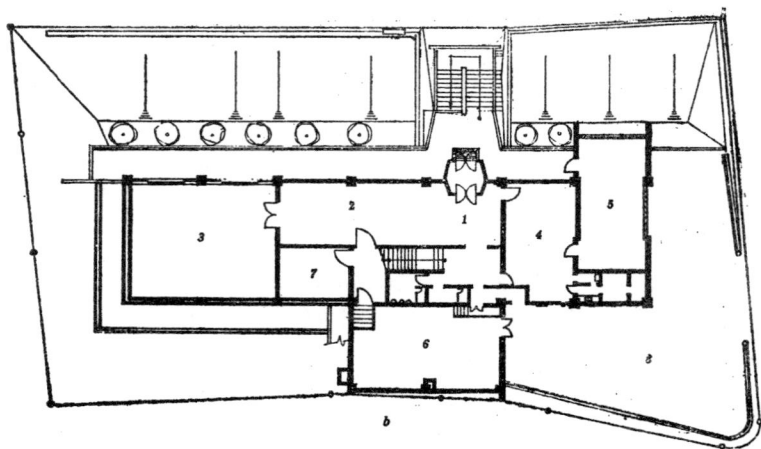

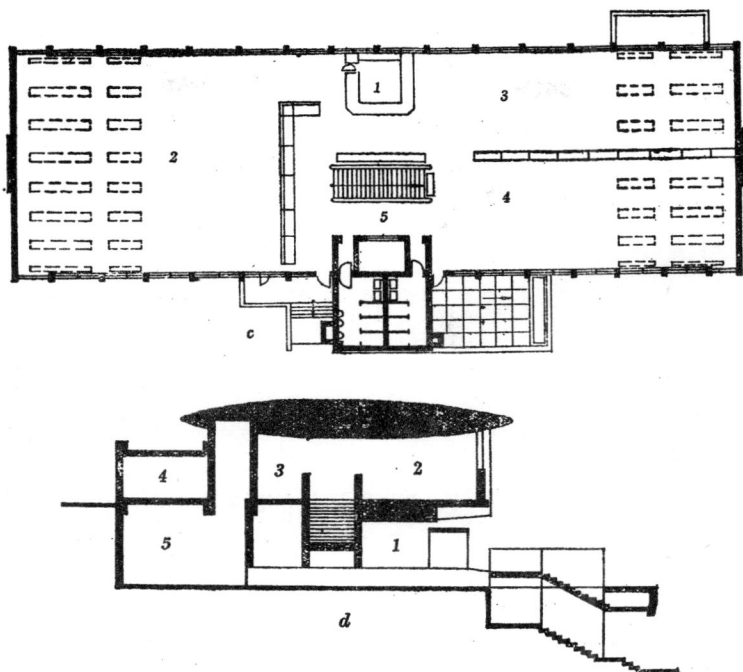

图 3-16　日本名古屋市立千种图书馆：

a——入口外观；b—— 一层平面，1——入口门厅，2——陈列室，3——大会议室，
4——办公室，5——小会议室，6——机械室，7—— 闭架书库，8—— 停车场；
c——二层平面，1——管理台，2——成人阅览室，3——儿童阅览室，
4——学生阅览室，5——休息室；d——剖面，1——入口及陈列室，2——阅览室，
3——休息室，4——厕所，5——机械房

的例子。这个学校虽然位于丘陵地带，但总体规划却灵活自由，分区明确，建筑体型彼此协调一致。图书馆就位于校区中心，它处于四面道路相通的交叉地段。在这特定的基地上，建筑师没有采用传统的中轴线上对称的布局方法，而是根据总体规划中四周道路及建筑物的关系（四周没有对称的建筑物），并考虑到丘陵地的

特点,结合地形高低进行巧妙的处理,作了一个曲尺形的不对称的设计。这样,形成了两个馆前空间和前后两个入口,读者和工作人员都能方便地进出。同时,这样的曲尺体型也有利于采光、通风,并与周围的建筑群相协调,取得了较好建筑效果。

二、总体布置方式及实例

1.总体布置方式

图书馆总体布置方式,根据调查和搜集的有关资料表明,它们规模大小虽异,但在总体布局上大致可归纳为以下几种方式。

(1)集中式 这种方式是把书库、阅览、出纳目录和内部办公管理等四大部分集中组合在一幢建筑物里。其优点是布局紧凑集中、工作联系方便、节约用地、管网经济;缺点是读者和工作人员之间有时相互干扰,自然采光、通风受到限制。集中的方式有垂直组合和水平组合两种(图3-17)。在国外,采用这种集中成块的

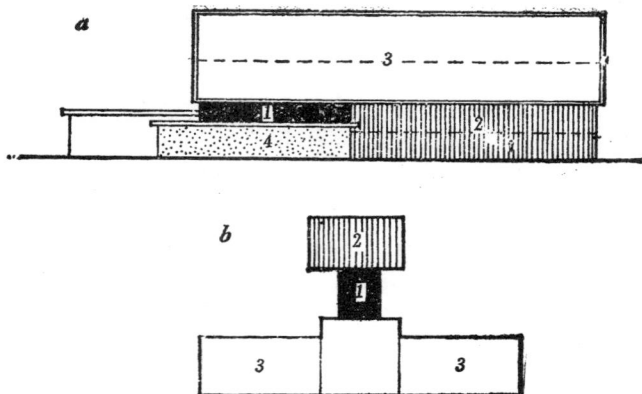

图3-17 图书馆集中式布置方法:
a——垂直组合(南京医学院图书馆);b——水平组合(北京化工学院图书馆);
1——办公室;2——阅览室;3——书库;4——借书处

方式较多,甚至采用塔形方式来建造,如苏联乌克兰国家图书馆的设计就采用了五个塔体组合的方式(图3–18)。

(2)分散式 这种方式是将书库、阅览、出纳目录及采编办公等四个部分分别设在几幢建筑物里。这种方式虽然便于分期建造和扩建,但是它的缺点是占地大、辅助面积多,各部分之间的联系不紧密并要通过室外,对图书馆内部使用,诸多不便。这种总体布局方式多见于旧房的利用改造,如北京首都图书馆就是这种分散的布局,它是利用古老的国子监改建而成的(图3–19)。

(3)混合式 上述两种方式的结合,称为混合式,即将图书馆各部不同使用要求的独立房屋,用走廊相连接。例如,上海华东师范大学图书馆(图3–10)和广西图书馆(实例图录Ⅰ–7)。这种方式的优点是又分又联、分区明确、组合灵活,便于分期建造和扩

图3–18 苏联乌克兰国家图书馆设计外观(模型)

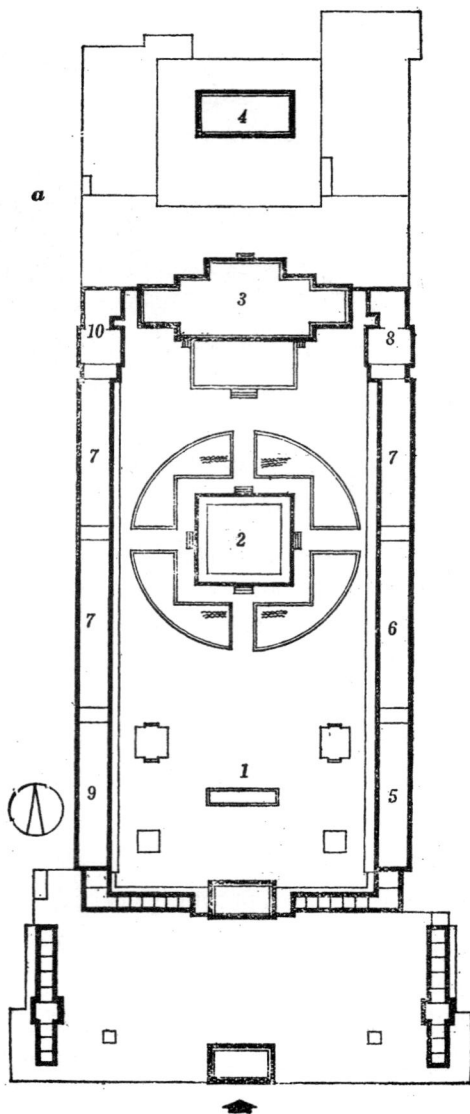

a

1
2
3
4
5
6
7
8
9
10

图 3-19　北京首都图书馆：

a—总平面，1—牌坊，2—讲演厅（原辟雍殿），3—综合阅览室（原彝伦堂），

4—书库，5—外文借书处，6—个人借书处，7—阅览室，8—办公室，

9—期刊阅览室，10—编目室；b—辟雍殿外观

建。缺点是走廊多，辅助面积大，占地也较多，书库与阅览室联系不够方便。它适用于较大型图书馆的总体布置。

2. 总体布置的实例

前面已论述了对选址及总体布局的一些基本要求，现在拟从这方面介绍一些图书馆工程实例，如南京地区近几年新建的几个图书馆的经验，便可进一步阐明如何在设计中贯彻和符合总体规划设计的原则和要求。

（1）南京图书馆的总体规划设计　南京图书馆是江苏省的省一级公共图书馆，馆址在南京市成贤街和太平北路之间。这个馆的前身是解放前的"中央图书馆"，当时由于没有认真地进行总体规划和设计,因而全馆没有一幢像样的建筑物。解放后,虽然对书库和阅览室进行过多次的整修和扩建,但是还是赶不上形势发展的需要。1974年,国家决定对该馆进行彻底的改造,计划建一幢12000多平方米的新馆。

新馆决定建在原来的馆址上。就其位置而言,原址还是比较适中的,交通也方便。但是这块基地比较狭窄,南北长160米,东西宽仅50米,而且基地四周均无扩充的可能(图3-20)。

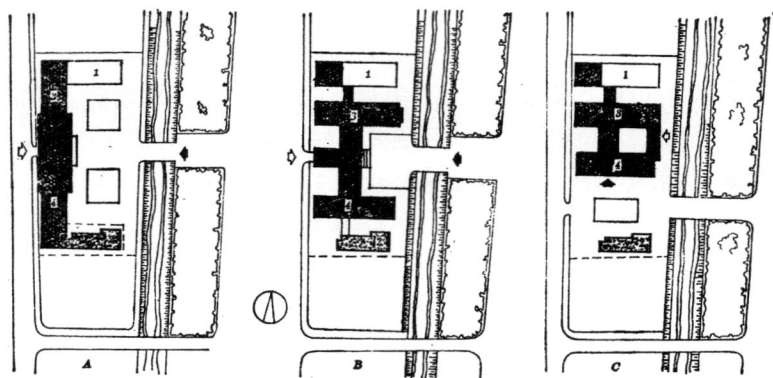

图3-20 南京图书馆总体改建方案A、B、C的示意图:
1——原有书库;2——原有阅览室;3——新建书库;4——新建阅览室

在进行总平面设计时,当时有两种意见:一种意见是主张完全按照主干道的街景要求,将建筑物面向干道"一"字形摆开;另一种意见是主张功能要求是主要的,不能简单地采用"一"字排列的形式,来单纯地满足街景要求,而应把两者很好地结合起来,综合考虑。按照第一种意见设计的方案,很多主要房间都要朝东西向,显然是不理想的。于是在第二种意见的基础上,经过反复比较、分析而设计出了方案B和方案C,又通过讨论比较最后才选用了方案C。其理由是：

①阅览室和书库的朝向好，避免了大量房间朝西向东；

②平面布置合理，比方案B更集中紧凑；

③从街景的角度看，仍然有一个很好的透视效果，能满足城市规划的要求；

④还有一点可取之处是可与目前尚需保留的2号楼建筑相互对应、彼此干扰少，今后在此楼的基地上可以再建一幢新楼，左右对峙，仍不失为一个良好的总体布局。

从南京图书馆的设计过程中可以看出，在总平面布置时首先要为阅览和藏书创造良好的朝向和通风条件，这是图书馆建筑极为重要的问题。不要单纯为了美观上的要求，而轻易地牺牲功能和实用要求。处理设计中的问题要多做调查研究，分清主次，实事求是，不能舍本逐末，华而不实。

（2）南京医学院图书馆（原名江苏新医学院图书馆） 南京医学院图书馆的建设基地，是经过设计工作者对校园里三处不同地段的反复调查研究，详细比较才确定下来的。

这个学院的教学区E正处在两条城市干道的交叉路口，西边是一个凸起的台地，上面布满了居民自建的平房住宅。学生、教师的宿舍均在教学区北面，因此，绝大部分师生是从北面进入教学区的，只有少数师生是从汉中路大门进来的（见图3-21中黑箭头所示的地方）。该校可供选择建造图书馆的基地有三处，即图上所示A、B、C三种方案。

基地A 这个基地的主要缺点是与西边的居民区D的台地靠得太近，居民区内的喧闹声将会对图书馆的安静造成威胁。此外，下雨季节，雨水从台地上往下流，基地附近积水多，对书籍的防潮保护不利。

基地B 这块基地平坦开阔，面积较大，与基地A比较，优点较多，但是拟建的图书馆规模不大，只3000余平方米，占用这块基地

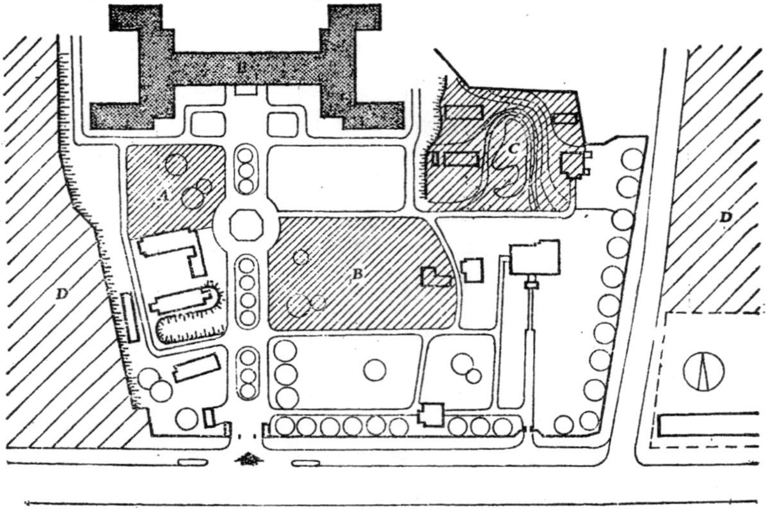

图3-21　南京医学院图书馆馆址选择

有点浪费。此外，又因基地靠近汉中路干道，噪声也有影响，师生宿舍区又在北部，故位置不够适中。

　　基地C　这块基地是在教学区的东侧坡地上，地势高爽，紧靠教学楼，师生来馆比较方便，又离汉中路较远，避免了汽车的噪声干扰，环境安静。经过多方面的讨论研究，反复比较，最后一致选择这块基地作为建新馆的馆址。

　　从南京医学院图书馆的选择馆址工作中可以看出，在设计图书馆的总平面时，不但要注意位置适中，环境安静，地势高等问题，还要从全局观点出发，注意合理使用土地，不能只顾眼前而不考虑整体的长远发展。

　　（3）南京铁道医学院图书馆　南京铁道医学院于1974年新建了一幢3000平方米的图书馆。设计人员对该馆址的选定，也是经过一番推敲的（图3-22）。

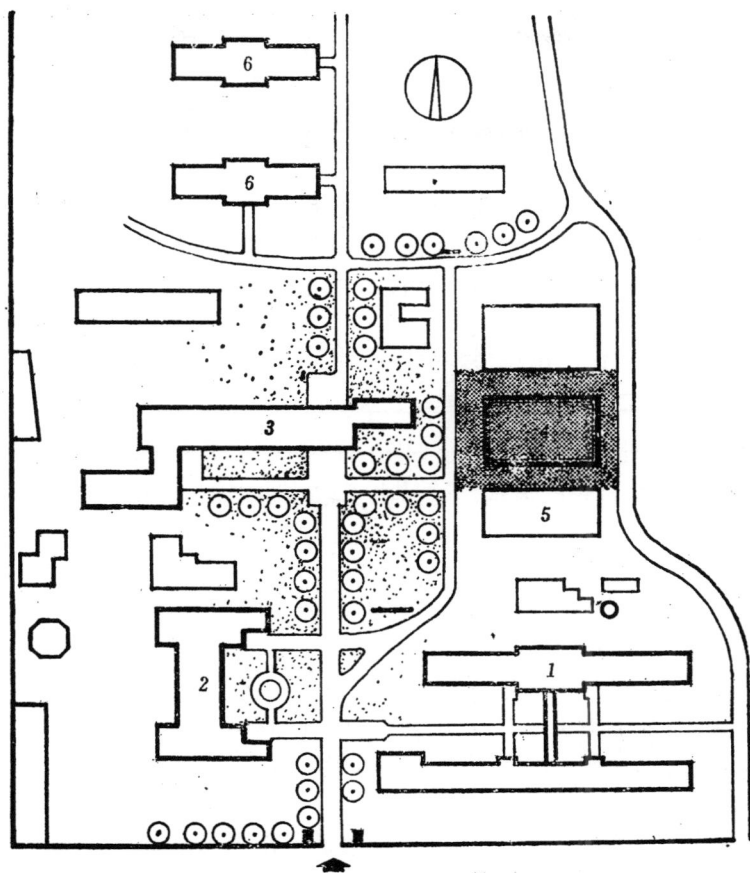

图 3-22 南京铁道医学院总平面：
1——医院；2——检验室；3——教学楼；4——新建图书馆；
5——原图书馆；6——学生宿舍

由于该学院的校园比较狭窄，几乎找不出一块合适的空地，供建筑新馆之用。开始校方在不得已的情况下，拟将检验科拆除建造图书馆。这样不但要增加拆迁工程量,而且位置也不够适中。在教学楼的东侧,原图书馆的北面还有一块空地,但面积只有35米×40米。按照传统的设计方法显然是不够的。设计人员因地制宜地在这块基地上设计了一个26米×35米的矩形平面的图书馆楼,并采用升板结构。这个设计不但避免了拆迁问题,而且平面简洁、紧凑,使用方便。新图书馆的位置又在教学楼、附属医院和宿舍区三者之间,比建在检验科的地段上更为适中。

从南京铁道医学院图书馆的选址经过来看,在选择馆址和平面布置上,机动灵活和因地制宜是非常重要的。

三、图书馆与其他建筑合建问题

在图书馆的建设中,还有一个建造方式的问题。除了独立的建造一个图书馆外,一些小型图书馆或专业图书馆,还常常采用与其他建筑合建的方式。这是由于这些图书馆的面积和体量小,用地紧张或投资等因素所造成。但不是任何性质的建筑都可与图书馆合建的。它应以不影响图书馆的使用和图书的保护、不妨碍读者学习为原则。那些有污染、有火源、人流过于集中、声响噪音大的房屋不宜与图书馆建造在一起。上海中医学院图书馆是与医学博物馆及系办公用房合建在一起的。该建筑一、二层为图书馆,三层为医学博物馆,四、五层为中医系办公用房。这可称为垂直式的合建方式。而某大学图书馆则拟与教学楼合建在一起。它采用水平的方式,教学楼放在图书馆的一侧,各有出入口(图3-23)。

这种合建方式在现今国外的建筑中是越来越流行了。主要是将具有各种不同功能要求的公共建筑组合在一起,形成一个综合体——城市文化中心,使之具有吸引观众(读者)的力量(图3-24)。这些文化中心常常包括有图书馆、博物馆、档案馆、音乐厅及剧院、礼堂等。它们布置在一起,彼此起着互相补充的作用。可以说,这种综合性的组合方式乃是当今公共建筑发展的一个重要特

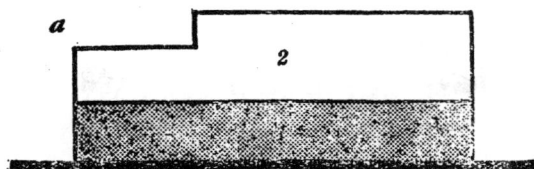

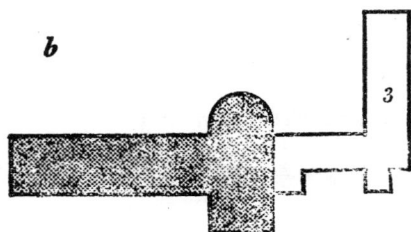

图3-23　图书馆合建方式：
a——垂直合建（上海中医学院图书馆）；b——水平合建（某大学图书馆）；
1——图书馆；2——实验室；3——教学楼

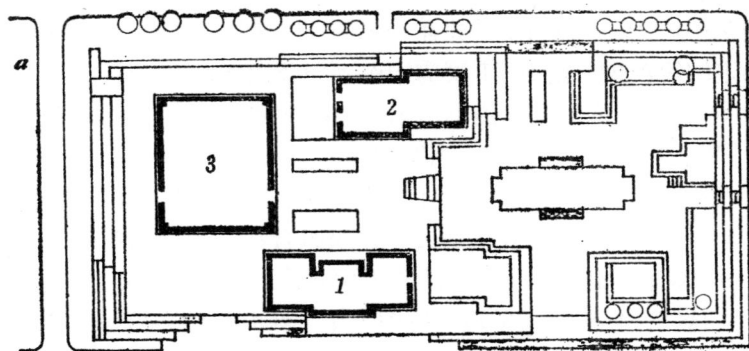

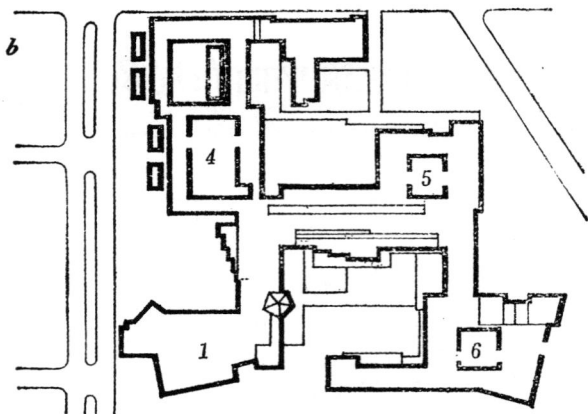

图3-24 国外社会活动综合体实例:
a——加拿大沙罗特敦市社会活动中心;b——西柏林新博物馆群设计;
1——图书馆;2——艺术博物馆;3——剧院;4——绘画陈列馆;
5——地志博物馆;6——民间实用美术博物馆

征。它直接关系着图书馆建筑的选址和布局。但这一类建筑是以文化中心为主,图书馆只是附设其中的一部分,而不是以图书馆为主的建筑物。它与专门的图书馆还是有区别的。

第四章　图书馆建筑平面布局及空间组织

第一节　图书馆建筑房间组成及功能关系

一、房间组成

图书馆的规模、类型无论有多少差异,一般都由四个主要部分所组成,只是房间数量的多少、面积大小不同而已。这四个主要部分如下。

（1）藏书部分　主要是书库,它是图书馆的重要组成部分。按其性质分有:基本书库,辅助书库,储备书库及各种特藏书库。

（2）借书部分　包括目录厅（室）和出纳厅（室）等,这是读者借、还图书的总枢纽。

（3）阅览部分　包括各种阅览室及研究室,这是读者活动的主要场所,在图书馆中占有较大的比重。

（4）内部业务部分　包括办公、管理、采编及其加工用房等。

此外,还有为读者服务的辅助用房,如门厅、存物处及厕所等。有的图书馆还设有讲演厅、陈列展览室及会议室等。

二、功能关系

图书馆建筑的各部用房,有的是直接为读者使用的,如借书及阅览部分;有的是间接为读者服务的,如闭架书库、照相复制及内部作业用房等。它们在使用过程中构成一个有机的整体,既有密切的联系又有不同的工作特点。在着手进行图书馆的建筑平面布局和空间组织设计时,除要了解一般要求外,还必须具体地了解图书馆的使用情况以及读者、工作人员和书籍的合理流程及其相互关系,用建筑功能分析图将它们科学地表达出来,以表示各个部门之间的相互关系,有助于合理安排平面布局、空间组织及各部分之间的交通联系等。不同类型、性质和规模的图书馆,就有着不同的房间组成和使用要求,因而也有不同的功能关系和平面布局、空间组织等,如图4-1、图4-2及图4-3所示。

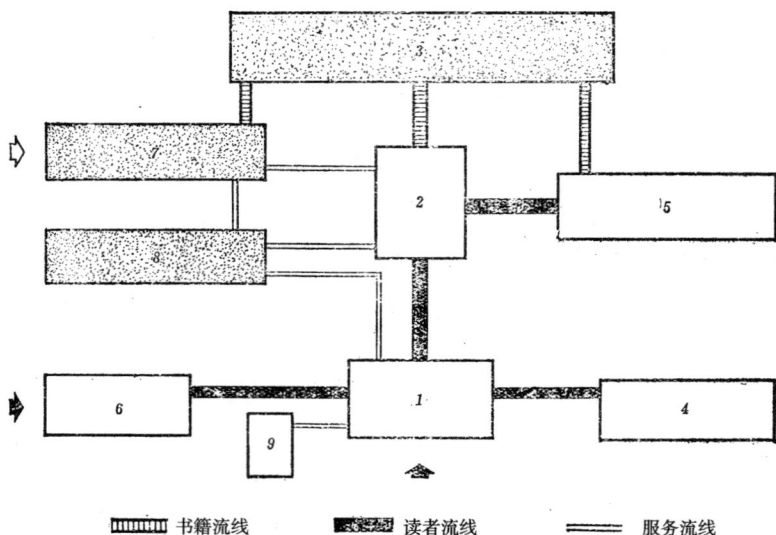

图4-1 中、小型公共图书馆组成及功能关系:
1——门厅;2——出纳目录;3——书库;4——报刊阅览室;5——成人阅览室;
6——儿童阅览室;7——采编加工;8——行政办工;9——管理

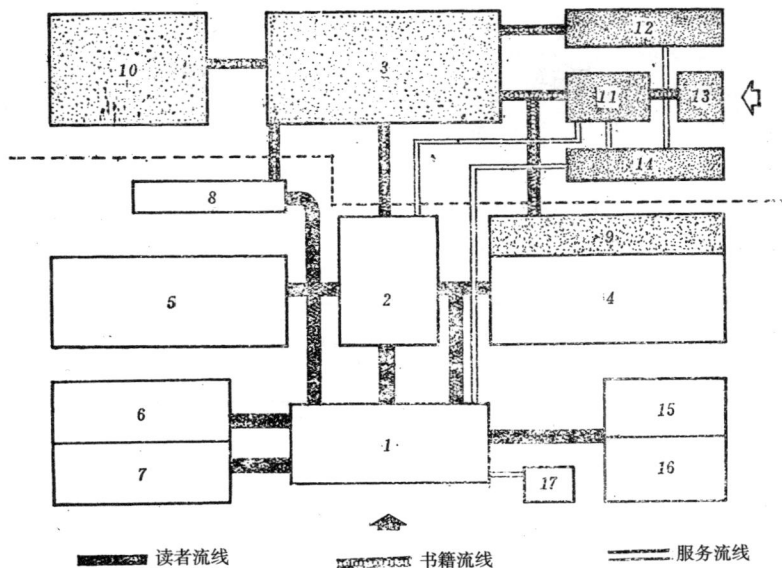

图4-2　大型公共图书馆组成及功能关系：

1——门厅；2——借书厅；3——总库；4——参考阅览室；5——普通阅览室；
6——报刊阅览室；7——政治阅览室；8——研究室；9——辅助书库；10——储备库；
11——编目；12——加工作业用房；13——采访；14——办公；15——陈列室；
16——讲演厅；17——管理

　　图4-1表示了中、小型公共图书馆的组成及功能关系。它明显地告诉我们：虽然是中、小型的图书馆，但它们仍是由书库、借书处（目录室及出纳室）、阅览室及采编办公等四个部分组成。它们之间的相互关系是：书库、借书处及阅览室的关系必须密切，借书处一般就置于书库与阅览室之间，以便读者入馆后能方便地到达借书处和各阅览室，也能使图书较简捷地从书库传送到借书处的出纳台，争取最短的运书路线；采编业务用房要与书库和借书处

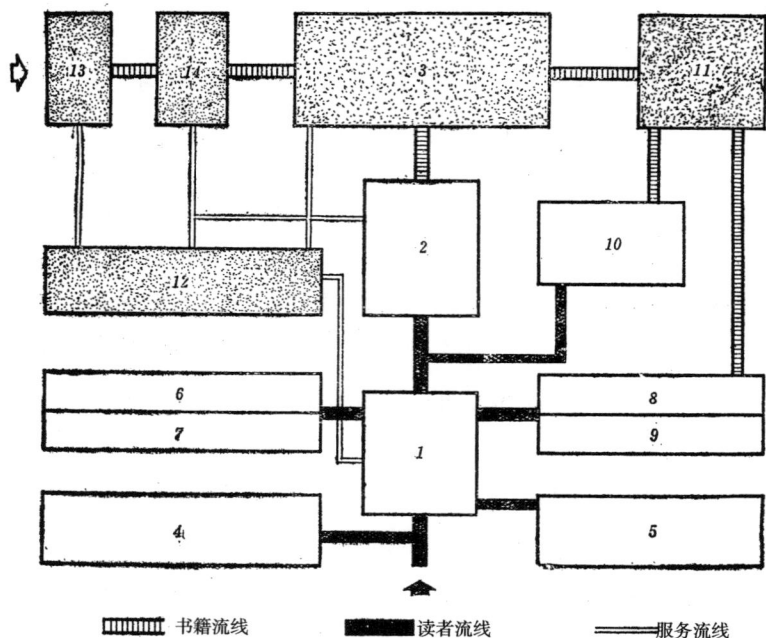

图 4-3 大学图书馆组成及功能关系：

1——门厅；2——出纳目录；3——书库；4——报刊阅览室；5——政治学习室；
6——普通阅览室；7——学生阅览室；8——参考阅览室；9——教师阅览室；
10——研究室；11——辅助书库；12——采编办公室；13——采购；14——编目

有直接的联系，以便新书入库上架和工作人员查阅、增补卡片；图
书馆的办公用房则需与各个部分有间接的联系。儿童阅览室应与
成人阅览室分开，设在靠近门厅入口处，要求单独设立出入口。

　　同样，图4-2及图4-3表示了大型公共图书馆和大学图书馆的
组成及其功能关系，它们也都包括四个基本部分，只是更复杂一
些，其基本要求仍同上述一样。

第二节　建筑布局的基本功能要求

现代图书馆应该是一个为读者高效率服务的图书馆,而一个高效率的图书馆除了与管理方式和服务效率有关外,同建筑布局也有着很大的关系。根据调查和图书馆设计实践的体会,在进行建筑布局时,为了给图书馆工作的高效率创造有利的条件,必须首先解决好以下几个基本的功能关系问题。

一、合理地安排藏、借、阅三者间的关系

图书馆中的主要工作是以采、编、藏、阅作为手段,为广大读者服务的。因此,藏书、借阅(目录、出纳)及阅览是三个最基本的部分。三者间的关系构成了图书馆内读者和图书的基本路线(又称基本流线),其中书籍运送路线又是最主要的因素。它们的布局方式,决定着建筑平面的形式。在进行平面布局时,必须使书籍、读者和服务之间路线畅通,避免交叉干扰,以求简化和加速图书的出纳流通;最大限度地缩短工作人员的取书距离,减少读者借书的等候时间;并使读者方便地进出阅览室,缩短书库与阅览室或借书厅与阅览室间的距离,避免书籍路线和服务路线穿行阅览区(图4-4)。

图书馆工作人员的日常工作大多数是"日行百里不出门,勤勤恳恳为人民",每天都要在馆内往返地走很多路程,我们要为他们这种工作特点创造方便的条件。目前,有的图书馆借书需等半小时以上,这除了与管理方法、运送设备有关外,与建筑设计不当也有直接关系。图书馆建筑空间布局就应按上述三种基本路线来安排各种房间,保证各部门之间有恰当的联系和分隔。

在藏、借、阅三部分中,"藏"和"阅"又是主要的,即书籍和

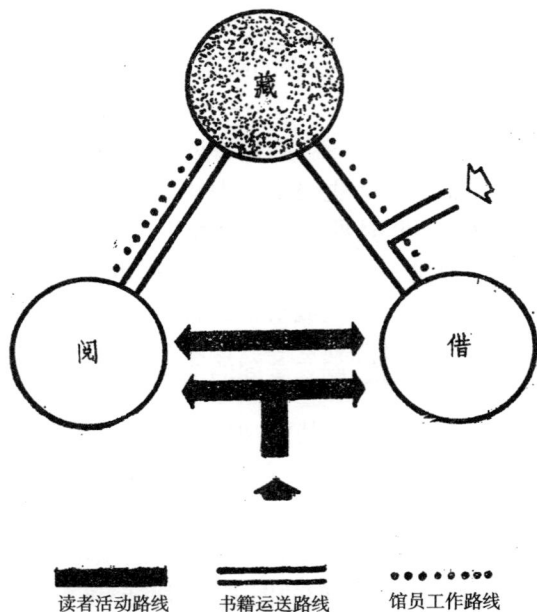

读者活动路线　　　书籍运送路线　　　馆员工作路线

图4-4　图书馆基本路线

读者的关系是最基本的。因此,在平面布局中,尤其要注意书库与阅览室的关系, 借阅部分通常是依附于它们二者之间而布置,采编等其他用房的布置则更为灵活。

二、分区布置和分层布置

1. 分区布置

在建筑布局时,除了上述考虑以外,就要具体考虑馆内各部分房间的安排。哪些属于联系密切? 哪些次之? 哪些需要分开? 应按他们的使用特点、要求,划分为不同的区域,进行合理的分区,使各区之间既有联系，又有分隔。在通常情况下，图书馆建筑应将对内和对外的两大部分分开，闹区和静区分开，以及将不同对象的读者阅览室分开，从而为安静的阅览环境和方便的管理工作创造条件。

（1）内外分区　内外分区即是将读者活动路线、工作人员的工作路线和书籍的加工运送路线合理地加以组织区分，使流线简捷明确，避免彼此穿行、迂回曲折和相互干扰。

内部区域主要是工作人员活动的区域，包括书库、办公室、内部作业及加工场等。外部区域则是读者的活动区域，包括阅览室和公共活动的讲演厅和陈列室等。这两个区域既有区别，又有联系。

内外分区是图书馆建筑使用功能中最主要的要求，如果处理不好，必将带来管理上和使用上的不便和紊乱。大凡一个图书馆设计人员，在方案构思阶段就要对这个问题进行认真的分析和安排。一个好的图书馆设计方案无不是内外区域分明，这方面的例子是很多的，特别是一些大型的图书馆对此要求更为严格。它们不但工作区域划分清楚，甚至连楼梯、电梯、厕所、走道都是泾渭分明。北京图书馆新馆和美国达拉斯公共图书馆，就是两个明显的例子。

美国达拉斯公共图书馆（见图4-5及实例图录Ⅱ-3）是新设计正待筹金兴建的一个图书馆。它位于达拉斯市中心地带，靠近达拉斯会议中心，设有2900个读者座位，从早到晚都将开放，最终收藏能力可达300万册以上。服务及业务工作频繁，因此，在设计时就特别注意内外分区，它将基本书库置于地下层，与上面各层阅览室分开；将各层内部工作服务用房集中成组，自成一区布置，并设有单独的馆员电梯、楼梯等，与读者使用区分开。

（2）闹静分区　在内外分区的同时，还需进一步考虑嘈闹与安静的分区。有的用房在操作过程中会产生噪声，如装订室、印刷

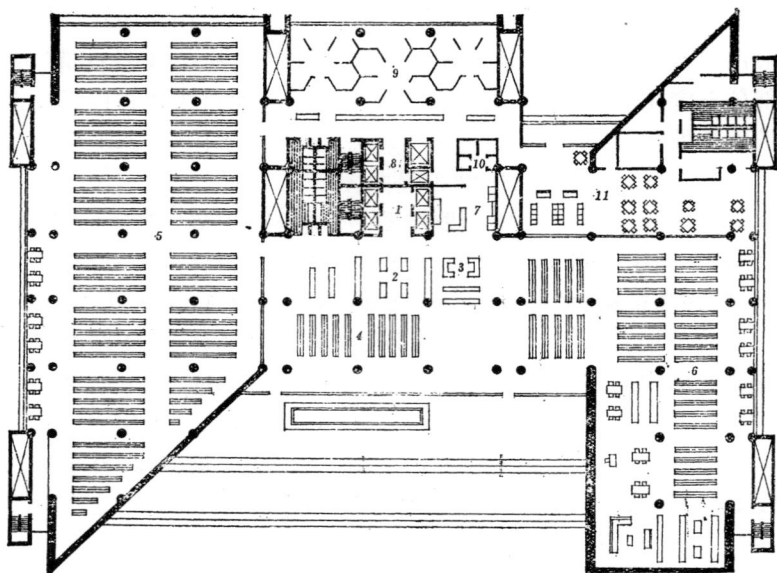

图4-5　美国达拉斯公共图书馆平面（五层）：
1——读者电梯；2——目录；3——服务台；4—— 一般图书；5——限制图书；
6——特藏图书；7——缩微读物；8——馆员电梯；9——办公室；10——打字；
11——馆员休息处

间、打字室等；有的在使用过程中人多嘈杂，如报告厅、展览厅等；
而有的房间则需要高度的安静，如采编部门和业务办公室等。就
阅览区而言，一般阅览室都应宁静，尤以研究室、参考阅览室及视
听阅览室等更为突出，而报刊阅览室、儿童阅览室可能就嘈杂一
些。因此，必须将它们分开布置，以便互不干扰。在公共图书馆中，
还要将成人阅览区和儿童阅览区分开，阅览区和公共活动区（讲
演厅、陈列室）分开。从"闹"和"静"的角度分析，图书馆中一般
可分为"不够安静"、"较安静"和"安静"三个区域。

分区方式可以采用水平分区、垂直分区或两者兼用。水平分

114

区就是将不同要求的各个部分布置于同一层平面的不同区域，一般总是将内部用房布置在后，读者用房布置在前；"不够安静"的部分布置在前，"安静"的部分布置在后。颠倒过来的布局是较少的。此外，还有左右分区的布局方法（即将内部用房、读者用房左右分开布置）和垂直分区的布置方法。

在进行分区时，一方面要将图书馆本身"安静"部分与"不够安静"的部分分开，另一方面也要注意减少来自外部噪声的干扰。例如，1976年建成的合肥工业大学图书馆，该馆位于运动场附近，为了避免来自运动场噪声的干扰，在平面布局中，设计者将书库及辅助用房靠近运动场一面，而将阅览室置于远离运动场的部位。这样，不仅本身分区明确，而且也利用书库与辅助用房作为隔离外部噪声的屏障，使阅览保持了相对的安静（见图4-6及实例图录Ⅰ-10）。

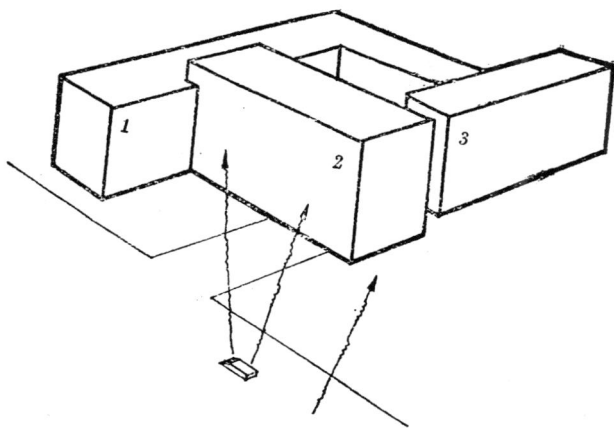

图4-6　合肥工业大学图书馆的布局：
1——阅览室；2——辅助用房；3——书库

又如,1960年建成的西德波恩大学图书馆,位于学校附近的考布仑兹大街和莱茵河之间的空地上。这一地段沿河环境幽静,沿街却噪声很大。因此,个体设计时,在沿河岸一面布置了单层的主要阅览室,而在沿大街一面设置了一个三层的条形建筑,安排各种辅助房间,使它成为与大街隔离的屏障,既减少了噪音对读者的干扰,又使读者能从阅览室各处看到莱茵河景色(见图4-7及实例图录Ⅱ-4)。

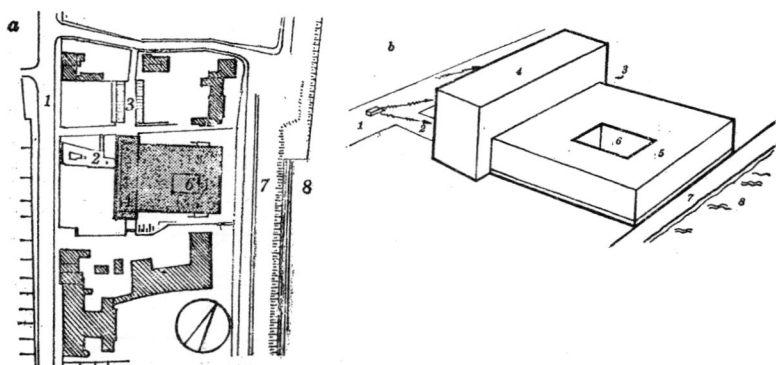

图4-7 西德波恩大学图书馆的布局:
a——总平面;b——空间组合分析;1——街道;2——入口;3——停车场;
4——行政办公用房;5——阅览室;6——院子;7——河岸;8——莱茵河

为了便于分区,要了解图书馆内部各房间的疏密关系(参见图4-8)。

2. 分层布置

有时因基地条件限制或建筑总体要求,必须建立多层图书馆时,就出现了各种房间合理布置的问题。尤其在大、中型的图书馆中更是如此。因此,在这种情况下,应该决定哪些房间必须互相靠近并置于同一层;哪些房间可以不置于同层;哪些房间要求必须

116

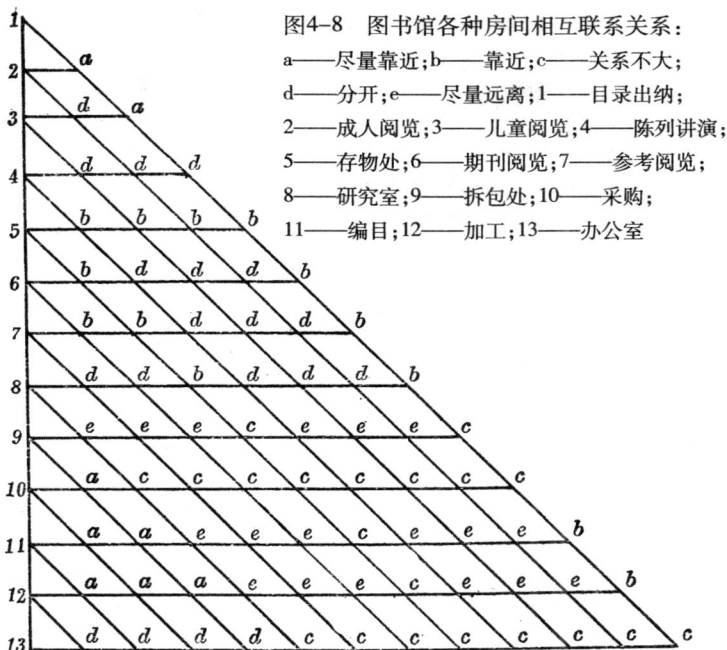

图4-8 图书馆各种房间相互联系关系：
a——尽量靠近；b——靠近；c——关系不大；
d——分开；e——尽量远离；1——目录出纳；
2——成人阅览；3——儿童阅览；4——陈列讲演；
5——存物处；6——期刊阅览；7——参考阅览；
8——研究室；9——拆包处；10——采购；
11——编目；12——加工；13——办公室

布置在底层；哪些可布置在上层。

分层布置就是垂直分区，它的分区原则应该是将功能关系密切的用房置于同层，而将不同性质的房间置于不同层上。

首先，在分层布置中应考虑主层的设置。主层是图书馆的一个主要部分，是全馆服务的中心；目录厅、总出纳台及主要的阅览室，一般都设在这一层。主层服务频繁，读者来往较多，主层究竟设在哪一层较为合适，这就要根据地形、层数和规模等因素综合来考虑。一般在小型图书馆中常设在底层，在中型和大型图书馆中常设在二层，而在某些大型图书馆甚至将二、三两层都作为主层。这样，通常就把底层作为浏览性读者用房（如阅报室）和内部办公等用房。同时也要使最上层的书库距主层不太远，减少书库

117

工作人员上下跑楼的距离。新建的天津纺织工学院图书馆书库为四层,阅览室为两层,它将主层设在二层,工作人员只需上下跑一层楼(图4-9,a及实例图录Ⅰ-11)。而某公共图书馆设计有三层阅览室、九层书库,它却将总目录厅、出纳台设于底层,这样就增加了上下跑楼的距离,很不方便(图4-9,b)。

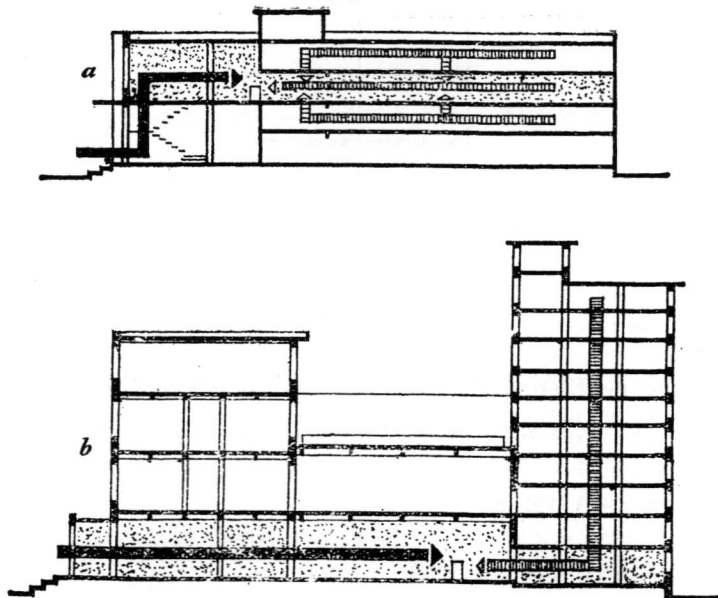

图4-9　主层位置实例:

a——天津纺织工学院图书馆;b——某公共图书馆

　　其次,在分层布置时还应考虑到不同服务对象的特点。图书馆的服务对象一般分为浏览读者、阅览读者和研究读者三类。因此,可以将一般无一定借阅目的,逗留时间短的浏览读者用的阅览室,如阅报室、期刊室,这类阅览室多布置在底层;将大量阅览读者所使用的普通阅览室、参考阅览室等设在主层上。至于人数少、工作时间长的研究读者的阅览室,如珍藏阅览室及专题研究室等,则可布置在更高的楼层上。以上的方法可以说是一般图书馆分层布置的主要方式(图4-10)。

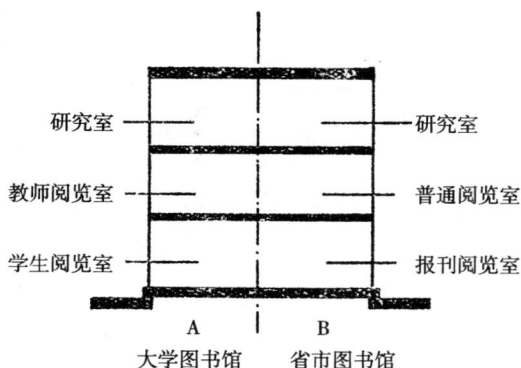

研究室 ——   —— 研究室

教师阅览室 ——   —— 普通阅览室

学生阅览室 ——   —— 报刊阅览室

A   B
大学图书馆   省市图书馆

图4-10   图书馆一般分层布置方式

在高等院校图书馆中,又常常根据不同的专业设立各科阅览室,以及按不同对象分层设立教师阅览室和学生阅览室。

另外,像善本、缩微读物、期刊文献等特藏专业的用房有自己的独立性,分层布置时可以灵活些。

三、层数及层高差的处理

图书馆的层数应根据它的任务、性质、规模,基地大小,机械设备条件及总体规划的要求来决定。据调查,国内图书馆阅览部分多在二至四层,书库多在四至六层,少数达八层,个别特殊的为二十二层。从图书馆的实际使用效果来看,中、小型图书馆在无机械设备条件下,采用二至三层的低层书库较好。这对简化结构,方便读者都有好处。大型书库有条件设置机械传送设备的,可以按多层或高层设计。阅览室的层数,一般在二至四层;四层以上最好设置电梯。

图书馆的各部门用房,层高不一,书库一般高为2.2—2.8米,大阅览室一般高为4—5米,而办公用房则介于两者之间。由此,也就产生了层高差的问题。这种层高差的调整是图书馆建筑设计中需要解决的问题。

　　层高处理,既要使不同用途的房间有适宜而经济的高度,又不致因地面有较大的高低差而带来工作上的不便和安装传送机械的困难。因此,设计时应使出纳室和阅览室等与有联系的书库地面相平,而不应出现台阶。此问题容易疏忽,在实际设计中却常有这种现象,如借书处与书库之间相差几步台阶,或者阅览室与书库虽然在平面上靠近,却层高之间差半层楼,无路可通,书库到阅览室还得绕圈子,给工作带来极大的不便。

　　为了解决这种层高差的问题,总结我国实践经验,目前在设计工作中,常采用的有以下几种方式(图4-11及图4-12)。

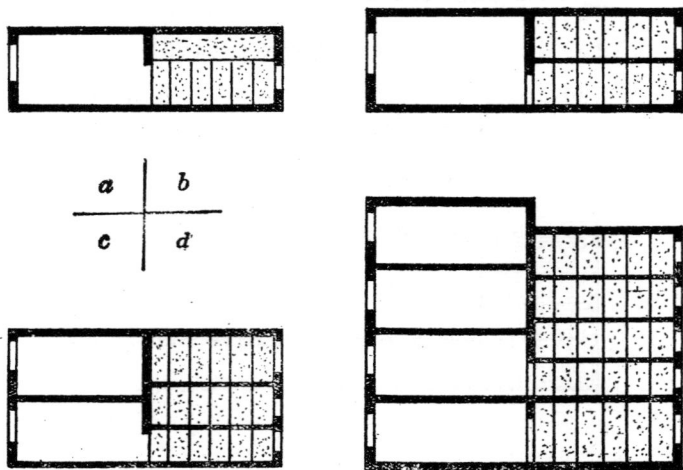

图4-11　层高差处理方式:
a——阅览室与书库层高之比为1:1;b——阅览室与书库层高之比为1:2;
c——阅览室与书库层高之比为2:3;d——仅在主层楼面相平

120

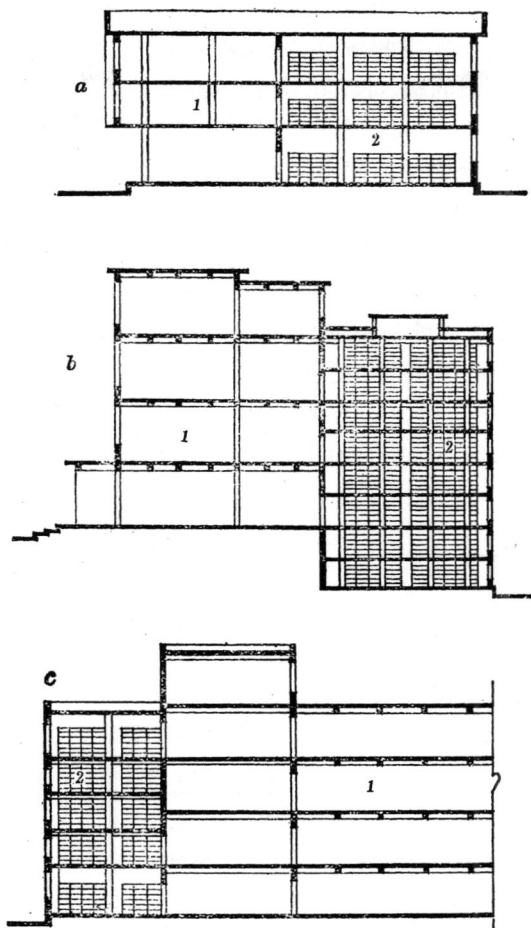

图4-12 层高差处理实例:

a——南京铁道医学院图书馆(阅览室与书库层高比为1:1);

b——云南大学图书馆(阅览室与书库层高比为1:2);

c——徐州市图书馆(阅览室与书库层高比为2:3);

1——阅览室,2——书库

1. 阅览室与书库取相同层高,二者层高比为1:1(图4-11,a)。这种方式一般是书库空间较高,空间浪费较大,它常用于一般小型图书馆或开架阅览室,如南京铁道医学院图书馆(图4-12,a)。如以书库层高为准,则阅览室就会感到偏低。

2. 一层阅览室等于二层书库的高度,二者层高比为1:2(图4-11,b)。这种方式使各层阅览室和相应的书库层都能直接水平联系,对大空间阅览室的高度合适,但对小阅览室来讲,室内空间似乎偏高。目前采用这种方式较多,如云南大学图书馆(图4-12,b)。但是这种方式却使二种空间缺乏互换性,两空间功能固定,不能灵活安排,因而它们只适应闭架管理方式。对于开架图书馆来讲,这种缺陷就更为突出。因此在国外的现代图书馆中采用此种方式的就越来越少。通常它们是采用在同一层高的空间中安排藏书和阅览区。

3. 两层阅览室等于三层书库的高度,二者层高比为2:3(图4-11,c)。这种方式会使书库与阅览室的层高均较合适。当书库层高为2.6—2.7米时,阅览室的层高均为4米左右,但它不能保证每层阅览室都能与书库水平直接相连。图书馆中采用此种方式也较多,如新建的徐州市图书馆(图4-12,c)。

4. 仅保证主层地面与书库某一层地面相平,主层以上的阅览室与书库,按各自实际需要确定层高(图4-11,d)。这种方式空间经济,适用于只在主层设一个总出纳台的图书馆。

四、朝向、采光与通风

图书馆建筑对采光通风要求较高,在进行建筑布局时,必须尽量使各个房间有良好的朝向和通风,特别是阅览室、书库和借书部分。在实际工作中,阅览室的朝向、采光和通风的条件一般都应得到优先的考虑;书库有时则由于布置不当朝东西向,或者虽朝向南北,但位置闭塞,夏闷冬寒。特别容易被忽视的则是借书部

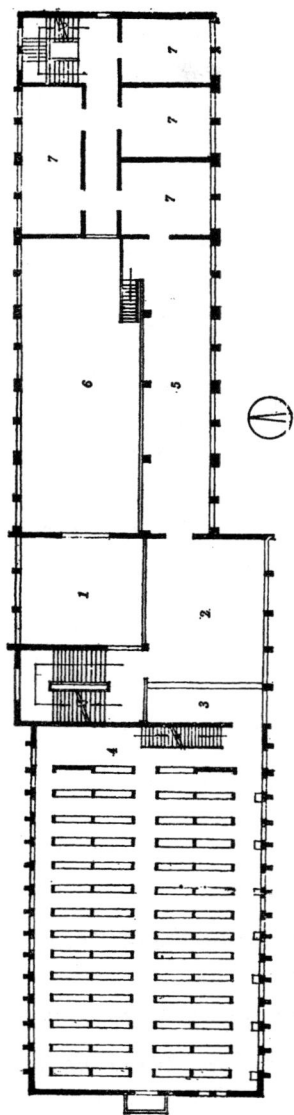

图 4-13 苏州医学院图书馆夹层平面：

1——办公室；2——开架书库；3——目录；4——出纳；5——阅览室上空；6——门厅上空；7——主任室

分，多数是处在朝向东西，通风较不利的位置，工作人员反映颇为强烈。从朝向、自然采光和通风的角度来看，采用"一"字形的条形平面较好，可以避免东西向，各主要房间都可朝向南北，如新建的苏州医学院图书馆（图4-13）即属此例。常用的"⊥"、"工"、"凵"、"口"或"田"形的平面，则不可避免地出现东西向房间及不通风的"死角"。此时，更需精心设计，力求改善自然采光及通风条件。第二汽车制造厂图书馆设计时，由于部分朝向东西的房间采用锯齿形侧窗，即解决了东西晒的问题，又丰富了立面造型的效果（图4-14及实例图录Ⅰ-14）。

图4-15为法国鲁昂（Rouen）法律文艺学院图书馆，它将遮阳处理与平面和结构形式结合起来，平面采用六角形的结构单

123

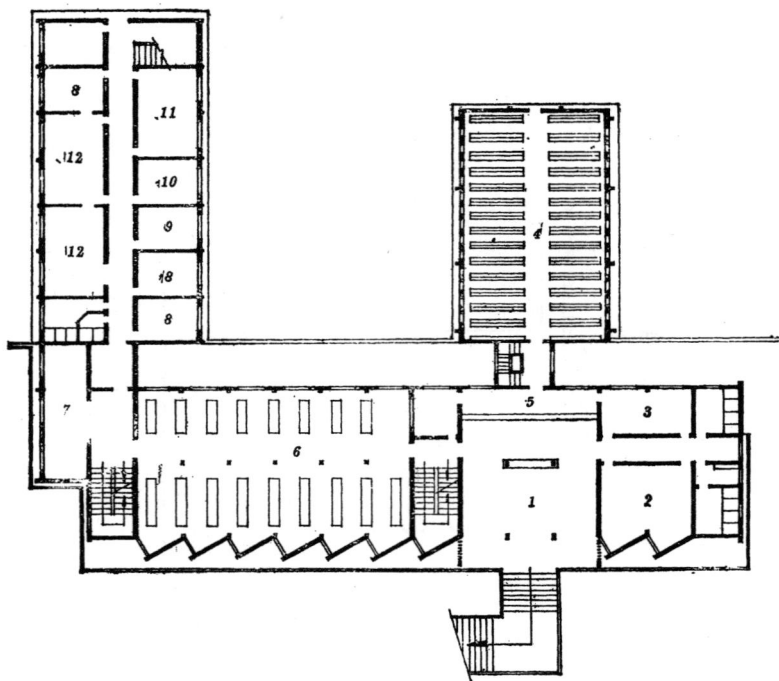

图4-14　第二汽车制造厂图书馆二层平面：

1——门厅；2——目录室；3——缩微阅览资料；4——书库；5——借书台；
6——阅览室；7——展览厅；8——办公室；9——编辑室；10——打印；
11——装订；12——复印室

元拼接而成，根据阳光的照射方向，决定开窗位置，这种处理方式
很有特点。

　　一般来讲，中、小型图书馆更应努力争取各个部分都有良好
的朝向、自然采光和通风条件。这就要求打破老一套的严整的对
称格局，而从功能出发，不要追求形式，采用较为灵活自由的布

124

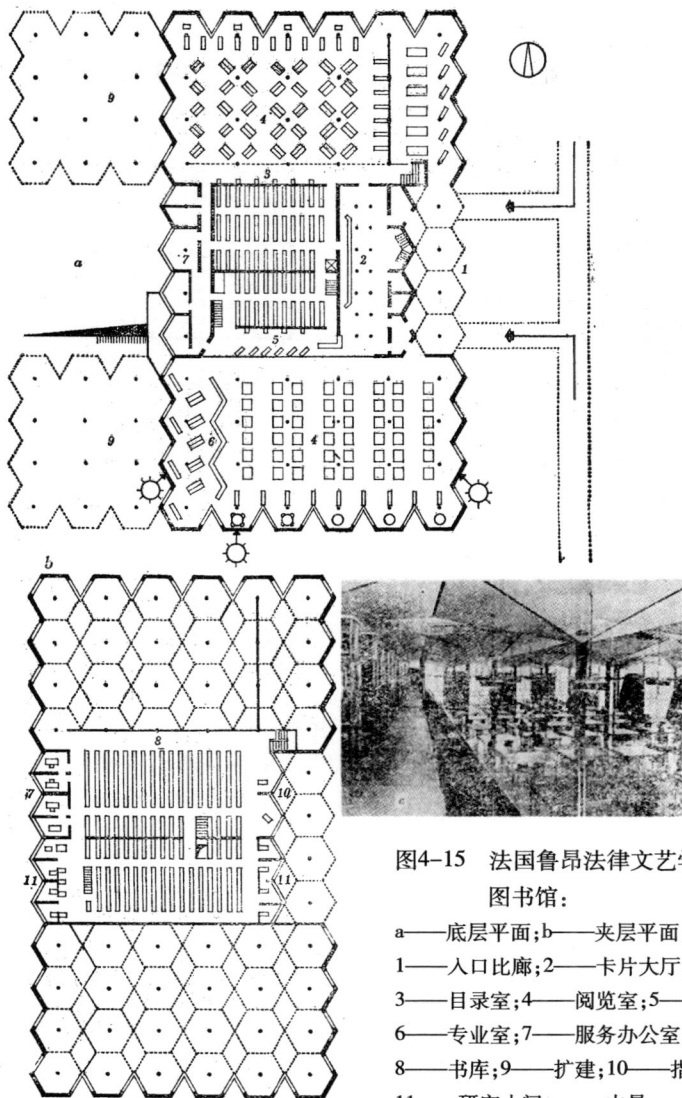

图4-15　法国鲁昂法律文艺学院
图书馆：

a——底层平面；b——夹层平面；
1——入口比廊；2——卡片大厅；
3——目录室；4——阅览室；5——期刊；
6——专业室；7——服务办公室；
8——书库；9——扩建；10——指导；
11——研究小间；c——内景

125

局,这样就可较容易地满足这一要求。图4-16及图4-17为某大学图书馆的设计方案,采用灵活自由的布局,结合道路及地形,从东

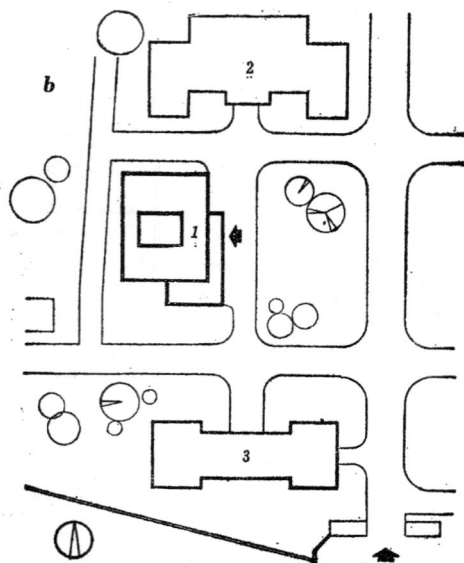

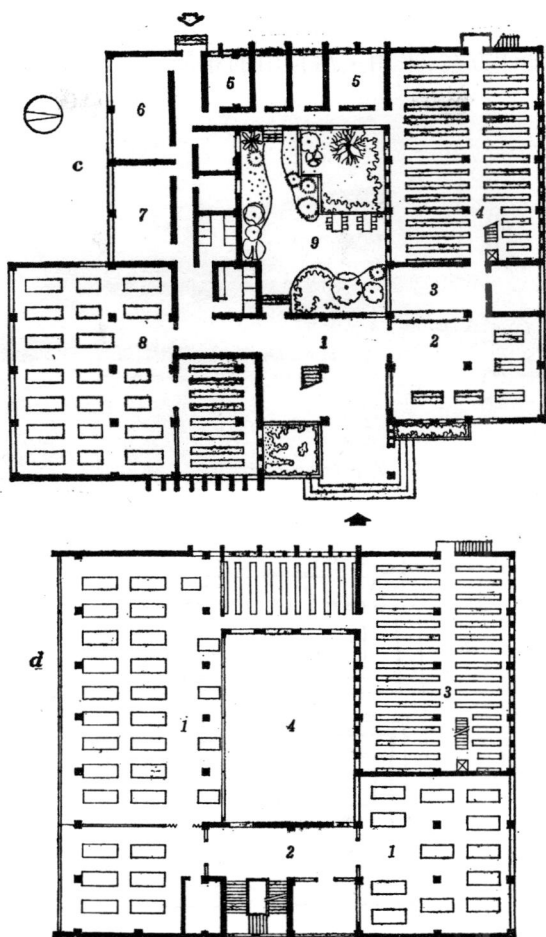

图4-16　图书馆设计方案之一：

a——外观透视图；b——总平面，1——新图书馆，2——老图书馆，3——教学楼；
c—— 一层平面，1——门厅，2——目录室，3——出纳，4——书库，5——办公室，
6——采购，7——编目，8——阅览室，9——内庭；d——二层平面，1——阅览室，
2——休息室，3——书库，4——内庭上空

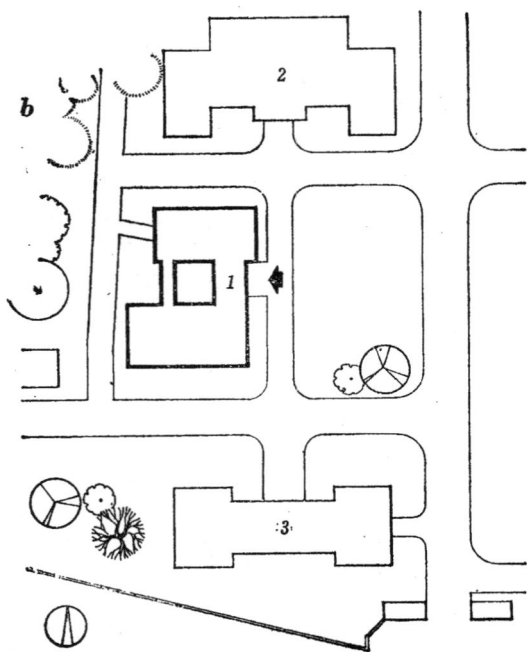

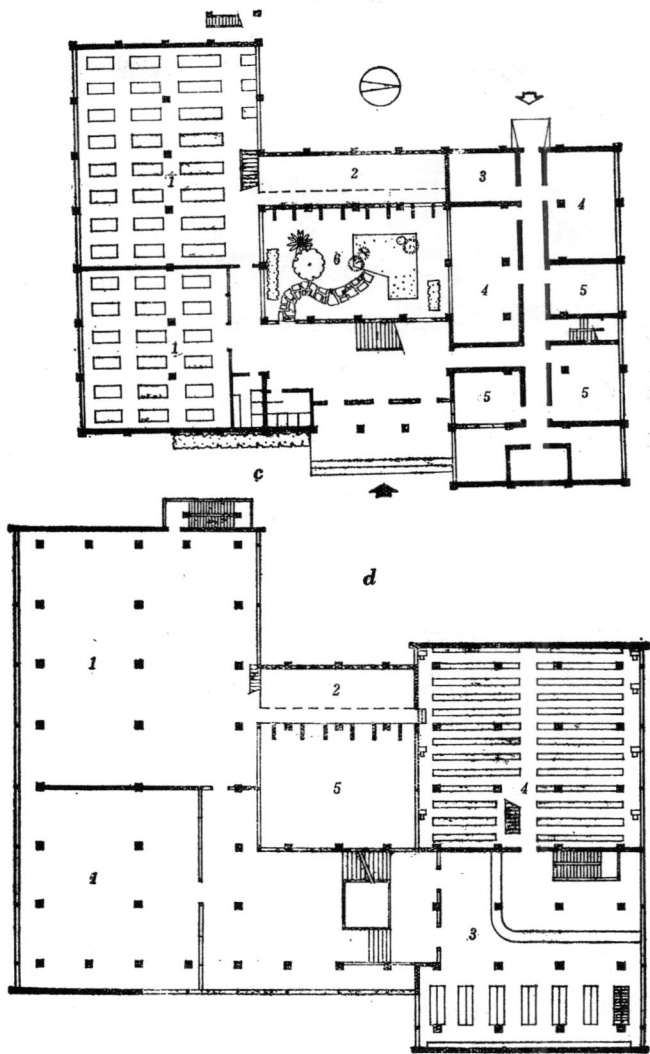

图4-17　图书馆设计方案之二：

面入口。二个方案以不同的方式，基本上保证了阅览、书库、出纳及采编等部门用房都能够朝向南北。

大型图书馆内容较多，往往平面较为复杂，各部用房如果都要求有较好的朝向、采光和通风，实际上有一定的困难。设计时可以采用人工照明、机械通风相辅助。

在自然采光方面，目前我国有两个值得注意的问题。一个是阅览室的窗户开得都很大，甚至开成整墙面的玻璃窗。结果阅览室内的光线过于充足，亮度过大反而炫眼。同时，过大的玻璃面对于声响和采暖也是不利的。南京医学院图书馆大阅览室，进深为18米。设计时唯恐进深大，光线不足，除了南北两面都开有4600×3000毫米的大窗外，在东面也开了大窗，使采光面积与地板面积之比达到1:2.6。建成使用后，就有过亮的感觉。同样，新建的南京市人民图书馆阅览室进深本来不大，而在南北两侧面也都开设了成片的大玻璃窗，同样感到光线过强，反而有碍于读者阅览。另一个问题是，书库的窗户一般都开得较小，致使光线感到不够。这可能是因袭传统的书库开窄而小的窗户的做法，甚至认为窄长的小窗在立面上容易体现出图书馆书库的"性格"。其实，在进深较大、采用框架结构的书库中，不一定局限这种窄而小的老式窗子，完全有可能将窗户开得大一些，以满足采光的需要。至于"性格"问题，可以从其他方面去表现，不一定非此不可。新建的南京图书馆八层书库，采用升板结构，书库进深有15米多，仍然开了窄长的小窗户，实可不必，反而不能把形式和结构统一起来，表现不出升板结构的特点，看上去还像一般的砖石结构（实例图录Ⅰ-9）。

图4-18 新英格兰威廉斯大学索耶图书馆:
a——外观;b——外墙天井自然采光与通风设计

　　国外图书馆一般采用以人工照明、机械通风为主。但是,近年来由于能源危机,一方面改进设备(如回转式全热交换器,热回收型热泵冷冻机,可变风量送风机等),以减少能源消耗。另一方面为了一旦停电尚能安全疏散,在建筑平面设计上大多增设内部采光院落,甚至建在地下也开设采光天井。前面所述加拿大哥伦比亚大学图书馆及美国哈佛大学新建的地下图书馆都是如此。有的图书馆在春秋季节温湿度适宜时,停止空调,利用窗户采光和自然通风。目前,低能源消耗的图书馆设计正在逐步出现,如图4-18的新英格兰威廉斯大学索耶(Sawyer)图书馆。这就是一个自然采光、自然通风、不用空气调节的低能源设计。这座藏书近50万册的图书馆,在它的南、北墙面及内院四周都开设有很长的活动窗扇,上下两层均是开架阅览,书架置于中部,阅览室座位围着南、北外墙及天井窗户布置,以便采光与通风,并且仿照传统屋顶阁楼的做法,设计有双层屋顶,内装一鼓风机作抽风系统,以排除夏季的热气。

第三节　平面布局类型与空间组织

一、平面布局类型

一个图书馆要求充分发挥它所收藏的图书作用,应该是读者越多,服务面越广和书籍流通越快才越好。要达到这一点,当然主要是依靠图书馆工作人员的服务质量,而不是主要依靠房屋的条件。但是布局合理与否,其影响也是不可忽视的。如前所述,图书馆设计,主要的注意力应该放在书库、借书处和阅览室三者关系上,特别是按照传统的管理方式设计的图书馆,各部分都是固定而不能灵活变动的居多。因此,通常介绍图书馆平面布局类型都是以书库和阅览的相对位置来分类,并以读者是否方便,借书是否迅速和书籍的流程是否简短通畅,作为评论的标准。

综观图书馆的演变史,在适应传统管理方式(以闭架管理为主)的情况下,阅览与书库的相对关系有以下几种布局类型。

1. 阅览室在前,书库在后

这种办法创始于1854年巴黎国家图书馆,是自十九世纪末到第二次世界大战前,在世界各国的图书馆中最广泛流行的一种布局方法,直至目前仍为许多国家所大量采用。我们从近代图书馆的一些实例中可以看出,无论是中、小型的或是大型的图书馆,这种类型几乎占了主导地位,在我国,情况尤其如此。这种类型之所以为人们乐意采用,其主要优点为:

(1)分区明确、便于管理;

(2)容易获得良好的朝向和自然采光与通风;

(3)结构比较简单,造价比较便宜;

(4)便于书库和阅览室今后的扩充。

但是,这种方式由于把书库和阅览分开,布置在建筑物前后两部分,二者之间又置以目录厅和出纳室,因此彼此关系比较松散,无论是阅览室与书库之间、阅览室与阅览室之间,还是采编办公等用房与各部分的联系都不够直接。其最大的问题是把藏书和读者隔开,变得疏远而不紧密,增加了内部各种流线的距离,降低了工作效率。这些缺点随着图书馆规模的扩大,更为明显地表现出来。

但是,尽管如此,国内外采用这种方式的图书馆实例仍然很多,如图4-19所示。

我国采用这种方式的图书馆屡见不鲜,从本世纪二十年代建筑的北京图书馆、原东南大学孟芳图书馆(即现南京工学院图书馆),直到七十年代新建的云南省图书馆和北京大学图书馆都一直沿用着这种方式。

2. 阅览室在四周,书库在中央

这种办法是把各种阅览室围绕着书库四周布置,书库居于中央,其基本想法是书库可以不需要采取自然光线,用人工照明。这

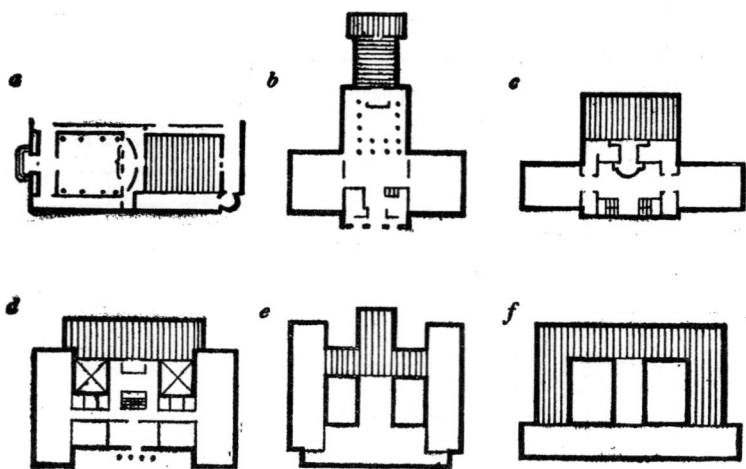

图4-19 书库在后常见的几种布置方式:
a——法国国家图书馆;b——美国普洛否腾公共图书馆;
c——美国华盛顿公共图书馆;d——南京工学院图书馆;
e——北京大学图书馆;f——云南省图书馆

样,书籍少受外界阳光的直射和气候的影响,对防晒、防尘、防潮都有利。因此,可以把书库放在中央核心部分,对外不开窗,而把需要自然光线的阅览室和工作室放在外围。图4-20就是书库置于中央的几个实例。这样的布置方法可以使书库与各个阅览室和工作室的关系较为紧密,甚至每一层的阅览室都可以与书库取得直接联系。例如,1930年在美国建造的里奇满公共图书馆,就是这种类型最早的实例之一(图4-20,a)。这种方式借阅方便,管理集中,平面紧凑,造价经济。它的缺点是:馆内交通组织困难,馆内前后两部分难以联系。通常是在书库四周或在书库中间布置走道,前者使书库与阅览室的直接联系被走道所隔;后者是穿行书库,

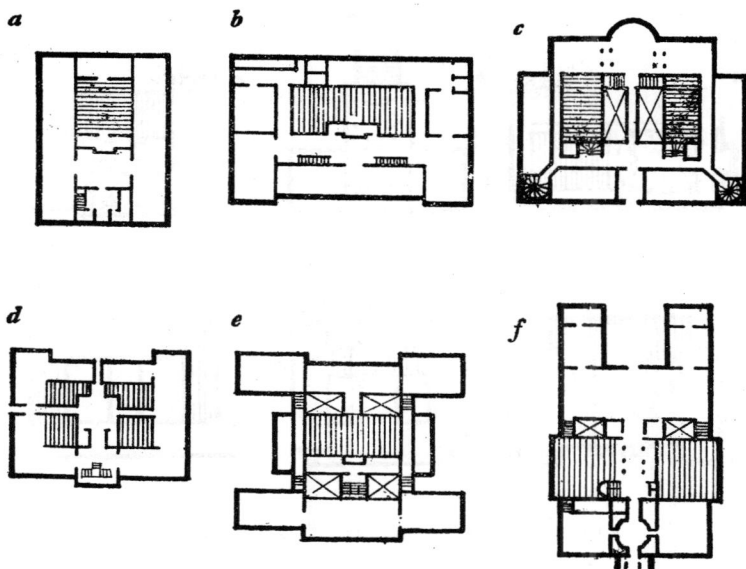

图4-20　书库在中央的几种方式：

a——美国里奇满公共图书馆；b——美国某大学图书馆；

c——美国约翰霍布金司大学图书馆；d——美国洛杉矶公共图书馆；

e——北京师范大学图书馆；f——古巴国立何塞·马蒂图书馆

更不合理。此外，这种方式要求书库必须设置空调设备，需要人工通风、照明，设备和维护费用相当高，在实际应用上有一定的局限性。四周房间只能单面采光，光线和通风受到影响，工作人员长期在人工照明下工作，对健康也有影响。这种布局的图书馆在扩建时，书库只能向上发展，因此，在设计基础时必须留有余地。为此，近代的图书馆在选用这种布局时，有的将书库做成高塔式或增加内天井来改善通风和采光。

　　我国采用这种方式比较典型的有北京民族文化宫图书馆（图

4-21，另外也可参见实例图录Ⅰ-18）。它的书库位于中央，采用人工照明。前部为目录室、出纳台，东西两侧分别为阅览室和研究室，后部为采编办公，这是一种较传统的布置方法。北京师范大学图书馆也属此例，它的书库虽居中央，但因设有内院，故并不封闭，书库仍采用自然采光与自然通风（见实例图录Ⅰ-15）。

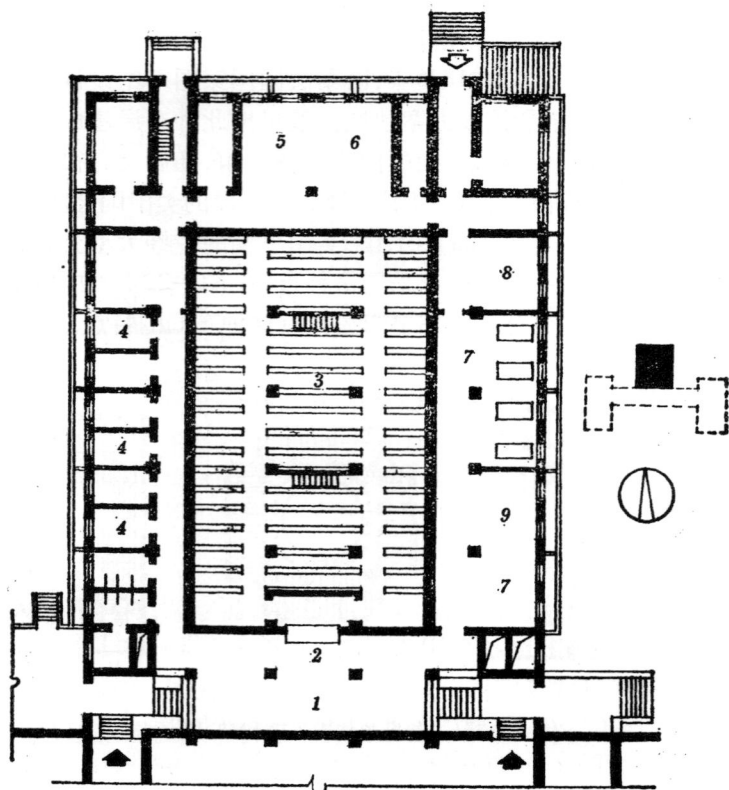

图4-21 北京民族文化宫图书馆：
1——目录室；2——出纳台；3——书库；4——研究室；5——采访室；
6——编目室；7——办公室；8——阅览室；9——期刊

日本战后新建的国会图书馆,也属上述类型。平面为"回"字形,中央部位是45米×45米的书库,在书库的四周留有天井。一个边长90米的阅览楼把书库包围起来,成为一个正四方形。阅览楼各层的每一边对书库都有一个相等距离的联系,这就是该图书馆设计上的特点(实例图录Ⅱ-5)。

3. 阅览室在中央,书库在四周

这是欧美各国从十九世纪中叶起,所采用的图书馆平面布局的又一古典手法。早在1835年,巴黎法国国家图书馆设计时就有过这种方案,但未能按该方案建造。最早按此种布局建成的图书馆是1854年英国伦敦大不列颠博物院图书馆,随后又有很多国家的重要图书馆都模仿着它。例如,1897年建成的美国国会图书馆,1903年建成的普鲁士国家图书馆,美国早期的一些大型公共图书馆以及一些大学图书馆也都采用这种布局(图4-22)。在英国,直到1936年落成的黎芝大学图书馆还具有这种布局的特点。

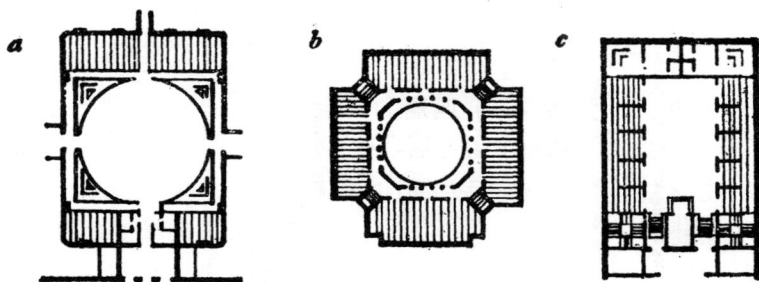

图4-22 阅览室在中央的几种方式:
a——伦敦大不列颠博物院图书馆;b——美国哥伦比亚大学图书馆;
c——美国辛辛那提公共图书馆

这种布局方式的特征是:位于中部的阅览室又高又大,借助抬高空间来争取自然光线和通风,平面形式大多为圆形和八角

形;借书处往往在大厅的中心,便于照管放射形或环形的阅览桌
(图4-23及图1-22)。

图4-23　伦敦大不列颠博物院图书馆阅览大厅

此外,采用这种布局,四周的书库应是开架的,其优点是,读者到各个方向的书架距离大都一样。如果是闭架,读者必须通过借书处才能接触到书籍,那么借书处无论是设在中央或者是设在旁边,与书库的联系都不够紧密。前述伦敦大不列颠博物院图书馆,读者借书往往要等候较长的时间,不能说与这种布局无关。

这种布局方式有种种缺点。首先是书库分散,取书不便,书籍传送也很困难;其次是阅览大厅高大,空间浪费,冷气或热量消耗大,造价昂贵;此外,圆形的阅览大厅在排列座位上也不经济。因此,近代世界各国已很少采用这种布局的方法了。

4. 阅览室在上,书库在下

这是一种使阅览室、借书处与书库采用垂直方向联系的布局

方法（图4-24）。早期，这类在图书馆规模不大，藏书量不多的情况下，一般是把阅览室A放在第二层，把书库放在第一层（图4-24，a）。1843年设计建造的巴黎圣杰尼维叶芙图书馆开创了这种方式的先例（参见图1-18）。它的阅览室在第二层，可容600多座位，书库单独设在底层。如果藏书量较多、规模较大，这种办法就有困难，因为仅仅把第一层作为书库，面积有限，不敷应用，这样就要增加书库的层数，把阅览室抬得更高。例如，1911年美国建成的纽约公共图书馆（图4-24，d及实例图录Ⅱ-1），藏书量为300万册，就是在七层书库顶上布置借书处和大阅览室的。这个图书馆固然有它的独特长处，但主要阅览室离大门入口既远又高，是其缺点。后来，采用这种布局方式的图书馆，认为主要阅览室还是应该放在第二层，使之方便读者，于是书库便从第一层向下发展到地下，有的深入地下达三、四层（图4-24，b、c）。

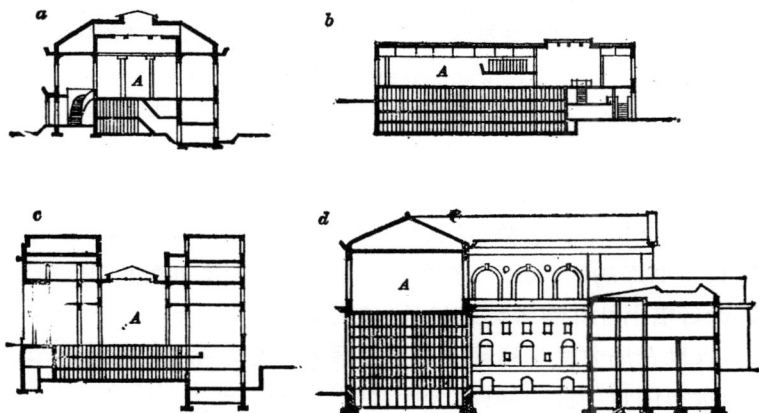

图4-24　阅览室在上，书库在下的几种方式（图中A为阅览室）：
a——美国散麦维尔公共图书馆；b——英国谢菲尔德大学图书馆；
c——美国巴尔的摩公共图书馆；d——美国纽约公共图书馆

这种布局的最大优点就是：借书处与书库为上下联系，图书在出借过程中减少了水平运送距离，从而加快了提调速度，缩短了读者候书时间。按这种布局建成的上述纽约公共图书馆在借书等候上就要比其他同规模的公共图书馆快些。此外，向下发展，深入地下的书库，因不受阳光的照射和少受外界气温变化的影响，对图书的保护也较有利；但是必须在工程上做到严格防水和增加空调设备。如果在水位较高的地区，或者在无良好的升降设备条件下都不宜这样建造。

图4-24是属于这种类型的几个国外图书馆实例的剖面。表明了组成方式的几种不同处理方法，从建成的年代先后可以看出，随着图书馆事业的发展，书库的容量在膨胀，所需面积在增加，层数在增多，因此，书库则由地上转入地下。1977年新建成的日本同志社女子大学图书馆，从布局上讲也属这种类型，它甚至连同阅览室都一起建于地下，而在屋顶上种植花草（见实例图录Ⅱ-7）。

5. 书库在上，阅览室在下

这是与上述布局相反，道理相同的又一种方法。在人们传统的概念中，总认为书库是荷重很大的一部分，不宜把它放在建筑物的上部，以免造成头重脚轻的缺点。但是，自从图书馆建筑采用了钢筋混凝土的有规则的柱网框架结构以后，这条戒律就被突破了。书库放在上面与书库放在下面的情况相似，藏书仍然是沿着垂直方向送到借书处。书库放在上部比放在地下还有更多的有利之处：它可以不依赖机械通风，也可避免了防水处理。这种布局方法的最显著优点就是它的主层部分没有书库，全部主层面积都可以用来安排阅览和为读者服务的其他房间，使得平面布置紧凑，管理集中，灵活自由，方便读者。书籍的传送时间比水平方式的布局大大缩短。

国外很多现代图书馆的平面都是采用这种布局方式（图4-25）。例如，1962年建成的英国爱丁堡大学图书馆共八层，地上七层,四、五、六、七是标准层,基本上是书库(图4-25,a及实例图录Ⅱ-8)。1978年落成的日本甲南大学图书馆也是这种平面,它把书库放在最上面的两层(图4-25,b)。还有法国的一所图卢兹朗奎尔大学图书馆,七层书库置于上部,读者活动范围主要在底层(图4-25,c)。

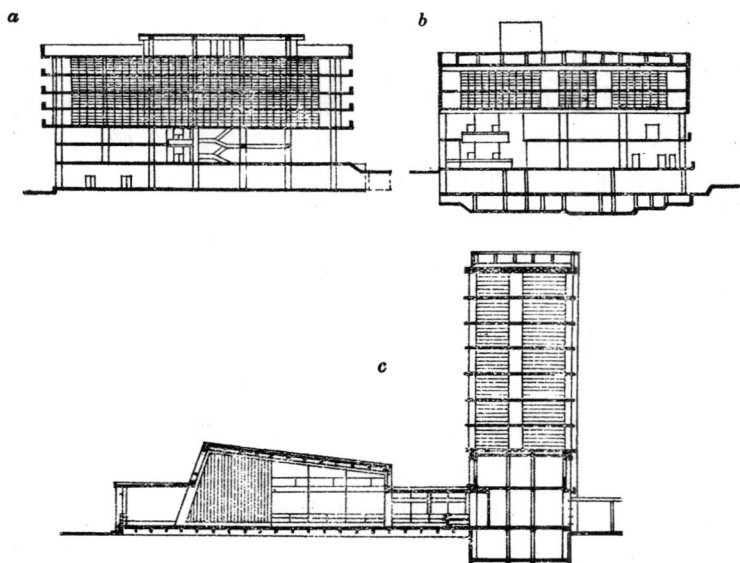

图4-25 书库在上,阅览室在下的布局实例:
a——英国爱丁堡大学图书馆;b——日本甲南大学图书馆;
c——法国图卢兹朗奎尔大学图书馆

6. 书库分布在阅览室之内

这种布局的基本想法就是:反对把书库和阅览室截然分开,认为一般大型的图书馆所实行的读者必须通过中心出纳台才能借到图书,这种管理方法是不够理想的;主张图书馆的阅览室应按学科分别设立,各种书籍经过仔细地分类后,就放到它所属的专业阅览室内,读者可径自到各个专业阅览室去查阅图书;图书管理人员也固定在各个专业阅览室内进行管理和指导。

这种图书馆的借阅顺序是:读者进入图书馆后,首先到达一个设有总目录和咨询处的大厅,读者可以从总目录中查出所需图书属于那一专业;然后便可到该专业阅览室向管理人员借阅或直接从开架上取阅。看过之后,有的图书馆是规定要带到总的还书台归还;有的图书馆则直接还给各室的管理员。

实行这种管理方法的图书馆,在设计上所遇到的困难是:很难掌握各专业的阅览面积和藏书数量。往往使用一段时间之后,某些专业阅览室的藏书增加到一定限度,就发生挤占阅览面积的现象。

目前这种类型的图书馆有两种:一种是把所有的图书都分别放在各专业阅览室内,不再设总的书库;另一种则考虑到发展的需要,图书会不断地增补和更换,还另外设有总书库以资调剂(图4-26)。

苏联莫斯科大学新图书馆可以被认为是这种类型的进一步发展(参见实例图录Ⅱ-9),它把专业阅览室扩大为专业阅览区。每一个专业阅览区都设有学生阅览室、教师阅览室、专业目录和辅助书库;另外还设有三层地下总书库,总书库内设有九部电梯与各个专业阅览区内的辅助书库建立垂直的联系,保证了书籍的及时调拨。

二、空间组织方法

图书馆的建筑空间组织,除了考虑上述书库与阅览室的相对位置以外,还要根据不同的地形、不同环境,采用科学的平面组合方式,把图书馆的各部分用房组织为一个有机的整体。根据国内外图书馆建设的实践,可以总结为以下一些方式,供设计时参考。

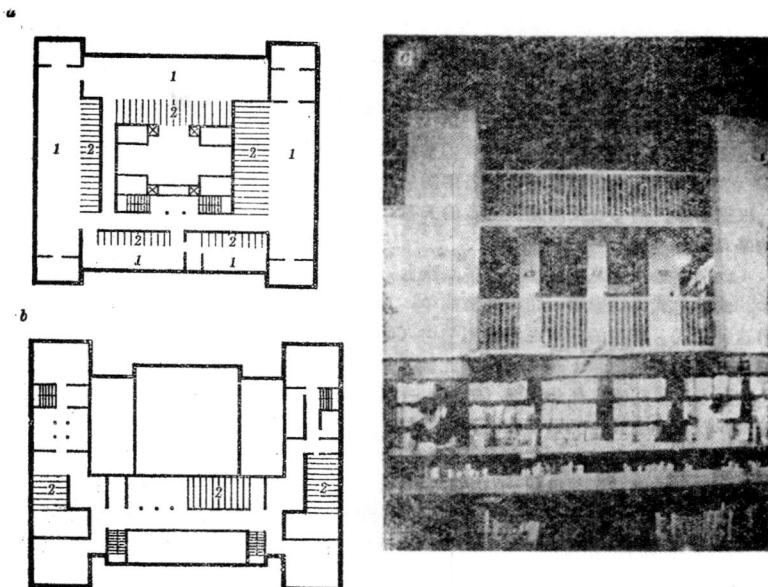

图4-26　书库分散在阅览室内：
a——美国克利夫兰公共图书馆；b——苏联莫斯科大学图书馆；
1——阅览室；2——辅助书库；c——美国克利夫兰公共图书馆内景

1. 毗邻式

毗邻式组合的特征就是把图书馆的四大部分，特别是书库和阅览室紧紧地毗邻在一起，仅以一墙相隔。采用这种组合方式的平面紧凑，外形简洁，造价经济，在采暖地区对保温有利。同时，书库与阅览室能直接联系。但是，采用这种组合方式时要注意自然采光，要组织良好的穿堂风。因为它们各部用房彼此毗邻，只能单面开窗，故进深不宜过大。这种组合的方式，一般都感到通风不良，书库闷热、潮湿，书籍容易生霉。

这种组合方式适用于以下几种情况：

（1）规模不大的中、小型图书馆；

（2）基地面积不大，条件较差的馆址；

（3）规模较大，但有空调设备的图书馆。

根据书库、借书处及阅览室三者的关系，它有以下一些具体的组合方式，以适应不同的基地条件（图4-27）。

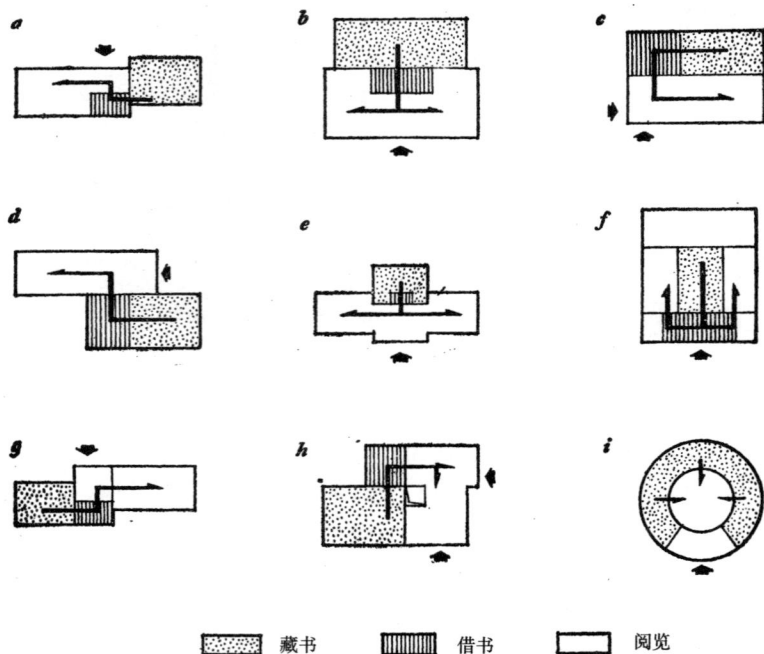

图4-27 毗邻式组合的几种形式：

a——上海中医学院图书馆；b——上海卢湾区图书馆；c——南京铁道医学院图书馆；
d——某研究所图书馆；e——南京中医学院图书馆；f——北京民族文化宫图书馆；
g——苏州医学院图书馆；h——云南林学院图书馆；
i——某图书馆藏书及阅览组合形式

（1）书库与阅览部分布置在一条直线上，借书部分介于其间

144

（如图4-27,a、d、g所示）。此种方式路线通顺,结构经济简单,具有较好的朝向和通风条件。小型图书馆宜采用这种方式。新建的苏州医学院图书馆（见实例图录Ⅰ-13）、上海中医学院图书馆（图4-28及实例图录Ⅰ-16）都属此例。

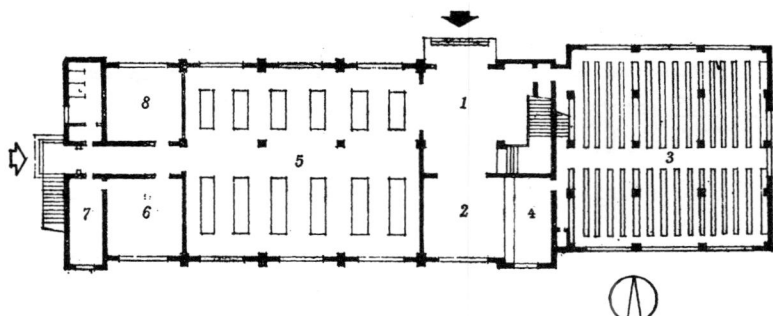

图4-28　上海中医学院图书馆底层平面:
1——门厅;2——目录室;3——书库;4——出纳;5——阅览室;
6——采编室;7——办公室;8——工具书阅览室

（2）书库紧贴阅览部分后部（如图4-27,b、c、e所示）。这种方式,建筑物外形比较简单,有利采暖,但因不便组织穿堂风,故房间进深不宜太大,只能单面采光。一般也多用于小型图书馆,如南京中医学院图书馆（图4-29）。该馆建于1958年,建筑面积为1500平方米,平面呈"一"字形,混合结构,瓦屋面。阅览室三层,共六间,光线通风良好;书库三层,仅底层与阅览室同一标高,二、三层书库与阅览室都有半层之差,造成使用上的不便。书库单面采光,光线较差,仅一个出入口,对工作、防火都不利,有闷热之感。

（3）将藏、借、阅三个主要部分围成小天井,布置紧凑（如图4-27,h所示）。这种方式不仅交通路线简捷,而且也改善了采光通风条件。一般也用于低层的中、小型图书馆,如昆明云南林学院图书馆（图4-30）。

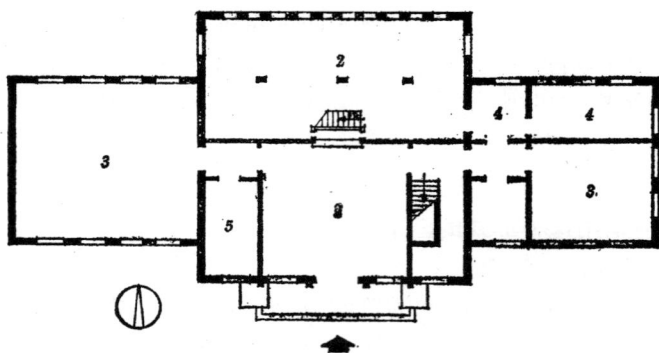

图4-29 南京中医学院图书馆：
1——门厅（目录）；2——书库；3——阅览室；4——编目室；5——馆长室

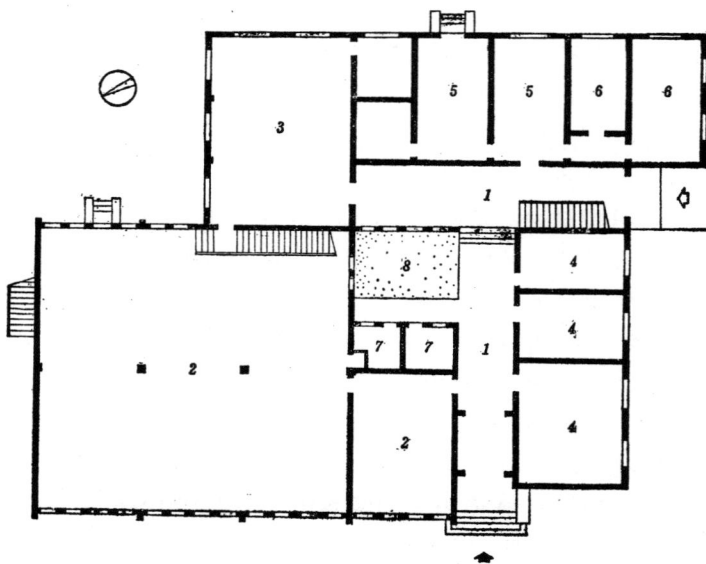

图4-30 云南林学院图书馆：
1——门厅；2——书库；3——借书处；4——阅览室；
5——采编室；6——办公室；7——厕所；8——天井

146

（4）务种阅览室围绕着书库四周布置，对库外不开窗，采用人工照明（如图4-27，f所示）。这样，书籍不受外界阳光的直射和气候的影响，对防晒、防尘、防潮都有利。此外，书库与阅览室、工作室关系也紧密。

（5）阅览室在中央，书库在四周（如图4-27，i所示），如前所述，目前采用这种形式的已不多。

2. 单元式

这种形式是把书库和阅览室分别设在两个或两个以上的独立单元中，以目录、出纳室或走廊、楼梯等作为联接体，形成一个多肢形的整体。这种布局最流行的是阅览室在前，书库在后，并且垂直于阅览室布置，中间布置一个借书处，扼书库的总入口，形成一个"⊥"形，或者，就是书库平行于阅览室，中间用借书处衔接形成一个"工"形。在这二种基本形式上发展成"山"或"□□"形，甚至更为复杂的"出"和"凸"形等。

单元式组合分区明确，采光通风条件较好，结构简单，布局灵活，可自由组合成不同的平面形式，以适应不同的基地条件，并可统一规划，分期建造。今后可以试行采用这种"灵活"组合的设计，来适应大量建造的中、小型图书馆标准设计的要求。但是，此种布局，建筑物的外形较复杂，占地面积较多，对采暖也不利。设计时要注意朝向、采光和自然通风，如果有封闭的内院，不能太小，以防通风不良和声音干扰。

图4-31为单元式组合常见的平面形式，它反映了单元式布局最基本的形式及由于规模的不同而演变为各种变体。实践表明：在我国目前条件下，规模较大的图书馆，采用这种条形的单元式的布局是普遍的，也是较合适的。

南京大学的原有图书馆和南京林产工业学院图书馆（图4-32）是这一类型中两种基本形式的例子。北京大学图书馆（图4-33）和北京图书馆新馆平面则是这一类中比较复杂的组合形式。

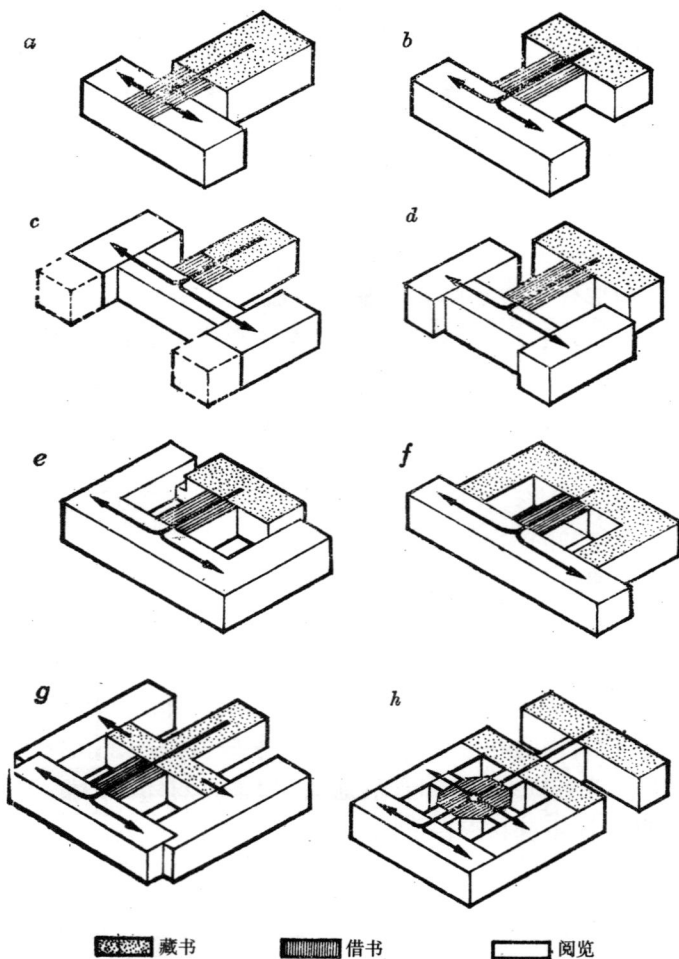

图4-31　常见单元式平面组合形式：
a——南京大学图书馆；b——南京林产工业学院图书馆；c——南京化工学院图书馆；
d——上海复旦大学图书馆；e——上海同济大学图书馆；f——云南省图书馆；
g——北京大学图书馆；h——广东省中山图书馆

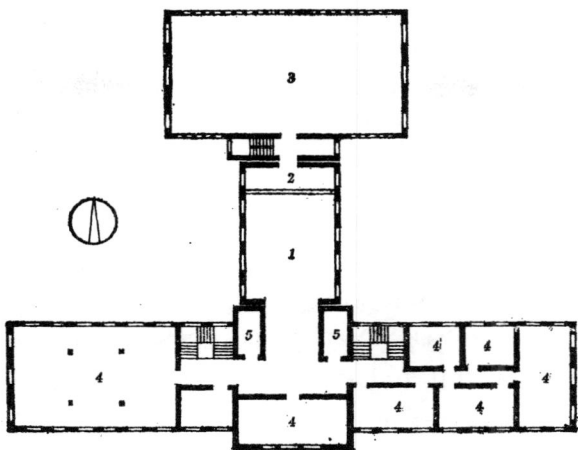

图4-32　南京林产工业学院图书馆主层平面：

1——目录厅；2——出纳台；3——书库；4——阅览；5——厕所

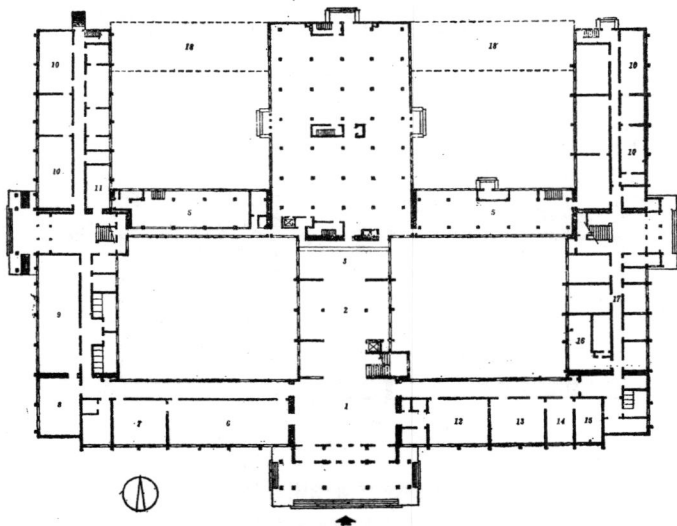

图4-33　北京大学图书馆一层平面：

1——门厅;2——目录厅;3——出纳厅;4——主书库;5——辅助书库;
6——外宾接待室;7——开架书库;8——报室;9——课本报刊阅览室;
10——采编室;11——外借室;12——外宾接待室;13——显微阅览室;
14——查目室;15——胶卷库;16——照相室;17——办公室;
18——扩建书库

在上述单元式的平面布局中,必须指出:

(1)在"⊥"形平面(图4-31,a)中,藏书和阅览部分二者相互垂直布置,因而二者必有一处是要朝向东西,日晒严重,一般则为书库、目录厅和出纳室。夏天炎热,损害图书,这样就必须采取遮阳措施或进行其他的处理。南京大学图书馆就采用这种形式平面,虽然因书库两侧绿化较好,树木高大,有自然遮阳的作用,书库日晒有所减弱,但夏季仍很闷热,书库顶层(四层)温度高达40℃。

(2)"工"形平面(图4-31,b)是较典型的图书馆平面,湖南医学院图书馆(图4-34)可作其代表。阅览室和书库朝向、通风都

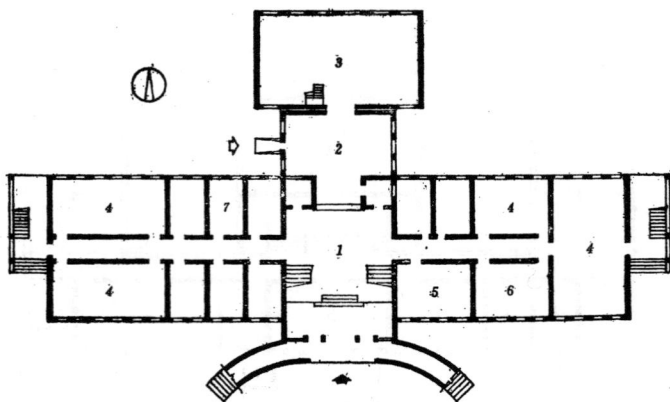

图4-34 湖南医学院图书馆底层平面:
1——门厅;2——借书处;3——书库;4——阅览室;
5——资料室;6——会议室;7——办公室

150

较好,唯借阅部分（目录厅、出纳台）朝向东西,必须注意遮阳。在扩建时应避免将借书部分包围在封闭的院内，以保证目录厅、出纳台处有良好的通风条件。南京工学院图书馆原为"⊥"形平面,1933年扩建为"冏"形(参见图1-7),形成两个封闭的内天井,目录厅、出纳室围在其中,冬冷夏热,通风不良。

（3）在"山"形和"丙"形平面（图4-31,c、d）中,这种布局在南北方向入口时,将有较多的用房为东西向,很不合理。当入口在东西方向,采用这种布局将使主要房间可以朝向南北,是较合适的。例如南京化工学院图书馆（图4-35及实例图录Ⅰ-17）的馆舍是坐西

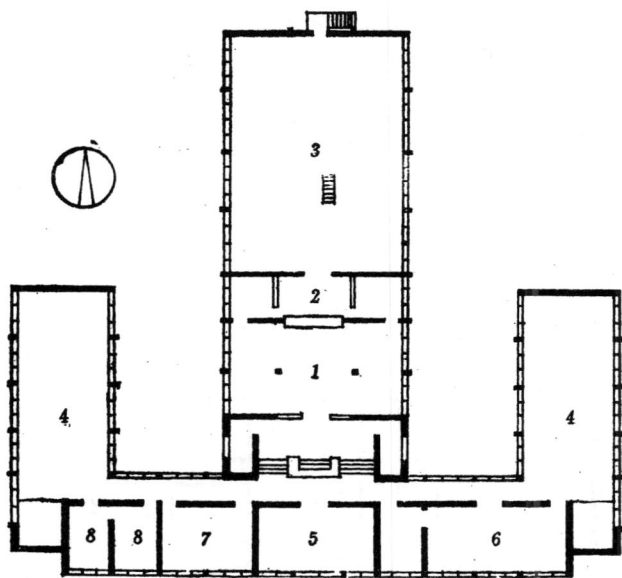

图4-35 南京化工学院图书馆二层平面：
1——目录室;2——出纳台;3——书库;4——阅览室;5——接待室;
6——资料室;7——采编室;8——办公室

朝东,采用"山"形平面。东面入口时,书库、阅览室、出纳室、目录厅等均朝向南北,创造了较好的朝向及通风条件。上海科技大学图书馆及北京中央民族学院图书馆均属此类(实例图录Ⅰ-18)。

(4)"囗"形和"田"形平面(见图4-31,e、f、g、h),都有封闭式内院,因而不可避免地要有东西向的房间。目录厅、出纳室处于其中心部位,朝向、通风较差,一般反映都较闷热。由于通风不良,书库潮湿,书籍容易发霉。这种平面都用于规模较大的图书馆中。但是一定要设法避免内院过小、过于封闭,以消除不通风的"死角"。上海同济大学图书馆,采用"囗"形平面,藏、借、阅三者关系较好,阅览室朝向东、南、北三面,但书库朝西,且两个内院较封闭,中部的目录厅、出纳室感到闷热,书库通风也受影响(见图4-36及实例图录Ⅰ-19)。

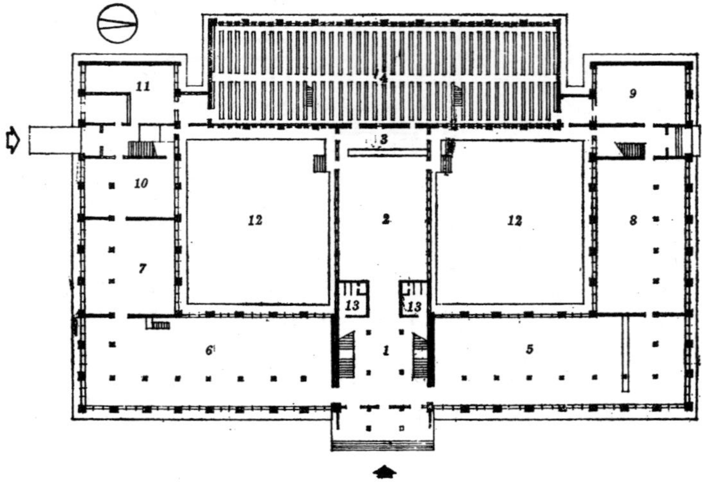

图4-36 上海同济大学图书馆底层平面:

1——门厅;2——目录厅;3——出纳室;4——书库;5——政治阅览室;
6——期刊阅览室;7——期刊室;8——单本开架阅览室;9——文艺阅览室;
10——编目室;11——装订室;12——天井,13——厕所

152

上述单元式的平面布局大多是采用严整的对称形式,可以获得庄重、大方的建筑效果。但是在满足功能方面,对称式的布局一般没有不对称的布局自由、灵活。目前我国有不少的图书馆设计,采用了这种灵活自由的布局。在结合地形,组织功能分区,满足图书馆各部分要求方面,有着显著的特点,同时建筑造型也较活泼大方。图4-37为西北某党校图书馆,将书库、阅览室及公共活动用

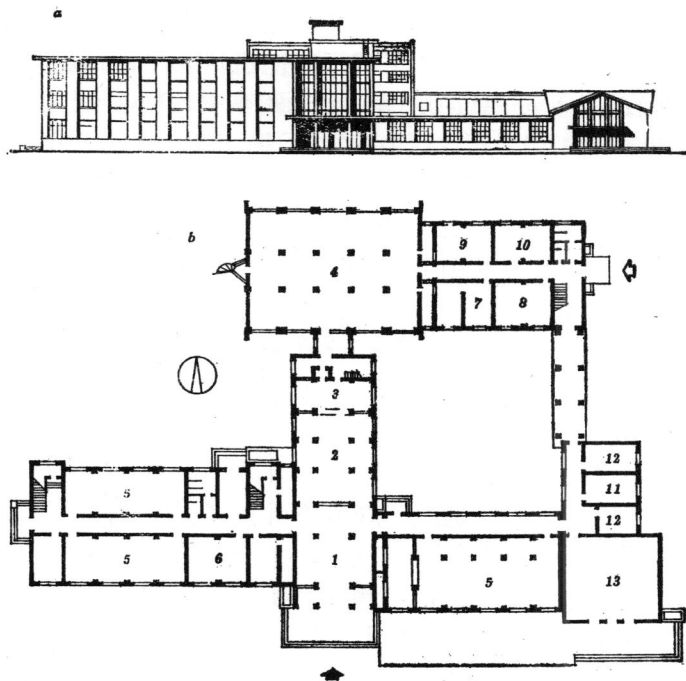

图4-37 西北某党校图书馆:

a——立面;b—— 一层平面,1——门厅,2——目录厅,3——出纳台,4——书库,
5——阅览室,6——休息室,7——编目室,8——采购室,9——装订室,
10——拆包消毒室,11——办公室,12——仓库,13——展览室

房（展览室等）划分为不同的单元，采取灵活自由的组合。单元之间以联接体或走廊相连，形成为一个有机的总体，既有联系，又有分隔。它采用敞开式内院，有利于各部分的通风，整个布局比较活泼。

在国外图书馆的设计中，这种单元式的组合实例也很多，因为它不仅可以用于自然采光和自然通风的图书馆中，在人工照明和空调的条件下，它更容易组合拼接，有利于满足图书馆的扩展和灵活布置的要求。图4-38为日本的加库舒因大学图书馆，该馆总建筑面积为3271平方米，采用了典型单元组合的手法，分别把图书馆的各个部分划分为书库单元、阅览单元及业务行政单元，三者交错布置，以公用大厅为联接体，把三者有机地组合成一个整体。整个布局整齐、统一、灵活自由，富有变化，外形也由于采用单元组合，把一个大体量分为几个较小的体量，而给人以一种亲切的感觉，而不像有些图书馆尽管不大，但却做得过于庄重严谨，令人肃然，效果较差。

图4-39为法国农泰尔法律文艺图书馆。它是把书库及阅览室等用房分别组成独立单元，以书库单元为中心，灵活组合。每个阅览单元用联接体与书库相接，保证各个阅览室单元能独立使用；同时，各阅览单元之间又用楼梯相连，使之仍构成一个整体。

在大型图书馆中，还有把书库设计成高层的独立单元，放在阅览室的后面。书库垂直向上发展，可减少占地面积和水平传送设备。书库的层数有达到十层以上，西德第戎大学图书馆即为此例（图4-40）。

3. 垂直式

前述毗邻式和单元式的组织，基本上是根据水平方向来组合空间的。这里再介绍一些垂直式的空间组织方法，它是根据使书库和阅览室取垂直方式联系的这个基本原则来组织的；虽然就书库和阅览室的关系来讲仅仅是一上一下的问题，但它的空间组织

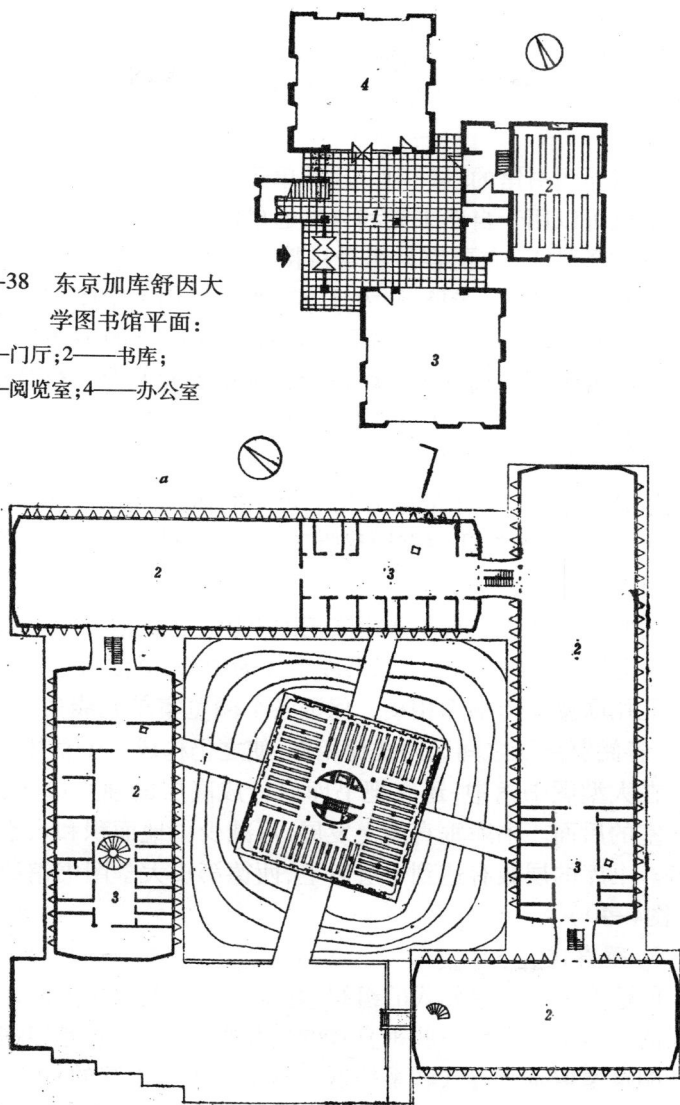

图4-38　东京加库舒因大
　　学图书馆平面：
1——门厅；2——书库；
3——阅览室；4——办公室

155

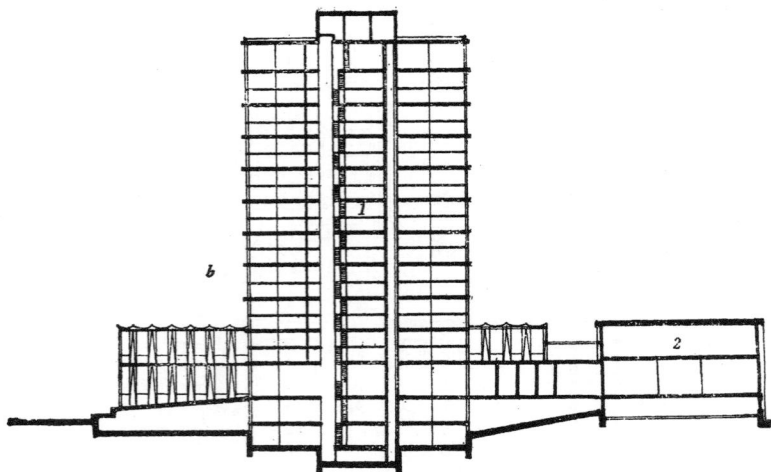

图4-39　法国农泰尔法律文艺图书馆：
a——楼层平面；b——剖面；1——书库；2——阅览室；3——办公及研究室

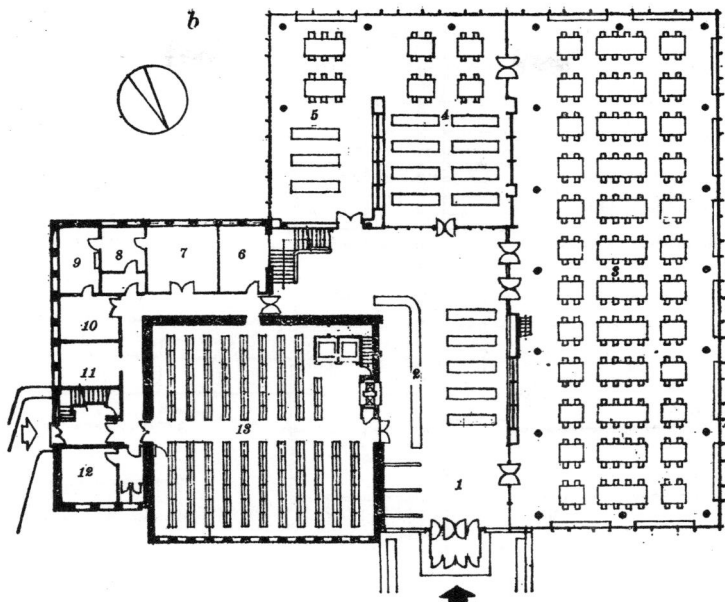

图4-40　高层独立单元书库实例——西德第戎大学图书馆：
a——外观;b——底层平面图,1——目录厅,2——管理柜台,3——大阅览室,
4——科学阅览室,5——法学阅览室,6——办公室,7——馆长室,
8——秘书室,9——编目室,10——进口处管理室,11——管理室,
12——管理室,13——书库

的方法还是多种多样的,其基本形式有以下几种(图4-41)。这种
方式在我国图书馆的实践中还为数很少，但因为它有节约用地、
简化平面、联系紧密、减少水平传递,有利于改善自然通风和采
光,对于解决藏、借、阅三者关系有着明显的优点,因此值得多多
总结经验和推广。

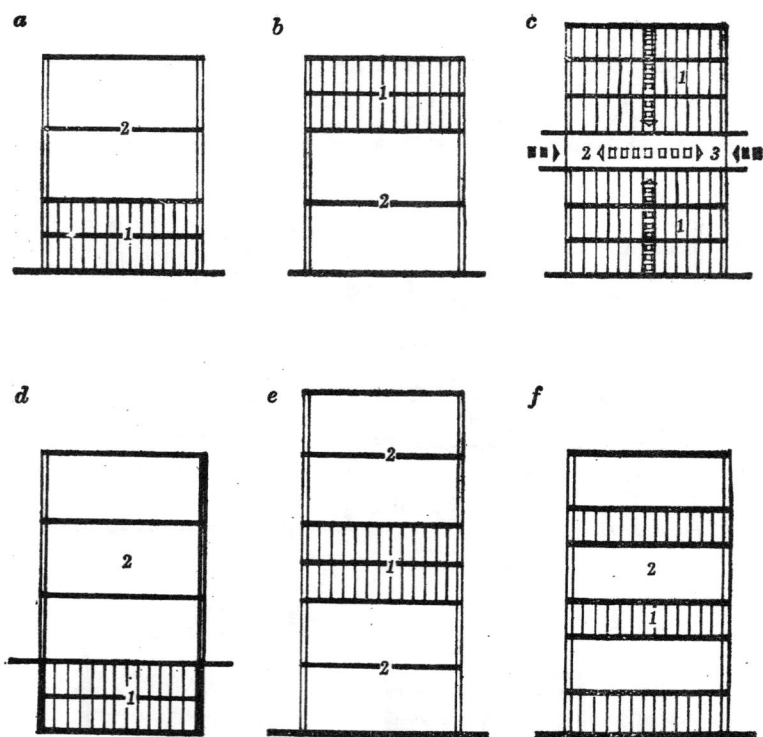

图4-41 垂直式布局的基本形式：

a——书库在下，阅览区在上；b——书库在上，阅览区在下；

c——借书处、阅览区设在书库中间层；d——阅览区在地面上，书库在地面下；

e——阅览区在上下部，书库在中间层；f——书库与阅览区间层布置；

1——书库；2——阅览区；3——借书处

在我国，据目前所知，采用这种垂直式空间组织方法的有1978年落成的南京医学院图书馆，以及仿照它的图纸而建造的一些图书馆。

在国外，采用这种组合方法的很多，除了在前节已介绍的一些实例外,在这里再介绍几个有一定特点的、且可给我们借鉴的例子。这些例子可以供设计参考,为我国图书馆设计创造更多的新方式。

（1）日本福冈市土库希高卡高等学校图书馆（图4-42）总建

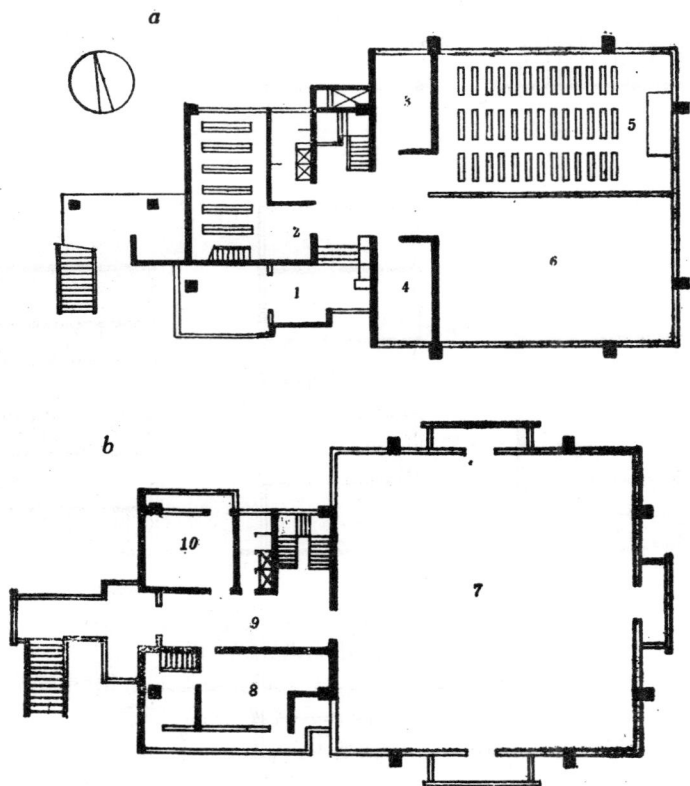

图4-42　日本福冈市土库希高卡高等学校图书馆:
a——底层平面;b——二层平面;1—— 一层入口;2——书库;
3——准备室;4——小会议室;5——讲演厅;6——会议室;
7——阅览室;8——办公室;9——二楼门厅;10——小阅览室

筑面积为1017平方米,其底层面积为575平方米,属于规模小的图书馆。它采用二层垂直式空间组合,将主要阅览室置于二层,书库及讲演厅等设于一层;读者由外楼梯直接进入二楼阅览区,讲演厅有单独的出入口,书库与办公室有内楼梯直接联系。整个建筑功能分区明确,联系紧密。

(2)法国里昂中心科技大学图书馆(图4-43)位于该市郊

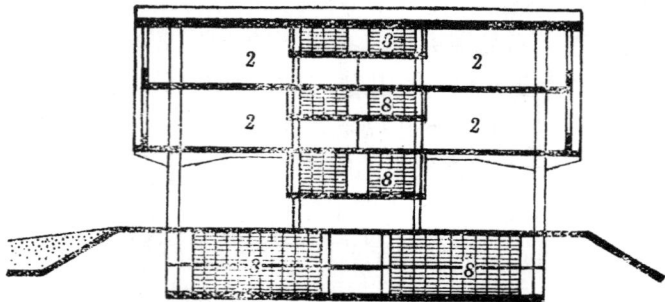

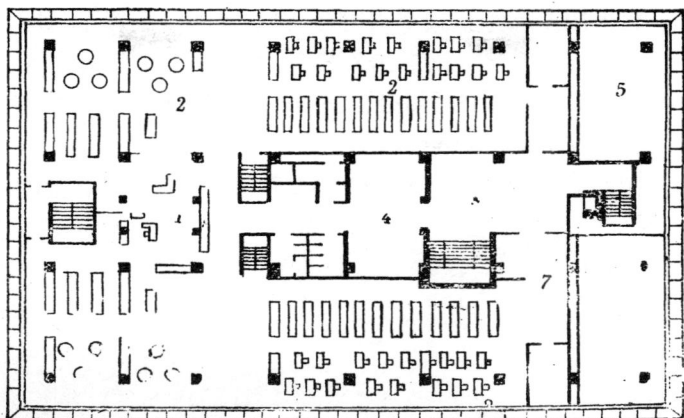

图 4-43　法国里昂中心科技大学图书馆：
a——外观；b——剖面；c——二层平面；1——管理台；2——阅览室；
3——进厅；4——衣帽间；5——戏剧资料室；6——馆员用房；7——书库

区，地上三层，主要是阅览室，地下二层为书库。阅览室进深大，有三跨，每层的中跨设置夹层，布置书架，作开架书库。它不仅能分别与两边阅览室相通，而且用书梯也能直接与地下的基本书库垂直相连，书籍运送简捷方便。夹层下的空间，部分可开辟为阅览室，部分可作为交通和辅助用房。这样，既能巧妙地解决了一个大阅览室的干扰问题，使两边阅览室又分又合，又能较好地解决了阅览室空气对流及自然通风的问题。

（3）法国夏尔特尔市立图书馆（图4-44）是毗邻式与垂直式结合起来的布局方式。阅览室共四层，书库共六层，两者以2:3的层高差毗邻布置，但把第四层书库（即第三层阅览室处）局部作为目录室、出纳室，即书库布置在目录厅的上下，分别由上、下两个

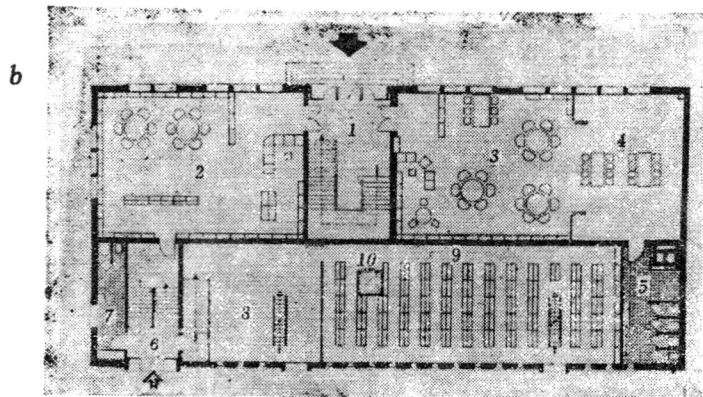

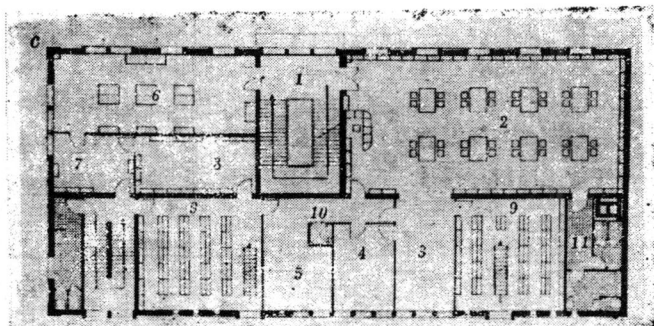

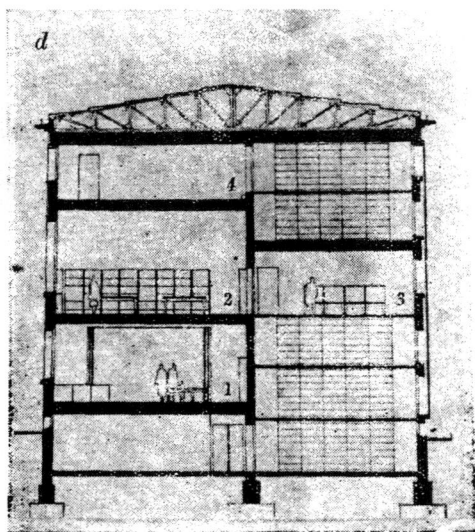

图4-44 法国夏尔特尔市立图书馆:

a——外观;b—— 一层平面,1——入口,2——成人阅览室,3、4——儿童阅览室,5——
儿童厕所,6——服务入口,7——厕所,8——装卸室,9——书库,10——货梯;c——楼层
平面,1——入口,2——阅览室,3——目录室,4——馆长办公室,5——书籍处理,6——
展览室,7——手稿室,8——手稿保藏室,9——书库,10——货梯,11——厕所;d——剖
面,1——儿童阅览室,2——成人阅览室,3——目录室,4——临时展览室

方向向出纳台输送书籍,流线短捷。

除了这些方式外,还有把书库放在中间,上下均为阅览室,如法国波尔多·皮利格林医科大学中心图书馆（实例图录Ⅱ-10）。也有的相反,把阅览室置于中间层,上下为书库。总之,垂直式空间组合方法很多,要根据规模、基地条件及技术经济情况综合分析选用。就目前来讲,我国一些中、小型的图书馆将书库布置在下,阅览室布置在上,较为合理,因为,在无升降设备条件下,书库放在下面使用比较方便。其次,从结构上来讲,采用书库在下的组合可以使沉重的书架载荷直接传到地上,减轻楼板载荷,节约钢材较为经济,同时也保证了阅览室更为安静。

三、实例与方案的简介

前面已经讲过,第一类的布局（即阅览室在前、书库在后的方法）是我国已建图书馆中最为普遍的一种形式,几乎所有的图书馆,不论是公共的还是大学的,也不论是大型的或是中、小型的,都是属于这个范畴。出现这种现象,一方面固然受图书管理制度和经济条件的影响,但主要还是因这种布局有它的显著优点。但是,不要被它的框框套住,在图书馆建筑设计中应该勇于创新,不断前进。

这几年,国内建造了不少新的图书馆,有一些在设计中努力探讨新的手法,并已取得可喜的成绩,现将其中几个图书馆的平面介绍如下。

1. 南京铁道医学院图书馆

这个图书馆设计于1974年,1979年初建成。由于受到基地和当时结构楼板的限制,平面为矩形,采用5米的柱网（中心距）,共三层,升板结构。全部楼板的载荷按书库载荷设计,所有的内外墙都是砌在楼板上,为非承重墙,需要时也可以拆除重新调整平面布置（图4-45）。

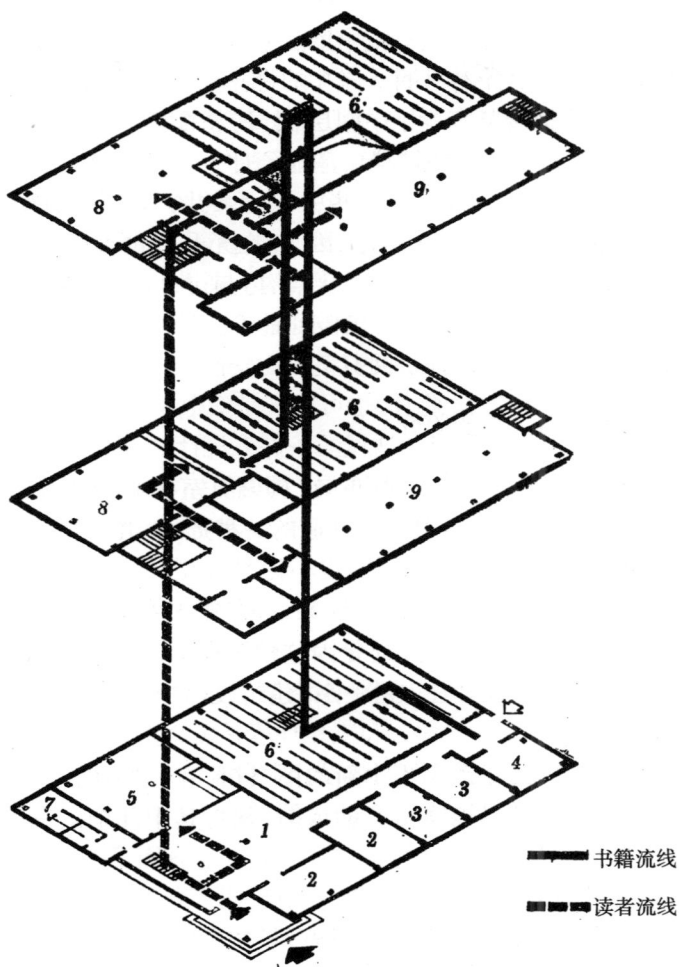

图4-45 南京铁道医学院图书馆平面布局分析图：
1——门厅；2——办公室；3——编目室；4——采购室；5——期刊室；
6——书库；7——厕所；8——目录室；9——阅览室

从设计手法上有创新,力图摆脱我国图书馆设计中长期沿袭的传统手法,而采用了块状的体型。但是由于管理方法仍然是以闭架为主,因而设计不可能有多大的变异。从建筑布局和使用角度来分析:平面较紧凑,几个主要部分的关系、朝向也比较合理;进深加大后,辅助面积相对减少,降低造价。三层的中心位置留出一个用以改善通风及采光的小天井;小天井上采用了玻璃天窗,向下投射光线,增加了二层的亮度,效果显著。这个设计有些地方吸取了"模数式"图书馆设计的优点,但与国外的"模数式"图书馆还有相当差距。例如,书架和隔间墙都没有做成可移动的,如果阅览和书库需要调整时就很困难。在灯光设计上,也没有考虑到书库和阅览的通用性。此外,也可以说是最根本的,就是它从我国实际出发,根据自然采光和通风的条件来设计的,而国外的"模数式"图书馆则多数是以人工照明、空调为前提来设计的。由于阅览室、书库均为单面采光,因而通风和光线就受到影响。

2. 南京医学院图书馆

1975年设计,现已建成使用。设计时,考虑到南京地区的气候特征,要求馆内的几个主要部分,即书库、阅览、借书处、办公室都要有良好的朝向和通风,以避免东西晒。这对图书保存及为读者和管理人员创造良好的学习和工作环境是极为重要的。但要全部满足这些要求,也恰恰是图书馆设计中较难解决的问题。

在设计这个图书馆时,有意力求解决好这个问题。在平面布局和空间安排上想了一些办法,故使用后,各方面反映良好。它是采用垂直式的空间组合,建筑物共三层,书库放在底层,另有一夹层,阅览室在第二、三两层(见图4-46及实例图录 I -20)。其特点如下。

(1)书库、阅览、借书和办公室等各个部分的朝向大都朝南,但不是简单的"一"字形摊开,而是紧密地结合了地形,又在建筑构图和体量组合上作了认真的推敲。

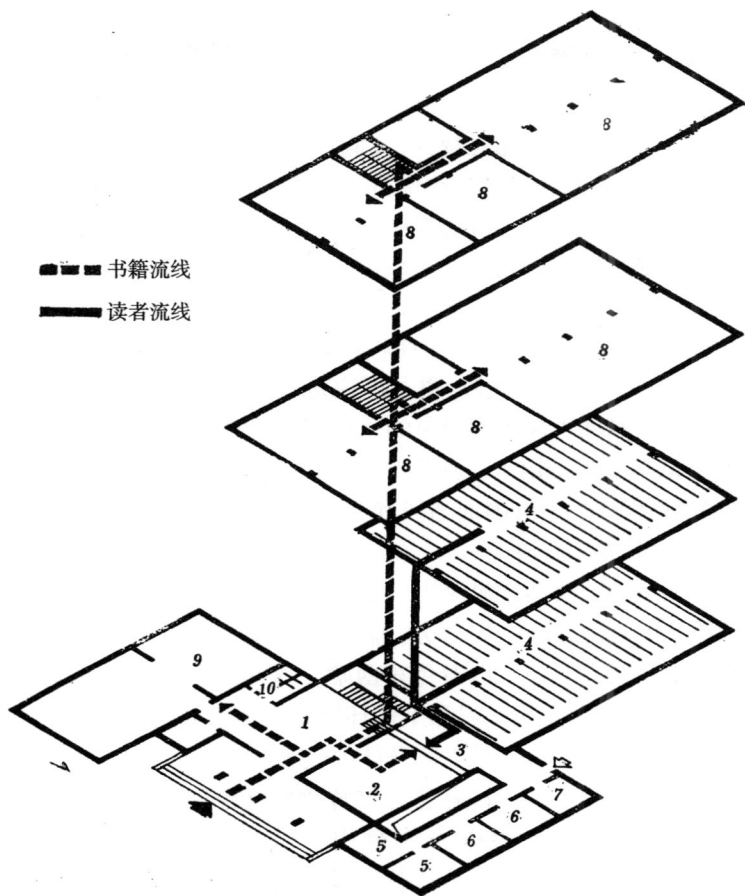

图4-46　南京医学院图书馆平面布局分析图：
1——门厅；2——目录室；3——出纳台；4——书库；
5——办公室；6——编目室；7——采购室；8——阅览室；
9——期刊室；10——厕所

（2）图书馆各部分的功能关系紧凑流畅，使用方便，没有迂回穿行的问题。

（3）可藏书40万册的书库全部设置在底层（连夹层共为两层），管理人员基本上在同一平层上工作，减少了上下楼奔波的劳累。

（4）借书处也设在底层，既邻近书库又靠近门厅，进出方便，适应师生利用课余短暂的休息时间借还图书。如果读者来馆只是为了借还图书，就不必上楼，也保证了楼上阅览部分的安静。

（5）在进口处设计了门廊，利用廊子一边的墙面布置阅报栏，既起到西向遮阳的作用，又增强了图书馆的入口气氛。

（6）一般图书馆设计，习惯采用对称手法，可是这个图书馆的立面处理和它的平面设计一样，完全是从功能出发，不受对称形式的牵制，做到了外形和内容的一致。总的来说，给人一种新颖大方、简洁自然的印象。此外，在结构施工方面，采用了升梁法施工，柱子现场预制，梁在地面现浇，上铺空心板。这种结构方式，在立面造型上，也得到了充分的表现，使造型和结构有机地结合起来。

（7）组织了较通畅的穿堂风，对夏季炎热的南京来讲是非常必要的。实践表明：这个馆的借书厅是全馆冬暖夏凉最好的地方（见图4-47）。

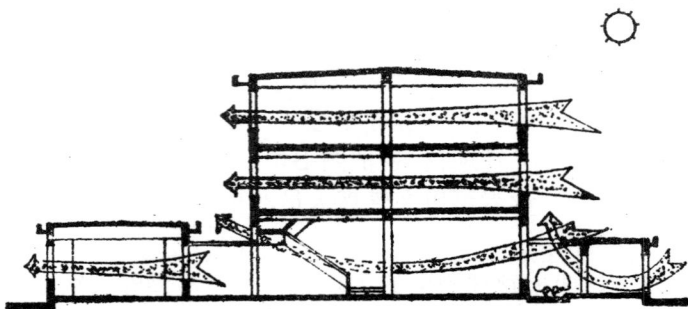

图4-47 南京医学院图书馆通风分析

168

第四节　我国现代化图书馆的设计

在前三节中,我们基本上是以传统图书馆的闭架管理方式为出发点,来论述图书馆布局的基本要求、类型及其空间组织的方法。但是,随着图书馆现代化的推进,一些传统的图书馆设计原则与方法已不能完全适应现代图书馆建筑的要求。因此,如何设计现代化图书馆的新课题就提到日程上来了。我们必须努力探索符合我国国情的现代化图书馆设计的原则和手法。

一、立足于开架设计

1. 两种管理制度

我国图书馆的现代化关键不仅在于建筑、结构的先进和新设备的多少,而首先应在于管理方式的先进性和科学性,以提高图书馆的工作效率。

目前,图书馆的管理制度一般分两种,即闭架管理和开架管理。

所谓"闭架"管理,即除了一些工具书和必须公开陈列的参考书外,其他的书刊资料都放在书库内,读者要通过查阅目录卡片,填写借书单,在出纳台上办理借书手续,才能将所需要的书刊借到手。读者不经过特许是不准进入书库的。

所谓"开架"管理,就是把图书馆的部分或全部图书对读者实行直接开放,读者可以在管理人员的指导下,自行到书架上选择所需要的图书。

以上这两种管理制度的优缺点,图书馆界曾长期进行过讨论。反对开架的主要意见是:不便管理,认为读者直接到书架上取书虽然方便,但读者自己归架时图书容易出现序号紊乱的问题。

主张开架的人则认为：开架是提高服务质量的一项根本性措施，它涉及到图书馆的宗旨和方向问题，认为图书馆的任务毕竟是让读者能够直接地充分利用图书。开架的缺点固然存在，但不能因噎废食，可以通过宣传、指导和加强管理来逐步解决。

2. 管理方式与建筑布局

图书馆实行什么样的管理方式，即实行闭架管理还是实行开架管理，它直接关系着新建图书馆建筑布局的设计原则和手法。因为图书馆的设计与图书馆采取何种管理制度是密切相关的。

图书馆的管理是经历了开架—闭架—又开架的发展过程。图书馆建筑设计的原则和手法也随着它的变化而改变。最早西欧出现的一些公共图书馆就是开架管理，藏、阅不分，二者设在一个空间内；直到十九世纪中叶，随着文化教育的发展，印刷技术的改进，在书籍和读者都大量增加的情况下，书库才与阅览部分分开，产生了借、阅、藏三个主要部分，形成了传统的布局方式，即书库在后，阅览在前，借书部分扼守二者之间的基本格局。二十世纪以来，随着科学技术的飞跃发展，文化科技水平普遍提高，人们对图书馆的要求越来越多，图书馆在推动科学和文化发展的作用上日益显著。因此，促使人们对图书馆产生了新的概念，新的原则。传统的图书馆在使用上是集中管理藏书，读者非经允许是不得入库的，而新的原则就是强调读者接近藏书，方便读者，提高书籍的利用效率，把阅览部分设计成开架式的专业化阅览室。因此，今后主要发展的趋向是采用开架阅览的办法，把开架管理当作是二十世纪图书馆现代化的鲜明标志。于是，又重新使书库和阅览结合在同一个空间内的布局方式。这种布局方式，目前在国外一些新建的图书馆中更为盛行。管理方式的演变必然使图书馆建筑设计和布局方式产生变化。随着管理方式的改变而形成了三种基本的图书馆建筑布局方式（图4-48）。

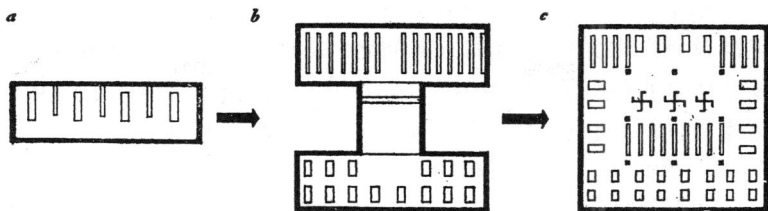

图4-48　图书馆平面布局基本形式的演变：
a——藏、阅结合（开架）；b——藏、阅分开（闭架）；c——重新结合（开架）

目前，我国图书馆基本上仍以闭架为主，大量的图书仍要按传统的方式从出纳台上填单索借，只有少数的参考阅览室布置一些为数不多的开架书，但其趋势还是朝着开架管理方式发展，逐步实行开架管理。因此，图书馆的设计应该展望这一未来，立足于开架管理方式进行设计。

3. 开、闭结合，二种管理方式并存

现今我国图书馆设计，大都属于图4-48中的藏、阅分开形式，要适应开架管理方式就必须探讨新的设计手法和布局方式。从我国具体情况出发，还不能完全采用全部开架管理方式即藏阅重新结合形式。这是一种完全开架管理的方式，书库与阅览不分，空间灵活分隔，大多采用人工照明和空调设施，这种方式从经济角度上看，在我国还是不现实的，从管理上看目前也是不能完全适应的。在一个相当长的时期内，我国图书馆以实行开架和闭架二种管理方式并存共处的管理方式还是适宜的。处于这种情况，图书馆的设计既不能因袭老一套，也不能照搬国外完全开架的布局方法，而是要根据开、闭结合的特点，把远、近期的要求有机地结合起来，采用阅览和书库有分、有合和可分、可合的方式进行设计。因此，在设计中要实行开架阅览、半开架阅览和闭架阅览相结合，基本书库、辅助书库和开架书库相结合的方式。这同日本采用的三线藏书方法

171

是一致的,它把开架阅览室称为第一线藏书,将最新书刊资料放在开架阅览室内,读者自取;把辅助书库称为二线藏书,即将一定年限的过期书刊放在辅助书库内,靠近开架阅览室,读者如需借阅可通过工作人员索取;把基本书库称为三线藏书,即将呆滞的过期书刊藏在基本书库内,借阅时仍按传统的借阅方法。

正在兴建的北京图书馆新馆就是采用这种三线收藏方式管理的。第一线即各类专科性阅览室实行开架阅览,保持数量达120万册的新书、期刊资料,供读者直接查阅;第二线即部分综合性的阅览室附近设置辅助书库,保存第一线轮换下来的比较新的书刊资料,供读者随时借阅;第三线即基本书库,主要起藏书作用,同时也为综合阅览室的读者和外借读者服务。

按照这种原则设计,可以满足开架和闭架两种不同管理方式的要求,同时做好两方面的服务工作,使基本书库主要为闭架阅览室服务,辅助书库和开架书库分别为半开架或开架阅览室服务。这样也就产生了新的设计原则和不同的平面组合方式(图4-49)。

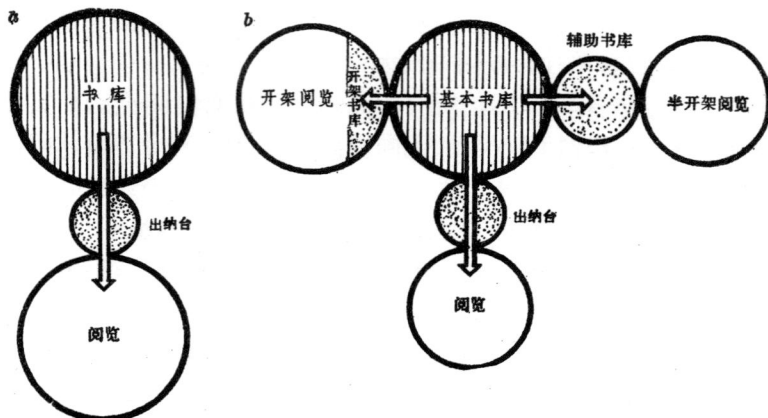

图4-49 两种不同的平面构成及功能关系:
a——闭架管理;b——开架与闭架混合管理

立足于开架设计,是否要取消书库呢?尽管国外已有这种做法,国内外也有介绍,但这种办法目前在我国恐怕还是为时过早的。因为开架管理并不意味着百分之百的藏书都要开架,开架的仅是那些流通量大的常用书刊。它的数量也只是占总藏书量的一小部分。从日本资料来看,日本大学图书馆是普遍实行开架阅览服务的,但每个大学所备开架阅览图书,一般也只达几万册,最多10万册,而日本一般公共图书馆闭架书库仍占有图书馆总面积的10—30%。1974年设计的日本大阪府立夕阳丘图书馆,全馆藏书60万册,开架图书仅占5万册,即12%,仍设有五层闭架书库。

其实,全部藏书都实行开架,在使用上没有必要,在经济上也是不合理的,因为不是每本藏书读者都经常需要使用的。1978年苏联对它的国家建委等一些中央部属图书馆进行检查表明:图书馆书架上的书都经常是满满的,可是未被借用过的图书达70%,有的高达80%。另据苏联中央统计局材料,在苏联全国科学技术图书馆里,全部藏书中有43%的图书没有同读者见过面。其原因很多,但也说明常用书毕竟只占少数。如果我国各馆也作这样的检查,统计结果恐怕也会说明这一问题的。因此不必要全部图书都实行开架,仍需设置单独存放图书的大书库。

立足于开架设计不是所有的图书馆和所有的阅览室都实行开架。它将是根据不同类型、不同规模、不同服务对象等具体问题而逐步实行的。一般讲,大专院校图书馆比公共图书馆更有条件实行开架;规模小的图书馆比规模大的图书馆更容易实行开架;专业研究性的阅览室比一般性的阅览室应该优先开架;珍藏善本阅览室则要采取闭架管理。

从日本资料分析,日本都道府县立图书馆(相当于我国省级馆)开架阅览的面积只占总建筑面积的20—33%,市、区立图书馆达30—50%,而规模小的町村图书馆可达50—80%。又如英国的城镇中心图书馆,藏书在百万册以上者大部分仍采用闭架贮存;而那些藏书为6000—50000册的全日开放的地方分馆大多是开架的。散置在架上的书,读者可任意自取。这都说明实行开架要具体对待,而不是所有阅览室都需开架。

美国虽趋向于普遍开架,但也有闭架的,如斯坦福大学杰·亨利·迈尔(J.Henrv Meyer)纪念图书馆,它的总藏书量为535000册,而闭架藏书为400000册,开架藏书为135000册,闭架藏书量占总藏书量的74.76%。又如美国威奇塔(Wichita)公共图书馆总藏书量为50万册,其中闭架藏书30万册,开架藏书20万册,即闭架藏书也占总藏书量的60%。

二、图书馆建筑使用的灵活性

一个良好的现代图书馆设计,不仅要能满足目前的使用要求,而且要能适应今后发展的变化。特别是现代图书馆建筑的设计,应该适应今后图书馆事业发展的需要,以及新设备、新工艺和新的管理方式等方面的要求。国内外图书馆的经验表明:一个图书馆建成以后,常常因馆舍建筑条件满足不了图书馆事业的发展变化,而使图书馆工作受到很大的影响。为此,要求图书馆建筑应具有使用的灵活性。这种灵活性是现代图书馆建筑的重要特征,常被称为现代图书馆建筑的生命。

图书馆使用要求的灵活性使图书馆建筑产生了新的设计构思和手法。它将促使图书馆建筑设计,摆脱传统的原则和方法,从而创造出新型的、具有灵活性的建筑布局方式。这就必须在平面和空间布局、结构方式等方面探索和采用新的方法。

1. 变分散的条状体型为集中的块状体型

首先在布局方式和空间体型上,宜将传统分散的条状体型改为较为集中的块状体型。

前述的几种平面布局方式都是以条状体型为基础进行组合的。它所提供的空间通常都是进深不大、长度较长的长条空间,这

174

种条型空间相互以承重墙相隔,各房间相互关系松散,工作流线加长,联系不便,易与读者隔离开来,工作效率低。如果把原来的条形体量组合形成"口"、"吕"或"田"等形式的平面,则中间都有内院。新的图书馆设计趋向于平面紧凑,因而这些内院缩得越来越小,以致完全消除,这样就使整个图书馆平面变成一个较简洁的方整的几何形体,如图4-50所示。这是现代图书馆具有灵活性的平面布局的基本形式。国外一般趋向于方形、矩形,而又以矩形更有利于图书馆的使用,因为这种体型空间紧凑,便于灵活分隔,同时也节约能源和土地。但它往往需要采用人工照明和空调设施。

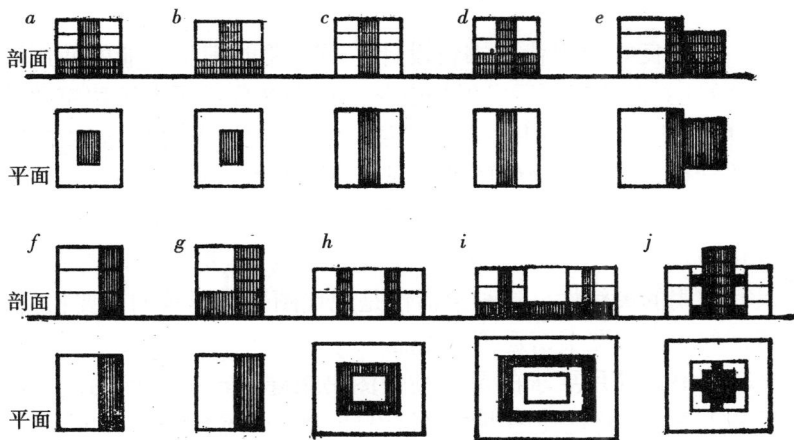

图4-50 灵活性的几种平面布局类型

2. 变分割固定的小空间为开敞连贯的大空间

在建筑空间上,宜将分割固定的小空间尽可能地设计为开敞连贯的大空间。这样可以满足使用的灵活性。为此,要采用跨度较大的柱网,避免室内固定的结构墙体,使布置更加灵活。为了适应阅览、藏书和服务用房三个部分互换和面积变化的需要,内部空间可以用轻质隔音板墙或书架等灵活分隔,少采用固定不变的承重隔墙。

3. 变小开间为大开间

在结构上,尤其是在多层的建筑布局中,其灵活性在很大程度上决定于楼板层结构的设计。为了争取较大的灵活性,在支撑系统方面宜增大开间,扩大进深和柱网。因为空间窄长,柱子林立,内部使用将不够灵活。英国伦敦市艺术馆馆长兼图书馆馆长汤普逊在他的著作中,对英国四所大学的图书馆进行了分析,表明柱网间距大的图书馆使用中适应性指标高,反之则小(见表4-1)。

表4-1 英国四所大学图书馆柱网与使用的适应性

馆名	爱丁堡大学	埃塞克斯大学	兰开斯特大学	沃里克大学
柱网	8.2×8.2米	6×6米	5.5×5.5米	7.6×7.6米
使用方式	书架可以在两个方向自由排列 排列中距有: 1170毫米 1375毫米 1650毫米 2060毫米 楼面载荷允许在各处密集式布置,也可正常中距布置	书架可以在两个方向自由排列 排列中距有: 1195毫米 1500毫米 1985毫米	书架可以在两个方向自由排列 排列中距有: 1100毫米 1375毫米 1830毫米 楼面载荷适于正常中距布置	书架可以在两个方向自由排列 排列中距有: 1270毫米 1525毫米 1905毫米 楼面载荷适于正常中距布置
适应性指标	75	60	69	66

注:适应性指标,是指不需要作重大变更就能有效地适应布置,为读者座位和书架的面积,除以总地板面积所得的百分数。

目前我国常用的开间是3.6—5米,少数为6米。如果把开间扩大到6—8.1米,则可提高图书馆的适应性,增加空间使用的灵活性,这在现今结构施工的条件下是完全可能的。表4-2也表明,在不同大小的开间中,开间大的适应性大,开间小的适应性小。如以8.1米开间的适应性指标为100%的话,开间为6米至7.5米者则为75%,而5.1米以下的开间,它们的适应性仅为50%。

表4-2　柱网与灵活性关系分析表(尺寸:毫米)

柱网	3600	3900	5100	6000	7500	8100
使用方式	1200×3	1300×3	1275×4	1200×5	1250×3	1157×7
	1800×2	1950×2	1700×3	1500×4	1500×5	1350×6
				2000×3	1875×4	1620×5
						2025×4
适应性指标	50	50	50	75	75	100

当然,扩大开间不是任意扩大,越大越好,而是要进行分析比较。如果最小的使用空间(书架和阅览桌之中距)是2米,选7米柱间还是8米柱间呢?必须进行比较:8米柱间可以放四排,而7米柱间只能放三排,平均排距为2.33米。这意味着,为了收藏相同数量的图书就得多增加16%的面积。根据研究认为:5—10米的柱间范围内,最有效的柱间是8米,效率最低的是5.8米,因为,若二者藏书容量相同时,面积要相差22%,如图4-51所示。

由于柱网的选定要同时考虑藏书、阅览和服务管理三方面的适应性,因此,柱网的选择是设计中最关键性的问题之一,它不仅关系到当前能否方便地使用,而且也关系到未来的发展是否能适用和经济地利用面积。

为了便于灵活分隔空间的大小,以适应不同的安排需要,避免柱子妨碍分隔,选择柱网时就要尽量减少或完全排除柱子对三者使用的影响。

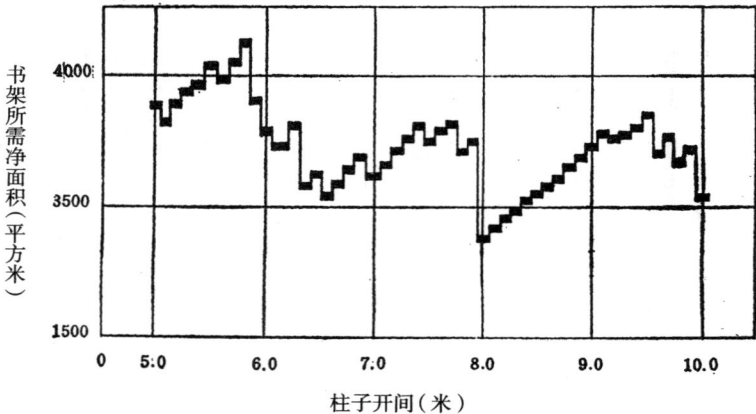

图4-51 柱间大小对书库面积的影响

4. 变多种柱网为统一柱网

在楼层结构方面,最好采用统一开间、统一柱网、统一层高和统一载荷,并按最大的书库载荷来计算,以保证内部空间能任意调整和灵活安排,但在经济上可能花的代价较大,需要仔细研究寻求较经济的楼层结构方式。例如,统一层高在空间上是不尽经济,这就必须解决好阅览室与书库层高差的问题,可以采用夹层或错层的办法。统一载荷必然会增加造价,用钢量大。为此,有的采用升板法施工,因为适应施工要求所具有的强度足以满足书库的使用载荷;有的将楼层结构区别对待,按使用要求提高局部楼面的承载力,满足承放书架的需要,以提供开架、半开架的阅览条件。这种方法虽然较经济、现实,但书架的位置受到一定的限制,灵活性欠佳。南京医学院图书馆就是采用这种方法,它将二、三层楼上的大阅览室东端一开间的楼面载荷提高,有意将开架书架布置在此,如图4-52所示。该阅览室楼面一般载荷为每平方米300千克,放书架处提高为每平方米500千克。

178

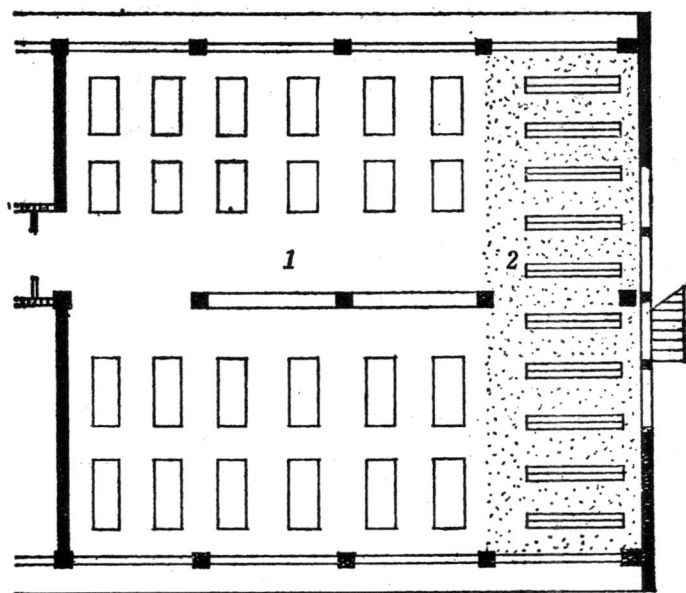

图4-52　南京医学院图书馆开架阅览室楼面载荷的处理：
1——300千克/平方米；2——500千克/平方米

三、坚持自然采光与通风的块状布局

我国现代图书馆设计应该将传统的空间、分散的条状体型改变为空间较为集中的块状体型。这种体型内部采光和通风是需要加以认真解决的问题。国外，多数采用人工照明和空气调节设施；对于我国现阶段来讲，这种方式要适应我国目前的经济水平。在设计现代图书馆时，就必须坚持采用以自然采光和自然通风为主，辅之以人工照明和机械通风。除了某些特殊要求外，一般都应遵循这一原则。

为了解决块状体型自然采光与通风问题，下面介绍几种布局

方式,以资参考。

1. 扩大进深的矩形布局

这是在传统条状体型基础上,通过扩大进深而获得较大空间。目前条状体型的进深一般为9—12米,最大达18米,扩大进深可使它达到24—27米。当规模不大时,可以采用单层,若规模较大时可采用多层的方式,以获得简洁的体型。扩大进深给使用上带来了较大的空间灵活性,但所担心的就是,中部的光线、通风问题。实际上,这些问题也不难解决。就通风而言,只要空间开敞,完全能自然对流,是不会感到闷热的。相反,由于增大进深,反而会感到阴凉。至于为了满足和保证合理的采光要求,一般可有以下的几种处理方法,如图4-53所示。

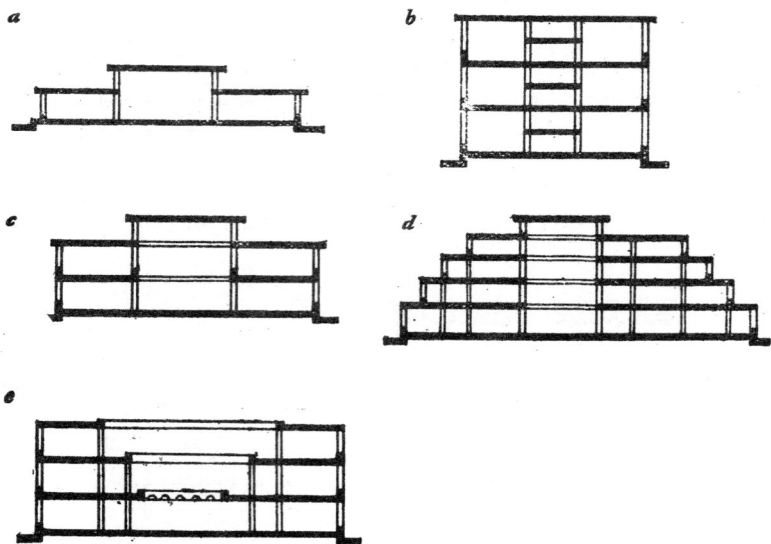

图4-53 扩大进深的几种设计方式:
a——设计方式之一;b——设计方式之二;c——设计方式之三;
d——设计方式之四;e——设计方式之五

180

其一是开设屋顶天窗，增加中部的光线，不论是单层的，两层的或两层以上的多层图书馆都可如此处理，多层时，能形成一个中央大厅式的空间。以下分别举例说明。

图4-54为美国密执安州利沃尼亚郊区图书馆，它服务范围为5万人，藏书3万册，设置150个座位，属于一种小型图书馆。它采用了单层大进深的布局，平面紧凑，内部空间开敞灵活，利用天窗改进阅览室中部的光线。

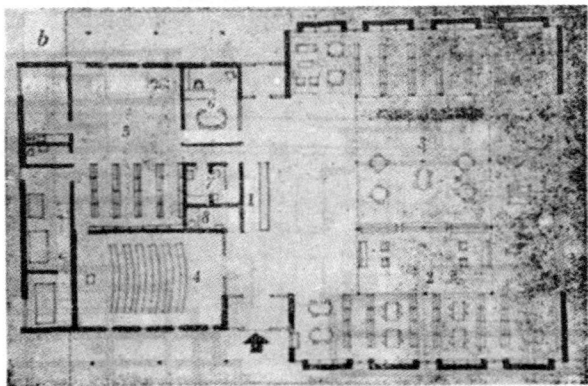

图4-54　美国密执安州利沃尼亚郊区图书馆：
a——外观；b——平面，1——管理台，2——儿童阅览区，3——成人阅览区，
4——多用活动室，5——工作室，6——办公室，7——女厕所，8——男厕所；
c——成人阅览室内景

图4-55为英国埃塞克斯大学图书馆，其阅览室的进深达23.62米，中部为开架书库，四周则布置阅览室。

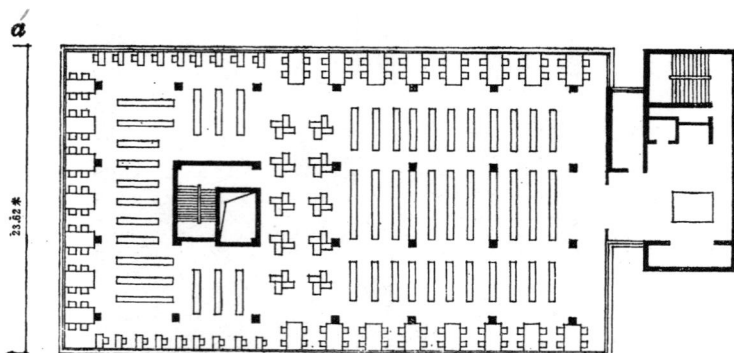

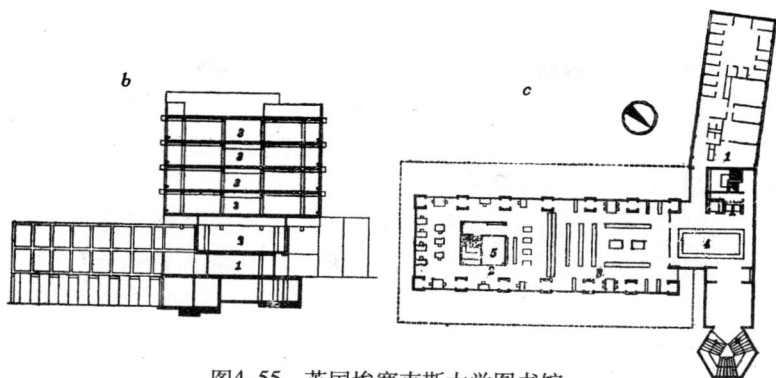

图4-55 英国埃塞克斯大学图书馆：
a——楼层平面；b——剖面，1——入口，2——目录，3——开架阅览；
c——底层平面，1——办公室，2——采购和编目，3——目录和参考，
4——采光井，5——管井

图4-56为法国雷恩（Nennes）文学图书馆，其阅览室为三跨。中部一跨光线较暗，布置开架书架，两边则布置阅览座位，这是扩

图4-56 法国雷恩文学图书馆外观

183

大进深后结合开架合理使用的一种好的方法。这样不仅保证了阅览室的照度要求，而且也可以根据需要，利用中部开架的排列，划分出不同大小的阅览空间，使两边阅览室有分、有合，而不影响自然通风。

2.带内天井的块状布局

这是为了空间灵活又保证自然采光与通风形成的另一种图书馆新布局，外形方整简洁，内设天井。这种方式初看起来像"口"字形的条件布局，但实际上二者却有原则区别。一般传统的"口"字形条状布局的天井内院小，仅供采光通风之用；而这种天井四周的室内空间敞开连贯，不用承重墙分隔空间。图4-57所示，

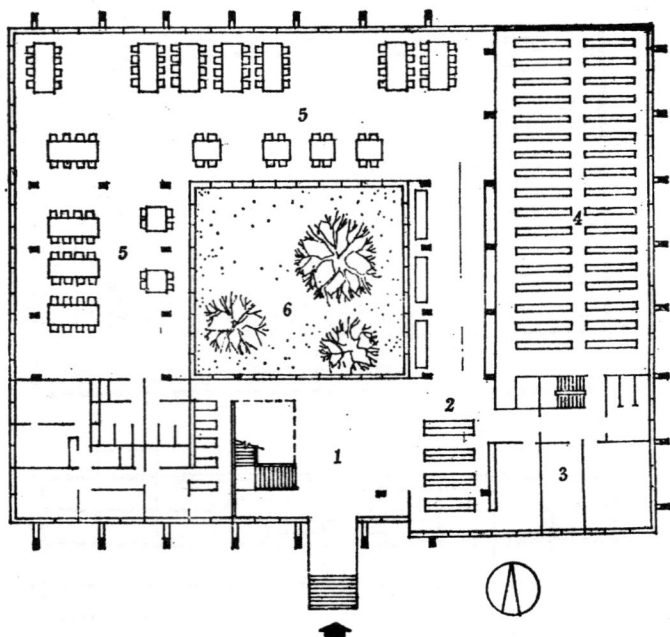

图4-57　带天井的块状布局之例：

1——门厅；2——目录室；3——办公室；4——书库；5——阅览室；6——内庭

可作为这种块状布局的代表。

当图书馆的规模较大,层数较多时,过小的天井不利于改善下部的光线。因此,有的设计将天井逐层向上扩大,一方面减少光线的遮挡,另一方面也使楼上的各层阅览室都有了通长的室外活动场地。图4-58所示可作为这种块状布局的代表。该馆沿着天井及外墙四周布置为阅览区,开架书架布置在阅览室的中部地带。

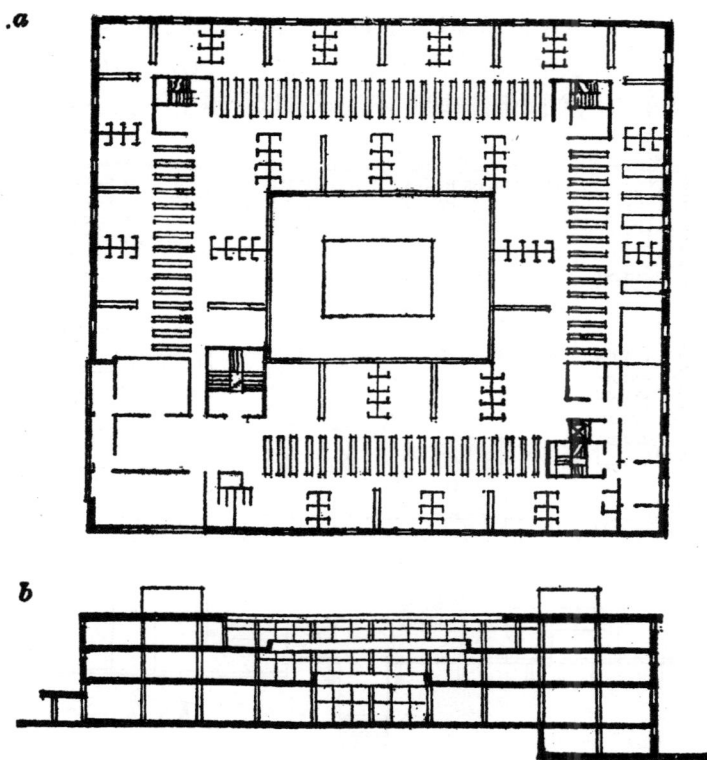

图4-58　英国兰开斯特大学图书馆:
a——平面;b——剖面

图4-59为多伦多图书馆，它是加拿大最大的图书馆，藏书125万册，有800多个阅览座位。平面较为方整，中央部分为五层高的四周开敞的内庭——作为公共大厅，上有顶光。各部分用房分层

图4-59　加拿大多伦多图书馆：
a——外观；b——内景

围绕内庭布置,并且逐层向内缩小,使得大部分房间都有天然采光,同时空气也很流畅。这种设计也提供了很好的内部空间效果。

3.块状的垂直布局

在传统的布局中,为了达到自然采光与通风,总是将书库与阅览用房分设在两个体量,分开独立设置。在块状布局中,这种方式就不适应了。为了方便开架,尽量使书籍和读者接近,必须使二者尽可能置于同一体量中。但若只是简单地将二者毗邻布置,必然导致房间跨度过大,使自然采光和通风条件较差。因此,可以使基本书库与阅览室上下垂直布置,并将开架书架布置在每层阅览室的中部地带。这种方式,使阅览室和基本书库的采光和通风条件得到改善,而且也使基本书库与开架书库可以最捷径的垂直方式相联系,并与读者流线明确地分开。

四、"模数式"图书馆设计

模数式设计往往是不带内天井的集中块状的布局,模数式设计是第二次世界大战后,为解决图书馆使用的灵活性和互换性而产生的。

"模数式"图书馆考虑问题的主要出发点为:一是使读者和书籍的关系更密切,实行开架;二是为了适应发展中的需要,对各种不同用途的房间要具有互换性。因此,这种图书馆建筑主要是由相同尺寸的柱网组成一个通用的大空间;除柱子和一些墙体外,没有其他承重的垂直构件,书架、间隔墙都是可以拆卸移动的,楼板的载荷统统按书库要求设计。在使用要求产生变化时,除了楼梯、电梯、厕所、风道、管道竖井位置不好改变外,其他都可以根据需要对空间的用途和布置予以调整。例如,图4-60为耶路撒冷以色列国家图书馆兼希伯莱大学图书馆,它就是按照模数设计的。平面由整齐的方格网组成,墙体自由放置,空间灵活分隔(参阅实例图录Ⅱ-12)。

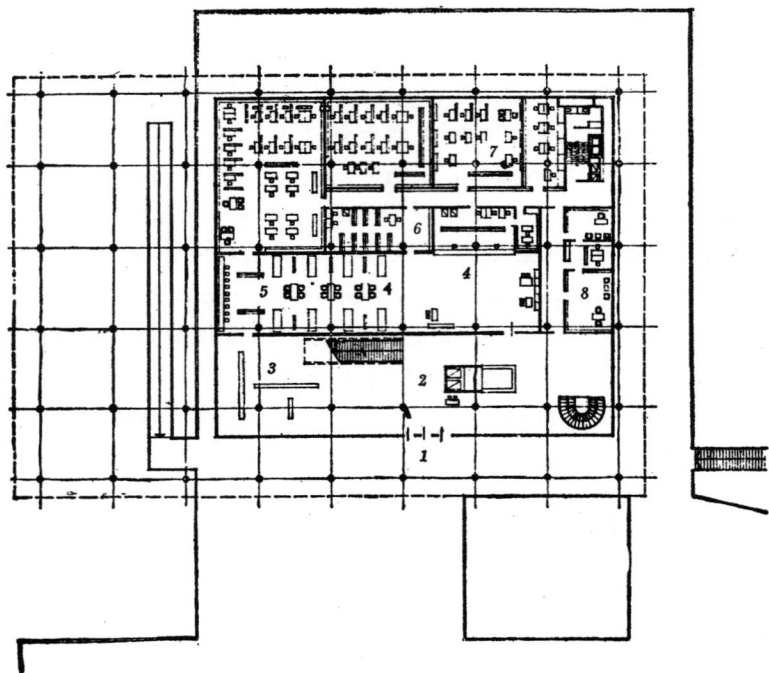

图4-60　模数式图书馆设计之例——以色列国家图书馆
兼希伯莱大学图书馆：
1——入口；2——门厅；3——陈列室；4——出纳室；
5——目录室；6——检索室；7——采编室；8——馆长室

　　选择柱网的尺寸是根据书架的排列中距和阅览桌的排列中距来决定的。书架和阅览桌的排列尺寸在不同性质的图书馆中也应有所不同。例如，科研单位图书馆要比高等院校图书馆的读者人数少，它的开架排列尺寸就可小一点，但是阅览桌尺寸则要大一些。因此，柱网尺寸的选定要考虑到某一特定图书馆的具体情况。柱网尺寸主要是根据书架的排列中距来选择，因为阅览桌的规格和尺寸有很多种,排列方法又多变化。在书架进深450毫米,行与行的中心距为1350毫米和阅览桌进深为1200毫米,行与行的中心距为2700毫米的情况下,柱网的合适尺寸应为8100毫米,这样,每一柱间可以排6行书架(图4-61)或三排阅览桌。

其他常见的"模数"尺寸还有:

6860×6860毫米;7770×7770毫米;5400×5400毫米。

层高多为2550毫米或2700毫米,这样的尺度作为阅览间来讲感到过低。有的认为提高到3000毫米就较合适,有的把大阅览室的空间提高到书库层的两倍,其高度为5100毫米或5400毫米。

通风和照明也采取了一些相应的措施。照明多数选用中距为1350毫米左右的、嵌入平顶内的条状灯光。这种形状的灯光对书库和阅览都可以通用。通风设计则利用柱子的空心作为竖向系统管道的位置。

"模数式"图书馆产生的另一个重要原因是:在建筑业中广泛采用了预制装配施工的方法。

虽然"模数式"已经成了西方、特别是美国图书馆的普遍设计方法,但是仍然可以听到一些对它持保留态度的下述意见。

1. 首先是经济问题。这种方法必须均等地采用人工照明和空调设备,在结构方面又必须全部按书库载荷来计算,所以一次投资和经常维持费都相当高。

2. 对互换性价值有怀疑。认为在几十万甚至几百万册图书中,借阅比较频繁的只是其中极少数的部分,大多数图书一年当中甚至连一次也没有被借阅过;更有一些图书是多年无人问津,像这类书籍没有开架的必要,即使开架也不会提高它的出借率。把这样一些大量不常使用的书籍都设计在具有互换性的高造价的空间里,不用说是不经济,甚至连它本身原有的一点积极意义也给冲淡了。

3. 书库和阅览的层高存在着不易协调的矛盾。如果按阅览要

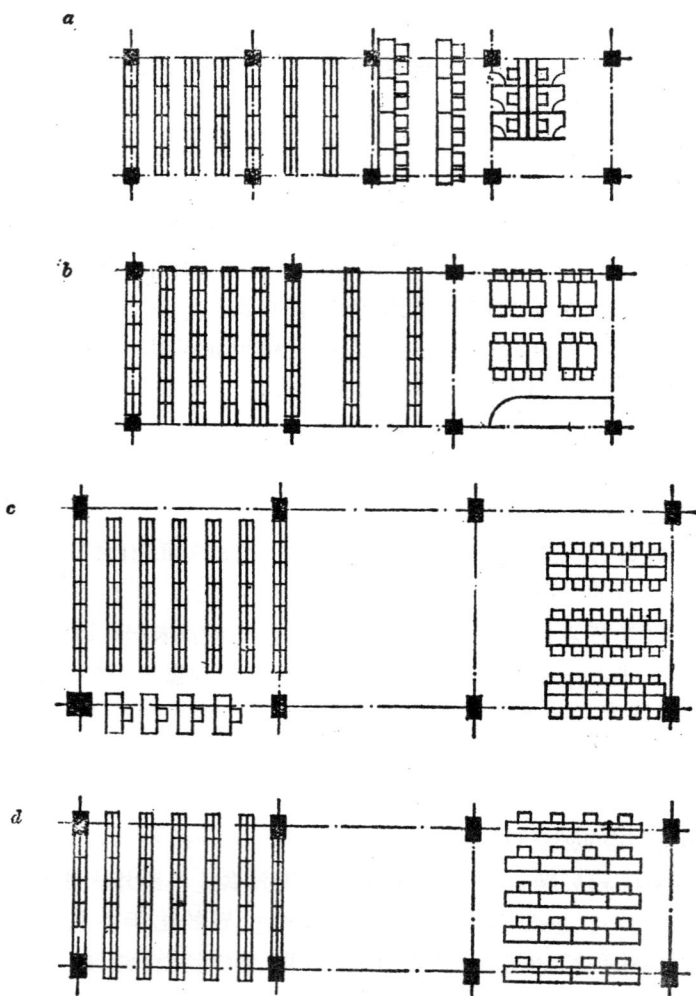

图4-61 柱网大小与书架、阅览桌的排列举例:
a——5000×5000毫米;b——6650×6650毫米;
c——8230×8230毫米;d——8100×6000毫米

求来决定层高,作书库用时就不能充分利用空间;如果按通常书库的要求来决定层高,作为阅览用时,不是嫌高(二层书库高)就是嫌低(一层书库高)。

4. 隔音不好。

5. 管理人员增加。

基于上述原因,即使在某些经济发达的国家,例如日本,对"模数式"也不主张全面采用,认为只把某些常用的,或最新的书刊放在阅览室内,作为开架阅览由读者自取,其他过期书刊和不常用的呆滞图书,仍然放在总书库内或辅助书库内,按传统的借阅方法进行管理,这样做才是可取的。

就我国情况来讲,采用"模数式"设计,必须以自然采光与自然通风为前提,同时,在管理方面,必须坚持以开架和闭架相结合的方式为原则,取消基本书库的做法在我国显然是不适时、不经济和不必要的。这种模数式设计对采用垂直式空间组合的图书馆设计是合适的,因为书库与阅览是上下位置关系,采用统一的模数便于布置书架和阅览桌,在我国宜采用7.5×7.5米至8.1×8.1米柱网。这样,既适合布置书架、阅览桌,又适合分间做办公室,每间开间可作到3.75—4.05米。

五、图书馆的扩建

1. 扩建的必然性

图书馆的扩展是图书出版及文化教育事业不断增长的结果。据联合国教育、科学及文化组织统计,全世界的出版物从1955年到1970年几乎增加了一倍(参看表4-3),而在教育领域,学生人数的增长比率甚至更大。如前所述,在英、美国家,一般大专院校图书馆和研究图书馆的规模,每隔16—17年就要增加一倍,即使发展较完善的图书馆每经过35—40年也要发展一倍。

因此,随着图书馆事业的发展,除采用馆际调拨来调整、剔除

表 4-3　印刷品的增长

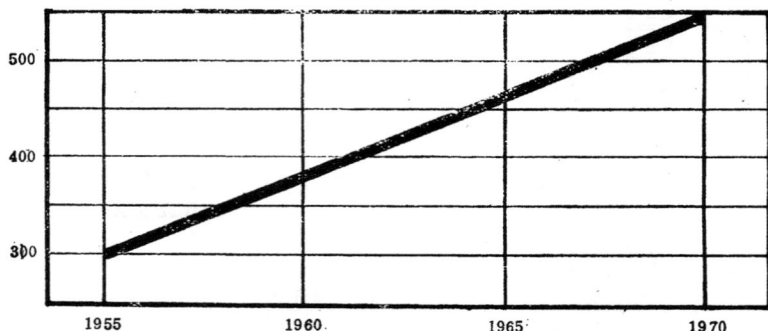

（联合国教育、科学及文化组织统计年鉴）

旧书和复本,发展储备书库及缩微图书等方法外,扩建是普遍的、不可避免的。在设计时对此必须予以特别注意。

图书馆建筑的各部用房都有扩建的可能,但以扩建书库为最常见。这是因为阅览和管理部分都有一定的弹性,在经济不充裕时,可以暂时缓建。但书库容量的灵活性较少,新书源源而来,书库空间达到一定饱和程度时就要挤占其他空间, 甚至楼梯下,走道两旁都堆满书籍,影响正常工作,使图书不能很好地发挥作用。

2. 扩建方式

目前,图书馆的扩建方式,一般考虑有两种途径:一是在原址上扩建;二是选择新地点建立新馆、分馆或储备书库。在原址上考虑扩建方式时,有水平方向和垂直方向,以及垂直和水平两者兼而有之等不同的方式(图4-62及图4-63)。

在扩建的两种方式(即水平方向和垂直方向)中,一般多以水平方向扩建为好。因为水平方向的扩建工程便于施工,图书馆的原有建筑可以照常使用, 不致因为施工而中断正常业务工作。垂直方向扩建的工程难度较大, 只有在地基和结构允许条件下,

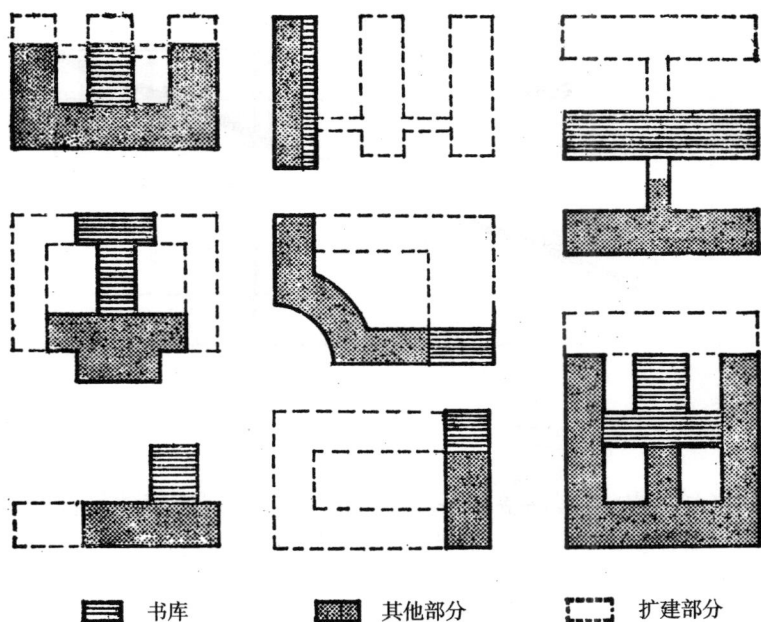

▦ 书库　▨ 其他部分　□ 扩建部分

图4-62　几种常见的水平方向扩建方式

才可能采用这种方式。

　　由于图书馆是一种功能要求较为严格的公共建筑物，各部分用房必须根据它们的功能关系进行合理布局。扩建后必须保持功能上的合理和使用上的方便，不能任意增添。例如，上海华东师范大学曾作了两次扩建，其结果是：南面阅览室与北边的书库相距百米以上，造成使用上的不便。

　　下面介绍几个图书馆扩建方式的设想及实例，以便进一步分析研究并吸取其中有用的经验，作为设计时的参考。

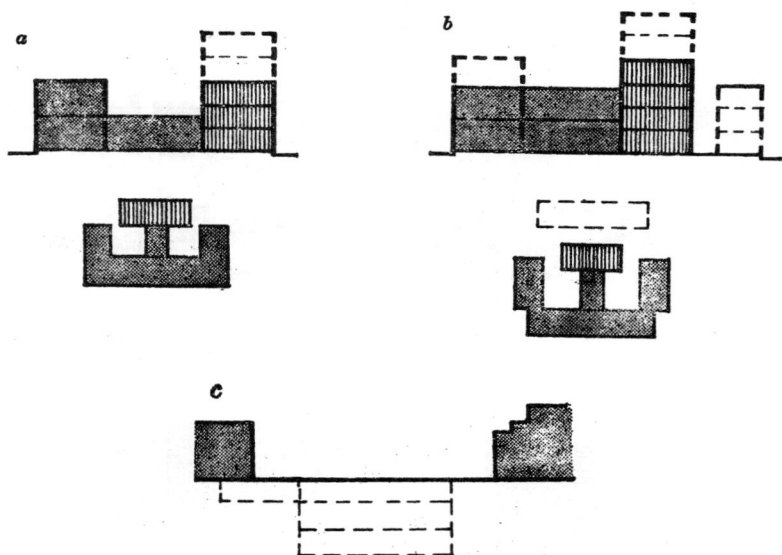

图4-63　垂直方向扩建方式：

a——书库向上发展；b——书库和阅览室同时向上发展；c——向地下发展

图4-64，a、b是两个图书馆扩建的实例。其中北京图书馆在原来"一"字形书库的基础上，采取水平方向向后扩建的方式，而成为"工"字形的书库。扩建后，就其内部使用和大的功能分区来讲并未遭到破坏，也无损于原有图书馆外貌的整体性，但是扩建后的书库到出纳台的距离则大大加长，书库与出纳台的距离无疑是过远了。同样，广东省中山图书馆原来采用"田"字形的布局，借书处（目录室及出纳室）置于中心，后面与书库相通，两边与阅览室相接，书库与阅览室也紧紧相连，使用方便；但在"田"字形后部扩建书库后，却使原有布局的优点大大逊色了。

图4-64，c、d两例是按一次设计、分期建造的方式考虑发展的

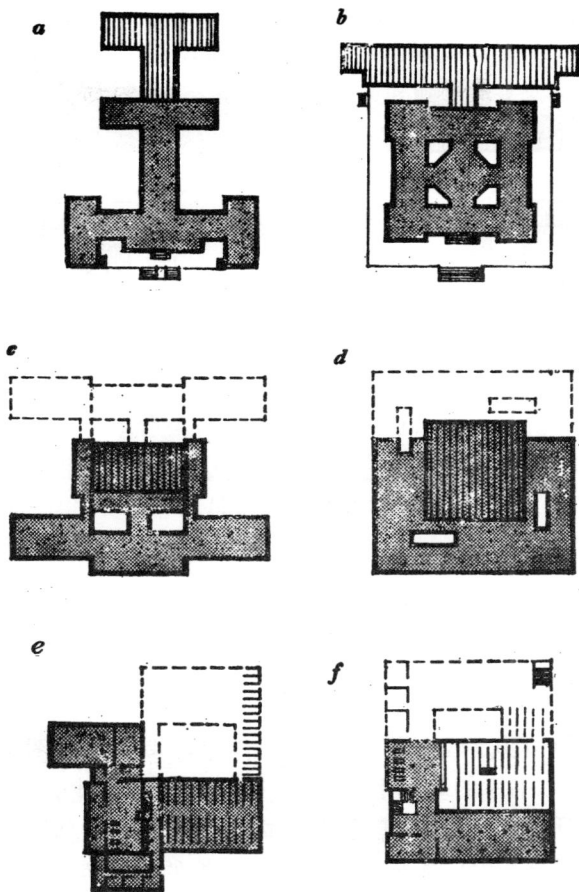

图4-64　图书馆扩建方式的实例：
a——北京图书馆扩建的书库；b——广东省中山图书馆扩建的书库；
c——北京师范大学二期工程（书库向上发展，见虚线所示）；
d——日本国会图书馆二期工程（书库向上发展，见虚线所示）；
e——南京医学院图书馆扩建部分（见虚线所示）；
f——南京铁道医学院图书馆扩建部分（见虚线所示）

实例。其中,北京师范大学图书馆1959年建造,原设计总建筑面积为12380平方米。中间为书库,四周为阅览室,书库与各阅览室相互联系比较紧密,后部阅览室考虑为第二期工程,书库拟向上发展。如果全部按此计划建成,其最后的效果还是不错的。

图4-64,e、f为两个新建图书馆的扩建设想方案。它们都考虑为水平方向扩建,并使书库和阅览室同时发展,扩建部分为开架阅览。

国外图书馆建设对长远规划设计是极为重视的,在这方面有一些设想和实践经验对我们也会有所启发。现介绍几个实例,供参考。

（1）国外图书馆建设中有一种为适应今后扩展需要的有趣的方式,即"生长体系"（Growth System）的设计。它的精华和设计特点是:采用一个个单元拼接方式,即每个单元的结构、设备管道、照明等都是一体化的,可向任一方向扩大和发展,并能保持内部功能的合理,如图4-65所示。

图4-65　一个按"生长体系"设计的图书馆

（2）采用基本单元组合,统一设计,分期建造的方法,即每一个单元都可单独建造,先提供一个可以进行工作的独立单元,等全部单元建成组合后,又可调节内部的布置而构成整体。英国兰开斯特大学图书馆就是按此方式统一设计,分三期建造的,它进一步考虑了未来的发展和规划图(4-66)。

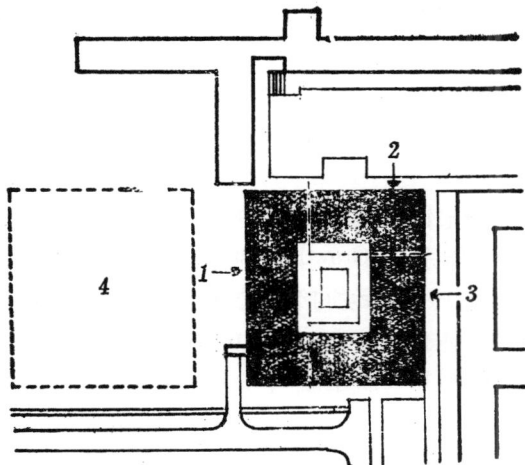

图4-66　英国兰开斯特大学图书馆规划与发展:
1——第一期工程1966年秋;2——第二期工程1968年夏;
3——第三期工程1970年秋;4——未来发展

（3）采用单一的结构体系进行扩展的方式。前述法国鲁昂法律文艺学院图书馆(图4-15),是利用六角形的结构拼接而成。阅览室为一层,中设一甲板层即为书库。这种方式使扩建时能向任一方向舒展。

（4）在地皮紧张而又需要扩建图书馆时,除了易地另建以外,也有的采取向地下发展的方式。在美国、加拿大、日本等国家中都有这种实践。如前章所述,加拿大哥伦比亚大学原来老图书馆位置是在校园中心处,内有传统的林荫大道,要扩建的图书馆只有建在这一地区上。为了不破坏林荫大道,保护名贵的树木和原来的校园气氛,便将新馆建在林荫大道下,并巧妙地为图书馆争取了自然采光。

为了保证扩展后的馆舍内部功能的合理性,必须使图书馆内部各部分能保持相应的增长,不能只考虑书库而不考虑阅览室,或者只考虑读者活动场所和业务办公用房,而忽视辅助用房的扩展。

目前大多数图书馆考虑书库的扩建较多,主要是因为图书的增长较快而引起的。是否书库永远要随着书籍增长而不断进行扩建呢?那倒不一定。从使用和规划的要求看,书库应发展到一定程度,就要有所节制。从长远角度来看,随着缩微读物的发展,复印手段的广泛应用,图书的更新以及逐渐采用密集书架藏书等,图书需要书库的空间必将大大缩小。从近期看,也可以从管理上采取措施,加以适当控制。譬如,藏书要讲究质量,适当的新陈代谢;在馆内建立储备书库,甚至可以在一定范围内(如一个城市或一大城市中的一个系统)建立保存图书馆,把每个图书馆不常用的书籍集中储存,以大大节约各个图书馆的书库面积。在这种保存图书馆中,书库是主体,阅览室是附属建筑,它仅供少数人寻查资料之用,日本、苏联都有这种性质的图书馆。此外,在这种保存图书馆或一般馆的储备书库中,为了提高书库的藏书能力,设计时完全可以采用密集式书架。美国中西部储备图书馆,就较集中地反映了这种图书馆的特点:藏书面积大,对外服务面积小,而且采用密集式书架。另外,法国国家图书馆储备馆也有它的代表性。最后,还需指出,对待扩建问题上,一定要实事求是,不要勉强行事。遇到不能在原址上扩建的情况下,可以采用建立分馆的办法来解决。这个办法对高等院校较为适宜,特别是在一些重点的综合性大学里。这类学校师生人数较多,可以按文、理两大科建立两个图书馆。至于省、市公共图书馆可以建立分馆,在不宜建立分馆时,可以用建立储备书库的办法来解决基本书库藏书饱和的问题。从藏书组织和业务管理上把不常用的呆滞书刊剔出放到储备书库里,使原有书库里的藏书经过整理更新,以保持一定的空间和出借率。这种办法有时比扩建原有书库的做法还要好一些。

六、新技术、新设备的应用与影响

现代科学技术的成果在图书馆中的应用日益广泛。目前已应用的有:电子计算机,录音机、录像机、电视机、缩微胶片、复印机、印相机、自制幻灯机、缩微胶卷阅读机,以及防火、通讯、运输等方面的机械化、自动化设备等。其中电子计算机主要用于采编系统、检索系统及流通等方面。它效率高,节省时间,已成为图书馆业务发展的必然趋势。录音机、录像机、电视机和幻灯机等主要用于读者,可称为视听系统,借助于它们向读者提供缩微读物和一般不借出的馆藏善本资料,有的还利用它查目录或阅读文稿。运输设备等主要用于出纳、管理和内部工作,它们可加速图书流通和提高服务质量。

图书馆应用这些新设备必将对图书馆的设计产生影响,如内部的房间组成,各部分的面积大小,功能关系,以及空间环境的要求等,都将有所变化。其中最大的影响,首先是读者使用部分,其次是藏书部分,而管理部分则是容易适应的。

随着新技术、新设备的使用,图书形式也有新的变化。传统的读物都是印刷品,读者凭自己的器官(眼)直接阅读。而缩微读物的出现,必将改变读者的阅读方式(当然也改变贮存方式)。读者除了凭自己的耳、目外,还须借助机器来阅读。这样,图书馆的设计不仅要解决人与书的关系(即阅读和藏书的关系),而且还需研究人与机器设备的关系。

图书形式的发展引起阅读方式和典藏方式的改变,这就为图书馆的设计提出了新的空间要求。明显的是,除了提供传统的阅读、典藏和管理服务的空间条件外,还需增设新的阅读、典藏和管理"新型图书"的空间,它们包括视听室、视听资料室、缩微阅览室、照相复制室等服务用房。另外也形成了资料中心和设立中、小型的报告厅或会议室等。而这些空间都要求有一定的温度和湿度条件,一般需设置空调设施。同时由于这些"非印刷型的图书资料"可以借阅,可以放映、播放,设计时就必然要如小型电影厅那样,讲究音响、视线及光线等,而且要富于灵活性,便于使用。一般省、市公共图书馆和大专院校图书馆都应建立和发展这些设施。

非印刷型图书资料的发展,导致了典藏方式的改变。它使书库空间大大缩小,空调设施要相应增加,但这些都是比较容易达到的。虽然如此,今后我国在一个较长时期内,图书馆仍将是以书本和各种期刊为主,还得采用传统的典藏方式。至于书库内的传送设备,主要还是依靠垂直升降设备。水平传送机械由于它占用面积空间较大,对视觉、音响有干扰,又需经常维修,特别是图书馆借还书的工作是在间歇的情况下进行的,一般图书馆中,是否都要搞那种高度自动化的机械运输设备是值得研究的。

从建筑角度来说,对于各类视听室除考虑一般建筑设计要求外,还应使房间有较大的灵活性,以适应多样化的视听设备的需要;不但要便于家具设备的移动、组合,还要研究设置活动隔断的可能。在采光通风方面,门窗有时会成为不适宜的光照、气温、水分、尘埃以及噪声等侵入的途径。这些不仅会影响使用,也能危害设备的保养。因此,在不少情况下,要着重考虑遮光、防潮、防尘、人工通风等条件,有时还需考虑空气调节设备。

一般视听室规模不大,又常采用耳机传声,对室内声学处理仅要求以隔声减噪为主。除结构、隔断、门窗考虑隔声效能,天棚、墙面作适当的吸声处理外,有时还可以考虑地毯及座位隔声性能。

图书馆中的视听室（或称视听阅览室），除了布置有一定数量的个人视听分隔座外，还应设服务（管理）台、资料库、器材间等。读者在指定的座位上视、听各种软件，其平面关系及实例，如图4-67、图4-68、图4-69及图4-70所示。视听室由于设备数量多，

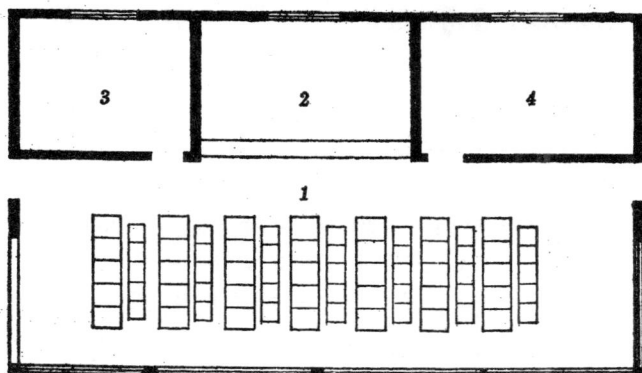

图4-67　视听室的平面关系：
1——视听室；2——出纳室；3——软件室；4——硬件室

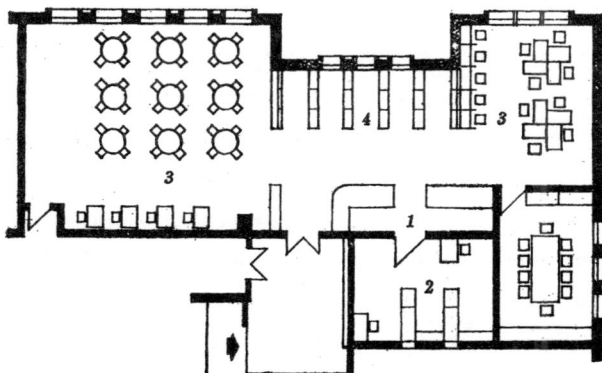

图4-68　视听阅览室实例：
1——出纳室；2——管理室；3——视听室；4—书架

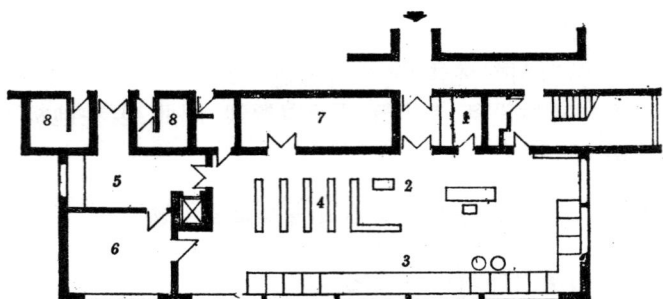

图4-69 视听阅览室实例：

1——出纳室；2——目录室；3——视听台；4——开架；

5——硬件室；6——管理室；7——贮存室；8——厕所

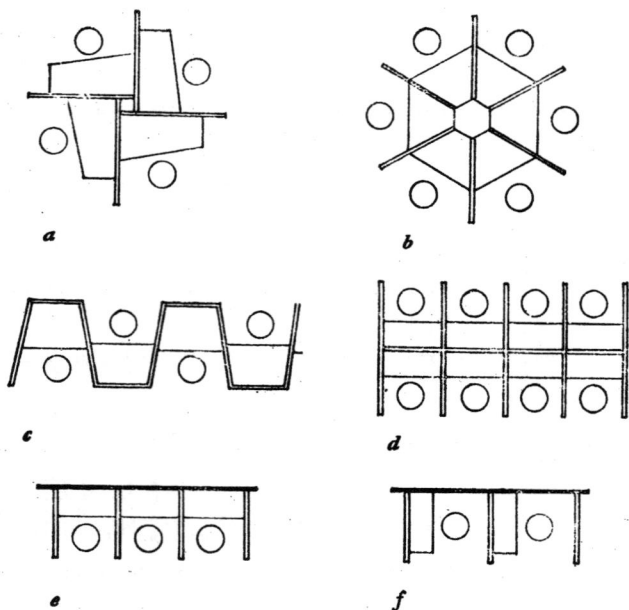

图 4-70 视听桌布置方式：

a——风车式；b——放射式；c——锯齿式；d——鱼脊式；e——门壁式；f——靠墙式

对隔声、防尘有一定的要求,一般要有较高的建筑标准。对这类用房一般应考虑吸声、隔声、防尘等措施。此外,现代化的视听室内,每个桌上均提供设备,都有讯号及电源线,因此,要在地板下面设置电线槽。

七、图书馆内部结构的变化和面积的再分配

1. 图书馆内部结构的变化

新的管理方式,新的技术设备,促使了图书馆内部结构的变化。其趋向是读者使用房间、对外活动场所以及新型视听系统,它们所需的面积在整个馆中占的比例将越来越大。

读者使用房间的扩大,主要是:开架和半开架阅览室增加了藏书面积;为了适应科学研究人员的需要,相应增设了研究室或个人研究厢,以及开设一些新型的视听阅览室等。同时,也由于典藏图书的相对减少和读者所需空间的相对增多,也就必然增加了读者的使用面积。虽然缩微读物与同量的书本型资料所需面积相比,仅占用一小部分空间,但是使用这类非书本形式的个人和集体读者,都必须配备缩微阅读机和放映机、银幕等,也将占有很多空间。因此,无论缩微阅读机变得如何精巧,不可避免地意味着图书馆将增加一些面积为阅读所用。

此外,在现代图书馆中,还应注意为读者设置一些休息室,以供读者休息、谈话、交流或吸烟之用;可以设置小间,也可沿走廊外墙设置座位,以便读者在阅览区和读者活动场所的任何地方,都能就近找到休息椅。例如,四川省图书馆在每层阅览室朝南的一面,设置通长的阳台,就较好地提供了读者休息吸烟的场所(参阅实例图录 Ⅰ -6)。

除了图书馆内部结构方面的变化以外,内部的功能关系也发生相应变化,因为开架、闭架两种方式并存,就有两种不同的服务流线,设计时,必须将二条服务流线都组织好(参阅图4-49)。

2. 面积的再分配

随着图书馆内部结构的变化，各部用房面积也应重新分配。目前国内省级公共图书馆阅览面积一般占全馆面积的20—25%，与书库的面积比为1:1.5—1:2.5。大学图书馆一般为30—40%，阅览面积与书库面积之比为1:1—1:2（见表4-4及表4-5）。总之，国内图书馆书库面积一般都大于阅览面积。

表4-4　我国几个省级公共图书馆各部分面积分配

馆　　名	总建筑面积（平方米）	百分数%			
		阅览	藏书	服务	其他
山西省图书馆	6677	18.9	33.9		
安徽省图书馆	13500	25.6	42.5	7.5	24.4
云南省图书馆	8400	25.5	59.5	2.8	12
南京图书馆（省）	12800	18	62.5	8.6	10.3
四川省图书馆	12100	38.8	49.3	9.9	
黑龙江省图书馆	11000	23.6	30	46.4	
湖南省图书	23000		47.8		

表4-5　我国一些大学图书馆各部分面积分配

馆　　名	总建筑面积（平方米）	百分数%			
		阅览	藏书	服务	其他
北京大学图书馆	24000	23.9	46	4.5	25.6
北京师范大学图书馆	9300	27.4	43.5	3	16
合肥工业大学图书馆	6700	42.6	42.5	6.9	7.8
同济大学图书馆	6400	52.3	32.8	5	9.1
上海科技大学图书馆	3600	42.8	30	9.4	17.8
南京医学院图书馆	3100	48.4	37	3.6	11
广东矿冶学校图书馆	2800	39.3	40	1.2	19

分析日本资料（见表4-6及表4-7）可知：书库（指闭架书库）的面积比率，大大低于我国，仅占全馆总面积的4.5—11.4%。规模大的图书馆比率高一些，有的小馆甚至没有闭架书库；而阅览室面积则占总面积的20—60%，规模小的馆甚至达到50—80%。此外，视听资料及集会室的面积要占10—30%。

表4-6　日本公共图书馆面积分配标准

馆内各部名称	都道府县立	市立、区立	分馆、町村立
阅览（包括开架）	20—33%	30—50%	50—80%
闭架式书库	10—30%	0—30%	
视听室及集会室	10—30%	0—20%	0—20%
对外活动部分	10—30%	0—10%	0—10%
管理、事务	10—30%	10—20%	10—20%
其他	20%	20%	20%

表4-7　日本几个公共图书馆各部分面积的分配

馆名 ＼ 组成比例%	闭架书库	开架书库	阅览室	学习室	参考资料	集会室	管理	流动书	其他	合计面积（平方米）
大阪市立中央图书馆	9.5	3.5	18.2	17	2.7	3.5	11.4	34.2		100% 6880.1
日野市立中央图书馆	11.4	32.5			13	1.7	11.3	4.8	25	100% 2220
横山市立图书馆	8.4	28		5.6	10.7	7.2	7.6	6.2	26.5	100% 2441.1
町田市立町田图书馆	4.5	48.6		10.4	4.3	1.6	10.2	6.8	13.6	100% 1309.5
大阪市立平野分馆	60				11.3		6.6	22.1		100% 591.25

此外,根据国际图书馆协会联合会(IFLA)的建议:规模小的公共图书馆,阅览面积的比率为52%,书库为14%;而规模大的公共图书馆,阅览面积的比率为34%,书库为35%。因此,我们把日本及IFLA的标准同我国现状相比可以看出(见表4-8)他们和我们不同。

表4-8　公共图书馆面积分配综合比率表

名称	各部分面积比率%				
	阅览	书库	视听	对外	其他
中国	20—25	40—60		很少	20—30
日本	20—33	10—30	10—30	10—30	10—50
IFLA	34	35	14—43	14—43	

(1)我国图书馆书库所占面积比率比日本和IFLA的标准都高,而阅览面积的比率则比他们低。

(2)在日本和IFLA的标准中,视听系统用房都占有一定的比例,而我国所占的比例很小。

(3)在日本和IFLA的标准中,图书馆对外活动面积(如展览室、讲演厅等)均占有相当比率,而我国新建图书馆已开始设置这方面的用房面积。

表中我国是以省级图书馆为对象,日本是以都道府县立公共图书馆为对象,IFLA是以人口在70万以上城市的公共图书馆为对象。

因此,在我们新设计的图书馆中,应该扩大读者阅览面积,包括研究室的面积,要控制书库所占的面积比率,使二者比例接近,甚至阅览室面积多于书库的面积。有条件者要发展视听系统用房以及供读者休息的面积;公共图书馆则需增加对外活动用房的面积,以便开展多种内容的服务活动,如举办图书展览、报告、演讲等活动。

第五章 书库设计

第一节 书库设计的原则和分类

一、书库设计的原则

书库是图书馆建筑中一个最主要的部分,它具有许多独特的要求和特点,设计时必须予以充分的注意。

在设计书库时,首先要考虑它的使用要求和位置的适中。它应该与目录厅、出纳室、阅览室等房间密切联系,以使藏书、借阅成为一个有机的整体,使读者能用最短的时间借到图书。它对内部业务加工部门,如分编、运送、流通等部门,应设单独的出入口,并能方便地直接相通,以避免水平交叉和地面标高不一,乃至错层的现象。

设计书库时一个重要的着眼点,就是在实用的前提下,尽量提高单位体积的容书量。这个问题在藏书量较大的书库中尤为突出。合理地利用空间,使之能容纳更多的书籍,不仅是为了经济,而且也是为了减轻工作人员的日常劳动量和提高工作效率。书库收藏图书仅是它的一项重要功能,其主要目的,还是在于充分利用图书。衡量一个图书馆书库设计的优劣,一个重要的标志就是借书过程中读者候书时间的长短。一般要求从递交借书条到把书从书库里提调出来不应超过15分钟。据调查:在一个流通量较大而又采用闭架借阅管理的图书馆，书库里的取还书工作十分繁重，如无机械传送设备，一个工作人员每天为取书、上架要走四、五十华里的路程，其劳动强度是相当惊人的。因此，在设计时应从书库位置、形状、书架的排列，到组织库内交通和机械传送，都是为了缩短图书流程，提高速度达到一个"快"字的效果。

书库应具备长期保管图书的良好条件。它既要注意防晒、防漏、防潮、防尘、防火、防虫等问题，也要注意防止图书过早地出现"老化"现象和遭受意外的损失。

书库面积应占整个图书馆建筑面积的1/4到1/3。书库的造价也是图书馆几个部分中较高的一个（包括书架费用）。因此，它是影响总造价的一个重要因素。所以在设计书库时必须进行多方案的比较，以选择合理的、经济的最优方案。

几乎每一个图书馆，在落成使用一段时间以后，都会遇到扩建问题。这是由于书籍年年增加，书库一旦达到饱和状态，就要进行扩建，否则新书不能上架，无法流通使用。因此在设计一个新的图书馆时，就要预见到这个问题，考虑有一个长远的扩建计划。

二、书库的分类

书库按照图书容量可分为大、中、小三种类型：

（1）小型书库—— 一般容量为5万册以内（实际设计工作中不常遇到）；

（2）中型书库—— 一般容量为5万册至30万册；

（3）大型书库—— 一般容量为30万册以上。

小型书库因容量不大，可以用一般的木书架设置在普通层高的房间内；中型书库通常只需将房间提高到5米左右，设置二个阶层的书库即可解决；超过30万册的大型书库，因展开面积要大于

1000平方米,一般都设计成"多阶层"书库。

书库按其使用性质的不同又可分为下列几种。

1. 主书库——又名基本书库或总书库,俗称"大库",是全馆藏书的中心。主书库的藏书成分复杂,包括古今中外的各类图书。为了便于科学管理,一些大型图书馆往往再按照藏书的性质,划分为若干部分。例如:按文种,可划分为中文书库、外文书库等;按类型,可划分为图书、期刊、报纸、古籍线装书和特藏库,视听资料库,缩微资料库等;按学科领域,可划分为社会科学库、文艺书库、自然科学库等;按藏书性质,可划分为普通书库、内部书库、储备书库、保存本书库等。这种主书库除少数经特许的读者外,一般是不对外开放的。因为它储量大,知识门类广,文种多,流动频繁,是设计中最费思考的一部分。

2. 辅助书库——这是为方便读者而设立的一种开架或半开架书库,一般设立在大阅览室或专业阅览室里。读者可以进入辅助书库内,直接取书阅读。这种书库藏书量不必过大,所藏书籍应是一些常用的参考书或最新书刊。辅助书库应该与主书库有一个方便的联系通道,以便根据情况定期地调整和增减所藏书籍。此外,有些图书馆,为了减少总出纳台的压力,往往将一些流通量大的图书集在一处,专设出纳台。这种专门集中某一类藏书的书库,也属于辅助书库的一种,或称为外借书库。

3. 特藏库——这系指收藏善本、特种文献、文物、手稿以及近代的缩微读物、视听资料等一般非书本形式资料的库。特藏库应与主书库靠近或放在它的底层,但需要有特殊的存放设备和规定的温、湿度条件。

4. 储存书库——又名储备书库,是将主书库里一些副本量过大,长期呆滞或失去时效的书刊剔除出来而移存的地方。其中有些图书还可以用来进行馆际交换。这样做,不但可以使主书库腾出空位收藏更多的新书,而且可以提高书库工作的实效。这种储存书库的位置,可以不与原图书馆毗邻,内部书架的排列也可以密集一点,甚至层高也可以不必依照主书库那样,为了取书方便而做得很低。

5. 保存本书库——又称保留本书库、版本库或庋藏库,是将主书库中各种图书抽出一本作为长期保存。通常大型图书馆采用这种办法,且多数为社会科学部分。这种书库的藏书一般不外借,除非因特殊需要而其他书库又未收藏时,才允许在馆内阅览。设置这种书库的目的,不仅是为了保存文化典籍,确保品种齐全,而且为科研长远需要服务。书库的位置既与主书库相连,又偏于僻静一隅。

第二节　书型和书架

书是书库收藏的主要对象,书架是书库内的主要设施。不同书型和书的收藏方式直接影响书架的尺寸,同时又进一步影响到书库的内部布置和书库的容量。因此,设计书库时,首先对书型和书架要做必要的了解。

一、书型

书型是指书的大小,通常称开本。开本即指印刷时纸张的折叠数,也就是页幅的大小占整张印刷用纸的几分之一。由于印刷用纸的尺寸不同,所以开本的大小也有出入。我国常见的开本尺寸如表5-1及图5-1所示。

表5-1 国内常用书型规格

书 型				开 本	尺寸（毫米）
对 开	4 开			8	380×265
				16	265×185
	8 开	16 开		25	210×155
		32开	64开	32	185×130
			64开	36	185×115
				64	110×92

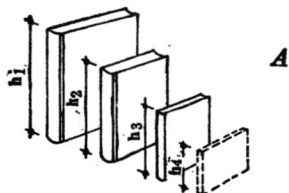

A

$h_1=380$毫米；$h_2=260—285$毫米；
$h_3=185—200$毫米；$h_4=100—110$毫米

B

散本

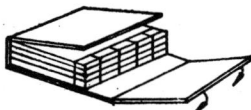

盒夹本

夹板本

图5-1 书籍的规格：
A——普通书籍、期刊；B——线装书

除了上述书籍规格以外,目前的出版物中还有不同的异型开本,图书馆还收藏线装本、外国出版物等。外国书籍大小亦不一(参看表5-2)。据英国多恩图书馆调查统计,90%的书册高度小于280毫米。流行书册高度,一般小于250毫米,辞典及参考书册要放在330毫米的书架格板上,其他大册书可达500毫米高,再比它高的书为数较少,可平放。尽管书库中藏书是多种多样,但概括起来,国内书型一般书脊高度在180—320毫米。我们称书脊高度在320毫米以上者为特大型开本,在280—320毫米间的为大型开本,在230—270毫米之间的为中型开本,在180—220毫米之间的为小型开本,小于180毫米的为微型开本。实际情况是,图书馆的藏书绝大部分为中、小型开本,期刊则以中型开本为主,大型开本也占一定的比例。尽管图书馆藏书的书型是多种多样的,但书架不能种类太多,应该力求标准化。遇到异型尺寸的书籍、报刊、文物和非书本形式的资料也应该放在标准书架上,采取一元化收藏的方法进行庋藏。

表5-2　外文书籍一般规格(尺寸:毫米)

相当于中文书的开本	俄文书(宽×高)	英文书(高)	德文书(宽×高)	日文书(宽高)
32开	135×210	150—250	148×210	128×182 148×210
16开	150×225 175×270	250—300	210×297	182×257 210×297
8开	225×300 270×350	>300	297×420	

二、书架的基本尺寸

在专供藏书的"多阶层"书库中的书架,不同于一般可移动的书架、书橱,它是固定式的。而情况恰恰相反,在"模数式"图书馆中,藏书和阅览要求能够互换,书架又要做成可以移动的活动架。

书架是供藏书用的,它的许多尺寸都是依照书型和取书方便来决定。在国外,图书馆书库用的书架,是由专门制造商出售成品。目前我国也开始这样做,并在北京、上海、湖南、沈阳、江苏成立了图书用品设备公司和专业厂。有关书架的详细构造将在本章第五节中阐述,现将常用的书架尺寸和书库部位名称介绍如下。

书架 这是收藏书的基本设备。它的最小单元是一"档",每档两端有支柱或侧板(图5-2)。

档(单元) 书架两支柱间上下搁板组成为"档"或"单元"。

搁板 直接承受书籍的水平板。

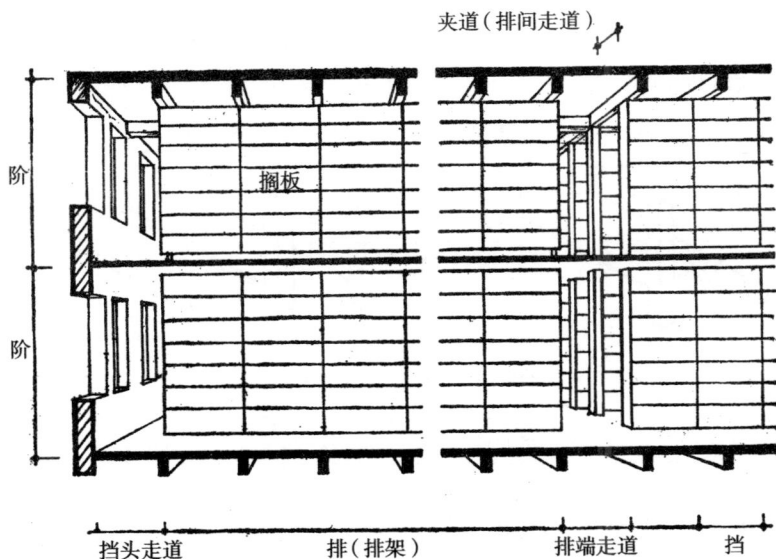

图5-2 书架及书库部位名称

排（排架）　沿长方向将若干档连续放置即成为一"排"或"排架"。

书架一档长度一般有900毫米、1000毫米、1100毫米及1200毫米等几种规格。据北京、天津、上海、南京、合肥等地调查，档的长度采用900毫米及1000毫米的较多，其他几种用得不大普遍。书架长度过小，支柱多，空间费，藏书不经济；长度过大，特别是西文书，重量较重，搁板挠度不够，易产生出"跳龙"，影响使用和书库的整齐。

上下搁板之间的净空叫书格，每书格高度一般为280—330毫米，根据所藏书型、内容、性质而定。经实地调查，现在很多书库都采用活动搁板，依图书大小来调整书格，较灵活方便。

书架有单面书架和双面书架，一面有搁板者为单面书架，二面有搁板者为双面书架（图5-3）。搁板宽度要同书本宽度相适应，除了异开本外，一般书本宽度与书本高度的比为1:0.72。

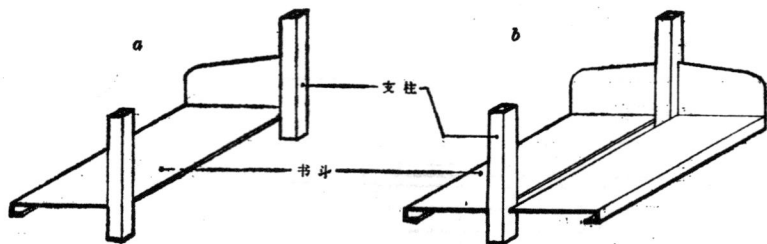

图5-3　书架的基本类型：
a——单面书架；b——双面书架

据北京、上海等地调查，搁板宽度一般为440—480毫米，但也视其书架、结构、构造不同而有所变动，常采用的为450毫米。

书架格数和高度，视其藏书性质和书型不同而定，常设有六格和七格两种。不同格高和格数的书架，高度也不一致。为便于工

214

作人员取最下一层搁板的图书,并能看清书脊索书号及便于清扫地面,最下一层搁板离地面应不小于100毫米。同时,考虑工作人员踮起脚尖能取到最上一格书的要求,书架总高度一般在2100—2200毫米之间(图5-4)。常用标准书架尺寸,参见表5-3。

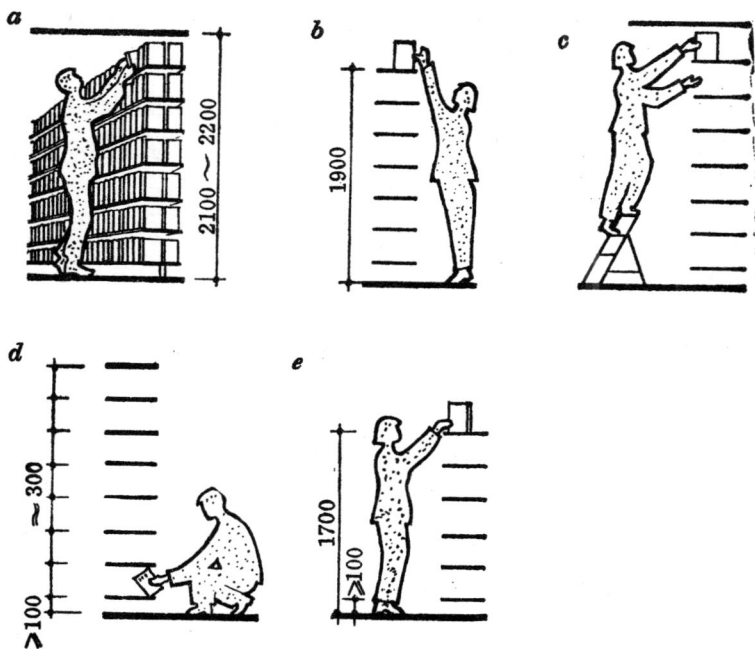

图5-4 书架格数与高度(尺寸:毫米)

a——用于闭架书库;b——按女同志身高考虑;c——太高取书不便;

d—— 一般书架;e——用于开架书库

表5-3　标准书架尺寸

名　　　　称		尺寸（毫米）
书架高度	开架	1700—1800
	闭架	2000—2200
书架宽度	单面	200—220
	双面	400—440
书架分格	6格	320—350
	7格	300—320
书架支柱中距		900—1100

第三节　书库的平面设计

在书库的平面设计中，一般着重研究书架排列、书库容量的计算、书库交通的组织及平面形状的选择等。

一、书架排列

书架排列是书库平面设计的基本依据，它直接影响到书库的开间、进深、平面布置尺寸及书库的利用率。因此，设计时应注意选择合适的书架排列方式及尺寸。

书架排列首先要确定书架中距的尺寸，书架中距即两排书架的中心距离又称中行距。在通常情况下，书架的尺寸都是按标准制作的，因此，中距的大小，取决于两行书架之间走道（排间走道）的宽度，而走道的宽度又取决于人的活动情况。在不同类型的书库里，书架间人员活动的情况不一样，走道宽度的大小也就有

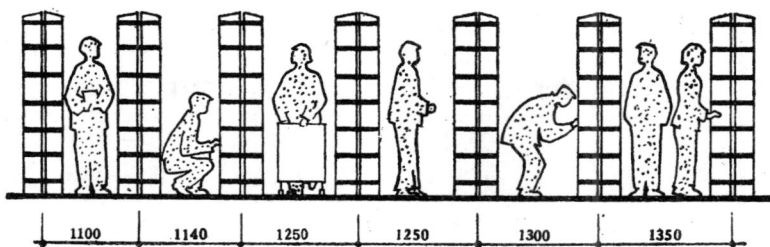

图5-5 闭架书库书架排列和人的活动（尺寸：毫米）

| 1100 | 1140 | 1250 | 1250 | 1300 | 1350 |

图5-6 书库走道人流活动参考尺寸（毫米）

| 1200 | 1300 | 1300 |

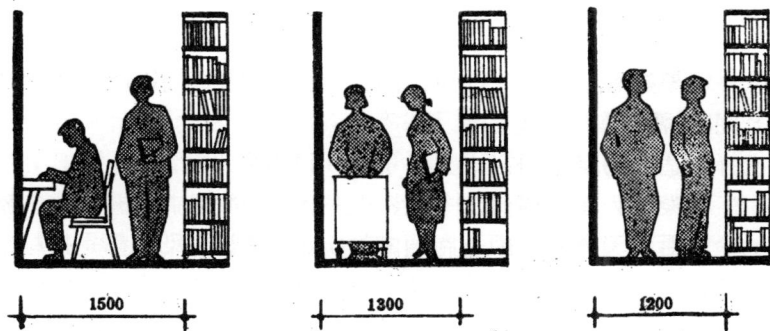

图5-7 书库内南面主要通道的宽度（尺寸：毫米）

| 1500 | 1300 | 1200 |

图5-8　书库内次要通道的宽度（尺寸:毫米）

着差别,其关系见图5-5至图5-8。

　　在使用频繁的小型书库中,或允许少数读者进入的闭架书库里,人员在走道里相遇的机会多一些,走道的宽度应采用900毫米,这样书架中距就为1350毫米。在藏书量较大的书库中,例如,50万册以上,在走道内相遇穿行的机会就要少一些,即使偶尔相遇也可侧立相让,走道的宽度可定为800—860毫米,这样书架中距就是1250—1300毫米。在藏书100万册以上的书库,走道还可以再窄一点定为760毫米,这样书架中距就是1200毫米。在以保存为中心任务的储备书库内,走道宽度甚至可减为660毫米,即书架中距为1100毫米。但是,在任何情况下,走道的宽度不能小于600毫米,否则蹲下取书就有困难了。

　　如上所述,双面书架宽度一般采用450毫米的较多,书架中距常有1200毫米、1250毫米、1300毫米甚至1500毫米。而国内大多数书库采用1250毫米的中心距,扣除书架宽度,其间走道净宽常为800毫米。实践证明,这对一般图书馆是较适合的,而对特大型的国家馆,书架中距可取大一点。

　　决定书架中距的尺寸还应该与书库的开间或柱网尺寸相适

218

应,通常是一个开间或两排柱子之间布置若干行书架,不能有零头,而开间和柱网的尺寸最好应符合建筑的模数。例如,在实际工作中,我们在新建的大型或中型闭架书库中,常采用1250毫米的书架中距,这样每开间安排4行书架,共为5000毫米。

必须指出,在设计时不要忽视缩小走道尺寸的经济意义。加大中距,可能在观感上要宽敞一些,但使用上的好处并不大,却给书库面积的利用率带来不利的影响。因为走道宽度每增减100毫米,可以在书库面积上增加或节约8%左右。

书架排列中另一个重要内容是书架的联排长度,又称行长。联排长度越长,可以减少排端走道,书库的使用面积比例就越大。但是,在使用频繁的大书库中,工作人员一次入库手持的索书单往往是几张、十几张,要在书架之间往返穿梭地寻找书籍,不太方便。为了提书方便,联排长度就应有一定的限制。通常认为在闭架书库里,两端有通道的书架联排长度为6—8档较为适宜;一端靠墙的书架联排长度不应超过4档。在特大型的书库中,两端设走道的书架联排长度可以增加到10档左右。

书架一般都垂直于沿墙布置,排列方式有:单面、双面和密集式。

单面排列　常沿墙壁布置,书架容书量少,书库面积使用不经济。

双面排列　两书架并排布置,容量大,两面取书,较为方便,而且库内面积使用也较经济。

密集式排列　布置集中,容书量大,面积利用率高,但取书不大方便,同时书架要有特殊的装置。

二、书库容量估算

书库单位面积容书量的计算指标,涉及的因素较多,例如,图书馆的类型、藏书内容、书架构造、书架排列和充填系数等。因此,并没有一个可靠的容量计算公式可供推算。一般只是建立在统计的基础上提供一些数据作参考（表5-4）。

表5-4　标准书架每档容书量

书架种类	容量　单位:册 充填系数75%**
6格单面书架 *	300—360
7格单面书架	350—420
6格双面书架	600—700
7格双面书架	700—840

*单面书架每格净宽按940毫米,置书50—60册。

**充填系数指采用分类排架法时,书架的利用率。为了新书上架须预留空隙,平均只能利用书架空间的75%。

表5-5　书库容量参考指标

每平方米书籍数量	每千册书应占面积*
300册	3.3平方米
400册	2.5平方米
500册	2平方米

*面积包括书架、走道、库内扶梯、电梯等所占面积,不包括墙壁、库内阅览和办公用房面积。

在县区图书馆中,收藏的多为中文书刊,并且以政治、经济、文艺和通俗读物为主,书库每平方米容书量可采用表5-5中较大数字500;在外文书和期刊合订本较多的省、市公共图书馆,学校图书馆和科技图书馆,则应采取较小的数字300。

表5-6　书库容量参考指标

出版物类型	每米长搁板容书量（册）	每米长单面书架容书量（册）		容书量指标（册/平方米）
		最终容量	工作容量	
线装书	90	540	450	500
中文书	85	600	400	450
外文书*	50	350	230	250
期刊合订	25	150	110	120
平均				300—450

*外文书包括东方语文书、西文书及俄文书。三者大小不一，因此单位长度容书量不等。其中东方语文书为45册/米，西文书为40册/米，俄文书则为60册/米，表中取的"50"是平均值。

上述书库容书量的估算指标，仅适用于以闭架管理方法为主的书库（表5-6），如果是估算开架书库的容书量，则只能用其中每平方米书籍数量的2/3，因为在开架书库中排架的中心距加大了，书架的格数也减少了。

三、书库的开间、进深与层高

1. 书库的开间

书库的开间决定于书架排列的中心距，一般来说，它应是书架中心距离的倍数。书架中心距如前述常有1200毫米、1250毫米、1300毫米、甚至1500毫米。目前国内开间一般为书架排列中心距的1—5倍，而以3—4倍居多。一般开间越大，书库收藏能力越高。在不增加造价，不需把柱子加得很大（450×450毫米以内）的情况下，根据目前的技术条件，取开间为书架排列中心距的5—6倍是较合适的（即开间为6000—7500毫米），甚至可取7倍中心距（图5-9）。

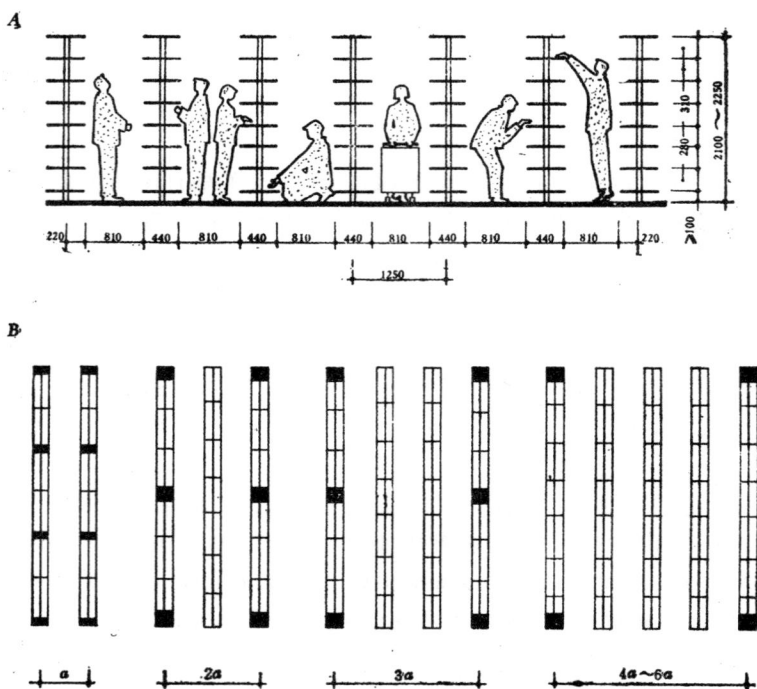

图5-9 书架布置与书库开间：
A——书架布置间距；B——书库开间（图中a的尺寸可取1200、1250、1300毫米）

由于目前新建书库已采用框架结构，现浇密肋双向方格板施工，就增大了开间，使柱网的开间与进深之比趋于接近。这样不仅增加了库容量，提高了活载荷，有利抗震，而且可节约造价1/3（与现有楼板比），钢材45%，混凝土40%左右，并且施工方便，速度快。

此外，书库开间的决定，与书库的结构形式有关，一般混合结构开间就小一点，框架结构开间就可大一点，塑料模壳现浇密肋双向方格板法施工,开间可做到6000、7200、9000毫米,甚至可更大一些。一般混合结构开间只能做到3600、3750、4800及5000毫米等几种。

2. 书库的跨度

书库的跨度大小对采光、通风、书架的布置都有密切关系。单面采光的书库跨度一般不超过8—9米,双面采光一般不大于16—18米,但也不是绝对的,应根据实际情况而定。如果库内采用人工照明及通风,其跨度就可适当加大。据调查,上海科技大学图书馆,跨度为18米,但窗户面积较大(每一架间开设一扇850×1700毫米的窗户),库内光线较好,一般可不需人工辅助照明。

此外,书库进深(即跨度)的大小,也关系到书库的收藏能力。书架联排数越多,进深越大,藏书越经济,但联排过长,就兜圈子多,使用不便。一般认为可以通过增加排列行数来扩大进深,这样交通面积相对缩小,收藏能力则相应提高。图5-10为书库内书架采用单行、双行和三行排列的比较。单行排列时,交通面积约占20%;双行排列时,交通面积约占15%;而三行排列时,交通面积则为12%左右。由于以前多数书库依靠自然采光,库内照度普遍感到不足,仍需辅助以人工照明,因而,可以说扩大进深对采光影响不大。

3. 层高

书库层高,不同于其他建筑层高,它依书架高度和楼层结构高度而定。书架高度一般在2.1—2.2米左右;楼层结构的高度,因结构方式而不同。采用梁板式结构的书库,层高一般在2.6—2.8米左右;采用混凝土小柱式结构,层高大约在2.4—2.6米;采用堆架式书库,层高大约在2.35—2.4米;采用升板结构,层高在2.4—2.6米左右。南京图书馆新建书库采用升板结构(参见实例图录Ⅰ-9),楼层高5米,中设甲板层,分上下两层,分别为2.6米和2.4米,每层净高保证为2.35米。但升板结构最大缺点是,有个大的柱帽,每

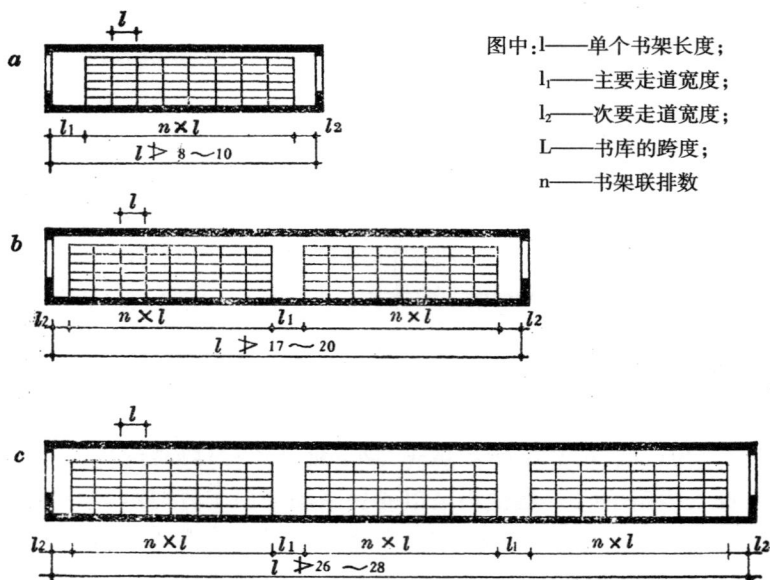

图中：l——单个书架长度；
　　　 l_1——主要走道宽度；
　　　 l_2——次要走道宽度；
　　　 L——书库的跨度；
　　　 n——书架联排数

图5-10　书库进深分析（单位为米）：
a——单行排列 $l_1+l_2\approx0\%L$；b——双行排列 $l_1+l_2\approx15\%L$；
c——三行排列 $l_1+l_2\approx12\%L$

个柱帽占去库内的空间较大，影响书架布置和排列。最好采用塑料模壳现浇密肋方格板，既可降低层高，又可增加空间净高。这种结构最大优点是无梁无柱帽，在布置书架时，不受柱帽的影响。

此外，书库顶层为减少屋顶大量辐射热进入库内，不少图书馆常将书库顶层做得比标准层高，一般在2.6—2.7米。但增加这么一点高度亦无济于事，还是应该在屋面构造上作隔热处理。

书库的层高与书库结构类型直接相关，层高的大小直接影响到书库空间的利用率。降低层高，可提高单位空间的收藏能力。决定书库层高的主要因素是书架高度（图5-11）。

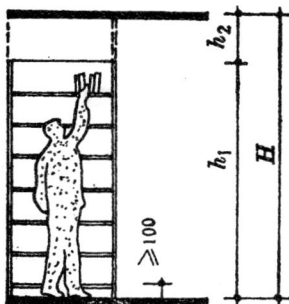

图中:h_1=2100至2250毫米;

h_2=150至200毫米（甲板层）;

400至600毫米（结构楼层）;

$H=h_1+h_2$=2250至2850毫米

图5-11　决定书库层高的因素

4. 书库层数

书库层数视其规模及基地大小、机械化程度而定。在一般没有提升设备的大专院校图书馆或公共图书馆中，层数以5—6层较为适宜。在一般的图书馆中，甚至不必一定要建多层书库。大型图书馆，书库面积大，为了节约土地和使用机械传送，书库可采用高层建筑。目前国内图书馆书库一般以5—6层较多，少数在8层以上，北京图书馆新馆则为22层（包括地下3层）。

四、书库平面形状的选择

书库平面形状的选择，应符合两项基本要求，即平均取书距离要短、造价要经济。

造价要经济是指在同等工程质量的前提下比较的结果，并不是简单地降低质量和削减造价。工程技术人员一条重要的工作原则，就是要用较少的材料去获得较多的有用的空间。换句话说，就是使用面积不变，但材料的消耗应该是最少。过去在书库设计上，对书库的进深有一些限制：例如，单面采光时进深不得超过8米，双面采光时进深不得超过17米。这样，就使得一些藏书量较大、面积较多的书库的平面形状变得较为狭长（图5-12）；狭长的平面，

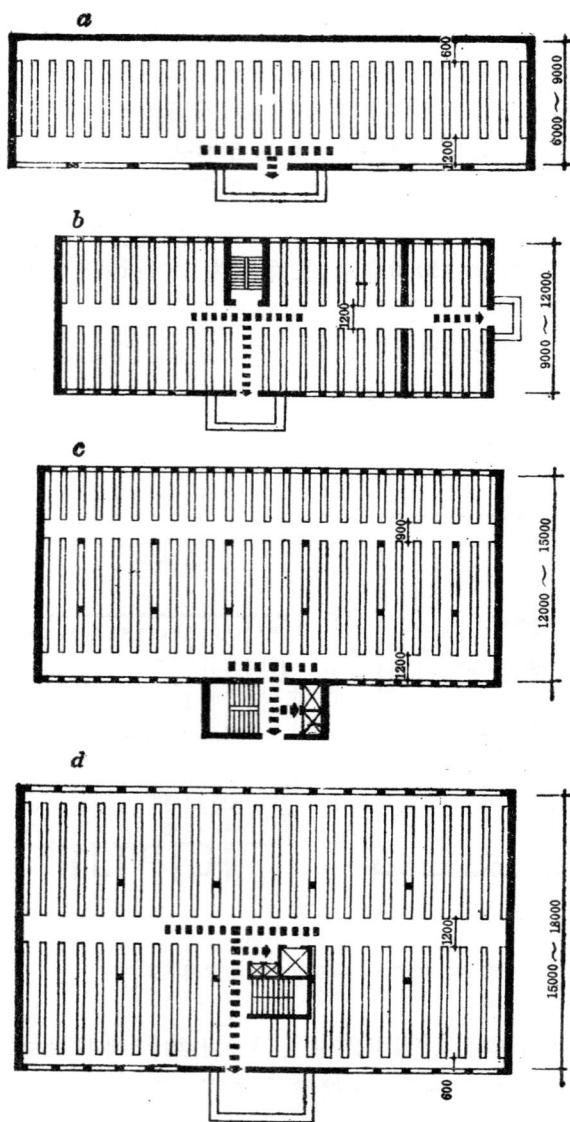

图5-12 长方形平面书库举例：

a——书库跨度小，可单面采光，走道置两侧，开窗置两侧，开窗不受限制；b——书架靠端布置，面积使用经济，开窗受书架排列的限制；c——书库取书距离小，面积利用较好，其一侧开窗受书架列排影响；d——书库面积使用经济，开窗不受书架排列影响，大型书库采用较多

226

外墙就相对地增加，是不经济的。在同等面积情况下，只有方形或接近方形的周长较短。因此，一般地说，把书库的平面选择为方形或接近方形是较符合使用和经济原则的。从近年来一些工程实例中也可以看出，狭长形状的书库，已逐渐为方形或接近方形的平面所代替。例如，1974年新建的北京大学图书馆的书库平面是22000×34000毫米，长宽比为1:1.5；1977年新建的日本甲南大学图书馆的书库平面是37000×32000毫米，长宽比为1.5:1；1979年新设计的南京大学图书馆的书库平面也是比较接近方形的，尺寸为23580×28480毫米，长宽比为1:1.2（图5-13）；北京图书馆新馆的书库则为42000×54000毫米，长宽比为1:1.28。

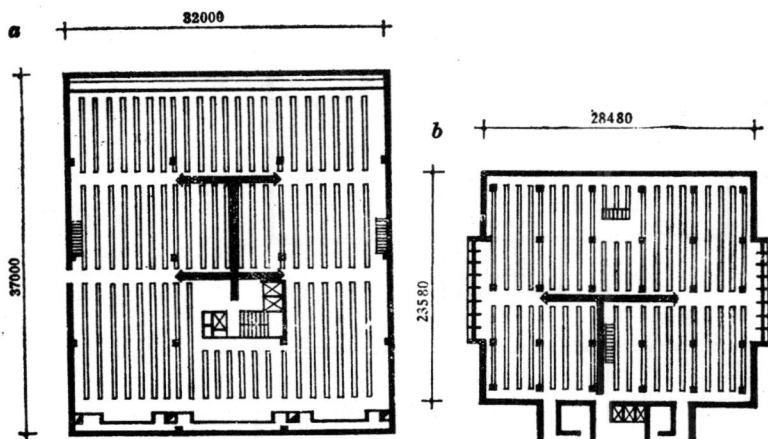

图5-13　近方形书库平面举例：
a——日本甲南大学图书馆书库；b——南京大学新建图书馆书库

　　书库平均取书距离是指图书出纳人员从出纳台到书库每次取书所走的路程长短的平均值，无疑这个数值应该是越小越好。在设计图书馆时应该了解：

227

（1）平面取书距离的求出；

（2）平均取书距离最小值的书库长宽之比例关系。

在小型图书馆里，一般是图书出纳人员接到读者填交的借书单就随即入库取书，但在大型图书馆里，借书的频率较多，书库的面积较大，在大书库里来回一趟要跑许多路程，因此往往是积累几张借书单后才进入书库一并查找或交库内所设专人查找图书。这样，书库的平均取书距离不但与书库的形状、出纳台与书库的相对位置有关，而且与使用时每次入库取书的册数也有密切的关系。书库平均取书距离就是在假设每本书的借阅率大体相同，排架上存放书籍的密度也大体一致和各种排列方式的书库面积相等的条件下，按照每次取书册数（通常以n表示）的不同，分别采用或然率方法求出的，其结果可参见表5-7。

表5-7　各种书库平均取书距离

书库型 取书册数	A	B	C	D	E
n=1	a+b	a+0.5b	a+0.5b	a+0.5b	0.5a+0.5b
n=2	2a+1.3b	2a+0.8b	1.5a+0.8b	1.3a+b	0.8a+b
n=3	3a+1.5b	3a+1.1b	1.8a+1.1b	1.5a+1.5b	1.1a+1.5b
n=4	4a+1.6b	4a+1.2b	2.2a+1.2b	1.6a+2b	1.2a+2b
n=5	5a+1.7b	5a+1.3b	2.6a+1.3b	1.7a+2.5b	1.3a+2.5b
n=10	10a+1.8b	10a+1.6b	5a+1.6b	1.8a+5b	1.6a+5b

注：表中图上"　"为出纳台，"——"为排架。

在书库的平面设计中，仅知道平均取书距离还不够，还须求出的是，什么样的书库长宽比例才可以使平均取书距离为最短，这是微积分中一个极值问题的计算，可以运用导数求出。

　　例　为某新图书馆设计，该书库的出纳台位置和书库排列方

228

式,如表5-7中的C型,n=10,问书库的长宽比例应为多少,方使平均取书距离为最短?

解 设书库的边长为a,b(如表中C图所示),面积为A,则ab=A,或b=$\frac{A}{a}$。

从表5-7中查知:平均取书距离S=5a+1.6b。

求S的极值:f(s)=5a+1.6b=5a+1.6$\frac{A}{a}$。

$$f'(s)=5-1.6\frac{A}{a^2}。$$

令　　　　f'(s)=0,推导得b/a=3.1。

若　　　　f''(s)=1.6$\frac{A}{a^3}$>0,

则当　　　$\frac{b}{a}$=3.1时,f(s)取得极小值。

故当书库的长宽比例b:a=3.1:1时,平均取书距离为最短。

通过类似计算,我们就可以利用表5-7中的数据求出各种类型书库中的最合适的长宽比例。不过需要说明,这个最佳的比值,只是供我们设计时的参考。用来检验我们设计的书库长宽比例,还应从书籍出纳的角度看是否合理;事实上,建筑设计涉及的面比较广,没有一个设计是完全按照数学计算的方法得出的。

一般说来,正方形或接近正方形是较经济、较灵活。目前,限于采光的因素,书库都为长方形,且长宽比很大,有的接近4:1。缩小长宽比可以减少交通面积,缩短取书距离,同时有利于增加结构的刚性。

书库的平面形状,直接关系到库内书架的布置,不同跨度的平面有不同布置的方法。

五、交通组织

书库内部的交通组织,包括水平交通和垂直交通。水平交通依赖于走道来解决,垂直交通主要靠楼梯、升降机等,二者一定要相互衔接。

走道是书库内部的水平交通,走道安排是否合理,关系到使用是否方便,藏书是否经济。例如,解放前所建的北京图书馆,书库外墙为钢筋混凝土结构,库内的书架层为钢结构。书库中主要走道为1.8米左右,书架的中心距为1.5米,书架与书架的净距为0.95—1.05米,整个书库的面积被走道占去三分之二,相对讲,藏书不够经济。此外,走道的安排与库内书梯、电梯、辅助房间的布置也有关系。北京师范学院图书馆的书库,内部辅助面积占用较多,书库跨度不大,布置三排书架,设有两条主要走道,而且二个书梯也过于集中。

走道的安排,在有自然采光的库内,走道平行于沿墙布置,它随书库进深不同,可设一条或几条。一般来说,进深不大的书库,中间设一条走道即可;进深较大的书库,除中间一条主道外,边走道最好四周贯通,使交通方便并便于开窗;进深很大的书库,有时设几条主要走道或几条次要走道。

走道应有主次,主要走道和借书台、书库的竖向垂直交通枢纽相联通,一般居中较多。库内走道及其宽度,取决于书库性质、库内工作人员的活动及运书设备等因素。从调查国内图书馆书库的实际情况来看,认为主要走道宽度,一般在1200—1300毫米即可(见图5-6)。次要走道一般靠外墙布置,宽度大约在600—700毫米(见图5-8)。但在朝阳面的次要走道有时也可大一点,这样既可避免光线直射到书籍上,又可利用它布置一些专人阅览台,供一般教师和科研人员查阅、抄写资料。如苏州医学院图书馆,南边走道通向出纳台,宽度在1500毫米左右,沿墙就设置若干简易可折起来的小阅览台。又如清华大学图书馆，边走道宽1300—1800毫米，也设置了若干阅览桌椅，供读者在库内翻阅。

一般书库常用的书架、排长，主、次走道布置及其大小可见表5-8。

表5-8 一般书库常用书架、排长及主次走道尺

代号	名称		尺寸（毫米）	代号	名称		尺寸（毫米）
a	书架宽度	单面书架	220—240	e	档头走道宽		600—700
		双面书架	440—480	f	排架长	两端有走道	≤8000
						一端有走道	≤1000
b	双面书架中距	常用书	1200—1300	g	书架支柱中距		900—1100
		非常用书	1100	h	库内阅览台		400—500
c	夹道宽度	常用书	800—900	i	阅览台中距		1300
		非常用书	600—700	j	书架距阅览台		1000 左右
d	排端走道宽度		1200—1300	k	门宽		≥1000

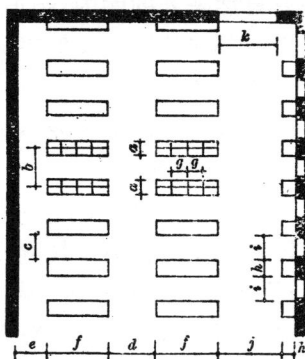

注：e.在档头走道作为主要走道时，宽度应为1200—1300毫米；

i.书架距阅览台宽度在非主要走道时，宽度应为600—700毫米。

231

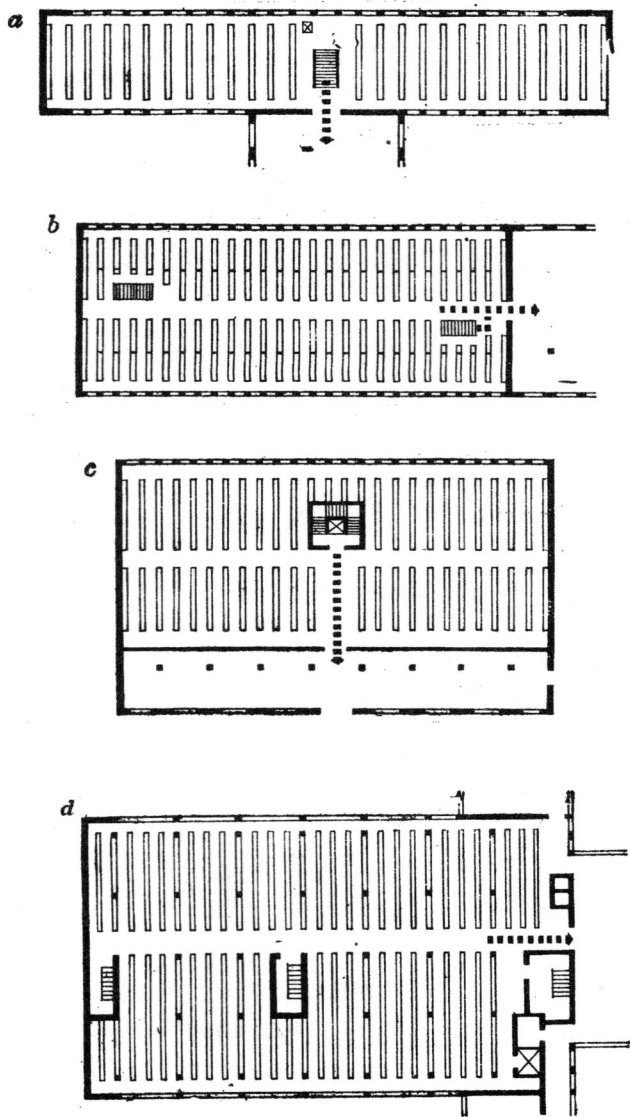

图5-14 书库内垂直交通枢纽的布置:
a——南京工学院图书馆书库;b——合肥工业大学图书馆书库;
c——北京师范大学图书馆书库;d——北京大学图书馆书库

书库各阶层之间的垂直交通是指库内扶梯,有时候再加上动力运输设备(电梯或书梯)所组成。

在布置上,动力运输设备应与主要扶梯结合在一起,形成一个交通枢纽或调度中心。在以人力传送书籍为主的书库中,这个交通枢纽应该放在靠近通向出纳台的入口部位。这样可以避免工作人员从出纳台到各阶层书库取书时,少走多余的回头路。在具备完善的机械传送设备的大型书库中,每阶层都有固定的工作人员。工作人员把书检出后,送到垂直传送设备附近就行了,不需要上下各层来回奔跑。因此,为了缩短工作人员水平步行的距离,这个交通枢纽,应该布置在书库的中心位置(见图5-14)。

在藏书量较多或者是性质比较重要的图书馆中,书库扶梯应该采取封闭式,这样利于防火。封闭式扶梯构造较为复杂,占面积较多,使用时在一个封闭的筒体空间内,上下还有闷气的感觉。因此,有些人认为书库防火应着重于电气设计方面而不太主张采用封闭扶梯,但是消防部门是非常坚持的。为了解决这个矛盾,可以这样设想:即在单跑扶梯的踏步板背后,悬吊一块防火钢板,其尺寸与书库楼板上的洞口相同。平时,采用低熔点合金连结装置,把它倒挂在扶梯踏步板下,遇到火警,易熔合金熔化脱开,防火板就自动落下封闭楼板上的洞口,落下的速度可用平衡锤控制(图5-15)。这样,就可以达到既不做封闭式的楼梯,又可以防止下部的火焰由扶梯洞口蔓延。

在规模较大的书库中, 除一个主要楼梯组成一个交通枢纽外,还需设置辅助楼梯,它的数量要适中(见表5-9)。

南京图书馆新建书库的辅助楼梯, 设在书库东南端的外部,既封闭又紧靠书库,这样既可作书库上下交通之用,又可兼作通向库外的安全楼梯。有的图书馆,库内书梯虽用玻璃钢封闭,但同室外没有直接联系,人不能从楼梯直接到库外,起不到安全作用。

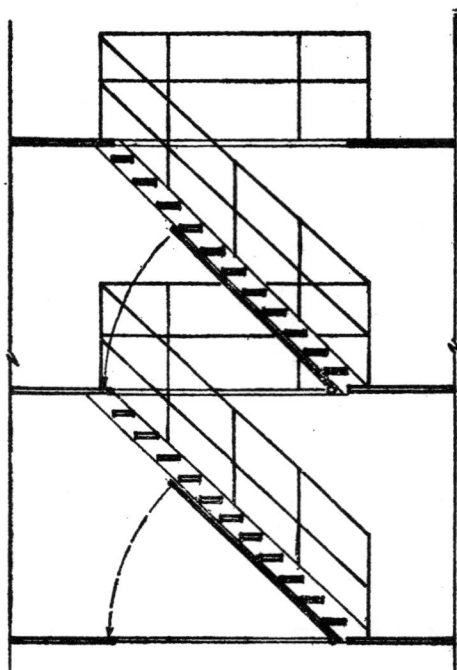

图5-15　单胞楼梯的踏步板后,悬吊防火钢板示意图

表5-9　书库楼梯设置情况调查表

馆　　　名	库长（米）	库宽（米）	楼梯个数
北京大学图书馆	34	22	2
清华大学图书馆	50	15	2
北京师范大学图书馆	32	16	1
北京师范学院图书馆	25	15	2
南开大学图书馆	28	16	1
同济大学图书馆	50	13.6	2
复旦大学图书馆	36	14	2

馆　　名	库长（米）	库宽（米）	楼梯个数
上海卢湾区图书馆	18	8	1
上海医学院图书馆	15	15	1
上海科技大学图书馆	15	18	1
上海师范大学图书馆	34	16	1
苏州医学院图书馆	19.5	12	1
无锡轻工业学院图书馆	24	12	1
安徽省图书馆	58	16	2
安徽大学图书馆	32	16	1
合肥工业大学图书馆	34	16	2
南京图书馆	52.7	15	2
南京化工学院图书馆	37	16	1
华东水利学院书图馆	21.5	14	1
南京工学院图书馆	41.4	7	1

书库内楼梯有单跑、双跑及三跑几种形式（图5-16）。

单跑楼梯　构造简单，布置方便，进程短，上下直接，一般中、小书库主要楼梯常采用这一种。通常它都对着出纳台设置，也可与附设的小型升降机结合布置（图5-16，a、c）。

双跑楼梯　跑段踏步少，但梯段多，上下转弯多，常用于层高较高的梯道，它也用于一般辅助楼梯，并可同升降机结合布置（图5-16，b、d）。

三跑楼梯　拐弯多，占用面积大，宜于结合电梯布置。此外，还有用三跑斜坡的跑道，供推行小车使用。这种布置面积大，行程长，用得较少（图5-16，e、f、g）。

库内楼梯宽度视其使用情况而定，主梯一般不小于800—900毫米（净），可与书架中距相等，坡度不大于45度；辅助楼梯最小宽度要求一人能通过，其宽度约600—700毫米，斜度不能超

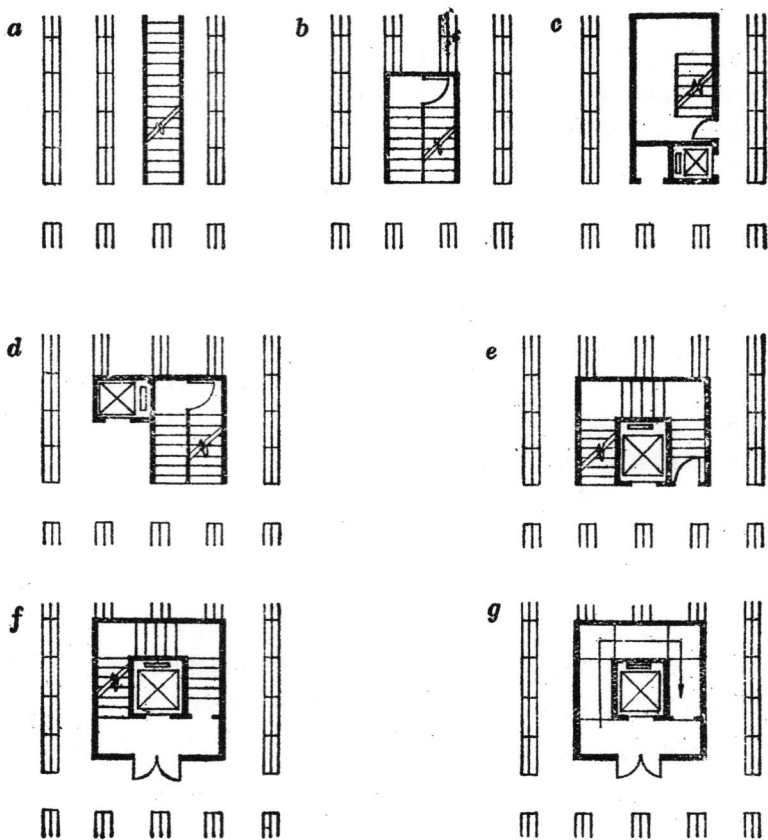

图5-16　书库楼梯形式与布置：

a——单跑楼梯；b——双跑楼梯；c——单跑楼梯和升降机；

d——双跑楼梯和升降机；e、f——三跑楼梯和升降机；

g——坡道和升降机

过60度。

布置楼梯时,既要考虑到使用便利,又要照顾到不能占用过多的面积。楼梯布置合适,能提高书库的使用率。单跑楼梯占地经济,但要避免兜圈子。合理布置楼梯及垂直升降设备,可以缩小交通面积,提高藏书能力。

第四节　书库的结构

书库的结构是书库设计的重要课题,这不仅是因为书库楼层载荷大,而且是因为结构的方式关系到书库使用能力的大小。从结构上讲,减少结构面积和结构的空间高度,就可以提高书库单位面积和单位空间的收藏能力。

按结构承重方式分,多层书库的类型有以下几种。

一、堆架式

堆架式又称书架承重式或叠架式,是书库结构中一种独特的形式(图5–17)。库内书架层层堆叠,全部荷重连同各阶层的甲板都由书架的支柱或侧板承重,向下直接传递到地面上,不是书架放在楼板上而是楼板(甲板)放在书架上,承重的书架一通到底,自成一个整体,基本上脱离书库的四壁而独立,房屋只是一个空壳子。这种结构有明显的好处:由于走道宽度只有800—900毫米,排端走道的宽度也只有1200毫米左右,利用书架的支柱或侧板来搁置甲板,就避免了大跨度设主梁、次梁的楼面结构,工程量大大简化了;阶层的高度只有2100—2200毫米,甲板也不厚,既提高了空间的利用率,又因层高降低可以减少工作人员日常上下的劳动量;为了减轻结构自重和节省建筑材料,书架下格底部是空的,这样甲板面可以少铺1/4左右。但是,这种书库同时也有明显的缺点:

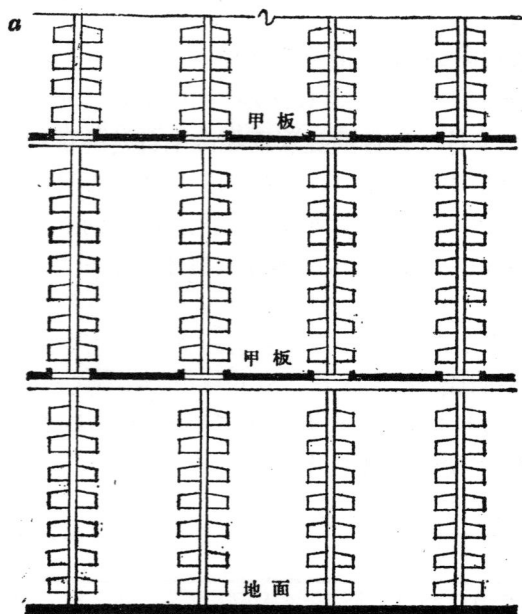

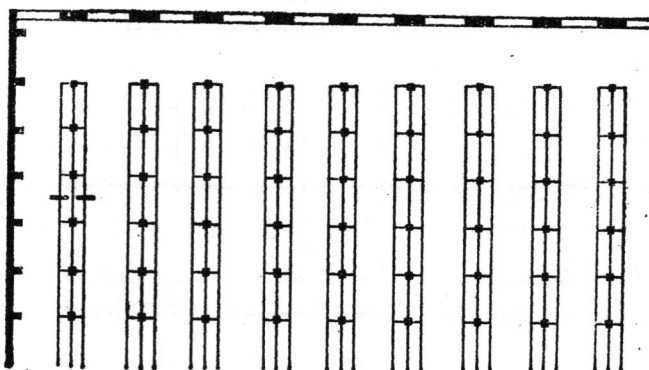

图5-17 堆架式多层书库：

a——剖面；b——平面

首先,书架的排列布置是固定不变的;其次,由于书架下部是空的,上下相通,各阶层书库的气温相差很大;最使人担心的一点就是防火性能差,万一失火,蔓延很快,即使书架下满铺甲板,也会因下面书架钢支柱受高温后变形而招致上部迅速倒塌。

采用这种书库结构形式,书架应选用较好的钢材。有些新设计的图书馆,由于材料限制,只好用钢筋混凝土小立柱代替,如天津市人民图书馆。它采用六层钢筋混凝土小立柱堆架,但施工要求较高。有些地方,由于一时钢材无法解决,钢筋和混凝土也短缺,不得已而采用木书架,例如,南京图书馆的老书库就是采用五层木书架堆叠而成。

图5-18为1978年建成的南京化工学院图书馆书库剖面,该书库为薄壁钢柱书架四层堆架式。

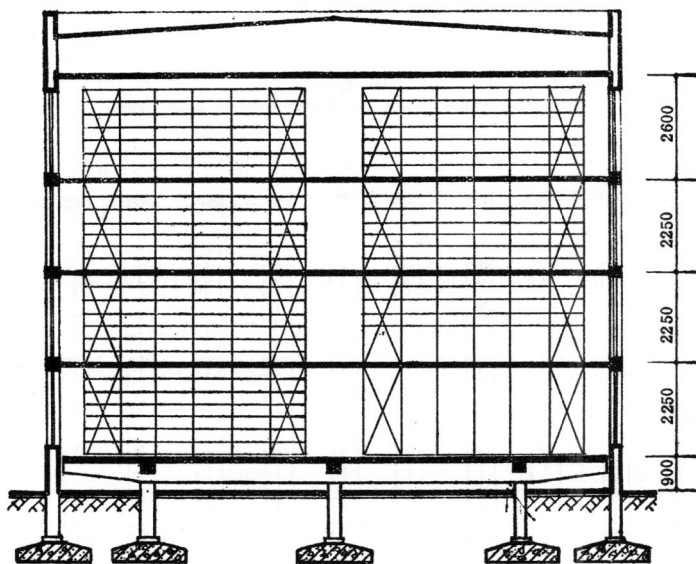

图5-18 南京化工学院图书馆书库剖面(尺寸:毫米)

采用这种堆架式书库,至今国内一般堆到5—6层,有的也堆到8—10层。根据各层承重载荷的大小,上下支柱的用材断面不一,需经计算核定。

二、层架式

层架式也称楼板承重式,这种书库的结构和普通多层库房一样,书库中每一层都是钢筋混凝土楼板(图5-19)。这种方式,结构空间占用过多,空间使用不够经济,因为每层梁、柱都占有一定的空间。若每层层高较堆架式高250—400毫米左右的话,多层积累的高度就很大,结构空间占1/6—1/7,也就是说六层层架式书库的总高度相当于七层堆架式书库的总高度,这样单位空间的收藏能力相应要减少1/6—1/7。除非利用书架上部空间存放不常用的书,否则要损失收藏能力15%左右。这种结构方式书库的优点是:结构单一,刚性好,书架材料选择较灵活,而且各层都有钢筋混凝土楼板隔绝,利于防火。正因如此,这种层架式的书库常被采用。如果采用这种结构形式,要尽量压缩梁或肋的高度,因为梁底到板底这段空间很难加以利用,多数情况都是废弃不用的。无梁楼盖则较好,结构高度可以比梁板式减少,但是无梁楼板在施工上通常要现浇,模板消耗大,此外,无梁楼板的柱托较大,也有碍书架的布置。聚丙烯塑料模壳现浇密肋双向方格楼板体系,完全可以克服以上的各种缺点,可能是今后楼板结构的发展方向。

图5-20为北京民族学院图书馆书库剖面,该书库采用层架式,利用各层梁柱板系统承担载荷。

三、混合承重式

如上所述.书架承重式书库和楼板承重式书库的优缺点是那样明显的对立,于是,有人提出取长补短的办法:在多层书库中既不将书架堆叠到顶,也不层层都设承重的钢筋混凝土楼板;主张

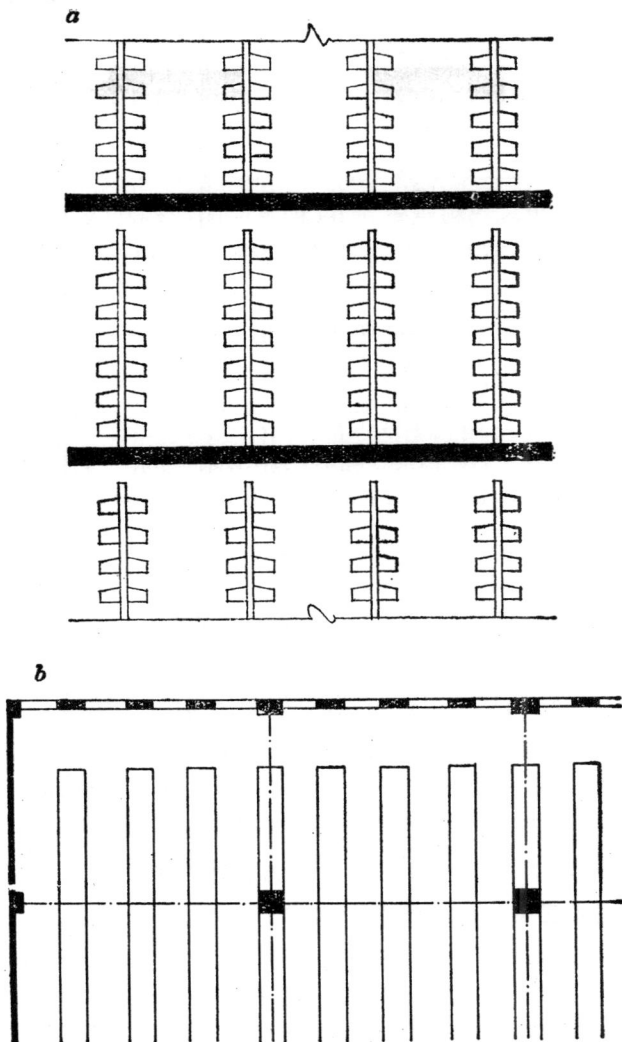

图5-19　层架式多层书库：

a——剖面；b——平面

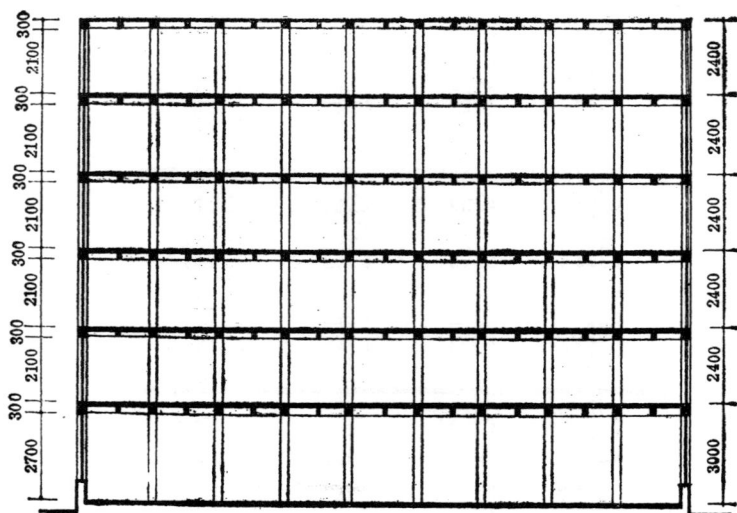

图5-20　北京民族学院图书馆书库剖面（尺寸：毫米）

书库中每隔2—3架层，就有一承重的钢筋混凝土楼板，两层承重的楼层之间可采用2—3层的书架承重式（即堆架式，参见图5-21）。这种方式是上述层架式和堆架式结合的产物，综合了上述两者的优点。它既像堆架式那样节约空间，结构简单，能充分发挥书架支柱的强度，也具有层架式那种以每层钢筋混凝土楼板将上下各层隔绝，有利于防火。因此，这种混合承重式成为六十年代新建书库中较多采用的结构方式。特别是近年来施工上推广升板结构，混合承重式书库就更为适合。因为升板在提升过程中，为了抵抗不同步引起的弯矩，要求板的强度可以承受1000公斤/方米的载荷。这个数值正好接近二层堆架书库的计算载荷，所以就在一层升板上放置两阶堆架式书架，如果把升板的强度再提高，还可以一层升板上放置三阶书架。

　　升板结构实质上是预制提升钢筋混凝土无梁楼盖，它有许多

242

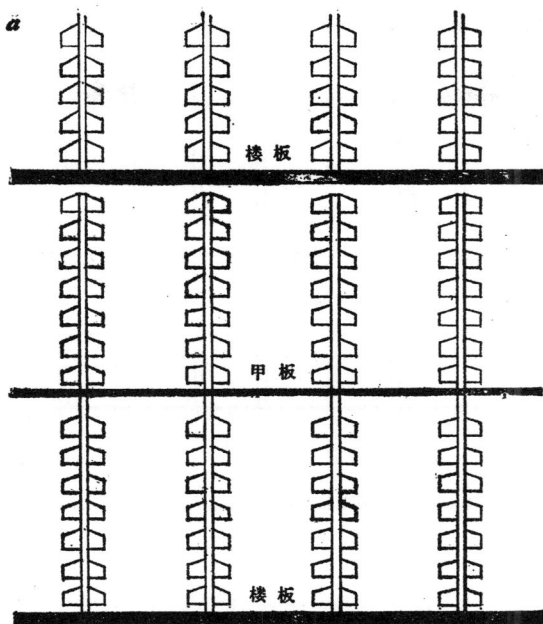

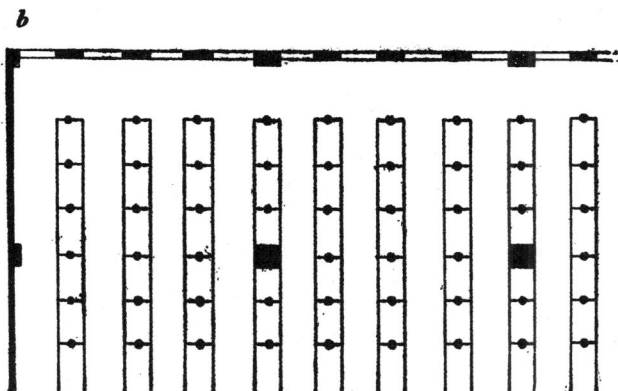

图5-21　混合承重式多层书库：

a——剖面；b——平面

优点：平地浇捣，减少大量高空作业，提升方便，大量节省木模板；可以自由地布置隔间墙和减少结构空间；并且操作现场小，适宜"见缝插针"的基地。但是，用于书库的升板结构不宜采取大柱帽，应改为钢承重销，或金属加工的剪刀块，否则，在安装书架时会遇到很大的麻烦。

图5-22为北京师范大学图书馆书库剖面，该馆采用混合承重式的书库结构方式。

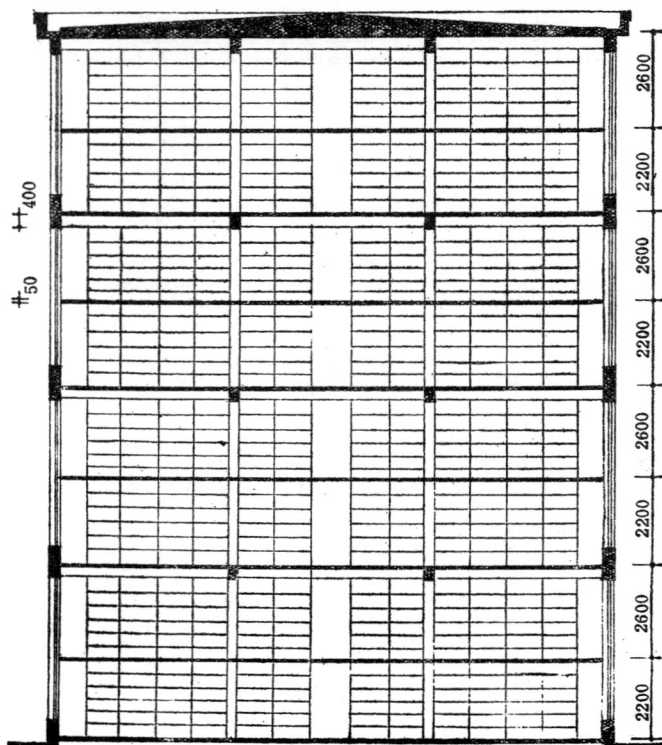

图5-22　北京师范大学图书馆书库剖面（尺寸：毫米）

四、悬挂式

悬挂式结构书库是将书架及每阶层的甲板层,都用钢筋悬吊在上部屋面或楼板上(图5-23)。由于悬挂钢筋体积小,占面积少,能充分利用有效的设计面积。悬吊的每架层层高较低,能节省建筑空间,提高了单位面积和单位空间的收藏能力。悬挂式书库能节约材料,它的耗钢量较采用薄壁型钢柱或混凝土板柱的书库要少得多。这种悬挂式结构书库的特征是:将一般书库中书架的钢支柱或钢筋混凝土支柱改用二根受拉钢筋来代替,将过去大量的受压构件改成了受拉构件,这就充分地发挥了钢材的性能,因而可进一步节约材料。1974年,陕西省中医学院图书馆的书库就是采用这种结构方式(图5-23及图5-24)。该工程经过比较,如果悬挂式书库用的混凝土和钢材的总材料消耗指标为100的话,采用薄壁型钢支柱书架的书库,混凝土用量则为102,钢材用量为143;采用钢筋混凝土板柱书架的书库,混凝土用量为170,钢材用量则达180(见表5-10)。

表5-10　悬挂式书库材料指标比较表

项目 形式	分项材料指标						总材料指标	
	基础部分		承重构件部分		支撑及连接体	承重构件用钢 支撑及连接件用钢	混凝土	钢材
	混凝土	钢材	混凝土	钢材	钢材			
薄壁型钢柱	230	300	26	80	480	120	102	143
混凝土板柱	270	320	210	60	700	185	170	180
悬挂式	100	100	100	100	100	18	100	100

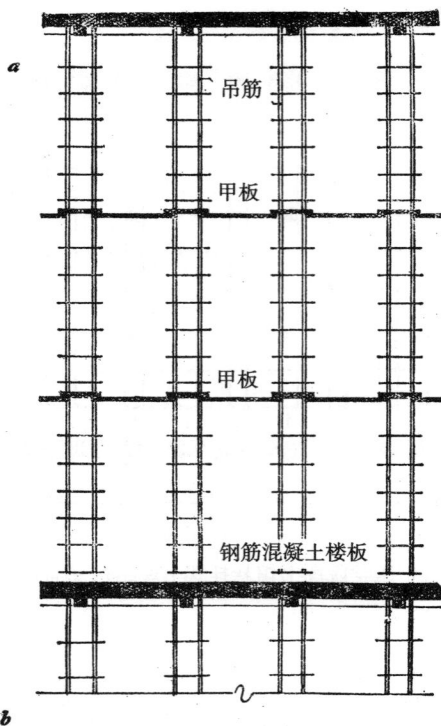

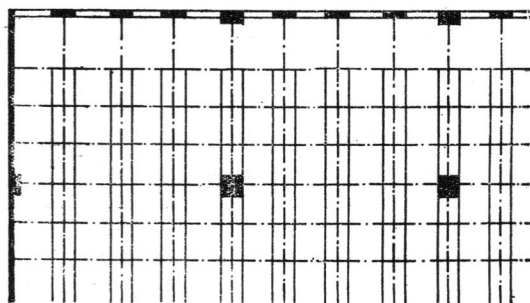

图5-23 悬挂式多层书库：
a——剖面；b——平面

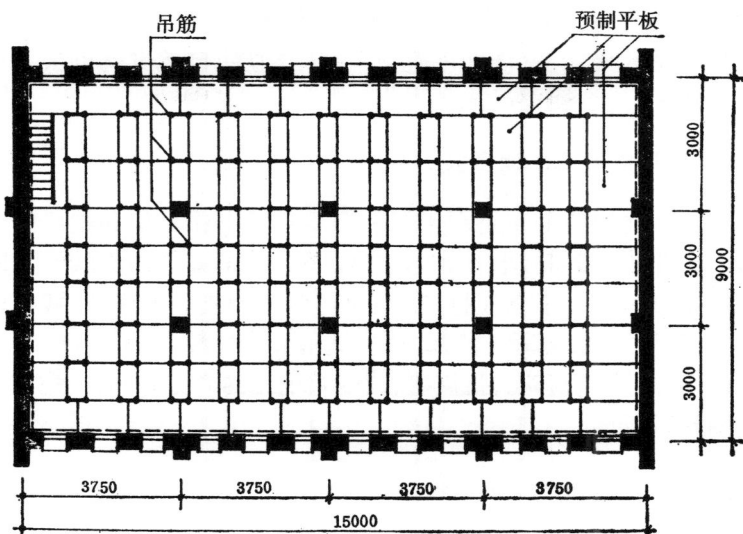

图5-24 陕西省中医学院图书馆悬挂式书库结构平面（尺寸:米毫）

　　陕西省中医学院图书馆的书库一共有六层,上三层用钢筋悬吊于屋盖结构上,下三层则悬吊于中间楼板的井字梁上,悬挂钢筋承受搁板、书籍、甲板及甲板上的全部活载荷。

　　井字梁楼板及屋面上顶留楔形孔洞,大小为80×40毫米及30×30毫米。楔形孔洞水平距离误差不宜大于10毫米,上下两孔垂直度误差不宜大于5毫米,吊筋就位后浇300#细石混凝土,书架下为40厚钢筋混凝土盖板(盖板可制成格状,以利库内上下通风)。

　　吊筋需经调直,采用对焊接头,吊筋在满载时延伸5毫米左右,因此在吊筋下采用钢套管与楼(地)面相接,并留有足够空隙。

　　这种悬挂式书库,如果能增加悬挂层数,做到在一般不大的跨度内,库内不加或少加柱子那就更为理想,甚至可以设想把这种悬挂式与前述堆架式结合起来,即上部几层采用悬挂式,下部几层采用堆架式,这样即可避免中间结构层,自然也就省去了室内的柱子。

五、钢筋混凝土薄壁式

这种结构的书库是利用钢筋混凝土薄壁作书架和楼层的支撑(薄壁的厚度可控制在100毫米以内),同时兼作防火墙。薄壁的间距可为1—2个书架排列中心距,如1300或2600毫米;楼板也是每层设置钢筋混凝土薄板。这种结构节省材料,空间经济(无梁无柱、层高低),对防火抗震更有利。目前国内尚无先例,结构方式如图5-25所示。

六、书库楼板的结构形式

1. 普通梁板式

结构简单,但层高较高,自重大,用材多,空间利用不充分,不

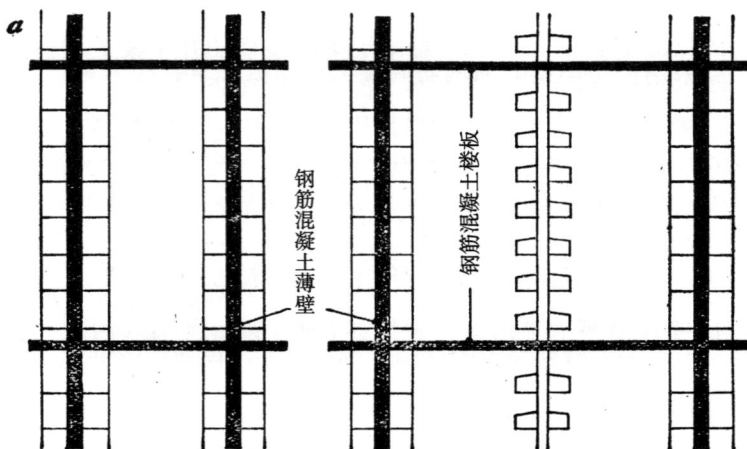

a

钢筋混凝土薄壁

钢筋混凝土楼板

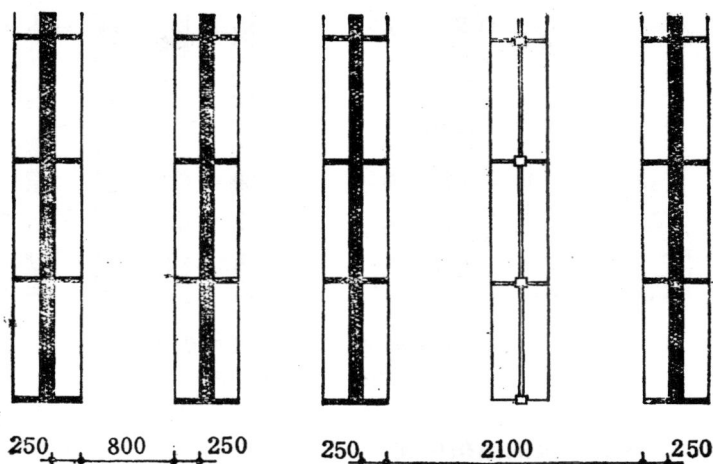

图5-25　钢筋混凝土薄壁结构多层书库（尺寸为毫米）：
a——剖面；b——平面

够经济。跨度一般常用12—15米，柱网常用4.8×5米或6×5米等。

2. 构架式

采用密柱小梁上铺钢筋混凝土预制板支承各层书架（图5-26）的方式，可以节约材料，降低层高，通风好。但结构面积大，同时，由于书架下留空，不铺预制楼板，上下贯通不利防火、除尘。这种方式跨度没有什么限制，柱子开间与书架排列中心距相同。

3. 升板

由于书库荷载大，每一阶层载荷一般为700—900公斤/平方米，适应升板施工要求。一般2—3书架层为一层楼板结构层较经济。南京图书馆新建书库采用二书架层升一层双向钢筋混凝土密肋板。

但是，由于目前升板法施工的建筑物围护结构一般仍采用小

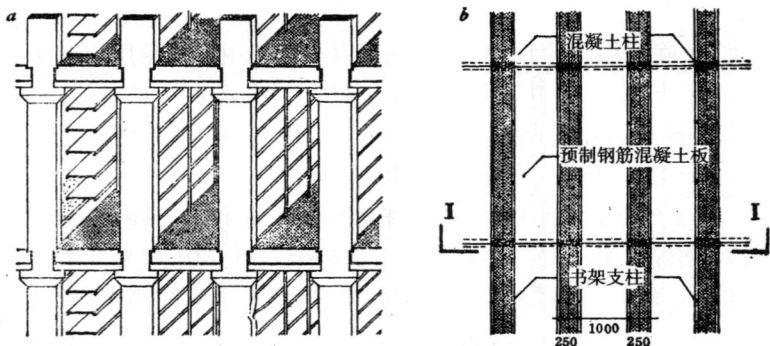

图5-26 构架式钢筋混凝土楼层结构（尺寸为毫米）:
a——剖面透视图;b——结构平面图

砖砌筑,致使升板主体结构完工后,脚手架仍然林立于建筑物四周,不能发挥升板的优势。为了提高建筑工业化水平,广西省科技图书馆新建书库,结合广西混凝土空心大板的经验,采用升层法设计与施工新技术（图5-27）。外围护墙采用预制混凝土空心墙

图5-27 广西省科技图书馆书库——升层法设计与施工新技术

板,厚150毫米,每开间两块,每块大小为2570×24∪0毫米。该书库共七层,除底层为管理用房外,二层以上均为书库。每层建筑面积为310平方米,七层共2170平方米,柱网为5.2×5.2米,长向四跨,两端跳出各1米,短向两跨,两端跳出各1.6米。层高除底层为3.6米外,其余均为2.6米。全库能藏书60万册左右。

综上所述,目前书库楼层结构的梁、柱排列有二种方法:一是柱少而梁高,另一是柱多而梁低(如构架式柱子开间为一个书架排列中心距)。前者减少了结构面积,但增加了空间高度,后者减少了空间高度,却增加了结构面积,库内柱子林立,二者都不是理想的办法。因此,层架式书库在有施工条件时,采用无梁楼盖施工是较合适的。它们柱少无梁,占有空间少。

4. 建筑模壳楼板

为了适应较大跨度、较重载荷的楼层结构的需要,除了升板方式以外,国外还有一种"建筑模壳"的楼层结构方式。这种模壳有二种基本形式,即M型模壳和T型模壳。M型模壳可用来浇筑双向密肋楼板,T型模壳则可浇筑灌槽形楼板。这种带肋的楼板可以节省混凝土和钢材的消耗量,与传统的实心混凝土楼板相比,可以减轻楼板自重60%,节约钢材和混凝土,降低造价。由于楼板自重减轻,就可采用较小剖面的柱子,基础部分也可相应节省。这种双向密肋板在国外除普遍用于图书馆外,还应用于办公大楼、学校、仓库、汽车库及工业建筑中。自然也包括书库和阅览室,它将为楼层面积的灵活使用提供极大的方便。

这种模壳可以用玻璃钢、聚丙烯作原料来制造,尤其是聚丙烯这种塑料耐磨、不脆、不易老化开裂、不受太阳紫外线影响。可用工具钢作模具,注塑成型。

在英国,M型模壳适用于浇筑800毫米模数的双向密肋楼板;另外有200毫米、300毫米及400毫米三种深度,也适用于900毫米为模数的中等跨度和大跨度的双向密肋楼板。这种模壳有高225

毫米、325毫米、425毫米几种深度（图5-28）。在香港曾用这种模壳方式建造了14米×14米柱网的学校。

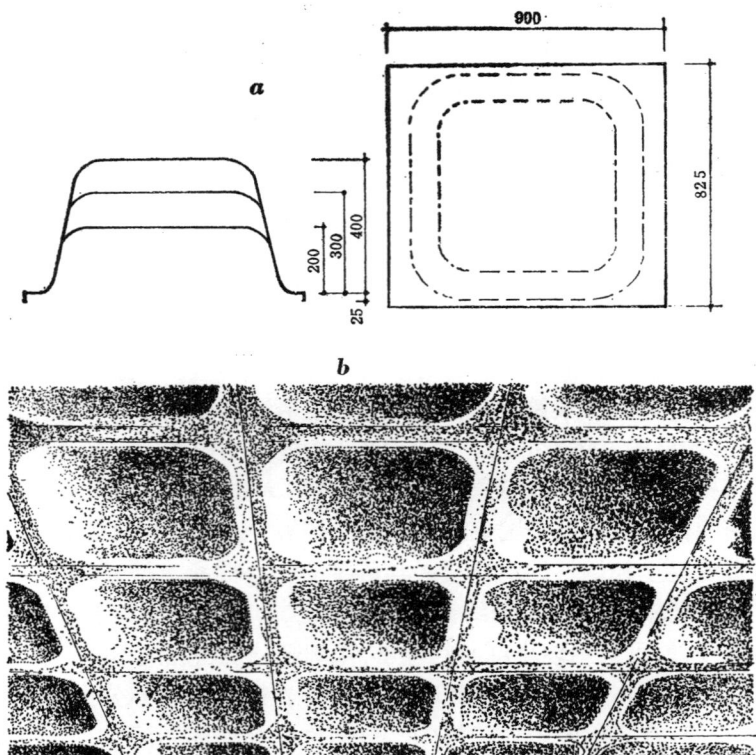

图5-28 M型模壳现浇楼板（尺寸为毫米）：
a——M型建筑模壳；b——M型模壳现浇楼板外观

T型模壳也可做成不同的深度。在英国有高175毫米、250毫米、325毫米及400毫米四种模壳，如图5-29所示。

这种模壳在施工时采用专门的支撑体系，它包括双向支柱和模板架梁。当楼板混凝土浇灌几天以后，即可将楼板模板、模壳和

252

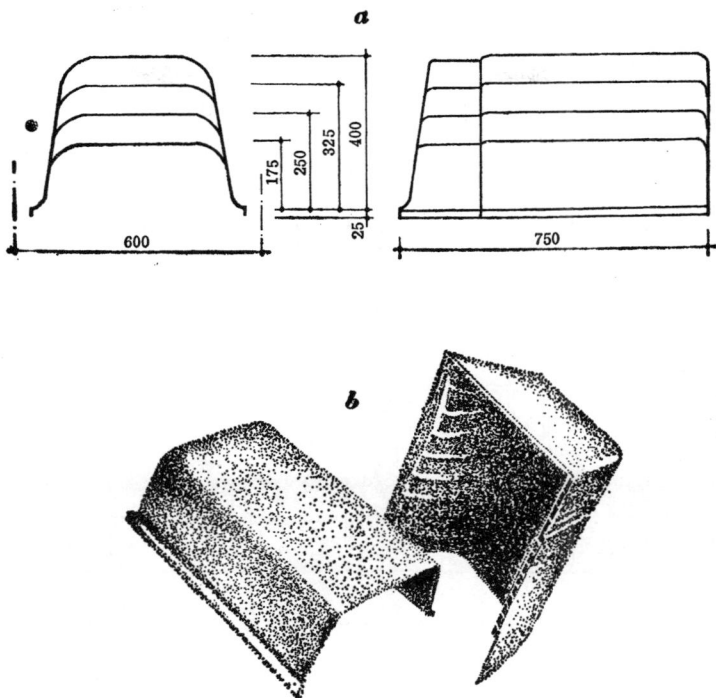

图5-29　T型建筑模壳（尺寸为毫米）：
a——T型建筑模壳；b——外观

架梁全部拆除，仅将支柱留下以支撑楼板的肋，一直到混凝土达到一定的强度为止。这样就可以使模壳和模板架梁能够迅速周转使用。

兴建的北京图书馆新馆工程基本书库、阅览室等楼板结构，将首次采用这种建筑模壳的楼板结构方式。它主要采用1200×1200毫米方形模壳现浇密肋双向方格楼板，如图5-30及图5-31所示。

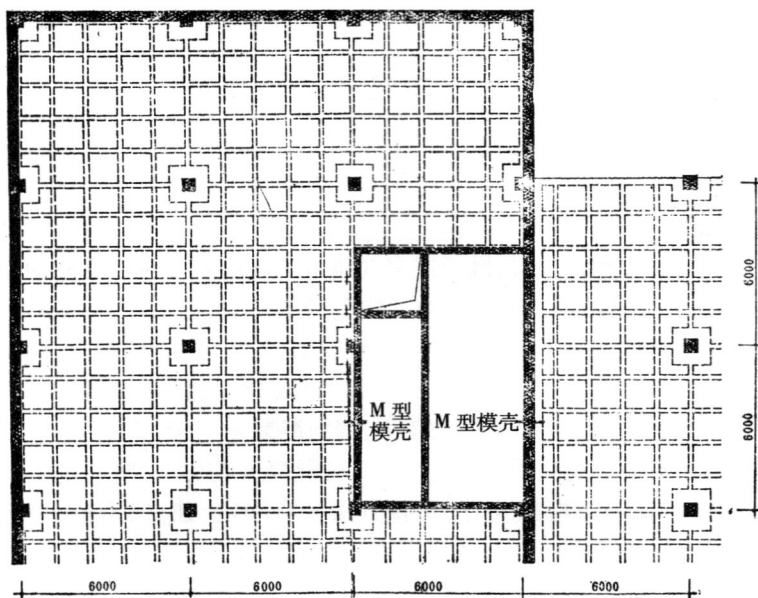

图 5-30 北京图书馆新馆工程基本书库模壳布置图（尺寸为毫米）

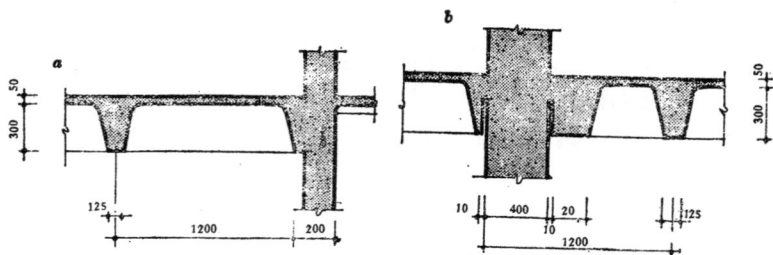

图 5-31 北京图书馆新馆工程基本书库楼板结构大样（尺寸为毫米）
a——M 型模壳现浇楼板； b——T 型模壳现浇楼板

第五节 书架种类与构造

一、一般书架

一般书架由支柱与搁板或书斗组成。搁板或书斗与支柱的连结有固定式与活动式两种。前者构造简单、牢固;后者可根据图书规格进行调整,使用方便。书架材料要耐久,自重轻,体积小;构造要坚固、灵活、施工方便。书架按所用材料分有钢书架(薄壁钢板冲压书架、角钢书架及圆钢书架)、钢筋混凝土书架、木书架、混合式书架(钢木、钢筋混凝土与木、钢筋混凝土与钢);按支柱形式分有柱式、板式、框架式;按布置方法分有固定、独立、密排、可移功等方式(图5-32)。

1、钢书架

这种书架强度大,占有空间小、轻巧,容量大,较美观整洁,有利防火、防蛀等优点,但造价较高。目前国内使用较多的有薄壁钢板书架,它由1.2—2.4毫米钢板冲压而成钢柱,一般为方形或矩形。断面可为"⊥"或"⊤"型。钢书斗一般长900—1000毫米,可挂在钢柱孔眼上,可以上下调整(图5-33及图5-34)。

这种钢书架优点较多,目前我国许多新建图书馆中多已采用,其构造参见图5-35至图5-38。

薄壁钢柱书架的上下左右相连,节点有焊接、套接、螺栓连接和十字套件连接等几种方法。这些方法中,以焊接为最好,它构造简单、节约钢材,较为实用。要求预制水磨石甲板必须是平整严密,不能粗糙;如果施工条件不够,以现浇甲板为好。面层可先做成密实平整的砂浆抹面,以后再做涂料。

钢书架中,除了上述的薄壁钢柱书架较为常用外,还有因材

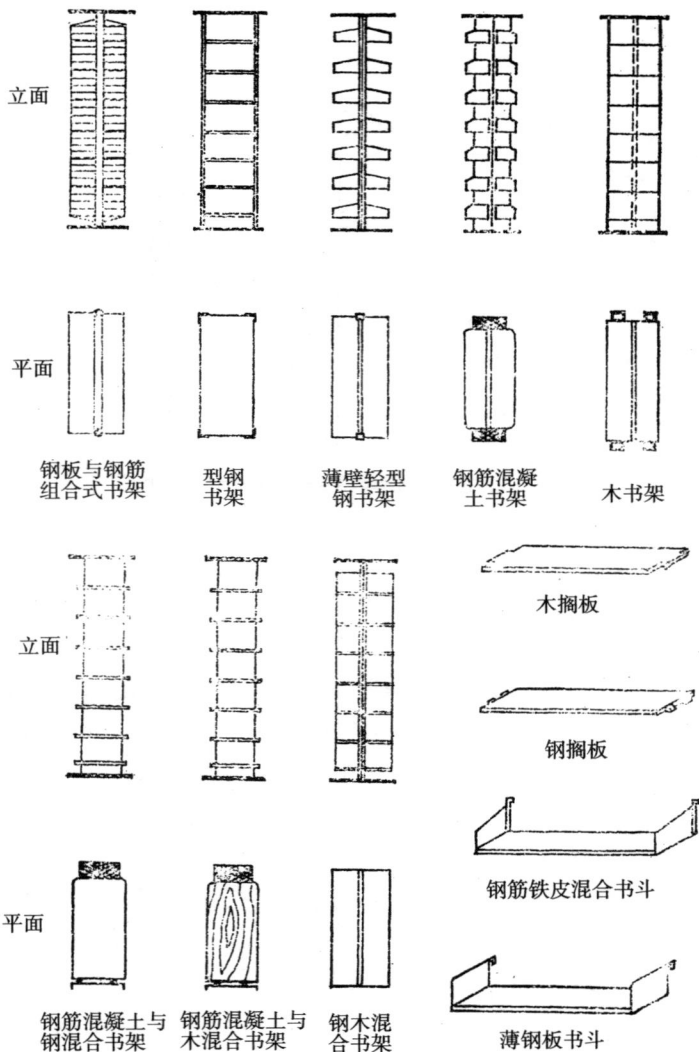

立面

平面

钢板与钢筋
组合式书架　　型钢
　　　　　　书架　　薄壁轻型
　　　　　　　　　　钢书架　　钢筋混凝
　　　　　　　　　　　　　　　土书架　　木书架

立面

平面

钢筋混凝土与
钢混合书架　　钢筋混凝土与
　　　　　　　木混合书架　　钢木混
　　　　　　　　　　　　　　合书架

木搁板

钢搁板

钢筋铁皮混合书斗

薄钢板书斗

图5-32　书架的种类

256

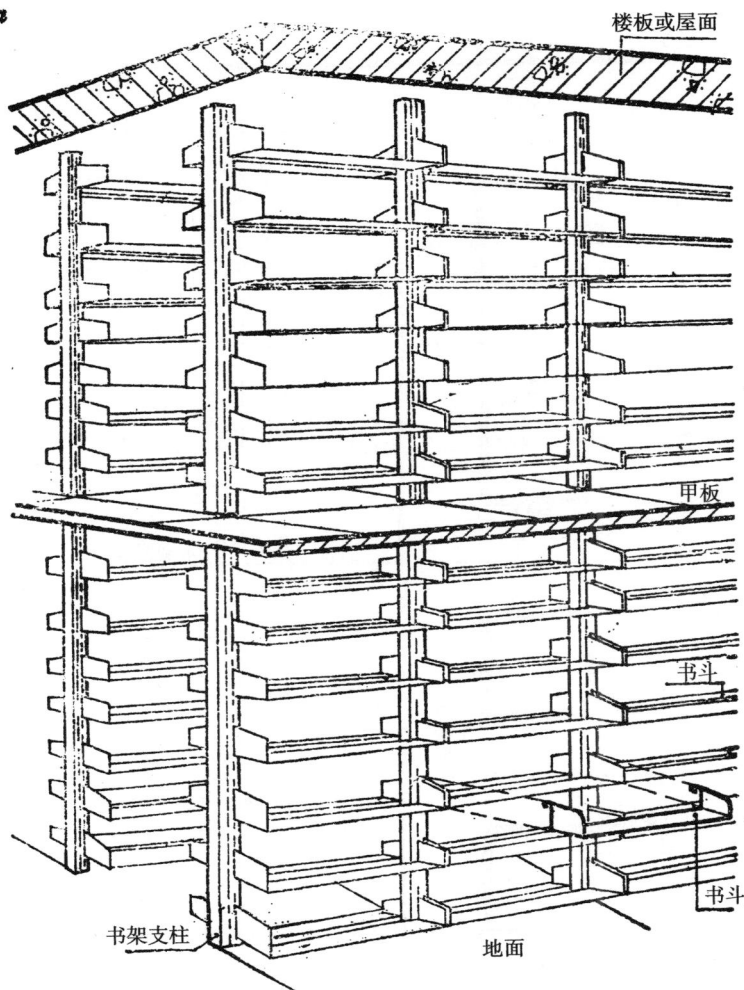

a

楼板或屋面

甲板

书斗

书斗

书架支柱

地面

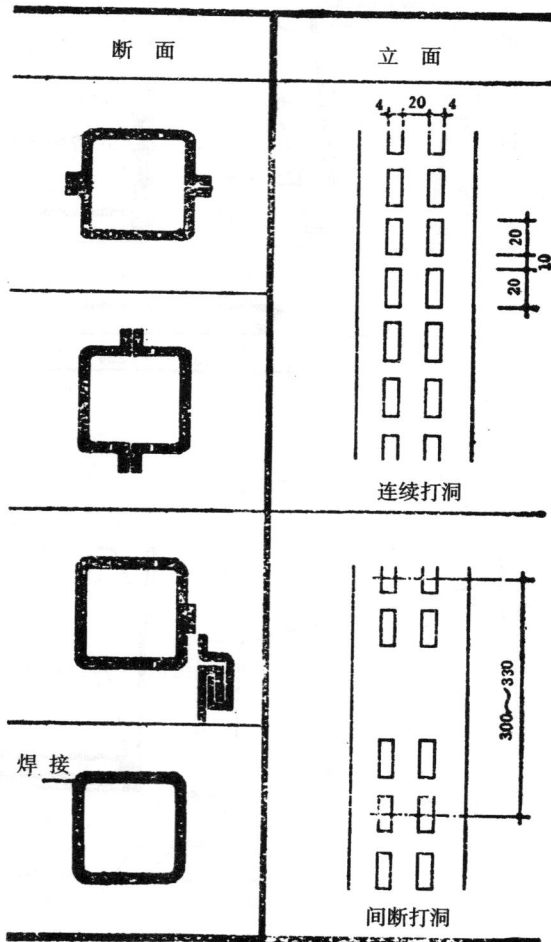

b

断　面	立　面

连续打洞

焊　接

间断打洞

258

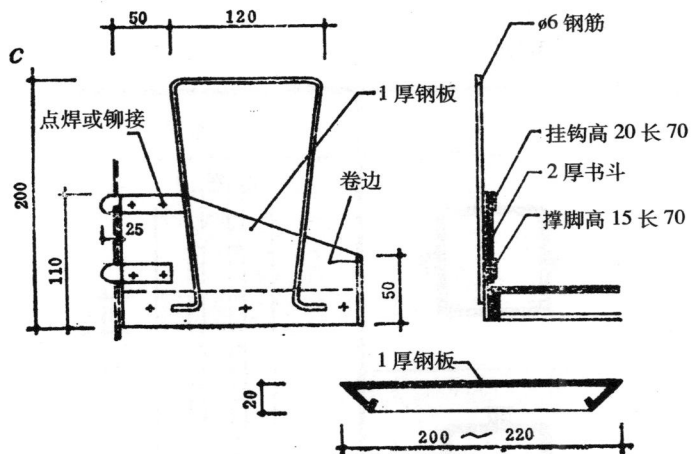

c

50 120

1厚钢板

点焊或铆接

卷边

ø6 钢筋

挂钩高 20 长 70

2 厚书斗

撑脚高 15 长 70

200

110

25

50

20

1厚钢板

200 ~ 220

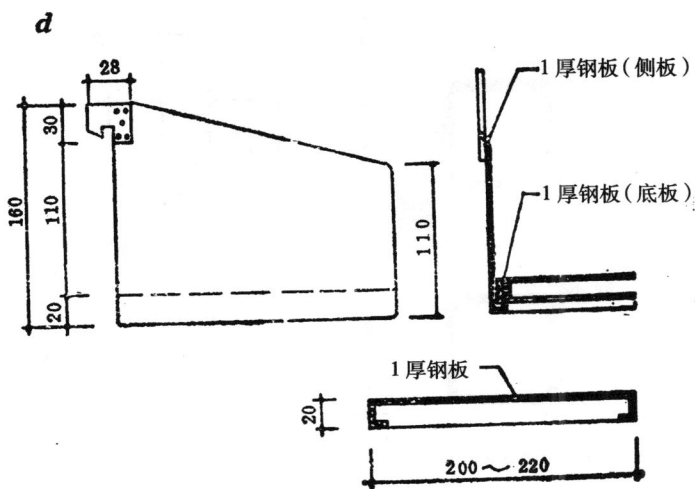

d

28

30

160

110

20

110

1厚钢板（侧板）

1厚钢板（底板）

20

1厚钢板

200 ~ 220

图5-33　薄壁钢书架（尺寸：毫米）：

a——概貌；b——钢柱；c——带把书斗；
d——无把书斗；e——薄壁钢板书架外观

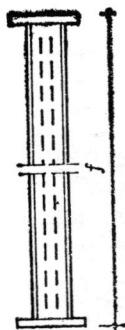

钢柱高

在层架式书库中　　f=2600—2800

在堆架式书库中　　f=2300—2400

活动书架　　　　　f=2100—2250

钢柱剖视

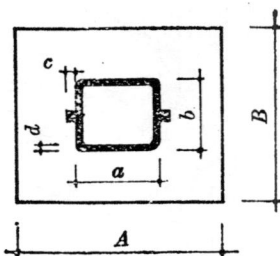

A=170—200　　　B=170—200

a=50—80　　　　b=50—75

c=12　　　　　　d=1.2—1.5

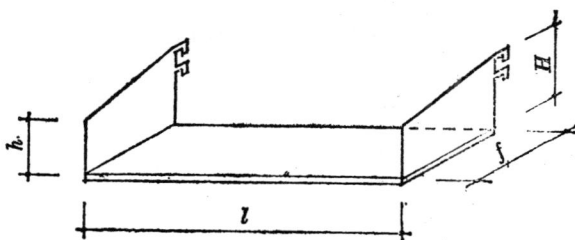

钢书斗

f=200—220　　　l=900—1000

h=120—140　　　H=170—190

图5-34　薄壁钢书架参考尺寸（毫米）

261

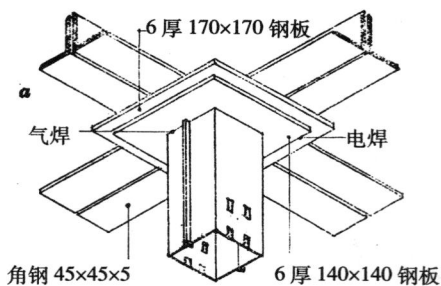

6 厚 170×170 钢板

a

气焊   电焊

角钢 45×45×5   6 厚 140×140 钢板

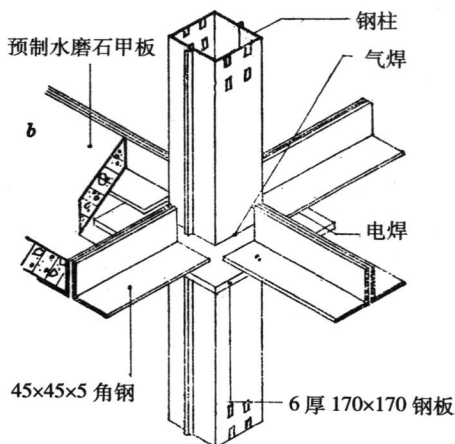

预制水磨石甲板

钢柱

气焊

b

电焊

45×45×5 角钢   6 厚 170×170 钢板

钢柱顶设有钢板,板上搁置双向角钢,其上搁置预制水磨石甲板。各构件均用电焊,与钢柱连接则用气焊。

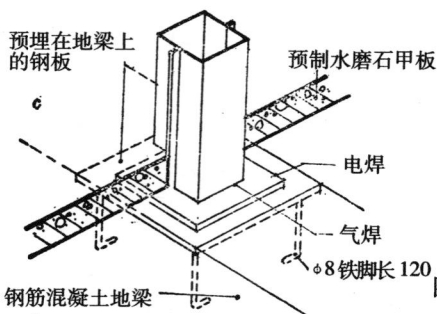

预埋在地梁上的钢板   预制水磨石甲板

c

电焊

气焊

φ8 铁脚长 120

钢筋混凝土地梁

图5-35   薄壁钢书架焊接构造:
a——柱顶;b——柱中;c——柱脚

262

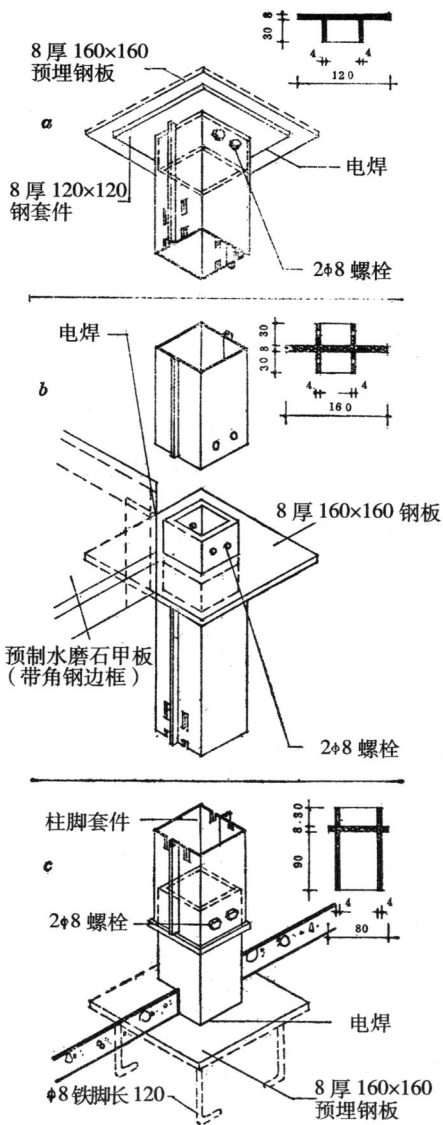

8 厚 160×160
预埋钢板

a

8 厚 120×120
钢套件

电焊

2φ8 螺栓

电焊

b

8 厚 160×160 钢板

预制水磨石甲板
（带角钢边框）

2φ8 螺栓

柱脚套件

c

2φ8 螺栓

电焊

φ8 铁脚长 120

8 厚 160×160
预埋钢板

上下钢柱用钢套件连接，以螺栓固定，预制钢盘混凝土甲板的四角，焊牢在钢柱套件的翼缘上

图5-36　薄壁钢书架套接构造：
a——柱顶；b——柱中；c——柱脚

263

8 厚 300×100 预埋钢板 —

钢筋混凝土楼板（屋面）

_a_

125×80×7
长 60 角钢夹件

125

12×70 长圆孔

φ10 螺栓 3 厚垫板

钢柱

2 φ 8 螺栓

_b_

63×63×6 角钢

40×40×4 角钢

预制水磨石甲板

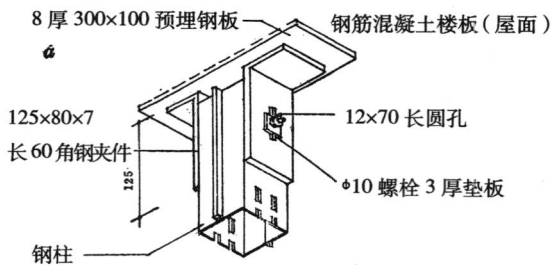

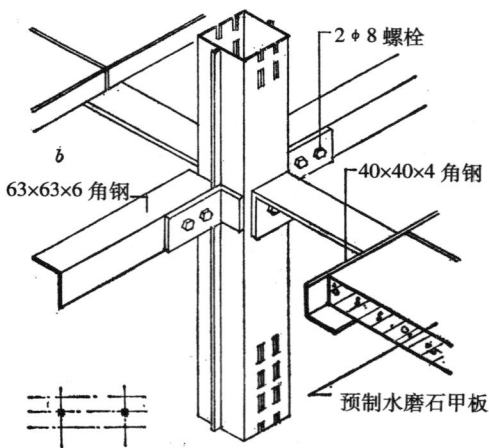

钢柱长度为两甲板层（一结构层），柱顶与楼板采用柔性连接。甲板与柱钢脱开，留有搁板宽度的空隙，以利书库内部通风。

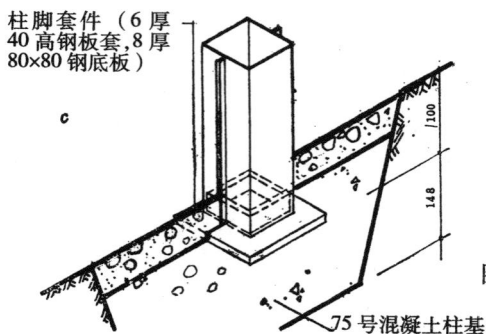

柱脚套件（6 厚
40 高钢板套，8 厚
80×80 钢底板）

_c_

/100

148

75 号混凝土柱基

图5-37　薄壁钢书架螺栓

连接构造：

a——柱顶；b——柱中；c——柱脚

264

a

D=9

9×13长圆孔

4厚钢板套件

φ8螺栓

20钢管拉杆

80×50×4槽形钢梁

100×50×4槽形钢梁

b

4厚带十字梁头钢套

10×30长圆孔

φ8螺栓

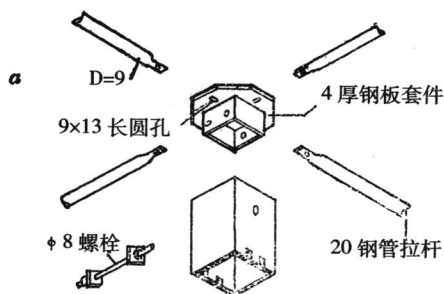

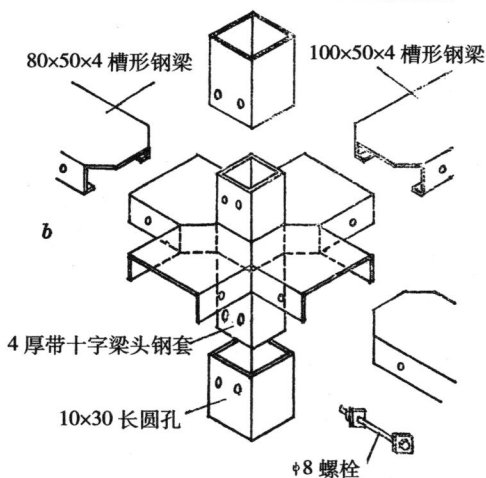

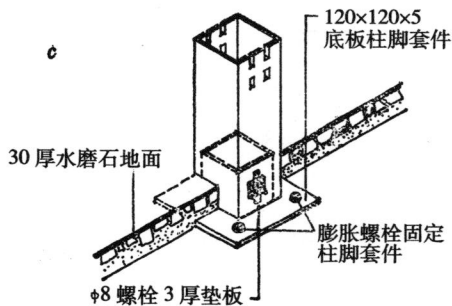

采用钢套件及螺栓固定钢梁铜柱中部的带十字梁头套件,用以与槽形钢梁相连接,梁上铺钢甲板或预制水磨石甲板。

c

120×120×5底板柱脚套件

30厚水磨石地面

膨胀螺栓固定柱脚套件

φ8螺栓 3厚垫板

图5-38 薄壁钢书架十字套件连接构造:

a——柱顶;b——柱中;c——柱脚

265

设计的框架式、板式、柱式和悬吊式几种钢书架。这些书架基本上也能达到薄壁钢柱书架的使用效果。

必须指出，书架的结构与书库的结构方式往往是分不开的。因此，在设计书库时二者应同时考虑。

上述薄壁钢书架都是固定的,适用于闭架书库,随着开架阅览的发展,活动的书架就更能适应这种要求。图5-39,a、b为两种基本形式,目前国内已有生产,如图5-39,c、d所示。

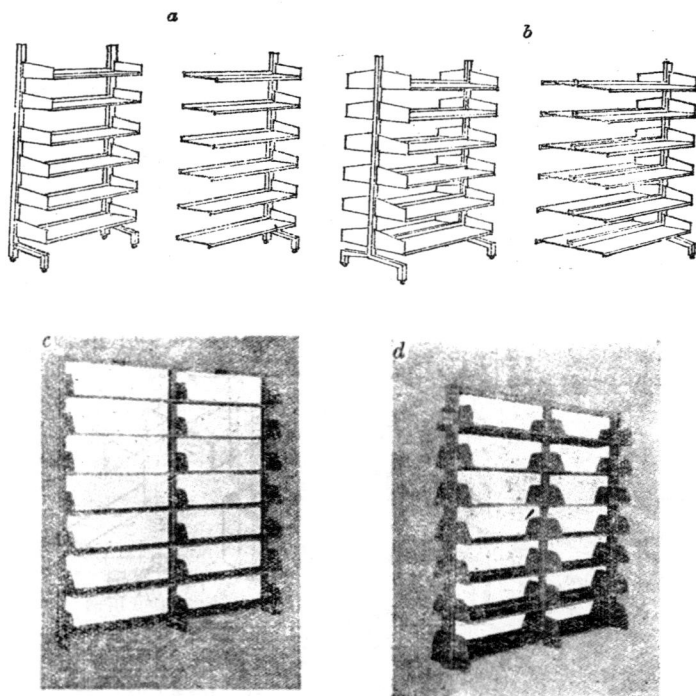

图5-39　活动薄壁钢书架:

a——单面书架;b——双面书架;c——国产单面活动书架;

d——国产双面活动书架

266

框架式书架以角钢制成,取材方便,施工简单,常用于书架承重式书库,还可用于扩建、改建的楼板承重式书库,其构造如图5-40所示。

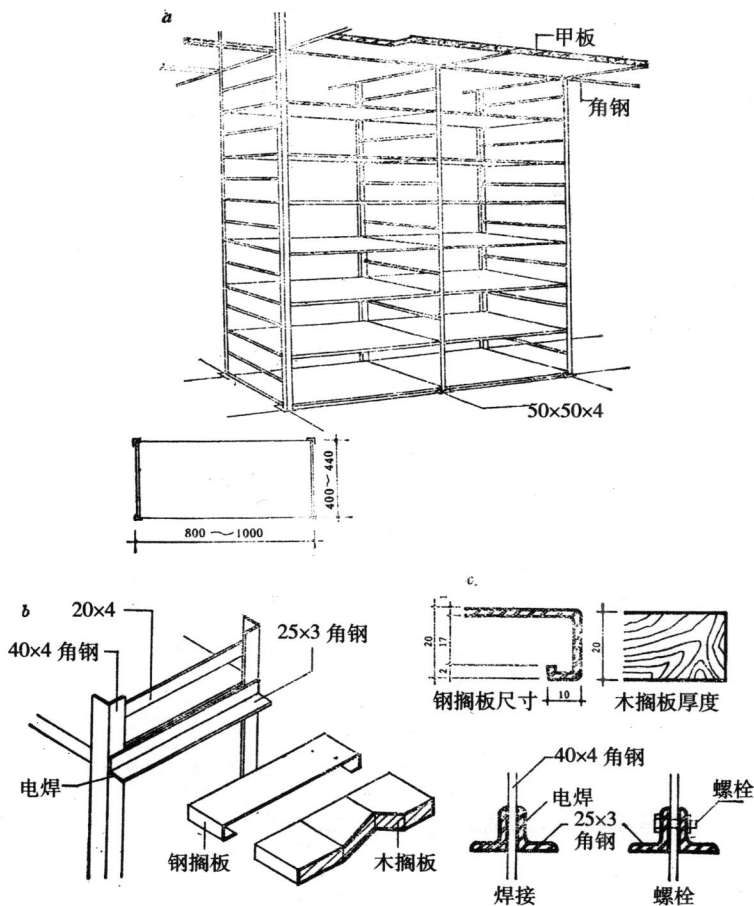

图5-40　框架式钢书架(尺寸:毫米):
a——概貌; b——节点; c——节点

板式钢书架是以1.5厚钢板制成,在前后装上门扇即可成为书柜。板式钢书架对保护书籍较好,但影响书库光线,其构造如图5-41所示。

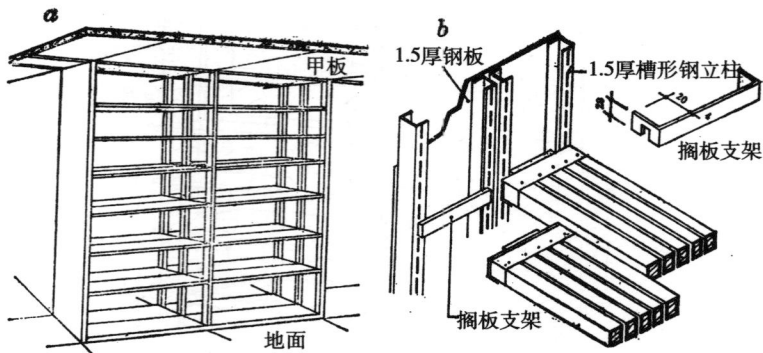

图5-41　板式钢书架(尺寸:毫米):
a——概貌;b——节点

柱管式书架通常是以圆钢作成,结构面积小,构造简单,图书贮存量较多。此类书架的书库照度均匀,工作方便,其构造如图5-42所示。

前述的悬挂式书库所用的悬挂式书架,其构造如图5-43所示。

2.木书架

用木质制作书架方便轻巧,占用空间较少,施工方便,也很美观;但木材用量大,耐久性差,不利防火、防蛀、防腐,因而采用较少。然而,由于木书架搬运方便,所以在开架阅览室里的书架、期刊架、展出式书架仍多采用木书架或钢木混合书架。而在木材盛产之地,采用此种书架比较经济,也有一定的现实性(见图5-44、图5-45及图5-46)。

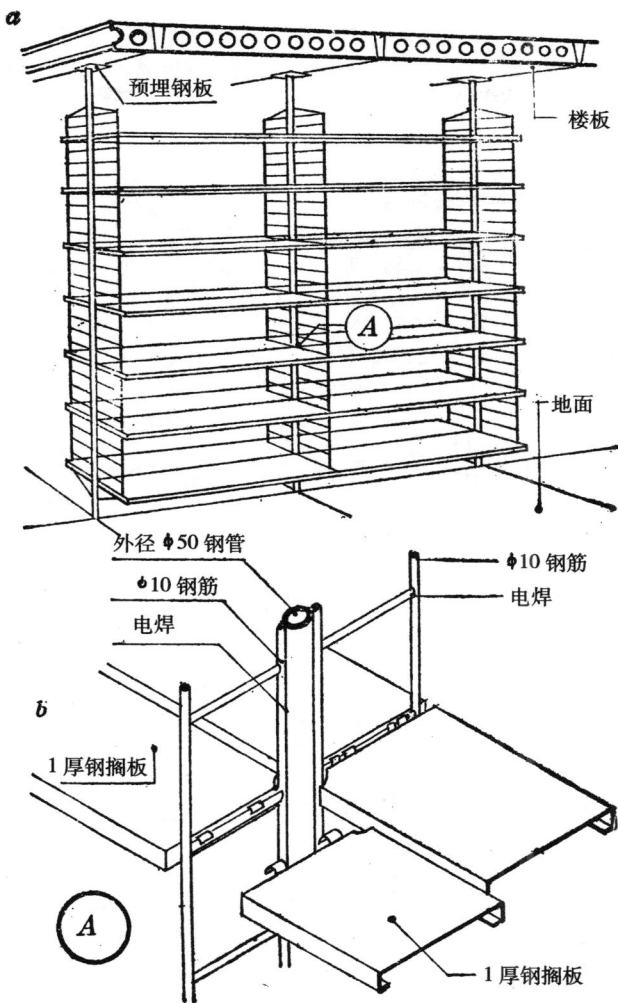

图5-42 管柱式钢书架:
a——概貌;b——节点A

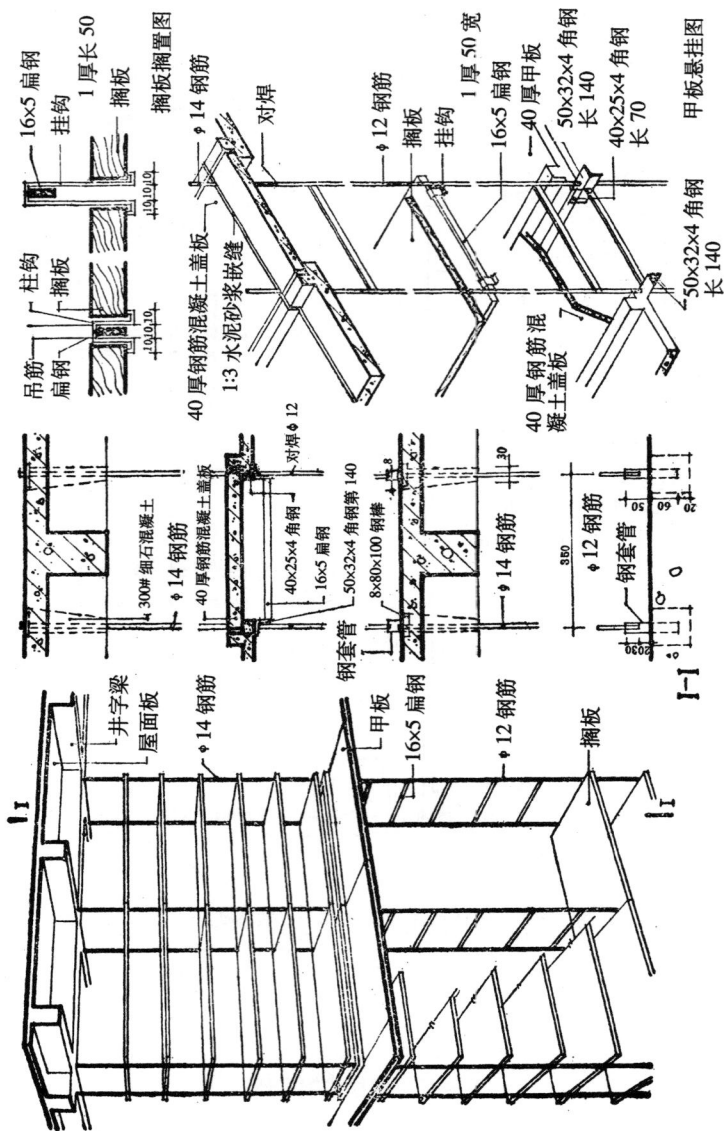

图 5-43 悬挂式书架构造（尺寸：毫米）

270

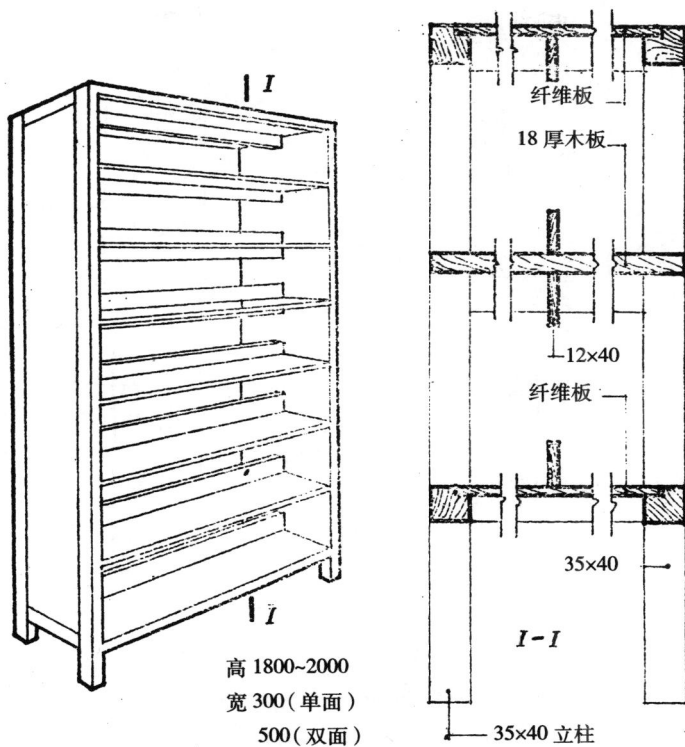

高 1800~2000
宽 300（单面）
500（双面）

纤维板

18 厚木板

12×40

纤维板

35×40

I-I

35×40 立柱

图 5-44　独立式木书架（尺寸:毫米）

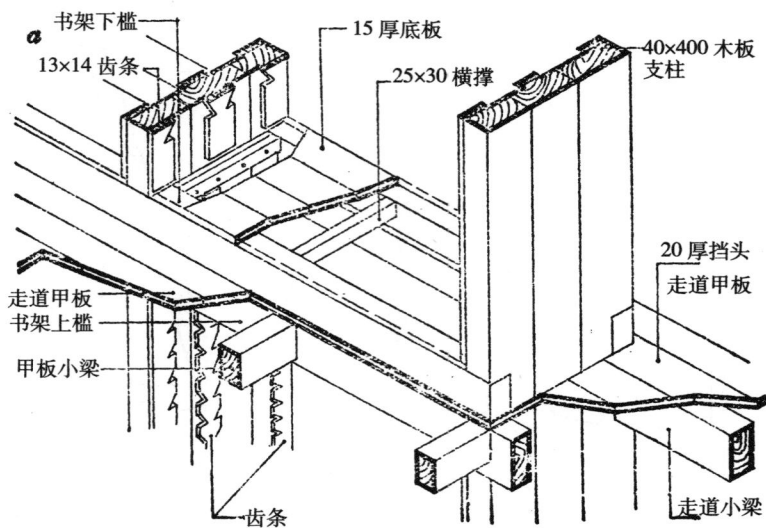

图5-45 堆架式木书架（尺寸:毫米）:
a——构造;b——实例（南京图书馆老书库）

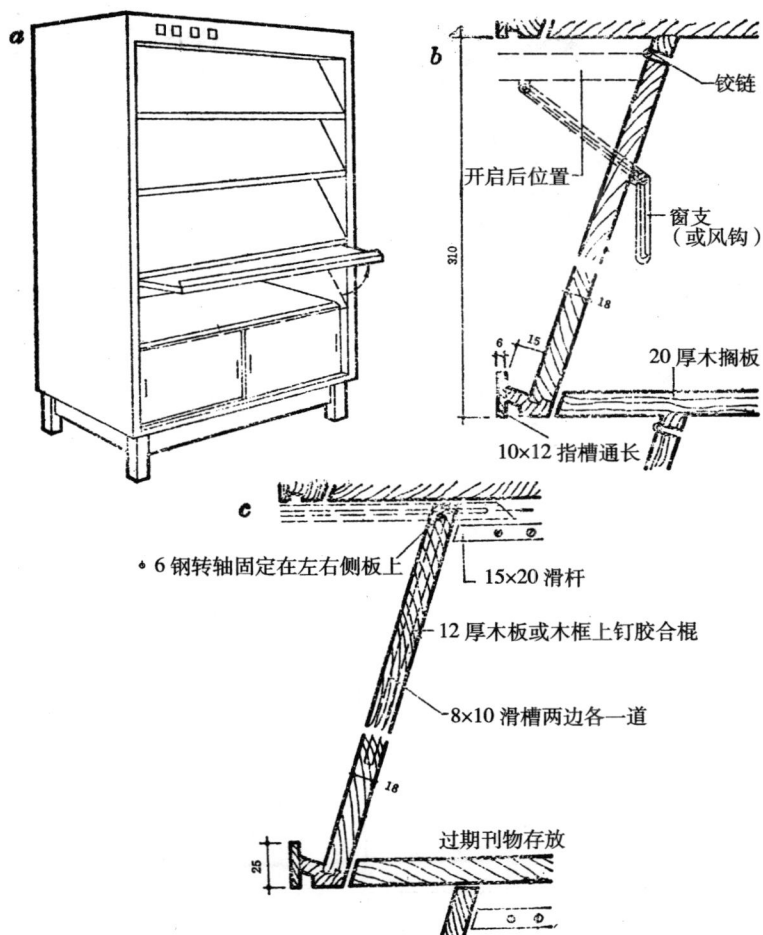

图5-46 木质期刊陈列架(尺寸:毫米):
a——外观;b——支撑法;c——滑槽法

3.混凝土书架

解放以来,在我国新建图书馆中的书架,有不少是采用钢筋混凝土做书架的主柱或侧板,再配以木搁板而成,做法如图5-47至图5-51所示。

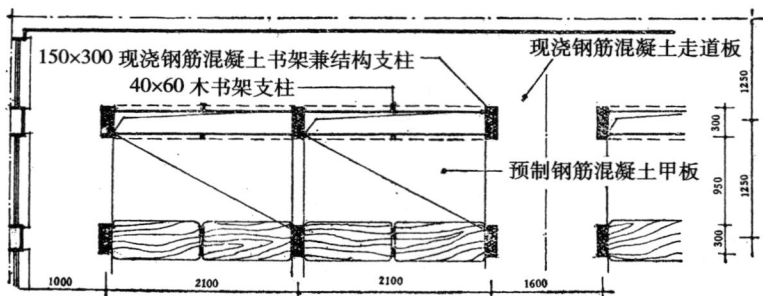

图5-47 现浇钢筋混凝土书架(尺寸:毫米)

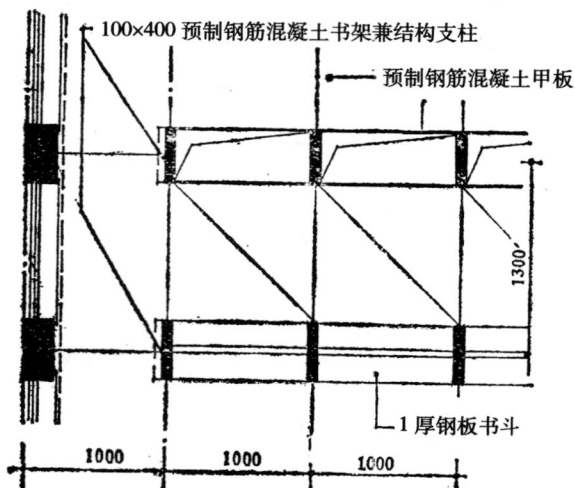

图5-48 预制钢筋混凝土书架(尺寸:毫米)

274

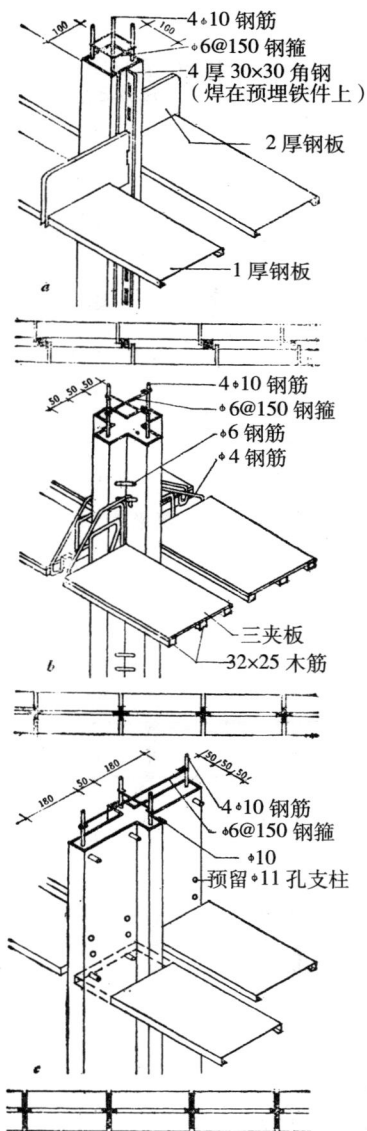

图5-49　钢筋混凝土书架柱型
　　　　及构造（尺寸：毫米）：

a——正方形支柱；

b——十字形支柱；

c——长十字形支柱

图 5-50　钢筋混凝土柱式书架实例

图5-51　钢筋混凝土板式书架实例

钢筋混凝土书架虽具有结构面积大和自重大的缺点,但它还具有取材方便和不受施工条件限制的优点,因此,在中、小型书库中还是经常被采用的。

钢筋混凝土书架可分预制和现浇两种。预制时,混凝土标号用200#,若现浇时可用150#(支柱用200#)。预制钢筋混凝土书架在就位时,必须严格校正,上下柱的垂直偏差不得超过3毫米。

钢筋混凝土有柱式和板式之分,支柱常用剖面有正方形、长方形(板式)、正十字形及长十字形等,支柱上可留铁件,以便挂书斗,也可预留空洞,插钢销放搁板,还可预埋木榫,钉木搁板。

据调查,在藏书量较多的大型图书馆中,每收藏一册书,仅书库建筑费和书架费用将近1.5—2元投资。所以,在经济、适用的前提下,充分利用空间,提高单位体积藏书量,选用合适的结构形式和书架材料,将影响到书库的造价和使用率。仅以书架而言,钢书架(薄钢板)和混凝土立柱相比较,每1000平方米书库面积,混凝土立柱书架结构就比钢书架结构多占近80平方米,少放图书3—4万册。一般讲,采用这种书架,书库单位面积容书量要少3—10%。

二、密集书架

通常在书库里,真正可供存书的有效面积只有30%弱,其余70%以上大量面积均为夹道、走道和扶梯等所占。为了提高有效面积的比例,压缩交通面积,在设计时也可采用密集书架。密集书架就是把许多书架紧密地排列在一起,不再是一排书架一条走道;需要提取中间书架上的书籍时,就用手动或电动将外部的书架拉开,取书以后,再恢复原位。

密集书架有旋转、抽拉和平行移动等形式,现分述于下。

1. 旋转式

旋转式密集书架是采用铰链固定的方法将书架连在一起,使用时可将书架像衣橱门一样旋转打开。旋转式书架有单面和双面两种,开启的方式则有整扇和半扇之分。其平面布置见图5-52。

按这种方法存书可使书库的单位面积容书量较其他采取标准书架排列方法时,提高50—75%。

2. 抽拉式

抽拉式书架系在书架下设有小车轮,并在地面设有横向小轨,可根据需要任意抽拉某一书架。抽拉书架有双面和三面两种,其平面布置见图5-53。三面的抽拉书架有一面存书显露在外,使

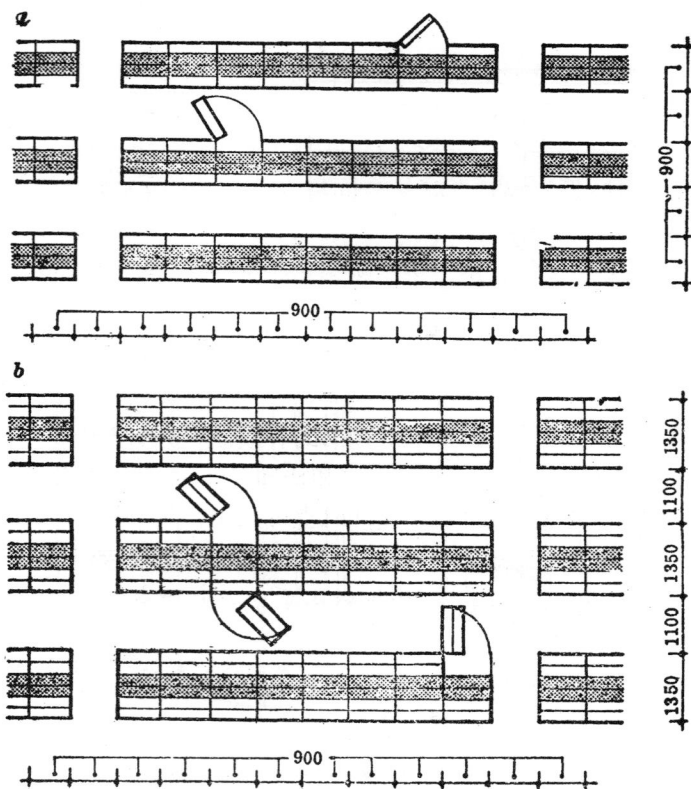

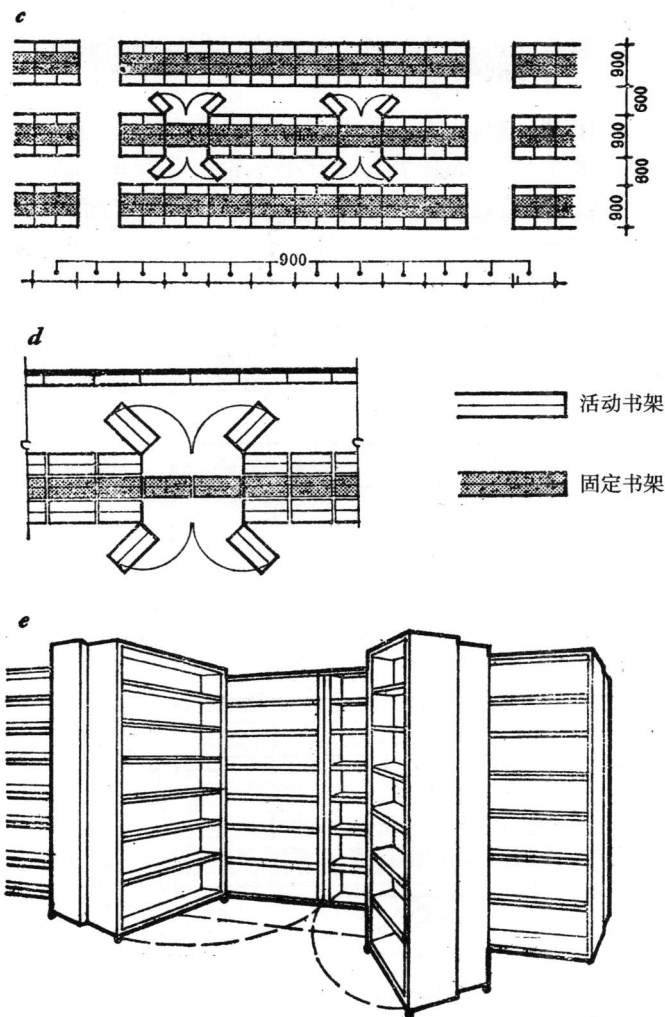

c

d

活动书架

固定书架

e

图5-52　旋转式密集书架（尺寸：毫米）：

a——旋转式之一；b——旋转式之二；c——旋转式之三；

d——旋转式之四；e——旋转式之四外观

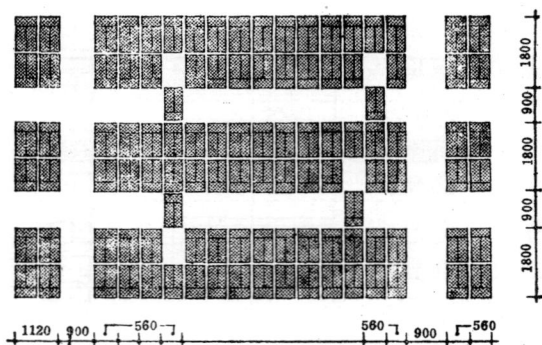

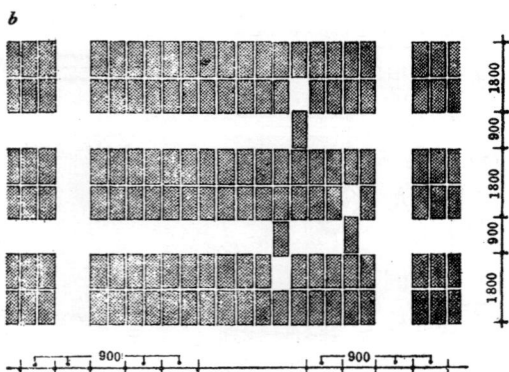

图5-53 抽拉式密集书架（尺寸:毫米）:
a——抽拉式之一;b——抽拉式之二;c——抽拉式外貌

用时直接可取。采用抽拉式书架可使单位面积容书量增加一倍。

3. 平行移动式

这是一种更为集中的密集书架，一列列书架紧密地排列在轨道上，所以又称为"列车式"密集书架。它几乎完全节省了全部排间夹道面积，使书库里的有效面积提高77%以上，见图5-54。

这种列车式密集书架是用底盘挂钩连成一排的，当中有一固定书架，底盘通过螺栓固定在地面，两端为传

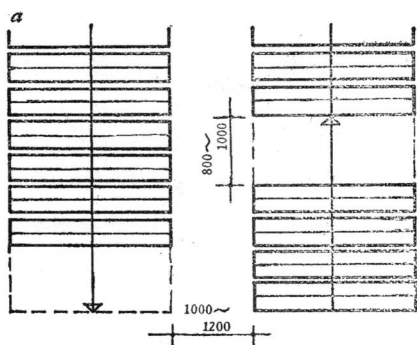

图5-54 平行移功式
密集书架
（尺寸:毫米）：
a——平面布置；
b——手动机械式密集书架（武进图书设备用品工业公司）；
c——电动密集书架（长春市第一钣金厂）

动书架，内装电动机，通过皮带、皮带轮、链轮和螺杆带动整排书架行驶在轨道上。工作人员如果要在第10号书架取书，可踏第10号书架的踏板，使10号与9号间挂钩脱落，并将操纵杆向前方推动，操纵杆通过开关开动电动机，成列书架就向前移动760毫米（设计行程）自行停止。工作人员进入空出来的夹道取书后，仍推动操纵杆移动，书架即自行退至原来位置。

列车式密集书架需装轨道、电动机，造价较高，不但部件要灵活，而且要有安全措施，以免把人夹在当中发生事故。

以上所述几种密集书架都有共同的缺点，即造价高和取书不方便，一般只适用于储存书库。例如，美国中西部馆际图书馆就是一所以收藏为中心任务的、由几所大学共同联建的储存图书馆。在这个图书馆里采用了密集书架。列车式密集书架除高度集中外，还具有密闭和安全的优点，适用于贮存善本、珍本或重要文件资料库。

三、特藏书架

图书馆特藏是指一般图书、杂志、报纸以外的其他收藏资料，例如珍善本、缩微读物、特大资料、字画卷轴、地图、像片、影片、唱片、录音磁带甚至立体地图和金石拓片等。这些特藏资料的尺寸大小和形态都相差很大，所要求的贮存条件也各不相同。对待这些特藏品有两种收藏办法：一种是利用标准薄壁钢柱书架的立柱，针对各种特藏品的特点，做成特殊的搁板或书斗进行贮藏，不论是什么样的资料总可以利用标准书架整齐地收藏起来，并且还可以调整位置，这就是所谓"图书—元化收藏法"；另一种就是制成一些特藏书架。下面介绍几种特藏的方法。

1. 报纸合订本

报纸合订本尺寸较大，中文为550×400毫米，外文为550×415毫米—585×430毫米和640×440毫米几种。利用标准书架立柱存放报纸合订本有两种方法：一种叫连通式报册架，书脊垂直于搁板放置；一种叫交错式报册架，书脊与书架的外缘平行。图5-55及图5-56为中国武进图书用品工业公司生产的两种报架。

图5-55　ST13型110报架

图5-56　ST13型210报架

2. 卷轴、单页

卷轴、单页形式的资料很多,包括字画、地图、教学挂图和画页等。卷轴的特点是长短不一,容易滚动;单页的特点是大小不齐,翻阅困难,容易损坏。

针对卷轴的特点将挂斗底板做成弧形,供水平存放,或者做挂斗式格棚供垂直悬吊。对单页,特别是大幅的单页,可以用多层的扁抽屉平放,抽屉的高度每只为90毫米,尺寸可以做成长900—1000毫米、宽1200—1300毫米,一般为12—13层。高度到眼线为止,在眼线之上可以垂直布置弧形挂斗或做成敞格架层,存放成卷、成筒的资料。多层的扁抽屉最好是钢的,两侧支承在插入立柱的导轨上,如图5-57所示。

3. 缩微读物和视听资料

缩微读物包括缩微胶卷、胶片、照相卡片和印刷卡片等。这些资料的共同特征是体积小,或呈薄片状。在标准架上收藏这些资料,其方法是:将普通的书斗换成一些经过特别设计的中间加格子、加架子、加罩子的挂斗或者是像目录柜一样的箱形挂斗,为的是使这些小件整齐地、紧凑地排列在一起,如图5-58及图5-59所示。

视听资料系指影片、幻灯片、唱片、录音带等。影片先放在扁圆形的金属盒里,然后立放在弧形搁板上,用钢丝

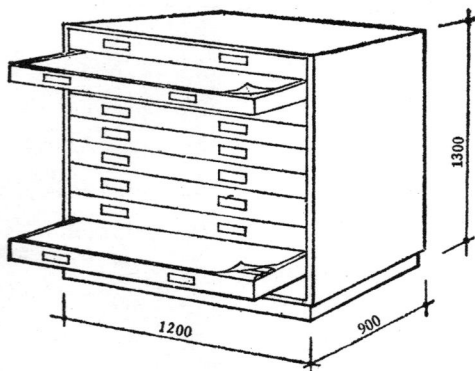

图5-57　多层的扁抽屉收藏柜(尺寸:毫米)

284

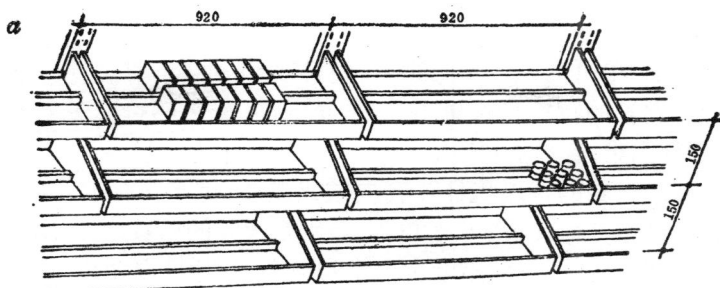

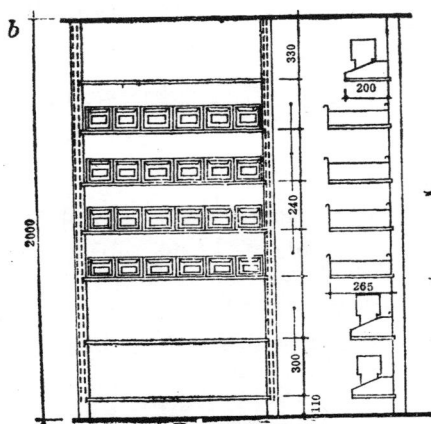

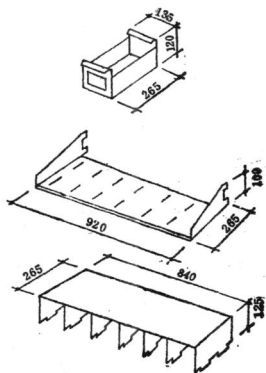

图5-58 缩微资料收藏
（尺寸:毫米）：
a——收藏架之一；
b——收藏架之二；
c——收藏柜

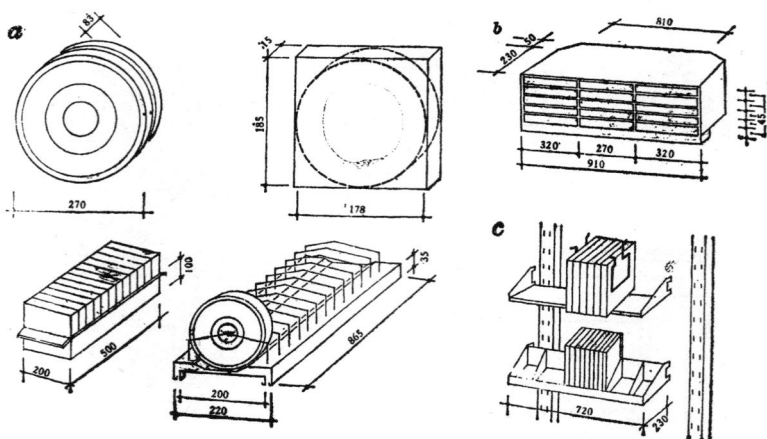

图5-59 影片、唱片收藏架
（尺寸：毫米）：
a——影片及影片套、箱；
b——影片隔架；
c——唱片挂斗；
d——影集架

卡档支档。唱片规格有多种，有300—125毫米不等。先装入相应尺寸的纸盒里，再平放在特制的辅助箱里或立放在架上。平放的辅助箱可以直接摆在普通书斗上，立放的架子则要在书斗前后加挡板和竖格。录音带用铝制卷轴卷起，放入方形厚纸盒，然后再竖放在书架上。缩微读物和视听资料及幻灯片另有收藏方法。图5-60

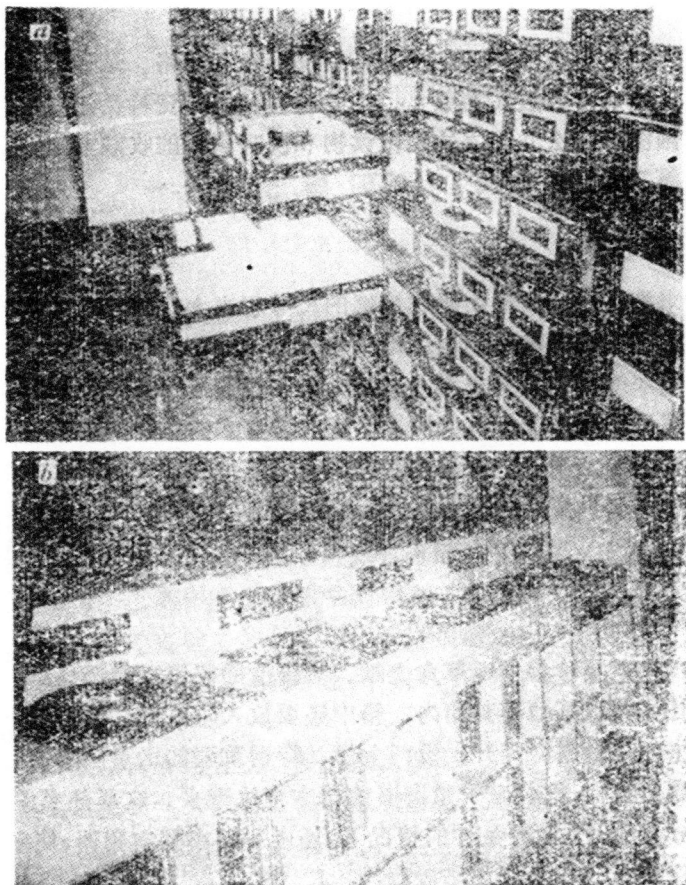

图5-60　美国波士顿公共图书馆缩微读物和视听资料的收藏：
a——缩微读物的收藏；b——唱片的收藏

为美国波士顿公共图书馆缩微读物和视听资料的收藏方法，图5-61为美国麻省理工学院建筑系幻灯图书馆。

图5-61　美国麻省理工学院建筑系幻灯图书馆

4. 特大资料

在图书资料中,有些条幅和横幅的尺寸相当大。关于这一类特大资料的收藏方法可以在安装有标准书架的书库内划出一块地段,专藏这些资料。

这种书架的构造是在相对方向的二根支柱的挂钩孔中,安装挂钩梁托;在它上面搁上横梁,然后在梁上并排放六块板,形成满堂式的宽阔的搁板。这种书架的进深是1350毫米,长度不限,多长的画轴都能存放,同时1200毫米宽以内的横幅镜框也能收存。层数和层高可以根据实际情况调整,不论安装和拆卸都很方便,通道宽为1350毫米,以便搬运大件。

5. 贵重图书

贵重图书系指珍善本、革命文献、有价值的手稿真迹等。一般的收藏方法是将这些资料放在樟木箱或其他密封箱内,箱中还要放入防虫剂、防湿剂,置于标准书架上,并将这部分书库用金属网隔开,设门上锁。特别重要的贵重图书,可以定做合适尺寸的保险柜或金属资料柜,把收藏贵重图书的樟木箱放进去。这部分书库应该用防火墙、防火门与其他部分分隔开,在有条件的情况下,还应装设小型空调器,使室温维持在5—25℃,相对湿度保持在50%左右。

6. 特制的各种特藏书架柜

下面是几种特藏书架柜的式样和尺寸,其中有些保藏价值较高的资料,柜橱可以做成金属的(图5-62)。

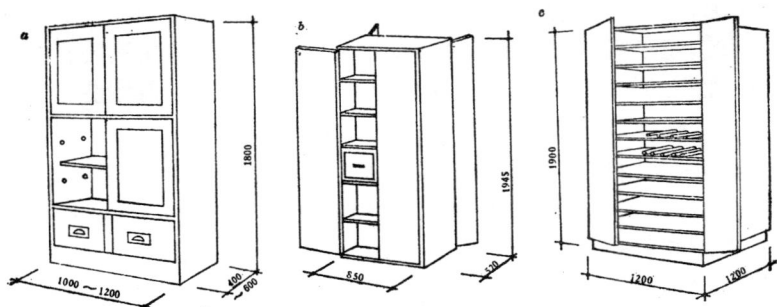

图5-62 几种特藏书架柜(尺寸:毫米):
a——善本书柜;b——双面闭锁式资料柜;c——画卷柜

第六节 书库的采光照明和通风

一、采光和照明

1. 采光

目前国内书库基本上是以自然采光为主,人工照明为辅,少数馆的特藏库采用封闭式人工照明。在自然采光的书库中,书架应垂直于外墙排列,窗户与书架之间的夹道相对,每一个夹道都对着一个窗口,其宽度可与通道相适应,一般以700—900毫米为宜(有的窗仅450毫米宽,似乎过小),窗口应能开双扇窗,以利于擦拭玻璃。为了使书库不论在高度方向或深度方向都有均匀的天然采光,最好在房间的全部高度上(或在书架的全层高上)开设窗户,上槛直顶天花板,下槛接近地面,用以加强照度。有的图书馆打破这个局限,在书库里开设大窗子,结果库内光线充足,可不需人工辅助照明,便可清楚地看到各档的书脊书号。上海中医学院图书馆和上海科技图书馆就采用这个方法。采用大窗子会带来新问题,就是直射光和灰尘加剧,必须增加相应的防尘措施;由于玻璃面积的加大,减弱了外围结构的隔热性能和密闭性能,使室内温度、湿度容易受到外界气候的影响。

书库采用单扇窗时,要注意开启方式以便于擦拭玻璃。普通书库的窗玻璃宜采用磨砂玻璃或内部涂上乳白色透明防紫外线膜;在收藏有珍贵图书的书库里,应使进入书库的光线经过过滤,可用绿色或橙黄色的吸热玻璃。

2. 照明

书库人工照明的主要要求是,照度均匀和安全可靠。书库内宜设置配光适当的灯具,不但要求避免通道上的眩光,而且应使书架各层书脊上照度相近。如果只用普通灯罩,书架上位于两个光源之间的中点位置的低部位,其照度只有靠近光源部位的2%,如此大的照度差距,再加上眩光,对工作人员的眼睛会造成很大的不适感,时间一长,就会形成近视。书库照明的要求,见图5-63。

国内图书馆的书库一般采用两种灯,一种是白炽灯,另一种是荧光灯。一般图书馆工作人员反映:白炽灯照度太低,长期在库内工作,几年以后眼睛就近视了。因此,他们主张采用荧光灯,认为荧光灯的光线舒适,长条形的灯管沿着书架纵向布置,容易使照度分布均匀,耗电量低,特别是加上了金属灯具,将镇流器放在

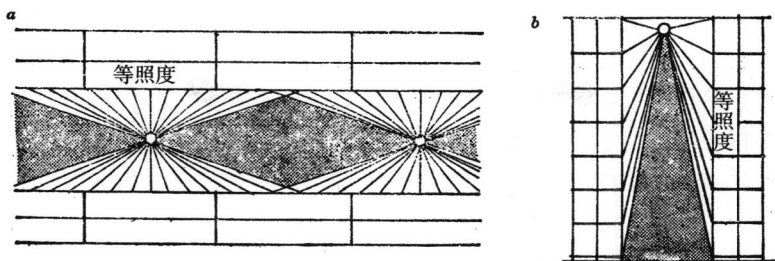

图5-63　书库照明要求：
a——平面；b——剖面

里面后，可以减少因镇流器引起火灾的危险性。所以在有些地区不但新建的书库采用荧光灯，对原来采用白炽灯的老书库也作了改装。另一种意见认为采用荧光灯的书库照明时启时闭，会影响荧光灯的寿命，特别是荧光灯的启动较慢，遇到天气寒冷，还经常发生闪跳现象，这对于繁忙的书库工作就不很合适。尽管如此，采用荧光灯的图书馆还是越来越多。

不论是白炽灯还是荧光灯，为了取得良好的照度均匀效果，都应该采用经过特殊设计的反光灯罩，如图5-64所示。可惜这一点在设计工作中，通常是被忽略了，其实对于提高书库的照度质量来讲，还是必要的。

书库内经常采用的白炽灯灯泡瓦（W）数是40—60瓦，布置在夹道内的两个光源的中心，距离一般是2米；布置在走道内是6—7米，主走道的开关应该设在入口附近或靠近扶梯口和电梯口。夹道内灯的开关应设在夹道口。如果是两端开口的穿行式夹道，则应该设计为双联开关，在两端都能控制。因为工作人员寻查书籍时往往从夹道的这一端进，从另一端出，因此，应避免为了关灯而走不必要的回头路（图5-65）。开关最好采用脚踏式或肘压式。

书库照明线路应严格注意安全，绝对不允许明线敷设，应该

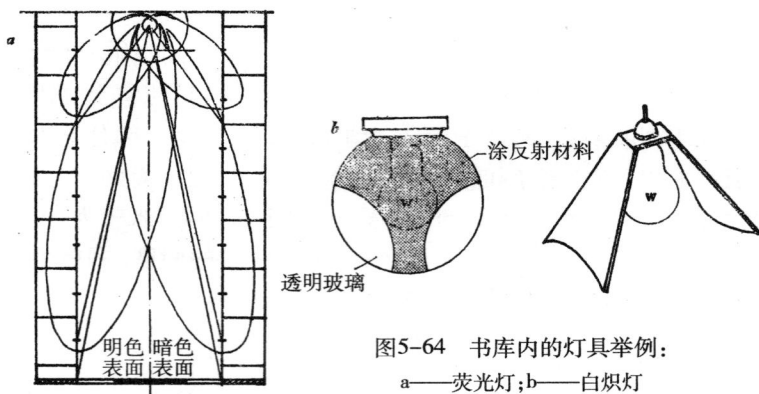

图5-64　书库内的灯具举例:
a——荧光灯;b——白炽灯

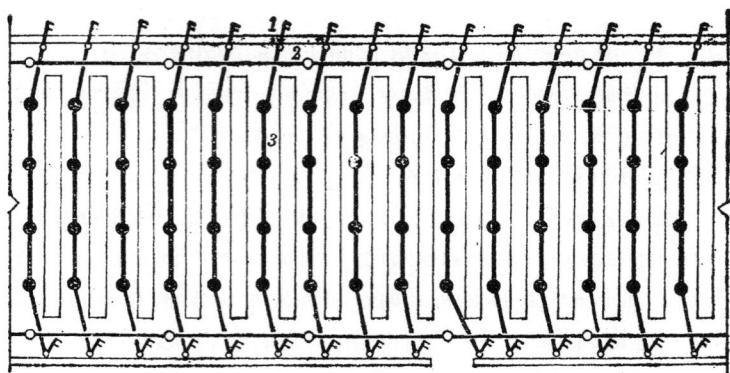

图5-65　书库照明布置实例:
1——架端通道照明系统;2——架间通路照明系统;3——双连开关

用铅皮线或暗管。各处电门安装要严密,全库照明的总开关,应设在书库总出入口的外面, 以便工作人员离库时拉开电闸切断电源,并应有明显的指示设施,以防疏忽遗忘。必须强调指出,书库的失火大多数是因为库内无人,电线走火所引起的。

此外,为了增强反射光的效果,书库内所有书架、设备和平

292

顶,都应该漆成白色或反光强的淡色;地面为了耐脏,可以稍深,但也不宜过深。这样做,不但可以增强照度,而且书库内五颜六色的书籍封面和书脊在白色背景的衬托下更加醒目,使整个书库内的气氛既绚丽多彩,又洁净光亮。清华大学图书馆一部分书库采用玻璃地板,加强透光和反射来弥补光线不足,效果尚好。另外,白炽灯在吊顶上要注意一定的高度, 一般离地面1.8米较为合适。库内的天然照度系数一般为1.5%;人工照明时的照度,搁板上应是30流克斯,通道上为15流克斯。

二、通风和空调

1. 自然通风

书库的通风也是一个较为重要的问题,通风不良,室内闷热、书易发霉。因此,要使书库能够长期完好地保存图书,库内小气候条件是非常重要的。温度、湿度、气流尘埃、酸性气体等都是书籍老化的因素,在设计中应该很好地加以控制。

书库里温度过高是不利的,在高温下化学纸张的分解过程和木质纸张的化学变化会加速进行,以致发黄变脆。长期高温会引起干燥,使书籍出现翘曲枯裂现象。温度过低也是不利的,−7℃以下时对胶糊有损,使书变脆。相对湿度低于30%时,纸张含水量减少,容易干裂;相对湿度高的时候纸张吸收了过多的湿气,含水量过多,书页边缘膨胀,最后造成松散。相对湿度高于75%时,书籍就易发霉而致断章残页,模糊不清。书库里的空气不能滞留不动,不流通不但有气味而且容易长霉。空气中的尘埃附着在书籍上,不仅会污染且能损坏书籍的表面。空气中含有化学气体如二氧化硫、硫化氢等,对书籍也会造成危害。二氧化硫很容易与接触物中的水分化合成硫酸,使纸变黄、失水、脆裂。因此,可以说人所感到的舒适温、湿度和空气的洁净条件,对书籍也是合适的,反之亦然,切忌温、湿度的急剧变化。

一般地说,建筑物中的温度是受到日照等外界条件的影响而发生变化的。室内的水蒸气到一定量时,温度下降,湿度就会增加。在书库中因为书籍带有一定量的湿度,在24小时的周期中,随着温度的变化,书籍就会吸收湿气或放出湿气,这对书籍是最不利的。

通风方式有机械通风和自然通风两种:机械通风一般用于藏书量较大的珍藏本书库,采用密封式,如北京大学善本书库即属此例。自然通风主要是组织室内空气的对流,一般是利用开窗对流,因此双面开窗较单面开窗更有利通风。

在经济比较发达的国家,例如,美国和日本,书库一般是采用空调来保持库内温、湿度的稳定和均匀。

根据我国当前的经济条件,书库的采光和通风显然应以自然为主。在进深不超过15米到18米(甚至更大)的书库,如双面开窗,尚可满足通风要求,必要时,可采用较简单的轴流式通风机和竖向通风井道。通风井道的位置,如为单面采光时,要布置在靠近内墙,双面采光时,要布置在中间。上装排风扇,可起辅助通风作用。天津市人民图书馆和天津纺织工学院图书馆即采用此种方法。另外,有的在堆架式书库中,书架下不铺板,留有一定的空隙使上下空气对流,有的甚至在房顶开设气窗,一般效果不错,但最大的缺点是不能防火,一层失火,各层均受到威胁;同时,也要注意防止打扫卫生时灰尘下落。新建的云南省图书馆,书库屋顶就设置通风天窗,并利用各层间分散的梯井自然排风。

2. 空气调节

随着现代化的推进,我国图书馆的书库,要求采用空调的将逐渐增多,尤其是一些规模较大的图书馆。采用空调时,可参考以下有关数据。

(1)书库内温度和相对湿度的标准条件如下:

冬季温度为18℃,相对湿度为40—50%;夏季温度为27℃,相对湿度为45—55%。

美国政府记录保存库的温度为20—24℃，相对湿度为48—52%。法国巴黎国家图书馆采用的是：原稿、纪录及古代木板印刷温度均为20—25℃，相对湿度40—60%。英国对保存绘画，温度为14—17℃，相对湿度为57—63%。日本国会图书馆书库夏季温度为26℃，冬季温度为18℃，相对湿度为50—60%。

（2）书库的气流组织有以下五种形式：

①顶部条形风口送风；

②书架顶上侧送风（风管与书架同宽）；

③主风管设在顶部，上送下回；

④条缝形的垂直向下送风，下部回风；

⑤顶部天花板、孔板送风。

（3）设计上应注意的事项：

①在建筑设计中，对隔热和日照应严加控制，要求窗户不宜开得太大，可以做成全封闭的，特别是屋盖要有隔热保温措施，防止结露。

②当书库内有水蒸气、水或其他配管时，不应使附近的收藏品受到加热或冷却的影响，书库下面，原则上不准设置锅炉房。

③一般书库的层高较矮、书架较密，架层之间又留有一些敞开的空隙，也有漏气的问题。因此，必须合理地布置风管、散热器。送风口、排风口的位置及大小要适中，以使库内有均匀的温、湿度。

④书库和保存库的空调，原则上是每天24小时运行，或者设置必要的自动控制装置间歇运行。因此，就要求设备装置，要有良好的耐久性，运转费用要低。

⑤在湿热比小的时候，应充分考虑采用再热和去湿的方法，除了设空调之外，还可以与液体或固体去湿器（吸附剂用氯化锂或硅胶）一并使用。此外，应把再热、再冷等各系统加以适当的组

合,要求具有灵活性。

⑥必须设有温、湿度自动控制的设施。

⑦要注意除尘,保持书库内空气的清净是非常重要的。为了延长书和纸张的寿命,使用空气过滤器时,其除尘效率应不少于85%。净风进入口应设置在屋顶上有充分空间的地方。有条件时,最好对进风和循环空气进行杀菌消毒。

⑧城市空气中常含有0.2—7ppm（百万分之0.2—7）的亚硫酸,故在贵重图书的特藏库或长期保存书库里,必须对空气进行活性炭过滤,把有害的气体吸收掉。

⑨当书库是开架式或与阅览室布置在一起时,空调器应采取消声措施。

第七节　书库的防护

书库里的书籍和其他收藏品,既要为大量读者广泛使用,又要能完好无损,长期保存。因此,必须做好书籍的防护工作。防护工作除了要建立严格的图书保管制度外,还应在建筑上采取一些有效措施,来消除发生各种危害的因素。

书库防护工作有下列几个主要方面。

一、防晒

制造书籍的材料主要是纸和油墨,此外还包括各种封面的装订材料,如纸板、织物、皮革、塑料、金属丝、线和胶粘剂等。这些材料经过一定的时间,在光和空气的影响下常常发生化学和物理的变化,不断地老化;纸张会失去其强度而发黄、变脆,渐见破损;封面的胶质膜层,会逐渐损坏,翘曲碎裂;装订的胶粘剂也会失胶脱落,断线散页,甚至正文退色发黯,变得模糊不清,失去使用价值。

老化是任何材料的一种自然现象。引起老化的原因就在于材料本身的成分、结构和质量。材料的种类不同,老化的速度也不同,但如果保护条件不好,材料的老化过程将会加速。

太阳光的直射对书籍最为不利。在光的作用下,一般新闻纸不到一个月就会产生变化,逐渐变黄而发脆;高级纸受光后,虽然不发黄但也减低了坚韧性能;彩色印刷则更为明显。这是因为太阳光谱中波长为350—450毫微米的紫外线和紫色线,它们的物理作用和化学作用最为活跃。要保护书籍免受紫外线的伤害,须使透进书库的光线经过过滤,窗户玻璃最好用扩散性玻璃或毛玻璃。在贵重的书库里,要用绿色或橙黄色吸热玻璃把紫外线吸收一部分。书库最好朝向南北,如不得已朝向东西时,应做百叶窗或其他遮阳措施,以免光线直射书籍(图5-66)。苏州医学院图书馆的书库在南面增设了库内阅览席位,加大南面的走道,也可以减少阳光直射到书架上的机会。又如广州华南师范学院图书馆为"冂"形,书库东西向,朝东的一面设有走廊,作为前后楼的联系,朝西的一面则加上水平斜形遮阳板,以减少太阳的照射。

防晒问题还必须注意屋面的做法,书库的层高较低,在夏季强烈的阳光照射和室外气温的影响下,室内温度很容易升高。例如南京,有些书库的顶层温度常在40℃以上,书籍容易损坏,工作

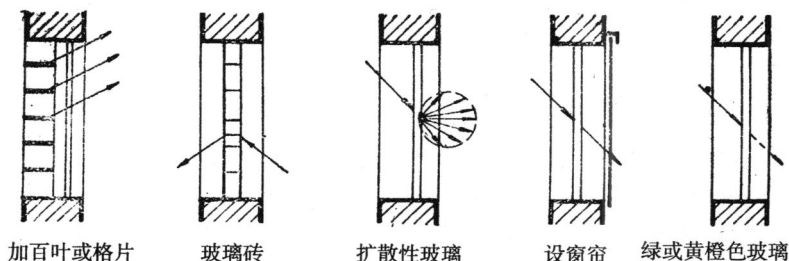

加百叶或格片　　玻璃砖　　扩散性玻璃　　设窗帘　　绿或黄橙色玻璃

图5-66　防止阳光直射的措施举例

人员也难以忍受。因此,要注意屋面的隔热,如为坡屋面时应加吊平顶,平屋面时应该加做架空层,但是这种做法仅适用于南方,因为它只能隔热不能防寒。在北方,图书馆的书库如有采暖设备,应特别注意屋顶的防寒性能,否则库内容易结露。

二、防潮

前面已述,空气中相对湿度的高低,对书籍保藏的影响很大。库内相对湿度过高,不但使书籍吸水受潮、发胀、变形,而且还会产生更严重的霉烂现象。

发霉是霉菌孢子在一定的温、湿度条件下,附着在书籍上生长发育的现象。霉菌在生长过程中把胶、浆糊、织物、纸张、油墨和线等材料都当作养料给消耗了。侵害书籍的霉菌,能使纸张的坚韧性显著降低,严重的能使纸张变成腐朽的碎片,并呈现黄褐色。纸的某些地方,被侵蚀成透明甚至穿洞,有时竟使书页彼此粘合,结成块饼,不能翻阅。最容易,而且最快发生书页粘合现象的是铜版纸,结饼后勉强拉开,也是污迹斑斑,面目已非。另外,霉菌滋生的合适温度是22—27℃,这恰是江南一带初夏的多雨季节的温度。

在同一书库内,由于房间内各部的湿度不同,书籍的受害情况也不同,如墙根、屋角、窗户附近的地方或者是湿度大而空气又滞流,或者是湿度升降变化较大,最容易潮湿而生霉。在江南霉雨季节,地面易积水,特别是地势低洼及靠近河畔的地区,在设计书库时,特别要注意地面的防潮处理。南京图书馆的书库(老库)紧靠河边,该书库的地坪用石片作基层,平铺二道油毡,面层砂浆中掺防水剂,多年来雨季地坪也未泛潮,效果良好。此外,也可将地面架空或加建地下室来解决书库的防潮问题。苏州医学院图书馆书库部分,就采用架空层,使用良好。上海中医学院图书馆在书库下做了地下室,亦解决了防潮问题。此外,还可采用吸湿机的办法。

从防潮的角度看,图书馆馆址尽量不要选在靠近河边、地势低凹、地下水位过高的地点。这是建设图书馆一开始就需考虑的问题,但往往会被忽视。

还须指出:防潮与通风有较大的关系。通风好的书库,每天开窗1至2小时,即可避免发霉。因此,窗户要便于开启,同时也要严密,避免湿气、尘土侵入。书库要注意防水,不要在书库内设置洗手盆或拖把池,也不要让水管通过书库,否则,会由于气候的影响或工作上的疏忽造成溢水、漏水,如果在夜间发生这样的情况,无人知道,那就不堪设想了。

三、防火

从书库防护的几个方面来看,防火是最重要的。其他灾害都有一个渐变的过程,如果不是过于疏忽的话,都可以有足够的时间进行挽救。唯独火灾,骤然发生,毁于一旦,其破坏的程度也最彻底。书籍、杂志和一些缩微、视听资料,无一不是易燃材料,一旦失火,蔓延很快,造成损失很大。如果是珍藏的革命文献、重要史料和珍贵的手稿被焚毁,其损失更是无法弥补的。

引起书库火灾的原因很多,如电气设备走火,机房事故,随便吸烟,乱丢烟头,焊接器具不慎,外来火源如雷击、地震、邻居失火和纵火破坏等。

防火应"以防为主,以消为辅",一定要防祸于先,要严密规定和严格执行防火安全的管理制度,避免事故发生。否则,即使有完善的消防设备,也不免要造成或大或小的损失。

在管理上,书库内绝不允许明火存在,库内严禁吸烟和使用电炉,冬季不允许用火炉取暖,对陈旧的灯具及电线要及时更新。书库电源要有专人负责,非工作时间一定要切断电源。

在设计中,首先,书库的耐火等级要满足二级以上的要求。有关一、二级耐火建筑物的构件燃烧性能和最低耐火极限可参见表

5-11。如果与书库相联接的其他部分,达不到二级要求,须用防火墙与它隔开;锅炉房、厨房等不得与书库毗邻,烟囱不得从库内穿过。这样,使书库有一定的耐火性能并远离火源,失火的危险性就能减少。但是不能错误地认为,书库只要用不能燃烧的钢筋混凝土材料建成,就不会起火,因为库内装的全是易燃的纸张制品,钢材虽然是非燃烧体,但在温度上升到400—500℃时屈服强度就急剧下降,温度上升到600℃时,强度就接近于零,不能承受载荷,因此,那些没有保护层的、由薄钢板焊接而成的书架支柱可以在起火后10分钟内倒塌。

表5–11 建筑物的耐火等级分类表（三级以下略）

构件名称 燃烧性能耐火极限（小时） 耐火等级	梯间的墙	承重墙和楼	支承多层的柱	支承单位的柱	梁	楼板	顶棚（包括吊顶及吊顶搁棚）	房顶的承重结构	疏散楼梯	框架填充墙	间隔墙	防火墙
一级	非燃体	非燃体	非燃体	非燃体	非燃体	非燃体	非燃体	非燃体	非燃体	非燃体	非燃体	非燃体
	3	3	2.5	2	1.5	0.25	1.5	1.5	1	1	4
二级	非燃体	非燃体	非燃体	非燃体	非燃体	非燃体	非燃体	非燃体	非燃体	非燃体	非燃体	非燃体
	2.5	2.5	2	1.5	1	0.25	0.25	1	0.5	0.5	4

由于书籍本身就是易燃的,书库的防火,除了严加管理外,从设计上考虑,主要是:一旦发生火情,要能尽量缩小火势,防止蔓延,把损失控制在一个局部的范围内。除了考虑耐火等级外,应该在平面和空间上利用楼板和防火墙组织防火单元,这种防火单元越小对防火越有利。一般可在一定范围内设立一道防火墙及防火门,如中国人民大学书库、陕西省图书馆书库就是利用防火墙组

织的防火单元（图5-67）。目前,有的书库是通长的大间,长达50—60米,无一道防火墙,有的上下各层又彼此相通,万一失火就很危险。根据建筑防火有关资料,像多层书库这种建筑物,防火墙隔开的每层最大允许面积是1000平方米。如果是混合承重式书库,则指它的结构层之间所包含的堆架各阶层面积之和。防火墙上开设门洞时,必须安装自动防火门。以前防火门是挂在一个倾斜的轨道上,用低熔点合金来控制它。一旦失火,库内温度上升到70℃时,合金熔化脱开,门立即失去平衡,自重沿着倾斜轨道滑下,封闭门洞,因而会防止火焰从门洞窜出去。防火门的构造和易

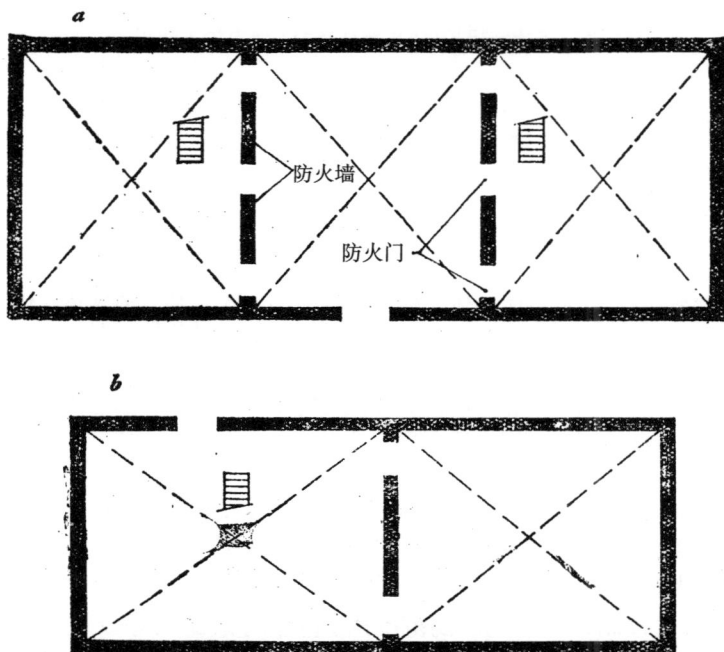

图5-67 平面上防火单元的组织:
a——中国人民大学图书馆书库;b——陕西省图书馆书库

熔合金的成分,可参见图5-68。这种防火门目前在大、中型图书馆中已很少使用,代之而是的为平开式防火门。

其次,设计多层书库时,要把楼梯做成封闭式的,阶层之间的甲板要满铺密缝,不宜留有空隙,堆架的阶层不要超过三层。从防火角度看,堆架式(上下相通)对防火是不利的,层架式书库因每层有钢筋混凝土楼板相隔,就在空间上划分了相互隔绝的防火单元,对防火是有利的。混合式书库,每2—3架层有一钢筋混凝土楼板层,比一通到顶的堆架式书库,在防火方面要好一些。前述钢筋混凝土薄壁结构多层书库,利用薄壁和楼板在平面和空间上,划分成很多小的防火单元,对防火是很有好处的。

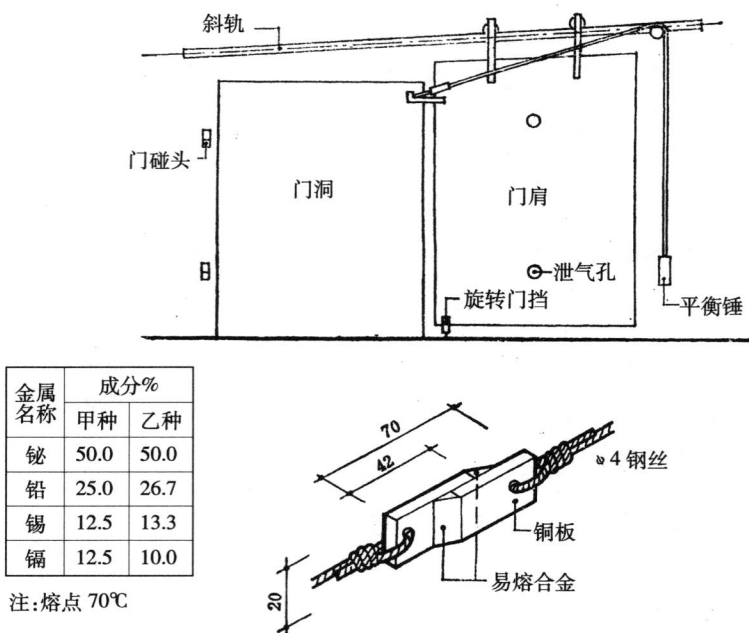

金属名称	成分%	
	甲种	乙种
铋	50.0	50.0
铅	25.0	26.7
锡	12.5	13.3
镉	12.5	10.0

注:熔点70℃

图5-68　自垂下滑防火门(尺寸:毫米)

书库的扶梯通常相隔约20—30米，当划分防火隔间时，每一隔间内至少要有一部扶梯，扶梯应封闭。当书库为三层以上但面积不大，一部扶梯可以满足要求时，最好再增设室外扶梯，以便供消防和疏散用。在高层的塔形书库，封闭的消防楼梯，还需设置排烟道及前室，并能直通室外。

书库内最好不要用泡沫灭火器和消火水栓，如使用这种消防设施，即使火扑灭后，书籍遭到的损失也是非常大的。对书库消防来讲，比较合适的是用手提式碳酸气灭火器或喷干粉（碳酸钠）的干燥灭火器。如能安装固定的气体消火装置则更好，因为这种装置的灭火剂不是喷射二氧化碳，而是用气体灭火剂——卤代烷来窒灭火势。这种装置特别适宜于珍善本书库使用。

重要的书库里应装设火灾自动探测报警系统。自动探测器有温探测和烟探测等多种，当温度升高到一定程度或者受到烟熏（温度超过57℃，烟雾浓度超过27微克），就会自动发出讯号报警。新建的北京大学图书馆书库中，安装的是离子感烟式探测器，每个探测器的最大警戒面积约150平方米，安装在书库的吊棚上。

四、防尘

书库里积满灰尘，不但清洁卫生不好，而且对书籍也造成损害。尘土中的微粒对纸张有污染、渗透和磨损作用，书籍容易肮脏、折裂和陈旧。灰尘遇到潮湿的空气而凝聚，给霉菌和害虫提供了生长的条件。

书库防尘在多风沙的北方尤为重要。防尘主要是防止外部灰尘进入书库和避免室内地面起灰。外部灰尘绝大部分是从窗缝吹来，因此窗户的构造对防尘有很大作用。构造上应注意尽量减少窗缝，缝隙要填塞密闭，选用适当的窗扇和填塞材料以保证达到密闭效果。窗扇的防尘做法和填塞材料种类，可参见图5-69。

地面要便于清除尘埃，采用不易起砂的地面，一般用水磨石

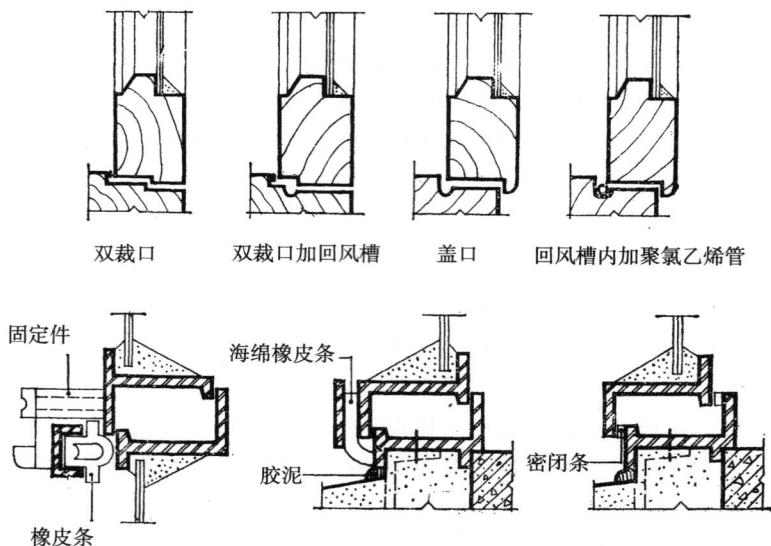

双裁口　　　双裁口加回风槽　　　盖口　　　回风槽内加聚氯乙烯管

固定件

海绵橡皮条

胶泥

密闭条

橡皮条

图5-69　窗扇的防尘处理

地面较好,也便于擦洗保持清洁。但水磨石地面在南方,霉季容易结水,不易防潮。要求高的书库可以在混凝土楼板上做木地板面层,对防尘、防潮都有利,但一般书库不易办到。如果采用混凝土砂浆面层,则应提高质量,表面要光洁。最近有些新建图书馆在普通混凝土地上刷过氯乙烯涂料,效果也可。如上海中医学院和苏州医学院图书馆,都采用普通混凝土地上刷过氯乙烯涂料的做法。这种做法造价比水磨石地面便宜,还可根据设计配成不同的颜色。此外,为了各层上下通风,在书架下不铺楼板时,其过道板两侧应加边框,以防打扫时灰尘下落。

五、防虫、防鼠

图书馆藏书的保护工作还要注意防虫、防鼠。虫蛀、鼠咬是对书籍的又一大患。危害书籍的害虫有许多种,主要是蛀蚀螂、皮蠹螂、书虱和蛾蝶等。这些书虫在生长蜕变的过程中将书籍蛀蚀成一条条的小凹沟、小坑道或大小不同的圆洞、飞出口。这些蠹虫的滋生是与潮湿、通风不良和秽垢不洁有关。其生长的温、湿度条件几乎与霉菌的生长条件相同,所以防虫的要求实际上和通风、防潮、防尘的要求是一致的。如果在建筑设计上能够做到空气流通,干燥且保持清洁,虫害也就少了。当库内发现昆虫时,首先要确定昆虫的发源地,然后根据感染程度确定杀虫方法。如数量不大时,可用消毒箱处理;如果程度严重,就需要用有毒的气体,对整个库内进行熏蒸灭虫。具有消毒特性的气态杀虫剂很多。南京大学图书馆所采用过的,并行之有效的是在硫酸溶液中,投放氰化钠产生一种剧毒性的气体氢化氰。这种毒气可以熏杀所有靠呼吸维生的昆虫和生物,而对书籍的纸张和颜色却无妨。不过采用这种办法的先决条件是:书库必须严密封闭,几乎所有的缝隙都要糊上纸条,不能使毒气向外扩散,而且要有专人按照配方,严格进行操作以策安全。此外,书库还应加强保安,严防破坏,底层窗户应设铁栅栏。

老鼠的危害性是人所共知的。书库里发现老鼠大多是管理制度不严,将食物带进书库所招致。书库内除图书外,其他任何物件如空箱子、包装废纸、私人衣物用品等都不应放在库内。这些不相干的东西,只会促成灰尘的堆积,虫类和鼠类的繁殖。目前新建的书库都是用非燃烧体材料建成,老鼠很难打洞,只要不在外墙上留孔洞,门的下槛边缘包上白铁皮并与地面之间的缝隙不超过10毫米,再加上严格管理,禁止工作人员将任何食物带入库内,就能够做到库内老鼠绝迹。

六、消毒

消毒是指对某些书籍受霉菌感染和书虫侵害,或者在流通过程中经病人带传染细菌时,采取的专门处理方法。书籍的消毒方法大致有两种:一种是物理消毒方法,一些经常外借流通和非长期保存的书籍可用热、日光及放射线(如紫外线灯)等进行消毒;另一种是化学消毒法,多用化学药品消毒,如用二硫化碳在消毒室内消毒,用甲醛在消毒箱内消毒等。应该为消毒工作准备一间消毒室。消毒室的面积只需10平方米左右,位置放在出纳台和书库之间或附近,消毒室的门应做密封门,要设单独的、直达屋面的竖向通风管道,顶棚墙面做油漆粉刷,地面做磨石子或防酸碱瓷砖,以便冲洗。

第六章　阅览室设计

在图书馆建筑中，与读者活动关系最密切的就是阅览室，它所占全馆面积一般居于首位。在设计中，常将阅览室放在条件最好的位置，还往往将主要阅览室所在的一层作为馆内的主层。

一个好的图书馆设计，既要为读者创造适合的阅读环境，又要为工作人员创造管理方便的条件。在各类图书馆设计中，必须根据不同的具体条件满足上述要求。但在实际建造的图书馆中，往往却顾此失彼。本章就谈谈有关阅览室设计时必须综合考虑的一些问题。

第一节　阅览室分类

阅览室是供读者利用馆内书刊资料进行学习和研究的场所。在阅览室内应备有丰富的书刊资料、书目索引和各种工具书，还要尽可能地为读者创造适宜于学习、研究的各种条件和提供必要的设备。研究阅览室的分类是为了便于阅览室的布局，并根据不同的要求进行设计。国外图书馆建筑史上曾经出现过许多阅览大厅，它几乎接待了来馆的全部读者。随着现代科学技术的不断发展，一方面学科越分越细，专业越来越多，研究的问题也就越来越深入；另一方面各学科之间相互交叉、相互渗透也更加突出，产生了许多边缘学科和新兴学科。因而,阅览室的种类便日益增多,并对图书馆建筑设计产生着直接的影响。

一、按学科划分的阅览室

按学科划分的阅览室,即是不同知识门类的专业阅览室。它有利于读者集中查阅某些门类的书刊资料,也有助于图书馆工作者熟悉和管理某一门类的藏书,开展宣传图书、辅导阅读和解答咨询等工作。

1. 哲学、社会科学阅览室

室中陈列着哲学、历史、经济、政治、法律、军事、文化教育等有关著作及其工具书,供读者学习和研究哲学、社会科学时的参考。有的综合性大学设置文科阅览室,除上述书刊内容外,还包括语言文字、文学艺术书刊资料等。

2. 文艺书刊阅览室

室中陈列着文艺理论著作,文学史,文艺评论,中外各种体裁、各种流派、各种艺术风格的文艺作品、文艺期刊等。

3. 自然科学阅览室

室中陈列着自然科学的各学科、应用技术的各部门领域内的书刊文献资料,以及有关工具书与参考书。

二、按读者对象划分的阅览室

为读者服务工作开展得如何,是检验图书馆工作好坏的标志。根据不同的读者对象,有的放矢地针对他们的特点和需要开展工作,是搞好读者工作的根本关键。

1. 普通阅览室

这是供一般读者使用的阅览室,其辅助书库的藏书是综合性的,选择那些较普及常用的图书。阅览室内还应陈列几种主要报刊及一些工具书。它的主要任务是对读者进行一般文化教育,培养读者自学能力,普及科学技术常识,扩大读者的知识领域。

2. 科技人员阅览室

这是供专家、学者、科学工作者、科技人员研究参考时使用的阅览室。室内陈列的是内容较深、学科较专的有关科学技术的中外文书刊文献资料,以及各种文摘、专利、书目索引等工具书。

3. 教师阅览室

高等学校图书馆为了满足教学、科研的需要,普遍设置了教师阅览室。除了陈列有关书刊文献资料外,还特别增加了各种教材与教学参考资料。有些高等院校图书馆还根据需要,划分成若干相近专业的教师阅览室。综合性大学的图书馆常常分别设置文科教师阅览室和理科教师阅览室。

4. 学生阅览室

高等学校图书馆为满足学生自学或查阅教学参考书、工具书等需要,都设有学生阅览室。

5. 儿童阅览室

除儿童图书馆的阅览室外,一般公共图书馆内也设置有儿童阅览室,主要陈列少年儿童读物。

6. 研究室

在高等学校图书馆、大型公共图书馆、科学和专业图书馆中,有专门为专家、教授、学者、高级研究人员设置的一些研究室。室内的书刊资料是根据研究任务的需要,精心挑选出来的,为研究工作者提供了极为有利的工作和研究条件。

7. 参考室

这是为特定的读者对象而设置的,主要陈列各种内部读物、机密资料等。

三、按出版物类型划分的阅览室

出版物的类型有多种多样,将某一种类型的出版物集中于某一专门阅览室内,既便于读者使用,也便于科学管理,更有利于发挥某些专门设备的作用。

1. 缩微资料阅览室

这可向读者提供缩微胶卷、缩微卡片、缩微胶片等,借助于一定的设备供读者阅读。

2. 视听资料阅览室

室内备有包括幻灯片、科技影片、录音录像磁带等视觉资料,录音带、唱片等听觉资料;通过相应的各种设备,为读者提供使用这些资料的方便。

3. 报刊阅览室

包括普通报刊阅览室、阅报室、期刊室,自然科学期刊阅览室、社会科学期刊阅览室和外文报刊阅览室等。不同的图书馆应依据各自的具体条件与读者需要,分别设置其中一个或若干个报刊阅览室。

4. 工具书室

工具书是读者研究和学习有关书刊资料的不可缺少的工具。由于读者经常需要查阅,而往往复本量又不大,除在各种类型阅览室内配备一定范围与数量的工具书外,许多图书馆都单独设置工具书室,以供读者使用。

5. 古籍善本阅览室

古籍善本指线装书、史料、革命文献或艺术价值高、年代久远、流传较少的珍品、善本、孤本,以及珍贵的手稿抄本和批校本。其中善本、孤本一般只向读者提供复制品。

除上述各种阅览室外,还有很多其他阅览室,如舆图阅览室,音乐、美术作品阅览室等,这里不再一一枚举。各种阅览室都有它特定的作用和功能,一个图书馆究竟应设置哪些阅览室,其规模如何,都应从实际出发,视需要与可能而定。

第二节 阅览室设计的基本要求

从读者阅览和内部管理工作两方面的需要来考虑,阅览室的设计应该满足以下各种要求。

一、安静的阅览环境

安静的阅览环境是读者能够集中思想,专心致志地从事学习和研究的必要条件。为此,在设计中必须从总体布局到细部处理都要仔细的考虑,使之设计合理,以达安静之目的。

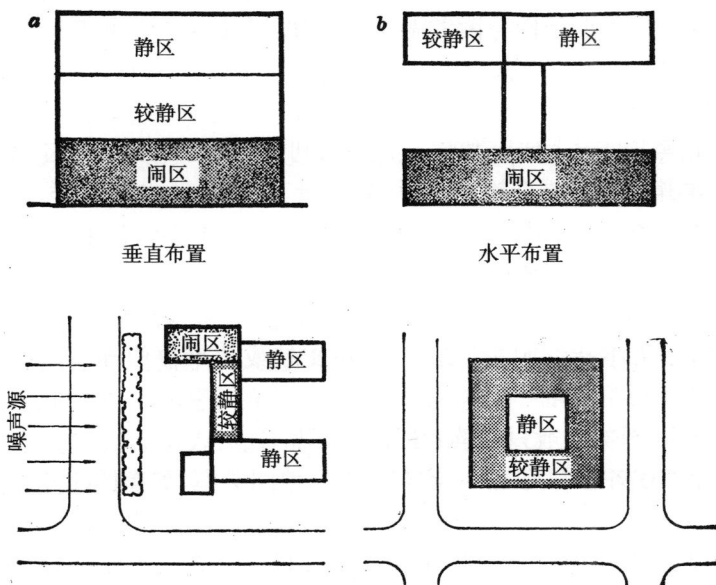

图6-1 创造安静环境的几种方式

保证阅览室的安静,首先要防止外部噪声的侵入,这就要慎重地选择图书馆的馆址,使其有一个安静的外部环境。这方面的实例已在本书前面讲过,但有时因受种种条件限制,基地附近常有外界噪声的干扰。为此,在布局中就应特别考虑这一不利因素,通过一定的建筑处理,尽量使阅览室避开外部噪声的干扰,以求闹中取静的效果。一般方法如图6-1所示,它可以垂直布置(图6-1,a),将静区置于上层;也可采用水平布置(图6-1,b),将闹区置于噪声来源的方向。这里还需要特别一提的是1965年建的瑞典瓦克舍(Vaxjo)市图书馆的设计。这座图书馆虽坐落在市中心附近的公园内,但靠近文化中心和剧院,同时又四面临路。为了避免外界噪声的干扰,设计者将需要更安静一些的阅览室、研究室、讲演厅和内部工作用房设于二层,围绕着内天井布置,并都向内天井开窗,而四周外墙则完全封闭。这种处理,不仅避免了外界噪声的干扰,而且中部天井既可用来增加底层的光线,又可使二层阅览室能面向内院设置天台,提供了安静的室外读书环境。这座图书馆底层是一个大空间,借书台、报刊阅览室、青少年阅览室及唱片欣赏等用房均设于此层。

外部噪声解决了,就要注意内部噪声的消音处理,这就要求在平面布局中,根据不同读者流线,不同类型阅览室的使用特点,将闹区、较闹区及安静区分开。如前所述,一般读者大致可分为:借书回家阅读的、浏览性的、坐下来阅览的、专题研究性的几种情况。

第一类读者:持有图书馆发放的借书证,入馆后直接去中心出纳台,查阅目录,借得书籍后即离开图书馆。高等学校此种情况较多。

第二类读者:无固定的借书目的,而是浏览一下自己关心的某方面图书资料的大概内容。在高等学校利用课间休息时间进去的读者较多,在公共图书馆中也有这种情况。

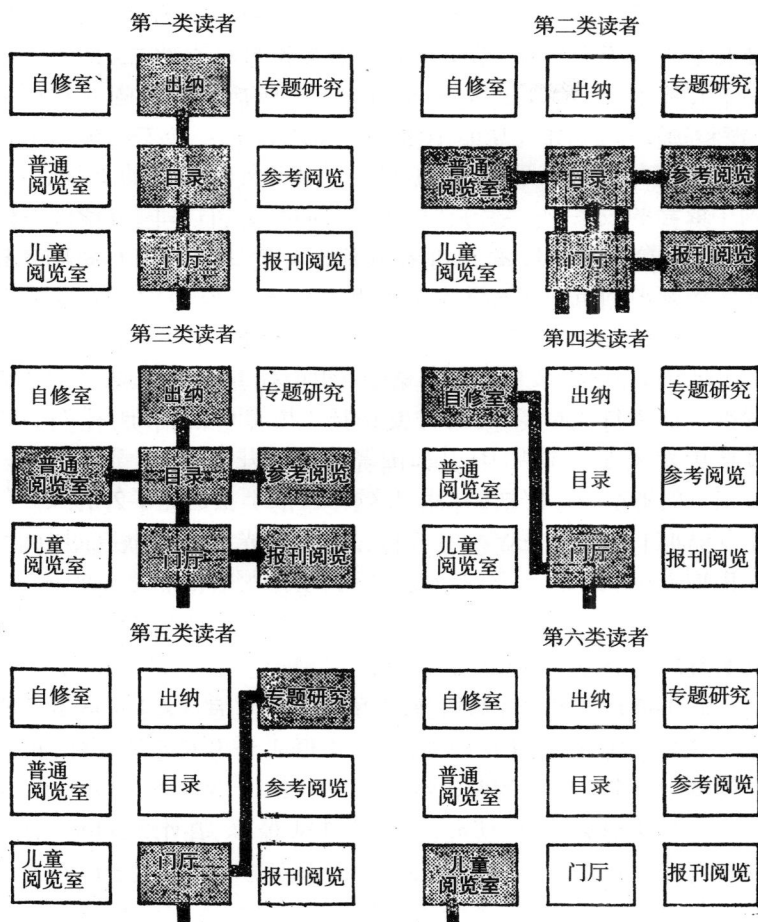

第一类读者

自修室	出纳	专题研究
普通阅览室	目录	参考阅览
儿童阅览室	门厅	报刊阅览

第二类读者

自修室	出纳	专题研究
普通阅览室	目录	参考阅览
儿童阅览室	门厅	报刊阅览

第三类读者

自修室	出纳	专题研究
普通阅览室	目录	参考阅览
儿童阅览室	门厅	报刊阅览

第四类读者

自修室	出纳	专题研究
普通阅览室	目录	参考阅览
儿童阅览室	门厅	报刊阅览

第五类读者

自修室	出纳	专题研究
普通阅览室	目录	参考阅览
儿童阅览室	门厅	报刊阅览

第六类读者

自修室	出纳	专题研究
普通阅览室	目录	参考阅览
儿童阅览室	门厅	报刊阅览

图6-2 不同类型的读者活动情况与阅览室关系

第三类读者:有目的地去图书馆查阅某方面的资料、书籍,通过中心出纳台,借得书后,进入阅览室进行阅读。这种情况较为普遍,停留时间也较长,尤其在公共图书馆中更是如此。

313

第四类读者:属于自修性质的。在高等学校,有些系(科)尚没有专门的固定教室,学生大多去图书馆进行自修,这是因为图书馆有较安静的学习环境。此类读者入馆后直接去阅览室自修(严格地讲,图书馆阅览室不担负此项任务),一般无须到出纳台去借还书。

第五类读者:由于政治、生产或科研任务,而在图书馆内开辟专门的阅览室或研究室,供从事专题研究的读者之用。一般情况下,通常由图书馆工作人员直接提供专题研究所需要的图书资料,可以较长时间的放在研究室内,而不必每天去出纳台借阅。

第六类读者:少年儿童读者,通常由幼儿园教师或小学教师有组织地进行儿童阅览,开展某种预先安排好的活动,他们的特点是活泼、爱动,易于干扰其他读者。

不同类型的读者活动情况与阅览室的关系如图6-2所示。

根据上述不同读者流线分析,时事政治学习室、期刊阅览室、文艺阅览室等宜置于底层。这些阅览室读者有的是浏览性的,停留时间短;有的可直接在该阅览室的管理台上借阅,不需去中心出纳台借书,放在底层既方便读者,又减少了上下穿行,避免了干扰。而将读者最多、停留时间较长的普通阅览室、参考阅览室等放在第二层,并临近目录厅出纳台,使之形成较为安静的环境,自然也就成为一个主要的阅览区域。

专题性的阅览室、研究室等,由于人流少,在馆时间长,应与一般阅览室分开,不要太靠近入口,以求安静。通常置于后部或三层以上。

在公共图书馆内,儿童阅览室的设置应当加以重视,应与成人阅览室分开,一般设单独出入口。

视听室应与图书馆其他部分隔开或做相应的隔音措施。为创造安静的环境,在进行平面设计时,要力求避免大阅览室穿行小阅览室或大阅览室穿行大阅览室等情况,更应该防止行政办公及业务加工用房穿过阅览室。假如工作人员要是通过阅览室进入行政管理用房时，不仅给管理带来不便，而且易分散读者注意力，影响学习和阅览效果。此外，在布置大阅览室的位置时，要便于读者进出，不要转弯抹角，以易于寻找和缩短交通路线。

从管理和安静的角度来考虑，一般认为，阅览室不宜过大，通常在200座以下较为合适。为了减少干扰，在大阅览室中，还可以用书架或活动屏风分隔成若干小间，如广东矿冶学院图书馆的阅览室就是采用这种处理方法的例子。它在一个大阅览室里，采用灵活隔断，构成了四个小阅览间，对于减少干扰、保持安静有一定的效果（图6-3）。

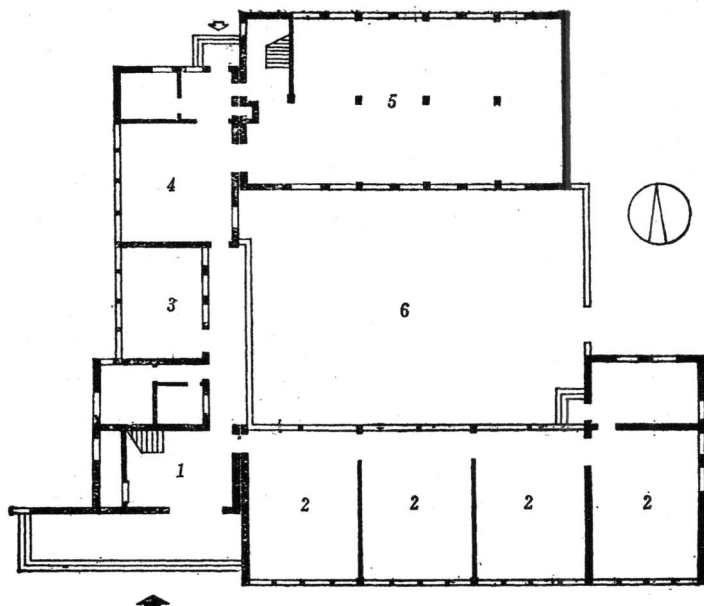

图6-3　广东矿冶学院图书馆底层平面：
1——门厅；2——阅览室；3——期刊阅览室；4——借书处；
5——书库；6——内院

在室内设计中，天花板、墙面、地面乃至家具都要注意声响的处理。在较大的、座位较多的阅览室内，墙面、天花板可以适当地进行一些吸音处理，考究的阅览室有采用橡皮地面的。上海中医学院图书馆室内，地面采用过氯乙烯涂料，稍有弹性，也能达到减少响声的效果。有的阅览室采用固定桌，椅脚用皮套或皮垫。同济大学图书馆就是采用这种方法处理的，效果还是好的。

在图书馆阅览室周围设置绿化带，种植一些常青乔木，也可以改善周围小气候，使之减少和阻隔噪声。

二、良好的朝向

阅览室应有良好的朝向。对读者阅览来说，北面光线柔和而均匀，最为理想。直阳光刺眼睛，易引起眩光，对书籍保护也不利。但是，在没有取暖设备的图书馆内，如在江南一带，冬季寒冷，朝南的阅览室更比朝北的受欢迎。同时要尽量避免大型的、主要的阅览室朝向东西，而小阅览室在东西向不可避免的情况下，也应在建筑上加以处理，使之减少东西晒。我国南方，夏季气候比较炎热，除了避免阅览室东西向外，在朝南的一面最好也考虑遮阳措施。例如，上述广东矿冶学院图书馆采用透空双层遮阳板，就起到了一定的遮阳作用，可以避免或减少直阳光射入台面，以保护读者视力。

学校图书馆阅览室，如条件限制，朝东西向也不是绝对不可以，但必须注意通风，加大进深，做一些有效的遮阳板和搞好绿化。在最炎热的季节，学校已放暑假，图书馆除指定时间对外借图书外，阅览室一般不是全部开放的。

三、合适的采光、照明与通风

目前，我国图书馆阅览室大都以采用自然光线为主（除显微阅览外）。一般阅览室的自然采光，通常是用窗户面积与地板面积之比（称之为采光系数）来作为衡量的标准。一般认为：窗户面积占地板面积的四分之一到六分之一较为合适。阅览室除要求光线充足外，还要照度均匀，并避免眩光。阅览室桌位的布置还应考虑光线的投射方向，最好使自然光线从左侧射入。阅览室采光形式有以下几种（图6-4）。

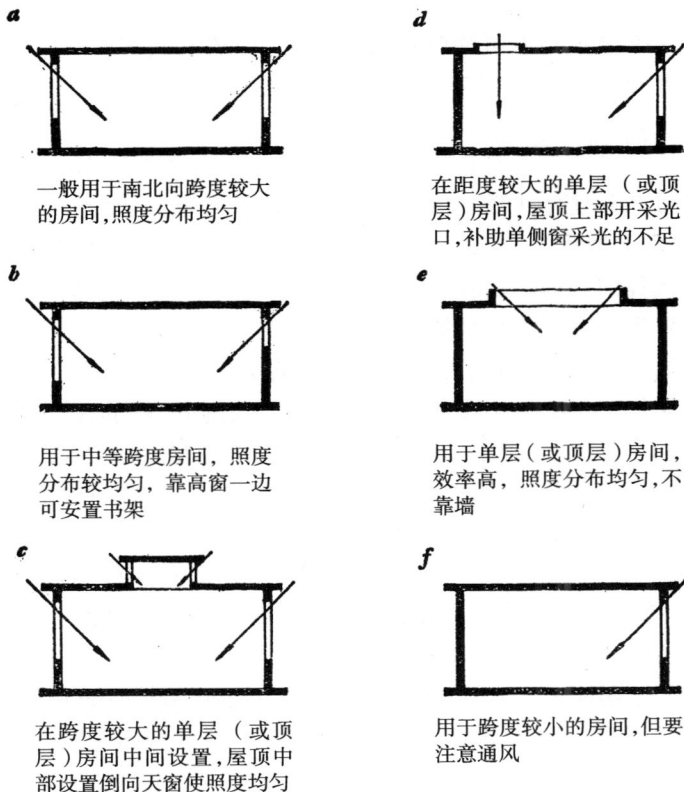

一般用于南北向跨度较大的房间，照度分布均匀

用于中等跨度房间，照度分布较均匀，靠高窗一边可安置书架

在跨度较大的单层（或顶层）房间中间设置，屋顶中部设置倒向天窗使照度均匀

在距度较大的单层（或顶层）房间，屋顶上部开采光口，补助单侧窗采光的不足

用于单层（或顶层）房间，效率高，照度分布均匀，不靠墙

用于跨度较小的房间，但要注意通风

图6-4　阅览室采光形式：

a——双侧采光；b—— 一侧高窗，一侧低窗采光；c——混合采光；
d——混合采光；e——天窗采光；f——单侧采光

317

（1）单面采光　房间高度与进深之比以1:2较为合适,一般跨度不大于8—9米。

（2）双面采光　房间高度与进深之比以1:4较为合适,一般跨度可达16—18米。

（3）天窗采光　在阅览室跨度较大的单层或顶层,采用侧窗而不能满足采光要求者,可开设局部天窗或全部天窗。

采光方式与通风综合考虑。单侧采光不利通风。

阅览室的平面应有一个良好的长宽比例,较合适的长宽比为1:1.5—2.5。

为了使离窗口最远一排座位能得到充足的光线,还应注意窗顶高度与阅览室进深之间的关系。一般当单面采光时,进深不要超过窗顶高度的二倍;双面采光时,不要超过四倍（光线经由窗顶向室内投射与地面的夹角一般按30°考虑）。图6-5是几个图书馆大阅览室的进深与窗高的剖面关系。

当然,阅览室的进深不只取决于窗顶高度,也取决于窗户的开设长度。过去一个个单设的窗洞,今天已因结构的改变而多用通长的带形窗了。因此,阅览室的进深可以不受上述限制而增大,尤其是作为开架阅览室,书架布置在阅览室中部时更可如此。

阅览室的人工照明一般照度为40或80勒克司（分别指荧光灯、白炽灯）。但在有些参考阅览室、特藏阅览室、学校的教师阅览室中,需要根据读物明视度的高低和成年人视力衰退的特点酌量提高。

人工照明多采用半直接照明、半间接照明和发光顶棚照明等,其布置方式参见图6-6。直接照明容易造成强烈的对比眩光;间接照明的光效最低。采用上述三种方法均可避免眩光,尤以发光顶棚照明效果好,但造价较高、耗电量大。

在进行照明布置时,通常是根据阅览桌的排列,将灯具设在阅览桌的正上方,且平行于阅览桌的长边,距地约2米高,如吊得

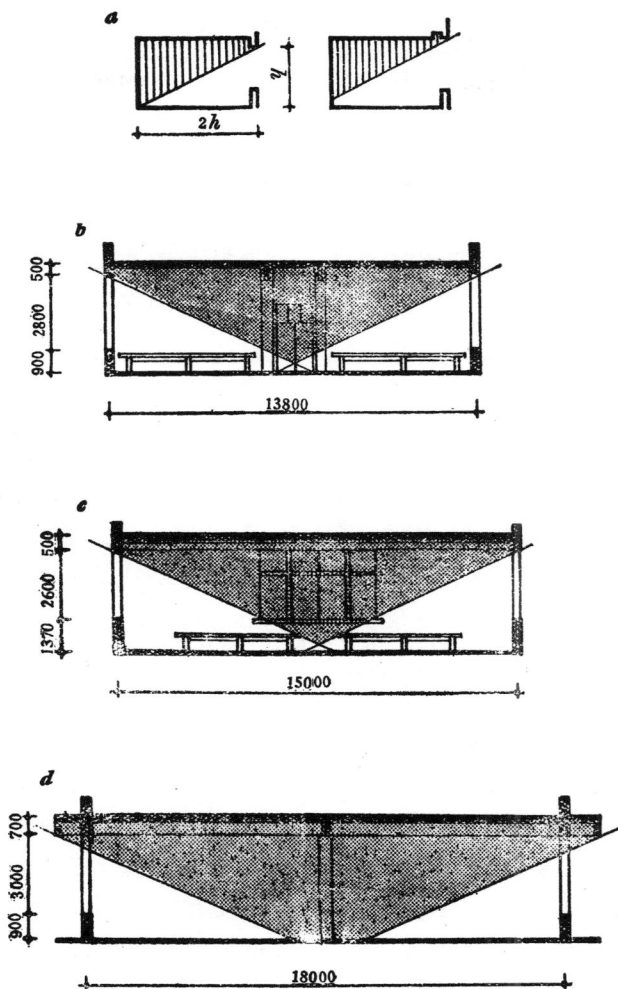

图6-5 阅览室进深与窗顶高度剖面关系及实例(尺寸:毫米):
a——剖面关系(室地至窗顶高为h);b——北京师范大学图书馆大阅览室;
c——南京大学图书馆大阅览室;d——南京医学院图书馆大阅览室

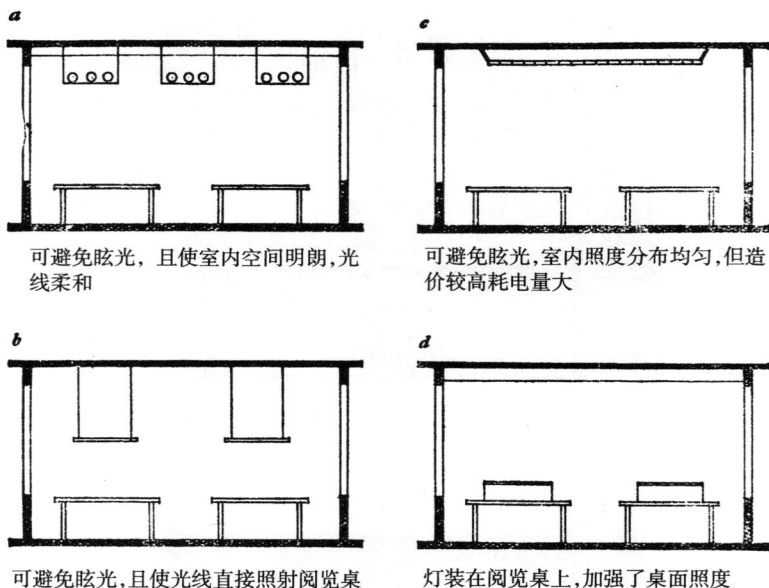

可避免眩光,且使室内空间明朗,光 线柔和

可避免眩光,室内照度分布均匀,但造 价较高耗电量大

可避免眩光,且使光线直接照射阅览桌

灯装在阅览桌上,加强了桌面照度

图6-6 阅览室人工照明方式:
a——半间接照明;b——半直接照明;
c——发光顶棚照明;d——直接照明

过高,为保证足够的照度,就要增加灯管的数量。如果灯具不能正中布置在阅览桌上方时,一般灯具的保护角应不小于45°,为避免眩光,有时也可用调整桌面或书籍倾角的方法达到避免眩光的效果。另一种情况是将灯具布置在阅览桌上(图6-7),并在阅览室走道上空布置一般照明。这样做优点是增加了阅览桌面的照度,但也带来了不安全,由于桌子固定、电线在地板里走,使用不灵活等缺点。同济大学图书馆即采用这种方式。

照明中如果采用悬吊灯具和台灯时,也要注意眩光。台灯应尽量设在书籍的正上方,如果是双面对座,台灯放在中间可用调

图6-7　阅览室照明方式实例：
a——吸顶灯；b——悬吊灯；c——台灯

图6-8 阅览室照明避免眩光措施：

a——一般照明灯具的保护角不小于45°；

b——局部照明灯具应尽量设在书籍的正上方；

c——调整书籍的倾斜角度，以避免眩光

整书籍的倾斜度避免反射眩光，如图6-8所示。

目前，我国图书馆阅览室采用悬吊灯具较为普遍，这是因为阅览室层高较大，一般又不吊天花板所致。这种悬吊灯具若悬吊过高，则阅览台台面照度不足，若悬吊过低则不够雅观。这是实际设计工作中较难解决的问题。较理想的办法是降低层高，设置天棚，安装吸顶灯。

此外，由于我国图书馆基本上还是采取自然通风，因此，阅览室的设计，需要安排良好的穿堂风，以防止夏季闷热。它与采光方式密切相关。单面开窗容易造成通风不良，可在内墙开设高窗以解决自然通风问题。双面开窗，自然通风良好。

第三节 阅览室设计原则

一、阅览室的面积和座位

在第二章第三节中，我们论述了图书馆规模的确定，阐明了如何确定图书馆读者的容量，从而决定全馆应该提供的读者座位总数及全馆总的用于阅览的使用面积。这里将进一步讨论一个阅览室面积的确定。

由于各个图书馆设置阅览室的类型不一,为各种读者提供的座位数不等,因而不同类型阅览室的使用要求也不尽相同,因此一个阅览室的大小必须根据具体情况来定。

首先要确定各个阅览室将要提供的读者座位数,这是最基本的要求;其次要明确阅览室的性质及管理方式,是一般阅览,还是开架阅览或是半开架阅览。在此前提下,应该认真研究每个读者所需要的面积。这就要深入分析读者阅览时所需要的活动空间,包括阅览设备、家具尺寸及其布置方式。

一个读者所需要的阅览空间,决定着阅览桌的大小(图6-9)。一个成年人读者所需阅览桌面的面积,除手臂摊开所占的面积外,还要考虑阅览室桌上堆放参考书的地方,通常为长700—1000毫米,宽500—700毫米。

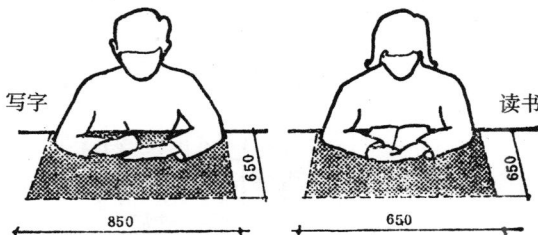

图6-9 一个读者所需要的阅览空间(尺寸:毫米)

分析一个读者所需的阅读空间后,还须确定阅览桌的形式及其排列方式。一般来说,有单面单座、单面联座和双面联座等。每张双面桌所容人数为4—6人,排列时可以并联成8人、10人或12人的大阅览桌。根据阅览桌排列的布置方式,进而确定一个读者所需要的阅读面积。各种形式的阅览桌按不同的布置方式排列时,每个读者所需的使用面积可见图6-10及表6-1。目前,多数图书馆

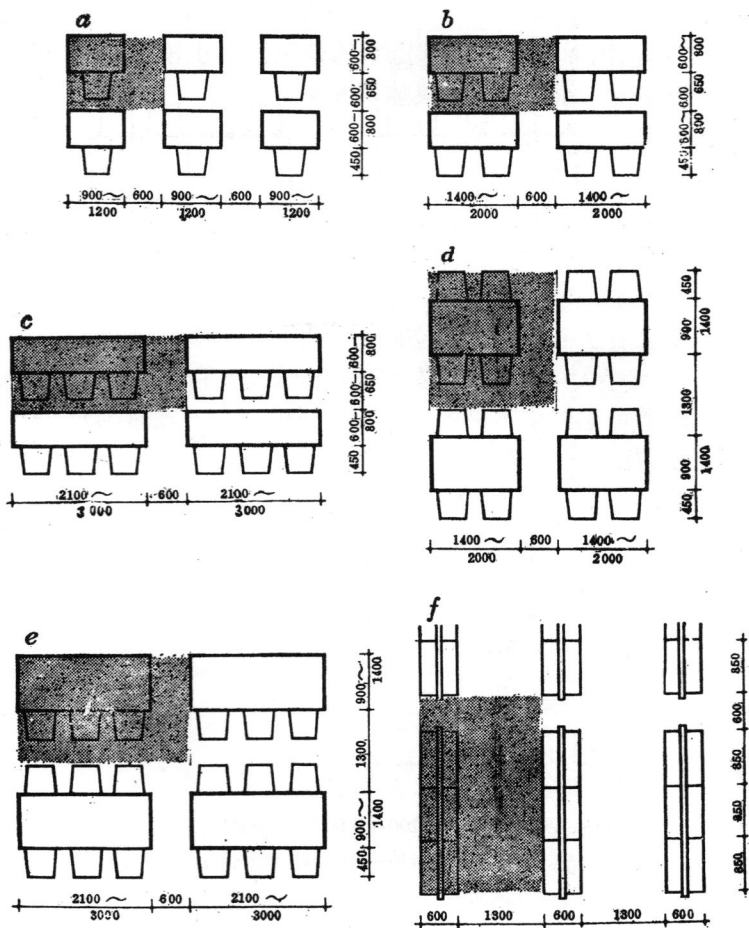

324

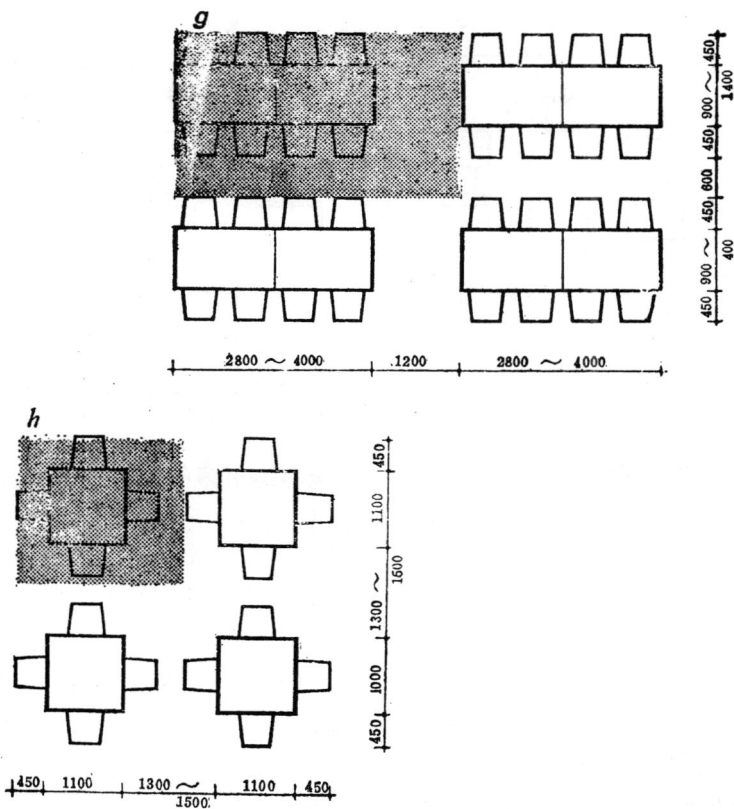

图6-10 阅览桌形式、排列及面积分析：

a——单人桌（1800—2610平方毫米/座）；

b——双人单面桌（1200—1980平方毫米/座）；

c——三人单面桌（1440—2160平方毫米/座）；

d——四人双面桌（1100—1760平方毫米/座）；

e——六人双面桌（1080—1740平方毫米/座）；

f——站式阅报台（1000平方毫米/座）；

g——八人双面桌（1200—1880平方毫米/座）；

h——四人方桌（1440—1690平方毫米/座）

表6-1　桌椅布置的最小尺寸（毫米）

条件	a	b	c	d
一般步行	1500	1100	600	500
半侧行	1300	900	500	400
侧行	1200	800	400	300
推一推椅背就可以侧行	1100	700		
需挪动椅子才可以侧行	1050	600		
椅子背靠背不能通行				

喜用双面阅览桌,因为它节省面积,能容纳更多的读者,同时也因阅览桌尺寸大、稳定,不易推动,因而能减少噪声的产生。

当阅览室内布置开架书架时,要考虑在书架前有站着看书的读者及其他读者的通行,因此,阅览桌与书架之间的距离都要适当加宽。阅览桌的布置,见图6-11。

根据以上分析,确定每个读者所需要的使用面积,再加上阅览室内部必须的交通面积,就可确定整个阅览室所需的使用面积。不同类型阅览室所需的使用面积参考指标可参见表6-2。若沿墙不设书架,则表中指标可减少20—30%。

表6-2　阅览室面积参考指标

各类阅览室名称		面积指标　平方米/人
阅览室	布置单面阅览桌时	2.5—3.5
	布置2—3座单面阅览桌时	2—3
	布置4—6座双面阅览桌时	1.8—2
	布置8—12座双面阅览桌时	1.7—2.2

各类阅览室名称		面积指标　平方米/人
值班工作人员 办公面积	100座以上	5—10
	100座以下	2—4
研究室	6—10人	3—4
	1—2人	8.5—15
书库阅览单间		1.2—1.5
阅报室		1.5
善本、地图阅览室		6—15
显微阅览室		4—6
教师阅览室		3.5—4
儿童阅览室		1.8—2.5

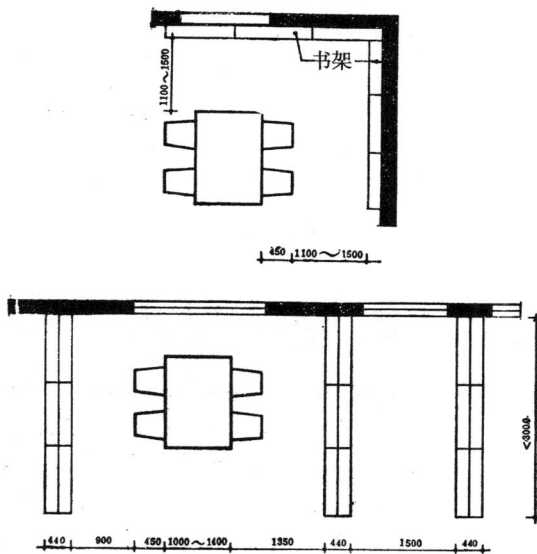

图6-11　开架阅览室阅览桌的布置（尺寸:毫米）

阅览桌的排列除上述要求外，还应使读者得到良好的光线，避免眩光和反光，因此，多将阅览桌的长边垂直于外墙布置。在单面采光的阅览室里，较理想的布置方式是采用单面排列，读者面向一致，视线干扰少，但占地面积大。除了研究室或特殊小阅览室外，一般很少采用。

阅览室座位的布置方式要注意将阅览面积和交通面积分开，并尽量缩小交通面积。一般设有一条主要走道。在跨度不大的阅览室中，走道可布置在阅览桌的一侧；在跨度较大的阅览室中，走道可置于两排阅览桌的中间，沿墙另设次要走道。主要走道的宽度一般不少于1.25米，在人数较多的大阅览室里可达1.5米左右，靠边的次要走道宽度为0.6—1米。

二、开间、进深与层高

1. 开间

阅览室的开间尺寸，要取决于阅览桌的宽度及排列方式，有时也受结构构件之影响。一般阅览桌是垂直于外墙布置的，因此阅览室的开间应是阅览桌排列中心距的倍数（图6-12）。目前，一般都采用双面阅览桌，因此，开间的大小应是两张双面阅览桌排列中心距的倍数，又以一倍为多。目前，实际采用的开间如前已

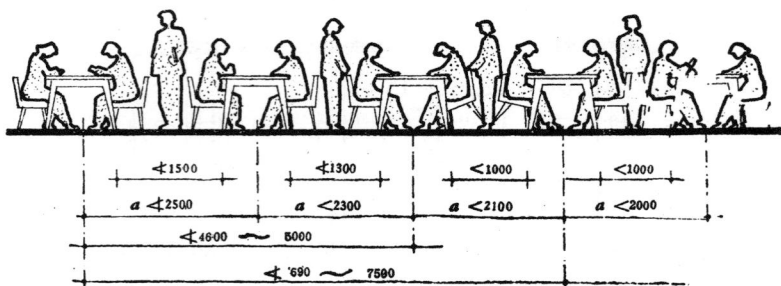

图6-12　阅览室开间大小分析（尺寸：毫米）

述,有4.6米(2×2.3米),4.8(2×2.4米),5米(2×2.5米),5.2米(2×2.6米)及6米(2×3米)等。一般认为图书馆阅览室开间用4.8—5.2米是适宜的,尤其是5米的开间(中距2.5米)更合适。它与1.25米的书架排列中心距成模数,为"模数式"图书馆设计创造了必要的条件。大型的国家图书馆阅览室柱距开间可取6米或更大一些。如有可能,增大开间对提高阅览室使用的灵活性是很有好处的。但有的馆往往受预制混凝土空心板长度的限制,采用的开间不是阅览桌中心距的倍数,如采用3.3米、4米等开间,结果,往往是一个开间只布置一行阅览桌,或者是两个开间内布置三行阅览桌。这样,造成使用面积不经济,排列过空,或是排列过挤,使阅览桌与天花板灯具不好布置。如室内有柱子时,阅览桌的布置就更不合理。因此,这种开间尺寸是不合理的(图6–13)。

2. 进深

阅览室的进深主要取决于采光方式、结构与层高等因素。关于采光方式与阅览室进深的关系,前面已讲述过,这里不再赘述,现仅在结构方面来进行分析。

目前阅览室的进深受结构跨度影响较大,故一般阅览室都设计成长而窄的条形空间,有的还加了柱子,但这样不利于灵活使用与布置。从使用要求来谈,阅览室里最好不设柱子,如果在结构上不允许时,应从不阻碍交通和影响阅览桌的布置为原则。柱子不宜过多,避免形成柱林感觉。柱子通常分为单排或双排布置,也有设三排柱的(图6–14及图6–15)。

当有一排柱子时,可将柱子布置在中间;当有两排柱子时,便可使它们形成一条主要走道的界线,但又不宜靠得太近,以免有柱林之感。北京师范大学图书馆的阅览室就有这种弊病(参阅实例图录Ⅰ–15)。中间一跨可以加大一些,把开架阅览室的书架布置在这一地带是较合适的。

还需指出,一个图书馆内阅览室应有大、中、小不同的类型,

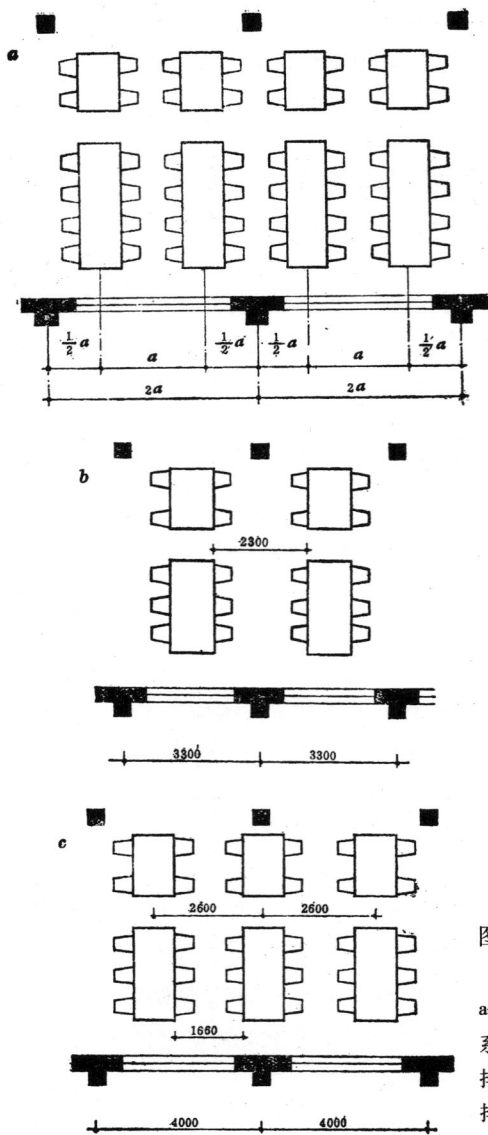

图6-13 阅览室不合理的开间
布置（尺寸:毫米）:
a——阅览室开间与阅览桌布置关
系;b——开间小,每开间内布置一
排阅览桌;c——两开间内布置三
排阅览桌

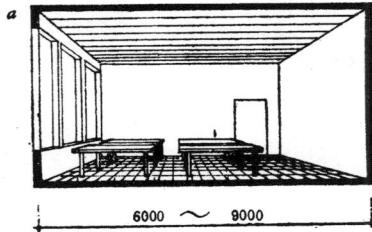

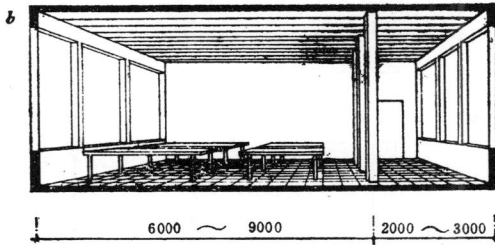

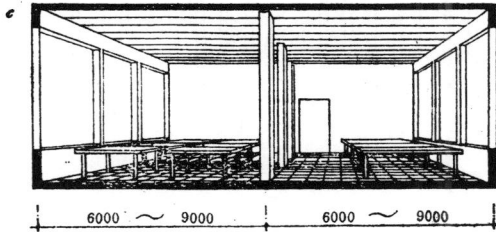

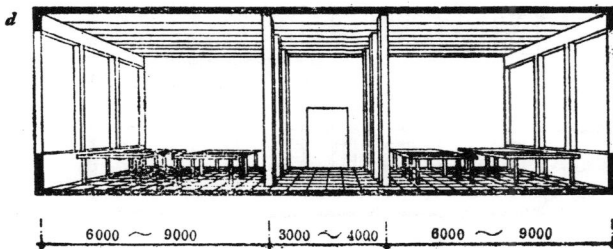

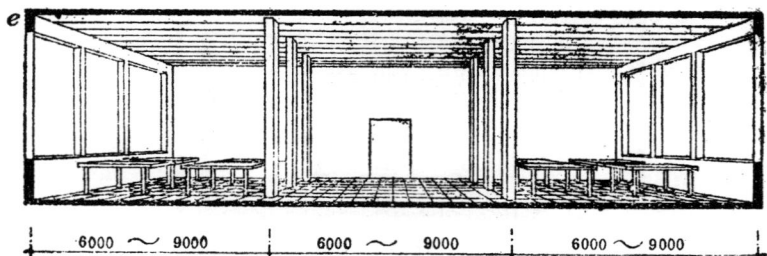

图6-14 阅览室几种跨度与柱子的设置（尺寸：毫米）

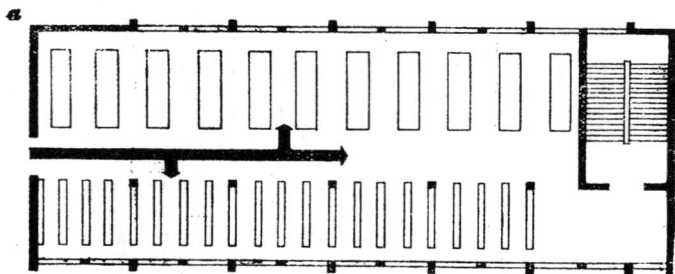

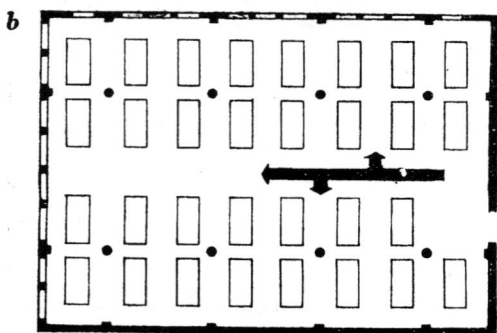

332

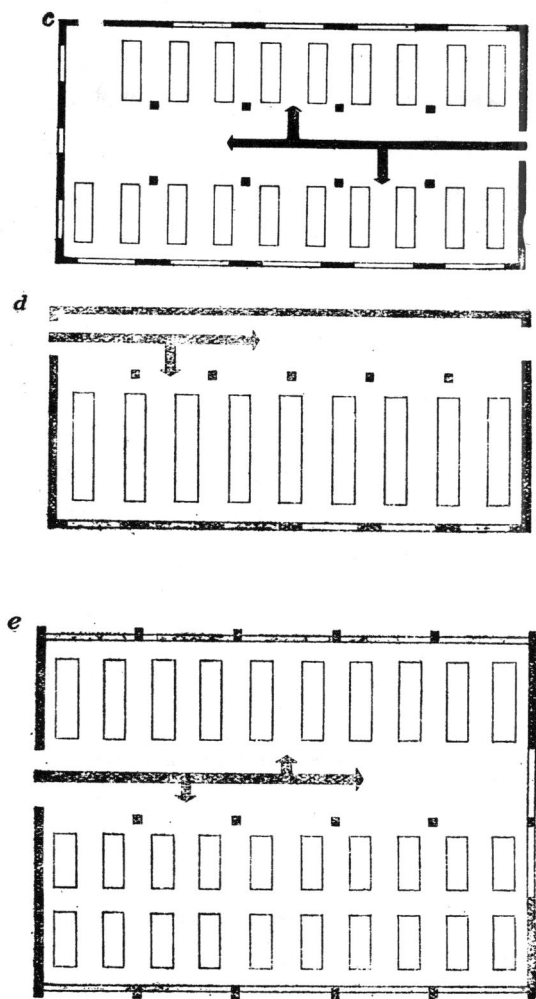

图6-15 不同跨度阅览室实例：
a——北京大学图书馆；b——广东工学院图书馆；c——复旦大学图书馆；
d——某图书馆；e——南京医学院图书馆

且要能分能合,以便灵活安排,方便管理。实际上,阅览室太大,人多易嘈杂、相互干扰,不便管理,有的大到近 1000 平方米,似如会堂。一般认为,大阅览室面积最好为 300—500 平方米;中型阅览室为 100—200 平方米;小型阅览室可考虑为 30—50 平方米,可供一个专题小组使用。阅览室分隔最好是采用灵活分隔,而不要全用承重墙隔死,可以采用玻璃隔断或低的屏风加以分隔。

3. 层高

阅览室的层高不宜过高,以免空间浪费,但也不宜过低,以防止给人一种压抑、不舒适的感觉。一般认为,超过50人的阅览室层高不低于3.8米,100人以上的阅览室层高不低于4.2米,200人以上的阅览室层高不低于4.6米。设有夹层开架书库的阅览室,则应考虑它与书库层高差的协调。为了保证各层阅览室的楼面与相应的书库楼面相平,经常取书库层高的2倍作为阅览室的层高,因此阅览室的层高就必须在4.6米以上。

三、内部装修和设计

为了创造明亮、安静、舒适的环境,阅览室内部的设计应力求简洁、明快、大方,不宜作繁琐的装饰,以避免分散读者的注意力。

阅览室地面为防止起灰,保持室内清洁,便于打扫,最好采用软木地面。若采用普通混凝土地面,则应在面层涂以地板漆或过氯乙烯等涂料,在有条件时,可采用有一定弹性的地面材料,以减少声响,例如菱苦土地面等。更高级者可做成橡皮地面或铺人造塑料地毯。

室内色彩应考虑照度和视觉的要求,一般宜采用基调色,明度要高,彩度要弱,绝大多数阅览墙面均为白色,少数阅览室有浅灰绿、淡灰黄等色,不同的阅览室可以有不同的色调。无锡轻工业学院新建图书馆阅览室采用浅绿色的色调,给人以安静之感,效果较好。

有条件时,特别是当阅览室较大的情况下,墙面和天花板应考虑做音响的处理。墙面应作吸音的玻璃布、塑料墙面、纸贴面等。天花板可以采用矿棉吸音板吊顶,为了保护墙面,窗台以下可考虑做油漆墙裙。

朝向东、南或西面的阅览室一般都应设置遮阳设备,室内最好设置窗帘,以防止阳光直射,从而达到光线均匀的要求。

灯具一般可用日光灯,避免使用华丽的吊灯,既不经济,又不适用。

阅览室的家具设备要根据不同类型阅览室、不同的读者对象设置,并且要与阅览室的大小相适应,以便紧凑合理地利用有效面积。同时应该统一设计、统一标准、统一规格、统一制造或购置,以便做到色调和风格一致。

第四节　不同类型阅览室的设计

在图书馆中,阅览室的设置并不是一成不变的,它常常随着业务的发展和任务的变化而改变。在进行设计时,必须注意调查研究,对各种不同类型阅览室的特点和要求进行具体分析。既考虑到它的普遍性、一般性的要求,又要找出各种阅览室的特殊性及其要求。这样,才有可能将阅览室设计得更合理、更适用、更具有灵活性。

下面对不同管理方式、不同读者对象的阅览室逐一分析。

一、不同管理方式的阅览室

1. 开架阅览室

如前所述,所谓开架,就是让读者自己去书架上寻找自己所需要的图书,找到后,即办理借阅手续,随后即可坐在开架阅览室内阅读。这种方式,方便读者,深受欢迎,是今后图书馆发展的方向。但问题是:要加强管理,防止损失和遗失。设计时,必须考虑到管理工作的特殊要求。开架阅览室内应有工作人员负责管理图书和办理借阅手续。工作台的位置,应当使管理人员的视线不受阻挡,以便于管理。此外,在布置书架的时候,需要考虑使读者在书架间可以自由通行,而不致走回头路。同时,开架阅览室需要同主要书库有方便的联系。

开架阅览室的布置有以下几种形式(图6-16)。

(1)周边式 书架靠墙周边布置。这种方式,书架布置较分散,查找书籍不便,读者穿行较多,干扰大。管理工作台靠近入口布置,工作人员视线不受遮挡(参见图6-16,a)。

(2)成组布置 书架垂直于外墙,隔成小空间,与阅览桌成组布置。这种方式可存放较多书籍,也较安静,读者取阅方便;如果每组以三排书架相隔,则可减少乃至避免彼此的干扰,但管理

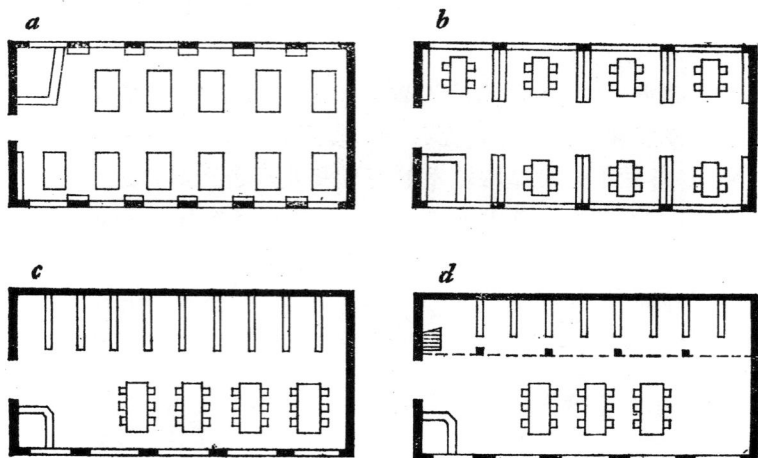

图6-16 开架阅览室布置方式:
a——周边式;b——成组布置;c——分区布置;d——夹层布置

人员视线有遮挡,故只常用于参考阅览室及专业期刊阅览室(图6-16,b)。

(3)分区布置 书架布置在阅览区的一端。这种方式是书刊集中,存放量大,比较安静。一般用于参考阅览室或高等院校图书馆中的教师阅览室(图6-16,c及图6-17)。

图6-17 开架阅览室分区布置实例:
a——美国芝加哥西北大学图书馆;b——美国波士顿麻省大学图书馆

（4）夹层布置　在阅览室内设置夹层,布置开架书架。这种方式是书刊集中,存放量大,使用方便,空间利用经济,室内空间也丰富。我国新建成的陕西省科技情报所资料楼和苏州医学院图书馆也采用了这种带夹层的形式（图6-16,d及实例图录Ⅰ-13）。在国外一些科技图书馆专业阅览室中,设置夹层很为流行。在夹层的上下可布置开架书架,也可设置阅览区（图6-18）。

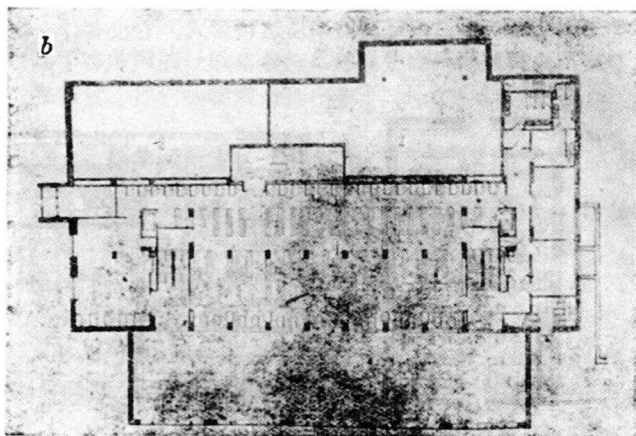

图6-18　开架阅览室夹层布置实例：
a——实例之一内景；b——实例之一平面，1——夹层，
2——底层上空；c——实例之二内景

2. 半开架阅览室

所谓半开架式，就是在阅览室内设置辅助书库，以柜台或隔断与阅览室相分隔，供工作人员行使正常的管理和办理借出业务之用。一种是普通阅览室的一端设辅助书库；一种是在出纳台附近设辅助书库（图6-19）；也有的用玻璃书橱，每层玻璃留20毫米的长缝（横向），读者用手指点要借的书，管理人员即可取出（图6-20）。

3. 闭架阅览室

所谓闭架阅览室，就是阅览室内不设开架书，也不附设辅助书库，读者是自己带书或通过基本库借书来阅读的，有的可设若干工具书架。这种方式，读者自由出入，不设管理柜台，一般学生阅览室、普通阅览室都采用这种形式，它没有什么特殊要求，不予赘述。

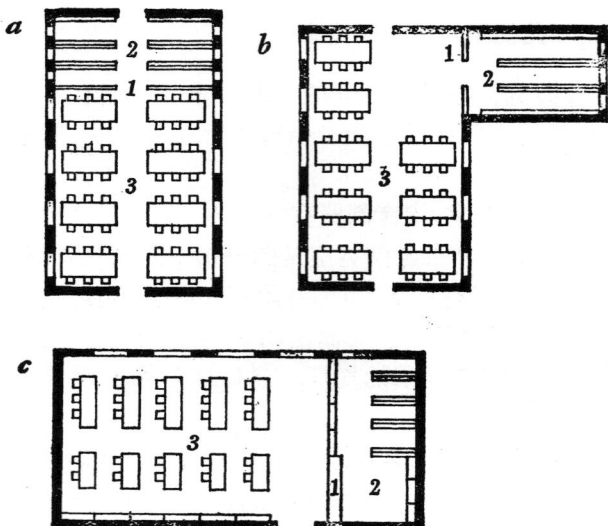

图6-19　半开架阅览室布置形式：

a——书库布置在一头有利于图书保管，不便于管理读者进出；

b——书库布置单独房间，利于保管，室内较安静，但工作人员视线不能照顾全面；

c——书库布置在入口的一侧，出纳台靠近入口，便于保管，阅览区较安静；

1——出纳台；2——书库；3——阅览室

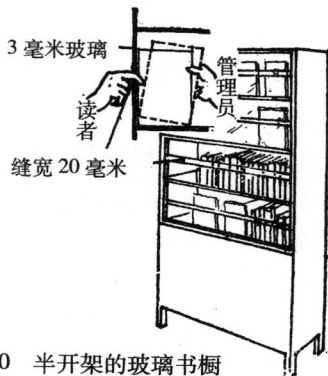

图6-20　半开架的玻璃书橱

二、不同使用对象的阅览室

各种阅览室除了有共同的一般要求外，还有各自不同的特点，阅览室的内部设计应该参照这些特点来布置，把它的特征表达出来。

1. 普通阅览室，参考阅览室

普遍阅览室和参考阅览室是图书馆中两大主要阅览室，它们的特点是面积大、座位多，有的并附有大量的开架参考书。布置这种阅览室应注意整齐统一，简洁明快，使读者众多的大空间能保持一种怡静、亲切、和谐的气氛。查阅参考书时，要既方便又少干扰。

在这种阅览室中，常设若干半开架书架，以陈列推荐书、新书及工具书。有的采用6—7格的书架，将书架集中排列于阅览室的一边，有时采用3—4格的低书架式，将书架与阅览座位间隔排列，此外，这种阅览室还常常采用夹层式的布局。

2. 教师阅览室

教师阅览室空间不宜大。在教师人数较多的学校，图书馆中的教师阅览室宁可按专业划分多设几间，也不要集中为一大间。教师阅览室中常陈列一定数量的参考书、工具书和比较高深的经典著作。座位的设置，除了要有共同使用的大阅览桌外，尚应有单独使用的座位，这种单座既要与大间有联系又要有空间上的分隔。

图6-21所示为1958年改建的英国塞德堡学校图书馆阅览室，其布置方式和空间的处理是较适合于教师或专业人员阅览的需要，可供设计借鉴。

3. 期刊阅览室

期刊是一种特殊的连续性出版物。它有一个固定的名称和统一的外形，是一种定期或不定期或按顺序号连续出版的出版物。

图6-21　英国塞德堡学校图书馆阅览室

它可及时反映一些最新的研究成果、论文和科技情报。一般新成果和情报总是首先反映在各种期刊上。因此,期刊在图书馆中的位置越来越重要。一个大型图书馆经常订有成百上千种中外文期刊。期刊的管理工作是单设专门的期刊库和期刊阅览室。期刊阅览室的位置应与期刊库紧密相连,而期刊库又要与主书库相通,习惯上都喜欢将期刊阅览室和期刊库设在图书馆的底层。期刊阅览室中,一般都是以开架方式将现刊和近期刊物陈列出来供读者自由翻阅,并设有专门的期刊目录和出纳台,为读者办理借阅过期的刊物。图6-22所示为一种期刊阅览室。

　4. 报纸阅览室

　室中主要是陈列各种当月报纸供读者阅读。阅报室的读者大部分为浏览性质,停留时间较短,川流不息,并容易发出各种议论的声音,因此宜设在楼下,靠近门厅并设有单独出入口。这样既减少对馆内其他阅览室的干扰,还可以在闭馆时间继续开放,使读者可以利用更多的时间了解时事新闻。阅览室的布置,有的设报纸阅览桌,有的设固定的阅报架,读者站着翻阅。这样安排不但节

图6-22 期刊阅览室

省面积,并且可以避免报夹乱放的现象。当天的报纸一般是陈列在馆外的阅报栏内。南京医学院图书馆把阅报栏,布置在全馆入口的一侧,形成一个门廊,既丰富了立面造型,对读者也很方便(图6-23)。

图6-23 南京医学院图书馆入口门廊阅报处

5. 研究室

研究室是为那些进行较长时间学习和研究的读者提供的。他们要求环境安静，不受干扰。研究室最好从平面布置上与其他读者分开，可成组地布置于一个安静的区域。在国外图书馆中，这种研究室有的还为读者提供打字机、电视机、录音机等，读者也可携带自己的这类设备。因此，研究室内都要设置相应的电源线路，门要能锁起来，由读者自己管理。室内还设有专用书柜、脸盆及挂衣设备等。在我国，这种研究室在高等学校图书馆中是专供教师、研究生和毕业班的学生作专题研究之用。在大型公共图书馆中，是为机关、科研单位和重点企业从事研究和参阅图书资料所用。在我国图书馆中，这类研究室应该逐渐多设置一些。

研究室根据使用的需要，可以采用大、中、小不同的三种类型：集体研究室、单独研究室和书库阅览台桌。

（1）集体研究室　这种研究室可容纳10人左右，每人占3.5—4平方米，就像一间办公室一样，可以自己锁起来。座位往往围绕着一个长桌，沿墙布置书架，陈列有关研究的参考书籍及论文资料。

（2）单独研究室　这是供个别读者单独使用的研究室，其面积大小幅度很大，小者2平方米左右，大者10平方米左右。国外一般有1.5×1.225米、1.7×2.1米及2.45×3.65米几种（图6-24）。它们可以单独或成组设于一区，也可设于大阅览室内，利用书架或隔板隔成不受干扰的一个个小空间。

（3）书库阅览台桌　这是一种设在闭架书库内，供个别读者看书研究的地方，一般是沿着书库的窗户布置。每个空间的面积一般只有1.2—2.5平方米。这种小空间设在书库内，查书方便、安静，颇受读者欢迎（图6-25）。

南京大学新建的图书馆书库就采用了这种方式。这一新书库的平面接近方形，南北通向借书处，东西向着内院。在东西两边各

图 6-24　单独研究室的两种实例

图6-25　书库阅览台桌

布置了六个阅览小间，一方面为了向教师提供库内阅览的方便，另一方面也是有意识地使东西窗户离开书架远一些，以减少日光的直接照射。读者在夏天入库看书时，上午可坐在西边，下午可坐在东边。其平面布置可参阅实例图录 I –21。

6. 缩微阅览室

缩微阅览室是供读者阅读缩微资料的房间。缩微资料有胶片和胶卷两种，都需要借助阅读机放大显像才能阅读。胶卷及胶片对防火和温、湿度的要求都比较严格，所以需要有特殊存放设备。一般将缩微资料的贮藏、出纳、阅览和办公四部分放在一起，自成一个独立的单元。

缩微阅览及贮存应避免阳光直射,因此最好朝北,还要远离锅炉房及烟囱。硝酸基胶片贮藏室应按甲类生产要求采取防火、防爆措施,每间的面积不宜大于20—30平方米。存放柜不应靠近蒸气管、散热器及其他热源。缩微阅览室要有遮光设备,室内照度不能太高,以保持显示屏上形象清晰。要注意通风,特别是南方炎热地区要采取局部降温措施。在缩微阅览室内应设管理工作台,并使管理人员可以看到阅览室内部情况,以便工作人员在必要时,帮助不熟悉阅读机性能的读者使用阅读机。

7. 视听资料室

目前,在国外先进国家的图书馆中,视听教育的设备已成为不可缺少的组成部分。视听资料按其性质分下列三种:

①视觉资料——无声影片、幻灯片、录像带等;

②听觉资料——录音盘、录音磁带、唱片等;

③视听觉资料——电视、有声电影、录音录像磁带、录音录像磁盘等。

视听资料用的机器有:放映机、摄影机、幻灯放映机,电视机、放大投影机、收音机、录音机、高速录音复制装置、磁带录像机、电视摄影机、胶片结合机、胶片检查机等。

过去,有些图书馆把文献复制和缩微资料的借阅工作与视听资料放在一起。最近几年,几乎各馆都把缩微资料从视听资料中分了出来。缩微胶卷与幻灯影片带虽然形状相同,但是前者是书的变形,须借助阅读机看,所以也应与视听资料分开。

视听室的规模因图书馆的性质和大小而不同,一般分两种。

(1)集体用的视听室 标准的视听室容纳60—130人,长10—13米,宽8—10米,高3.5—4.5米。电影银幕高1.8米、宽2.4米。小的视听室也有容20—50人的。视听室最好设有遮光灯泡和能做笔记的椅子。

(2)个人用的视听室 这是供个人利用视听资料的单独小屋

和用隔板隔开的个人用的座位。这样的房间要注意音响效果，须备有耳机及隔音设备。

以上是供读者利用的设备，此外，还有内部工作人员用的视听资料库、器材室、维修制作室、准备室和办公室等。这些房间的数量和大小，根据各馆收藏视听资料的范围和数量来决定。

第五节　阅览室家具

阅览室的家具（设备）要根据不同类型的阅览室、不同的读者对象来设置，并且要与阅览室的设计相适应，以便紧凑合理地利用阅览室的有效面积，同时也应与阅览室的内部环境有一个统一协调的效果。

家具的形式和大小首先要适用，其次也要经济、美观并且易于打扫卫生。一个阅览室内的家具应是成套的，具有统一的形式和风格。在新建和扩建的图书馆中，家具最好成套设计，不宜东拼西凑，参差不齐，颜色不一。

家具可采用木制、塑料和木与金属混合的三种材料。目前采用木制较多，但随着我国工业的发展，塑料、钢木混合形式等各种金属家具将会越来越多。

阅览室的家具主要是阅览桌、椅子、各种研究桌以及各种陈列不同书目、刊物的陈列架、柜等设备。它们的大小规格都要与人体（读者）活动时的尺度相适应。阅览桌椅的大小、高低都要适应读者坐式阅读、写字的要求。一般成年人阅览桌椅尺寸的大小参见表6-3及图6-26。阅览桌的基本形式是矩形，但在期刊阅览室、儿童阅览室等用房中也有采用方形、多角形、圆形以及组合式的阅览桌。应尽可能使阅览室内的家具布置得自由活泼一点，参见图6-27。

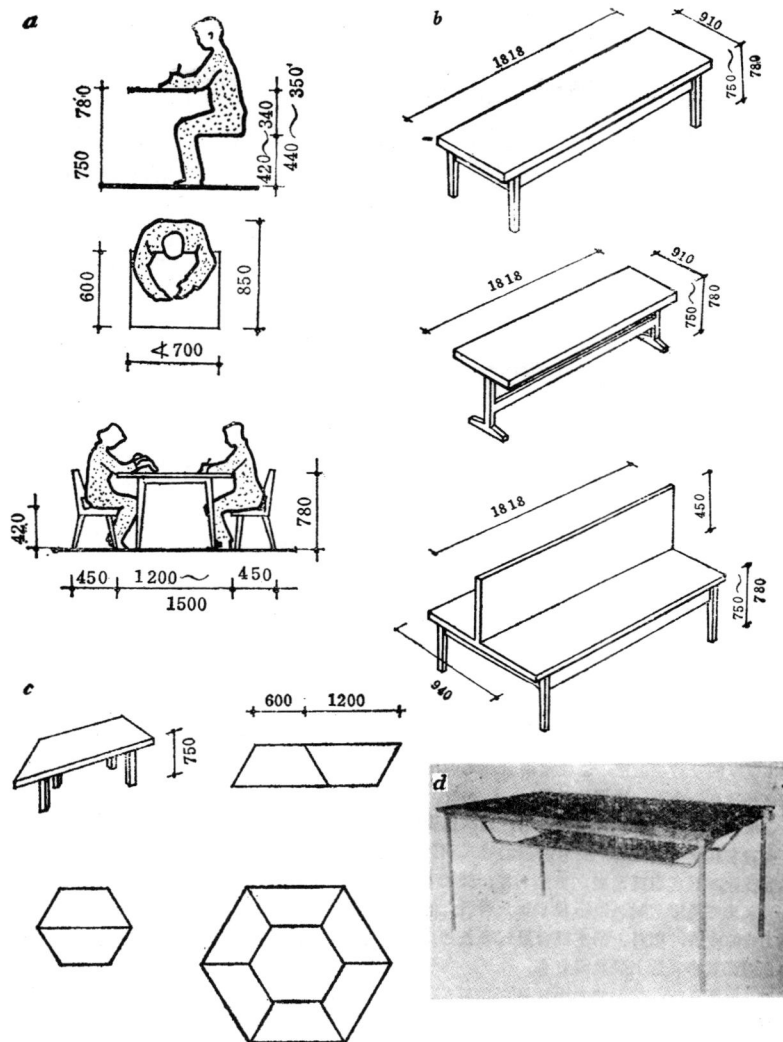

图6-26 阅览桌(尺寸:毫米):

a——成人读者尺度;b——矩形阅览桌;c——组合阅览桌;d——可放置书包的阅览桌

图6-27　组合式阅览桌实例

表6-3　成年人阅览桌参考规格（毫米）

形式	人数	长度	宽度	高度
单面	单座	900—1200	60—800	780—800
	双座	1400—1800	600—800	780—800
	三座	2100—2700	1000—1400	780—800
双面	四座	1400—1800	1000—1400	780—800
	六座	2100—2700	1000—1400	780—800
方桌	四座	1100	1100	780—800

　　新建的北京图书馆,根据实际要求,设计了一整套全馆各部门所使用的家具,并按阅览室的性质分类,将各阅览室内的家具分别按一、二类的质量要求,采用红楸木（核桃木）或水曲柳及刨切细木工板或多层胶合板及钢木制作,它们的规格参见表6-4。

表6-4　北京图书馆新馆阅览室家具规格

品名	标准	规格长×宽×高（毫米）	材料
一人阅览桌	一类	1200×650×800	红楸木
一人阅览桌	二类	1200×650×800	水曲柳
二人阅览桌	一类	1600×700×800	红楸木
二人阅览桌	二类	1600×700×800	水曲柳
四人阅览桌	二类	1600×1100×800	钢木
舆图阅览桌	二类	2000×1000×800	水曲柳
普通阅览桌	二类	1300×900×800	钢木
阅览椅	一、二类	460×440×440	木制或钢木

阅览桌一般分单面和双面两种。单面阅览桌读者坐向一致，减少相互干扰，同时能保证光线自左而入，利于书写，但所占面积比较大。新建的南京市人民图书馆各阅览室则全部采用了这种形式。一般每个阅览桌可坐2—4人或3—6人，彼此拼接时则可达6—10人。桌面上可以根据需要与可能设置挡板，以减少彼此干扰，同时也便于安装台上照明灯具，具体可参见图6-28。至于个人研究座位在国外使用较为普遍，形式繁多（图6-29及图6-30）。

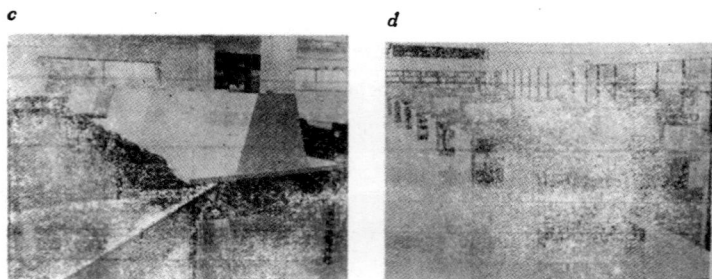

图6-28　阅览桌形式实例：
a——单面阅览桌（南京市人民图书馆阅览室）；
b——双面阅览桌（清华大学图书馆阅览室）；
c——双面有隔板阅览桌（日本某高校图书馆阅览室）；
d——四人分隔阅览桌（日本筑波大学图书馆阅览室）

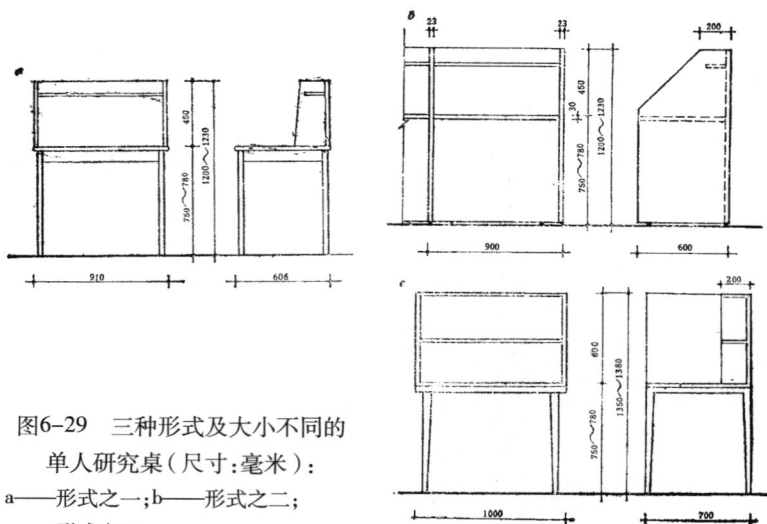

图6-29　三种形式及大小不同的
　　　单人研究桌（尺寸：毫米）：
a——形式之一；b——形式之二；
c——形式之三

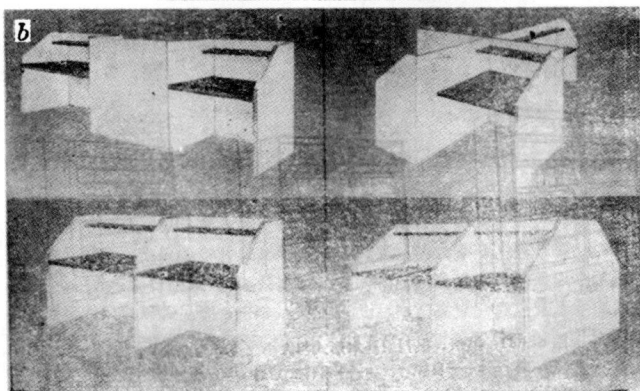

图6-30　组合式的研究桌：
a——组合形式之一；
b——组合形式之二；
c——组合形式之三

此外,阅览室内还有一些其他设备,如报架、期刊架、综合陈列柜以及开架书架等。它们的基本形式和大小可参见图6-31及图6-32。

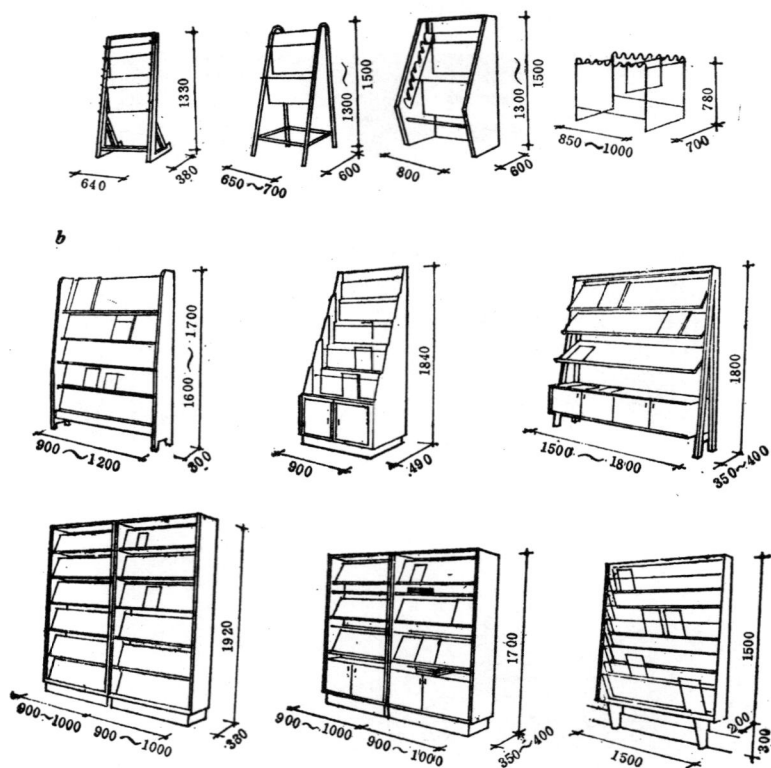

图6-31　报架、报刊架基本形式与大小（尺寸:毫米）:
a——板架;b——期刊柜（架）

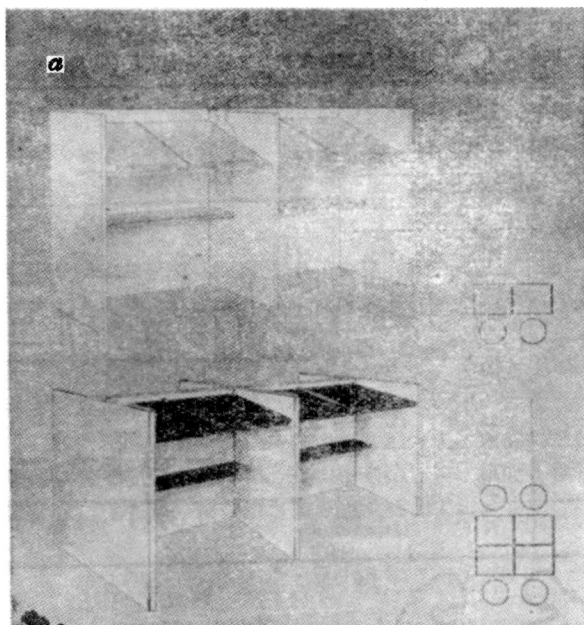

图6-32 设备实例：
a——阅报台；b——期刊架

儿童阅览室及其家具设备的设计,要以儿童读者身高及身体各部位尺度作为主要依据。儿童阅览室内桌椅等各种家具的尺寸,阅览室的大小及室内布置、门窗、楼梯、走廊、踏步、栏杆等部位的设计,都要适应儿童的特点。儿童读者一般以小学生为主要对象,儿童读者尺度可参见表6-5。此外,儿童阅览桌椅要满足儿童生理的发展和卫生要求,并且要坚固耐用,就坐舒适,易于清洁工作,便于灵活布置。家具的色调要丰富明朗、鲜艳。阅览桌椅的大小见图6-33及表6-6。

表6-5　儿童读者尺度参考表(上海第一医院1955实测)

年龄	H(厘米)	
	男	女
7 岁	117.9	116.3
8 岁	122.1	121.4
9 岁	126.8	126.3
10 岁	131.2	130.6
11 岁	136	137.3
12 岁	142.3	145.9
13 岁	150.1	149.8

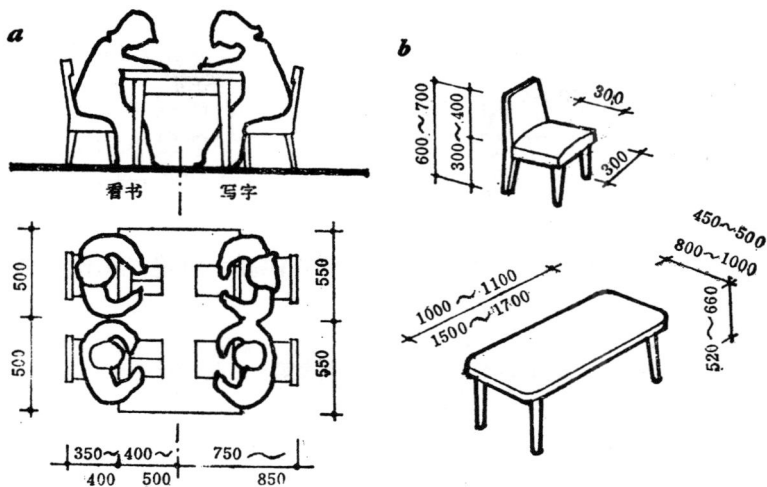

图6-33　儿童阅览室桌椅尺寸：

a——儿童看书、写字阅览桌的尺寸；b——儿童阅览桌椅参考尺寸

表6-6　儿童阅览桌尺寸（毫米）

形式	人数	长度	宽度
单面桌	二座	1000—1100	450—500
	三座	1500—1700	450—500
双面桌	四座	1000—1100	800—1000
	六座	1500—1700	800—1000
4—5人圆桌		圆桌面的直径800—1000	

357

第七章　借书部分的设计

借书部分是图书馆建筑的四个重要组成部分之一。在图书馆的功能关系中，它是三条主要工作流动线（书籍流动线、读者流动线和工作人员流动线）的交汇中心。这里，既是图书馆藏书借出和归还的总渠道，又是图书馆为读者服务工作的中枢。一个图书馆建筑是否合理，能否为读者和图书馆的工作提供良好的条件，在很大程度上取决于这部分的设计工作。

借书部分设计是与图书馆所采用的管理方法密切相关的。管理方法不同（例如，是开架还是闭架、是集中设置还是分散设置），借书的方法也就不一，借书部分的设计也就有区别。如前所述，目前我国图书馆仍然是以闭架管理为主，读者无论在馆内阅览或是借出馆外，都必须通过借书部分才能得到所需的图书馆资料。因此，借书部分的业务活动就经常处于繁忙状态，借书部分设计的重要性也就更加突出。

第一节　借书部分的组成及设计

一、借书部分的组成

借书部分是读者借还书籍的总关口。在闭架管理方法的图书馆中，读者要借阅图书或查找资料，必须先到借书处。通过查阅馆藏目录卡片找出所需图书的书号，填写借书单交出纳台等候取书,然后才能带进阅览室或携出馆外。有时候,有些读者在查阅目录中遇到困难,或者为研究某一课题希望得到帮助,就需向咨询台(室)联系。此外归还图书也需到借书处来办理手续。借书部分一般由以下部分组成:

1. 目录厅(室)

这是供读者借书时查阅目录的地方,通常这里布置有目录柜及供查目录用的桌、椅。

2. 出纳台

出纳台也称借书室,它是供读者办理借、还图书手续的地方,大多设计为柜台式,具有较长的工作面,便于读者办理借阅手续。

3. 工作间

它附属于出纳台,介于出纳台与书库之间,对归还的图书进行整理和必要的消毒处理,以便进库上架。

4. 咨询台或检索室

这里主要为读者查询服务,指导读者获得所需的目录和索引。

目前,国内图书馆一般是将目录厅(室)和借书处(出纳台)结合在一起,组成一个借书厅,少数是设置单独的目录厅,这要视图书馆的规模而定。在一般中型图书馆中,为了避免读者过分集中引起拥挤,往往设立两个以上的借书处;而更大型的公共图书馆中,借书部分往往又按读者对象分设,不仅把儿童借书处和成年人借书处分开,而且还将个人借书处和集体借书处分开以及把普通阅览和参考阅览的借书分开。在高等院校图书馆中,则往往以学科为界线来分设借书处,把文科和理科分开,把期刊杂志和普通图书分开(这一点在公共图书馆中也如此),把经常流通的文艺书和时事政治资料单独设立借书处。如北京大学图书馆一、二、三层中部,均设有较大的目录厅出纳台,分别为不同的学科服务;此外,在它的南北两翼,每层还另外设有各种类型的小借书台,如课外读物借书台、指定参考书借书台等。这种设立多个借书台的办法,虽然工作人员较多,但最大的优点是方便读者,避免拥挤。

在国内外资料中,我们可以看到一个综合性大学,按文科与理科分设两个图书馆的例子,以及在一个图书馆中,按各种系科或专业分设阅览室借书处的例子是很多的。

二、借书部分设计要点

借书部分由于功能上的要求,一般是处于图书馆的中心部位。在设计时,既要方便读者,又要为管理及服务工作创造较好的条件,为此,必须注意以下几点。

首先,应该看到,借书处有较多的人流进出,常常是图书馆读者的必经之地,特别是公共图书馆尤其如此。因此,它的位置应该使读者一进大门,就能看到或者通过宽敞的楼梯及诱导标志能很自然地到达,避免转弯抹角地偏于一隅。因此,借书处一般都靠近门厅,多数设在主层(通常在二层)靠近门厅的中心部位。

其次,借书处应靠近书库,使二者之间的联系越紧密越好,也就是说,从书库到出纳台的距离越短越好。书库和出纳台之间不宜安排其他办公用房,以免增加书库和出纳台之间的水平距离。因为目前我国图书馆中多数以人工取书为主,一个书库出纳人员,每天不停地往返于书库与出纳台之间,水平距离越长,对出纳工作越不利。所以,最好的办法是将书库与借书处采取垂直联系的方式,使垂直运输电梯直接设在借书处的房间内,这样可大大减小水平运输距离,提高取书速度。

此外,读者经目录厅、借书处借到书后要去阅览室阅读。因此,它与阅览室的关系也必然更为密切,要求能就近通到各个主要的阅览室。这对公共图书馆尤其重要。但是相对来讲,高等院校图书馆情况不完全如此,读者有的直接到阅览室自修而不需经过借书部分;有的读者借书后也不一定就去阅览室。但不管怎样,从借书处到阅览室的路程越短越好。

借书部分不仅要与书库和阅览室有直接方便的进出路线,而且借书部分与编目办公人员也需经常保持日常业务上的联系。因此应安排一条直接的通道,以沟通借书和编目办公室之间的联系,应避免使他们的联系穿行阅览室,以防止对阅览室产生干扰。但这条通道,在设计上应仅能供内部使用,而不能让读者穿行。同济大学图书馆在借书处出纳台的两侧,各开了一个门,其原意是供内部工作人员业务联系之用,但因该馆位于两幢教学大楼之间,上下课时往返两楼之间的学生常以此为捷径,雨天尤以为甚,结果造成了借书处被穿行而产生干扰。

综上所述,借书部分要与很多部门相联系,它往往被安排在全馆的中心部位,而处于四面被其他房间包围位置。因此,在设计时需要特别注意它的日照和通风。不能认为这里仅仅是读者短暂停留之地,就忽视或降低这方面的要求。必须看到:这里既是读者活动频繁的场所,更是工作人员长年累月工作的地方,故必须给予周密的考虑。

在我国图书馆的建筑设计中,大多是以自然采光和自然通风为主的。这一问题更要引起设计人员的重视。目前在我国不少图书馆中,借书部分都处于较不利的日照和通风的环境之中,东西晒,四周闭塞,通风不畅、冬冷夏热,工作条件很不理想。

借书处的平面位置,既要方便读者又要便于管理。设计上应根据需要,做到既能开放又能封闭。目前,有的图书馆设计还值得研究。例如,把出纳台、目录厅(室)都做成开敞式的,有的放在底层的门厅中,有的置于二楼的过厅中。这种做法显然也有它的优点:使借书处的位置突出,开门见山,一进门就有浓厚的图书馆气氛;可节省交通面积;方便读者使用;出纳台工作人员也可兼顾读者活动情况。但是,这种布置还值得商榷,因为它是开敞的,无法关闭,因此每日下班后柜台上的用品都要收拾存放,不胜其烦。有的地区,在冬季气温低而又无采暖设备,这种开敞式的布置就更不合适。

当设置分出纳台时,一般都应附设辅助书库。辅助书库与总书库也应有直接的通道联系,但不能让运输小车假道总借书处,以免来往于总借书处的人群之中,造成混乱。

由于读者需在借书处等候取书,有必要在出纳厅(室)设置一些座位,以供读者休息。此外,要考虑图书的增长速度和目录卡片的相应增长数量,设计时要为目录厅预留足够的面积。

第二节　借书处的位置

借书处的位置关系到图书馆的平面设计和空间安排,应从平面和剖面两个方面来分析具体位置和设计构思。

一、平面上的位置安排

1. 设在门厅内的入口处

把借书处设在入口门厅中,即将门厅适当扩大兼作借书厅,陈放目录柜,布置出纳台。这种方式直截了当,读者方便(图7-1,a、b)。此外,由于这种方式可以利用出纳台兼管读者的进出,因此,在有的图书馆中,就有意把出纳台向前推移到门厅,以便于办理读者的出入手续。此时,出纳台就像一个"岛屿",位于门厅之中(图7-1,c)。

2. 设在门厅的后面

这种布置方法,是将借书处更深入一步地放在门厅的后面,形成一个单独的借书厅。它既使读者进出方便,又避免了不便于自由关闭的毛病。此外,它较自然地将书库与阅览室衔接起来。由

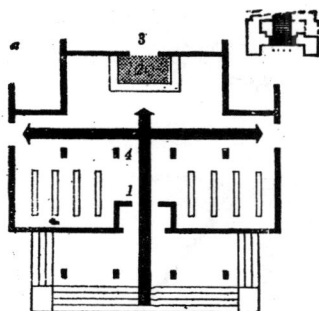

图7-1 借书处设在门厅实例：

a——北京民族学院图书馆；

b——第二汽车制造厂图书馆；

c——英国伯明翰大学图书馆；

1——门厅；2——出纳台；

3——书库；4——目录室

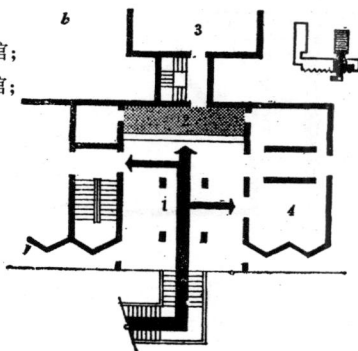

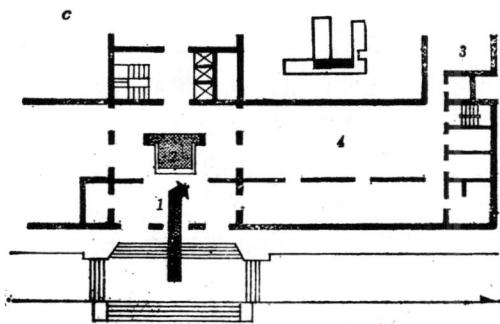

于这种设计,借书处地位适中,功能合理,与书库联系直截了当,与其他部分又有相对的独立性,因而长期以来为很多图书馆所采用(图7-2)。

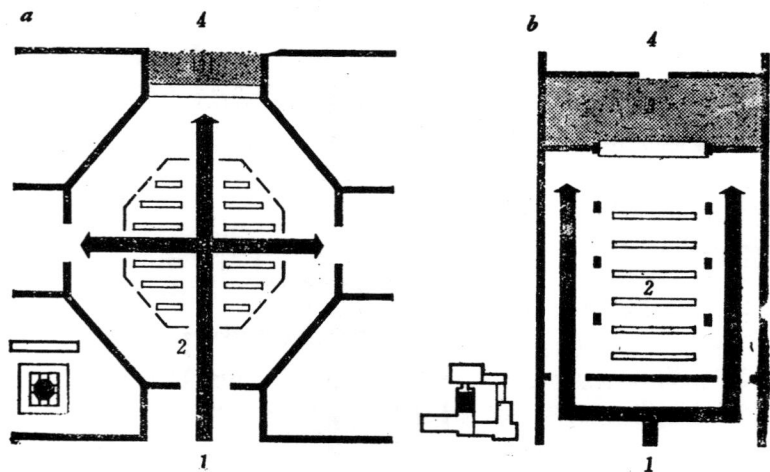

图7-2　借书处设在门厅后部之例:
a——广东省中山图书馆;b——西北某图书馆;
1——门厅;2——目录室;3——出纳台;4——书库

　　早在三十年代建成的广东省中山图书馆及七十年代建设的云南省图书馆均属于这种类型。在规模较大的图书馆中,有的在此位置上连续几层都设置借书处,如北京大学图书馆。但要注意:当图书馆南北向入口时,这样布置的借书厅往往是东西向,尤其是在采用封闭式的"凹"和"田"等形式的平面时,更容易造成这种情况,对此要加强通风和增设遮阳设施,否则夏季借书厅内的室温将会很高,冬天则将很冷。

　　3. 设在门厅的一侧

　　这是一种不拘常规的布置手法,它一般应用在非对称的平面布局中。南京医学院图书馆的借书处就是属于这种类型。它处于门厅的右侧,虽然不在中轴线上,不像对称平面中借书处那样堂堂正正,但在功能关系上却是十分自然合理。它的南面是一个办公部门的内院,向南开窗,朝向好,既通风又安静;它又处在主楼梯的一侧,读者借书后转身就能上楼到各个阅览室,流线通顺方便;书库在它的后面,仅一墙之隔,取书路程很短;又有一条内部通道与办公室相连,与采编的联系紧密。所以从各方面来讲,这个图书馆借书处的位置都比较方便适用(图7-3)。同样,无锡轻工业学院图书馆借书处也放在门厅一侧, 不同之处只是放在楼上,从楼梯平台进出。

4. 设在图书馆的中央大厅

这种方式也称"中央大厅"式,在北欧斯堪的纳维亚半岛的国家中广为流行,形成它们图书馆布局的一个传统的特色。它们常常把借书处设计成一个中央大厅, 开架书沿着大厅四壁陈列,读者要通过借书大厅才能进入主要阅览室, 借书台扼守着进出口,与闭架书库采取垂直联系。瑞典韦斯特拉公共图书馆(图7-4)及芬兰维堡里公共图书馆(参见图1-24)都属此例。特别是后者,借书厅仿佛是个大楼梯厅,空间高大,中间凹下,外文阅览室就设在凹下的空间中,这种手法使空间富有变化,同时管理也较集中方便。借书处、阅览室和书库三者之间既能相互联系,又可相对独立。借书厅的出纳台,既与下面书库和工作室有联系,又能观察到读者出入图书馆和他们在借书厅中的活动。

5. 设在大阅览室内部

这是国外图书馆中常见的布置方法之一。十九世纪中叶名噪一时的法国巴黎国家图书馆和英国伦敦博物院图书馆就是这样布置的。只是后来由于图书馆规模不断扩大,借书处已不能满足要求,才从阅览室中分离出来而单独设置。但随着历史的发展,一个世纪以后,借书处与阅览室又重新结合在一起了,这样的例子

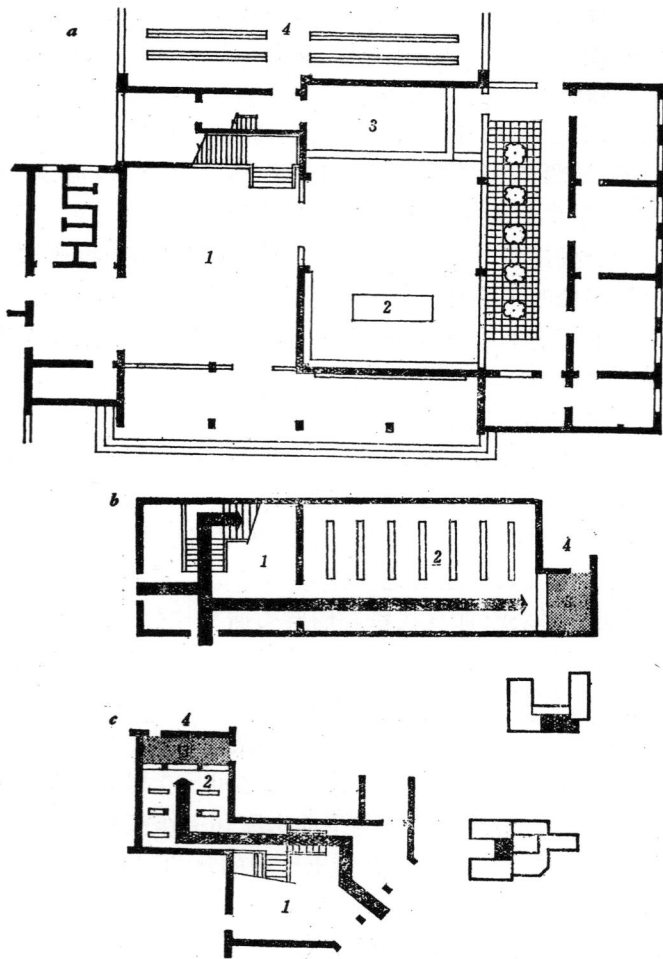

图7-3　借书处设在门厅一侧之例:

a——南京医学院图书馆;b——陕西省科技情报资料馆;

c——无锡轻工业学院图书馆;

1——门厅;2——目录室;3——出纳台;4——书库

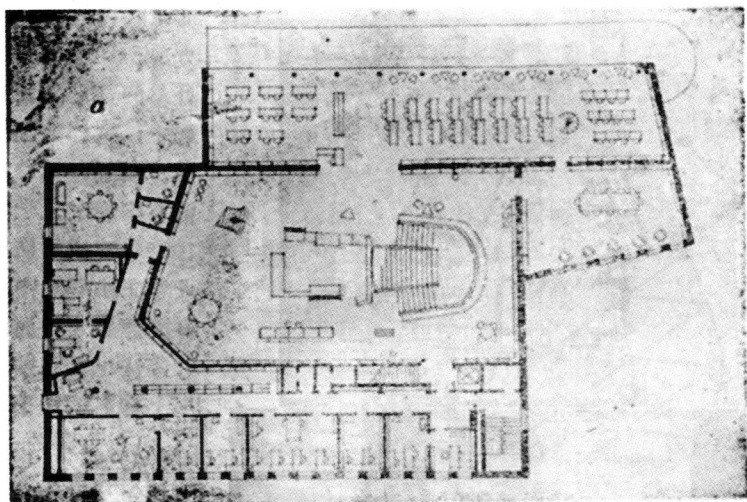

图7-4　瑞典韦斯特拉公共图书馆:
a——一层平面;b——借书大厅内景

屡见不鲜。例如,第二次世界大战前英国黎芝大学图书馆和1958年建成的法国阿·马赛大学文法学院图书馆都是这样,并且连平面的形状和设计手法也都和前述的两个历史上有名的图书馆惟妙惟肖。所以这样,一方面可能是他们对各自民族遗产和传统的偏爱和继承,另一方面恐怕也是由于这种借书处的布置方法对一些规模不大的图书馆仍然有生命力(图7-5)。

此外,在国外图书馆中,还有另一种办法,即将总目录处设在入口附近,而把借书台设在大阅览室内,如果图书馆规模较大,按学科分设阅览室,这样则按层或按区(一个区里可有几个相同学科的阅览室)设立分借书台,所有这些分借书台与总书库都有良好的运输联系。苏联莫斯科大学图书馆就采用了这种方式,总目录厅设在二层,二至四层每层设三个分出纳台,分别为不同专业读者服务。书库在底部,共三层,可直接与每层分出纳台直接垂直联系,与读者流线完全分开(图7-6)。

这种将借书处设在大阅览室内的方式,其优点是便于工作人员兼管阅览室,减少工作人员。但是在借书人数较多的图书馆中,采取这种方式,容易嘈杂干扰,影响阅览的安静。它的出纳台可以置于阅览室的中部,也可置于阅览室的一端。我国首都图书馆就是将出纳台放在大综合阅览室中部的(图7-7)。在一般规模较小的图书馆中,为了节省面积和人力,也常常采用这种方式。

在国外全部开架的图书馆中藏书与阅览都在同一空间,二者完全合在一起,读者自取图书,因此,不需设置借书处,只在入口处设一个管理台,以便管理(图7-8)。

二、剖面上的位置安排

从剖面上讲,借书处常常设在门厅轴线位置的不同标高层上。这取决于书库的位置、主层的安排、层高的处理及与阅览室的关系。一般常见的有以下几种位置,如图7-9所示。

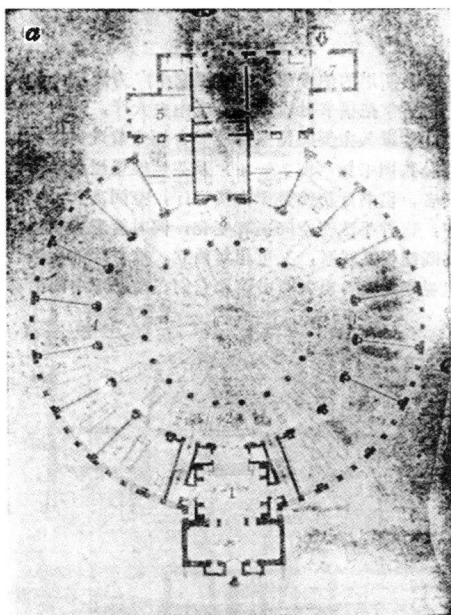

图7-5　英国黎芝大学图书馆借书处：
a——平面,1——门厅,2——出纳台,3——目录,4——阅览,5——办公,6——采编,
7——拆包,8——陈列;b——圆形阅览大厅内景

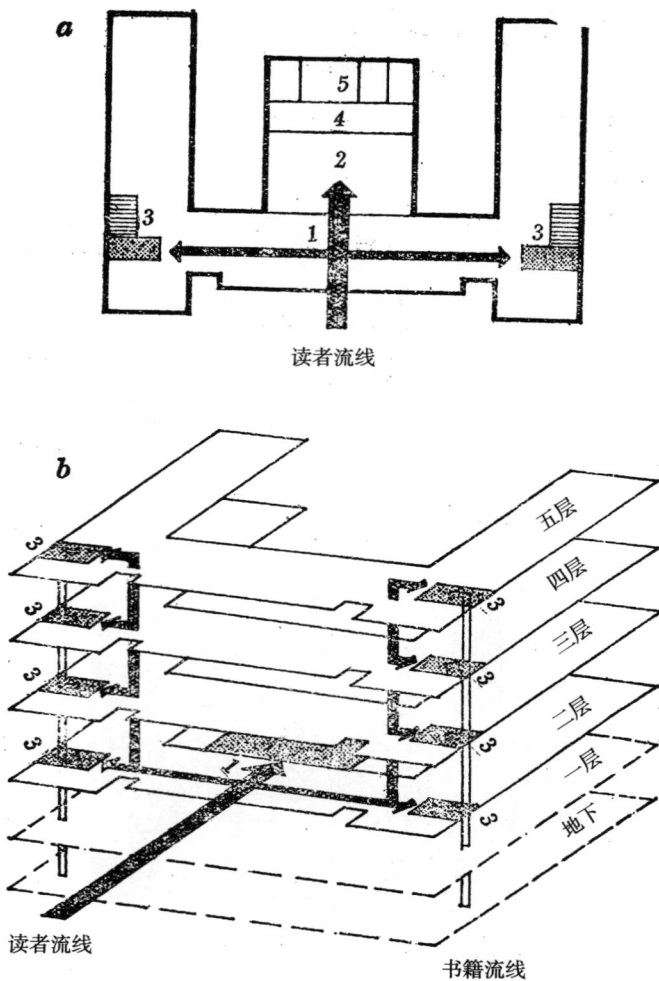

图7-6 莫斯科大学图书馆：
a——二层平面图；b——分析图；1——门厅；2——总目录厅；
3——分出纳台；4——编目室；5——办公室

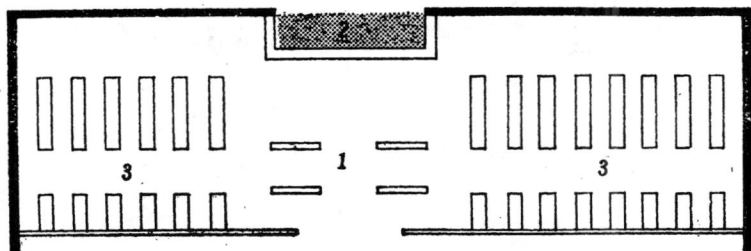

图7-7 首都图书馆综合阅览室平面：
1——目录；2——出纳台；3——阅览室

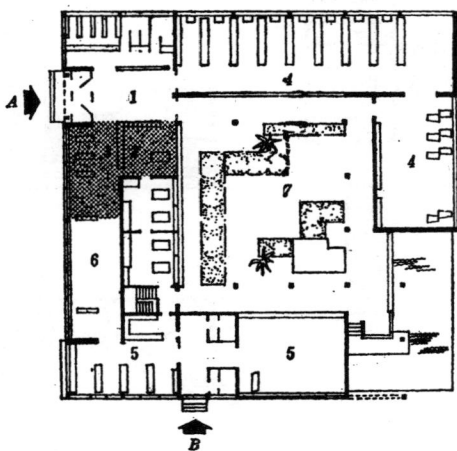

图7-8 某个公共图书馆平面：
A——成年人入口；B——儿童入口；1——门厅；2——管理台；
3——目录室；4——成年人阅览室；5——儿童阅览室；
6——报刊室；7——庭园

1. 设在底层

前述几种方式即属这种类型。它方便读者，也能保证二楼阅览室的安静，所以采用者较多（图7-9，a）。

2. 设在错层上

利用书库和阅览室层高差，将借书厅置于二层书库的标高上，从主楼梯平台进出（图7-9，b）。这种方式多用于主层在二楼

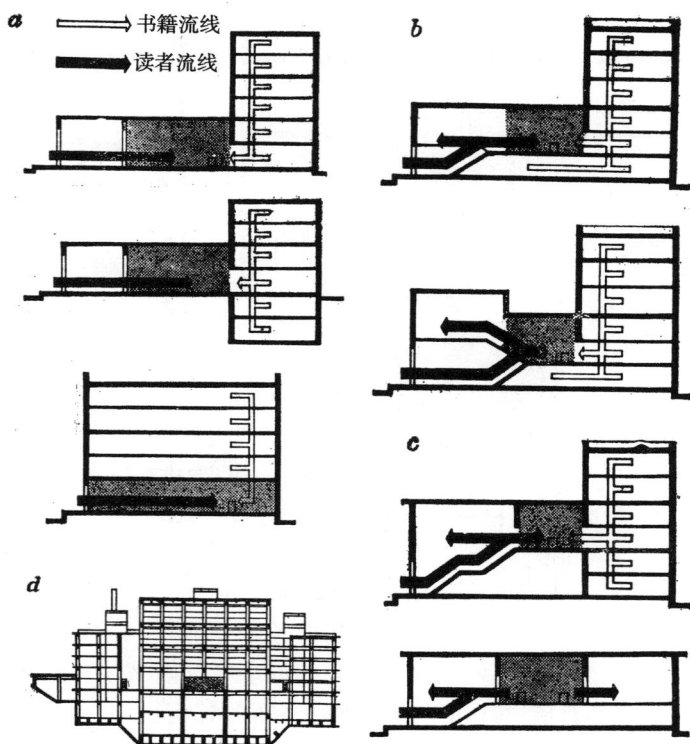

图7-9　借书处在剖面上的位置：

a——位于底层；b——位于错层；c——位于二层；d——位于多层书库中部

的图书馆中。它可以减少书库的垂直运输,读者上下较方便,且不影响二楼阅览区的安静。借书厅下部常为期刊库或编目作业用房,这是我国现有图书馆中较普遍采用的一种方式。无论公共图书馆或高等院校图书馆都可适用,如解放后建造的北京师范大学图书馆及最近建成的南京化工学院图书馆等都采用了这种形式(图7-10)。

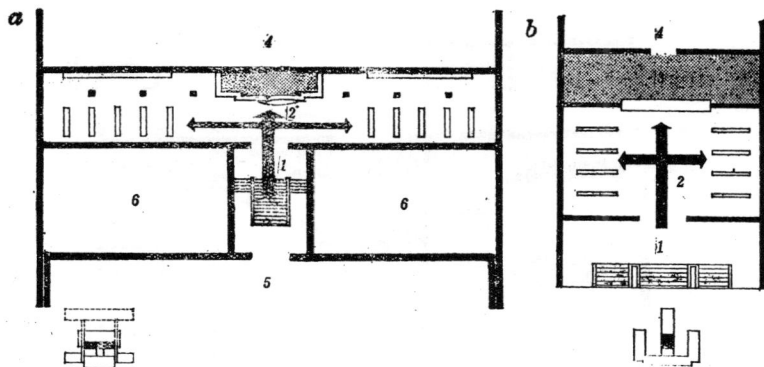

图7-10 借书处设在错层上实例:

a——北京师范大学图书馆;b——南京化工学院图书馆;1——门厅;
2——目录室;3——出纳台;4——书库;5——阅览室;6——天井

3. 设于二层(主层)上

以二层为主层时,往往将借书处就放在门厅的上部。它有利于把不同读者路线分开,把浏览性读者限于底层,将其他读者置于二层和二层以上。但要避免两侧阅览室穿行借书厅。在图7-11的两例中,都有借书厅被穿行而不好关闭的弊病。

4. 设在多层书库的中部

在一般情况下,书库如设在中心部位,往往会堵塞四周房间的交通和通风,如果处理不好,它将严重地抵消了这种布局在其

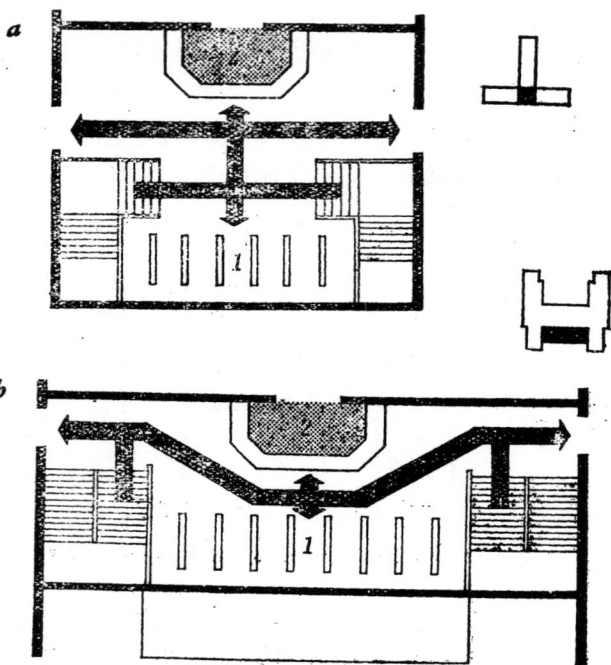

图7-11　借书处设在二层(门厅上部)上的实例:
a——南京大学老图书馆平面;b——北京师范学院图书馆;
1——目录室;2——出纳台

他方面的优点。日本国会图书馆则较好地解决了这方面的矛盾。它采取了一个"回"形平面,四周为阅览室,中间是一个多层书库,出纳台和目录厅就设在书库的中间一层,无论从平面或剖面上看,它都是在中心位置。在出纳台旁边设有压缩空气管道、托盘传送带及小型电梯等垂直运输设备,依靠它们将书库与借书处上下连贯起来。据介绍,读者查完目录递交索书单后,平均只需5分钟就可拿到所需书刊,其剖面关系,见图7-9,d。

第三节 借书部分内部布置与面积大小

一、目录室与出纳台的组合

1. 组合要求

目录室与出纳台的组合应符合读者借书的程序,使读者能较快地借到图书。一般读者借书的程序是:

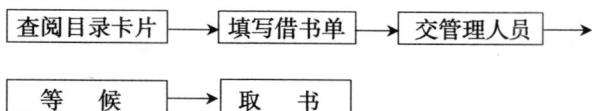

```
查阅目录卡片 ──► 填写借书单 ──► 交管理人员 ──►

等　候 ──► 取　书
```

团此,读者借书的路线是:

```
门　厅 | ──► 目录厅 | ──► 出纳台 ──┬──► 阅览室
                                    └──► 出　馆
```

还书的路线(在读者只还不再借书的情况下),则是:

```
 | ▷              | ▷
  ───  门　厅  ───  出纳台
 ◄ |             ◄ |
```

因此,目录室与出纳台的组合,必须按上述使用程序进行设计,合理地组织内部人流交通。一般应目录室在前,以方便读者查阅目录卡片;出纳台在后,紧贴书库布置,可缩短运输路程。

此外,应预留有足够的陈放目录柜的面积,尽量减少交通穿行面积;出纳台前要有较宽敞的休息厅;同时便于关闭,方便管理。

目录厅和出纳台是借书处的两大主要内容。在大多数情况下,这两部分是组合在一起的,形成一个借书处,也有分设的,但应彼此靠近。

2. 组合形式

借书处的目录厅与出纳台的组合方式有以下几种:

(1)纵向布置　这种方式是:目录厅在前,出纳台在后,读者经目录厅到出纳台,符合读者借书路线;唯布置时要尽量使目录厅不与进出人流干扰,而有一个较完整独立区域。目录柜可置于借书处的中部或它的一侧或两侧,其布置方式如图7-12所示。

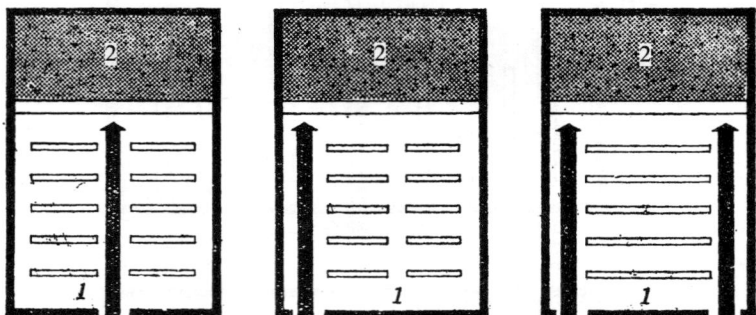

图7-12　纵向布置的借书处:
1——目录室;2——出纳台

(2)横向布置　这种方式是:目录厅与出纳台并列布置,出纳台一般靠近入口处,形成袋形目录厅,有较完整的区域来陈列目录柜(图7-13)。这种方式交通面积小,也较安静,读者借、还图书都方便。唯出纳台前容易拥挤,而且因房间紧贴书库,两侧开窗受到限制,有时光线不足,通风不良。北京师范大学图书馆的借书厅就有此弊病。

376

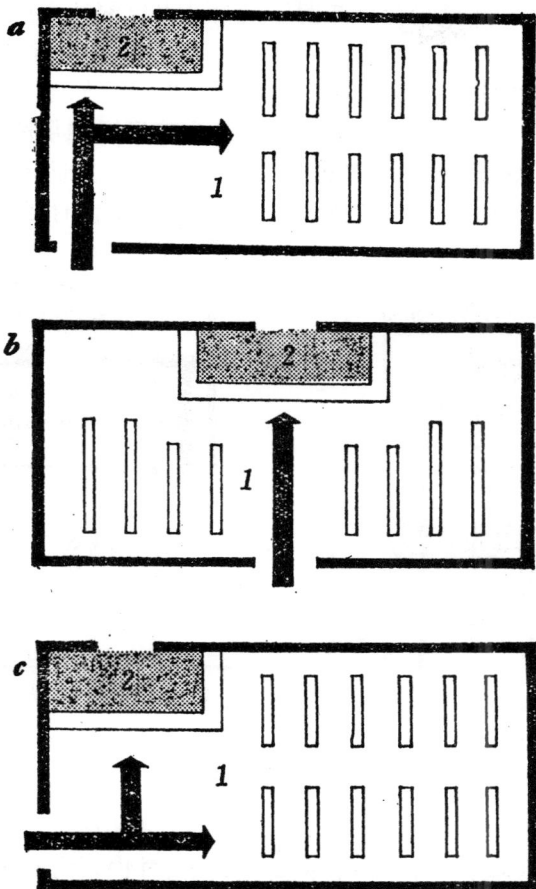

图7-13 横向布置的借书处：
a——出纳台在一角,面对入口；b——出纳台居中,面对入口；
c——出纳台在一角,侧面入口；1——目录室；2——出纳台

（3）侧向布置

目录厅与出纳台分别布置于借书处入口两侧,目录室也成袋形,解决了读者来回穿越的问题,借、还图书的读者进出都较方便。但出纳台前应有较大的面积供等候和通行,如图7-14所示。图7-14,a是一面进口,便于关闭管理,南京医学院图书馆即属此例。而图7-14,c是两边入口,不便关闭,易于穿行,设计时必须予以注意。

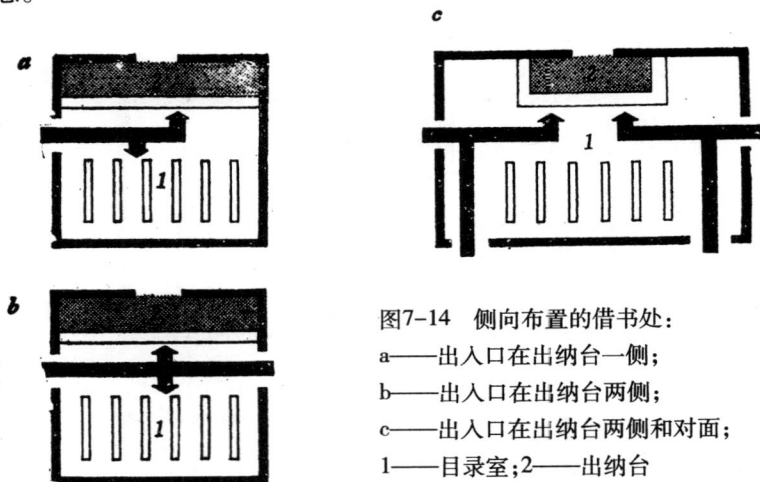

图7-14　侧向布置的借书处:
a——出入口在出纳台一侧;
b——出入口在出纳台两侧;
c——出入口在出纳台两侧和对面;
1——目录室;2——出纳台

二、目录室的内部布置及面积大小

1.目录卡与目录柜

目录是揭示一个图书馆的藏书内容,并向读者宣传和指导借书的工具。目录的作用极为重要,它是读者进入知识宝库的钥匙;少了它,要想从几十万甚至几百万的藏书中得到所需的图书资料则如同大海捞针。

目录的形式主要是卡片,这在世界各国图书馆中已普遍采用。但自六十年代中期电子计算机开始在美国应用于图书馆业务

378

以来,世界上不少现代化图书馆已在逐渐废除卡片代之以机读目录,用电子计算机进行储存和检索。这虽然是大势所趋,但是要完全停止使用卡片目录恐怕还得有一个相当长的时期。我们必须根据我国目前的实际情况和发展规划来进行设计。卡片和卡片屉的尺寸如下表:

	卡片尺寸(毫米)		卡片屉尺寸(毫米)	
	普通书籍	文献索引	普通书籍	文献索引
H高度	75	105	100	150
W(宽度)	125	150	130	170

　　目录室内的主要设备是存放卡片的目录柜。目录柜的大小,根据抽屉的组合变化而定。国际上目录卡片是有统一尺寸的(图7-15,a),因此,目录卡片屉及目录柜也有统一的规格。图中卡片

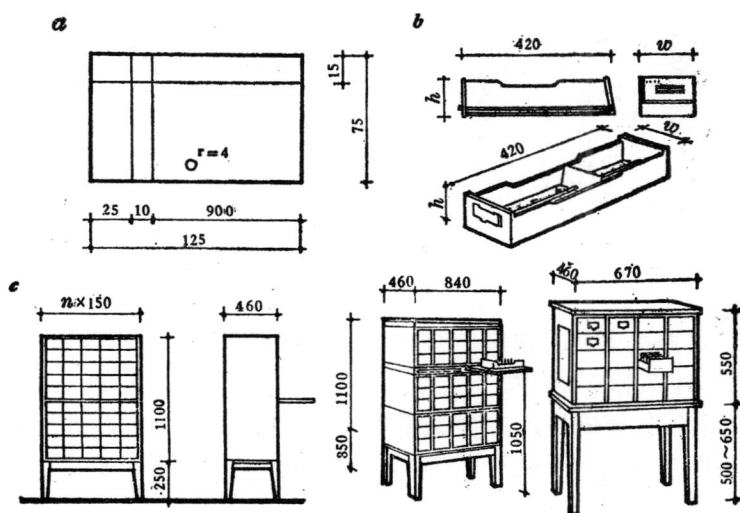

图7-15　卡片、目录屉及目录柜(尺寸:毫米):
a——卡片;b——目录屉;c——目录柜

的圆孔半径r为4毫米。

目录柜的抽屉数有多有少,各馆不一,最常用的目录柜为15屉,横五格,纵三格,外形尺寸是:宽为840毫米,高为1350毫米,深为460毫米。其他抽屉式的目录柜外形尺寸可参见图7-15,b、c。

在有些图书馆、特别是学校图书馆,读者多,目录使用频繁,为了避免拥挤,干脆将目录抽屉敞开,固定地排列在桌面上供读者翻查,形成一种目录台。南京工学院图书馆及南京化工学院图书馆借书处就是采用这种形式的(图7-16)。

图7-16 南京化工学院图书馆目录台

这种目录台的缺点是卡片暴露在外容易积灰,不够清洁整齐,并且占用的面积大。

带有抽屉的目录柜通常是架叠在台桌上。台桌的高低不同:高脚座桌高约800—1000毫米,矮脚座桌高350—600毫米,同一图书馆目录厅内使用的高低台桌的高度差,应以所选用的目录柜的单体高度为标准。这样目录柜架叠排列后,虽然台桌有高低,但总的高度会取得整齐一致。叠架起来的目录柜最下一格离地高度应不小于350毫米,最高一格顶离地高度不超过1450毫米,过高和过低都会造成使用上的不便。

2. 目录柜的排列

目录室内目录柜的排列方式应以使用方便为原则,一般都采用不靠墙的行列式布置,使读者查阅目录时尽量少走动。因此,要力求整齐,相互连接,容易找到后续部分,不宜嵌入墙内或沿墙一顺摆开,这样不仅距离长,查阅不便,同时也不便于增添柜子或改变屉数,使卡片的变化和增加受到限制。

行列式目录柜排列有单面柜和双面柜两种,每行长度不宜过长,一般不大于20个卡片屉的排列长度(即3.2米左右)。每行之间的净距在行间无桌子时,单面柜可为1200—1500毫米,双面柜则需2000毫米左右。在行间布置桌位时,应按站式查目或坐式查目分别对待,后者排列间距应大一些(图7-17及图7-18)。

3. 目录厅的面积

目录厅面积的确定,决定于图书馆的藏书数量及卡片数量。卡片的数量与藏书的册数是不等的,因为图书馆藏书并非一个书名一本书,有的是复本书,有的是册数较多的丛书和多卷集。因此,卡片数目的多少就不是以藏书册数为准,而是以书名作为统计单位。此外,反映一个书名的目录卡片也不是一张,图书馆为了使读者查找方便,往往从几个方面编制不同系统的目录卡片,一般大型图书馆供读者使用的有三套目录卡片,即书名顺序目录卡,作者姓名顺序卡和分类目录卡。由此可知,一个藏书200万册的图书馆除去复本和丛书后,如有20万书名,那么它的卡片数就是60万张。此外,还需说明,目录柜的抽屉总要留有余地,而不是装满的,以备新卡片的插入。通常每抽屉只装800张卡片。按此计算60万张卡片需装750个抽屉。为了查阅方便,目录柜每纵行如若不超过5格,则需150纵行。按照标准目录柜的尺寸计算,它的净面积为12.4平方米。排列这些目录柜时,柜与柜之间应留出充分的间

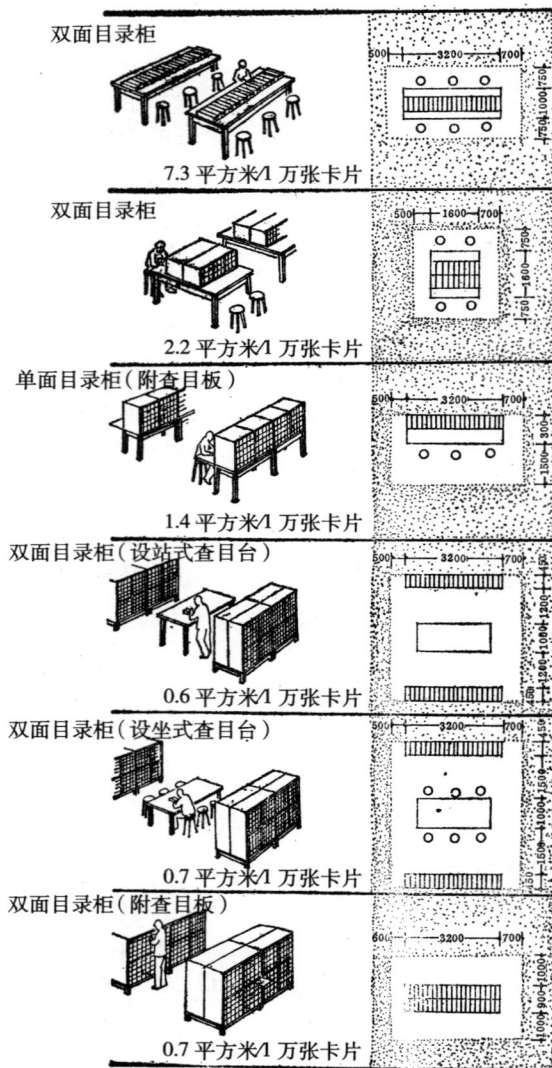

双面目录柜

7.3 平方米/1 万张卡片

双面目录柜

2.2 平方米/1 万张卡片

单面目录柜（附查目板）

1.4 平方米/1 万张卡片

双面目录柜（设站式查目台）

0.6 平方米/1 万张卡片

双面目录柜（设坐式查目台）

0.7 平方米/1 万张卡片

双面目录柜（附查目板）

0.7 平方米/1 万张卡片

图7-17　目录柜排列方式（右侧尺寸为毫米）

图7-18　目录柜排列实例：

a——单面行列布置；b——双面行列布置；c——沿墙周边布置

距,以便读者穿行和摆设桌椅,还要留出一定的面积布置参考目录书架或咨询台。这些空间的大小通常是目录柜净面积的5—7倍,因此,整个目录厅的建筑面积应在12.4平方米的基础上增加62-87平方米,这样总的房间面积应为75—100平方米。

由上可知,目录室的面积大小一般取决于卡片的数量。目录柜形式及排列方式,设计时可按每10万张卡片需要5—10平方米的面积来考虑,即每平方米面积可服务1.4—3万册藏书。若按每平方米面积平均服务2万册藏书计算,一个藏书量为200万册图书馆的目录厅则为100多平方米。藏书量少于50万册者,按每平方米面积服务1.4万册计算;藏书量多于50万册者,按每平方米面积服务3万册计算。

如果目录厅和出纳台合并在一个房间里,借书处的总面积应包括出纳台的工作面积、出纳台前的交通及等候面积和存放目录柜面积三者之和。

三、出纳台设计

出纳台是图书馆中藏书、阅览和服务三大工作内容的总枢纽,它的主要工作是借书、还书和读者登记。

1. 出纳台的设置方式

出纳台的设置方式各馆不一,基本上是集中设置和分散设置两种,具体方式有:

(1)集中设置在一个借书处　这是一种较普遍的方式,它在一个借书处办理各种书籍的借还手续(图7-19,a)。这种方式优点是管理集中,可减少工作人员,但在读者较多,借书还书时间较集中的图书馆里(高等院校图书馆往往利用课间休息时间去借还图书)非常拥挤。安徽大学图书馆出纳台集中布置在一处,工作人员反映"有时像百货公司"。而安徽医学院图书馆出纳台分设几处,借书只需5分钟。

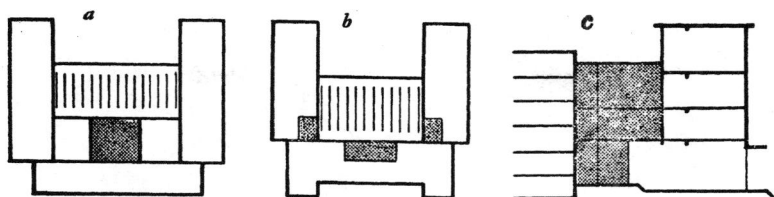

7-19　出纳台设置方式：
a——集中设一处；b——同一层分设几处；c——分设于各层

（2）在水平方向分设出纳台　根据需要按不同科目分设几处出纳台，并有单独的出入口，可以方便读者，借书较快，但工作人员要相应增多（图7-19,b）。

（3）按楼层分设出纳台　按楼层将不同科目的书籍分设出纳台。近期建造的安徽合肥工业大学图书馆在第一、第二和第三层上都设立了出纳台（图7-19,c）。这种方式更使读者方便，但要特别注意出纳台地面与书库楼面标高的一致。

出纳台的设置方式，对图书馆的建筑布局影响较大。它们应紧贴相应的书库，接近所服务的阅览室，并且各出纳台应在同一水平直线上或在同一条垂直线上，这样既可缩短取书距离，也便于安装书籍的水平和垂直传送设备（图7-20）。

2. 出纳台的大小、形式及布置

出纳台要有足够的长度和工作面，以避免读者办理取还书手续时的拥挤。30万册以上藏书量的图书馆，读者所需出纳台长度和面积可按每人占出纳台长度0.5米，每人占使用面积1.15—2平方米计算。出纳台工作人员每人所需工作面长度为1.3—1.5米，工作面积为4—6平方米。出纳台内需要留有足够的面积，以供出纳人员来往通行及运书。出纳台的进深不应小于4米，以备有一定的面积，用于存放使用率高的常用图书及等候上架归库的图书。这

385

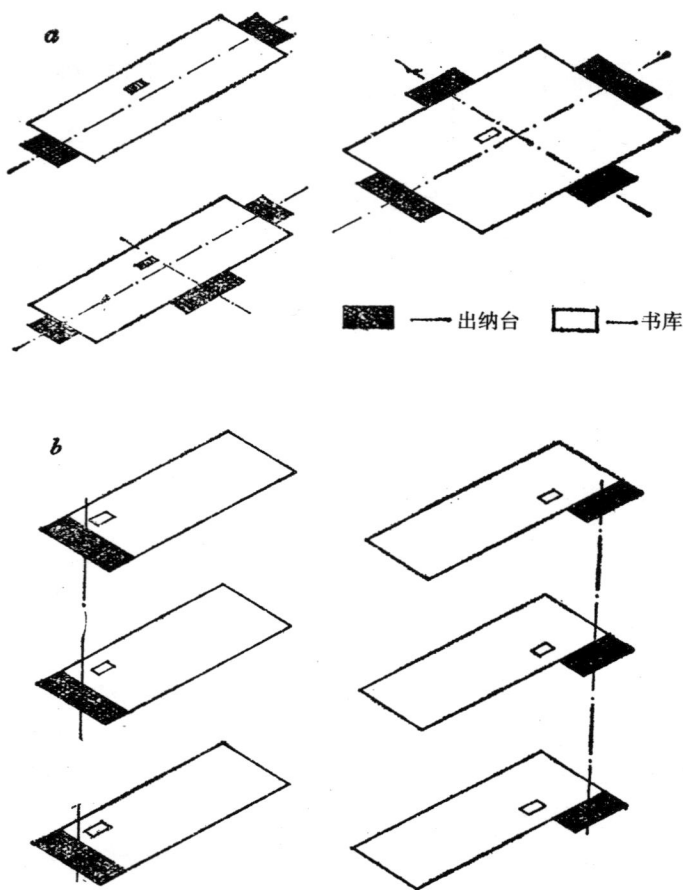

图7-20　出纳台设置的相互关系:
a——设置在同一层的水平直线上;b——设置在不同层的垂直轴线上

些面积可根据具体情况决定。出纳台大小见图7-21。

据调查,一般图书馆中,借书处(目录厅及出纳台合并一室)的总建筑面积约占全馆总建筑面积的3—5%。

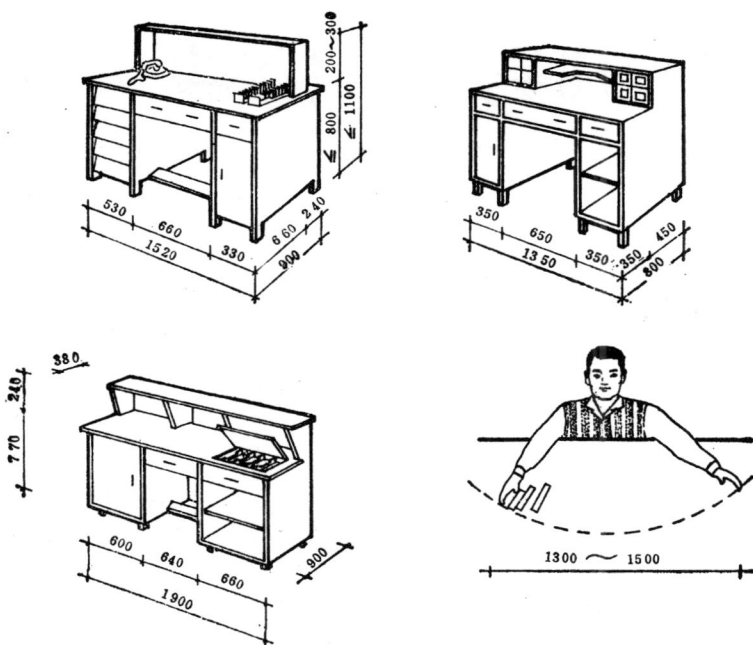

图7-21　出纳台形式和大小（尺寸：毫米）

出纳台布置可以有各种不同的形状：有横贯全室的"一"字形，有为了增加柜台长度而采用的"冖"形或"几"形，也有偏于一边的"厂"形或"L"形。除此之外，国外实例中还有呈环状的"○"形和小八角形"⬡"（见图7-22及图7-23）。

设计时要注意不宜将"冖"形柜台的两翼设计得太长，否则，不但使读者在柜台前活动感到不便，而且也会影响正面柜台的取书长度。

在构造上，出纳台又可分为固定式和组合式两种。固定式出纳台系一整体，可以用各种材料制作，如木质的、塑料贴面的或水磨石大理石等。组合式出纳台一般是木制的，它有矩形和转角两

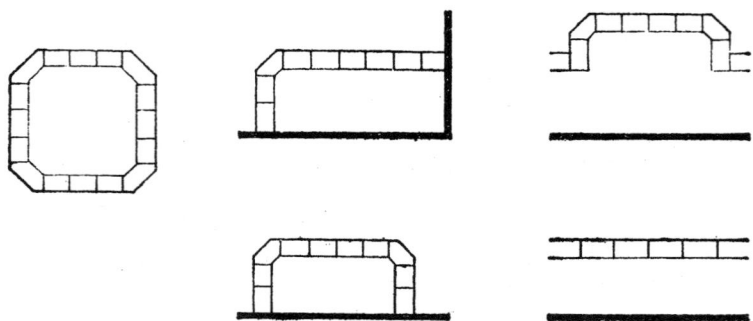

图7-22 出纳台基本形状

图7-23 出纳台实例:
a——"一"形;b——"⌐"形;c——"○"形;d——"□"形

种单元,可根据需要,变化灵活拼装,颇为方便。图7-24所示即为组合式出纳台之一例。它是由图中箭头所示的七个单件组合而成。

图7-24　组合式出纳台之一例

此外,出纳台还有封闭式和开敞式两种方式(图7-25)。封闭式是将出纳台变为出纳室,用玻璃与目录厅隔开,如同一般车站

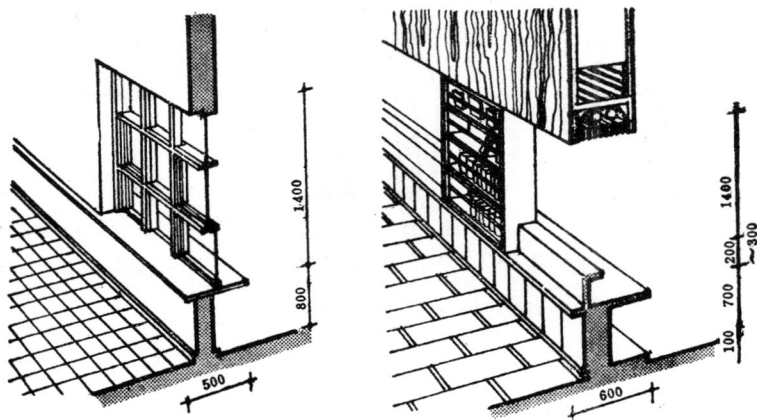

图7-25　封闭式和半封闭式的出纳台(尺寸:毫米)

售票室的方式。上海科技大学及陕西省图书馆都采用这种形式。它的优点是出纳处安静、利于图书保管,但与读者关系不够密切,夏天闷热。国内多数图书馆则采用开敞式,其形状像邮局或银行那样的柜台形式。

3. 出纳台内外高差的处理

由于出纳台内工作人员坐着工作,在出纳台外读者是站立的,必然有一个站、坐的高差,相差约200—300毫米。为了便于工作人员方便地与读者联系,高差的处理有三种办法(图7-26)。

(1)出纳台内外地面等高,工作人员需坐高椅来与读者保持同一水平工作面(图7-26,a)。

(2)出纳台内外地面等高,出纳台面的设计应分别适应站、坐的两种不同高度的工作面(图7-26,b)。

(3)出纳台内外地面不等高,将出纳台内地面抬高以保持同一水平工作面(图7-26,c)。无锡轻工业学院图书馆就是采用这种形式。它将抬高的地面做成木地板,既解决了高差问题,也改善了工作条件。但需注意使书库的地面与抬高的地面相平。

a 内外地面等高,
工作人员用特制高凳

b 内外地面等高,
特制出纳柜台

c 内外地面不等高,
采用普通桌椅

图7-26 出纳台内外高差的处理

第八章 办公业务及其他用房

　　图书馆内部业务房间的设置,是根据图书馆的任务、类型和内部组织机构等方面确定的。规模小的图书馆很多工作是兼管的,办公室也只要3—4间就可以满足了;规模大的图书馆功能比较复杂,服务范围和内容广泛,所以工作人员和所需的房间也多。本章不拟讨论图书馆的内部业务用房,究竟应该如何安排,这显然超出了建筑设计的范畴。下面本章仅就行政办公、内部业务及其他用房的组成和设计加以叙述,供设计中参考。

第一节　行政办公用房

一、行政办公用房的位置

　　行政办公用房在图书馆馆舍中占较少的使用面积,但它是图书馆中业务和行政的领导中心, 要求与其他用房不但要分隔开,而且还要有便利的联系。它既要联系读者和接待来访人员,同时又要与内部其他部门有工作上的联系,因此位置要适中。它们彼此应靠近,有直接的走道相通,位置应设在业务用房的附近,既要联系方便,又不受读者人流的干扰。对内应避免从阅览室穿行,对外应具有单独的出入口。例如:同济大学图书馆行政管理用房成组地布置于馆舍西南角的二楼,楼下为采编部门,取上下垂直联系,有单独的出入口,另设有雨廊与书库、目录厅出纳室相通。这样就既与采编部门靠近,又与各部联系方便(见图8-1,a)。云南省图书馆办公用房置于馆的东侧,与采编部门相近,又可直通门厅和接待室(见图8-1,b)。又如,南京医学院图书馆的办公与采编靠在一起,从主体建筑物拉出来,自己形成一个小院落,有单独的门对外,朝向通风良好,与目录厅和其他房间的联系也很方便,位置合理(见图8-1,c)。

上述几例,行政办公用房都不在读者活动的交通线上,保证了工作区的安静,也做到内外分开,功能分区的要求是合理的。

二、行政办公室用房的组成及面积

行政办公室一般包括馆长室、业务办公室、人事部门、会计室、总务室和会议室等,这些房间在建筑上一般没有什么特殊要求。房间面积大小可按每一工作人员4.5—10平方米设计,但整个房间不要小于12平方米,有时还附设一个文具日用品库,其面积大小各馆不一,可根据工作需要而定。

有些图书馆要求设专门的接待室,多数将接待室设在门厅入口处附近,最好能与行政办公室靠近兼作会议室,面积30—50平方米即可。南京铁道医学院图书馆的设计,就是这样考虑的(图8-2)。

办公用房的数量和面积大小各馆不一,一般是根据图书馆的规模、任务、性质来具体确定。公共图书馆自成体系,办公室的设置可能多一些;在学校图书馆中,它直接受院校领导,行政办公用房相对地就可少一些。

第二节　内部业务用房

内部业务工作,通常有采编、交换、外借、参考、辅导及复制、

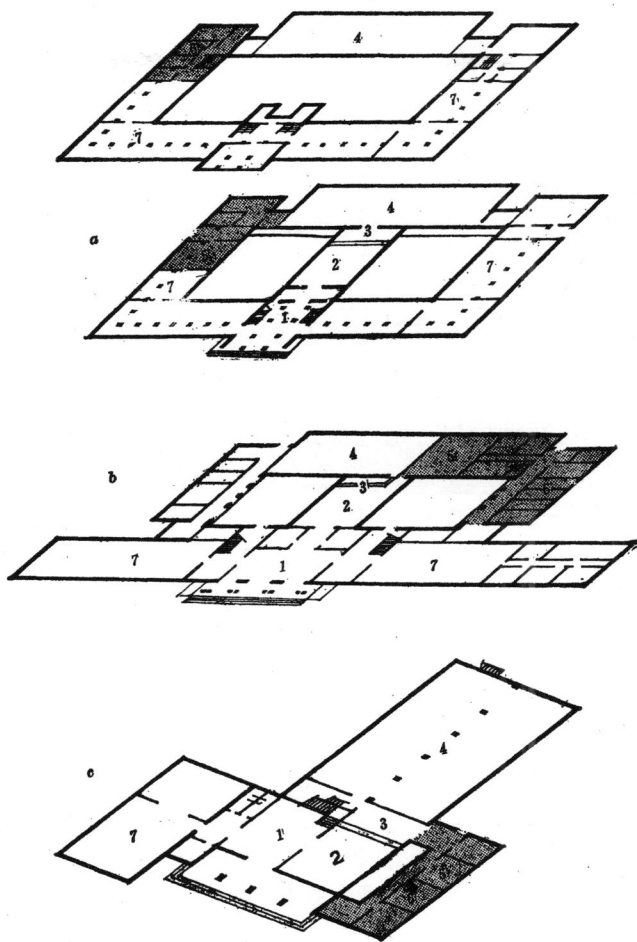

图 8-1 办公业务用房位置：

a——同济大学图书馆；b——云南省图书馆；c——南京医学院图书馆；

1——门厅；2——借书厅；3——出纳厅；4——书库；5——采编室；

6——办公室；7——阅览室

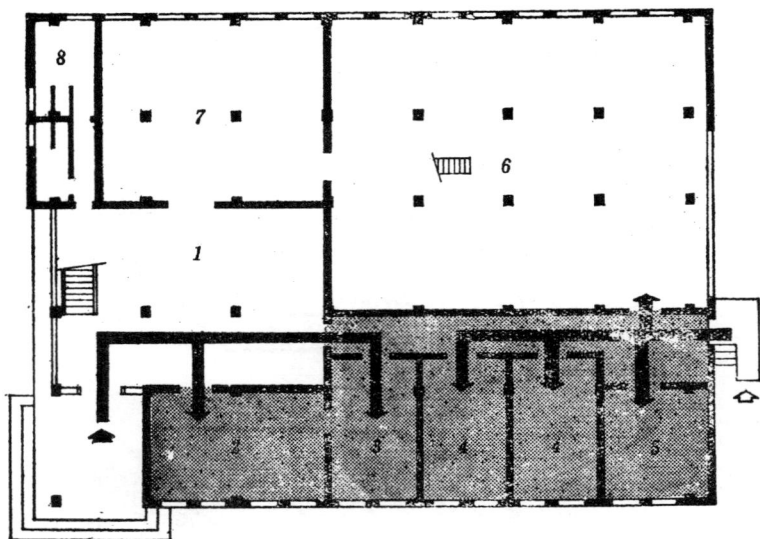

图8-2　南京铁道医学院图书馆办公业务用房：
1——门厅；2——接待室；3——办公室；4——编目室；5——
采编室；6——书库；7——期刊阅览室；8——厕所

装订、加工等部门。下面分别简述之。

一、采编部门

采编部门的工作（即图书采购和编目）是每一个图书馆最基本的业务，也是图书馆内部业务中较为繁忙和重要的工作。采编工作用房大致有：采访室、分编室、储藏室等。一般较小的图书馆是将采购和编目两项工作合在一起进行，规模较大的图书馆则将两部分划开，同时又将采购分为中文和外文两组，将编目分为中文编目和外文编目两组。在北京图书馆中，外文组还分为西文、日文、俄文采购及交换组等，在新馆建成后它们可能还要扩大和细分。尤其在国际交往频繁后,交换图书的任务更重,交换作为图书增加的一环,更不可忽视。这些房间的设计应严格地根据采编工作程序安排,采编工作程序可以参见图8-3。

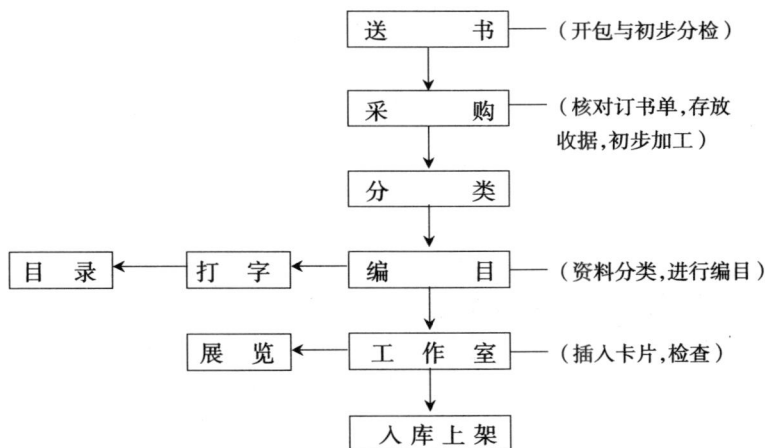

图8-3　采编工作程序

　　根据这样一条工作程序设计,将使图书馆的内部业务,沿着一条科学的、合理的程序工作。一方面对外有畅通的运输线路,避免往返和干扰;另一方面又不和读者的人流交叉。因此,这些业务房间都要成组布置。在中、小型图书馆中,一般以设在底层为宜;在大型公共图书馆中,因为采编工作量很大,也可单独设在一幢建筑物里,但要与书库紧密联系,同时也要靠近目录厅。从上图可知,这样的布置方式便于书籍加工和入库等工作。如果这组房间不能够设在底层时,则应将图书拆包、点收设在底层,但要有单独的对外入口,其他房间可根据条件设在二层或二层以上,一般编目室最好设在主层。对存书量大的大型图书馆,在拆包室前,要设有月台,以便车辆直接装卸书籍,减少上下搬运。同时,要保证它与书库及作业用房在水平和垂直方向有直接联系。但是,在一些建成的图书馆中,这些内部业务基本功能要求往往被忽视,以致造成工作上的不便。例如:有的采编部门的房间分散在几个地方,未能成组布置,相互距离比较远,彼此联系不便;而在某些图书馆中,这些房间虽已构成一组布置,但与有关房间(如书库、目录厅等)毫无关系,图书编目完成后,图书及目录需通过其他房间,甚至通过露天送到书库和目录厅,很不方便(见图8-4)。图书馆中一般对采购及交换图书用房面积普遍感到不足,所以在设计时必须充分注意,最好安排一些周转书库,否则图书进馆无处放置。

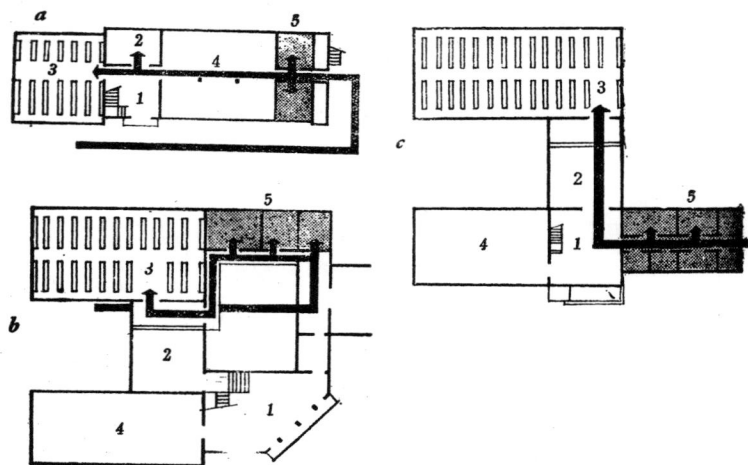

图8-4 采编用房设计实例分析:
a——采编到书库穿行阅览室;b——采编需经露天到目录室及书库;
c——采编需经门厅到目录室及书库;1——门厅;2——目录借书;
3——书库;4——阅览室;5——采编室

下面将采编部门的主要房间简介如下:

1. 采购室、交换室

室内除有办公桌外,还有预购卡片目录柜、帐柜和书架等设

396

备（图8-5）。进书量大的图书馆应设新书存放室或新书暂存库，它们的面积视图书馆规模而定。存放室（周转书库或暂存库）应有单独的对外入口以便新书搬运。

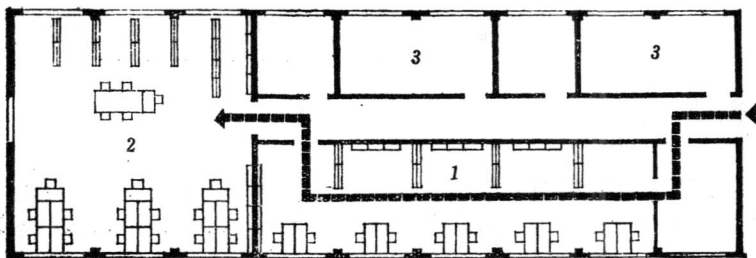

图8-5 采购室平面布置：
1——采购室；2——编目室；3——其他用房

2. 编目室

编目室里家具比较多，除了编目办公桌以外，还有目录柜、参考书架、文簿存放柜、打字台、油印台等。编目人员工作时桌子上堆放大量的文具、书籍，桌子应较普通办公桌为大，桌旁尚附有小书橱。因此编目办公室的面积不能太小，一般可按每人6—10平方米设计。人员多、面积大的编目室要布置灵活，按工序排列，严防产生交叉和逆流现象（图8-6）。

在大、中型图书馆中，编目室一般分中文与西文编目室，它们分散在相近的两间或可灵活分隔的大间内。

编目室内打字机噪声较大，对编目工作有一定的影响，因此，打字机最好设在编目室的相邻房间，门和隔墙可做些隔声处理。如果打字与编目在同一房间，可在打字机工作台上设吸音装置或在编目工作台上加隔声罩挡板。

期刊的编目、典藏和流通是一条龙单独系统。期刊的编目室应靠近期刊库和期刊阅览室出纳台。

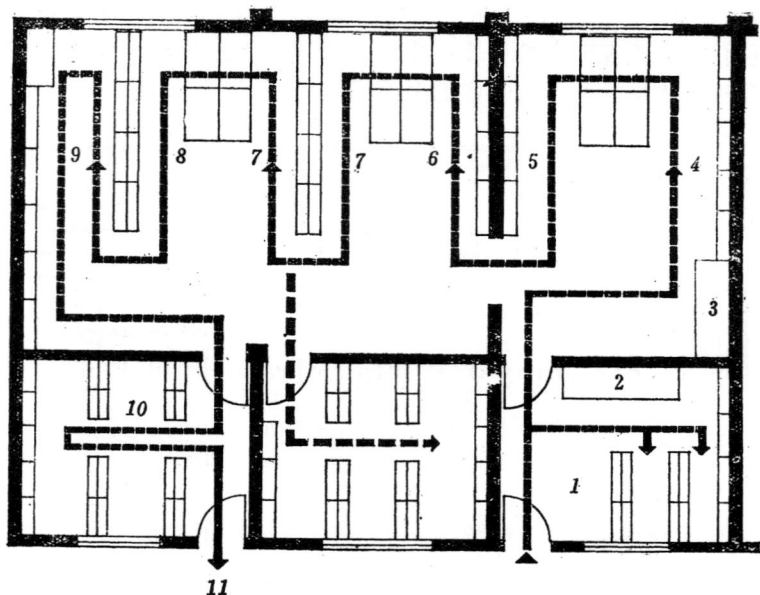

图8-6　编目室平面布置：

1——临时存包处；2——拆包桌；3——订购片柜；4——采购；
5——登记；6——分类；7——编目；8——加工；9——校对；
10——临时存放；11——入库上架

二、照相复印室

随着科学和现代化的发展，图书馆中的复制业务已较为普遍地展开。复制的方法有缩微复制、直接照相、静电复制、重氮复制（紫外线复制）、热敏复制（红外线复制）和印刷复制等。但目前普遍使用的为静电复制和直接照相。

复制室的位置宜与书库、期刊库、缩微阅览室、专业阅览室和研究室等邻近，以便于联系。一般房间及器材库的温度为16—

27℃，相对湿度为25—60%；冲洗放大室温度为20℃±1℃，相对湿度在55%左右；母片库、感光材料库的相对湿度为40—50%，并要求有通风除尘设施。室内要有稳压的电源，照明要求白光照明、红光操作，要顶灯、壁灯，防止吊线。室内装修宜简洁，不作凹凸的线脚以便清扫；墙面地面宜用无光泽、易擦洗的材料；门的大小应考虑到大型设备进出方便；同时，门窗应双层密闭，暗室应设遮光窗帘及防光门斗。

三、装订室

在大型图书馆中还设有装订室。装订室最好与期刊库、书库直接联系，并且通风要好。装订室的常用设备为工作台、切纸机、起脊机、压力机和印字设备（烫金机、压印机、铅字架等），并要在其间设置准备库，以便暂时存放装订好的和待装订的书刊及部分原料工具等。装订室的面积大小和装订量及机械化程度有关，每一工作人员的使用面积约为8—12平方米，但装订室最小面积一般不小于40平方米。装订室的平面布置见图8-7。

一般图书馆可不设装订室，他们的业务大多是委托馆外有关单位。附有印刷厂的学校或科研部门图书馆不必再在馆内设立装订室。

四、宣传工作室及各种资料工作室

宣传工作室位置要接近展览室，面积可按每一工作人员6—8平方米来考虑。

内部资料工作室包括内部科技资料的采购、分类及编目等工作。位置宜与科技阅览室及教师阅览室等接近，其面积按每一工作人员6—8平方米来考虑。

另外，有的大图书馆还设有国际、国内交换工作室，它可与业务办公室组合在一起。

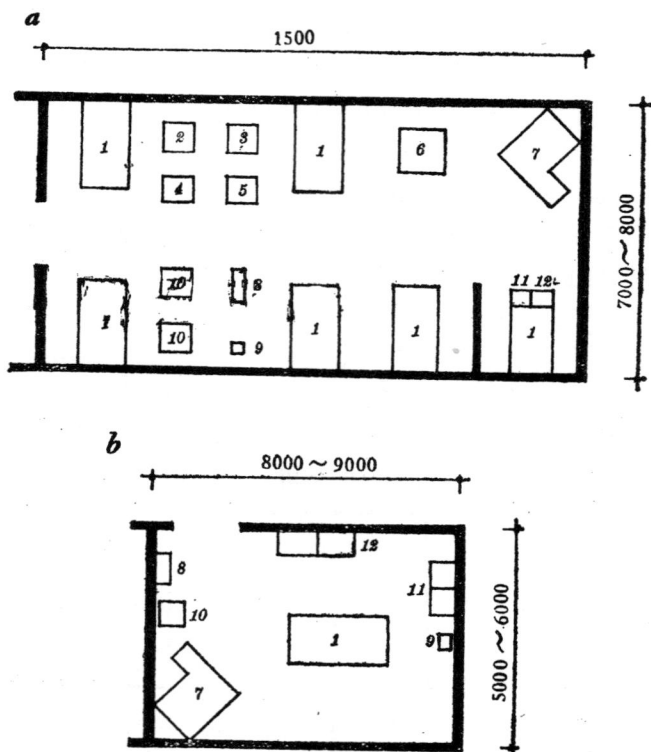

图8-7 装订室平面布置实例(尺寸:毫米):
a——大装订室;b——小装订室;1——工作台;2——锯口机;3——锁线机;
4——订书机;5——打眼机;6——切书机;7——切纸机;8——起脊机;
9——熬胶炉;10——压力机;11——烫金机;12——铅字架

第三节　其他活动及辅助用房

其他活动及辅助用房包括:门厅、讲演厅、陈列室、接待室、小型会议室及厕所,有的还设有休息室及吸烟室等。下面就设计中

400

主要注意点,简介如下。

一、门厅

图书馆的门厅是读者进出图书馆的必经之地,它既是交通枢纽,又是具有一定的管理机能。因此,门厅设计必须符合这方面的功能要求。在设计时,首先要考虑门厅内的交通组织,使之与借阅部分和阅览室有直接、方便的联系。它应该宽畅、不迂回曲折,同时也要将不同的读者人流路线分开,不相互交叉或穿行,避免相互干扰。一般应将浏览性读者用房和公共活动用房(如讲演厅、陈列室等)靠近门厅布置,使它们出入方便和不影响阅览室的安静。此外,管理台、接待室(有时还需设置衣帽间或小件存放室)也需设在门厅附近。门厅与各部分的功能关系如图8-8所示。

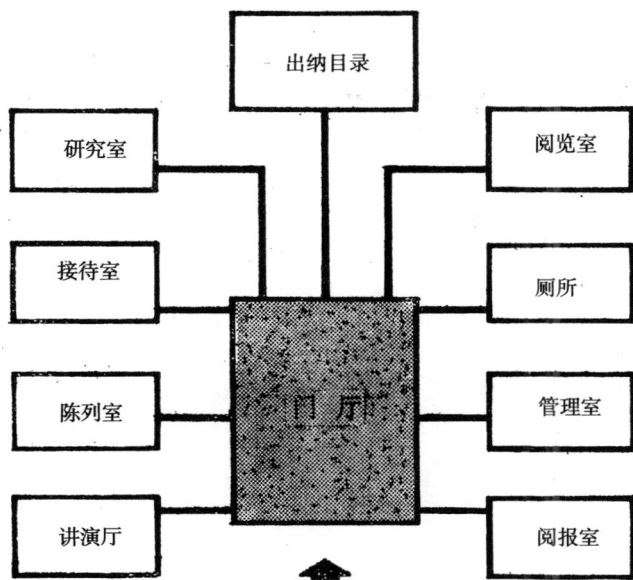

图 8-8　门厅与各部分关系图

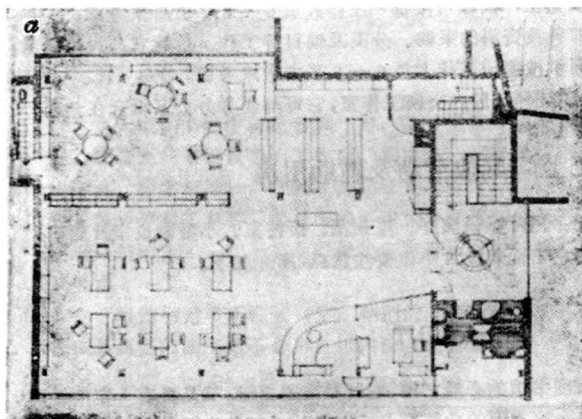

图8-9　小型图书馆服务台的位置：
a——平面；　b——内景；

在开架阅览和小型图书馆中，外借出纳台就设在门厅附近，它还可兼作服务管理台（图8-9）。

图8-10为几个图书馆门厅内交通组织的分析。图8-10,a为北京大学图书馆的门厅（另见实例图录Ⅰ-3）。门厅的设计，对交通流线组织明确合理，将一般阅览读者与浏览读者分开；楼梯靠近目录厅入口布置，与阅览室联系方便，由目录厅出来

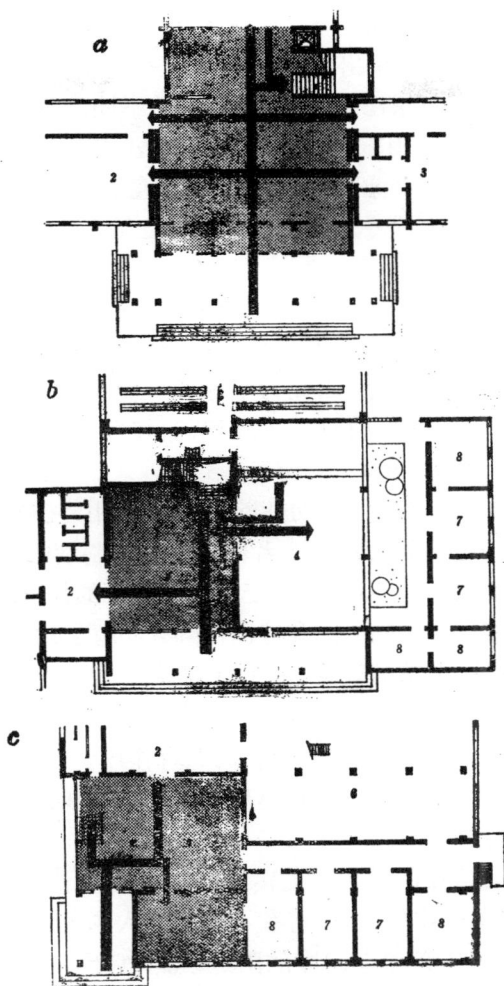

图8-10 图书馆门厅交通组织分析：

a——北京大学图书馆门厅；b——南京医学院图书馆门厅；c——南京铁道医学院图书馆门厅；1——门厅；2——阅览室；3——接待室；4——目录厅；5——登楼处；6——书库；7——采编办公室；8——行政办公室

后可直接登楼上各层阅览室。图8-10,b为南京医学院图书馆的门厅。在它的南面为目录出纳室,正面为楼梯,另一侧为留学生阅览室。楼梯又靠近目录出纳室的出入口,使不同的读者进出或上楼都方便,互不干扰。图8-10,c为南京铁道医学院图书馆的门厅。由于该馆紧临学校内交通干道,门前无法设置雨篷或门廊。所以在门前凹进一块作为读者入馆前停留缓冲之地。主层设在二楼,楼梯靠大门布置,较自然地引导读者上楼。门厅底层供读者浏览及对外接待用房,主要房间位置显著,各种人流也互不干扰。

又如天津大学图书馆的门厅,由于整个布局的决定,把出纳目录厅放在后楼的二楼,因此为了加强人流组织的导向性,正对门厅中间,设计了一部直跑的大楼梯,直接明确地把读者引向二楼(参见实例图录Ⅰ-22)。

此外,图书馆中门厅的功能除了交通作用外,还往往在这里设置布告栏、陈列橱等,以向读者作一些规章制度的介绍、新书推荐和学术活动的指导,赋予它一定的宣传教育的任务。因此,在门厅设计中要留有一定的空间和墙面供陈列布置之用。这也有利于创造一个安静图书馆的气氛。南京工学院图书馆在门厅陈列着学校最近科研成果和学生的优秀作业成绩,这样做无疑地会对进出图书馆的读者,在精神上起着很大的鼓舞作用。南京医学院图书馆的门厅,由于合理组织交通,腾出了一角墙面供陈列之用,墙面上设置有陈列橱。

公共图书馆在门厅入口处需要设立读者登记处或读者领证处,有的还设置存物处,以便寄存不允许携入图书馆的物件,如提包和雨具等,这些都要在门厅的附近设置,它也就是进出图书馆的管理处。例如,上海科学院图书馆和四川省图书馆门厅的入口处就设置了这种用房(图8-11及实例图录Ⅰ-23和Ⅰ-6)。南京市人民图书馆由于设计时没有考虑这一问题,读者没有地方存寄物件,只好在室外另建小屋作存物处,这样有损雅观。

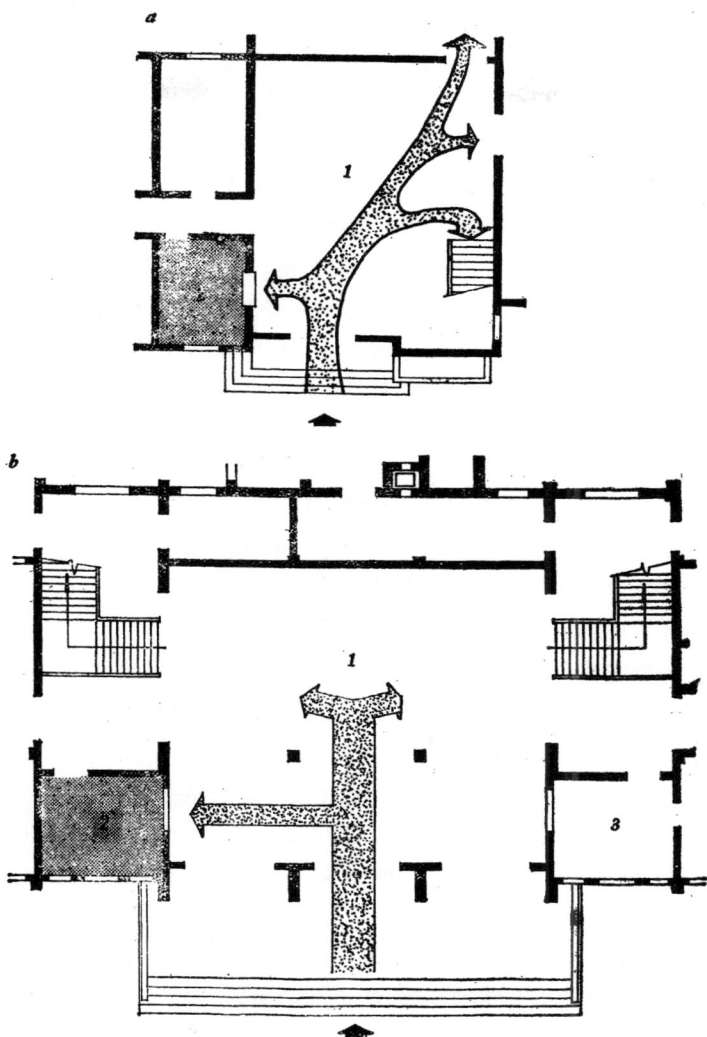

图8-11 门厅内设存物处之例：
a——上海科学院图书馆；b——四川省图书馆；1——门厅；2——存物处；3——接待室

在寒冷地区,门厅大门处还应加设前门厅,以供防寒。

门厅的面积大小,要根据图书馆阅览室座位的多少来决定,一般是每座位0.12—0.2平方米。目前有的图书馆门厅偏大,有些大而空,面积使用不经济;而有的则偏小,致使人流进出有拥挤之感,宣传布置橱窗也无处安排,使得图书馆的气氛不足。

二、楼梯

楼梯是门厅中重要的组成部分。它不但是上下交通的要道,在功能上具有导向的作用,而且在门厅的空间组织中,也起着一定的装饰作用。因此,读者使用的楼梯位置要明显,尽量做得开敞一点,不宜封闭,尤其是借书处在楼层时更应如此,以引导读者登楼借阅。

目前,图书馆楼梯设计一般容易犯两种偏向:一种是把楼梯设计得过分堂皇,甚至在大厅内布置两部巨大的楼梯,在门厅中左右对峙,从而过多地占用了图书馆中有用的空间,这是不恰当地强调了它的装饰作用,在某种程度上是受到对称形式的束缚;另一种是进入门厅后看不见楼梯,需要通过一段走道才能发现它,这是对楼梯的适用性和装饰作用都重视不足的表现。这两种偏向在图书馆设计中都应该避免。前面所述各图例在楼梯的设计上都是较好的,特别是北京大学图书馆,它的平面是对称的,进入门厅后也无一不是对称,唯独楼梯只设一部,位于一侧,这种处理是合理的。

图8-12是英国谢菲尔德大学图书馆的入口大厅。楼梯的设计充分体现了它在功能上导向性和在建筑空间处理上的装饰性,不论在室内和室外都取得了诱人的艺术效果（另参见实例图录Ⅱ-14）。同样,美国哈佛大学医学图书馆大厅中两部开敞的曲线形楼梯（实例图录Ⅱ-11）,也取得了较好的实用和艺术效果。

此外,楼梯的设计尚需符合防火及建筑设计规范的有关规定。

图8-12　英国谢菲尔德大学图书馆入口大厅：
a——外观；b——入口大厅内景

三、讲演厅与陈列室

通常在较大型的公共图书馆或科技图书馆中常需设置讲演厅，以供学术报告、讲座等用。这种讲演厅应根据图书馆性质、规模、任务而定。一般分大、中小三种类型，小型能容纳200—300人，中型为400—600人,大型为1000—2000人。由于它使用时人流集中,通常都设在图书馆的底层,靠近门厅,最好有单独的出入口,便于单独开放。大型讲演厅要求在基地范围内独立设置,少数也有设在图书馆楼上。这种讲演厅较理想的是要有幻灯、电影、录像等放映设施,以便开展有关电化教育的学术活动。为此,窗户应有遮光设备,以便白天也可使用。

图书馆中设讲演厅,目前在我国还未被重视,因此,带有讲演厅的图书馆在国内还不多。随着文化、科学技术的发展,它在图书馆中的地位和作用将日益显得重要。在进行图书馆的规划和设计时不能忽视它。在国外的图书馆中,讲演厅一般是不可少的组成部分。

此外,一般图书馆内部常设置1—2间陈列室和展览厅,供国内外读者参观。在公共图书馆中就更需设置这种用房,其面积视各馆需要而定。

陈列室的位置也要靠近门厅,可单独设立出入口,有时也设在楼上,但必须与阅览用房和业务加工用房相分开。由于它有时要接待外宾,最好在其附近设有接待室和休息室。

此外,陈列室和讲演厅也可结合布置,灵活使用,二者可分、可合,面积也较经济一些。

目前,在国外,为了扩大读者在图书馆的学习效果,有的就在图书馆内布置各种展览和艺术品陈列,甚至设置供文化演出之类的用房,以提高读者的学习兴趣和效果。例如,新设计的美国达拉斯公共图书馆就是这样考虑的(参见实例图录Ⅱ-3)。

四、厕所

厕所似乎是一个不值一提的小问题,但从调查中得知,它却是一个很实际的大问题。在图书馆中,对厕所设计得较好的实例并不多,相反有严重教训的不少。例如,南方某所大学图书馆,规模达一万平米以上，一进门就感到一股刺鼻臭味，并且层层如此，这就是由于厕所位置不当，排气不佳所造成。

在图书馆设计中，读者厕所的位置是不容忽视的。如果处理不当就易有气味，造成空气污染门厅和阅览室，或者造成使用不便。总结经验教训，今后设计读者使用的厕所时，位置一定要隐蔽，使用要方便。在规模不大的图书馆中也不一定要层层设置男女厕所，可将男女厕所间层设置，以节约面积。实践说明，读者在图书馆使用厕所的次数并不太多，更不像教学楼那样使用集中。有的图书馆为了怕臭气不好解决，干脆馆内不设厕所，将厕所设在馆外附近的地方，这会给读者在使用上造成极大的不便。

隐蔽，不仅是为了减少气味问题，而且也是怕它有碍观瞻。目前，有的图书馆将厕所放在门厅内或主要通道上，一进门就见到厕所，似乎是太强调了它。有的馆将厕所设在过厅内，有的设在大楼梯下，有的面向天井、内院布置，这些都有可取之处。但有的设在阅览室一端，造成使用者必须穿行阅览室，干扰较大。总之，厕所问题不能忽视，在设计时需要认真对待。

同济大学图书馆的厕所在通风排气问题上处理得较好，位置也隐蔽。南京铁道医学院图书馆的厕所设在门厅楼梯的背后，既隐蔽又方便，这些都是设计得较好的例子（参见实例图录Ⅰ–19及Ⅰ–24）。

第九章　图书馆的建筑艺术

第一节　图书馆建筑艺术的重要性

　　图书馆是一个古老的、同时也是一个现代化的文化建筑。它在文明建设中占有重要位置。图书馆的建筑和一个国家、一个民族或一个地区的文化历史，有着密切的联系。有人甚至把图书馆建筑物本身看作是文化艺术的象征。为此，许多重要图书馆的设计常由国家的主管部门组织和开展广泛的设计竞赛。以冀创造出功能适用而建筑艺术水平又很高的图书馆建筑来。早在本世纪二十年代，瑞士伯尔尼国家图书馆的设计就是通过举行全国设计竞赛，评选出优秀方案，付诸建造的。它的建筑艺术风格简洁朴实，造型新颖，颇具新意（图1-23），在图书馆建筑史上占有一定的地位。日本国会图书馆是五十年代战后新建的最大的国家图书馆之一，也是通过竞赛而征得的最佳设计（见实例图录Ⅱ-5）。五十年代末，意大利国家图书馆的设计，也是如此。七十年代英国伦敦不列颠图书馆的设计（图9-1）和伊朗巴列维国立图书馆（图9-2）也都是通过竞赛征得最优秀的方案的。尤其是后者开展了世界范围的设计竞赛，共收到来自世界各地区近600个设计方案。1975年，我国国家图书馆——北京图书馆也组织了全国主要的设计单位和有关高等院校进行设计竞赛，在104个方案基础上，经过三轮设计方案讨论会，由29、9、3三个方案，综合为一个设计方案，才上

图 9-1 英国伦敦不列颠图书馆新馆设计

a——模型俯视图；b——室内透视图

图 9-2　伊朗巴列维国立图书馆设计竞赛一等奖方案：
a——模型鸟瞰；b——模型透视

报国务院的。这些足以说明,世界各国对图书馆的建筑创作是极为重视的。

图书馆如同其他公共建筑一样,是工程技术和建筑艺术的综合创作。它不仅要满足藏书和阅览的物质要求,还要满足人们精神的需要,这就要求图书馆建筑必须具有感人的建筑形象。不仅国家图书馆是这样,地方公共图书馆,乃至大学图书馆也都如此。它们一般置于城市的重要位置或校园建筑群的显要地位,无论从城市规划的角度,还是从建筑艺术的角度来讲,都必然对图书馆的建筑形象有着较高的要求。实际上,一个实用而漂亮的图书馆一旦建成,对那里的人民将产生巨大的精神力量,激励人们发奋学习,努力工作。

在这方面,建筑历史也向我们作了有力的说明。例如,第一章已提到的,1536年建的西方圣马可图书馆就是意大利威尼斯圣马可广场中的主体建筑物之一。这个广场素以布局灵活和周围建筑的造型优美闻名于世,至今游人仍称赞不已(见图1-12)。它不但在图书馆建筑与结合城市广场进行设计方面提供了一个良好的范例,而且作为建筑艺术,也一直是我们学习文艺复兴时代建筑风格的宝贵素材。

六十年代建造的美国奥尔良公共图书馆,由于建筑师运用现代混凝土材料和技术,创作了一个模拟古代要塞式和大教堂式的建筑形象,激起了该市市民们情感上的反响,认为这所图书馆在建筑艺术上的成就是无与伦比的,它成了该城建筑史上的一个里程碑(见图9-3)。

我们在第四章中提到的美国达拉斯公共图书馆,它的设计任务书就曾明确提出:"图书馆建筑应是一个使人振奋,有活力美的建筑,使整个的环境给人带来学习的欢乐。"建筑师在设计这座图书馆时研究了70多个图书馆及其他建筑,最后才创作了一个造型新颖,富有活力的建筑物,成功地满足了设计要求。

图9-3 美国奥尔良公共图书馆：
a——图书馆外景；b——主层阅览室内景

第二节　图书馆建筑艺术的创作原则

一、功能是建筑艺术的基础

建筑是技术和艺术的综合作品,它有严密的科学性,又有丰富的艺术性。建筑艺术既和一般的艺术、戏剧、绘画、雕刻等有共性,都以其形象艺术来感染人,但它也具有不同于一般艺术的特点。它并非是一项纯粹的艺术品,它的艺术价值首先是建立在使用价值的基础上。只有既适用于图书馆的功能而又表现出"美"的建筑形象,才能构成有价值的图书馆建筑艺术;反之,只体现出"美"而不适用于图书馆功能的建筑形象,也不是真正的图书馆建筑艺术。满足图书馆藏书、阅览、服务的使用要求,也是图书馆建筑创作的首要原则,是建造图书馆建筑的基本目的。因此,图书馆的建筑创作首先要从功能出发,也就是从适用出发。建筑形式应是内部功能合乎规律的反映,而不是纯粹臆造。首先在满足图书馆功能要求的前提下再进行艺术的加工,以求内容和形式的统一。凡国内外一些优秀的图书馆设计都遵循这一原则。只有这样,才有永存的生命力。反之,则往往是"昙花一现"。

如前所述,建成于1931年的瑞士伯尔尼国家图书馆,就非常重视技术和艺术的统一,取得了非凡的成就。它采用了钢筋混凝土结构。它的建筑风格没有去模仿文艺复兴砖石结构的造型,而是充分显示着钢筋混凝土的材料和结构的特征。在建筑造型的处理上也真实地反映了内部功能的要求,简洁端庄,大胆新颖,至今虽已经过半个世纪,仍不失为一个好的设计,供人借鉴。

1954年建的柏林美国纪念图书馆是另一个成功的例子。它从功能出发,运用灵活自由的、非对称的布局方法,将书库置于地下，首层为巨大阅览室和讲演厅等公共活动用房，二者均为单层的建筑物。办公、辅助书库等内部用房集中设在一个七层（包括地下一层）板式建筑物中。立面高低错落有序，对比强烈，加以底层的连续柱廊和七层高的微微弯曲的体量，整个外貌充分表现了内部空间组织的特征，从而使建筑形式与内容取得有机的统一。

建筑创作的首要因素是服从功能要求，但并非是唯一的因素。实践证明"形式必须因循功能"，但不能走向极端而变成唯功能主义。相反，一味追求形式，而不顾功能和使用要求，必将陷入美学的虚无主义的泥坑中去。

二、建筑形象要反映建筑物的性格

建筑艺术创作的另一个问题是，如何表现建筑物性格的问题。建筑物的类型很多，用途各不相同，不论采取什么材料、结构和施工方法，它的最终建筑形象都要能反映或表现它的性格，即在建筑艺术处理上必然赋予每一幢建筑物恰如其分的形象。如一所图书馆，它的建筑形象看上去就要像一个阅览和储存图书的建筑，而不应被人误认为是其他的公共建筑物。图书馆的外形和装饰手法既不同于商场、展览馆，也不应和教学大楼相雷同。它的外貌和装饰应该能向人们表明它是一个安静的公共性的文化学习中心。它的建筑形象应该有益于诱导读者去学习。

要恰如其分的表现建筑物的性格，不是一件容易的事情，但是，它又是可以被表现，并为人们所认识的。如前所述，内容决定形式，建筑物的性格取决于建筑物的内容。建筑物不同的功能，要求在很大程度上形成了它的基本外形特征，建筑造型就要有意识地表现这些基本特征，表现得充分、恰当，建筑物的性格也就容易被人们认识和理解。对于图书馆建筑来讲，阅览室、书库和工作间是它最基本的三大组成部分。阅览室的空间要开敞明亮，常常设计成大片玻璃窗，而书库，尤其是传统的书库，层数较多，但层高

416

不高,往往开设成窄而长的窗户,加之,运用建筑造型和色彩的效果,表现出其端庄宁静的气氛,这些就构成了图书馆外部形象的特征。例如,北京师范大学图书馆八层的中心书库与低层的阅览室都在外部造型中得到了充分的表现(见实例图录Ⅰ-15)。书库的窄条窗户,两侧宽大的阅览室,以及入口门廊都使它具有较浓的图书馆性格。同样,苏州医学院图书馆,由于采用"一"字形平面,书库和阅览室的空间特征在外貌上就一目了然了。

当然,书库的表现手法不一定都在主要立面上得到反映,书库的窗户也不完全都需按传统的方式开得那样窄而长。而应由图书馆建筑自身那简洁的外形,开敞的阅览空间,吸引读者的入口处理和优雅宁静的环境,表现出图书馆的性格来。如南京铁道医学院图书馆,虽然书库在后边开设了较大的窗户,书库的特征在立面上并未得到表现,但是,它那简洁方整的体型,向外伸挑通长玻璃窗的阅览室,与周围环境紧密配合的转角入口,明确而又自然地反映了内部不同功能用房的空间要求,从而较好地显示出图书馆的性格(见实例图录Ⅰ-24)。1980年建成的南京市人民图书馆虽然在平面布局中,仍然采用传统的阅览在前、书库在后的格局,但它的外部造型处理却颇费匠心,在主要立面上,开设大片玻璃窗表现阅览空间,外墙采用白色瓷砖贴面,并饰以浅绿色的沿口及窗下墙板,又故意压低入口雨廊,使整个建筑造型显得轻快明朗,给人以亲切恬静之感。夜晚,灯火通明,透过大而低的玻璃窗,行人可见到内部读者孜孜不倦的学习活动,很具有诱导力(图9-4及实例图录Ⅰ-8)。

总之,要表现出图书馆建筑的性格,就要努力表现它是一个群众性的"文化中心"或"学习中心"这一特征,创造一个具有感染力和吸引人的建筑形象。

不仅如此,对建筑创作来讲,每一个图书馆的设计,还必须有其自己的特点,而不应彼此雷同,应提倡探索多种形式和风格的

图9-4 南京市人民图书馆:
a——外观;b——入口;

表现手法。目前,大多是千篇一律的平屋顶,成排的大窗户,虽然在具体手法上也有所变化,但总的感觉似乎好像"见过面",缺乏自己的"个性",不能给人留下深刻的印象。这几年,我国兴建了一批省、市、县级公共图书馆、大专院校和科研部门的图书馆,大多采用中轴线对称的平面、平屋顶、大窗户等,基本流于公式化和一般化,这与长期以来建筑创作不够繁荣有关。当前,各级各类图书馆建设的比重和规模将会随着图书馆事业的发展而逐年增加,相信我国的建筑师、工程师一定能创作出适合我国国情的建筑风格,丰富我们的建筑艺术理论。在国外,一个城市公共图书馆的各个分馆,都非常重视各有自己的特点和风格。例如,美国沃思堡城,在六十年代先后建造了五个市公共图书馆分馆。它们分别由五个设计公司设计,虽然整个建筑物,都是按一层设计的,但是,它们之间的外部造型却完全不一样。其中南区分馆(图9-5)是简洁的矩形和方形体量的结合,虚实对比强烈;北区分馆(图9-6)的立面造型,大胆地采用了柱式外廊,赋予它古典的色彩;东南区分馆(图9-7)更是一座实用而漂亮的现代建筑,白色的砖墙面,铜色的斜屋顶以及它的入口和落地窗的处理,都给人以亲切明快的感受;西区分馆(图9-8)运用现代的材料技术,创作了一座富

图9-5　美国沃思堡图书馆南区分馆

419

图9-6　美国沃思堡图书馆北区分馆

图9-7　美国沃思堡图书馆东南区分馆

图9-8　美国沃思堡图书馆西区分馆

有古典气氛的建筑风格,也引人注目;东北区分馆(图9-9)位于横穿城市的干道上,采用了小屋顶,深出檐,外观轻快优雅、活泼动人,与周围邻近的建筑非常协调。这种在设计中必有新意的做法是值得我们参考的。

图9-9　美国沃思堡图书馆东北区分馆

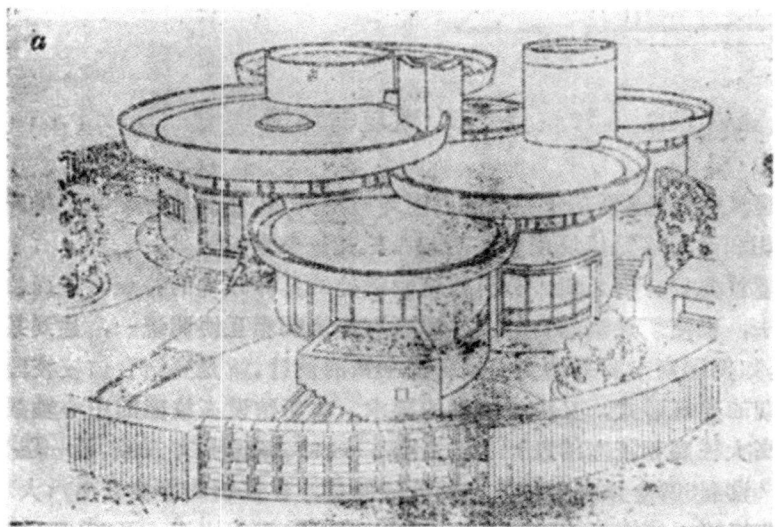

图9-10　巴黎巴拉马儿童图书馆

表现图书馆建筑性格的另一要素是从使用者——读者的特点出发。公共图书馆与大学图书馆应有所不同，前者群众性及公共性强，后者学术性较浓。至于儿童图书馆则应着力表现儿童天真活泼性格。例如，巴黎巴拉马儿童图书馆，它由一系列大小不等、高低不一的圆柱体结合组成，外形起落有致，力求创造一种符合儿童心理的活泼有趣的建筑形象，以满足儿童的兴趣（图9-10）。日本日野市立多摩平儿童图书馆，平面和内部空间处理都别具一格，其建筑外观似如一座幼稚园，给人以可爱亲切之感（图9-11）。

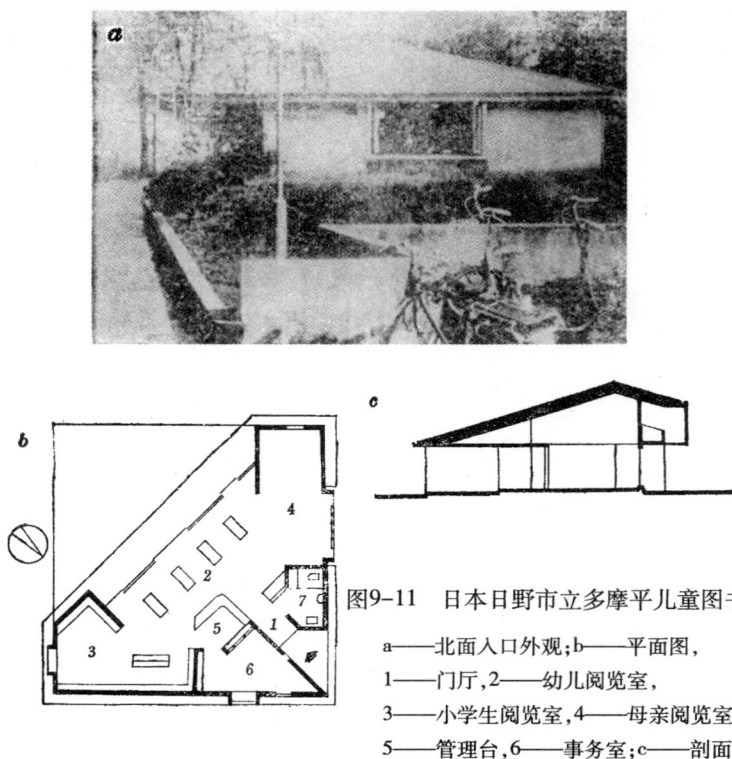

图9-11　日本日野市立多摩平儿童图书馆：
a——北面入口外观；b——平面图，
1——门厅，2——幼儿阅览室，
3——小学生阅览室，4——母亲阅览室，
5——管理台，6——事务室；c——剖面图

三、建筑与环境

图书馆建筑创作,还要充分考虑与周围环境的关系,使总体规划和个体建筑的设计都与周围环境相和谐。这是建筑创作成功与否的又一个重要因素。

考虑环境首先要分析环境,分析建筑物所处的具体环境的特点,进而决定采取何种设计处理方法,以使新建筑与自然条件和原有建筑物相互协调统一,达到某种设想的建筑环境效果。如美国南卡罗来纳大学本科图书馆的设计,就是结合该校校园原有的英国文艺复兴时期的建筑形式,又由于规划的要求,将新馆设在校园的中心轴线上,因此采用了古典的高大柱廊和基座的设计手法(图9-12)。新馆共有三层,第一层为基座层。它藏书6万册,设有600个读者座位,全部开架阅览,建筑物的外墙采用白大理石和金黄色的电化铝花格墙。建筑物的形式不仅与周围建筑物彼此协调,又因用新的材料和技术体现了建筑的时代感。

以色列里捷夫大学图书馆建筑则为我们提供了结合环境设计的另一个构思方法。这个图书馆是此所大学的中心。由于校区坐落在干旱地区,靠近布雷尔巴平原,为了在这个单调的地区增添一些趣味,建筑师将这个图书馆的外部造型设计成具有一种艺术性很强的雕塑品。它所构成的形象使人感受到是一个知识宝藏的容器(图9-13)。

对于图书馆建筑来讲,扩建常常是不可避免的。这样新老建筑物的建筑形式与风格的协调和体现时代精神往往是图书馆建筑设计创作中一个较为棘手的问题。在国内外图书馆建设的实践中,曾有过多方面的经验和教训。

1854年扩建的巴黎法国国家图书馆馆舍,是扩建在原来图书馆的一个庭院内,它的外观依然保持了原有建筑物的艺术风格(参见图1-20)。

图9-12　美国南卡罗来纳大学本科图书馆：
a——外观;b——入口;c——平面图,1——门厅,2——阅览室,
3——书架,4——参考室,5——办公室

424

图9-13　以色列里捷夫大学图书馆

　　南京工学院图书馆是三十年代初扩建而成的,扩建部分完全按照原东南大学孟芳图书馆的西方古典建筑形式和比例关系设计而成,使其新老建筑物的造型更为完美,做到了天衣无缝,宛如一次建成的一样。

　　上述两例告诉我们,在特定的情况下,扩建部分可以重复利用或借鉴原有的建筑形式, 这样在建筑艺术上比较容易统一起来。

　　此外,新老图书馆也有采用完全不同的建筑形式,但又能彼此呼应,不仅体现了不同的时代感,也创造了一个和谐的整体建筑效果。采用这种手法,而突出成功的一个实例是美国波士顿公共图书馆。这个馆是由新馆和老馆组成。老馆于1887年建于波士顿科普利广场,是世界著名的老图书馆。它是一个方形平面,中间有一内庭,外墙为花岗石,内部用精美的大理石雕刻作墙面的装饰,它是美国最好的文艺复兴式的建筑物之一。1964年开始扩建新馆,到1970年建成。新馆作为开架图书馆,老馆改作为参考图书馆，专典藏珍善本图书资料。新馆由建筑师斐利浦·约翰生（Philip Johnson）设计。平面也设计成正方形，并由九个正方形组成。中间一个正方形作为中央大厅，上设有天窗，这个空间就与老馆中的内庭相呼应。新馆采用悬挂式结构，三层至七层是悬挂在屋顶上，以尽量减少柱子，提供开敞无柱大空间，适应开架灵活布置的需要。建筑物的主要支承点就是16个塔墩。因此，新馆的形式就充分地表现了它的结构和内部空间的特点，采用完全不同于文艺复兴形式的现代建筑形式，但是这两个建筑物还是协调而统一的。因为两者有相同的体形，相同的高度，相同的方形平面，相同的花岗石外墙材料，而且不论是老馆或新馆都充分表现了各自的结构特点，立面上的大小拱卷又使新老馆自然地协调起来（图9-14）。

美国哈佛大学医学院图书馆（图9-15及实例图录Ⅱ-11），由于建在校园中用地比较紧张的地段，而周围又均为古典建筑，在这种条件下，建筑师没有仿效原有建筑物的形式，而采取了与原有古典建筑强烈对比的手法，选用了现代建筑形式，但在造型上还考虑了新、老建筑形式的协调关系。新建的图书馆为八层，平屋顶做得很厚，并向外伸挑，以求与原有古典建筑的檐头相呼应，立面凸出的部分既表现了内部小凹室的幽静读书环境，又近似古典建筑的"柱间"处理，同时，也使墙面形式与原有建筑风格相统一。这种处理手法，不仅使新、老建筑形式彼此呼应，而且使新的图书馆建筑更为突出。

图书馆建筑与周围环境关系的另一处理方法是采用地下或半地下的设计。特别是在有限的基地上进行扩建时，采用这种办法是有效的。它对于节约土地，开拓新空间，节约能源，保护和美化环境有独特的优点，所以已成为今日美国和其他经济和技术较发达国家的一种新的设计方式。这种方式的建筑艺术完全由外部转入到内部，由地上转入到地下，地面上只有出入口，屋顶上可

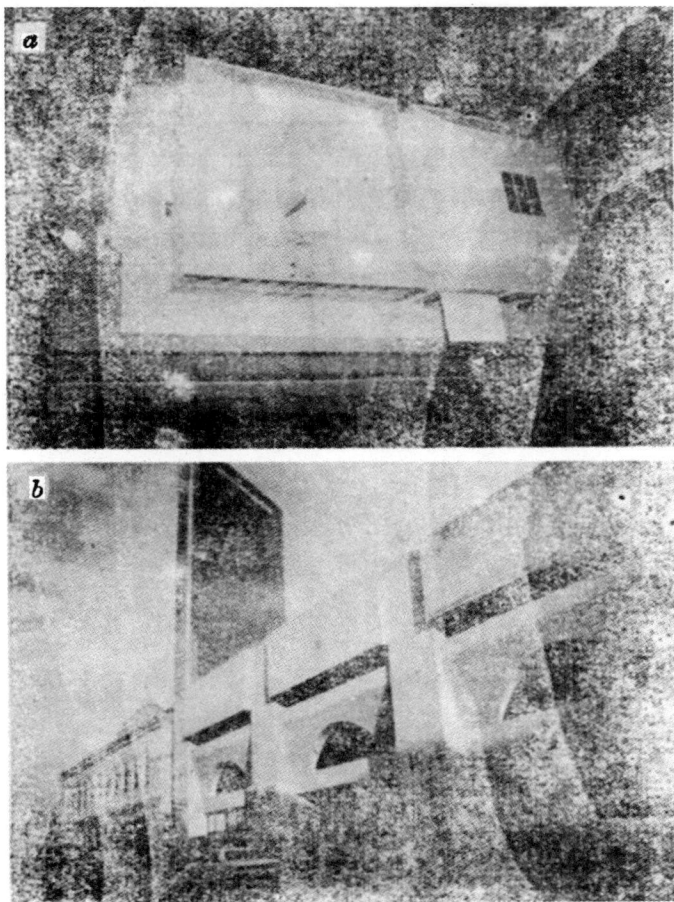

图9-14 波士顿公共图书馆：
1——模型；2——外观

以覆土种树栽花。加拿大哥伦比亚大学新图书馆（参见图3-13）
及日本同志社女子大学图书馆（图9-16及实例图录Ⅱ-7）等即属
此例。

图9-15　美国哈佛大学医学院图书馆

图9-16　日本同志社女子大学图书馆

四、民族的和地方的特点

图书馆既是文化建筑,所以反映民族和地方的文化特点就是图书馆建筑的又一个重要课题。它要求建筑师在满足功能要求的前提下,综合运用现代技术和物质条件,创造出具有民族的和地方特征的建筑形式来。它既不应该是盲目复古,也不应该是今日西方建筑的翻版。我们的社会主义建筑艺术和风格应在继承我国优秀的古典建筑的基础上努力革新;要在学习外国先进技术和经验的基础上进行创造。建国以来,我国建筑界一直在实践中探索这一问题。在图书馆设计上,有采用过大屋顶的形式,如南京林产工业学院图书馆;有采用过盝顶的形式,如北京中央民族学院图书馆(见实例图录Ⅰ–18);有采用过平顶和盝顶相结合的形式,如安徽省图书馆(见实例图录Ⅰ–1);而绝大多数的图书馆都采用现代的建筑形式——平屋顶、方盒子,对民族特点及地方风格的探讨却较少。在当前我国建设现代化的进程中,这一问题更为突出。有人认为,随着国际间的文化交流,科学技术日趋接近,建筑不再是有显著的国家和民族的属性,建筑风格的民族特征必将逐渐减弱。这种看法是不全面的,我们不能简单地得出这样的结论:相同的材料和技术就只能产生相同的建筑形式。在古希腊和古埃及的建筑中,使用的建筑材料都是石料,但却产生了迥然不同而又都很完美的民族风格和建筑形式。我国也是为此,同样材料的木构架却产生了各具特点的南方和北方的建筑形式。今天世界上各个国家随着文化科学技术的交流,相互之间有一定的影响,但各个国家人民的思想、习惯、爱好、审美观等是不相同的,加之各国的历史、社会经济、政治及各种自然条件等原因,各国各地区的建筑形式是不可能完全一样的。新材料和新技术是产生新的建筑形式的基础,建筑师的职责就是要在满足筑建功能要求的前提下,综合运用现代的技术,努力创造出适合本地区、本民族的新的建筑形式和风格。在这方面,日本的新建筑提供了一些有价值的启示。他们在模仿中创造,在创造中又模仿,使日本的现代建筑具有较鲜明的民族特征。他们的不少新建筑,有着较浓厚的传统气息,在图书馆建筑创作中也不乏其例。如由著名建筑师丹下健三设计的东京立教大学图书馆就很有特色。利用旧馆的两层作一部分阅览室,读者来馆先经过一部室外楼梯,直接登上屋顶平台,由平台进入借书处。这个三层钢筋混凝土的图书馆建筑,在造型上颇有日本建筑传统的民族风格。它既不是陈旧形式的抄袭,又没有盲目地搬用"世界建筑"形式,使人对它感到既有时代感,又有民族特征(图9-17及实例图录Ⅱ-15)。五十年代建成的墨西哥大学图书馆则是现代建筑中表现民族形式的又一种手法。在图书馆正立面上镶贴彩色图案,它继承了墨西哥民族文化的传统,又因题材内容独特而具有浓厚的地方色彩(图9-18)。北京图书馆新馆设计是我国建筑界在继承与革新问题上新的探索,它没有简单效仿国外现代图书馆建筑"国际形式",而是努力探索创造具有中国特点的建筑形式。对14万平方米的建筑物根据使用和分区的要求,共分为既相对独立又有联系的14个主要的建筑群。总体

图9-17　日本东京立教大学图书馆

图9-18　墨西哥大学图书馆

布局采取传统手法,对称严谨,高低有致,并用革新的孔雀蓝琉璃瓦和盝顶、平顶相结合的建筑形式,又在建筑群中点缀亭廊小品,穿插绿化庭院,力求从多方面反映出我国传统的馆园结合的建筑特点(图9-19及实例图录Ⅰ-4)。对于这样重要的国家图书馆建筑,采用这些建筑艺术处理手法,注意表现我国传统建筑的特点无疑是必要的,它将可作为我国文化荟萃的代表和我国悠久文化的象征。但是,对于一般地方图书馆建筑来讲,就不宜都取用这样的处理手法和形式。它们可以采用更自由些的建筑布局和形式,最好具有乡土气息和地方风格。

第三节　图书馆建筑艺术的演变

上一节,我们讨论了图书馆建筑艺术创作的一般原则。这些原则,由于图书馆事业的不断发展,物质技术的飞快进步,以及人

图 9-19 北京图书馆（新馆）设计方案（模型鸟瞰图）

们对图书馆的认识和理解不断的深化，因而在不同历史时期，图书馆建筑形式也在不断的变化。这些变化虽是多方面的，但是从建筑历史的发展角度来看，可以清楚地看出图书馆的建筑艺术是经历了一个由简到繁，又由繁到简的演变过程。这个演变乃因上述各种客观因素的变化而形成，不以个人主观意志为转移。总的来说这个变化乃是社会生产力向前发展，建筑事业日益工业化和现代化的必然结果。

从本书第一章的图书馆发展简史中，可以看到中世纪国外较早的图书馆，一般都是规模较小，简洁朴素，有些是附设在教堂和修道院中的，没有形成自己独特的图书馆建筑面貌。后来出现的一些著名学院里的图书馆，也只是些简单的长方形房间，两边开窗子，比较注重实用。文艺复兴以后，在一些皇家宫廷图书馆中，出现了讲究气派、华丽高大的空间和宏伟的外观，它对以后一些国家的图书馆建设影响很大，使后来的许多图书馆建筑也走上装饰繁缛的道路。

随着资产阶级革命的发展，西方社会对图书馆的认识有了新的变化，常常把它和博物馆建造在一起。因此，这时图书馆建筑纪念性的特征相当突出。人们为了使图书馆在建筑造型上具有纪念性，于是就采用庄重的古典建筑形式。宽大的台阶，高大的柱廊，堂皇的门厅和气派的楼梯，成了那个时期图书馆建筑不可缺少的部分。这种图书馆建筑风格沿用了一个多世纪。美国洛杉矶公共图书馆就是一个鲜明的例子。它平面对称，外观庄重，馆前水池喷泉、雕像及两排高大的树木衬托着整个建筑，使读者明显地感受到它强烈的纪念性（图9-20）。

十九世纪，虽然工业革命给西方社会生产各个方面都带来了巨大的变革，当时在音乐、绘画等艺术领域中都取得了很多的成就，但是建筑艺术却没有随建筑功能、技术材料的变化得到应有的发展。这种现象可以从十九世纪末到二十世纪初美国重要图书

433

图9-20　美国洛杉矶公共图书馆

馆设计中表现出来。这些设计一直未能摆脱折衷主义的窠臼,把图书馆庄严宏伟的纪念性气魄推到了顶峰。这些建筑物虽然在美观上大受褒奖,但是大多数在使用上不够合理。厚重的墙身,巨大的檐口和笨重的拱顶与所采用的钢框架结构之间产生了矛盾。为了在建筑艺术上满足一些过时的形象,却要求建筑功能、材料和技术作出不合理的牺牲。

由于追求纪念性,缺乏对建筑物个性的认识,一律采用折衷主义手法,乱搬乱套,结果闹出了一些荒唐的笑话。例如,美国费城有两幢文艺复兴式建筑物,一是地方法院,一是公共图书馆,彼此为邻,内容完全不同,外形却一模一样,结果是打官司的人常跑进图书馆,借书的人又常常错走进法院,真是令人啼笑皆非(图9-21)

与此同时,欧洲的图书馆建筑在新建筑运动的推动下似乎进步较快。建于1928—1931年间的瑞士伯尔尼国家图书馆既创新于

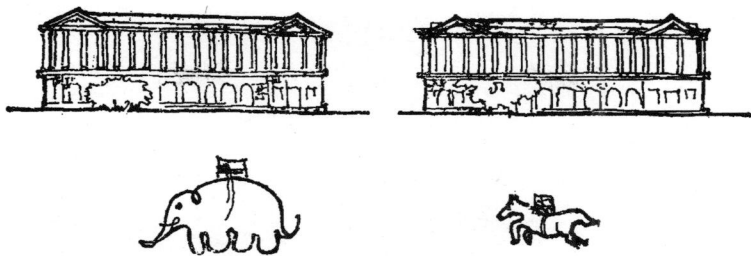

图9-21 美国费城法院和图书馆

前，1932—1935年间建造的芬兰维堡里公共图书馆复饮誉于后，它们在科学技术与建筑艺术上完美统一的成就，至今仍不减色（参见图1-23和图1-24）。

随着图书馆事业的发展，人们对图书馆的认识发生了一些根本的变化。过去是"藏书第一"，把图书馆理解为"藏书楼"或为少数社会上层人士享有的"学术衙门"；新的概念认为，书籍应该为广大人民所利用，图书馆应该公共化、群众化；加之，人们审美观念的改变，科学技术的发展，图书馆建筑艺术开始摆脱传统形式的束缚，不再一味追求纪念性的气氛，而努力创造亲切感、雅静感。尤其是模数制图书馆出现以后，图书馆建筑更朝着简洁、灵活的方向发展，主张以朴素亲切，代替传统图书馆的宏伟严肃。过去那种令人眼花缭乱、繁琐的装饰消失了，那高大的阅览大厅也不再多见，图书馆建筑从繁缛的羁绊中解放出来，走向另一个简洁方向。如英国爱丁堡大学图书馆（图9-22），它是一个平面为60×80米的七层高的建筑物，整个外形极为简洁，四周全为通长的大玻璃窗，墙面饰以波特兰水泥预制板，阳台四面出挑，形成一层层对比强烈的外观，给人舒展、安静、朴素之感，没有一点虚假多余的装饰。

近年来建设的图书馆不但建筑物本身追求功能合理，使用舒

435

图 9-22 英国爱丁堡大学图书馆

适,而且非常注意环境的设计,精心布置庭院,注意内外空间和谐
与统一,力求增强图书馆幽雅自然和恬静的气氛,主张将图书馆
设计成"学习性的起居室"。例如,1976年建的美国萨拉索塔泽尔
比公共图书馆(图9-23)是一个藏书20万册,建筑面积约3000平
方米的图书馆,它包括有成人学习室、儿童阅览室、视听中心、盲
人阅读室及会议室等。设计者力求为所有读者提供一个 "起居
室" 的学习环境,采用了低层和院落式的建筑空间组合的方法。每

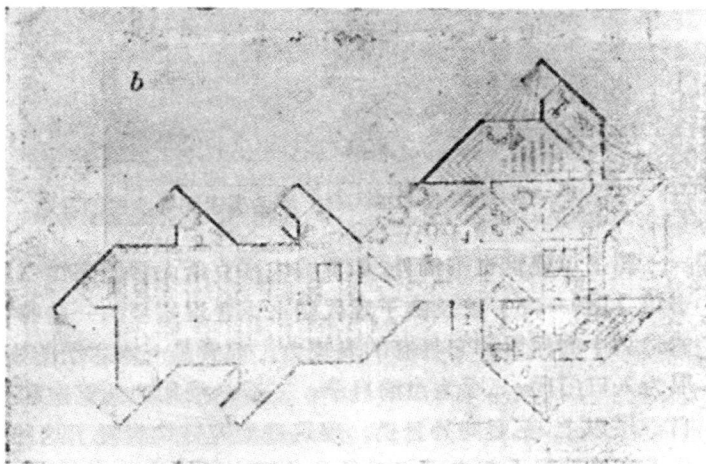

图9-23　美国萨拉索塔泽尔比公共图书馆：
a——外观；b——平面，1——门厅，
2——目录，3——书库，4——视听室，
5——会议室，6——休息室，7——小会议室，
8——办公室；c——阅览室内景

组阅览席都布置得像"起居室"一样,并分别对着各自的小庭院。建筑物外形高低参差不齐,平面自由灵活,而且选择了与当地日照和气候相适应的素雅色彩,在绿树衬托下,图书馆建筑显得非常明快、舒适和安静。

这些图书馆设计,使内部空间创造了"起居室"的气氛,外部造型则努力创造亲切感。日本福冈市土库希高卡高等学校图书馆(图9-24)和日本加库舒因大学图书馆都明显地具有这样的特征。

图9-24 日本福冈市土库希高卡高等学校图书馆

在建筑现代化的进程中,建筑技术上升到主导地位,完全改变了过去把建筑物作为手工艺品精雕细琢的状态。工业化建筑方法使建筑形式、功能、材料、结构和施工更加紧凑地结合在一起,复杂的外形和繁琐的装饰被逐渐淘汰。建筑不仅表现它的功能,而且越来越多地表现建筑技术——结构、材料及施工方法等。

图书馆建筑也不例外。如英国埃塞克斯大学图书馆(图9-25)和美国威奇塔公共图书馆(图9-26)就反映了现代图书馆建筑造型的一些特征,说明了建筑技术在建筑艺术造型中的作用和

图9-25 英国埃塞克斯大学图书馆

它具有的表现力。前者是一座六层的建筑物（另有一层地下室），底层为入口门厅，二层为出纳目录，三至六层均为阅览室和开架书库。采用6×6米的网柱，自三层以上，三面向外悬挑。建筑造型充分地表现了这种空间组合的特点，并把功能和技术有机地组合起来。后者是公共图书馆，它平面开敞，布置灵活，外形简洁，但又很富有变化，其建筑艺术的处理完全与建筑功能、结构、材料等密切

图9-26 美国威奇塔公共图书馆

结合起来,并与内部空间和谐一致,而没有虚假繁琐的装饰。它藉助于新的建筑技术和新型空间组合原则,着力表现是城市中一个"社团起居室"。

近年来,在我国图书馆建筑创作中,也比较注意把建筑功能、技术和美观,有机地结合起来,创造新的建筑形象。1978年建成的南京医学院图书馆是一座三层升梁法施工的钢筋混凝土建筑,书库在下,阅览在上,分区明确,其立面造型既满足功能要求,又反映了材料和结构的特征,达到了形式、功能和结构、材料等多种因素的统一,整个建筑造型简洁大方,新颖活泼(见图9-27及实例图录Ⅰ-20)。

在国外,人们为了把图书馆设计成为一个有吸引力的文化中心,采用了多种形式的表现手法,甚至怀古思潮、象征主义又被重视和运用。例如,美国圣迭戈加利福尼亚大学图书馆位于校园的几何中心,设计者为使图书馆不只是个藏书处,也不只是一座纪念性建筑,而应当成为一个吸引人的公共活动中心,就设计了一个61×61米的大平台,置以花坛、凳子,既作室外阅读之地,也作为

图9-27 南京医学院图书馆外观

学校的一个公共活动中心。它把五层阅览室架空设置，中间一层较大，上下两层逐渐缩小，外轮廓像个扁球，每层四周均采用大片玻璃窗。建筑形象采用了象征的手法，使人联想起，这是用手高擎着一叠书本，给青年一代以智慧和力量。这个设计比简单的方盒子更具有感染力。它被誉为"像一尊雕像"吸引着读者（图9-28）。同样，如前述的以色列里捷夫大学图书馆（图9-13）和美国达拉斯公共图书馆（实例图Ⅱ-3）也都运用了象征的手法而使建筑形象更加吸引人。前者的建筑造型具有一种强烈的雕塑感，使人联想到它们似乎是一座宝藏知识的容器；后者新颖的建筑形象拟似将一叠叠书籍重置在一起。

今天在西方图书馆建筑设计中，为了吸引读者，某些图书馆的设计像个商店，甚至有的主张图书馆可以用五光十色的鲜艳色彩，像商店和超级市场一样来吸引人。例如，日本昭岛市民图书馆（图9-29）是一个全部开架的公共图书馆，临街底层全部采用玻璃幕墙和陈列橱窗，透过大片玻璃，引人可以看到五光十色的书

441

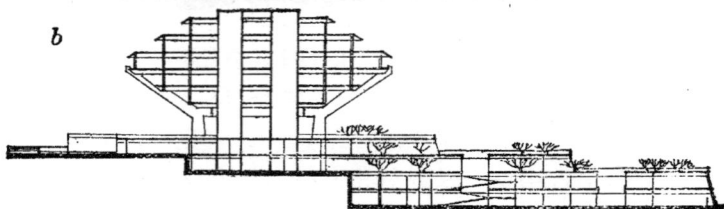

图9-28 美国圣迭戈加利福尼亚大学图书馆：
a——外观；a——剖面

籍陈设以及内部读者的活动,使图书馆像个"书籍的百货商店"。这似乎是招揽生意的心理在图书馆建筑设计上的反映。

综上所述,我们清楚地看到图书馆建筑艺术从简到繁,又从繁缛复杂走向简练清新的演变过程。历史在前进,建筑在发展,图书馆的建筑艺术将不断创造出新的水平。在建筑艺术的领域中,不管今后如何千变万化,正确的方向应该是建筑艺术、功能要求和科学技术更高度的统一,这一点似乎是可以肯定的。

442

图9-29　日本昭岛市民图书馆：
a——外观；b——入口

第十章　图书馆的现代化设备

　　为了在我国实现四个现代化,图书馆业务和服务工作必须逐步实现科学化管理。因此,采用电子计算机等现代化的技术设备,是当今图书馆事业发展的必然趋势。

　　图书馆的现代化不仅包括技术装备手段的现代化,而且还应包括管理工作的科学化。本章仅就图书馆的现代化设备加以初步的探讨和介绍。

　　当筹建一座新的图书馆时, 我们就应根据图书馆的性质、任务提出图书馆采用现代化装备的设想和规划。其中包括:电子计算机在图书馆工作中要解决的问题和应用范围;书刊情报资料的缩微化与复制化的程度;视听资料和视听阅览室的规模和设备条件;书刊资料检索传递手段自动化、机械化的要求,以及空调、自动报警、消防等的标准。这些都是我们要研究的课题。从国内外图书馆建设发展趋势分析,图书馆现代化的主要方面是:书目及书刊文献资料检索的自动化;应用电子计算机技术使图书馆工作程序化;使用光学记录技术解决图书情报资料储存高度缩微化和利用现代通讯技术使图书情报资料传递网络化。但是,在加快我国图书馆现代化建设的过程中,必须结合我国国情走中国自己的现代化道路,而不是照搬、照抄国外管理方式及全部设备。根据我国具体情况,在一个相当长的时期内,传统的手工操作仍将是图书馆的主要服务方式。先进的技术和设备只能是逐步地引用到我国图书馆建设中去,首先是在一些新建的大、中型图书馆中。因此,传统服务方式与新的管理方式的结合,传统的手工操作与先进技术设备的结合将成为我国当前图书馆工作中的特点。

第一节 电子计算机在图书馆中的应用与设计

目前在一些先进国家的图书馆里,已经广泛应用电子计算机技术来处理书目检索和业务管理工作。美国国会图书馆早在五十年代就开始研究电子计算机在图书书目处理方面的自动化问题。1966年11月该馆第一次研制出马尔克(Machine-readable Catalog 或Machine-readable Cataloguing简称为MARC)Ⅰ磁带目录(亦称机读目录)。翌年又研制出马尔克Ⅱ磁带目录。这样就圆满地解决了图书馆目录编制工作中全部著录事项的要求,也为图书馆正式使用电子计算机奠定了基础。利用这种机读目录磁带,可以生产书本式目录、目录卡片、各种专题书目和马尔克Ⅱ磁带的复制品。机读目录的产生是图书馆目录史上一次划时代的变革。不久,又产生了用电子计算机输出缩微的方法,即孔姆(COM——Computer Output Microfilm的简称)方法,出现了缩微胶卷或缩微平片的目录。缩微品的优点是:体积小,携带方便;可以连续积累,成本低;密积储存,节约空间;无需装订,加工简单及复制方便等。从一定意义上讲,它将影响和促进图书馆管理和图书馆建筑设计的改革。这样就在图书馆建筑设计人员的面前,提出了新的课题。

本节将就电子计算机在图书采访、分类编目、文献检索、流通外借、行政管理等方面的应用和设计作一简述。

一、图书采访

图书采访工作是图书馆藏书补充工作的首要环节。在过去相当长的时间内,图书采访工作都是以传统手工操作方式进行。历来这都是图书业务工作中的一件繁琐、费工、费时的工序,而且还难于做到及时、有针对性的采购图书。如果使图书采购工作实现机械化、自动化操作就会改变这种落后面貌。实现自动化操作方式的前提是:在连续编制馆藏书目的基础上,再转换为"书目数据"而输入计算机中去;然后根据采购工作需要,随时将拟订的图书书目输入计算机中。根据指令与已经储存在数据库中的图书书目和正在订购图书书目自动进行查对,确认是否重复,其结果由视频终端设备立即显示出来,并告之是否已入藏或已订购。计算机完全代替了过去人工查卡、登记、计帐等各项工作的繁琐劳动,加快了图书运转速度,大大提高了工作效率和质量。各种输入输出控制机构及机房布置情况可参见图10-1。大型计算机房需根据选用机型另行设计。

图10-1 L-330型机各种输入输出控制机构及机房布置

二、书目索检

图书目录是图书馆业务工作的根本。无论采访、编目、阅览、外借、典藏、参考服务等工作都离不开目录。而目录的编制和使用方式又决定了图书馆的现代化程度和设备。机读目录是实现目录工作自动化的重要手段。它不仅可以包括图书、期刊、报导、科技论文、文献资料等，而且还能包括非书、非刊型的视听资料。机读目录的款式包括有一般手工式目录卡片上的分类、主题、书名、著者、出版事项等各项著录内容，并都记录在计算机的磁带、磁盘或磁鼓等载体上。通过电子计算机信息处理，转换为机器能读的形式——反映在视频终端设备上，供编目、业务管理、读者检索以及编印目录卡片、书本式目录和各种专题目录使用。但是，机读目录和卡片目录在相当长的时间内将是并存的。美国是使用机读目录和计算机最早的一个国家，已有一、二十年的历史，但到目前为止，美国国会图书馆也还没有完全停止使用卡片目录，所以目录厅的设计也不容忽视。但从发展的观点看，机读目录最终要代替卡片目录，所以目录厅的设计要考虑使用的灵活性。北京图书馆新馆工程，目录厅的大小根据卡片数量计算需2400平方米，但考虑了今后改为其他用途的可能性。在设计新的现代化图书馆时，不但目录厅要设置供读者直接使用的终端设备，就是阅览室、出纳厅、参考咨询处等读者活动场所，都应提供使用电子计算机直接进行书目检索的终端设备（图10-2）。它可分期安装，预先敷设管线，留好电源，以便将来使用。

根据国外经验，联机检索具有很多优点，各馆之间的馆藏书目可以互检，并能迅速得到结果。用户如果利用计算机终端设备、带键盘的视频终端机、电传打字机（图10-3），就可以直接和计算机中心对话进行检索，形成联机检索网，不必每个图书馆都安装费用高昂的计算机设备。现在美国有250多个医学图书馆利用联

图10-2　书目检索终端设备机

图 10-3　电传打字机

机网络互检书目。西欧、日本、澳大利亚也相继建立了书目检索的国际网络中心。我国也要逐步向这方面发展。

三、图书外借

使用电子计算机来管理图书馆的流通和外借服务工作,可以加快图书流通速度,简化借阅手续。使用计算机办理一件借还书手续只需几秒钟的时间, 省去了读者和工作人员填写索书单、登记、排片等手工操作程序。目前国外一些图书馆在管理图书流通、外借和财务方面,最常使用的自动化设备有:条形码(Bar Code)光学方式和光学字符识别OCR (即Optical Character Recognition的缩写)系统。

1. 条形码输入方式

使用条形码输入方式来管理图书流通外借服务工作,是简化图书出纳手续和设立外借开架书库的必要条件。其具体管理办法是允许读者自己进入开架书库选书,将选好的图书,只需把带有

448

条形码的书袋卡和本人借书证（卡）一起交出纳服务台，由工作人员用"光电笔"或其他光电扫描方法，将两种有关的信息数据、记录输入计算机。俟发出肯定的信号后，即可告知读者已经完成了借书手续。还书时，也同样把借书证和书袋卡在电子计算机内注销即可。采用这种借还书办法后，读者就无需填写索书单，工作人员也省去了排片、抽片、登记等手续，便可迅速又准确地自动记录在盒式磁带内。每盒磁带可记录2300册图书和相应的借书证的有关数据。根据开架书库的藏书数量和发放借书证的数目配备一定数量的盒式磁带和储存柜就可以了。输入机的光电笔设备可参见图10-4。

图 10-4　输入机的光电笔设备

2. 光学字符识别系统

光学字符识别系统非常适用于中、小型图书馆的图书流通、外借服务和出纳的自动化管理工作。

光学字符读出机（图10-5），具有多种打印机的功能和辅助输入输出设备。它可以把画面内容原封不动地打印过来；打印OCR文字和汉字。视频数据终端可以连接光学字符手动读出机（图10-6），从而可以读出OCR文字和具备代替按键输入的光电笔，用它轻轻地接触画面即可以输入需要的数据。

光学字符识别系统的主要设备是由小型电子计算机及其外部设备光学字符读出机、手动读出机、软磁盘等组成。具体使用方法是先将图书和专用借书证分别编制、载上数字代码。工作人员将书和借书证分别用光学字符读出机的手动读出机进行扫描，自动将书和借书证代码数据记录在软磁盘上。一个软磁盘可记录1890人要借的书和借书证的代码数据。磁盘可根据需要补充、更换。由于这个系统具备了一定储存书目数据和输入、输出的能力，除了能解决自动借还书的功能外，还可以回答读者提出的有关借还书的咨询功能，如查询图书去向，借还书日期，办理预约等。

图10-5　光学字符读出机　　　图10-6　手动读出机

大、中型电子计算机由于储存容量大，可以在图书馆采访、编目、阅览、典藏、检索、外借工作中，发挥更大的作用。

我国图书馆电子计算机的应用关键问题是如何解决汉字信息处理（汉字输入、输出程序和设备系统）。一旦汉字信息处理系统工程的完成，我国图书馆电子计算机的应用也会逐步发展起来。

四、电子计算机站（房、室）的设计

电子计算机站（房、室）的设计不同于图书馆的其他用房，它具有一系列的特点和要求。

1. 对基地的要求

在选择电子计算机站基地时，要特别考虑基地周围有无排出灰尘和污染物质，附近有无因生产和运输而引起的振动和强烈的电磁场干扰。应该建立绿化防护区，将计算机站与上述污染源分隔开，两者最小距离应不小于50米，切忌将计算机站布置于铁路线附近或噪声高于90分贝的噪声源附近。

2. 建筑布局方式

图书馆中电子计算机站建筑布局方式一般有两种方式。中、小型计算机站都采用混合式布局方式，把它与图书馆其他用房组成一个整体。机房位置要安全、隐蔽，并要求与读者活动场所严格分开，但要尽量靠近所服务的工作部门，如采编、目录、检索、咨询、外借出纳等，以便于安装终端设备。大型计算机中心均采用独立式布置，将机房和为机房服务的辅助、生活用房都布置在单独的建筑物内。这样可以缩短管线长度，并联系方便。

3. 机房的组成和平面形式

电子计算机站不能简单地只看作是一个单独的大房间，而是能满足各种功能需要的一组用房。它包括生产用房、辅助用房和服务生活用房。

生产用房（主机房）系用于布置计算机的主要设备、完成信息处理过程和必要技术作业的场所。

辅助用房是保证技术设备正常运行并达到规定工作能力所必需的工艺操作间。它包括：信息媒体储存库，电子计算机部件检修间，空调设备间以及电源、配电间等。

服务用房主要指行政管理部门、盥洗室及衣帽间等。

电子计算机站主要房间组成如表10-1所示。其组合关系应根据工艺流程及相互之间的疏密程度合理排列，如图10-7所示。

表10-1　电子计算机站的房间组成

生产用房（主机房）	生产辅助用房	服务用房
机房：主机、外部设备 数据准备间 信息处理输入、输出检验室 信息记录媒体数据库 程序设计检验室 远程处理和通信设备间	硬件人员工作室 软件人员工作室 空调设备、通风机室 电源和配电盘室 信息记录媒体库房 维修车间 辅助设备间 自动灭火室 备用件贮藏室 装订发行室	行政办公室 会议、学习室 接待室 盥洗室 衣帽间

4. 各部用房面积组成和计算

电子计算机站的总面积应包括三大部分：生产工作用房、生产辅助用房和服务用房。根据国内外设计经验分析，这几部分用房面积的比例关系是：生产工作用房面积约占计算机站总面积的60%，其中机房面积又占该部用房面积的30%左右；生产辅助用房面积约占计算机站总面积的32%左右；服务用房面积约占总面积的8%左右。各部用房面积的计算原则如下。

（1）机房面积的计算　机房面积不仅要考虑合理布置电子

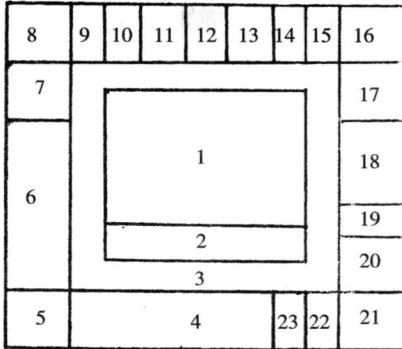

图中：
1——主机房；2——数据库；3——内部走廊；4——软件人员工作室；5——远程处理和通信设备间；6——硬件人员工作室；7——电源、配电盘室；8——空调设备、通风机室；9——自动灭火室；10——盥洗室；11——接待室；12——门厅；13——行政办公室；14——衣帽间；15——备用件贮藏室；16——会议、学习室；17——信息记录媒体库房；18——维修车间；19——辅助设备间；20——装订发行室；21——数据准备间；22——信息处理输入、输出检验室；23——程序设计检验室

图10-7 电子计算机站各房间最佳平面布置形式

计算机主机及外部设备,各种设备所占有面积和操作检修使用面积,而且还要考虑今后可能发展用的面积。这些面积的具体计算方法按下列步骤进行：确定布置在机房内的计算机设备本身所需的占地面积,以及每台设备单独的工作区和操作、检修区的面积；确定所需辅助设备的种类和数量。

根据上述两项内容列出机房的主要设备和辅助设备所需的使用面积。按这种方法计算时,是将电子计算机结构组成中各台设备所占的面积(根据设备的占地尺寸来确定)和每台设备所需的工作区及操作、检修区的面积累加起来。

公式

$$\sum S = 5Sn + 15 平方米 \qquad (10-1)$$

式中： $\sum S$——机房主要设备和辅助设备的使用面积；

Sn——设备的占地面积。

453

确定机房将来发展的备用面积（设计应预先考虑计算机结构组成的扩展或更换设备的需要），一般按机房面积的25%计算。

所以机房的总面积为：设备总台数的占地面积，工作面积，操作、检修面积和发展备用面积相加而得。

公式

$$S=\sum S+\sum S\times25\% \quad 平方米 \quad (10-2)$$

式中：$\sum S\times25\%$——发展备用面积。

或 $S=(5Sn+15)+(5Sn+15)\times25\%$。 $\quad (10-3)$

（2）生产辅助和服务用房面积的确定 生产辅助用房是为保证技术设备达到规定工作能力所需要的工艺操作面积，按设备容量和实际需要设计。生产辅助用房参照表10-1可累加计算，其中软件人员工作室按5平方米/人计，硬件人员工作室按4平方米/人计，但累加面积要控制在计算机站总面积的32%左右。服务用房可参照表10-1按一般行政建筑面积标准计算，其中行政办公用房按3.5平方米/人计，但累加面积要控制在计算机站总面积的8%左右。

计算机中心站的总面积为机房面积加生产辅助用房面积和服务用房面积之和，以$S_总$为代号。

公式

$$S_总=S+S_1+S_2 \quad 平方米 \quad (10-4)$$

式中：S——机房面积；

S_1——生产辅助用房面积；

S_2——服务用房面积。

5. 机房地板结构形式及技术要求

机房地板结构形式及技术要求应根据电子计算机型号、性能以及对工程技术设施的要求来选定。为增加机房布置的灵活性，以及适应各种类型计算机的安装和使用，目前国内外普遍使用的是活动地板。其主要优点如下：为了便于增加设备、更改机器位置和更新换代设备等，对原建筑物结构都无需变动；计算机电缆电

454

源、信号线、地线等系统可以灵活方便的连接,并提供了合适的空间。活动地板的铺设、拆除、检查、更换新板都方便,同时解决了线路系统可以全部从地板下进入设备的要求,由于走直线,距离短,对各种线路传输很有利。活动地板下的空间又可作为静压风库,便于机器和机房的空调,从底部直接向计算机送风。活动地板的上面除机器设备外,有关设备之间的线路等均在活动地板下面连接,不仅使通行方便,而且给工作人员以舒适的感觉,机房整齐美观。

(1)活动地板的结构形式和构造(图10-8) 活动地板的主要构件是由支承系统和地面板(承重板)组成。按照支承的结构形式,活动地板可分为二种:柱式结构和框式(架-桁式)结构。

在柱式结构活动地板的支承构件中,地面板的四角支承在单独的立柱上,立柱固定在地板上,并具有可将柱子部分向上或向下微调的部件(图10-9)。

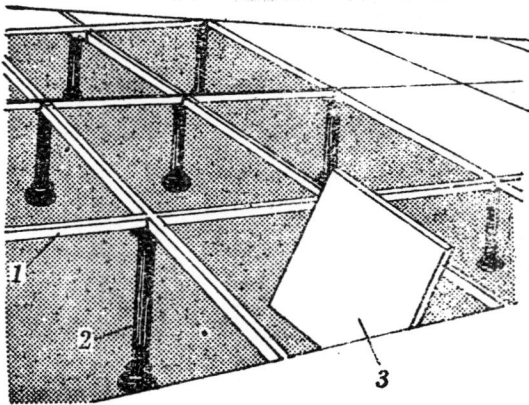

图10-8　电子计算机站活动地板的构造图:
1——梁架;2——可调支撑;3——活动地板

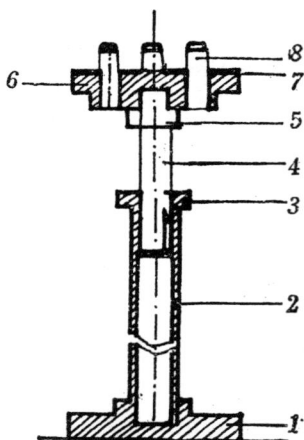

图10-9 柱式活动地板支承构件：
1——下支座；2——套管；3——螺母；
4——螺栓；5——螺母基座；
6——上支承；7——缓冲垫；
8——定位销

在框式结构的活动地板中，地面板的四边支承在立柱的梁架上（图10-10）。我国华北计算技术研究所设计的，天津电工仪表设备厂生产的铸铝合金活动地板（500×500毫米）就属于这种结构的形式。

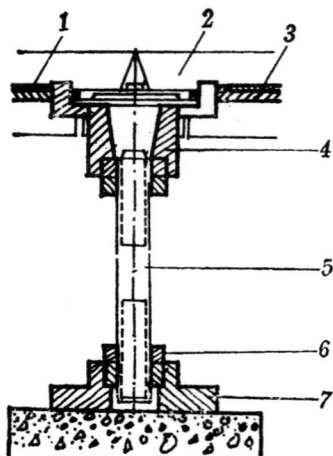

图10-10 框式活动地板支承构件：
1——缓冲垫；2——活动地板；
3——桁架；4——上支架；5——螺杆；
6——螺母；7——下支座

活动地板的尺寸已逐渐趋于规格化。常用的尺寸有：465×465毫米；500×500米；600×600毫米；610×610毫米及750×750毫米。

对于复合贴面活动地板，使用较多的已定为标准尺寸的是600×600毫米。目前国外采用的金属活动地板多为465×465毫米和500×500毫米。

活动地板的厚度，由于计算机机房中所承受的设备重量不一，因而对地板的承载能力要求也不一，加之地板的材料、支撑方式不同，因此地板的厚度也不一样，一般在20—40毫米之间。

立柱支撑系统——指活动地板安放在立柱支撑上，形成活动地板和地面之间的空间。该空间如作为静压风库，则高度应在350—600毫米之间。如不作静压风库只做敷设线路之用，则高度为250毫米就够了。立柱支撑应有一定的可调性，以弥补地面不平的缺陷。国内外现用的立柱支撑多为铝合金铸件，切忌用易腐蚀、易起金属尘埃的材料制作，以防尘埃通过空调送风进入计算机中造成事故。

桁架——桁架一般用薄钢板冷轧或冲压成槽型构件，与立柱搭接，其上放置活动地板。如机器重量较轻，地板承载能力足够的情况下亦可不用桁架，而将活动地板直接放在立柱支撑系统上。

缓冲垫——它是用一定的弹性材料制成的，放置在桁架或立柱支撑上，起缓冲及密封作用。在对静电要求较严的机房中，缓冲材料最好选用非导电橡皮。

（2）活动地板的技术要求　活动地板要能满足机房所装电子计算机和外部设备对其机械性能、电性能以及其他的要求。

机械性能——主要是指活动地板、立柱支撑系统的承载能力。

活动地板的承载能力是把整块活动地板安装在立柱或有桁架的支承上，四角用可调支撑调平，其承载能力应为：均布载荷>1250千克/平方米。

板上任何部位的集中载荷大于500千克，且在20平方厘米面积上承受该载荷时，其挠曲应小于2毫米，并无永久变形。

立柱支撑系统承载能力应满足立柱可调支撑能承受2000千克以上的垂直载荷。

电性能——静电和电击对计算机的正常工作影响极大，且对工作人员及设备的安全有着极大的威胁。因此，在选用活动地板时必须加以注意，应尽量选用不起静电或很少起静电的材料做贴面（特别是地面表面上选用的材料），并对地面进行静电淤积、表面电阻和地板系统电阻等方面的检验。

其他要求——活动地板的所有外表面几何尺寸和密封程度应进行可靠的检查，以防止潮气和灰尘等侵入。地板在受潮、热、冷等影响时，其长宽方向伸缩量应小于1毫米，以保证地板铺好后相互调换，且整个机房地面不平度应控制在±2毫米以内。机房活动地板的地面标高应与无活动地板的房间地面标高相一致。机房相对湿度控制在35—65%。

除活动地板外，一般小型电子计算机机房或改建机房，由于电缆数量不多，通常都直接敷设在地面上，按明线处理。但为保护电缆不受损坏和操作安全起见，最好在电缆上面加一保护盖（即木板盖），其高度以不妨碍机柜开关为宜，一般为100—150毫米。如机房设置在建筑物底层，可在计算机设备的地板上做成暗沟式，将电缆、电源、电信线路敷设其中，上盖木板。一般沟宽为400毫米、沟深为200毫米。

采用护盖式或暗沟式敷设线路的电子计算机机房，其电缆线路不能任意变动，这对改变机器位置、更换机种和增加新的设备都有困难。

6. 机房的消声设计

电子计算机站内工作点的噪声是由内部噪声源（技术设备、空调装置、压缩机、泵、变压器和其他设备）和外部传入房间的噪声造成的。

为了保证操作人员的正常工作,需要为电子计算机站各房间内的噪声级,定出一个标准。

计算机站各房间内操作人员工作点的允许声压级和声级要求列于表10-2中。这可以作为选择消声设计方案时的基本依据。

表10-2　声压级和声级要求

房间名称	八段频带的倍频声压级（分贝、赫）								按刻度A的声级（分贝A）
	63	125	250	500	1000	2000	4000	8000	
软件人员工作室	71	61	54	49	45	42	40	38	<50
行政办公室	79	70	63	58	55	52	50	49	<60
机房（输入输出设备和外部记忆设备在单独的房间内）	83	74	68	63	60	57	55	54	<63
装有外部设备和输入输出设备的机房	91	83	77	73	70	68	66	64	<75
数据准备设备间	94	87	82	78	75	73	71	70	<80
电源设备间、空调机房、泵房、维修机械间	99	92	86	83	80	78	76	75	<85

根据噪声特点及其对一个工作班总的作用时间的不同,上述数据应按表10-3的参数加以修正。

表10-3　声压级和声级噪声修正参数

影　响　因　素	分　　贝
噪声的作用时间（一个工作班）：	
4—8小时	0
1/4—1小时	+12
5—15分钟	+18
少于5分钟	+24
噪声特点：	
宽频带	0
音频或脉冲	-5

　　解决噪声的关键是减弱噪声源本身的噪声,如在各种设备上考虑采用声屏蔽、消声罩等设施,也可利用围护结构表面的吸音材料来吸收直接声波,合理地布置机器设备,尽量将工作点布置在远离噪声源的地方,甚至将机房和其他工作间远离产生噪声的建筑物,并用隔音能力强的围护结构做主墙以阻隔外部噪声。

　　7. 空调和洁净度的要求

　　电子计算机只有在保持一定的温湿度、洁净度的环境中才能有效地工作,而这些要求就是靠空气冷却和调节系统来保证的。

　　近几年来,由于科学技术的不断发展,计算机的功能更为先进,日趋向高速度、大贮量、小体积的方向发展,对温湿度变化范围的适应能力有显著增加。为了满足计算机及其外部设备所必需的温度和相对湿度的要求,在设计时应根据机器设备型号、性能等技术要求,确定开机、停机时的三级空调标准（表10-4,表10-5）。

表10-4 开机时机房内的温度和相对湿度

标准 项目\级别	甲级		乙级		丙级	
	夏季	冬季	夏季	冬季	夏季	冬季
温度	24℃±2℃	18℃±2℃	26℃±2℃	16℃±2℃	28℃±2℃	14℃±2℃
相对湿度	50%—60%	45%—55%	55%—65%	40%—60%	55%—70%	35%—65%
温度变化率	<5℃/小时,应不结露		<10℃/小时,应不结露		<15℃/小时,应不结露	

表10-5 停机时间房内的温度相对湿度

标准 项目\级别	甲级	乙级	丙级
	全年	全年	全年
温度	10℃—30℃	6℃—32℃	4℃—34℃
相对湿度	40%—65%	35%—70%	30%—75%
温度变化率	<5℃/小时,应不结露	<10℃/小时,应不结露	<15℃/小时,应不结露

为保证信息记录媒体可靠的工作、储存,必需的温度、相对湿度和磁场强度(表10-6)视各种信息记录媒体的类型而定。

表10-6 信息记录媒体的温度、相对湿度、磁场强度

标准 项目\类型	卡片	纸带	磁带		磁盘	
			已记录的	未记录的	已记录的	未记录的
温度	5℃—35℃	18℃—24℃	<30℃	5℃—40℃	-10℃—+30℃	-20℃—+40℃
相对湿度	30%—65%	40%—60%	20%—65%		15%—70%	
磁场强度	——		<4000A/M		<3200A/M	

电子计算机房也要求室内空气洁净，因为空气中的尘埃会导致降低电子计算机技术设备的连续工作的可靠性。

因此，进入电子计算机和其他生产间的空气，规定含有极限允许尘埃量（表10-7），按甲、乙、丙三级尘埃标准控制粒径和单位体积所含的粒数。

表10-7　极限允许尘埃量

项目 ＼ 级别 标准	甲级	乙级	丙级
粒径	≤3微米	≤3微米	≤3微米
数量	≤3500粒/升 或 10万粒/呎³	≤10000粒/升 或 30万粒/呎³	≤18000粒/升 或 50万粒/呎³

为了使含尘量保持在允许标准的范围内，送入机房的空气必须保持正压（1—1.5毫米水柱），使其他房间的空气无法经由围护结构不密实处渗入机房。从设计上应考虑建筑装饰、结构材料不排出微尘，同时也要防止不洁净的空气进入室内，窗扇要密闭。

大气中的各种盐、酸、硫化物等气体能加速金属腐蚀和塑料有机电介质老化，它们的危害性极大。因此规定进风中二氧化硫的允许含量不应超过3毫克/立方米，二氧化硫的化合物不应高于0.5毫克/立方米；硫化氢的一次极限允许含量为10毫克/立方米，而碳氢混合物中的硫化氢的含量为3毫克/立方米；气态臭氧在空气单位体积内的含量也应限制在≤0.05毫克/立方米。为了创造舒适而无害的工作条件，这些物质在机房内的含量不应高于上述的允许值。

8. 电源和照明设计

（1）电源设计　电源要求其额定频率为50赫，电压为220伏±10%，380伏±10—15%三相四线网络供电。

电子计算机站可以由所在地区附近的变电站直接供电,但必须保证稳压、稳频、不断电,否则应接通由二个独立电源通过自备电站供电。自行设计的变电站,电源必须由二个不同的变压器,以二条可变交替备用的线路供给。为了保证电子计算机设备在事故状态(外部电源损坏时)下仍能正常工作,应采用连续供电机组或柴油发电机作为备用电源。

空调、通风机等设备的电源应由单独的电路供给,要求与计算机系统供电严格分开。电子计算机站必须设置一些专用房间来布置带自动转换开关和电器照明配线架的电源设备间。

(2)照明设计 电子计算机房及其工作用房一般以人工照明为主,要求光线均匀,不产生眩光为好。目前最常用的是将日光灯组成光带嵌于机房的顶棚内,这样既美观又可达到使用要求。根据工作需要还可增设工作点的局部照明,如机房、数据准备间、维修等房间加设电插座。

机房及其工作用房的照度要求,可以参照表10-8进行设计。

事故照明是电子计算机房、电源室、通信机房、消防值班室必

表10-8 机房及其工作用房照度

房间类型	照度(勒克司)			
	组合照明		一般照明	
	日光灯	白炽灯	日光灯	白炽灯
机房	600	400	400	200
数据准备间	600	400	400	200
信息记录媒体仓库			200	100
纸媒体间			200	100
磁媒体间			200	100
空调系统设备间			150	80
动力设备间			150	80
计算机维修间	600	400	400	200

须考虑设置的,不能因工作照明突然切断而中断工作,一定要安装能连续工作的事故照明设施。

9. 防火及设备

鉴于电子计算机本身的价值及所担负工作的重要性,防止火灾是一个很重要的问题。

电子计算机站的建筑物应按Ⅰ级或Ⅱ级防火标准进行设计。机房的围护结构和装修材料,应采用耐火或非燃烧材料制成。建筑物的主体结构构件耐火极限应不低于构件本身的耐火极限,一般应不小于二小时。机房应与其他建筑物在垂直或水平连接处设防火分隔区,严格划分为独立的防火单元,以确保把火势控制在一个预定的范围内,绝对防止其他建筑物在垂直及水平方向的火源向机房蔓延。

在通风系统中,必须设置能够在发生火灾时立即关闭风管中的阀门设备。风管、风机室和空气调节装置都要用不燃烧的材料制造。通风系统中的防火阀门应该既可以手动关闭,又能够由值班人员在中心控制室遥控自动关闭。

库房、易燃和易爆房间,不能和电子计算机房布置在一起。

电子计算机的电源系统必须配有在发生火灾时可将其断开的闭锁装置。照明、远程自动启动系统、消防系统和信号系统的事故电路要与电源和其他工作电路分开敷设,如必须敷设在一起时,要用不燃烧隔板隔开。

为了及时消除发生火灾隐患,防止发生二次性灾害(切忌水消防),目前国内外较先进的电子计算机的消防设备采用自动报警、自动灭火系统。

目前世界上和国内生产的火灾自动报警器主要有以下几种类型:温感式探测器(反应环境温度的变化率);烟感式探测器(反应燃烧时烟的浓度);光感式探测器(反应热辐射);混合式探测器(反应烟和温度的变化率);超声波式探测器(反应超声波

场的变化率）和手动式报警器。

火灾报警器一般安装在机房及其他房间的顶棚上或墙壁上，一个温感式探测器保护面积为20—30平方米；一个光感式探测器保护面积为100—150平方米，报警有效控制高度为4.5米以下。

火灾报警显示装置与消防系统远程启动设备，均应安装在昼夜有专人值班的中心控制室内或分区控制室内。设计时要充分考虑中心控制室的灭火程序和相应的措施，可参见图10-11方框图所示。

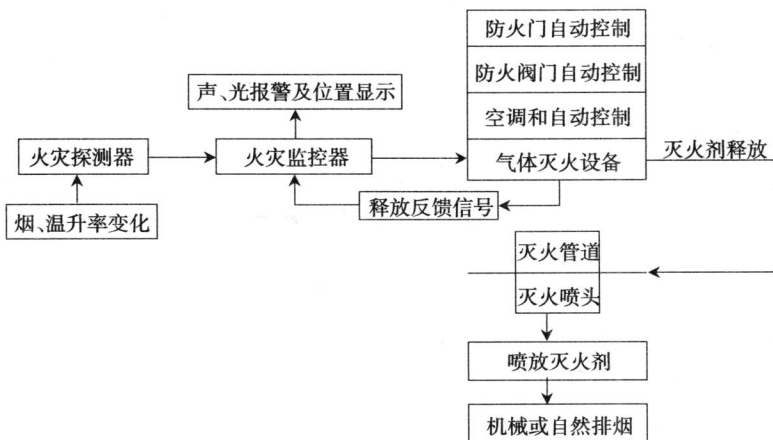

图10-11 自动报警、灭火程序方框图

根据火灾探测器发出的电信号，由火灾监控器将它们转换成光和声信号并显示指出房间的具体位置，再经自动巡回检测，确认为是火警时，即自行接通自动灭火设备，喷放卤代烷气体灭火剂，同时自动关闭防火门、防火阀门、空调机等设备。

火灾报警和灭火系统的供电要求，必须有二路独立的电源（工作电源和备用电源）供给。从工作电源线转换到备用电源线时，一定要设自动转换装置，以确保灭火系统的可靠性。

必须特别提出的是选择灭火剂时，一定要以不损害电子计算机设备为前提。

第二节　机械化传送设备

为了加快图书的运转率，缩短读者候书时间，改善服务条件，尽量减轻工作人员取书、归架的劳动强度，在一些大、中型图书馆的书库里和书库与出纳台之间，设置机械化传送设备是必要的。

小型图书馆的传送设备，主要是在书库内合理设置楼梯、书梯等垂直运输设备，再辅之以各种运书小车来解决以车代步的水平运输问题，即可达到上述的使用要求。

大、中型图书馆，由于书库面积大，常采用多层乃至高层书库。因此，除了合理设置各种管道、楼梯、电梯等必要的水平和垂直交通外，还要设置传送书条和图书的机械化传送设备。

现代化图书馆中的机械化、自动化传送系统由索书条传送设备、图书传送带、电话、讯号显示等几部分组成。

索书条传送设备可以利用电视传真、书写传真机、压缩空气管道等通讯传送工具。

图书传送设备，常有下列几种形式：水平传送设备；垂直传送设备；混合式传送设备及自动化传送设备。

1. 水平传送设备

水平传送设备是书库内部或从书库中心站到出纳台之间水平距离的传送工具。水平方向的机械化传送带多是仿照工厂机械运输线制成的，不过要求精细、轻巧、噪声低和震动小。最常见的水平运书设备，主要有以下几种。

（1）滚轮式传送设备　这种传送设备主要是利用电动机牵引运书小车来传送图书，解决书库和出纳台之间的水平运输问题。北京图书馆老馆书库与出纳台之间的水平运输，就是使用这种滚轮式传送设备的（图10-12）。该馆书库的出纳中心站与借阅大厅的出纳台之间相距25米，由于装设了滚轮式水平传送设备把二者连接起来，利用电动机作动力，牵引运书小车来往于二者之间，因小车是运行于出纳厅的中间走道上，又有一对牵引绳，对室内交通有一定的影响。1983年9月4日该设备已停止使用，而代之以自动认址传送设备。

新建的图书馆如采用滚轮式水平传送设备时，应注意将库内的地面和出纳厅的地面标高相一致，以利牵引小车运行，运送路线也应以不妨碍交通为原则。

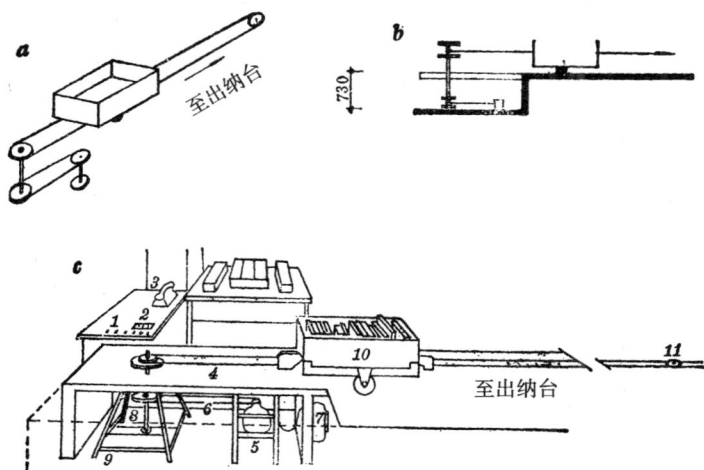

图10-12 北京图书馆老馆的电动牵引小车：
a——运行示意图；b——出纳室与出纳中心站地面标高差；c——书库内出纳中心站，
1——讯号电钮，2——控制开关，3——电话，4——尼龙丝索，5——电动机，
6——皮带，7——可逆磁力电动器，8——带滚珠轴承的转轴架，9——支架，
10——运书小车，11——固定在出纳柜台下地板面上的导向轮

（2）悬吊式传送设备　悬吊式书斗传送设备是利用书库流通层与出纳台之间的上部空间作为水平运送路线。它的优点是库内地面干净，不影响室内交通。从使用和空间的安排上，一般是将悬吊式书斗传送机安装在书库主通道的上空，用钢丝绳作导索，置于书斗机的两侧，挂在上面的书斗，要求最少距书库地面为1800毫米，以不影响书库工作人员顺利通过为限。这种设备操作简便，效率较高，制作简单，是图书馆使用较普遍的一种水平传送设备。图10-13就是上海复旦大学图书馆使用的这类传送设备，图10-14则为国外某图书馆悬吊式水平传送图书的实例照片。

（3）传送带式运送设备　现代化图书馆的书库和出纳厅之间，一般都要求设置水平传送带来运送图书。它是一种连续、循环式的传送图书设备。设计人员在设计这种设备时应根据书库的平面形式、书架排列方式、藏书组织和出纳管理、书库与出纳厅的连接形式等因素综合考虑。最常用的水平传送带平面形式有 "L"

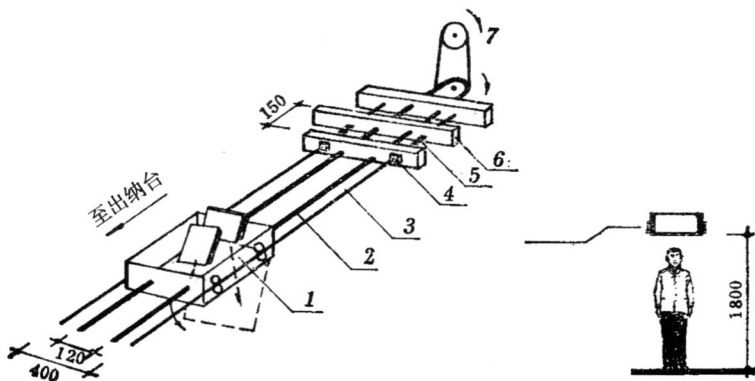

图10-13　上海复旦大学悬吊式传送设备示意图：
1——书斗；2——牵拉绳；3——钢丝轨道；4——海绵；
5——螺丝；6——木条；7——三相感应电动机

图10-14 国外某图书馆悬吊式水平传送设备

形、"十"形和椭圆形等几种,也可根据使用要求来选用空间传送方式或地面传送方式。空间传送方式要求传送带距地面不低于1800毫米,以保证工作人员在传送带正常工作时能顺利通行。地面传送方式则要求传送带高出地面600毫米,以方便工作人员取送图书(图10-15,c)。传送带的平面线路最好布置在墙内或紧靠墙面,以不妨碍库内交通。上海华东师范大学图书馆的传送设备就是采用这种传送带式方式(图10-15,a、b)。

传送带式的图书传送设备不仅可以用来水平传送图书,也可以经过改装用书盒来进行立体传送图书。图10-16及图10-17为国外某图书馆使用的传送带立体传送设备。

此外,各种形式的运书小车较广泛用于国内外图书馆中。它是一种方便的水平传送图书的工具,适应于成批的集中运送图

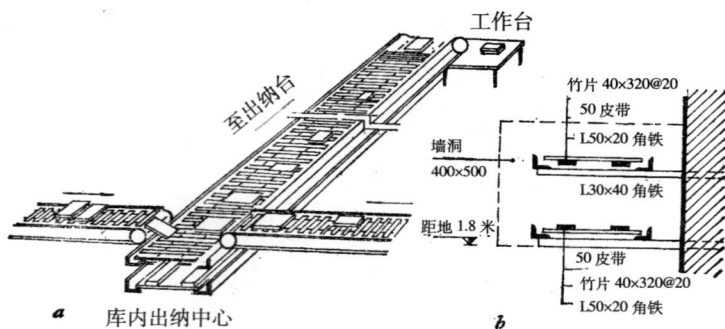

图10-15 传送带式运书设备：

a——上海华东师范大学传送带
式设备示意图；

b——剖面；

c——国外实例

图10-16 传送带式立体传送设备实例之一

470

图10-17　传送带式立体传送设备实例之二

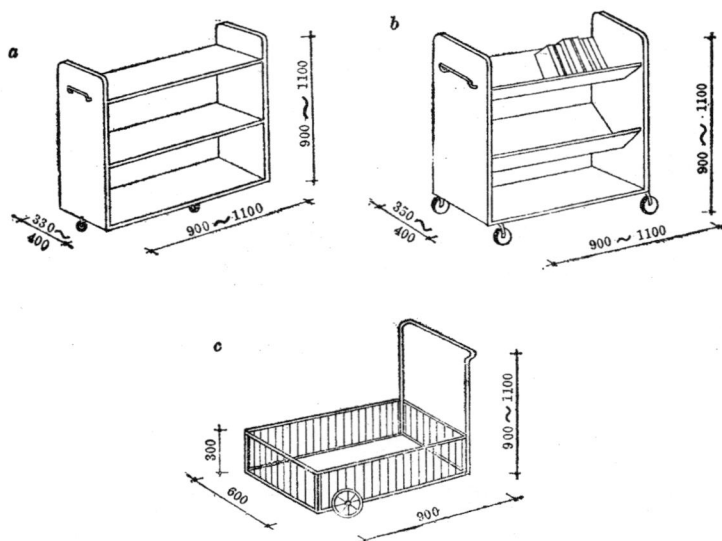

图10-18　运书小车三例（尺寸：毫米）：
a——BC-P₃书车；b——BC-W₃书车；c——BC-V₃书车

书，如运送已编目完毕的入库上架图书，或读者归还的上架图书等。下面为几种最常见的运书小车（图10-18及图10-19）。

在国外，也有一些更为先进的图书运输设备，可以直接从书

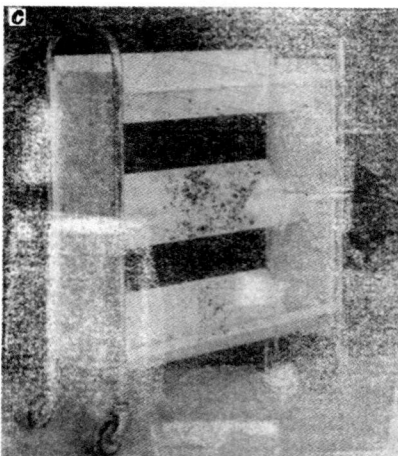

图10-19 国产运书的三种小车：

a——外形之一；

b——外形之二；

c——外形之三

库内将外借的图书送到出纳台工作地点，既方便又迅速（图10-20）。

图10-20　书库自动化运输设备

2. 垂直传送设备

垂直传送设备是多层图书馆或多层书库中必需的运输工具。因此，合理地设置电梯、书梯、升降机等是必需的，其中升降机是最常用的垂直传送设备。它一般分手动和电动两种。手动的构造简单，制作方便；电动的一般是选用电梯厂生产的小型杂物梯改装成书梯，具体设计数据参见表10-9。

垂直运输设备除了上述的升降机外，还有提升书斗和溜槽等运输设备。国内多采用提升书斗来传送图书。设计时要选好井道位置，由图书馆自己安装。国外图书馆有采用螺旋形溜槽式垂直传送图书。它的构造也很简单，主要是由弯曲的塑料板材制成，其边槽是由两条螺旋线组成，内线是自然的弯曲光滑边界，外螺线

表10-9 有关电梯、书梯规格及设计数据

类别	系列	型号	载重量 人	载重量 千克	梯速（米/秒）	操纵方式	轿厢尺寸 宽×深（毫米）	井道尺寸 宽×深（毫米）	机房尺寸宽×深（毫米） 单台	机房尺寸宽×深（毫米） 双台	顶站高度（毫米）	底坑深度（毫米）
客梯	KT-500	K05-XPM	7	500	1	轿内按钮选层、自平、自动门	1500×1200	2000×1750	4000×4000	5500×6000	4500	1400
		K05-KJX				集选控制、自平、自动门						
	KT-1000	K10-XPM	14	1000	1	轿内按钮选层、自平、自动门	1800×1600	2300×2150	4000×4500	5500×6500	4500	1400
		K10-KJX				集选控制、自平、自动门						
杂（书）物梯	ZT-100	Z01-TS		100	0.4	门外按钮	750×750	1200×900	4000×5500		3000	750
	ZT-200	Z02-TS		200	0.5	门外按钮	1000×1000	1450×1150	2000×2000		3000	1000

注：表中型号的有关规格和设计数据系中国迅达电梯有限公司——上海电梯厂的最新产品。

474

是一条切割线,利用图书本身的自重向下滑行。

图书馆传送设备的特点是:不仅要合理设置图书的传送设备,而且还要安排好索书条的传送问题。采用压缩空气管道系统,传送索书条是国内外图书馆常用的一种方式。它由导管、传送器、动力和控制系统等组成,使用操作简便,传送迅速,投递距离较远。图10-21是美国波士顿公共图书馆采用的传送索书条设施。

图10-21　美国波士顿公共图书馆传送索书条设施

3. 混合式传送设备

混合式传送设备就是把水平传送和垂直传送两者连结起来传送图书。在多层和高层书库中,这种传送设备便于将任何一层楼上的图书直接传送到出纳台,从而减少了中间环节,提高了传送图书的速度,节省了读者候书时间。

混合式传送设备有几种形式,一种是轨道式,书斗随着轨道上升或下降,将书从库内连续运送到出纳台(图10-22)。另一种是链条式传送机,把形书斗挂在一条环形的铁链上,随着铁链的转动,书斗上升或下降,源源不断地将图书从库内运送到出纳台。

图10-22　立体轨道式传送设备

但是,不论何种传送设备,都要占用一部分空间,因此,在设计时应合理布置,尽量使其靠近墙面,避免影响库内交通及其他使用要求。

4. 自动化传送设备

近年来,国外某些图书馆已发展到使用全自动化的机械手取书和传送图书的阶段。这种全自动化取书的传送设备,只要从控制台发出信号,通过"电脑"把需要的图书从书架上取出,并快速传送到出纳台,就可及时地把书送到读者手里。由于它的取还书、传送图书全是由自动化机械手操作,不需要人去直接上架取书,因此书架的高度可以大大地加高,一般可以达到7米左右;书架之间的间距也可以适当缩小，一般为600毫米就足够了。这样便可充分利用书库的有效空间，提高了书库的贮存能力。但由于这种设备经常费用昂贵，目前所知，只有美国国会图书馆偶尔使用。

在我国，发展图书馆的传送设备应根据我国实际情况来进行研究和试制，可先解决书条和图书的机械传送，不一定要求取书和传送图书完全自动化。近年来，为了适应图书馆建设的需要，在这方面已进行了一些研究，并生产了一些产品。现将国内外这方面一些进展情况介绍如下。

（1）自动认址传送系统

书条传送设备——当前国内外经常使用的有两种类型的书条传送设备：一种是自动控制负压管道式书条传送系统；另一是书写传真书条机（书写电话）。前者同建筑、结构关系密切，后者同电气设计关系颇大。因此，应在工程设计阶段就应统一考虑，合理安排。

①环形扫描自动控制负压管道式书条传送系统，主要由管道网络、发送器、接送器、控制阀、动力装置、书条容器和环形扫描自动控制器等组成。为缩短管道总长度，需要根据书库平面形式、面积来确定总干管及若干支管。

这种系统的发送装置，一是安设在出纳厅工作人员的工作台上部，可以随时将读者的索书条装入一种塑料制空心圆筒容器内，出纳人员根据图书所在层的位置，按动电键选定接收站，直接将书条容器发出。环形扫描控制器自动分配、控制各站发送时机，相应打开或关闭各有关岔道、阀门等装置。当接收器收到盛书条的容器时即发回脉冲信号，告知环形扫描器可以继续扫描，完成下一个发送、接收程序。二是书库各层内，设置了回送书条容器的设备，可以随时将错条和积存下来的容器发回出纳台。

这种环形扫描自动控制负压管道式书条传送系统，特别适用于图书馆出纳和各层书库之间的书条往返传送，不仅使用、操作方便,而且传送速度快、工作效率高。它的缺点是,设备管道需占有一定的空间并有噪声。图10-23为环形扫描自动控制负压管道式书条传送设备系统图。

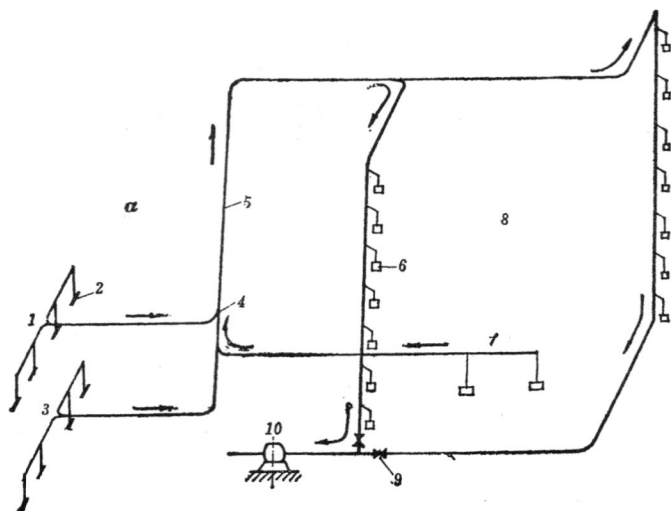

图10-23 环形扫描自动控制负压管道式书条传送系统：
a——示意图；1——第一出纳台；2——发送器；3——第二出纳台；4——道岔；
5——管道；6——接收器；7——第三出纳台；8——书库；9——常闭式阀门；
10——风泵；b——出纳厅安装的三组气送书条传送设备；
c——出纳厅书条发送、接受器；d——书库内书条接受、发送器

　　国外有些图书馆不仅利用气送管道传送书条，而且也用这种设备传送图书。为了保护图书不被损坏，在传送过程中需将图书放入塑料圆筒器内，该容器的大小要适应一般书型的规格，直径不小于210毫米，高度不小于320毫米，并且要为它留出足够的空间和泵房面积。

　　②书写传真书条机（书写电话）是为读者借阅图书时，只要查好目录，用发信笔写在书写电话机纸带上，书库内的书写电话机收信笔便可立即在收方的纸带上将索书条的文字复制出来。如

有不清楚或看不懂的地方，还可以当时在电话上询问和答复，有它独特的优点。

书写电话传真书条机与现在传统的图书出纳管理方式相比，减少了一道由出纳厅传递书条的中间手续，同时它的传送速度为瞬时速度，因而可以大大地缩短了读者的候书时间。

书写电话传真书条机是收发合用的设备，其外形见图10-24。它共有两个机箱：一个是书写机箱；一个是电话机箱。两个机箱之间用插接件进行连接。当书写机收讯号时就不能发，发讯号时就不能收，所以它收、发不能同时进行。这种书条机适用于图书出纳管理工作的特点。

书条机的外线及电源线都可接在电话机箱上再与书写机箱（图10-25）连接。

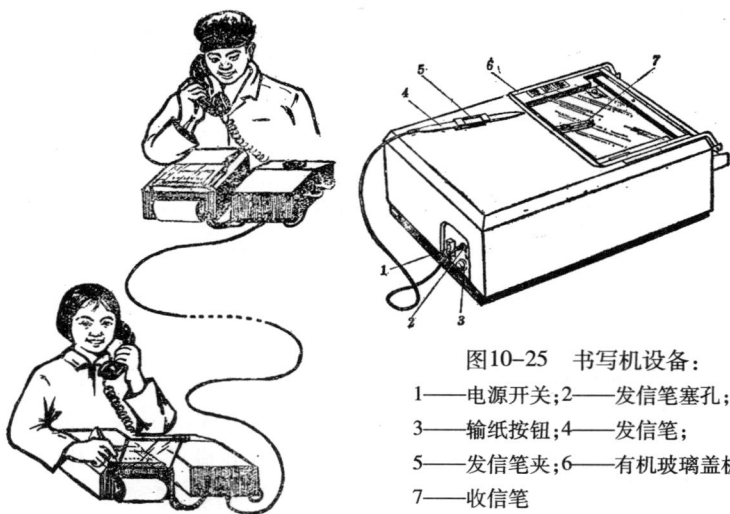

图10-25 书写机设备：
1——电源开关；2——发信笔塞孔；
3——输纸按钮；4——发信笔；
5——发信笔夹；6——有机玻璃盖板；
7——收信笔

图10-24 书写电话传真书条机示意图

480

自动认址图书传送设备——大、中型或超大型图书及情报单位，由于馆藏多，只用单一的水平或垂直传送，甚至两种方式兼用，也不能适应图书馆工作的需要时，则应从藏书组织、图书流通管理和高效能的传送图书设备等方面加以解决。例如，北京图书馆新馆工程基本书库的流通出纳层与出纳厅之间的传送方案设有水平循环传送线；在书库各层之间设有垂直传送线并与水平传送线自动搭接联运。

这一方案设在流通出纳层的水平传送线上是一个首尾相接的闭合线路。在水平和垂直线路各特定点上，装设了带有中间储存性能的装卸载支线，并使用二进制磁编码自动认址装置控制系统，实现图书传送过程的自动化。图书资料在整个传送过程中，书库工作人员或出纳员，只需将借还的图书资料装入一种侧边嵌有地址记忆片的书盒（用聚丙烯塑料制成的容器），放到发送支线上，然后按电键给定地址信号。书盒按着给定的地址信号，自动寻找时机，通过水平或垂直传送线，以最短的路程到达指定的地址，进入出纳台各工作点上或自动停在书库层的支线储存处等待处理。

此系统的垂直提升设备为磁吸附带式垂直提升机。这种无固节式连续提升机，有利于实现装卸载荷图书传送的自动化，其上升边为图书入库线路，下降边为图书出库线路。在自动认址装置的控制下，按着指定地址，完成书盒的多层定点自动装卸、传送设备到达要求目的地。

根据图书出纳管理要求和出纳口的位置、数量，与出纳口对应的书库层设置水平循环传送带。出纳口设在同一层时，则书库层只设一条与出纳台平层传送带，如出纳口分设几层时，也可分层对应设置几条水平循环传送线。垂直提升传送机的位置、数量，应根据藏书组织、书库层面积大小而定，一般以服务500平方米左右的面积，设置一条垂直传送线为宜。

北京图书馆新馆工程拟采用的图书自动认址传送系统设计方案，其水平循环传送带就是设在与出纳台平层的书库内，在每层约2000平方米的书库层内，设有四条垂直提升机与水平传送线自动搭接联运（图10–26）。

图26中c—f的照片系原第一机械工业部起重机研究所为北京图书馆新馆工程设计图书传送系统的中间试验设备。

水平循环传送带对库内交通有一定的影响，最好将传送带装设在书库四周的墙壁内或靠近墙面处；垂直提升机也要占用一定的面积和空间，要选择适当的位置，结合建筑、结构、电气等设计，予以合理的安排和妥善处理其防火、噪声、交通、美观等问题。

（2）自动认址轨道式电动自行小车传送系统

原第一机械工业部自动化研究所为北京医学院第一附属医院研制的病历自动传送装置（称ZCZI自动传传系统），与图书馆的图书传送使用要求基本一致。它是由电动自行小车、运行轨道、回转轨道、回转轨道控制箱及总控制台等部分组成。它是水平和

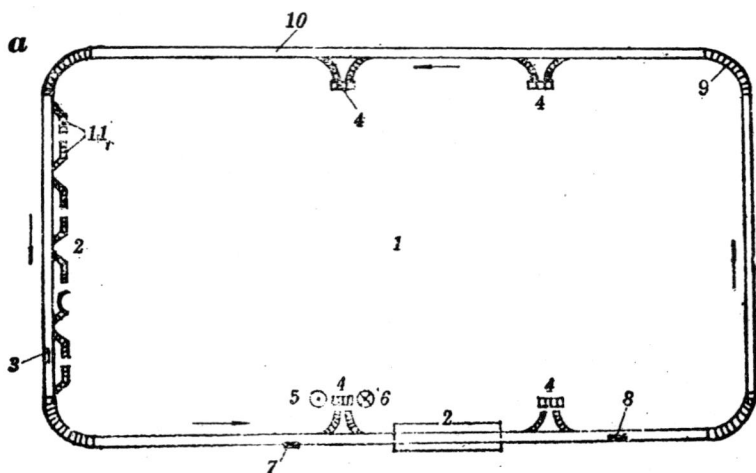

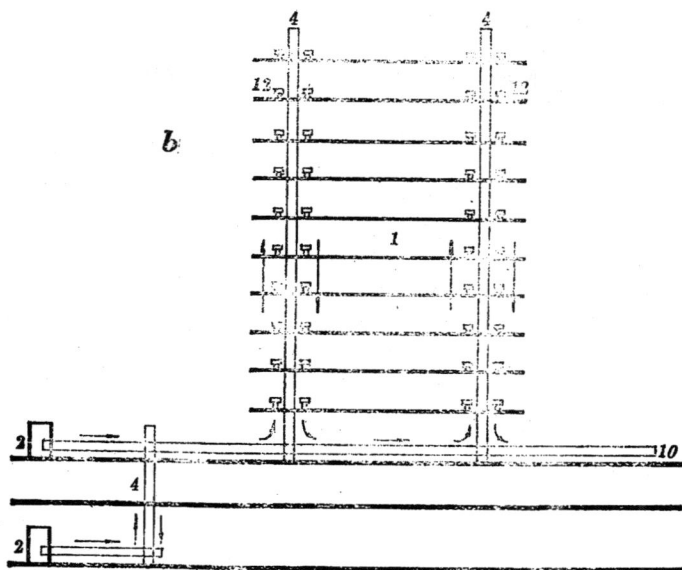

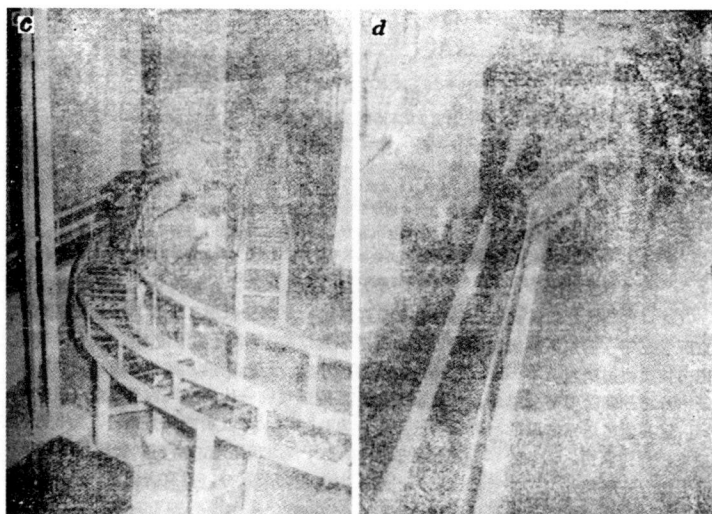

483

图10-26　图书自动认址传送系统:

a——水平传送示意图;b——垂直传送示意图;1——书库;2——出纳台;
3——空位探测发号器;4——垂直升降机;5——上升边;6——下降边;
7——自动认址器;8——书盒;9——机动转弯滚道;10——水平传送带;
11——储存支线(动式滚道)12——自动给书装置;
c——书盒从书库水平循环传送带进入出纳厅工作点上的储存支线工作情况;
d——书盒从出纳厅工作点上的储存支线进入书库水平循环传送带上的工作情况;
e——书盒从书库的垂直升降机储存支线上进入水平循环传送线自动搭接联运工作情况;
f——书库中的垂直提升机与水平循环传送线自动搭接联运工作情况

垂直传送联成一体的空间传送系统(图10-27),较其他传送系统灵活、可靠(故障率仅为4.3%),可以实现有书则行,无书则停的要求,操作简便。运载小车外形尺寸长420毫米,宽320毫米,高363毫米,并可根据需要加大外形尺寸。它的运行速度为:水平方向是60米/分,垂直方向是15米/分。新建图书馆的图书传送设备可以采用。

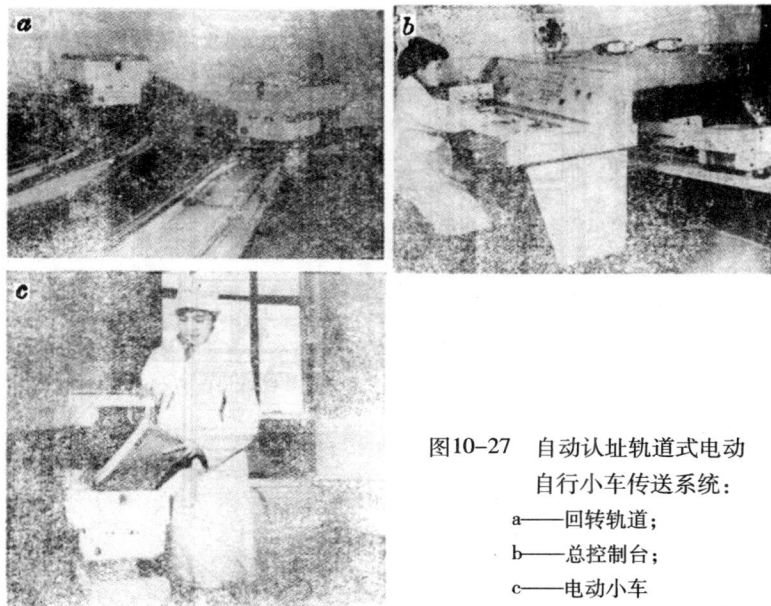

图10-27 自动认址轨道式电动
自行小车传送系统：
a——回转轨道；
b——总控制台；
c——电动小车

（3）光电控制取书机

光电控制取书机是南京电影机械厂科研情报图书室自己设计制造的。它可以在一个50—60米长的书库中，只要在5分钟内就可以把需要的图书取出来或还回去。这种取书机适用于中小型图书馆图书传送的机械化、自动化。

光电控制取书机主要是运用光电跟踪与控制原理，由出纳台上的光电控制盘输入记忆、转换等信号，使取书机像机器人一样地能前进后退、左右拐弯、垂直上下，即在空中坐标中的任意交叉两点，其左右手可以同时或分别进行取还书动作（图10-28）。取书速度为2次/分。读者借书只要顺序按下索书自动号，取书机就可以随意取还图书。使用这种设备，必须在业务管理上作相应的改革，如书库藏书组织要求把同类科的书放进同一个相连排号的盒

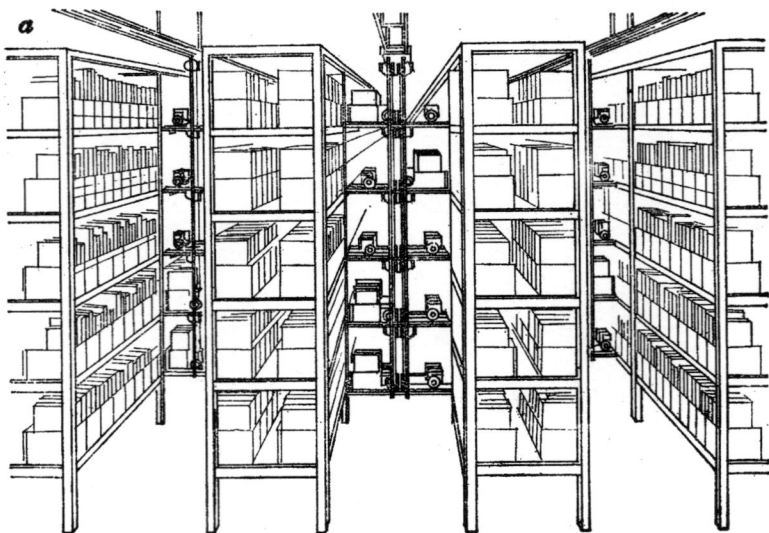

图10-28 光电控制取书机:
a——南京电影机械厂科研情报
　　图书室书库内景:
b——光电控制取书机

子里,盒子上面的编码即为目录卡片上的索书号,同时也是操纵台的光电信号,三者的号码完全一致,按键后,取书机即自动完成取还书的动作。

（4）国外图书传送设备实例

美国兰特得里夫自动取书机——使用这种自动取书机必须放在特制的书盒内,书盒尺寸要适应大小不一的图书要求,一般做成450×200×260毫米的书盒即可满足这种要求。在图书管理上要注意将索书号与书盒的编号相一致,并按编号次序排列在书架上。当自动取书机接到操纵台发来的信号时,根据电子计算机的指令迅速移动,准确地找到所需书盒,利用电磁原理把书盒自动吸取到取书机上并自动传送到运输带上,运送至出纳台。

出纳人员从书盒中取出读者所需要的图书,然后把书盒连同盒内其余的图书,一起送到传送线上运回书库,再由取书机把书盒按原位的次序放回书架上。读者归还图书时,出纳人员通过电子计算机发出指令,由取书机调出原书盒,按原次序装好图书,照上述方法将书盒送回书库的书架上。

自动取书机需要的空间宽度为500毫米,因此架距可以缩小为600毫米,书架高度可以加高至普通书架的三倍。这种取书设备充分地利用书库的面积和空间,因而在相同的书库面积条件下,大大提高了书库的容量。但也有它的缺点,即一旦机械发生故障,人工取书比较困难,因此不适应于高层书库。

荷兰"书话机"系统——荷兰德尔夫特技术大学图书馆的图书传送设备,系由部分自动化图书检索系统和机械化的螺旋形滑槽与传送带单程垂直、水平运输系统组成。

"书话机"图书检索系统要求藏书组织按书型固定排架。索书号为七位数字,头四位数字为书架号,第五位数字指书架中的格号,第六、七两位数字指书格中的具体位置。此外还加上一个第八位数字作为错误发现码,防止所有单位错码或相连号码错位的自动监测措施。实现用索书号自动检索借书的拨盘"书话机"系统,如图10-29所示。

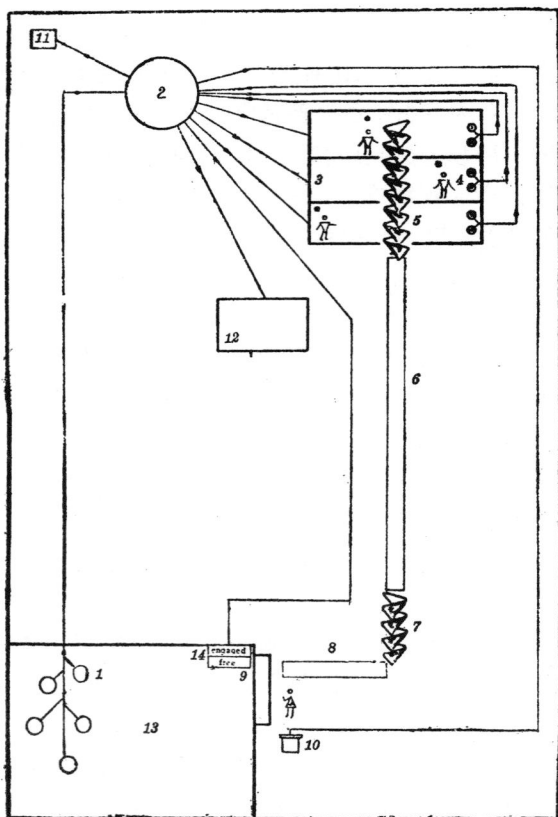

图10-29　荷兰德尔夫特技术大学图书馆的传送系统示意图:
1——带拨盘的目录话机;2——"书话机"交换中心;3——书库;4——按钮;
5——螺旋形滑槽;6——传送带;7——螺旋形滑槽;8——传送带;9——出纳台;
10——自动打字机;11——纸带穿孔机;12——显示器;13——目录厅;
14——信号标志

第三节　缩微复制技术的应用

缩微复制技术是图书馆业务工作中非常有效的现代化服务手段之一。它在图书馆中的广泛应用已成为现代化图书馆工作中不可缺少的一部分。在规划和设计图书馆时都要将缩微复制工作纳入图书馆的事业规划中。因此设计工作者要充分了解缩微复制技术的性能和使用要求，以便设计时能满足它的使用特点。

一、缩微复制技术的发展概况

从三十年代起，世界上有的国家已经开始使用缩微复制技术，当时的方法主要是利用直接照相、散渗法、稳定法、热辐敏、重氮复印等技术。那时由于这些方法缩微倍率低、价格昂贵，一般只用于照片和重要文件的复制。有少数国家的图书馆，也只用于极珍贵的文献资料、善本特藏等的复制品。直到本世纪六十年代静电复印机的出现，图书馆才有条件用缩微复制方法解决副本不足和补充馆藏的手段，因而大大提高了书刊资料的利用率，改变了过去读者轻易看不到的珍本、孤本等特藏书刊资料的限制。现代图书馆有条件使用缩微复制技术向读者迅速提供这些书刊资料的缩微胶卷、平片和复制品。最近，随着缩微复制技术的改进和提高，缩微倍率从最初的几倍提高到百倍以上。缩微胶卷、平片已经成为一种新型的、高储量的信息载体。例如：一张105×148毫米的普通缩微平片，可以储存相当于一本50至60页杂志的内容；高倍率缩微平片可储存几百页到几千页的资料；一卷30米长的16或35毫米宽的缩微胶卷可包含几千页资料的全部内容。

值得注意的是，现在激光技术和激光介质的不断改善，全息摄影和超缩微技术的研制成功，又成百倍地提高了缩微倍率。大规模集成电路和微型电子计算机控制的静电制板，彩色静电复印设备，又进一步解决了缩微品还原成印刷品的关键性设备，明显地提高了缩微复制品的精确度和清晰度，其质量几乎与原印刷品没有什么区别。

电子计算机和缩微技术的结合，是当代图书馆现代化的又一新内容。目前国外有些图书馆是在电子计算机的储存器中，输入图书资料的书目索引、文摘等，而辅之以缩微胶卷、平片的全部图书资料内容，作为电子计算机的外储存——即建立缩微胶卷（片）库，供读者查目和借阅都十分方便。现在，国外又出现了一种新的电子计算机，可以用数字信息编制程序，直接转换为文字、图像信息，又自动记录在缩微平片上。这种设备不仅提高了图书馆的服务效率，而且提高了服务质量。这就为图书馆广泛地使用和发展缩微复制技术创造了必要的条件。

二、缩微复制系统及其建筑标准

图书馆的缩微复制工作系统主要由缩微型图书资料的制作、保管、阅览等三大部分组成。由于缩微型图书资料是一种高储量、体积小的缩微胶卷、平片等信息载体，它所记载的文字、图像等是人们视觉器官所不能直接进行阅读的"天书"，必须借助于专用设备才能进行复制和阅读，在保管上它也有一定的要求。因此，与传统图书馆的建筑布局、平面组合、内部装修、设备以及各部门之间的关系都产生了新的变化和要求。

1. 缩微复制车间

缩微复制车间的主要任务是：出版发行缩微品版；为本馆或其他图书馆增补馆藏；迅速向读者提供缩微型图书资料。其性质兼有生产部门的特点，因此，它的规模、建筑布局、房间设置和内部设备等都有一定的标准。

国家级图书馆、档案馆、科技情报中心等的缩微复制车间和缩微复制中心,应按科学的工作流程和工艺要求进行设计。它的各种工作用房,应与图书馆的读者活动场所严格分开,自成体系。省、市级图书馆,或相当于省、市级大学图书馆和各种专业图书馆的缩微复制车间,其规模不易过大;它的工作用房,可以安排在图书馆主建筑物的一侧,但在安排平面布局时,要注意不要与阅览区和读者活动场所互相影响和干扰。县级或相当于县级以下的各种类型的图书馆,一般不设缩微复制车间,它所需要的缩微型图书资料,可以向国家级、省级图书馆购置。缩微复制用房组成和基本要求如下。

(1) 缩微复制接办室 这是为读者办理图书资料复制手续和文件的场所,要求设读者使用的单独出入口,室内设置柜台,柜台外部为读者服务小厅,约20平方米。内部为工作人员办公和资料存放室,约需使用面积为40平方米,要求设内门与资料整理室直接连通。

(2) 资料整理室 凡由接办室转来的复制件或为本馆及其他馆补充馆藏的缩微品,均需在此进行分类、编目和整理修补等工作。每一工作人员的工作面积约10平方米,应根据任务大小来确定人员编制,一般该室使用面积为40—80平方米。此室要求与缩微拍照室相邻,设内门直接相通,以便于将整理好的图书资料送入拍照室。

(3) 工作台规格 此台规格为900×2000毫米,台上照明要求安装长管型防紫外线日光灯,照度不低于200流司。

(4) 缩微拍照室 室内装有精密机器的缩微摄影设备。为了确保缩微品质量,建筑应按8度抗震设计。机器底座应考虑防震基础,以保证机器设备在进行缩微拍照时不受震动。

一般缩微摄影机的工作面积约需10—12平方米,室内净高一般不低于3.3米。大型缩微摄影机所需工作面积和室内净高,视设备的实际需要而定。

缩微拍照室的天花板和墙壁均应采用无光材料,防止光线反射。室内照明灯光应避免直接照射在摄影机的托稿台面上。各机器之间的摄影灯光,更必须严格防止光线的相互干扰。为了保持18℃±2℃的室内温度和45—65%的相对湿度,须设有空调装置。小型缩微复制车间,一般采用空调箱控制温、湿度。

如选用摄影、冲洗两用机时,应根据设备工艺要求,设置上下水管道。

(5)冲洗室　主要是冲洗处理缩微胶卷(片)的显影、定影、水洗、烘干等工作。一部银盐胶片冲洗机的使用面积约12平方米;如数台冲洗机安设在一个大房间里,其使用面积还可以相应减少2平方米/台。每台机器均应设置上下水管道,每台每小时用水量约为1530公升,根据排水量计算下水管直径。墙裙和地面要求选用能防弱酸碱的材料镶砌。

(6)药液分析室　分析室要求靠近冲洗室,并设内门相通。室内除要求镶砌防酸、碱、水的墙裙和地面外,并应设置代有上下水管道和电源的化验台。药液分析室使用面积一般为15—30平方米。

(7)质量检查间　检查间的位置要求靠近冲洗室,设内门相通。大型缩微复制车间,一般应分设缩微胶卷(片)质量检查间,每间使用面积为40平方米。中、小型缩微复制车间,一般只设一间20—30平方米的质量检查室。

检查室要求清洁度高,因此,墙面和天花板要用防火的材料贴面和矿绵板顶棚,地面材料应选用防酸碱的瓷砖或马赛克。质量检查台应设电源和有防紫外线功能的检查灯,以保证产品质量。

(8)拷贝复印间　根据缩微胶卷(片)的不同品种,复印间应设置相应的拷贝机和分设拷贝复印室,一般每室使用面积为20平方米。由于工艺要求银盐胶片需在暗室内进行,从建筑布局上

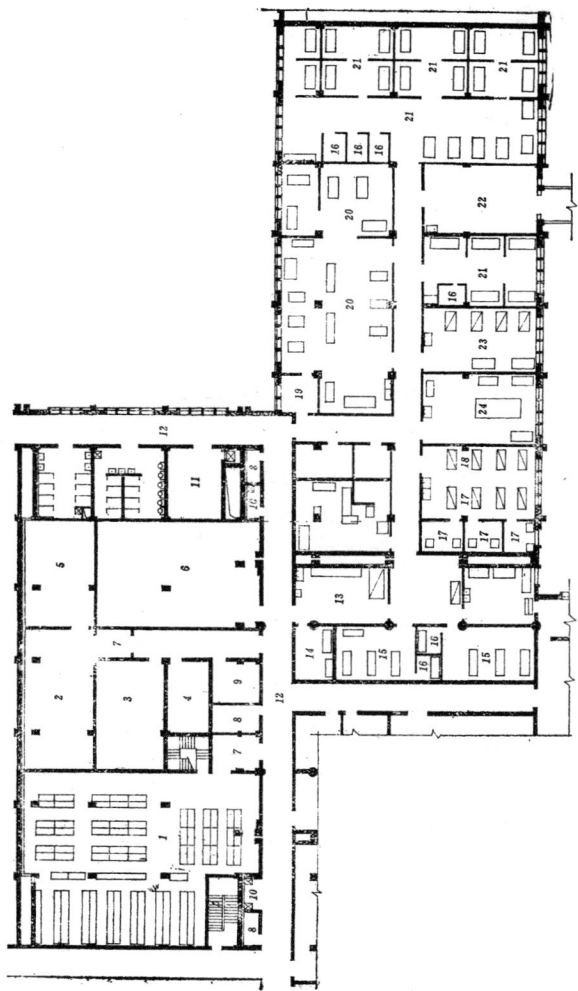

图10-30 图书馆照相复制车间平面设计示意图:

1——胶卷库;2——感光材料库;3——设备、备件库;4——药品库;5——纸品库;6——空调机房;7——缓冲间;
8——仓库办公室;9——储存间;10——水池;11——复制间;12——复制间;13——走道;14——配药间;
15——冲洗间;16——冲洗间;17——暗室;18——拷贝间;19——拷贝、捅片;20——接收办公室;
21——缩微拍照;22——资料整理;23——检查室;24——维修间

493

可以安排在自然采光比较差的房间内。拷贝复印间应根据拷贝机的型号设置足够的电源。

（9）放大室　按工序和操作要求,应设置里外间的放大室。其里间为暗室,主要是作为将缩微胶片影像放大到感光纸上的工作间;外间为明室是进行产品加工整理的工作室。每间使用面积为20平方米左右,两室入口处应设暗幕,以防光线直接射入暗室。

图书馆可采用现代化的照相复制设备,其照相复制车间的平面设计如图10-30所示。有关设备可见图10-31、表10-10及图10-32、表10-11。

图10-31　16毫米和35毫米缩微拍照机

表10-10　16毫米和35毫米缩微拍照机的规格和性能

项目	主要规格及技术性能
使用胶卷	16毫米、35毫米
电源	100代/200伏，3千瓦
外形尺寸	长2670×宽2080×高2710毫米
重量	486千克

图10-32　105毫米平面缩微拍照机

表10–11　105毫米平面缩微拍照机的规格和性能

项目	主要规格及技术性能
使用片	105×148毫米
镜头	1:6.3　35毫米
缩微倍率	主摄影18x–26x自动焦点
外形尺寸	长1530×宽1240×高1760毫米（18x）
	长1530×宽1240×高1930毫米（22x）
	长1530×宽1240×高2070毫米（26x）
重量	约700千克
电源	100伏　2千瓦

2. 缩微胶卷（片）库

缩微胶卷（片）库是长期保存馆藏书刊资料缩微复制品母片和负片的库房，可规划在地下层，这对防火和节能有利，同时，还应特制适合保存35毫米胶卷和105×148毫米缩微平片等的胶卷（片）柜。库房应紧邻照相复制车间，其上部设缩微胶卷（片）周转库，不仅为缩微阅览室的读者借阅方便，而且与外界的温湿度、条件变化有个适应的过程，以保护馆藏缩微制品。

缩微胶卷（片）库建筑和设备的要求如下。

（1）单独建库分室储存　缩微胶卷（片）库是储存大量极珍贵的缩微母片和负片库，由于本身的特殊要求，应与基本书库分开，自成体系单独建筑。各种胶片又因其化学性能不同而需分类储存，以避免重氮片释放出酸性气体影响银盐片的使用年限。因此，在设计分配胶片库使用面积时，应按各种类型胶片分室放置储存，单独保管。各室之间要求用隔断墙和门分开，密闭性能要高。

（2）空气净化和通风　为了防止各种有害气体和灰尘侵入库内，室内应设空气过滤装置，以净化空气。这样可以保护胶片不受二氧化硫、过氧化物、硫化氢、氨、臭氧、酸性气体等对胶片的腐蚀和因灰尘造成的损伤。库房地面和墙面切忌涂漆或用其他化学材料贴面。目的在于防止因火灾和其他原因释放出的有害气体损伤胶片。

（3）库内的温度和湿度要求　库内温度和湿度的变化对胶片的使用和寿命影响极大。如温度超出30℃,相对湿度超过60%,胶片就会产生霉菌、斑点、颜色变黄等问题。又如温度高于30℃,相对湿度又低于20%,则胶片就会出现变脆、易断、老化等问题。为了避免以上问题的产生和创造较好的保管条件,库内应设置空调设备,以提供必要的温、湿度条件。一般应按下列要求进行设计:温度为18℃±2℃,相对湿度为45—55%。

（4）自动报警和灭火装置　为保证馆藏缩微胶片的安全,应设置现代化的自动报警和灭火消防系统。

自动报警一般设置烟感及温差式探头报警器。灭火手段可以选用自动或手动灭火装置,但灭火剂一定要选用毒性小、灭火效能高的卤代烷灭火剂。

（5）缩微胶卷（片）库庋藏容量和面积　库庋藏容量和面积的计算如下。

缩微型图书资料的库容量和所需的库房面积与载体类型、缩微倍率有直接的关系。缩微型图书资料的缩微倍率越高,则载体的资料容量就越大。以现在国内外通用的35毫米、16毫米的缩微胶卷为例,按30米一卷计算,一般可拍摄相当于印刷型图书资料的800页或1600页的图书内容。若平均每本按300页计,折合为五册普通印刷型图书的全部内容。缩微型图书资料（卷）与印刷型图书资料的容量比为5:1（即Ra=5册/卷）;又如一张105×148毫米的缩微平片可拍摄相当于3000多页印刷型图书的内容,同样平均每册按300页计,即等于10册印刷型图书的全部内容,其容量比为10:1（即Rb=10册/片）。

根据上述图书载体类型容量比的分析、比较,可以初步得出这样的结论:即在同等面积的书库中,庋藏缩微型图书资料比印刷型图书资料的相对库容量要大得多,而体积和所需库房面积相对地来讲,则小得多。因此,计算缩微胶卷(片)库的藏书容量和所需面积与图书载体类型、容量比、储存容器(书架、柜)等因素有密切关系。

缩微型图书资料库容量及其库房使用面积可根据以下公式计算。

缩微胶卷库容量和面积计算公式

$$Aa=Wa×Na \qquad (10—5)$$

式中:Aa——缩微胶卷库容量(卷);Wa——1000卷/柜(缩微胶卷柜容量);Na——缩微胶卷柜数量(柜)。

又　　　　$$A'a=Wa×Na×Ra \qquad (10—5')$$

式中:A'a——折合印刷型图书库容量(册);Ra——5册/卷(容量比)。

$$Sa=Va×Na \qquad (10—6)$$

式中:Sa——缩微胶卷库使用面积;Va——2平方米/柜(缩微胶卷柜平均占地面积)。

又　　　　$$S'a=Va×Na×Ka \qquad (10—6')$$

式中:S'a——折合印刷型图书库使用面积;Ka——10(换算系数)。

例题1　某新建的图书馆,因业务工作需要,拟计划建设缩微胶卷库工程项目,已选用可储存1000卷的缩微胶卷柜100个,求该库的总容量和所需的使用面积是多少?如在相同容量的图书内容前提下,新建储存印刷型图书的一般书库,其书库容量和所需用面积应为多少?

解　已知条件:Wa=1000卷/柜;Na=100个柜;Ra=5册/卷;
Va=2平方米/柜;Ka=10(换算系数)。

按公式　　　$$Aa=Wa×Na \qquad (10—5)$$
　　　　　　$$Aa=1000卷/柜×100柜=100000卷。$$

按公式　　　$$Sa=Va×Na \qquad (10—6)$$
　　　　　　$$Sa=2平方米/柜×100柜,$$
　　　　　　$$Sa=200平方米。$$

又按公式　　$$A'a=Wa×Na×Ra \qquad (10—5')$$

A′a=1000卷/柜×100柜×5册/卷,

A′a=500000册。

又按公式　　　$S′a=Va×Na×Ka$ 　　　　　　　（10—6′）

S′a=2平方米/柜×100柜×10,

S′a=2000平方米。

答　该缩微胶卷库可存放100000卷缩微胶卷,需建库房200平方米(使用面积);若按同等容量的图书内容计算,应相当于500000册印刷型图书的库容量和2000平方米的库房(使用面积)。

缩微平片库容量和面积计算公式

$$Ab=Wb×Nb　　　　　　　　　（10—7）$$

式中:Ab——缩微平片库容量(片);Wb——60000片/柜;

Nb——缩微胶片柜数量(柜)。

又　　　　　　$A′b=Wb×Nb×Rb$ 　　　　　　　（10—7′）

式中:A′b——折合印刷型图书库容量(册);Rb——10册/片(容量比)。

$$Sb=Vb×Nb　　　　　　　　　（10—8）$$

式中:Sb——缩微平片库使用面积;Vb——2平方米/柜(缩微平片柜平均占地面积)。

又　　　　　　$S′b=Vb×Nb×Kb$ 　　　　　　　（10—8′）

式中:S′b——折合印刷型图书库使用面积;Kb——1000(换算系数)。

例题2　某新建的图书馆计划在缩微胶卷库中分建缩微平片库,拟选用存储60000片的缩微平片柜10个,求库容总量和所需使用面积?若新建图书容量相同的印刷型图书基本书库,其库容总量和所需使用面积应为多少?

解　已知条件:Wb=60000片/柜;Nb=10个柜;Rb=10册/片;

Vb=2平方米/柜;Kb=1000(换算系数)。

按公式　　　$Ab=Wb×Nb$ 　　　　　　　　　（10—7）

Ab=60000片/柜×10柜=600000片。

按公式　　　$Sb=Vb×Nb$ 　　　　　　　　　（10—8）

Sb=2平方米/柜×10柜=20平方米。

又按公式　　　$A′b=Wb×Nb×Rb$ 　　　　　　（10—7′）

A′b=60000片/柜×10柜×10册/片,

A′b=6000000册。

又按公式　　　Sʹb=Vb×Nb×Kb　　　　　　　　　　　（10—8ʹ）

Sʹb=2平方米/柜×10柜×1000，

Sʹb=20000平方米。

答　经计算缩微平片库可存放600000片缩微平片，只需建缩微平片库房20平方米（使用面积）就够了；若按图书容量相同的印刷型图书计算，则相当于存放6000000册图书的库容量，需建20000平方米的基本书库（使用面积）。

3. 缩微资料阅览室

缩微资料阅览室是现代化图书馆规划设计中的一项新内容，它与一般传统图书阅览室有明显地区别，读者必须借助于阅读机才能进行阅读。因此，在室内设备和装修上也有特殊的要求。在规划设计新馆时应根据需要设置一定数量的缩微资料阅览室和在普通阅览室内设缩微阅览专座。

缩微资料阅览室应以集中设置和分散安排缩微阅览座位相结合为宜。

（1）集中设置综合性缩微阅览室　为了充分利用包罗万象的缩微资料和有效使用设备，集中设置综合性的缩微阅览室是方便读者和提高工作效率的重要措施。

在具体安排缩微资料阅览室的设计中，应该根据缩微资料的特点，对它们以集中管理为原则，并进行平面和空间组合。凡属缩微型图书资料，均应集中采访、编目、保管和阅览。因此，缩微资料辅助库、采编工作室等用房应与缩微资料阅览室组成比较完整的单元体系。

缩微资料阅览室中的采光、温度、电源、洁净度均有一定的要求，所以在设计时，应予以满足。

（2）采光、照明　室内采光不能过强或过弱，要求均匀柔和，避免日光直接射入室内，以保证阅读机屏幕上字像的清晰。室内窗户均应装设百叶窗帘，墙壁和天花板的装饰材料也应避免产生反射光。

阅读机屏幕与室内亮度差不宜过大，以减轻读者的视力疲劳。屏幕与阅览桌最佳亮度比为2:1。同时，为便于读者边看、边记录的要求，阅览桌上都应设置一个小光源的笔记灯。

　　为了避免读者使用阅读机时的外部光线和其他方面的相互干扰，最好采用单人式的缩微阅览桌，桌上设两个电源插座，供阅读机或照明灯用。缩微阅读机数量应根据室内阅览座位配备，其中带有复制功能的缩微阅读机应占10—20%。图10-33为我国制造的缩微阅读机外观和构造图；图10-34为国外某图书馆读者使用阅读机的情况。

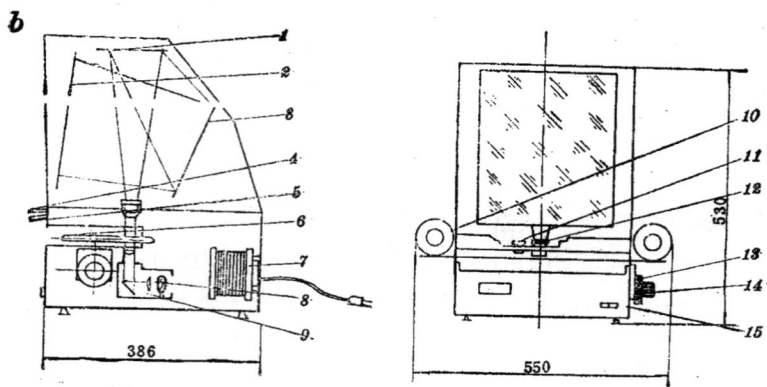

图10-33　国产缩微阅读机：

a——外观；b——构造图，1——小反射镜，2——屏幕，3——大反射镜，
4——换镜头手柄，5——调焦手柄，6——片屉，7——变压器，8——灯泡，
9——聚光系统，10——135胶片轮，11——镜头：f50 1:35，
12——镜头：f50 1:35，13——纵向移动手柄，14——横向移动手柄，15——开关

（3）温湿度和洁净度要求　缩微阅览室内的温度、相对湿度、洁净度对缩微品的使用有较大的影响。温度应保持在18℃—28℃，相对湿度应为45—55%；室内设空气过滤装置，严格控制尘土和其他有害气体进入室内。

（4）分散设置缩微阅览座位　为了方便读者可以在普通阅览室内查阅有关缩微品的书刊资料，相应设一些缩微阅览座位是必要的。在报纸、善本、分科和一般图书阅览室内隔出一定地方，要求按照缩微阅览室的特点，以及相应的设备、电源来进行具体设计。

图10-34 读者正在使用缩微阅读机

第四节 静电复制技术的应用

近几年来静电复印技术发展很快,有些国家已开始采用大规模集成电路和微型电子计算机控制的静电复印设备。它明显地提高了静电复制品的精确度和清晰度。彩色静电复印机的出现,以及具有双面复印的功能,既提高了复制品的质量又解决了快速复印的问题,深受广大读者的欢迎。在规划设计新馆时,也应给以充分的注意。

静电复制车间是为读者快速复制书刊资料的场所,其使用面积应根据车间的任务和复印机的台数而定。普通复印机一般每台工作面积需6—8平方米,其他用房面积包括质量检查间、成品包装间、维修间、库房、业务接办室等,应参照缩微复制车间的要求而定。

现将国内前几年使用的国产和进口的静电复印机的主要规格及技术性能列表于后,供设计时参考。近几年来我国生产的静电复印机质量在不断提高,希望在新建馆时选用技术先进的优质产品,以提高服务质量。

目前国内外图书馆常用的静电复印机的复印工艺主要有三种方式:直接式的静电照相;静电像转移式;间接式静电复印。图10-35为国产硒静电复印机,其主要规格及技术性能可参见表10-12。图10-36为美国施乐2830型座台式普通纸复印机,其主要规格及技术性能见表10-13。

图10-35　国产硒静电复印机

504

图10-36　美国施乐2830型座台式普通纸复印机

表10-12　国产硒静电复印机主要规格及技术性能

项目	主要规格及技术性能
复印速度	10张/分
复印幅面	8K，16K，A4
原稿种类	单页、书本（最大图像尺寸：250×364毫米）
复印倍率	1:1
复印纸张	60克—80克普通纸
显影方式	曝布显影
电源	220伏±10伏　　50赫
电力消耗	3.2千瓦
外形尺寸	长680×宽635×高915毫米
重量	约260千克

表10-13　美国施乐2830型座台式普通纸复印机主要规格及技术性能

项目	主要规格及技术性能
扫描方式	原稿台移动
复印方式	干式静电复印
原稿幅面	不大于A3幅面
副本幅面	A3、A4、A5、A6、B4、B5、B6
曝光方式	卤素灯
显影方式	磁刷
复印纸重量	52—82克/平方米
预热时间	约1分钟（温度22℃、湿度55%）
复印首张需时	6.8秒（A4）
复印速度	A4、B5每分钟18张；A3、B4每分钟11张
多份复印	1—99张
供纸方式	纸盘或手动供纸
纸盘容重	250张
体积	长540×宽515×高260毫米
主机重量	67.6千克
输入电源	110伏、15安培、5/60赫
耗电量	1.314千瓦

新建图书馆除集中设置静电复印中心外，所有的阅览室都应考虑设置供读者直接使用的静电复印设备。阅览室内设置静电复印设备，既方便读者，节约了他们的时间，又提高了图书的利用率，缓和了读者需长时间等候新书的矛盾。阅览室的静电复印机应靠近服务台设置，以便于工作人员管理、维修和给予初次使用复印机的读者以技术指导。

随着我国四个现代化的建设和发展，各种新的图书馆专用设备会不断进入图书馆的事业中来，所以。我们除了书中介绍的一些主要现代化设备外，还要密切注意国内外一些新的、适用于图书馆业务需要的专用设备，以便不断改进和完善我国图书馆的建筑设计事业。

第二部分　图书馆实例图录

I 国内图书馆

I-1 安徽省图书馆

安徽省图书馆阅览楼建于1962年，建设面积为6349平方米，全长100米，采用混合结构，屋顶采用民族形式，以琉璃瓦等作装饰。馆内设有各种阅览室，现有读者座位216个。

阅览楼的厕所、楼梯设置南面，既占用了朝向良好的使用面积，又影响卫生、整齐。底层防潮层处理较差，每当阴雨即有回潮现象。

现有藏书120余万册，部分图书放在阅览楼内，因荷载过大，造成楼面开裂。

现已在览阅大楼北面，人民公园水池之南兴建了6515平方米的书库。因地形关系，书库与阅览大楼形成不规则的"工"字形。该书库长60米，宽17米。柱网为6.3×6.25米，采用升板法施工。书库为混合承重结构，共三个结构层（层高5米），每层再分隔一个夹层，共六层，顶层与底层均设空气隔离层，以利隔热和防潮。库内采用钢书架，建成后可藏书180万册。

a

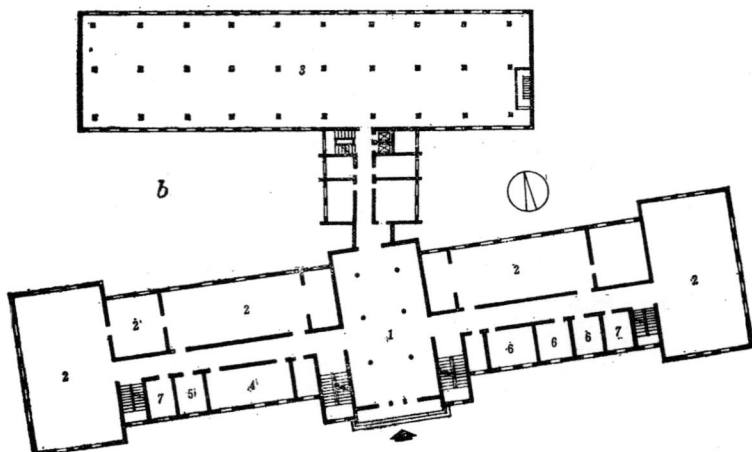

b

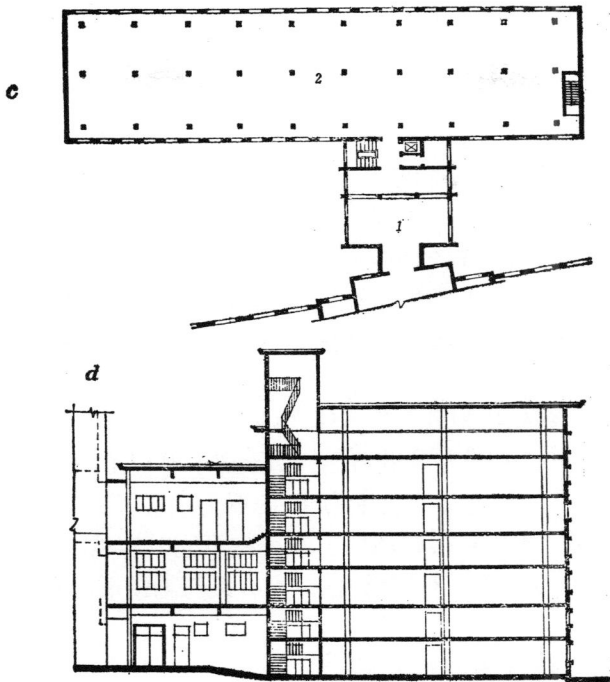

c

d

e

图中：

a——正面外观；

b—— 一层平面, 1——门厅,

2——阅览室, 3——书库,

4——编目, 5——采购,

6——办公室, 7——厕所；

c——二层平面, 1——借书处,

2——书库; d——剖面；

e——背面外观

Ⅰ-2　云南省图书馆

　　此馆1975年初建成,同年开馆使用。总建筑面积8400平方米,按160万册藏书量设计(以每平方米藏书400册计算)。

　　馆址位于市区翠湖公园附近,环境安静,地形平坦,位置适中。全馆占地1.3公顷。图书馆主楼坐北朝南,远离干道布置,可减少车辆噪声的干扰。馆前开辟绿化庭园,可供读者室外休息和阅读。

　　图书馆主楼采用"Ⅲ"形,全长75米,南北深42米。主楼前部均为阅览室,底层中部为总借书厅,二层设有200人的报告厅,位于总借书厅之上。后部为八层主书库,两翼为六层辅助书库,书库底层设置了部分业务和行政用房。阅览室可同时容纳500名读者使用,各主要阅览室均设有出纳台,并可直接与辅助书库相通。

a

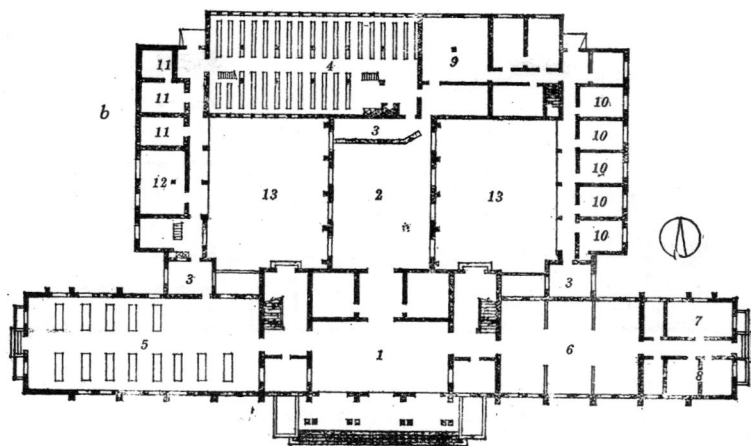

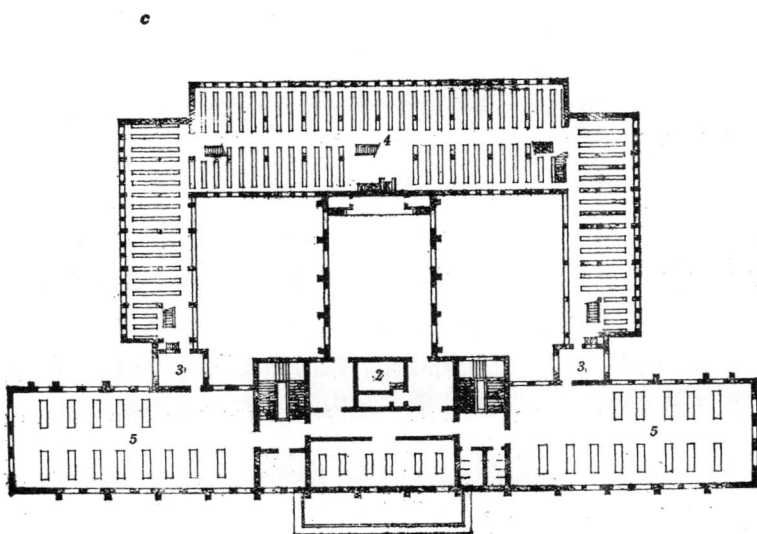

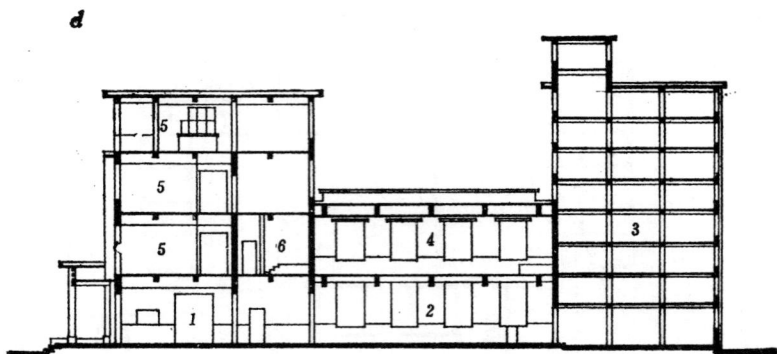

图中：
a——外观透视；b—— 一层平面，1——门厅，2——借书厅，
3——出纳台，4——书库，5——阅览室，6——陈列室，
7——接待室，8——阅读，9——采编室，10——办公室，
11——防爆库，12——装订室，13——天井；
c——二层平面，1——讲演厅，2——放映室，
3——分出纳台，4——书库，5——阅览室；
d——剖面图，1——门厅，2——借书厅，
3——书库，4——讲演厅，5——阅览室，6——放映室

　　书库设有书梯五部，主库内设有一台载重200千克的电梯，可供大量书籍上下搬运。各层书库与出纳台之间均设有电动书梯。书库内屋顶设置通风天窗，利用各层分散的梯井自然排气。

　　在书库底层设有三间防爆库，按防弹要求用400毫米厚的双层配钢筋混凝土墙及顶板作围护结构，供存放珍本书籍之用。

514

Ⅰ-3　北京大学图书馆

　　北京大学图书馆建于1973—1974年,建筑面积24000平方米,其中书库面积为11289平方米,可藏书340万册,阅览室面积5000余平方米,可设阅览席2400座。

　　此馆采用"出"字形平面,出纳厅和目录厅位于平面中心,紧接书库,与阅览区分开,借书与人流互不干扰阅览。主书库位于中间,两侧为辅助书库,并直接与阅览室衔接,使辅助书库和阅览室之间的图书调配都较方便。平面布局较为合理,唯东面阅览室会有东晒。

　　此外,阅览室采用大、中、小相结合,有些并相互连通,在使用上比较灵活。每层都设有研究室,合乎高等学校开展科学研究的要求。采编等业务用房也大、小结合,相互连通,使用起来也较方便。书库内采用机械通风,灰尘少。书库采用无梁楼盖,主书库十层,分为五个结构层,每层又设一夹层,两翼辅助书库为八层,分为四个结构层,每层也设一夹层。另外各阅览室都附有开架书库和辅助书库,约共900多平方米,可藏书30万册。

　　该馆1975年移交使用后,感到阅览室及走道内回音较大,影响安静。书库没有防潮层,室内外高差较小,雨季潮湿。行政办公室及研究室数量不敷使用。采编工作室离主书库和目录厅太远,出纳厅也稍嫌小一点。

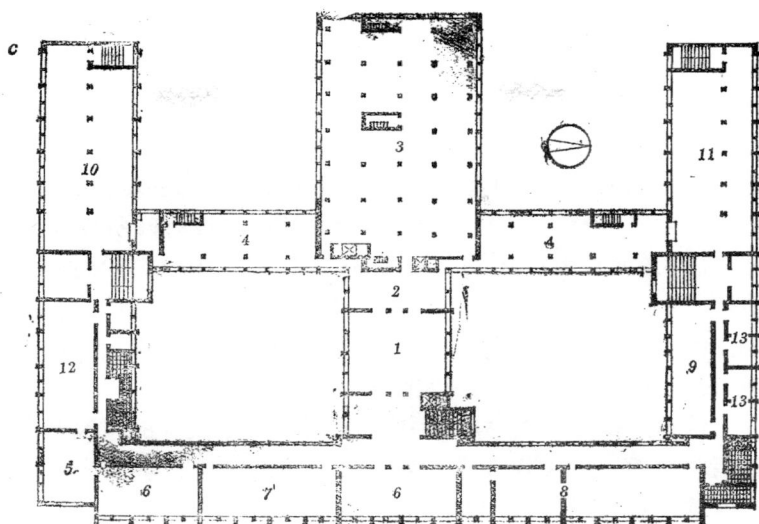

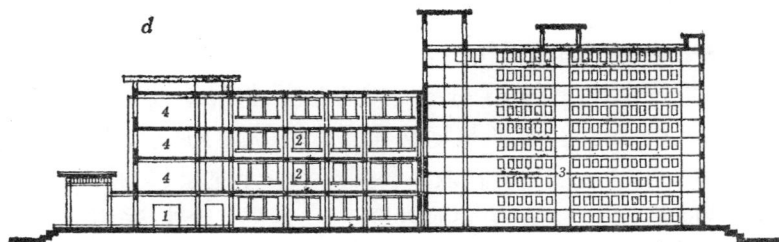

图中：

a——东面外观；b——南面入口外观；

c——三层平面，1——目录厅，2——出纳台，3——书库，

4——珍藏书库，5——参考书库，6——辅助书库，

7——普通阅览室，8——教师阅览室，9——文科教师阅览室，

10——文科学生阅览室，11——理科教师阅览室，12——参考室；

d——剖面图，1——门厅，2——借书厅，3——书库，4——阅览室

注 一层平面见本书图4-33。

Ⅰ-4　北京图书馆（新馆）

北京图书馆正在北京紫竹院公园附近的河对岸兴建新馆。其规模为：藏书2000万册，各类阅览室27个，共设有阅览席位3000座。总建筑面积为14万平方米，其中，主体建筑约12.5万平方米，展览厅、报告厅（可容纳1200人）及其他附属建筑约1.2万平方米。近期工程占地为7.42公顷。这座图书馆将是我国规模最大，技术先进，设施齐全的现代化的国家图书馆。

该馆总体布局以书库为中心，形成了一个统一的建筑群。设计者将全馆不同使用要求的各个部门相对集中，成组、成团地照东西轴线对称布置。主要入口在东面，南面朝向紫竹院公园，设有读者南入口，北面是工作人员入口，预计四分之三的读者将从东面入口进出。

图书馆的平面布局按照合理组织人流、书流，提高使用效率的要求进行设计。采用了分层安排的办法，将采编、加工、管理工作用房及电子计算机、照相复制等辅助用房置于底层；而将各种群众性的阅览室、图书外借及专科阅览室置于主层（二层）；主要的专业阅览室及各种研究室则都置于三、四层。此外，采用了相对集中的方式，将类似的阅览室、研究室与采编、管理用房互相毗邻，组成一个个单元，成组、成团地布置，以减少人流的往返交通。全馆采用"日"字形环形交通干线，使各单元联结成一体，流线简捷，使用方便。

该馆设计时采用三线收藏管理图书的方式，以提高图书利用效率，使图书尽可能接近读者，方便读者。各类专科性阅览室将首先实行开架阅览，约有120万册的新书、期刊资料将供读者直接查阅；其次在二、三层综合阅览室附近设置辅助书库，使比较新的书

刊资料供读者随时借阅。基本书库，主要起藏书作用，其面积约5万平方米。

此外，该图书馆的设计，还考虑了使用的灵活性。采用了比较统一的结构柱网尺寸，使整个建筑的开间、进深、层高尽可能统一为少数几种。基本书库拟采用陶粒混凝土筒体的新结构，塑料模壳现浇双向密肋楼板及屋面板的新施工方法。

该馆还采用一些先进的技术装备。例如，拟安装电子计算机信息处理系统，进行书目编制和检索工作，建立静电复制系统，广泛采用缩微技术，开展视听资料阅览工作，并在馆内总出纳台与基本书库之间建立机械传送系统。

建筑形式较多地采用我国古典建筑的传统手法，并注意吸取我国园林的特点，创建"馆园结合"、"书院式"的既优美又安静的图书馆建筑风格。

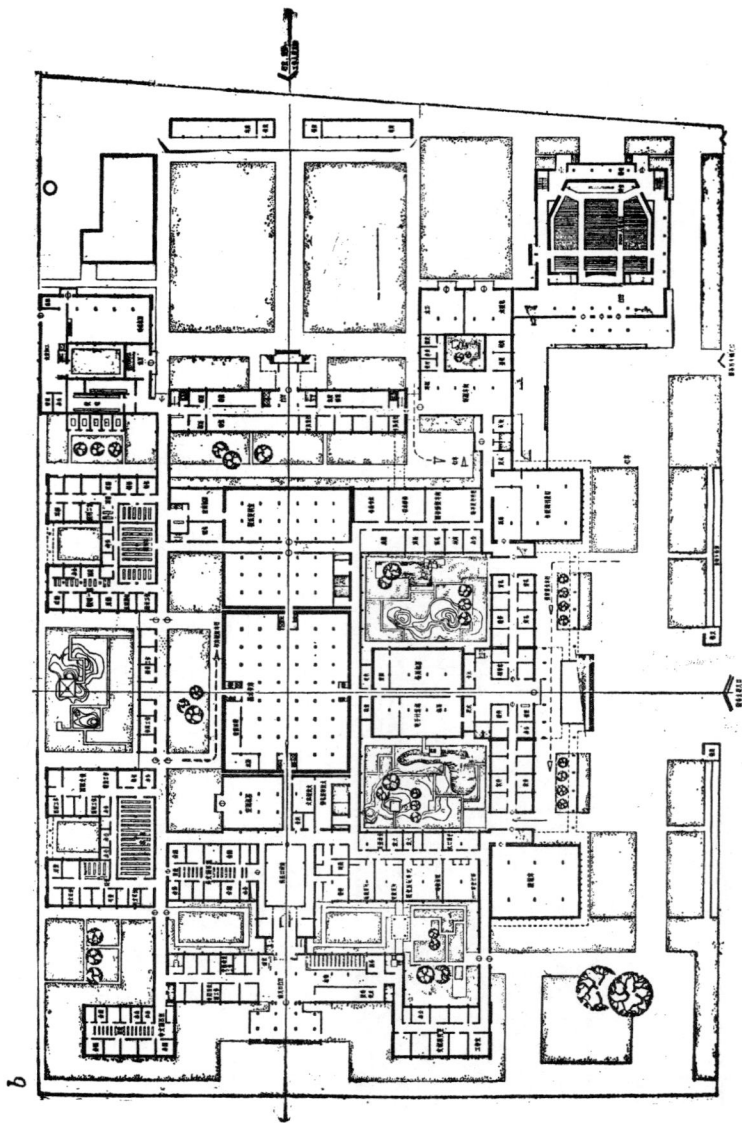

520

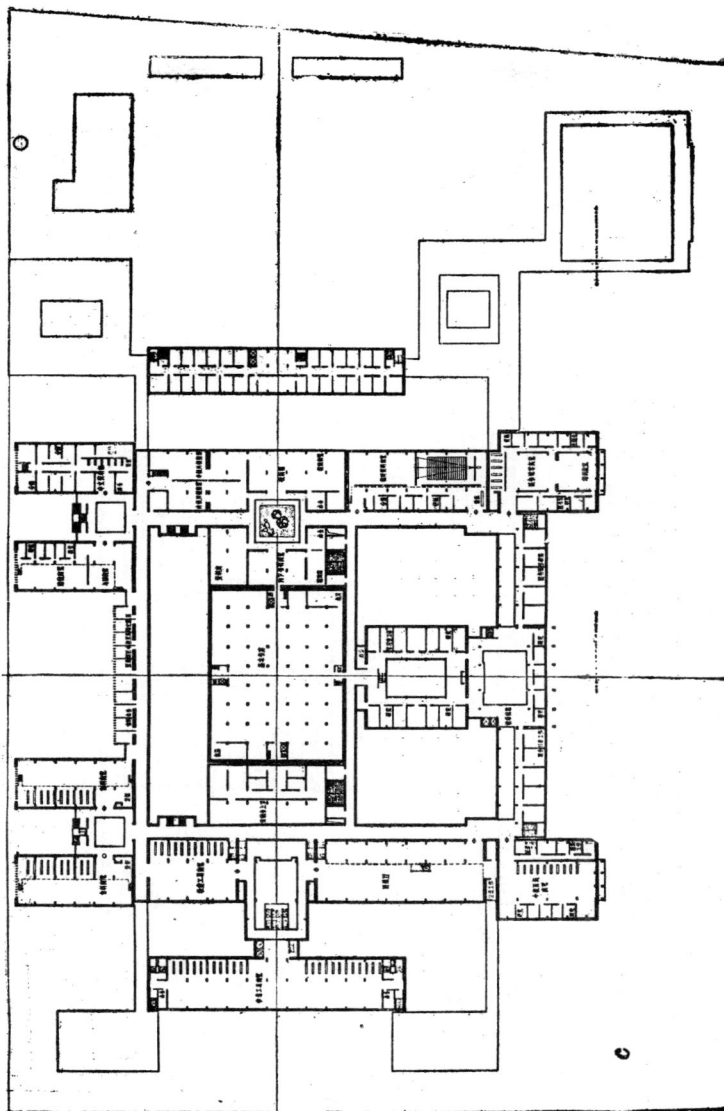

521

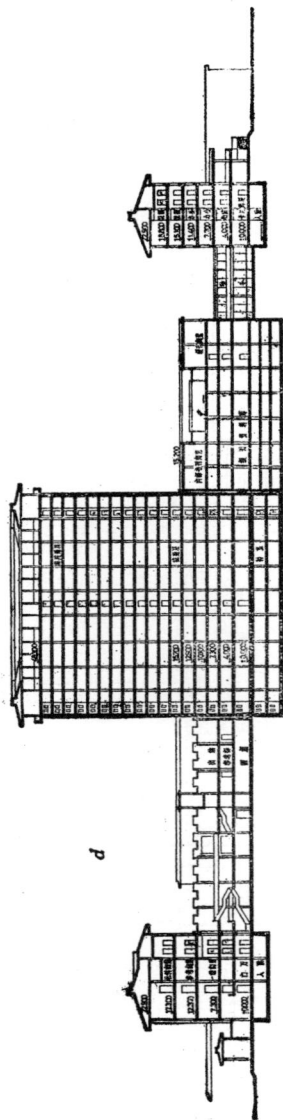

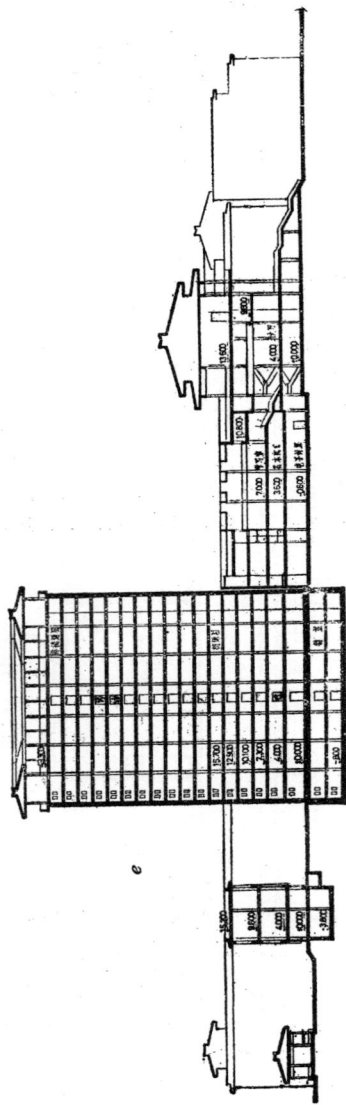

522

图中：

a——外观透视图；　b——一层平面；　c——二层平面；

d——横剖面；　e——纵剖面；

注　总平面见本书图3-11。

Ⅰ-5　湖南省图书馆

湖南省图书馆坐落在长沙市韶山路东侧,坐东朝西,交通方便,地段适中,环境安静,唯地势低洼,朝向不利。

此馆规模为:总建筑面积33800平方米,基建投资800万元,占地4.37公顷,藏书量450万册,阅览席位最大可容量为1270座。主楼建筑面积26000平方米。

由于此馆具有多学科的特点,设计者就将不同性质的学科阅览室分层设置,将一般流动性大、人数多、使用频繁、开放时间长的阅览室放在底层,并有独立出入口;把专业性强、读者少、要求更安静的阅览室和专题研究室布置在二、三层;某些珍善本、古旧地方志阅览室和缩微阅览室放在四层。因此,它分区明确,减少了相互干扰,使用也方便。此外,阅览室还采用大、中、小结合,便于灵活安排。它采用开架、半开架和闭架三种借阅方式。

书库面积为11000平方米,共12层,层高2.8米。书库层高与阅览室层高之比为2:1,使每层阅览室都能与书库某层相平,避免了二者的高低错层,有利于书籍运输和传送机械的使用。

全馆采用集中空调系统,季节送风,春秋天利用自然通风,冬季送暖风,夏季送冷风。

基本书库设置有烟感自动消防报警,用水消防,于书库顶层设压力水箱;珍善本书库采用二氧化碳气体消防,并有防火密闭门等措施。

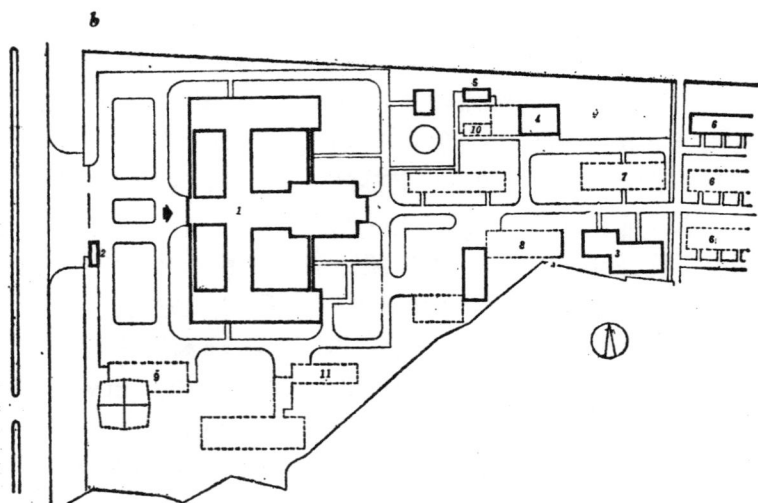

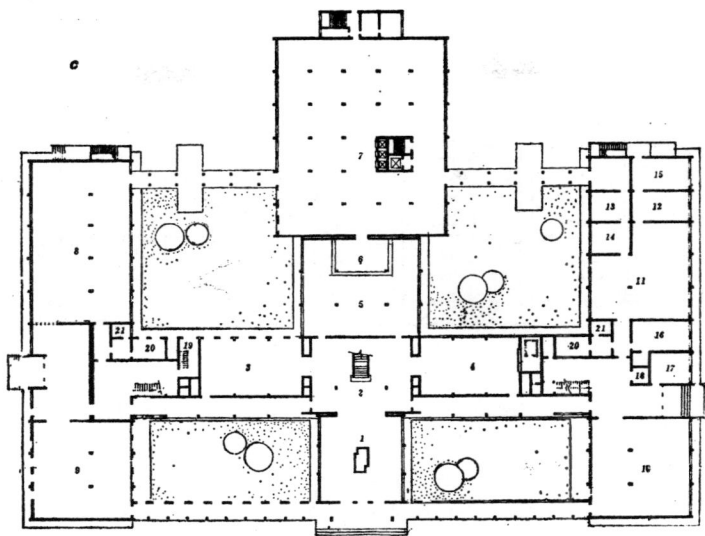

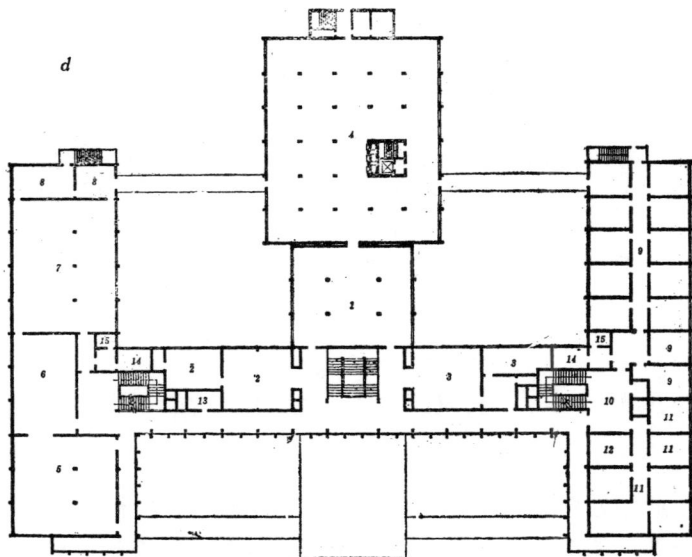

图中：

a——外观透视图；b——总平面，1——图书馆主楼，2——门房，
3——食堂，4——锅炉房，5——配电房，6——住宅，7——宿舍，
8——工厂库房，9——报告厅，10——泵房，11——视听楼；
c——底层平面，1——门厅，2——交通厅，3——外文目录室，
4——中文目录室，5——借书厅，6——出纳台，7——书库，
8——文艺书库，9——文艺阅览室，10——报刊阅览室，11——编目组，
12——征文，13——外文编目，14——中文编目，15——拆包验收，
16——总机，17——传达室，18——电梯，19——小楼梯，20——男厕所，
21——女厕所；d——二层平面，1——中文科技期刊阅览室，
2——阅览室，3——外宾室，4——书库，5——中文社科期刊阅览室，
6——中文社科期刊阅览室，7——中文科技阅览室，8——部门办公室，
9——行政办公室，10——过厅，11——专题阅览，12——静电复印室，
13——休息室；e——纵剖面

I-6 四川省图书馆

此馆始建于1973年，总建筑面积约12000平方米。它是一次设计分两期建造。阅览楼为第一期工程，有4700平方米，可设阅览席

800座;第二期工程为书库及业务、办公用房,面积有7400平方米,可藏书250万册。

　　图书馆基地位于成都主要干道——东风路南侧,建筑物坐南朝北布置。阅览楼在前,书库在后,二者构成"⊥"形的布局,办公、业务用房则置于书库的西南侧,围成一内院。这种布局,使阅览室过于临近干道,噪声较大,同时占地大,不利今后扩建。

　　阅览楼共四层,根据读者使用的特点,采用分层布置的原则,将浏览性的报刊阅览室置于底层,将主层设于二、三层,将珍善本及研究室置于第四层。各阅览室朝向南北,南面并设有通长的外廊,可供休息和遮阳之用。

　　书库东西向布置,采用锯齿形窗墙板以利遮阳。它共有12层,采用混合式分层堆架式书库结构,每堆叠三层书架设一结构楼层,它与阅览室的层高比为2:1,使每层阅览室都能与一层书库楼面相平。

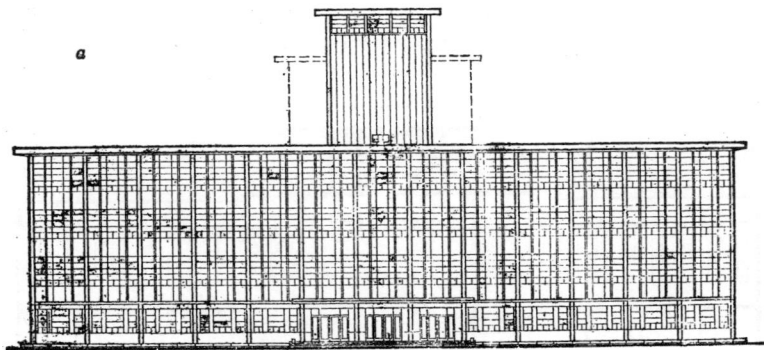

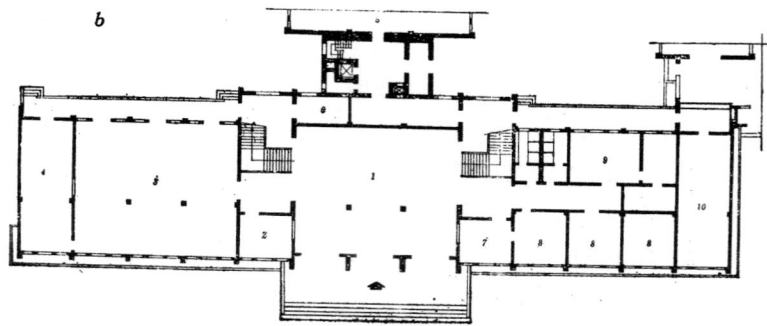

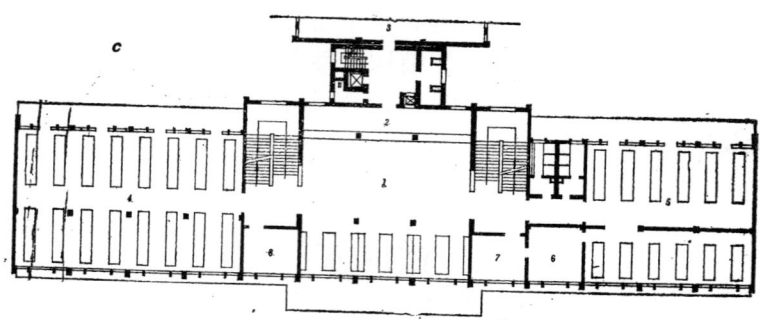

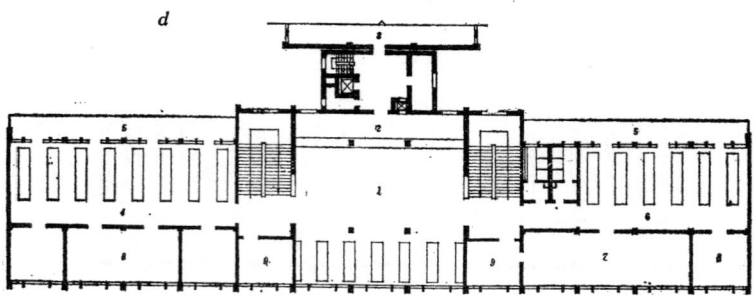

528

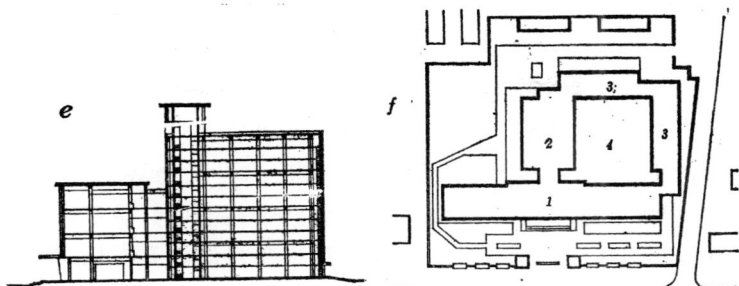

图中：

a——北立面；b—— 一层平面，1——门厅，2——管理间，3——报刊阅览室，

4——报刊辅助库，5——书库，6——值班室，7——接待室，8——办公室，

9——复印室，10——暂存库；c——二层平面，1——社会科学图书借书处，

2——出纳台，3——书库，4——文艺阅览室，5——社会科学阅览室，

6——工具书阅览室，7——研究室，8——工作室；d——三层平面，

1——自然科学图书借书处，2——出纳台，3——书库，

4——中文科技书刊阅览室，5——休息外廊，6——外文科技书阅览室，

7——外文期刊阅览室，8——小阅览室，9——工作室；e——剖面；

f——总平面，1——阅览楼，2——书库，3——业务办公用房，4——内院

Ⅰ-7　广西图书馆

　　广西图书馆（广西壮族自治区图书馆）是正在兴建的、最新的省级公共图书馆。它全部占地71.5亩，其中水面38亩，原由几十个水塘组成。结合馆址这一特点，图书馆布局采取了分散与集中相结合的、不对称的平面组合。利用水面，使馆园结合，具有显著的庭园化特征。

　　设计者按照不同类型读者阅览要求和用书特点，进行图书馆

阅览区建筑布局。为读者服务的主要建筑（阅览楼）分成三个部分，组合成一个建筑群。靠近城市干道的一栋平房（1000平方米）为普通阅览区，两旁分别设置普通阅览室和报刊阅览室及辅助书库，共有读者座位400个，能基本上满足读者的要求。第二栋是三层楼房（进修楼），建筑面积3000平方米，内设社会科学、文学辅助书库和科学技术辅助书库，同时设置两个相应的目录室和出纳台，各有阅览席200个，主要为有计划地提高自己科学文化水平和专业工作技能的读者服务。最后一栋是十一层的研究楼，专为知识分子读者服务。第一层设有目录厅，工具书、参考书、文献检索阅览室。各层楼设有专题研究室、专科辅助书库。最高一层设有16间单人及小组研究室。研究室周围设有回廊及屋顶花园，是供读者休息及调节精力的活动场所。

与大楼两端相连的是基本书库，十八层高，可藏书300万册，与阅览室的层高为2:1。

整个阅览楼的设计都考虑了开架阅览的使用载重，各室之间隔墙尽量采用轻质灵活的隔墙，以利改变。

此馆总建筑面积为19300平方米，其中阅览区占11600平方米，书库占7700平方米；另有宿舍2000平方米。

b

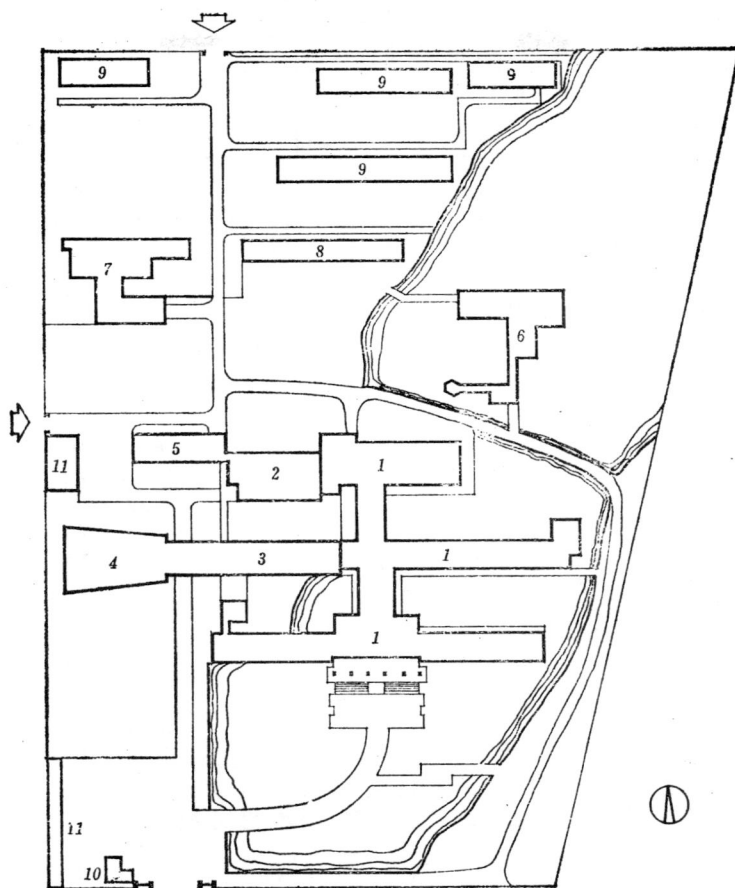

图中：

a——模型鸟瞰图；b——总平面，1——阅览楼，2——基本书库，3——采编办公，
4——报告厅，5——图书加工车间，6——水上阅览厅，7——食堂，8——宿舍，
9——住宅，10——泵房，11——书库

注 c、d两幅及说明见下页。

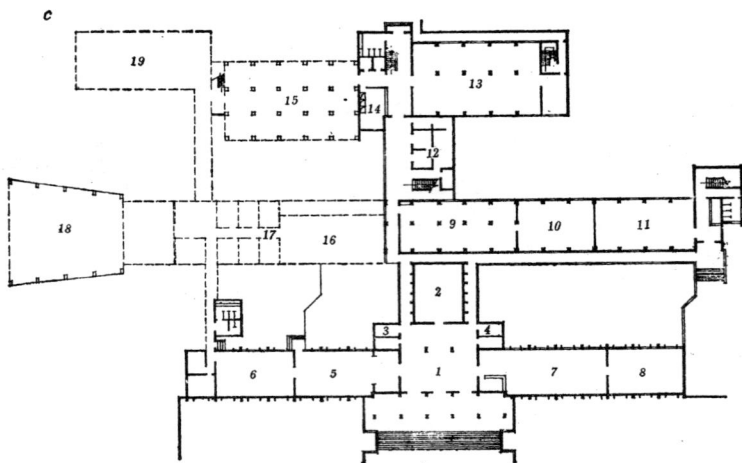

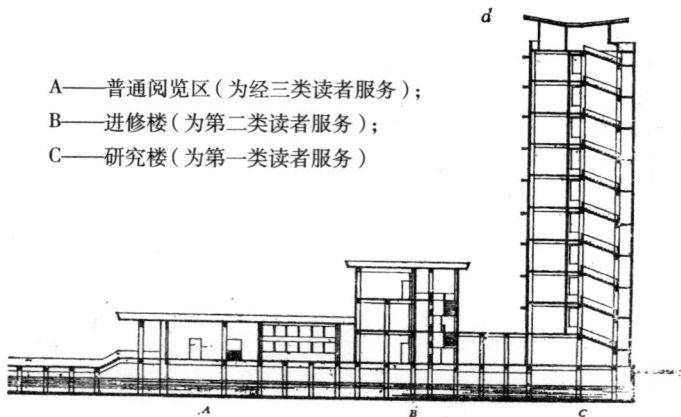

A——普通阅览区(为经三类读者服务);

B——进修楼(为第二类读者服务);

C——研究楼(为第一类读者服务)

图中:

c—— 一层平面,1——门厅,2——新书陈列,3——咨询,4——收发,5——报刊阅览,

6——报刊库,7——社会科学期刊阅览,8——社会科学期刊库,

9——自然科学期刊库,10——自然科学期刊阅览,11——自修室,

12——变电、配电房,13——总目录厅,14——出纳台,15——基本书库,16——采编,

17——办公,18——报告厅,19——装订车间;d——剖面图

注 a、b两幅及说明见上前两页。

Ⅰ-8 南京市人民图书馆

南京市人民图书馆位于南京长江路人民大会堂西侧,建筑面积为4060平方米,计用建筑费75.97万元。此馆1976年设计,1980年建成使用。

整个建筑物呈"工"字形。它由三部分组成:阅览楼在前,朝南;书库在后;出纳处位于二者之中。阅览楼底层为采编等办公用房,由侧门单独出入。正门为读者出入口。

阅览室设在二、三层,每层二间,每间设有座位120个。阅览室南面采用落地长窗,光线充足,通风良好。二楼阅览室各设辅助书库一间,并与大书库连通。四楼原设计为专业阅览之用,现西端改为学术报告厅,东端改为研究室。

书库共六层,采用混合式书库,每二层书架设一结构楼层。各层之间用电动升降机传送书籍。每层还装有排气风扇四个,以利通风。书库采用薄壁钢书架,可藏书30—35万册。

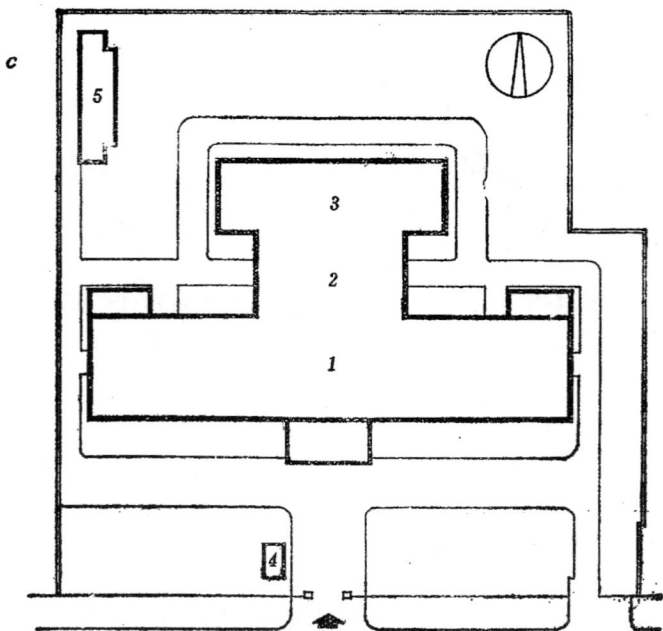

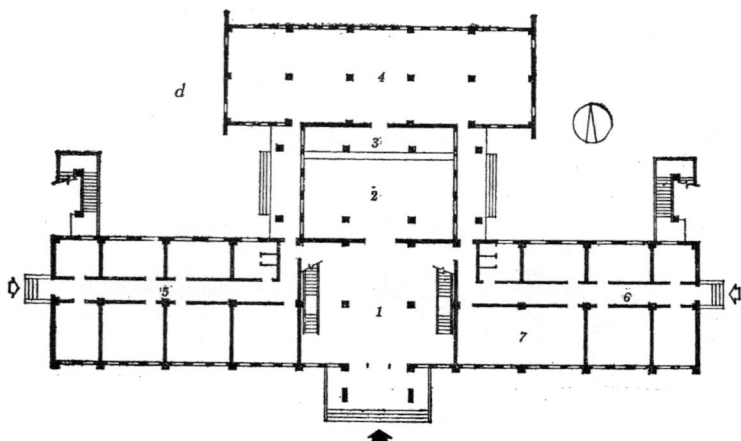

534

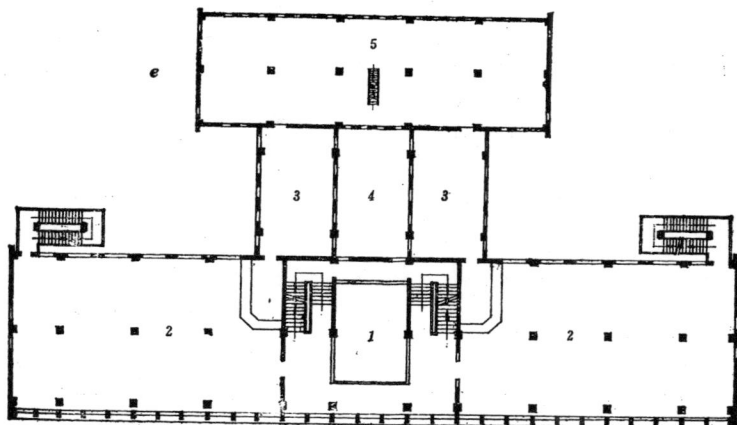

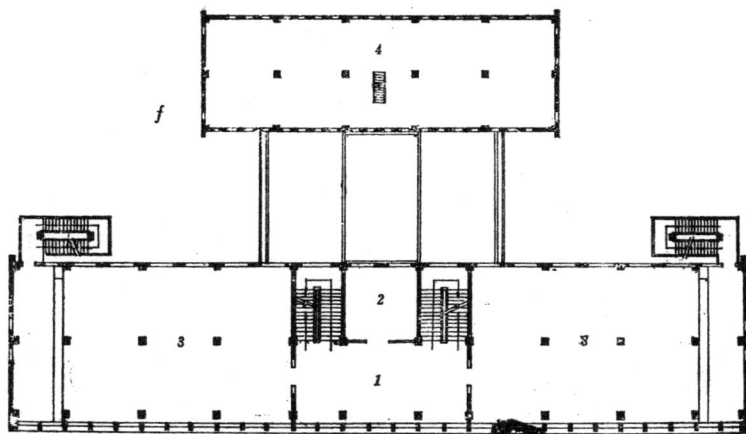

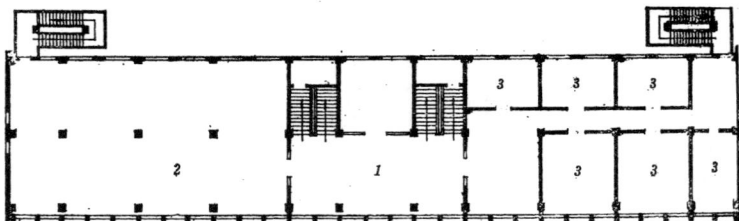

图中：
a——外观;b——入口;c——总平面,1——阅览楼,2——借书处,3——书库,
4——传达、存物室,5——厕所;d——一层平面,1——门厅,2——目录厅,
3——出纳台,4——书库,5——采编室,6——行政办公室,7——接待室;
e——二层平面,1——门厅上空,2——阅览室,3——辅助书库,4——天井,
5——书库;f——三层平面,1——阅报处,2——检索,3——阅览室,
4——书库;g——四层平面,1——休息处,2——报告厅,3——研究室

出纳处背靠书库,正对门厅,管理及流通均较方便。

建筑物外观简洁明朗,外贴白色面砖,局部点缀凹凸型翠绿色釉面砖,给人以朴素、文雅的感觉,表现了图书馆的建筑特性。

建筑物退入红线20米,楼前布置绿地,植以花木,是一个优美、安静的学习环境。

建成使用后,感到阅览室窗户过大,阳光直射到阅览桌面,产生眩光;四楼两端改作报告厅,中间有一排柱,使用不便;主建筑物内和总体部分均未设物品寄存处,这在公共图书馆中还是少见的。

Ⅰ-9 南京图书馆

　　此馆在解放前称为中央图书馆，解放后改为南京图书馆，即江苏省图书馆。由于馆舍狭小，已远远不能满足目前的需要，乃于1975年根据统一规划、分期建造的原则开始进行规划改造。

a

b

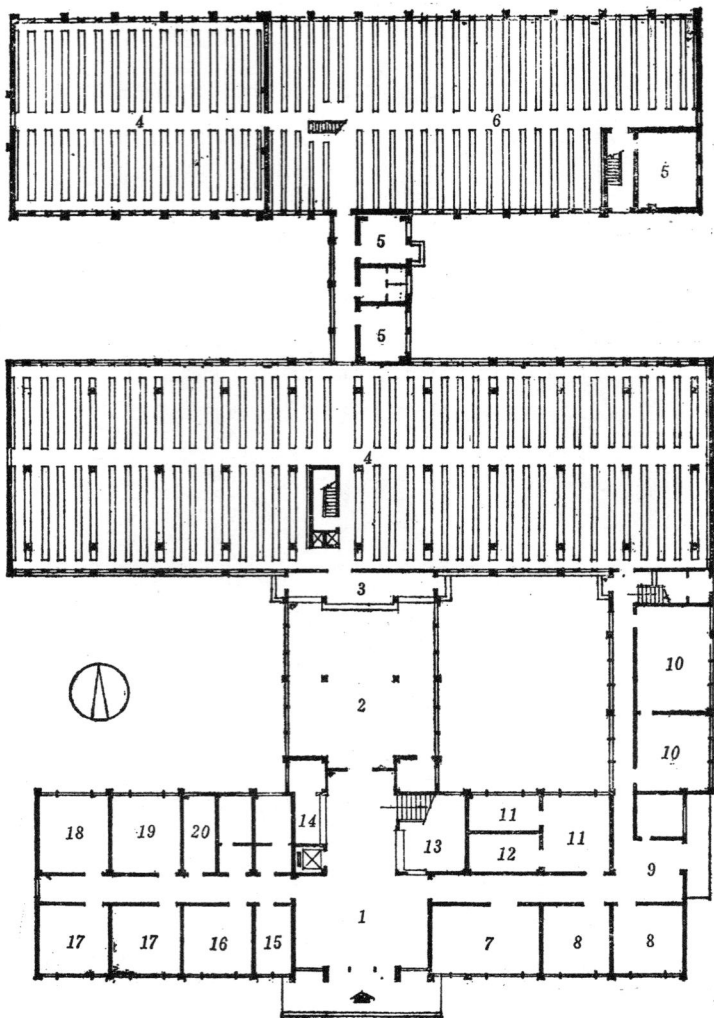

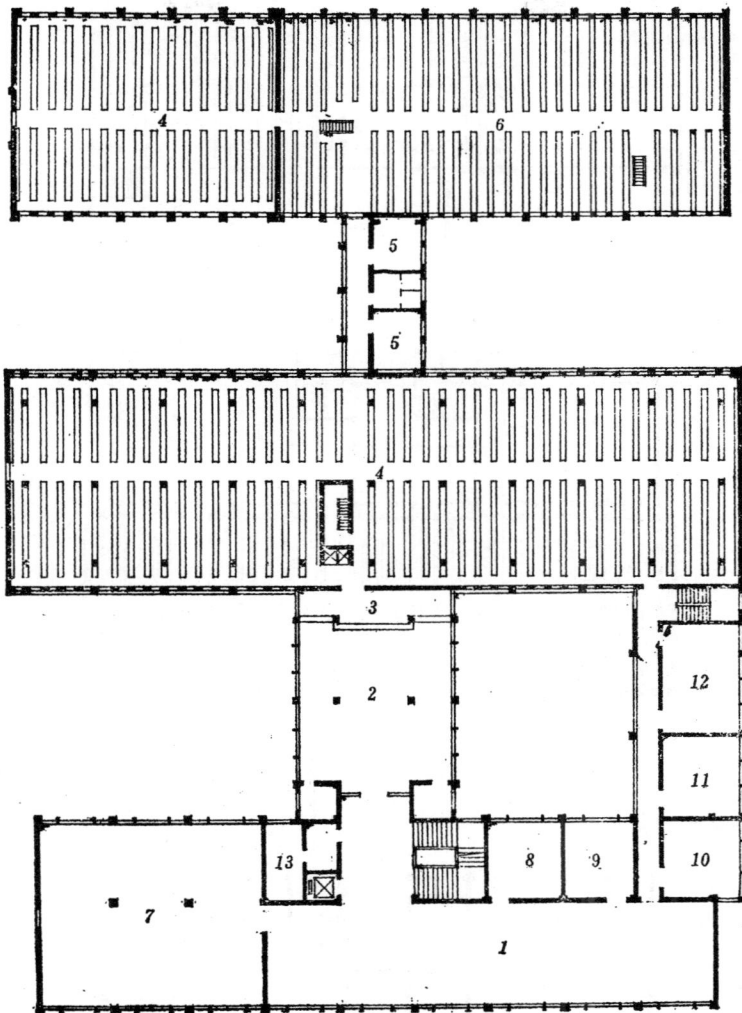

d

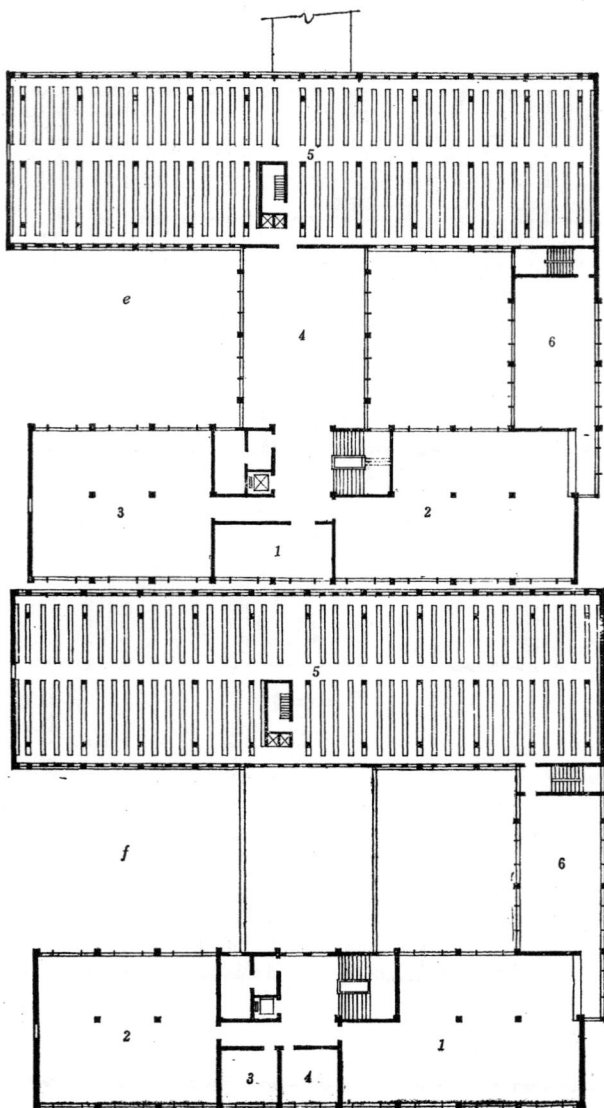

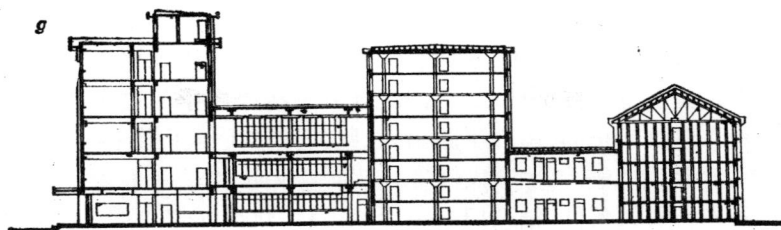

图中：

a——设计外观透视；b——建成后的外观；c——底层平面，1——门厅，
2——个人借书处，3——出纳台，4——新书库，5——工作间，6——原书库，
7——接待室，8——中文采编，9——拆包间，10——外文采编，
11——复印工作间，12——胶卷库，13——登记，14——存物间，15——打字间，
16——行政办公室，17——馆长室，18——档案室，19——总务会计室，
20——文具间；d——二层平面，1——目录厅，2——集体借书处，3——出纳台，
4——新书库，5——工作间，6——原书库，7——社会科学阅览室，8——阅览部，
9——宣传部，10——美工部，11——外文参考书目部，12——中文参考书目部，
13——男厕所；e——三层平面，1——读者会议室，2——社会科学阅览室，
3——自然科学阅览室，4——陈列室，5——书库，6——辅助书库，
f——四、五层平面，1——中文期刊阅览室（四）、检索工具阅览室（五），
2——外文期刊阅览室（四）、专题资料阅览室（五），3——显微室，
4——辅导部，5——书库，6——辅助书库；g——纵剖面；h——横剖面

541

南京图书馆馆址位于南京成贤街与珍珠河、太平北路之间，基地窄长，南北长150米，东西宽60米左右。在总体规划中考虑到太平路是南京主要干道之一，因此规划中将原位于西边成贤街的主要入口改向东面，由太平路出入，以与城市主要干道相衔接，以方便读者。同时尽量将阅览室、书库布置成南北向，争取较好的自然采光与通风条件，结合原有书库的位置，将书库置于后部，阅览室放在前部。

第一期改建工程为8000平方米的书库，1975年开始设计建造。原书库为五层木堆架式书库，而新建的8000平方米的书库，一部分为五层钢堆架式，与原书库接齐，一部分为八层书库，二者以联接体相连，组合成"工"字形书库。八层的书库采用密肋升板结构，柱网为5×6米，每层高5米为一结构层，中间设一夹层，层高分别为2.4米和2.6米。净高均为2.35米。每一结构层为一封闭防火层。库内除设置垂直交通设施外，还拟设置水平传送带，前后书库与出纳台都能直线相通。

书库基础采用板式基础，书架采用薄钢板书架。书库升板结构用450×450毫米的方形钢筋混凝土柱，上有柱帽，大小为1350×1350×500毫米，它占有一定的使用空间。

1976年开始设计阅览楼，建筑面积为4800平方米左右，其中阅览部分近2000平方米，目录厅为240平方米，个人借书厅和集体借书厅各为160平方米，办公采编用房1100平方米，另外还设有陈列室一个，面积为200平方米，位于三楼。

Ⅰ-10 合肥工业大学图书馆

此馆开始兴建于1974年。总建筑面积为6670平方米，投资54万元，每平方米造价90元。图书馆建筑采用混合结构，局部采用半框架。可藏书100万册。

馆址位于学校教学主楼后,位置适中,东面为主要入口。为了避免馆址东面运动场噪声的干扰,在平面布局中,将书库置于北区,阅览室置于南区,利用书库和辅助用房作为隔离室外噪声的屏障。

阅览楼为三层,局部四层,层高4.2米,阅览室可容读者820座。出纳台分层设置,但与各层书库标高未能一致,形成地面高差,使用不太方便。

书库六层,层高2.4米,面积为2500平方米。书库结构采用构架式混凝土柱,现浇梁,预制混凝土板,底层架空90厘米。书架采用角钢与钢筋混凝土柱混合承重。

a

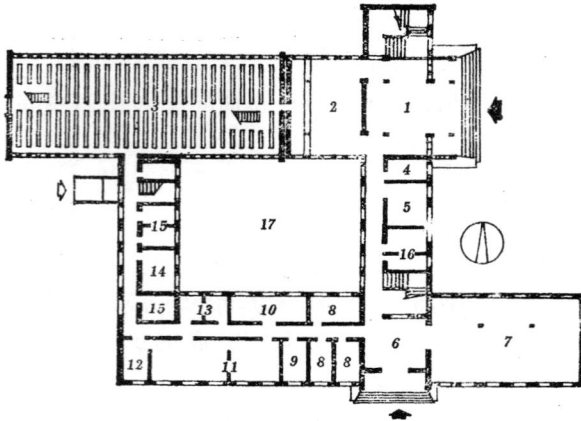

b

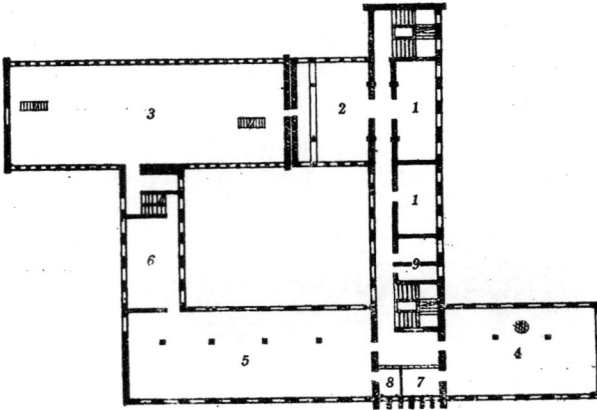

c

544

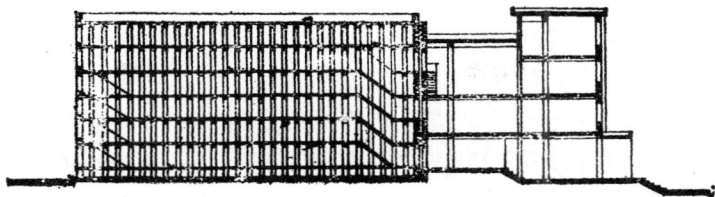

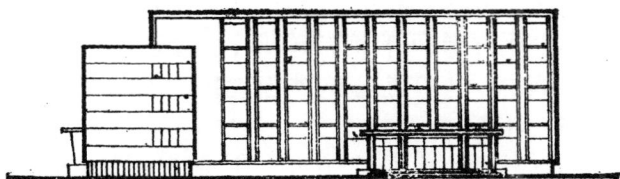

图中：

a——主要入口外观；b—— 一层平面，1——门厅，2——借书处，
3——书库，4——值班室，5——接待室，6——南门厅，7——报刊阅览室，
8——办公室，9——馆长室，10——会议室，11——编目，
12——采购登记，13——复制，14——装订，15——贮藏，16——厕所，
17——内院；c——二层平面，1——阅览室，2——借书处，3——书库，
4——教师阅览室，5——学生阅览室，6——辅助书库，7——缩微阅览，
8——工作间，9——厕所；d——剖面；e——东立面

Ⅰ-11 天津纺织工学院图书馆

　　此馆从1974年开始设计并施工。建筑面积3750平方米，其中
阅览室面积为1108平方米，可布置阅览席594座；书库四层，每层
为250平方米，共1000平方米，可藏书40万册。该馆特点如下。

　　1.平面布局为"山"字形，西面入口。阅览室和书库有较好的朝向,并且书库没有位于"山"字形的中轴线上,而向南偏,避免了书库冬季直射光,又增大北区阅览室与书库的间距,有利阅览室的采光与通风。

2. 书库与阅览室层高差的调整采用1:2的方式,阅览室层高4.8米,书库层高2.40米,一层阅览室高度等于二层书库的高度。主层设在二层,与第三层书库楼面相平,取书上下仅跑一层楼(因底层为期刊库)。

3. 阅览室采用大、中、小相结合,共有八个。其中大阅览室两个,每室为288平方米,可容读者160座;中阅览室两个,每室为144平方米,可容读者70—80座;小阅览室四个,每室46—76平方米,可设读者24—36座。

4. 书库采用薄钢板书架,方型立柱,薄钢板书斗是活动的,可根据实际需要增减书斗的数量,使用灵活。书库东面采用拔风烟囱以改善书库的自然通风。

5. 远期发展考虑水平和垂直相结合的扩建方式。东侧将另建行政办公用房,将三个条形体量连接起来。目前的办公用房改为阅览室。另外,书库可向上续建两层,使藏书量达60万册。

a

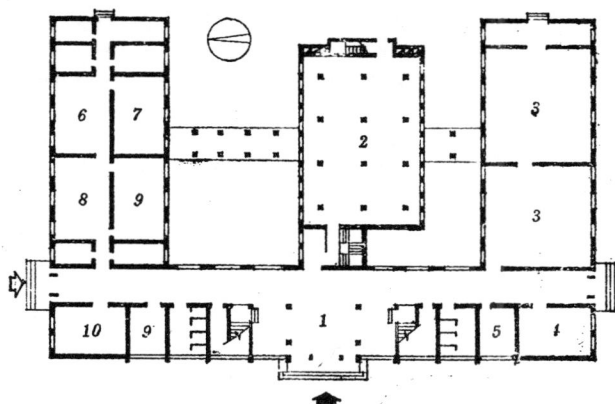

b

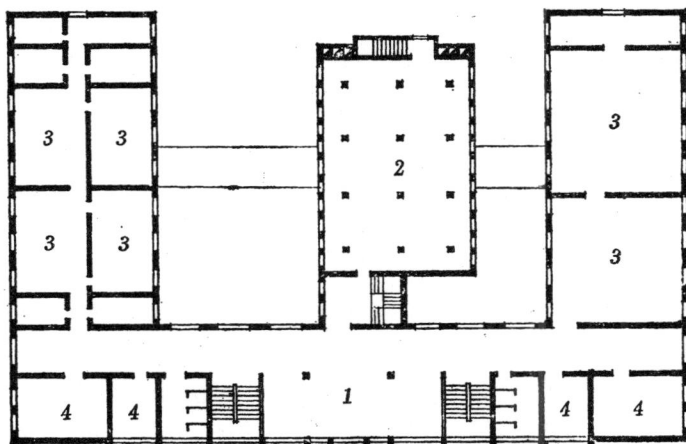

c

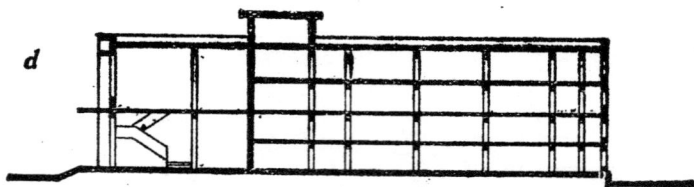

图中：

a——西立面；b———层平面，1——门厅，2——书库，3——期刊阅览室，
4——阅览室，5——接待室，6——编目室，7——采访室，8——装订室，
9——办公室，10——资料室；c——二层平面，1——借书处，2——书库，
3——阅览室，4——办公室；d——剖面

Ⅰ-12 徐州市图书馆

此馆建成于1977年。建筑面积为2528平方米，其中书库面积约700余平方米，阅览室面积约900余平方米。

馆址位于徐州市彭城路东侧，地处闹区，环境不够安静，灰尘也较大。平面布局采取将书库置于西头，阅览室置于东端，避开西边喧闹的彭城路，以便使阅览室放在比较安静的地方。

阅览室共四层。儿童阅览室设于底层，为了与成人阅览室分开，最好能设单独出入口。阅览室与书库的层高差局部采用1:1.5的方式，二者空间均较合适，唯一层书库偏高。

书库与阅览室的面积比不到1:1，书库面积较小。编目办公等用房分散，故编目室与出纳目录室联系很不方便。此外，门厅内没有设置小件物品存放管理间，在公共图书馆中使用起来也很不方便。

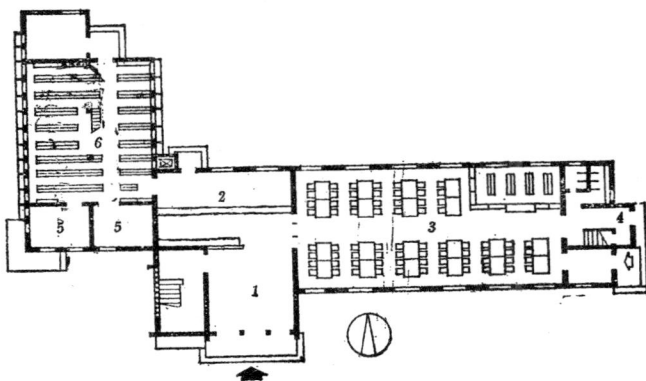

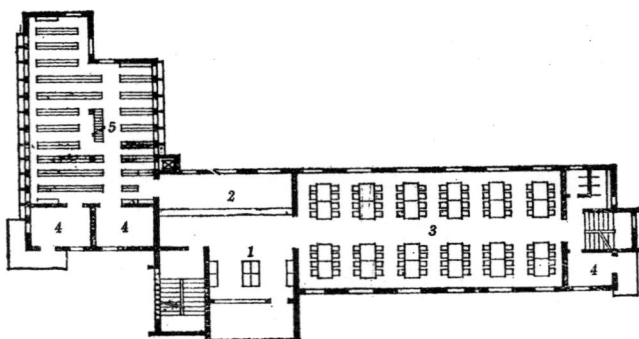

图中：

a——外观；b—— 一层平面，1——门厅，2——借书处，3——儿童阅览室，4——儿童入口，5——办公室，6——书库；c——二层平面，1——目录室，2——借书处，3——成人阅览室，4——办公室，5——书库

Ⅰ-13 苏州医学院图书馆

此馆1972年设计，1974年10月建成投入使用。总建筑面积为2775平方米，其中书库为1195平方米，设计藏书量为50万册。阅览室为三层（底层设有一夹层），书库为五层，下部有地下室。地上建筑决算造价每平方米为62.9元。

由于地形限制，平面布局为"一"字形。馆址坐南朝北，平面布置比较紧凑，而且，阅览室、书库、采编办公等用房均能朝向南北，自然采光、通风较好，只是书库西端窗户引来西晒不利。

底层阅览室为政治文艺阅览室，二层为学生阅览室，三层为教师阅览室。由于夹层不便管理，未能按开架使用。阅览室东端也做了夹层,目前供办公,今后可做专题研究室。

　　书库采用混凝土小柱堆架式,书架间通道采用预制混凝土板,其他均采用现浇混凝土板,以增加楼层的稳定性。每层楼面在书架下部是空的,以利上下拔风,但有灰尘下落,也不利防火。

　　书库地面刷过氯乙烯三遍,比水磨石地面每平方米便宜2—3元。库内开设双扇窗,擦窗方便,南面过道宽1550毫米,沿南墙设活动阅览席。馆内未设厕所,使用不便。

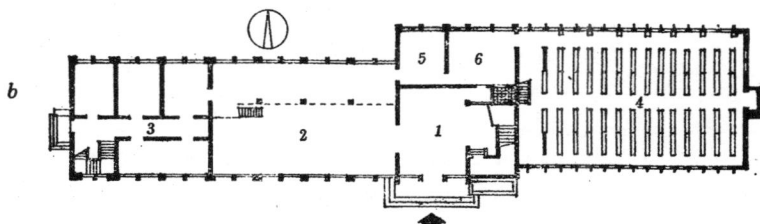

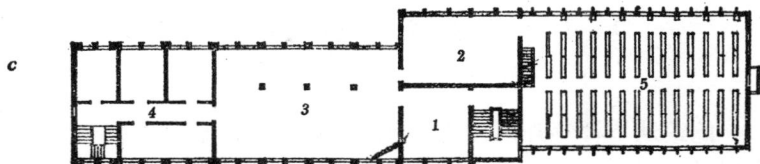

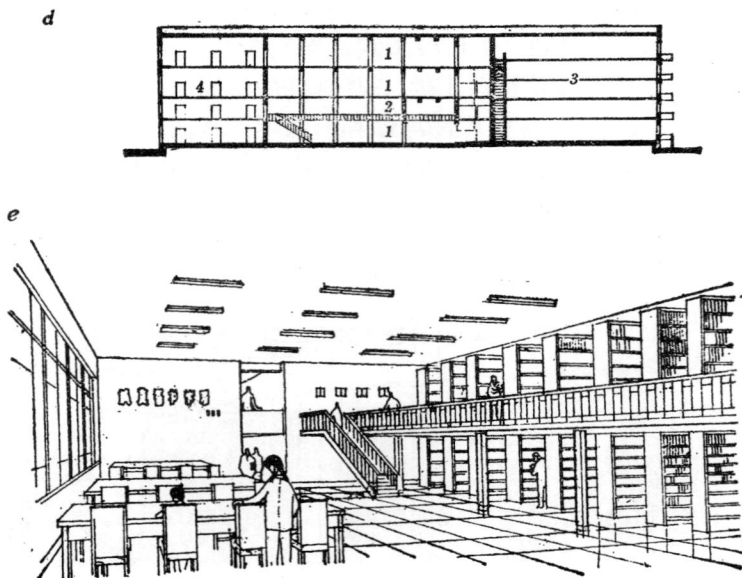

d

e

图中：

a——外观透视；b—— 一层平面，1——门厅，2——阅览室，
3——学校用房，4——书库，5——采购室，6——编目室；
c——三、四层平面，1——小阅览室，2——中阅览室，
3——大阅览室，4——办公研究室，5——书库；
d——纵剖面图，1——阅览室，2——夹层，3——书库，
4——办公室（研究室）；e——阅览室内景透视图

Ⅰ-14 第二汽车制造厂图书馆

此馆从1975年开始兴建。建筑面积为3600平方米左右。平面
布局结合地形，书库与阅览室部分分别建于不同的标高上，二者

相差4米多。书库设于高地,以利防潮。书库采用堆架式,共四层,钢书架,柱间6米,书架中距1.2米,层高2.25米。

阅览部分的底层作为期刊库、检索室及采编办公等用房。主层设在二楼,有室外大楼梯直登而上。二、三、四层均为阅览室。阅览室层高4.5米,阅览室与书库的层高采用1:2,使用较方便,空间较经济。阅览室朝向东西,在西面设了锯齿形窗户以利遮阳。室内设柱一排,开间3.6米。

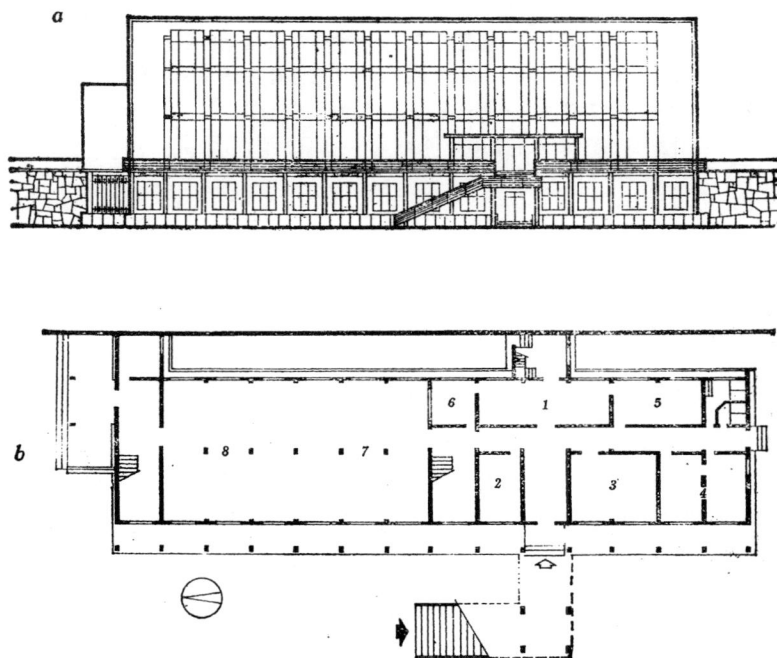

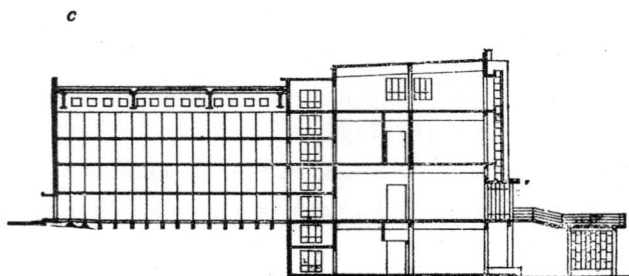

c

图中：

a——西立面；b——底层平面，1——编目室，2——馆长室，

3——切纸机室，4——采购室，5——图书修补室，6——咨询室，

7——检索室，8——期刊库；c——剖面

注 二层平面见本书图4-14。

I -15 北京师范大学图书馆

此馆建于1959年。原设计总建筑面积为12380平方米，现建成9300平方米。阅览室共四层，书库共八层，共藏书160—200万册。

馆址坐北朝南，中间为书库，四周为阅览室，使书库与各阅览室相互联系比较紧密。平面布局分区明确，底层东部为办公、业务用房，二楼以上为读者活动区。专业阅览室原设计在后部。这种布局使工作路线、服务路线及读者路线三者互不干扰。因为后部未建，目前存在着合理设计不合理使用的情况。

阅览室共有六个大间，其中四个是专业阅览室，一个公共阅览室和一个报刊阅览室。阅览室朝向南北，光线较好。学生阅览室是按在校人数25%设计的。使用面积为1.6平方米/人，工作人员工作面积按10平方米/人设计。阅览室中间用两排柱的手法，将交通和阅览区划分开来,但室内观感不佳。阅览室均未设辅助书库,目前使用不便。

　　书库采用高塔式,共八层。它分四层结构层,每一结构层中间设一夹层,层高为2.25米,每层面积为486平方米,共3840平方米。书架采用混凝土小柱,木搁板,比较经济。书库四周都可设出纳台,使用方便灵活。书库设有单独书籍入口,避免了与其他各部分的干扰。书库采用单层木窗,密闭差,灰尘多;八层上下相通,楼板不封闭,对防火也不利;书库与阅览室标高差未适当解决,使用不便;库内无水源及工作间,工作不方便。

a

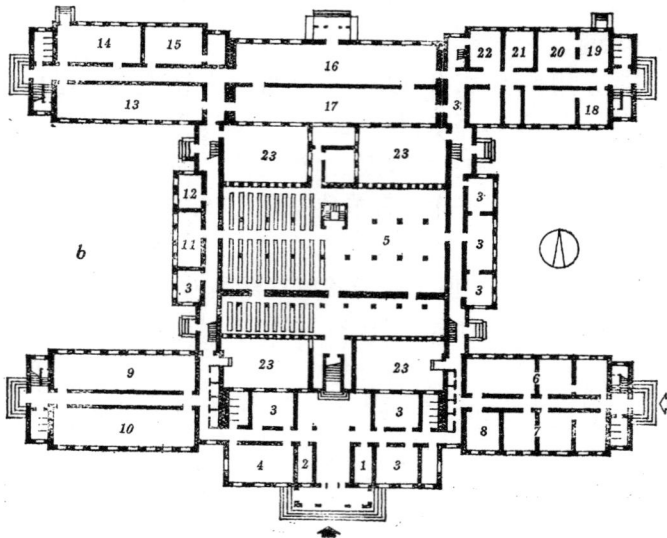

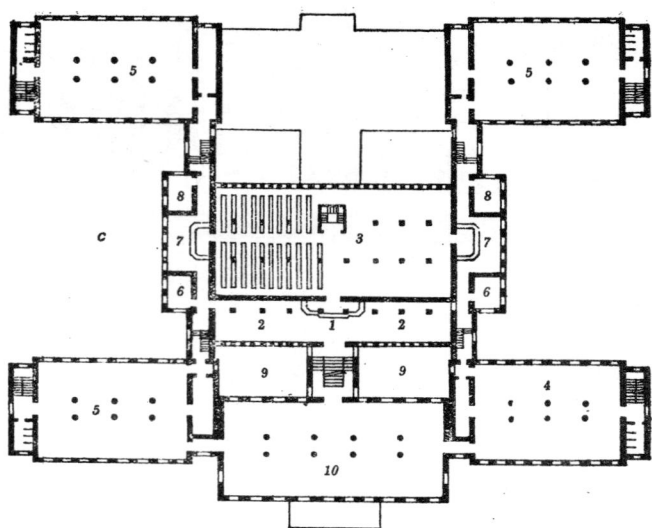

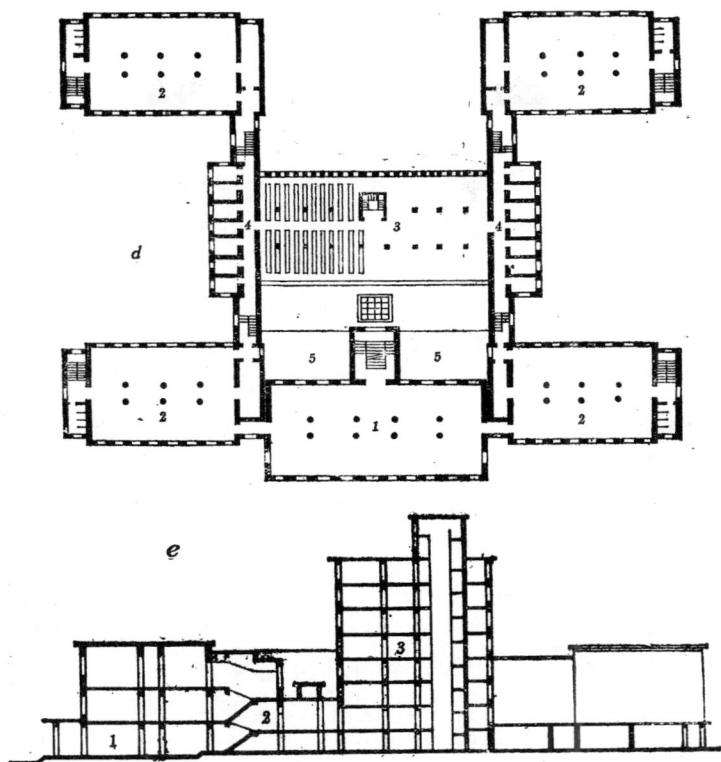

图中：

a——外观透视；b——一层平面，1——存物，2——传达室，3——办公室，4——会议、接待室，5——书库，6——中文编目室，7——外文编目室，8——馆长室，9——工具书参考阅览室，10——教师研究阅览室，11——善本室，12——资料室，13——现期期刊阅览室，14——阅报室，15——显微阅览室，16——展览室，17——过期期刊阅览室，18——采购室，19——存放间，20——查目，21——复制，22——装订间，23——天井；c——二层平面，1——出纳台，2——目录，3——书库，4——参考阅览室，5——专业阅览室，6——咨询室，7——出纳台，8——休息室，6——天井，10——普通阅览室；d——三层平面，1——普通阅览室，2——专业阅览室，3——书库，4——研究室，5——天井；e——剖面，1——门厅，2——借书处，3——书库

557

I-16 上海中医学院图书馆

此馆于1974年10月建成。它与中药系教学用房合建,总建筑面积为4460平方米(其中教学用房1760平方米),采用混合结构,总投资为41万元。

建筑物共五层,一、二层为图书馆(阅览室两层,书库三层),第三层为医史博物馆,第四及第五层为中药系。

平面为"一"字形,阅览室与书库分别置于门厅的两侧,朝向南北,采光、通风都良好。考虑立面统一,书库与阅览室一样采用大玻璃窗,光线充足,白天不需人工照明,但有直射光,灰尘也大。

书架采用50毫米的铁管立柱和直径为20毫米的圆钢筋组成。书架较轻巧,可调整,但因加工粗糙,尺寸不合规格,目前不能上下调整,书斗也不平稳。

地面采用过氯乙烯涂料,稍有弹性感,打扫也方便,起灰尘少,但不耐久。书库下部为防空洞,利于防潮。

编目用房置于阅览室一端,通过阅览室进出不便。二、三层书库与出纳室相差半层楼高,无门直接相通,也不方便。

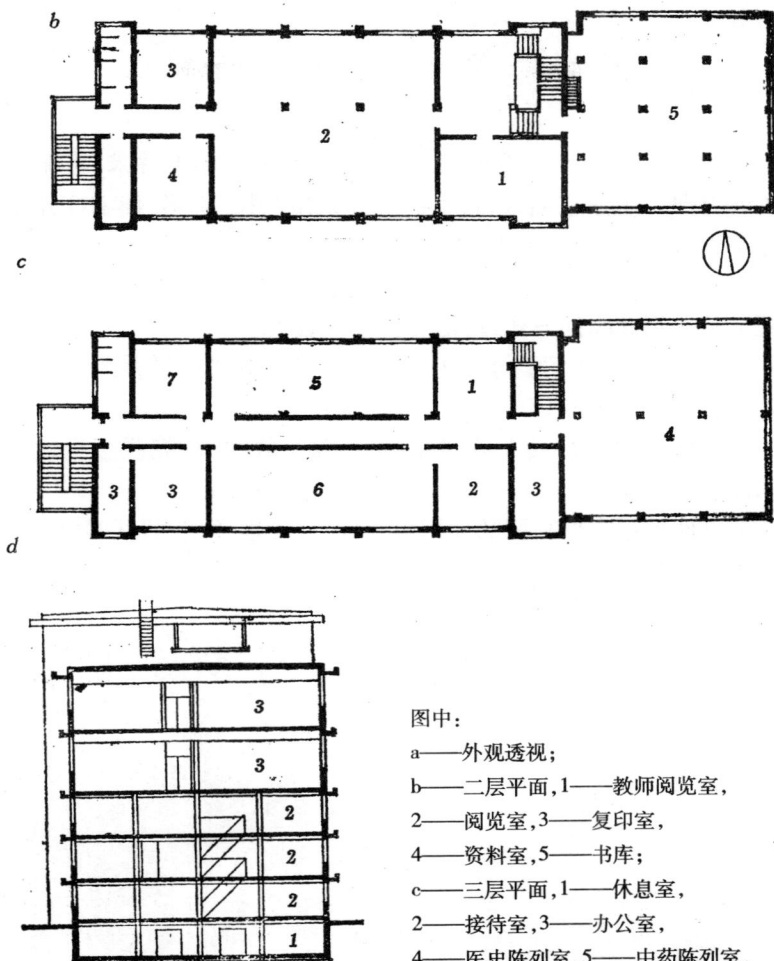

图中:

a——外观透视;

b——二层平面,1——教师阅览室,

2——阅览室,3——复印室,

4——资料室,5——书库;

c——三层平面,1——休息室,

2——接待室,3——办公室,

4——医史陈列室,5——中药陈列室,

6——医史资料室,7——文物管理室;

d——剖面图,1——地下室,

2——书库,3——陈列室

注 底层平面见本书图4-28。

559

I-17　南京化工学院图书馆

此馆建于1973—1976年,总建筑面积为3110平方米,可藏图书50万册。由于东面入口,平面布局采用"山"字形,使书库及阅览室大多朝向南北,采光、通风较好。

阅览室二层,书库四层。主要阅览室设于一楼,方便读者。但阅览室采用套间的方式,可能相互干扰较大。

采编、办公用房置于二楼较安静,但读者要通过办公室前进入阅览室,不够理想。

阅览室两面开设大玻璃窗,且进深又较浅,故光线感到过于强烈。

书库采用方形断面的薄钢板立柱,作成堆架式,共堆四层。甲板采用预制混凝土板,施工较麻烦。

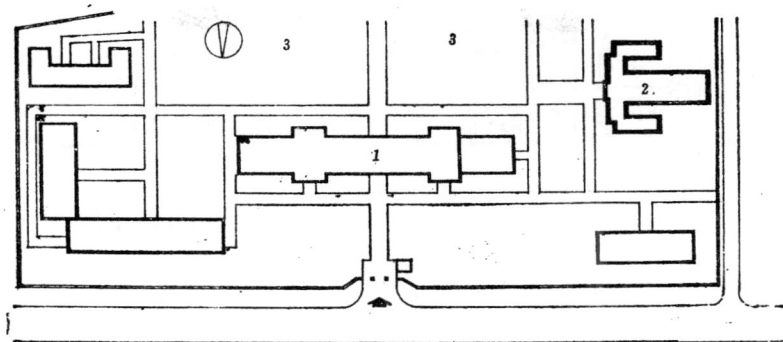

b

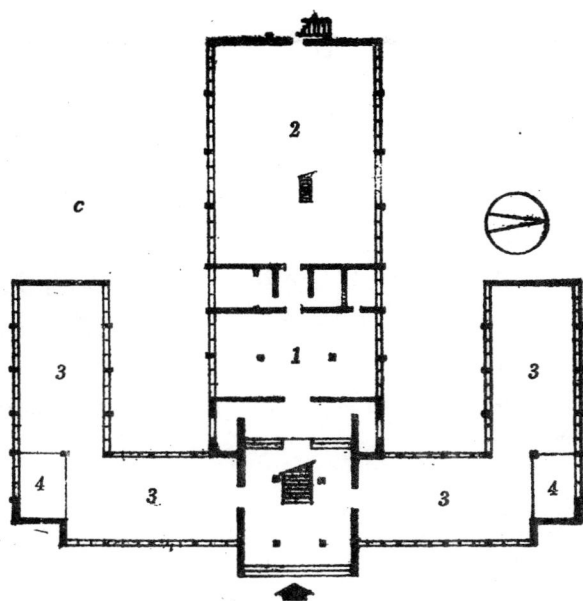

c

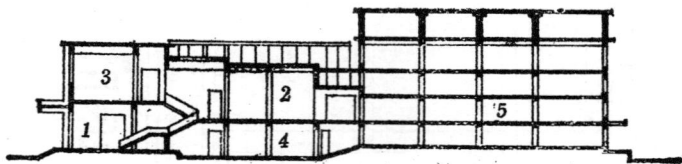

d

图中:

a——外观;b——位置图,1——教学楼,2——图书馆,3——体育场;
c——底层平面,1——期刊阅览,2——期刊库,3——阅览室,
4——管理间;d——剖面,1——门厅,2——借书厅,3——办公室,
4——期刊室,5——书库

I-18　北京中央民族学院图书馆

　　此馆建于1959年。中部四层,两翼两层,书库六层。

　　建筑物主要入口向东,平面布局合理,保证了阅览室、书库、出纳台及采编办公等主要用房,都有较好的朝向、采光及通风。采编办公用房位置合适,与阅览室、书库各部分均有较方便的联系,且有单独的出入口。建筑物除主要入口外,两侧另有辅助入口,使用方便灵活。

　　此馆将目录室、出纳台,设计于门厅内,节省面积,但管理可能不便。

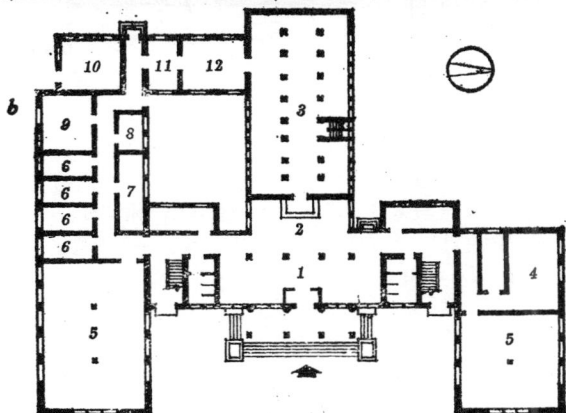

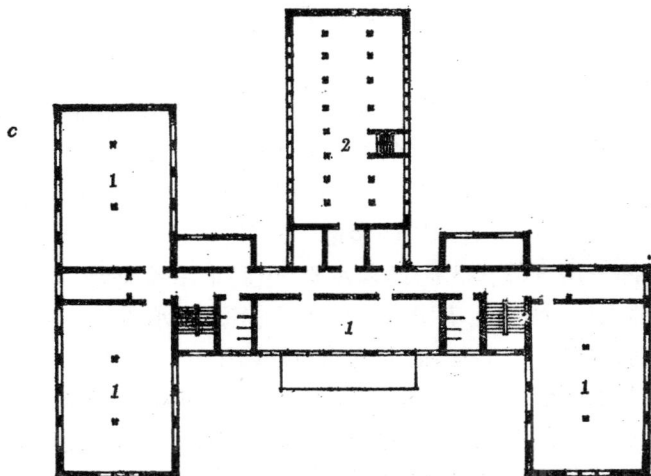

563

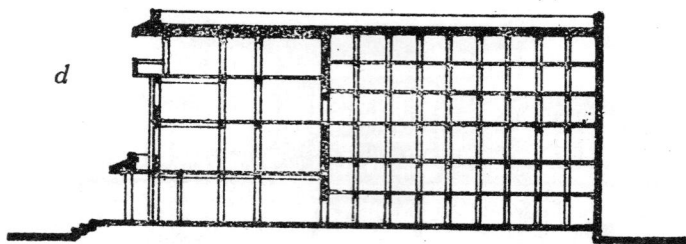

图中：

a——立面；b—— 一层平面，1——门厅，2——出纳台，
3——书库，4——期刊库，5——阅览室，6——办公室，
7——打字间，8——装订间，9——资料室，10——锅炉房，
11——采购室，12——编目室；c——二层平面，1——阅览室，
2——书库；d——剖面

Ⅰ-19　同济大学图书馆

此馆于1965年7月建成并投入使用。设计建筑面积为7200平方米，而建成的为640平方米，总投资66万元。藏书量86万册，按每平方米藏书350册计算。阅览室可同时容纳读者1200座。考虑到今后的发展，设计中留有加层的余地。

书库三层，层高2.3米，砖墙承重，屋面采用预应力"T"形薄腹梁，上铺大型屋面板。库内采用薄壁轻钢书架承重，三层堆架，下部为钢筋混凝土条形基础，上下均与外墙脱开。

阅览室两层，层高4.2米，进深13.8米，开间采用4.6米。每一开间可放置两行阅览桌。照明灯具直接装在阅览桌上，使用效果较好。电线埋藏在楼面内，桌椅固定较整齐，但不能灵活安排。墙面

a

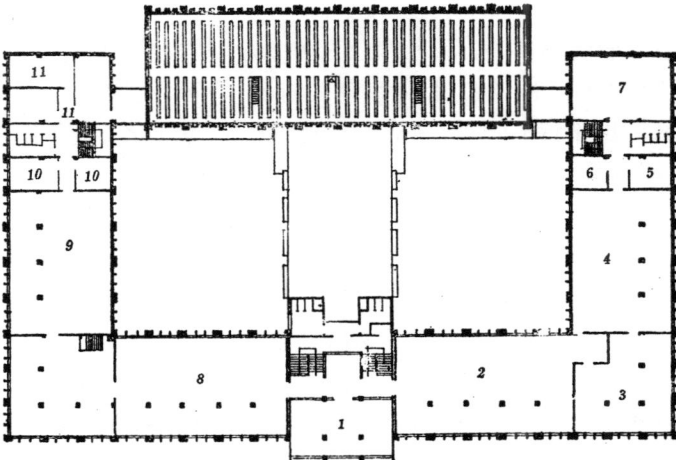

b

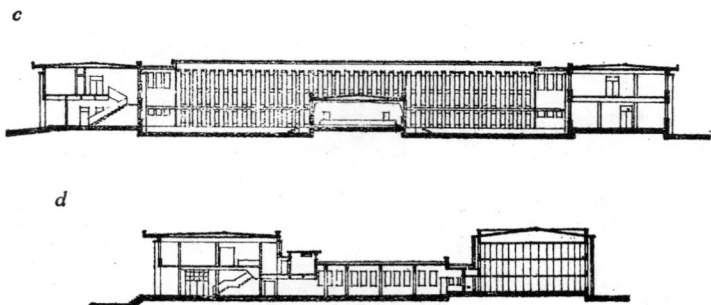

图中：

a——外观透视图；b——二层平面，1——接待室，2——科技阅览室，
3——原版书库，4——教师单本开架书库，5——特种阅览室，
6——显微阅览室，7——阅览室，8——学生期刊阅览，
9——学生毕业设计研究室，10——研究室，11——办公室；
c——纵剖面；d——横剖面
注　底层平面见本书图4-36；图书馆位置见本书图3-4。

布置了吸音材料，实际效果较好，噪音小，较安静。阅览室较大，但无工作小间。出纳台、目录室朝向东西，位于"死院"之中，风吹不进来。出纳台空间低，工作人员感到压抑，窗户小，全年用人工照明，附近又无工作小间，使用起来不便。

Ⅰ-20　南京医学院图书馆

此馆设计于1975年6月，建成于1978年底。总建筑面积为3200平方米，其中阅览面积约1400平方米，包括教师阅览室、学生阅览室及研究室等。总投资32万元。阅览室采用大、中、小相结合的设计方法。书库为1200平方米（包括辅助书库），设计藏书量30万册。

此馆设计采用垂直式建筑布局,阅览室设在上部二、三层,层高4.6米,底层的层高5.5米。书库设在底层,中设一夹层,构成二层书库。门厅、目录室、出纳台及办公采编等用房都置于底层。这种布局比较紧凑,节约用地。书库在下面而且只有两层高,这就减少了书籍的垂直运输,利于简化和加速图书的出纳运转;书库在下,也简化了结构,使很重的书籍载荷直接由书架传到地上;阅览室在上,也为读者创造了更安静的学习环境。

借书部分全部设于底层,它既邻书库又靠近门厅入口,适于高校读者利用课间休息,借还图书的特点,进出方便。

这个馆设计的特点就是:力图使图书馆的各个部分,包括阅览室、书库、出纳台、目录厅及采编办公等用房都能朝向南北,以为读者和工作人员创造较好的学习和工作条件。建成使用后,效果良好。过去有的图书馆感到夏闷冬寒的出纳台,现在它却是全馆中冬暖夏凉的好地方。

一层平房部分采用混合结构,三层主体部分采用钢筋混凝土框架结构,并采用了新的施工方法。柱网为5×9米。柱子预制,梁就地现浇,上铺预制空心板。梁柱节点采用齿槽式另加承重销。

立面造型采用纵横及高低体量相结合的处理手法,并充分表现升梁法施工时结构的特点。主体部分四周悬挑,又利用虚实的对比,使整个外形活泼新颖。

投入使用后,感到办公采编用房过小;二、三楼无厕所,十分不便;东面大阅览室玻璃窗过多,导致东晒,冬天北面较冷。

a

b

c

d

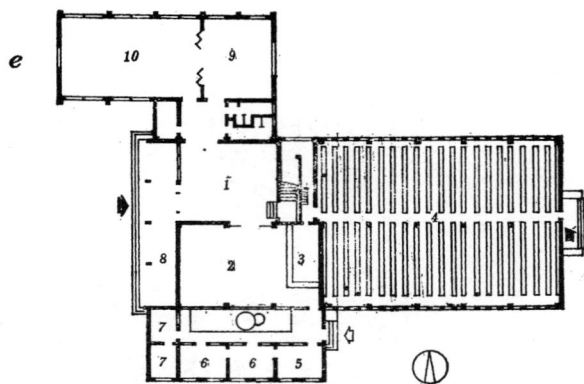

e

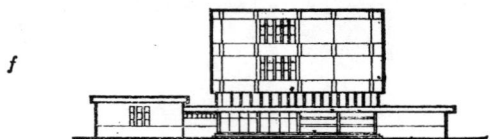

f

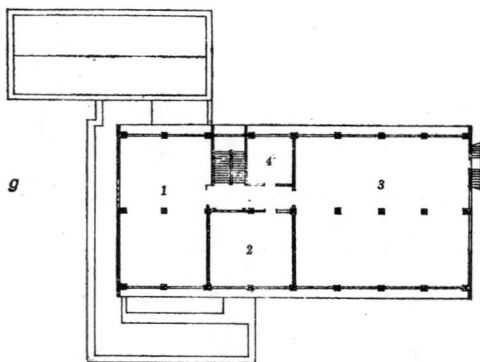

g

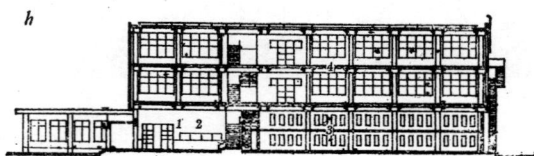

h

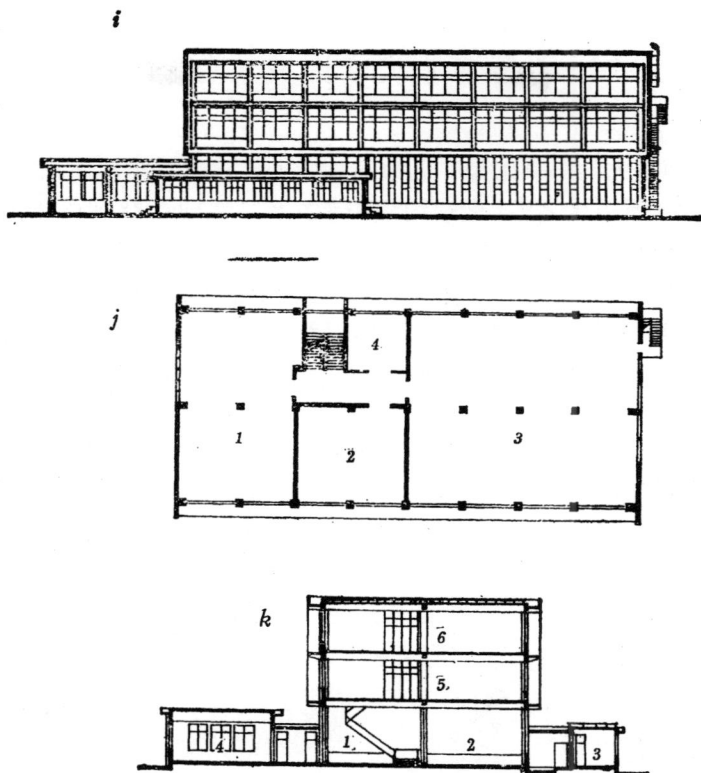

图中:

a——设计方案透视图;b——竣工前外观;c——入口;d——南面外观;e—— 一层平面,
1——门厅,2——目录厅,3——出纳台,4——书库,5——采购,6——编目室,
7——办公室,8——报廊,9——期刊室,10——留学生阅览室,f——主要立面;
g——二层平面,1——学生阅览室(中),2——学生阅览室(小),
3——学生阅览室(大),4——工作室;h——纵剖面,1、2——门厅、借书厅,
3——书库,4——阅览室;i——东立面;j——三层平面,1——资料室,2——小阅览室,
3——教师阅览室,4——研究室;k——横剖面,1——门厅,2——借书厅,
3——办公、采编室,4——期刊室,5——学生阅览室,6——教师阅览室

571

Ⅰ-21　南京大学图书馆（新馆）

　　南京大学图书馆是在老馆的基础上扩建的，扩建面积较大，达15400平方米之多（老馆约3000平方米，保留近2000平方米）。

　　图书馆位于学校大门的左侧，扼学校的要冲，位置显要。

　　老馆为一个"T"字形平面的大屋顶建筑，坐南朝北，书库东西朝向。新馆为照顾学校的总体以及与老馆的关系，采用了"L"形平面布局，一翼坐北朝南，一翼坐西朝东，与物理楼遥遥相对。原有东西朝向的四层木堆书架库拆除，新建6000平方米八层（四层结构层）方形书库。由于照顾原有建筑，图书馆的总布局略显松散，不够紧凑。

　　平面设计属于传统格局，但在开架阅览和开架出纳方面作了

a

一些尝试。在大阅览室、常用书和文艺书出纳部,设置了夹层开架书库。

另外,新馆设有讲演厅、视听阅览室及电子计算机终端装置,为读者提供了电子检索的可能性。

此馆已于1981年建成。

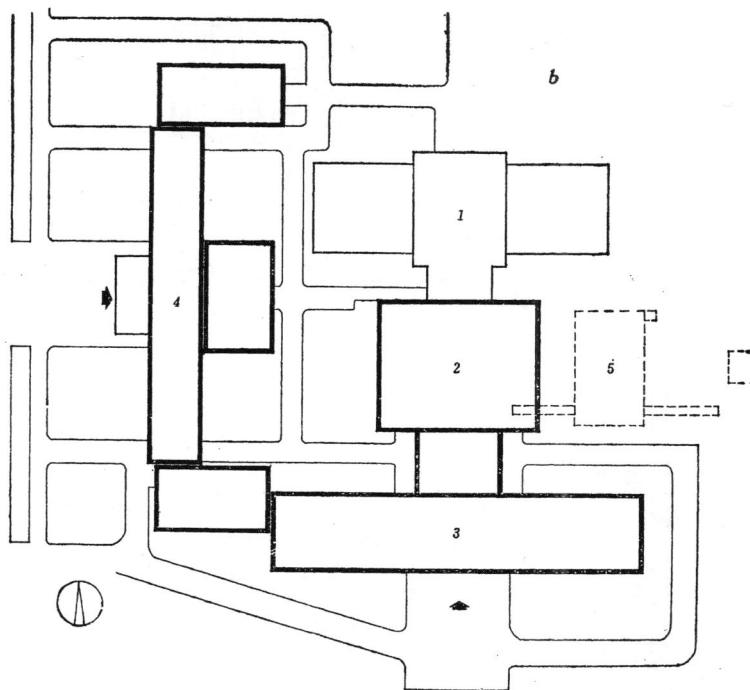

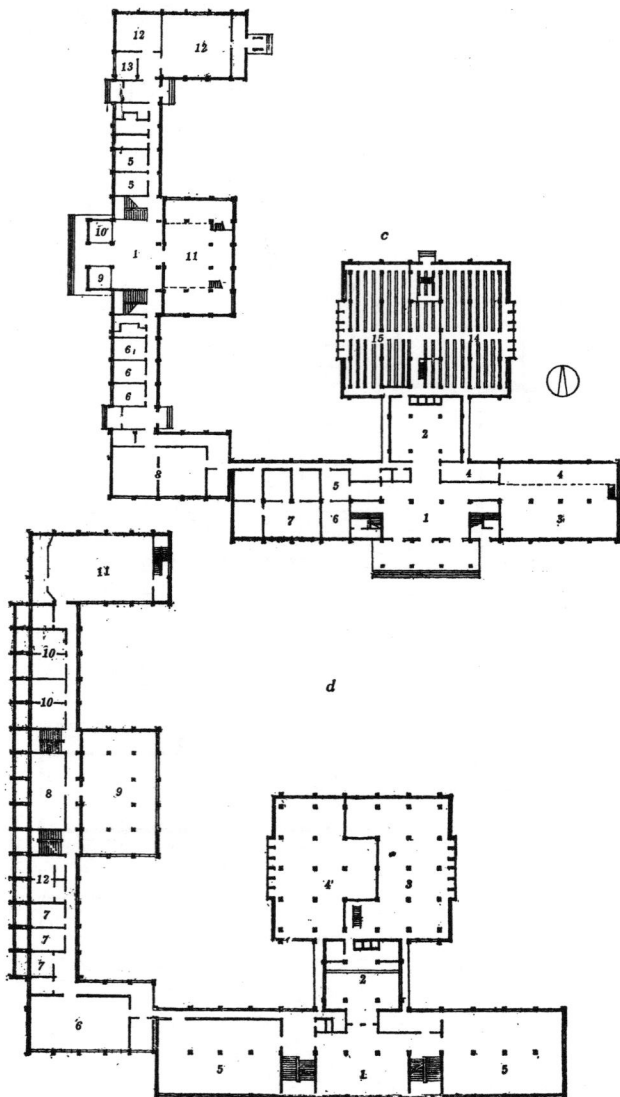

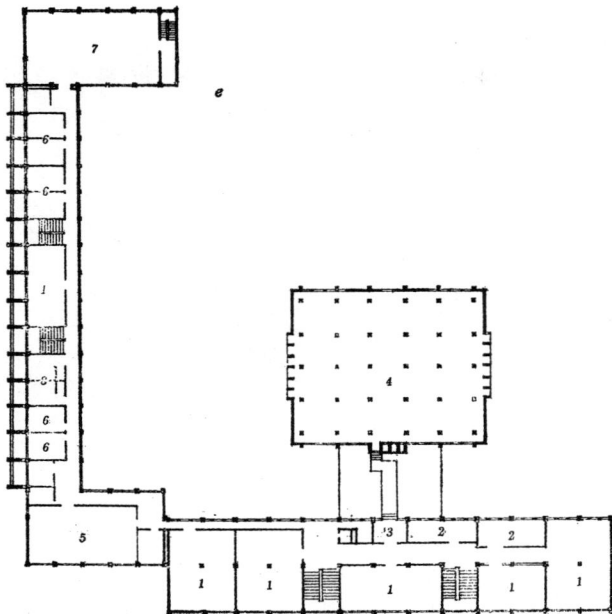

e

f

g

h

图中：

a——外观；b——总平面，1——老图书馆阅览楼，
2——新建中心书库（老书库旧址），3——新建阅览南楼，
4——新建阅览西楼，5——地下书库；c——一层平面，1——门厅，
2——阅报处，3——学生阅览室，4——辅助书库，5——接待室，
6——办公室，7——中文采编，8——外文采编，9——存物处，
10——值班室，11——文艺书开架借书处，12——外宾接待室，
13——工作间，14——书库，15——善本书库；d——二层平面，
1——目录厅，2——借书处，3——书库，4——善本书库，
5——学生阅览室，6——阅览室，7——办公室，8——陈列室，
9——参考书书库，10——外事办公室，11——学术报告厅，12——厕所；
e——四层平面，1——教师阅览室，2——专业阅览室，3——辅助库，
4——书库，5——阅览室，6——研究室，7——内部阅览室，
8——厕所；f——主立面；g——剖面；h——阅览室内景

576

Ⅰ-22 天津大学图书馆

此馆建成于1958年。建筑面积为10400平方米，藏书量90万册，混合结构，坡屋顶。

馆址位于校园中部，平面为"土"形，前部为一层阅览室，后部为四层阅览室，其间以直跑大楼梯相通，书库拟建在后面。目前，三、四层阅览室改为书库，一、二层为阅览室及业务办公等用房。

阅览室有大、中、小不同类型。原设计大阅览室11个，中型12个，小型28个。

阅览室南北朝向，采光、通风均较好。采用水磨石地面也较清洁。出纳台分层设置。但由于没有书库，整个馆使用不便。阅览室改用作书库，由于楼面载荷较小，造成很多地方产生裂缝。

a

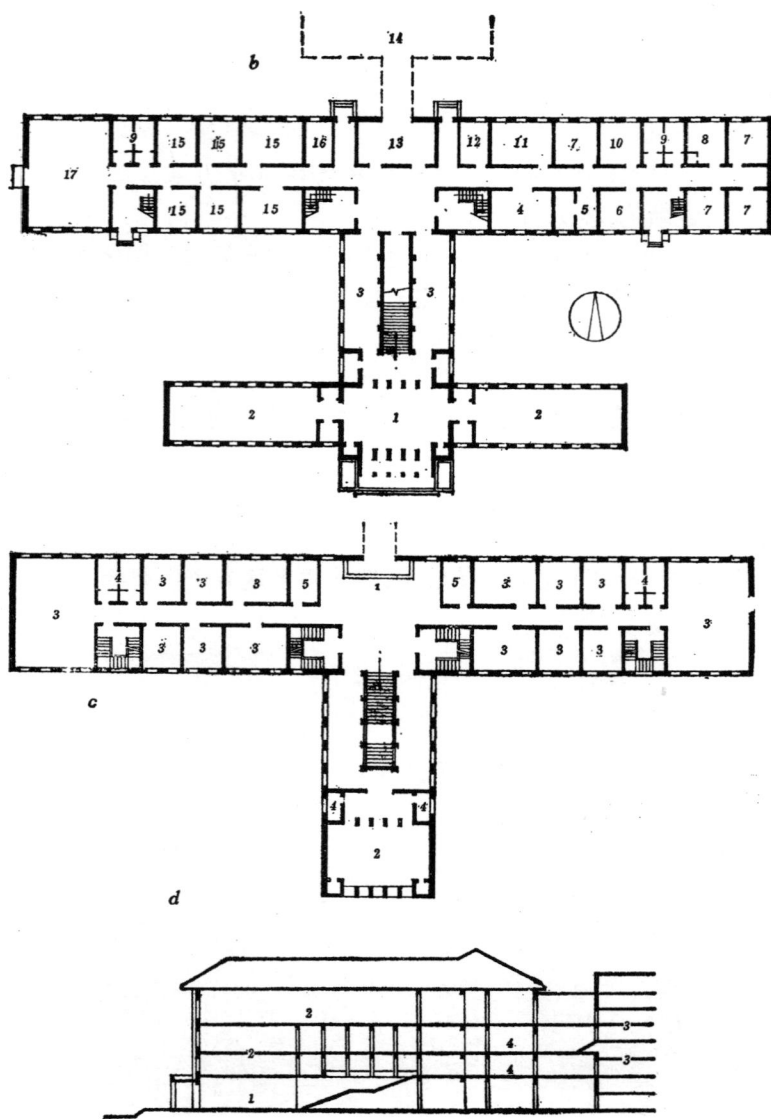

图中：

a——入口外观；b——底层平面，1——门厅，2——阅览室，

3——报刊室，4——会议室，5——馆长室，6——资料室，

7——编目室，8——照相室，9——厕所，10——期刊室，

11——采购室，12——贮藏，13——备用间，14——拟建书库，

15——阅览室，16——服务间，17——锅炉房；c——二层平面，

1——出纳室，2——普通阅览室，3——专业阅览室，4——厕所，

5——目录室；d——剖面，1——门厅，2——阅览室，

3——拟建书库，4——出纳室；e——全景外观

Ⅰ-23 上海科学院图书馆

此馆建于1959年。总建筑面积为8600平方米，其中书库六层，面积为6000平方米。藏书量为80万册。阅览室二个，共设读者座位160个。

此馆功能布局尚较合理，借书厅与书库相连，各层书库之间设有电吊书斗，传送书刊较为方便。阅览室宽敞明亮，便于布置管理。

书库开窗较大,采光、通风均良好。采访编目用房虽不同层,但上下之间有电吊书斗,也较方便。门厅入口处设有存物处,便于管理。

原设计书库是开架的,但目前仍是闭架管理。由于阅览室未与书库相连,而且阅览室内又未设计辅助书库,因此,目前阅览室索取书刊很不方便。

书库开窗大,未设纱窗,灰尘较多,虫子易侵入书库。底层书库与出纳台之间没有水平机械传送设备,劳动强度较大。书库六层,均无厕所,颇感不便。

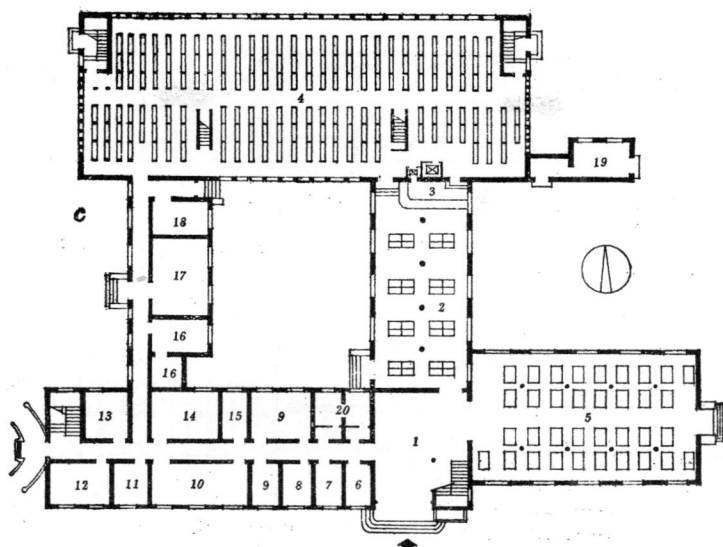

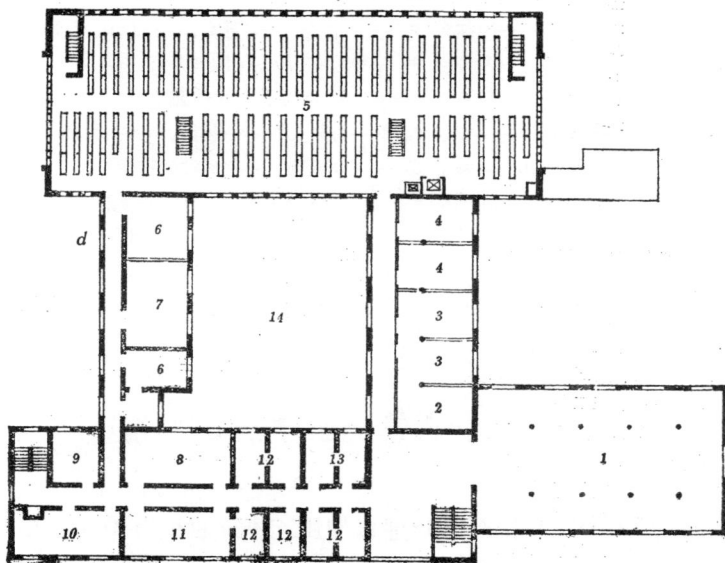

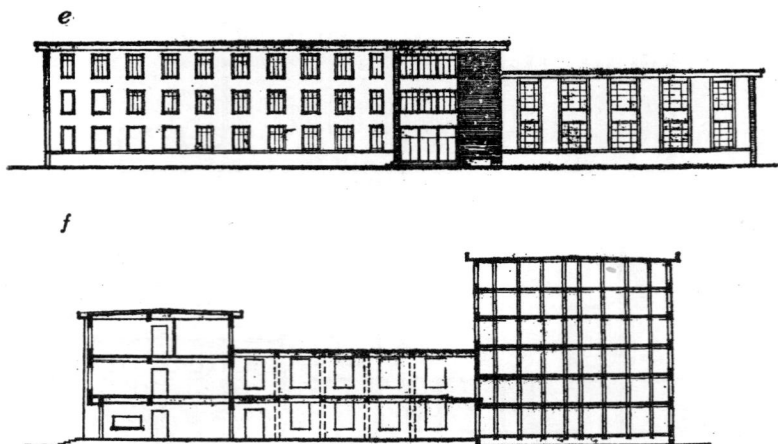

图中：

a——正面外观；b——背面外观；c—— 一层平面，1——门厅，
2——目录室，3——出纳台，4—— 书库，5——阅览室，6——问讯、存物，
7——咨询室，8——参考室，9——办公室，10——期刊办公，
11——国际交换室，12——采访室，13——采访目录贮藏室，
14——摄片室，15——复制室，18——暗室，17——装订，18——贮藏，
19——锅炉房，20——厕所，d——二层平面，1——科技阅览室，
2——缩微室，3——期刊室，4——参考室，5—— 书库，6——复制室，
7——会议室，8——公务目录，9——油印室，10——中文编目，
11——外文编目，12——办公室，13——厕所，14——天井；
e——南立面；f——横剖面

I-24 南京铁道医学院图书馆

此馆1974年设计，1979年建成使用。建筑面积为3037平方米，其中书库850平方米，阅览室近900平方米。

由于受基地条件的限制,平面布局结合基地形状设计为一个方形块状的平面,采用毗邻式的布置。

建筑物共三层:底层为办公、采编及期刊阅览室;二、三层为阅览室、研究室及书库。主层设在二层。

书库和阅览室采用了统一的开间和层高,开间均为5米,以利于阅览桌和书架的排列布置。底层层高为4米,二层为3.8米,三层为3.6米。阅览室与书库的层高比采取了1:1的方式,这就使每层的书库和阅览室在同一地面标高,使用方便,也较灵活,便于今后改变用途。但这种层高的处理导致了书库层高过高,空间浪费,不好利用。目前该馆就加高书架,又导致取书不便。

书库与阅览室彼此毗邻布置,进深大,单面采光。一、二层书库采光、通风不良,三层因开有小天井,情况较好。此外,书库与阅览室之间的隔墙上开有高窗,虽可改善二者通风,但对书库安全不利。

对厕所设计的位置较好,较隐蔽,使用也方便。

a

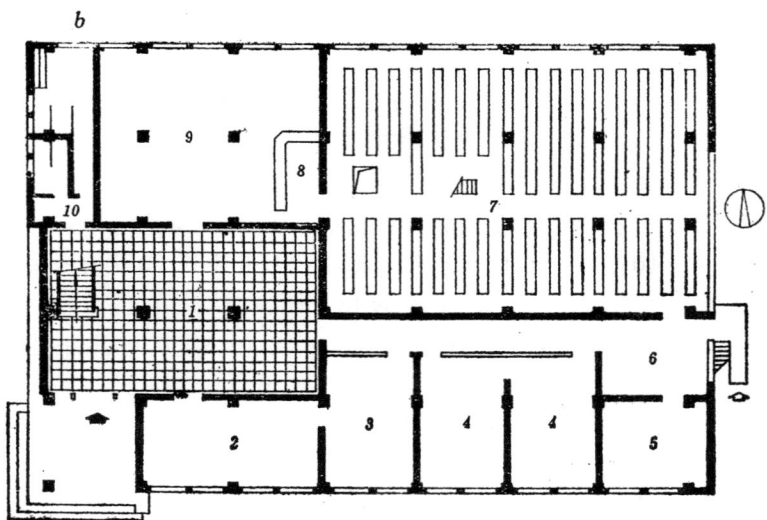

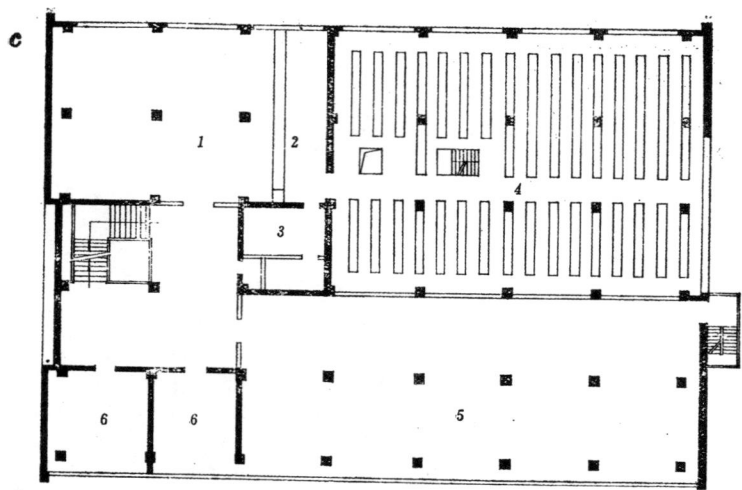

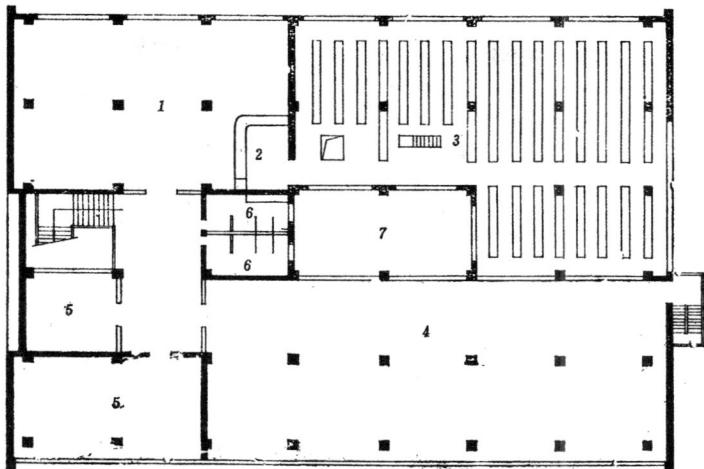

d

e

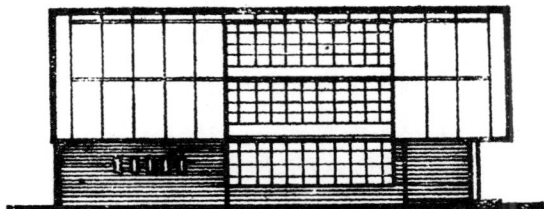

f

585

图中：

a——入口外观；b——一层平面，1——门厅，2——接待室，3——办公室，
4——编目室，5——采购室，6——拆包间，7——书库，8——出纳台，
9——期刊阅览室，10——厕所；c——二层平面，1——目录厅，2——出纳台，
3——显微阅览室，4——书库，5——阅览室，6——研究室；d——三层平面，
1——参考阅览室，2——出纳台，3——书库，4——阅览室，5——研究室，
6——厕所，7——天井；e——南立面；f——西立面；g——剖面

Ⅰ-25 北京师范学院图书馆

此馆于五十年代末建成。总建筑面积为5800平方米，其中书库为1500平方米。

整个建筑物为三层，采用"Ⅱ"形平面。阅览室三层，南北朝向，采光、通风较好。书库四层，与阅览室的层高比为1:2。书库单面采光，进深较大，采光、通风不良。库内虽有排风扇及拔气井，但将排风口对着书库的门，效果甚微。

阅览室与书库是直接毗连的，所以使用起来比较方便，但因没有辅助书库，难于实行开架或半开架阅览。

此馆主层设在二层。目录厅、出纳台就设在门厅上，位置明显。但目录厅及出纳台不便管理，容易形成为穿堂式的过道。

586

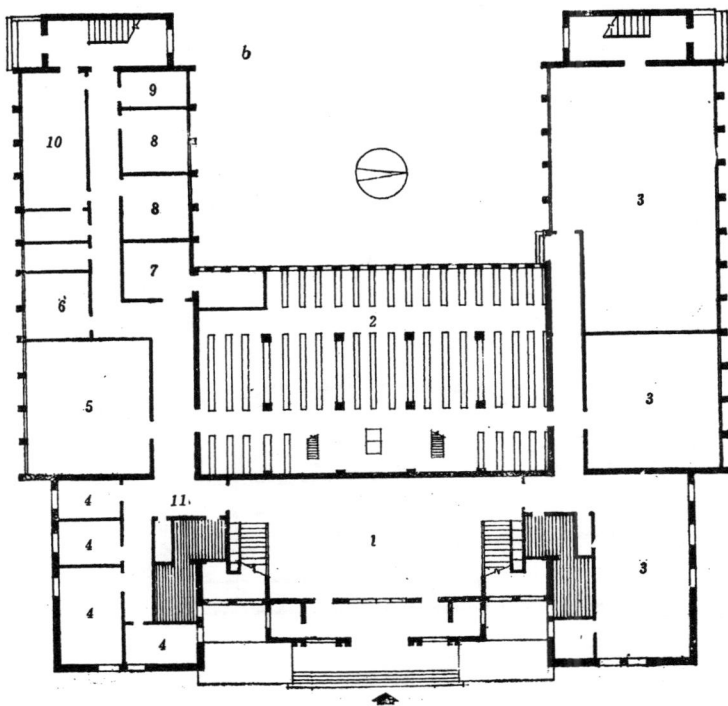

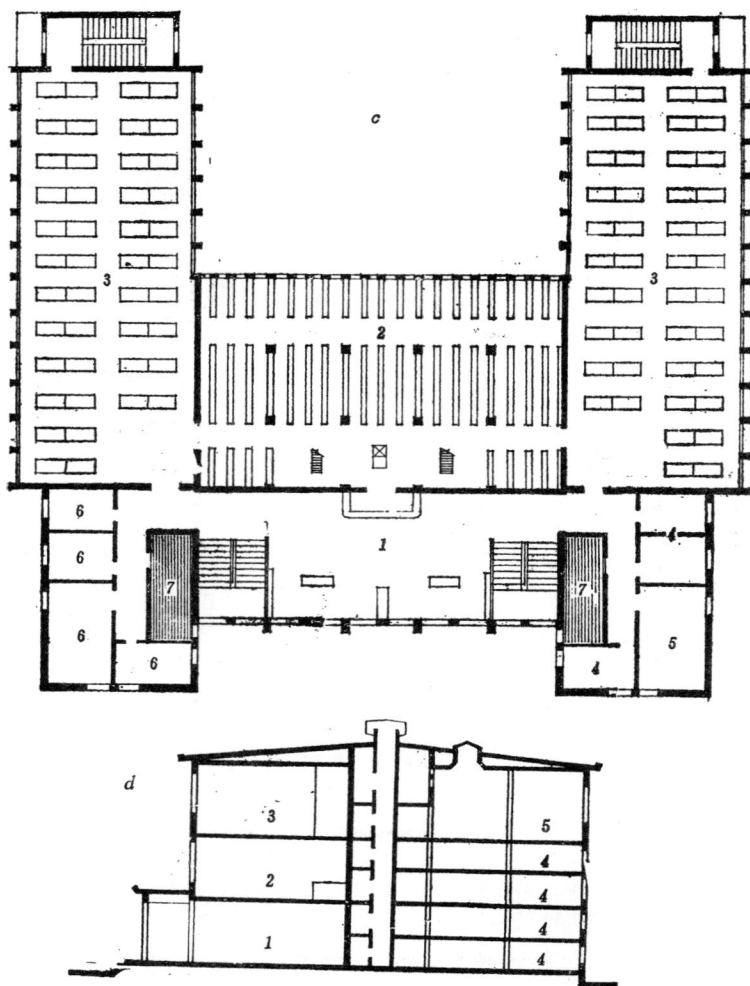

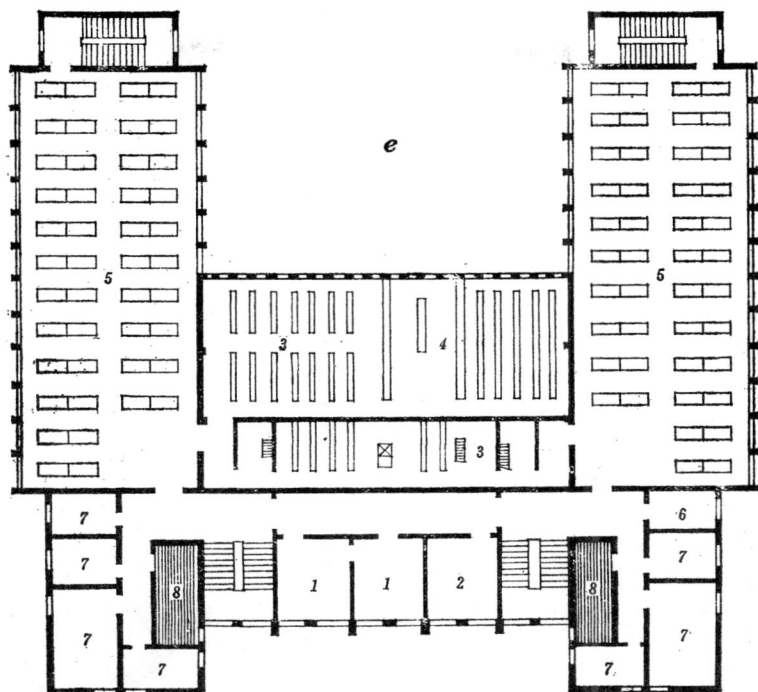

图中：

a——入口外观；b—— 一层平面，1——门厅，2——书库，
3——阅览室，4——研究室，5——开架书库，6——装订室，
7——流通保管室，8——编目室，9——采购室，10——书亭，
11——厕所；c——二层平面，1——借书处，2——书库，
3——阅览室，4——办公室，5——会议室，6——研究室，
7——厕所；d——剖面，1——门厅，2——借书处，
3——善本室，4——书库，5——阅览室；e——三层平面，
1——善本室，2——工作室，3——辅助书库，4——报纸库，
5——阅览室，6——工作室，7——研究室，8——厕所

Ⅰ-26 天津医学院图书馆

此馆于1966年建,1967年建成,1970年正式使用。建筑面积为3000余平方米,每平方米造价100元。书库800平方米,阅览室500平方米,按20万册藏书量设计。

图书馆三层,一层为采编及部分教学用房,二层为办公、教师阅览室,三层为学生阅览室。书库四层,每层110个书架,书架采用预制混凝土柱和木搁板(20毫米厚)制成。边走道宽530毫米,较窄。

使用中主要问题是阅览室较小,且又分散,管理不便;此外书库通风不良,夏天闷热。

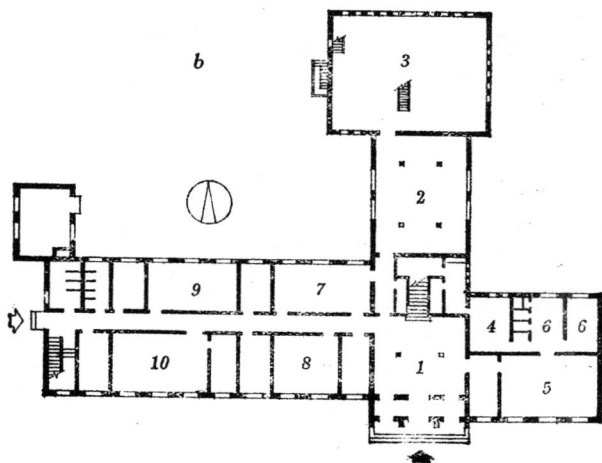

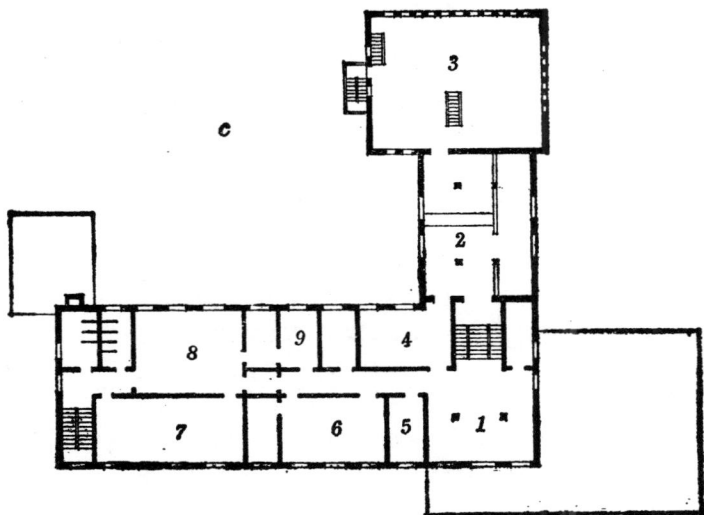

591

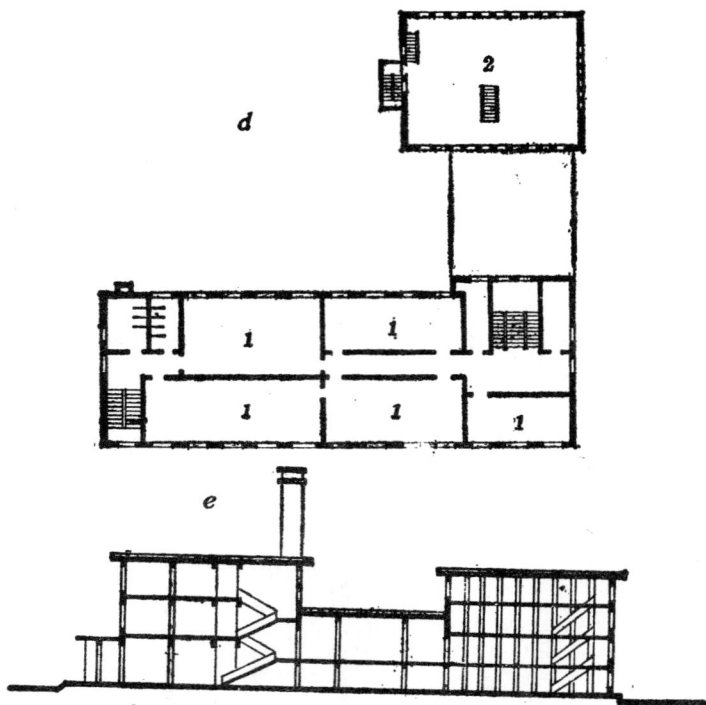

图中：

a——外观透视图；b——一层平面，1——门厅，2——报刊库，

3——书库，4——暗室，5——照相室，6——缩微室，

7——编目室，8——采购室，9——制图室，10——讨论室；

c——二层平面，1——目录室，2——借书（出纳台），

3——书库，4——办公室，5——复印室，6——资料室，

7——教师阅览，8——期刊阅览，9——工作间；

d——三层平面，1——阅览室，2——书库；e——剖面

Ⅰ-27 华东水利学院图书馆

此馆于1956年建造。建筑面积约4800平方米，其中书库近1400平方米，阅览室约1900平方米。原设计阅览座位1100余个，藏书30万册。

建筑物坐落在小山岗上，地势高爽，环境幽静。由校区干道经数十级台阶步登图书馆入口。原在图书馆东侧，有一坡道通向采编室，以备运书车进库。但因目前此道尚未建设，使行车不便，以致靠人力搬运图书，颇费气力。

此馆设计原拟结合地形，门厅左右设置错层，东侧阅览室和书库底层均做了半地下室，但因排水不好，以致渗水，潮湿严重。此外，错层布置，上下过多，运书不便。

平面布局基本上属"工"字形。阅览室开间3米，跨度10米，中间无柱，使用舒适，朝向通风良好。

书库太小，采光、通风不良。底层及二层书库均较潮湿，书易发霉。目前只有坚持开窗制度，室内还得存放生石灰及木炭，以助吸湿。

目录、出纳室及采编办公等用房置于阅览室及书库之间的联接体内，朝向东西，冬冷夏热。目录室及出纳台也较小，颇为拥挤。

书库和出纳台之间架设自制水平传送设备，它是由单向异步电动机和悬吊式的导轨及牵引小车（装有轮子的可翻启的小书斗）所组成。由于书库与出纳台之间受楼梯所阻，不能在中轴线上直线布置，只得采用环形导轨，通过两侧门之上空，以致悬吊高度略低，行人不便。这种环形运送设备，运行一圈需时40秒，大大节约了取书时间，减轻了工作人员的劳动强度。

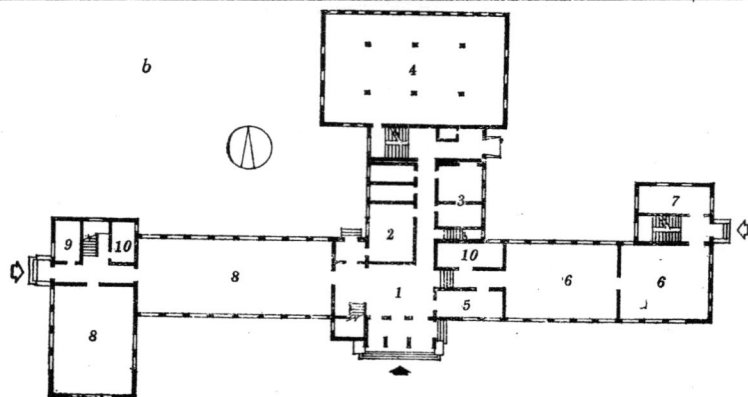

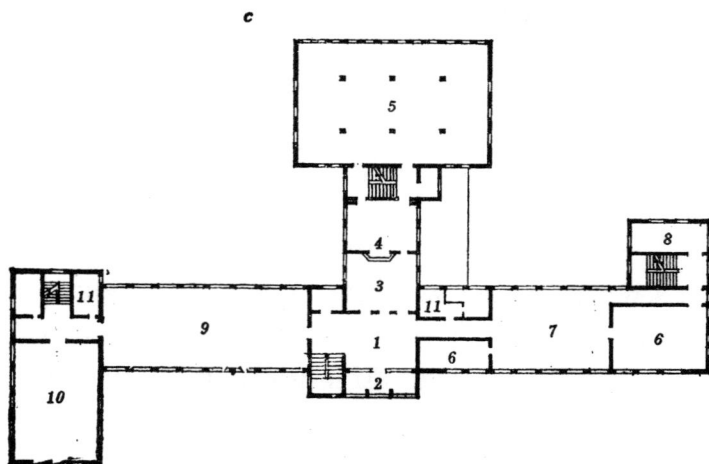

594

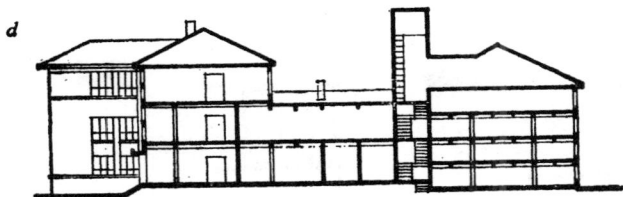

图中：

a——正立面；b—— 一层平面，1——门厅，2——编目室，3——采购室，4——书库，5——办公室，6——教师阅览室，7——资料室，8——学生阅览室，9——管理室，10——厕所；c——二层平面，1——休息室，2——会议室，3——借书处，4——出纳台，5——书库，6——资料室，7——教师阅览室，8——显微阅览室，9——普通阅览室，10——专业阅览室，11——厕所；d——剖面

Ⅰ-28　北京化工学院图书馆

此馆建于1964年。书库四层，以密排预制钢筋混凝土板柱承受全部载荷，并兼作书架主柱，比较经济。但因板柱断面较大，库内显得柱子过多、过密，对采光不利，同时占有空间也较多，减少了藏书量。

整个建筑平面呈"工"字形，是一种典型的老式图书馆（实行闭架管理的图书馆）的建筑布局方式。书库在后，阅览室在前，二者之间以借书厅相连。

阅览室四层，主层设于二层。借书厅设于一、二层之间的错层上，由大楼梯平台进入，出纳室并与二层书库楼面相平，联系便捷。唯阅览室与书库两者无直接联系。阅览室附近又无辅助书库，不便实行"半开架"或"开架"阅览。

阅览室、书库及采编办公等用房均朝向南北，采光、通风均较好，唯出纳、目录室朝向东西，日晒严重。

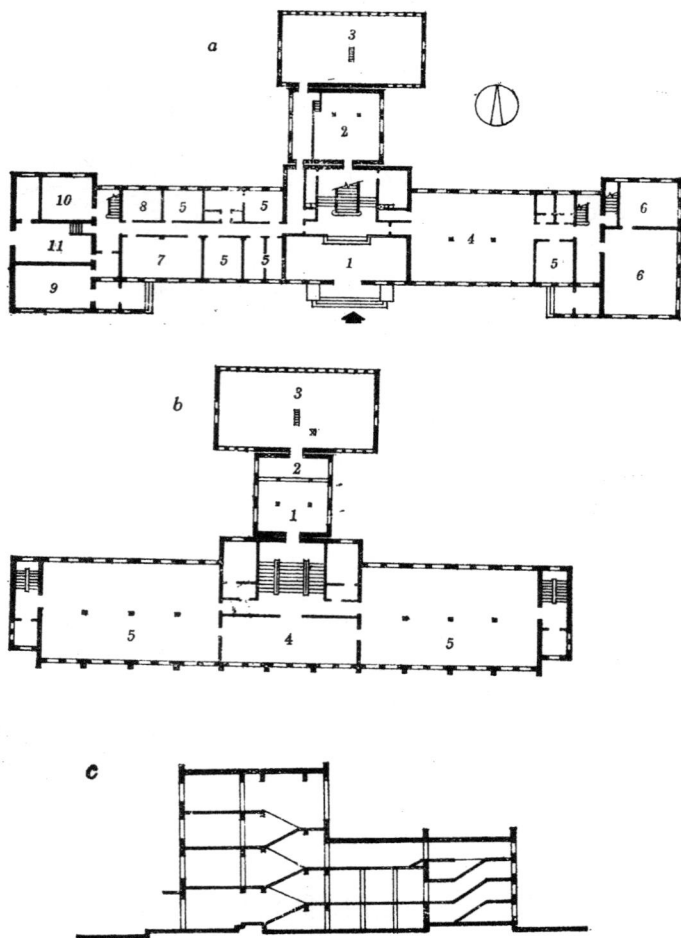

图中：

a———一层平面，1——门厅，2——报库，3——书库，4——期刊资料阅览室，
5——办公室，6——资料室，7——编目室，8——采购室，9——文艺外借处，
10——会议室，11——内院；b——二层平面，1——目录室，2——出纳台，
3——书库，4——工具书阅览室，5——普通阅览室，c——剖面

I-29 南开大学图书馆

此馆建于1956年。总建筑面积10287平方米,藏书100万册。原计划可容读者1300座,但有的改为书库或借书处,目前阅览座位只有600个左右。

平面布局采用"工"字形,阅览室在前,书库在后,借书厅置于两者之间。主层设于二层,二层书库与主层相通。

前楼阅览室较好,采用大、中、小不同类型的阅览室,但未能按设计安排使用。

参考阅览室、采编室、装订室及办公室等用房不能与后部书库直接相通,很不方便。

门厅上层,有回廊,面积偏大,且楼梯离借书厅较远。

书库采用三层预制混凝土柱（120×120毫米）堆架式、木书斗,施工粗糙,质量较差,而且书架搁板沿柱两侧布置,两面搁板之间相距一柱宽（120毫米）,使双面书斗总宽度达580毫米,而书架之间通道仅620毫米,造成拥挤,使用不便。

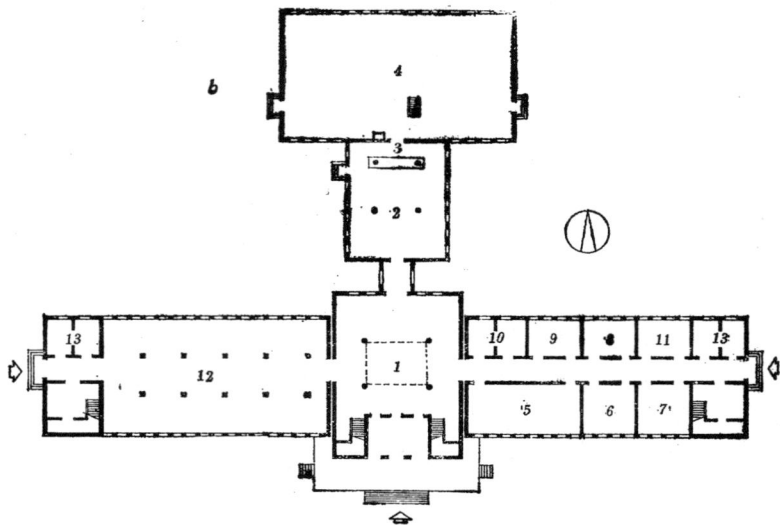

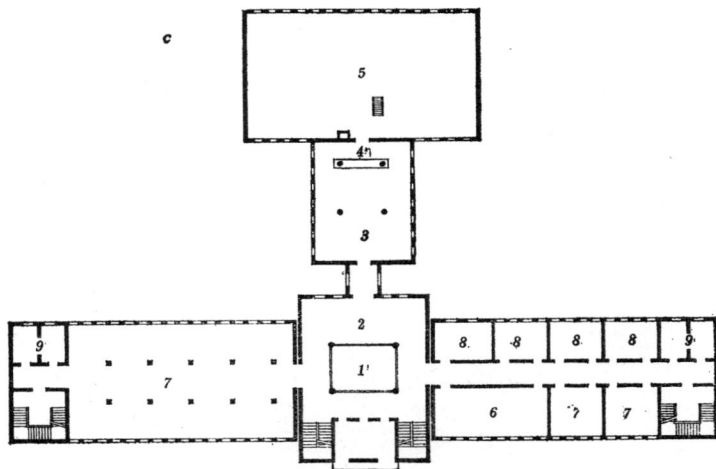

598

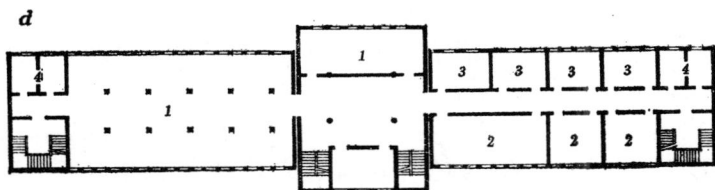

图中：

a——外观；b——一层平面，1——门厅，
2——借书处，3——出纳台，4——书库，
5——报刊阅览室，6——编目室，7——采购室，
8——装订室，9——馆长室，10——办公室，
11——贮藏室，12——阅览室，13——厕所；
c——二层平面，1——门厅上空，2——休息室，
3——目录厅，4——出纳台，5——书库，6——参考室，
7——阅览室，8——研究室，9——厕所；d——三、四层平面，
1——阅览室，2——参考室，3——研究室，4——厕所；
e——五层平面，1——阅览室

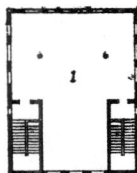

Ⅰ-30　上海复旦大学图书馆

　　此馆于1958年建成。建筑面积约7000平方米，藏书量约160万册。平面布局为"□□"形，可谓"工"形的变体。书库在后，阅览室在前，出纳目录室扼守其间。主层设在二楼。东西两侧为办公、采编业务用房及研究室，分区明确。

　　书库四层，采用堆架式，每层建筑面积为500平方米，书库共2000平方米。书库内设运书升降机，书库与出纳台之间设简易空中运输设备，效果较好。四层上下相通，但不利防火。地面采用混凝土地，灰尘大。

阅览室二层,共四间。每室建筑面积为500平方米,朝向南北,采光、通风较好。室内二排柱,等跨排列,中跨不便布置阅览桌椅,致使交通面积较大,使用起来不经济。

出纳室、目录厅及采编办公用房朝向东西,夏季热,室温高达39℃以上。此外,采编及办公用房与书库、出纳、目录室联系不便。

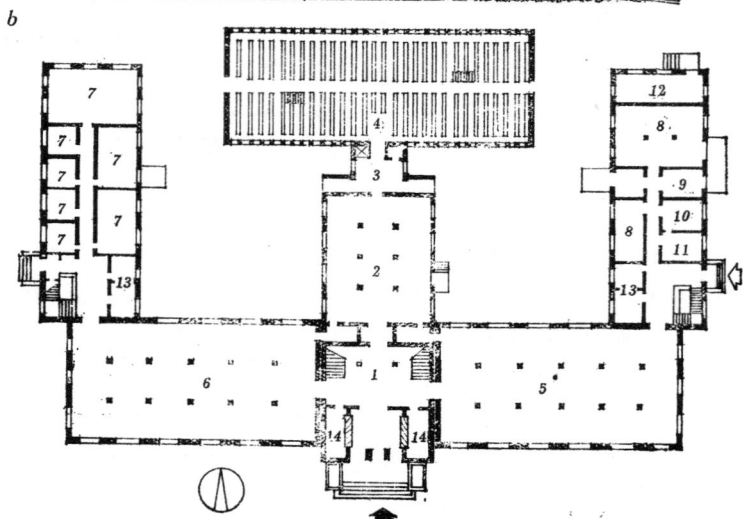

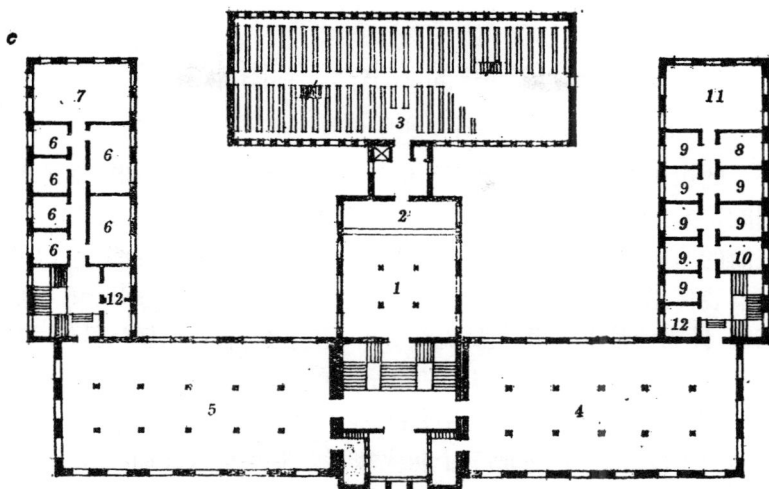

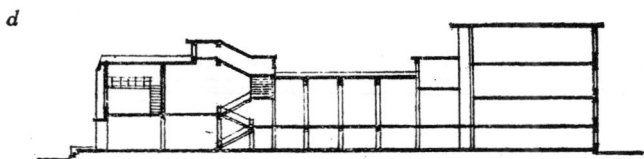

图中：

a——外观透视图；b——一层平面，1——门厅，2——报刊库，3——典藏，
4——书库，5——报刊阅览室，6——学生阅览室，7——研究室，8——编目室，
9——拆包间，10——登记处，11——办公室，12——炉子间，13——厕所，
14——存物处；c——二层平面，1——目录厅，2——出纳台，3——书库，
4——学生阅览室，5——教师阅览室，6——善本阅览室，7——善本库，
8——馆长室，9——办公室，10——会客室，11——会议室，12——厕所；
d——剖面

Ⅰ-31　中国人民大学图书馆

　　此馆设计面积为15000平方米,建成为11000平方米,书库两侧阅览室未建。设计时考虑了各部分的相互使用关系,以其远近繁简的原则来布局。书库、报库、出纳台部分都在主轴线上,以便于安装传送设备,并将浏览的、阅览的和研究的读者分开,将书籍流线、读者流线和工作人员流线分开,互不交叉。书库六层(原设计十层)底下做架空层,以利防潮。各层封闭,以利防火。书库采用"大块"空间处理手法,使用灵活、经济,但用防火墙隔成三间,增加结构刚度,同时也分成三个防火单元。主要垂直交通设在库外。

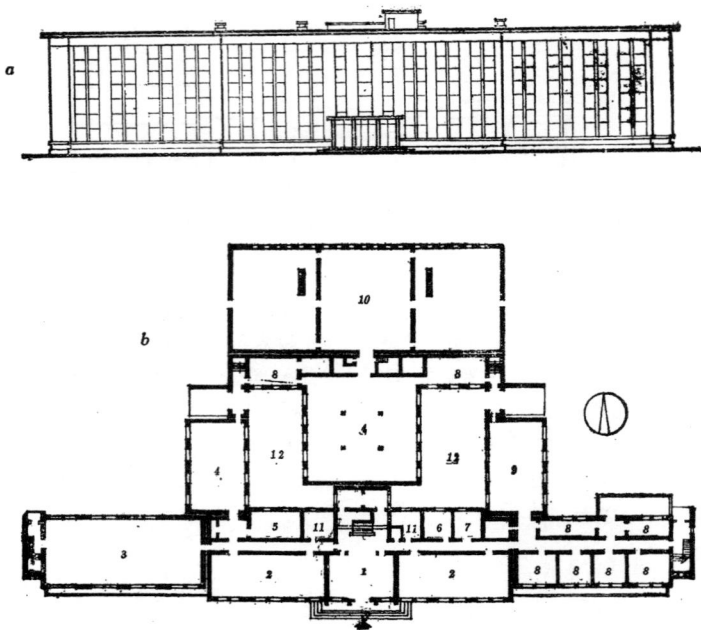

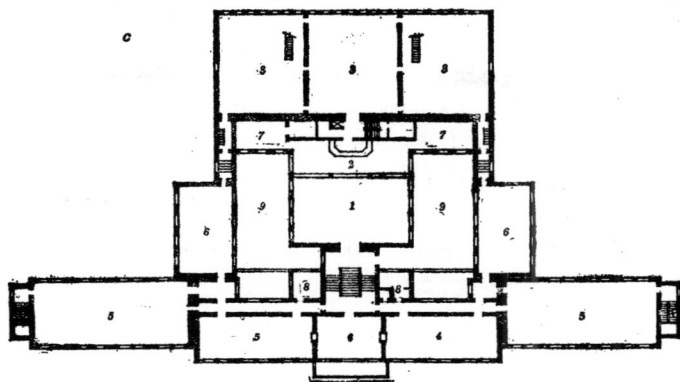

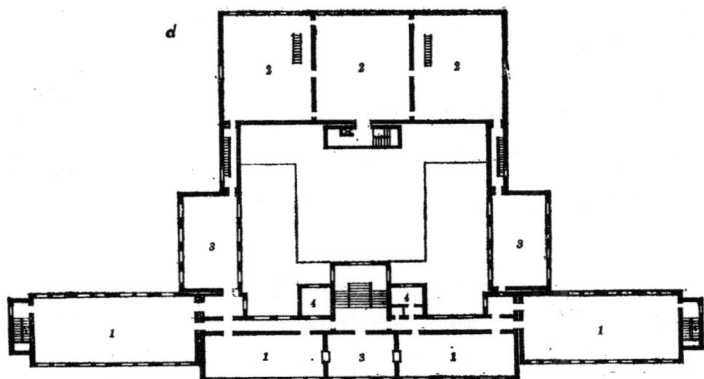

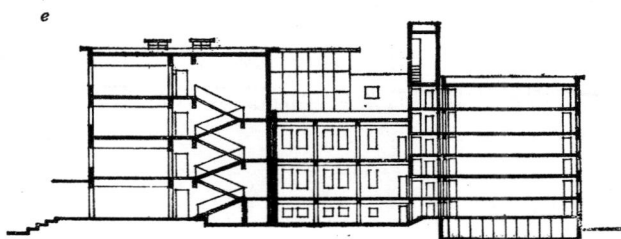

图中：

a——立面;b—— 一层平面,1——门厅,2——阅览室,
3——报刊阅览室,4——报刊库,5——装订室,6——值班室,
7——会客室,8——办公室,9——采编室,10——书库,
11——厕所,12——天井;c——二、三层平面,1——目录厅,
2——出纳台,3——书库,4——剪报工作室,5——阅览室,
9——辅助书库,7——咨询,8——厕所,9——天井;
d——四层平面,1——阅览室,2——书库,3——辅助书库,
4——厕所;e——剖面

Ⅰ-32 无锡轻工业学院图书馆

　　此馆于1975年建成。总建筑面积为3000平方米,其中阅览室为1100平方米,书库为860平方米,出纳目录室为200平方米,辅助用房为500平方米。采用半框架结构,每平方米造价100元。

　　书库三层,层高2.3米,进深12米。书架采用薄钢板立柱三层堆架。阅览室三层,层高4米,柱间4.6米,进深10米,采光、通风较好。平面布局中将学生、教师阅览室分别置于入口两侧,内部作业布置在后,分区较明确。阅览室内采用浅绿色调粉刷,视觉舒适。

　　由于馆址正对着该院的入口轴线上,故门厅采取削去一角的方式。结构较复杂,且门厅内楼梯占用空间较大。

　　此馆位于山坡下,地势高差7—8米,设计结合地形不够。教师阅览室下部因地势高差而架空,但因高度不大,较难使用。

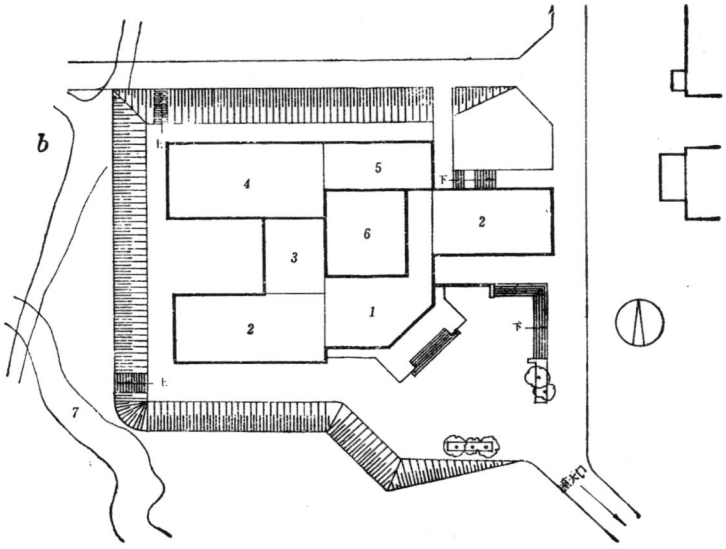

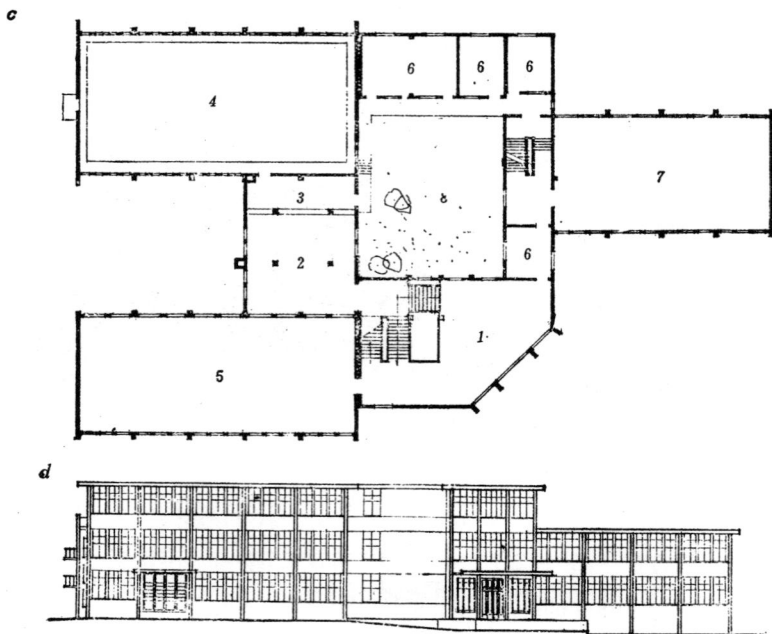

图中：

a——鸟瞰图；b——总平面图及一层平面，1——进厅，2——阅览室，
3——出纳台，4——书库，5——办公室，6——天井，7——山沟；
c——二层平面，1——接待室，2——目录室，3——出纳台，4——书库，
5——学生阅览室，6——办公室，7——教师阅览室，8——天井；
d——南立面

Ⅰ-33 华南工学院图书馆

此馆建成于1952年10月。建筑面积为8600平方米，藏书量为
160万册，其中书库藏书为100万册，阅览室藏书50万册。此馆设有

一个大型阅览室,可布置600个座位,四个中型阅览室,每室布置150个座位。阅览室均布置在建筑物的二、三层上,大部分朝南,光线充足,空气流通,阅读比较舒适,唯人多,互相干扰多一些。阅览室与借书处接近,读者借书阅览也较为方便。楼梯宽敞,就是读者多时,也不致拥挤。但此馆的交通辅助面积占用较多。南方天气潮湿,楼下防潮问题比较普遍,需要认真解决。

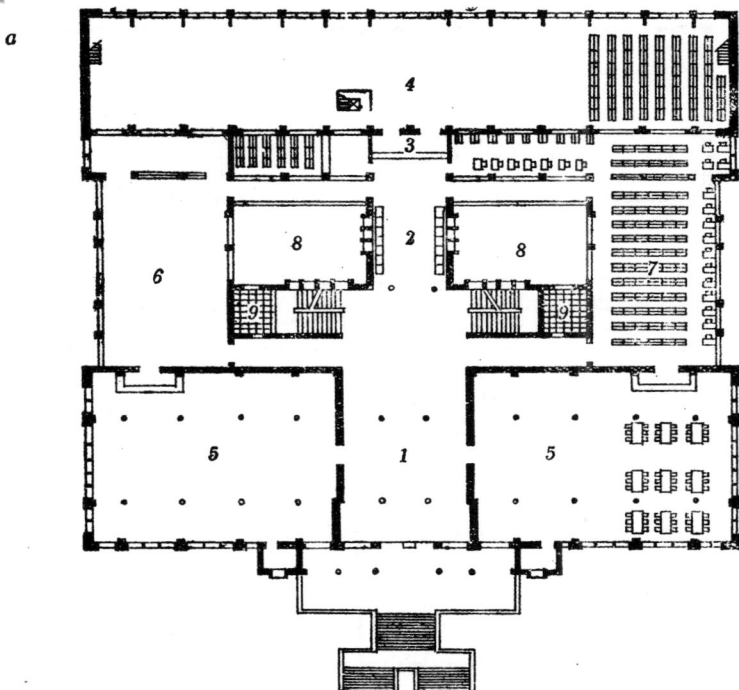

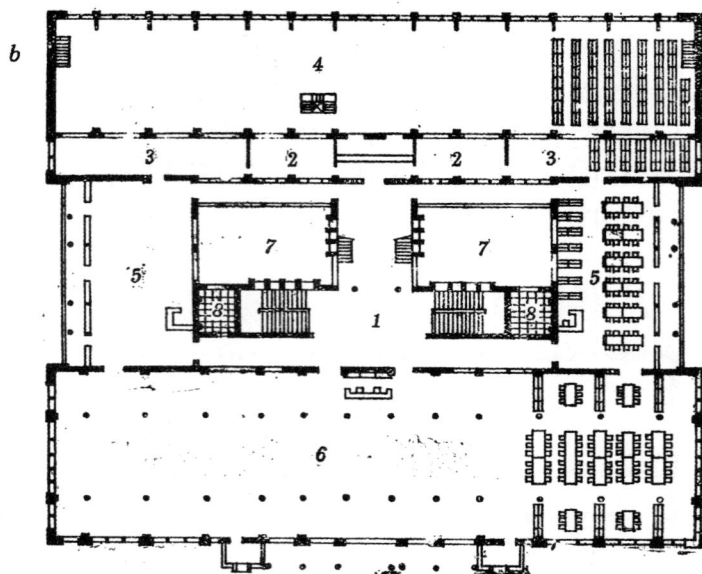

b

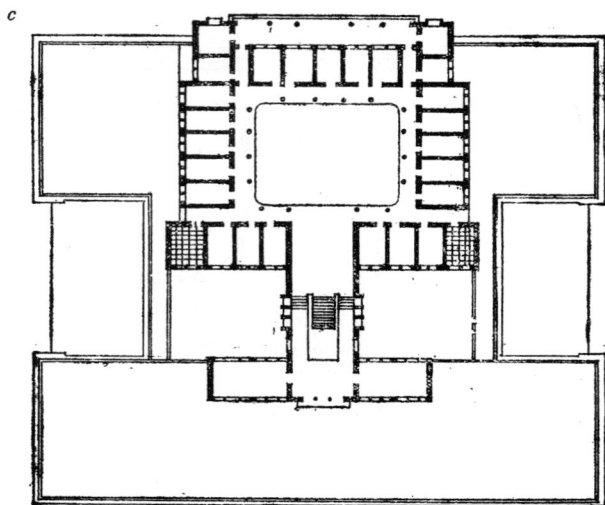

c

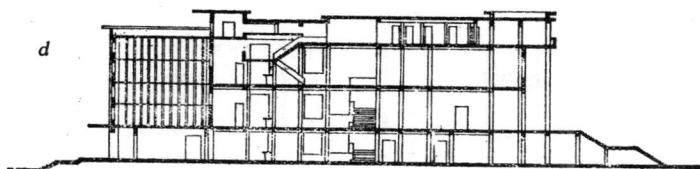

图中：

a—— 一层平面，1——门厅，2——借书厅，3——出纳台，4——书库，
5——阅览室，6——辅助书库，7——期刊库，8——天井，9——厕所；
b——二、三层平面，1——过厅，2——工作室，3——辅助书库，
4——书库，5——专业阅览室，6——大阅览室，7——天井，8——厕所；
c——四层平面（研究室层）；d——剖面

Ⅰ-34　辽宁某图书馆

　　此馆建筑面积为1400余平方米，混合结构。书库主要在一层，阅览室主要设于二层。书库采用一个个分隔小间，彼此以承重墙相隔，结构经济，增加房屋结构刚度。书库和阅览室层高相同，具有一定的使用灵活性，可作小型图书馆设计时参考。开间为3.6米，书架排列中距为1.2米。

609

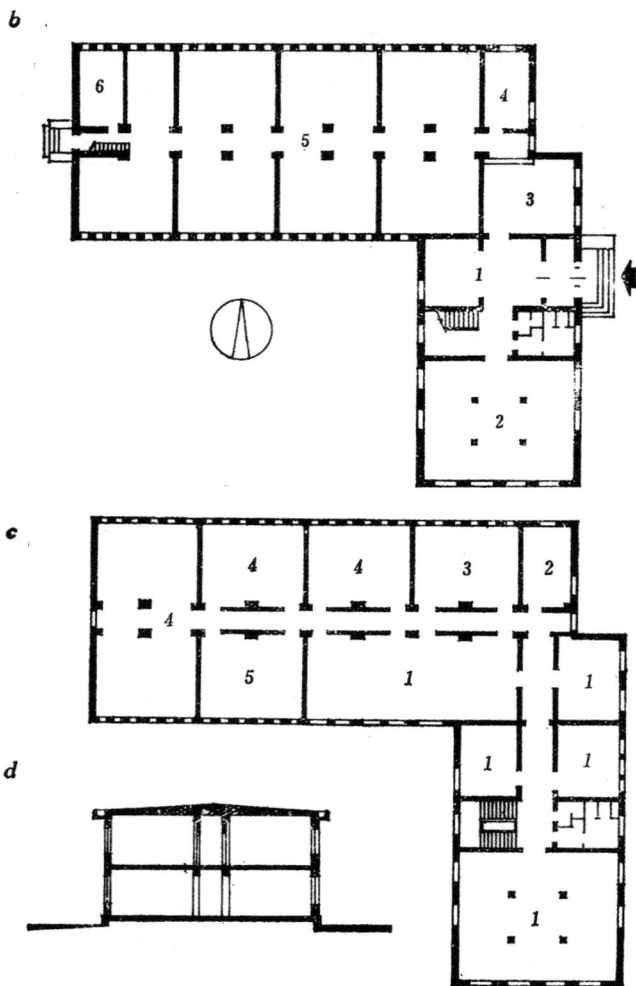

图中：
a——外观；b——一层平面，1——展览厅，2——阅览室，3——卡片室，
4——办公室，5——普通书库，6——贮存书库；c——二层平面，1——阅览室，
2——办公室，3——特别书库，4——报刊库，5——线装书书库；d——剖面

610

Ⅰ-35　江苏溧水县图书馆

此馆于1976年新建。原设计面积为740平方米,投资5万元;现建成450平方米,实际投资2.9万元。每平方米造价64元左右。目前藏书4万余册。可设读者座席60个,比较少。目前县城人口15000人,最好能设100—150个座位。

馆址位于县城干道的转角处,属中心地带,读者使用方便,但较吵闹,不安静。

建筑物为二层,转角处局部三层,底层为儿童阅览室,二楼为成人阅览室。书库与阅览室层高相同,采用400×1000×2060毫米的木书架,分设六档。

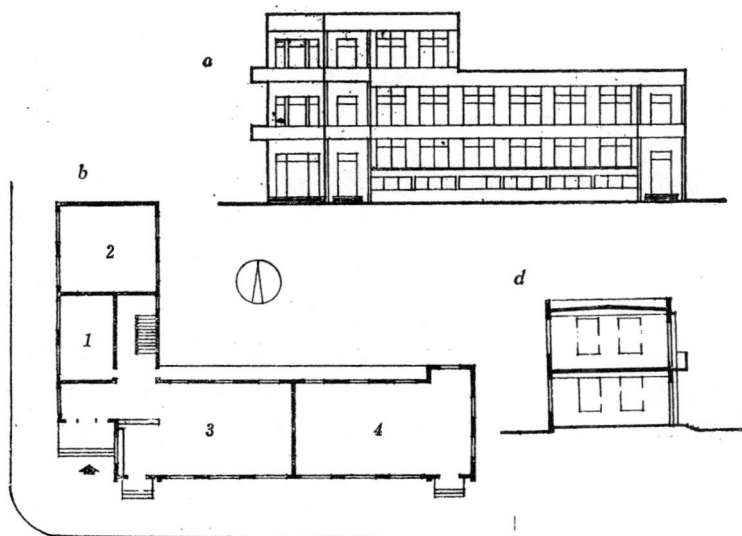

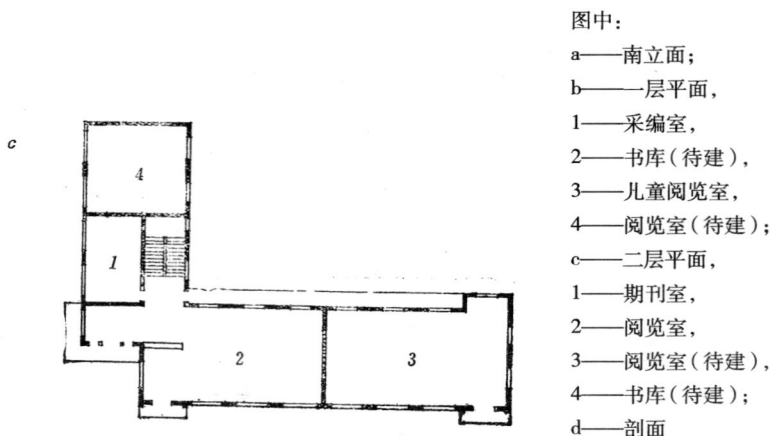

图中:

a——南立面;

b——一层平面,

1——采编室,

2——书库(待建),

3——儿童阅览室,

4——阅览室(待建);

c——二层平面,

1——期刊室,

2——阅览室,

3——阅览室(待建),

4——书库(待建);

d——剖面

I-36 湖南省县级图书馆通用设计方案之一

这是1978年12月湖南省组织了一次全省县(市)级公共图书馆设计方案评选活动,推荐作为全省通用设计方案之一。总建筑面积为1080平方米,其中阅览室580平方米,书库面积500平方米,藏书量20万册,可适用于县甲级图书馆。

此设计布局简捷,结构简单,功能关系明确,内部联系方便。儿童读者与成人读者分开,内部另设单独出入口,都是较合理的,唯科技阅览室进出必须穿行目录厅,不够妥当。门厅也偏大。

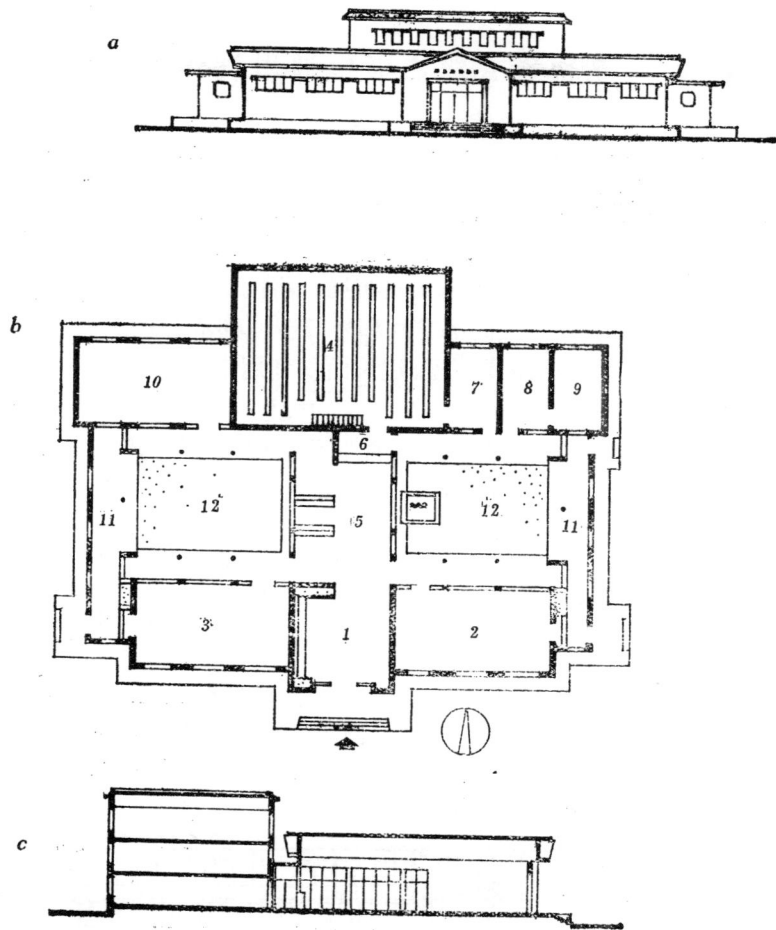

图中:

a——立面;b——平面,1——门厅,2——儿童阅览室,3——普通阅览室,
4——书库,5——目录厅,6——出纳台,7——采编室,8——管理室,
9——办公室,10——科技阅览,11——展览廊,12——天井;c——剖面

613

Ⅰ-37 湖南省县级图书馆通用设计方案之二

这是湖南省1978年12月评选推荐作为全省通用设计的又一方案。此设计建筑面积为1100平方米,藏书量22万册,可设阅览座位240个,适用于县甲级图书馆。

此方案的特点是采用垂直式布局,将阅览室设在书库之上。整个布局简捷、紧凑,且内部空间和外部造型都富有变化。同时占地面积小,内部交通路线简短,建筑面积利用率高,仅有很少的交通面积。

书库设在下部,且仅做两层,能简化结构,方便使用。

各部分用房采用垂直分区,底层除书库外,另有办公、采编用房及儿童阅览室,并各自设有出入口。主要读者则由室外大楼梯直登二楼,二楼为主层,各种入口有效分开。

此设计采用4.2×7.2米的柱网,有利于书架及阅览家具的布置。

此方案各部分用房都有较好的朝向、采光和通风条件。唯采编与出纳联系不便,需经书库内书梯或室外大楼梯。

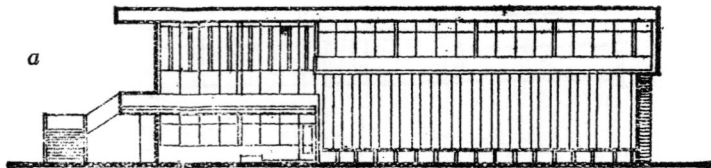

a

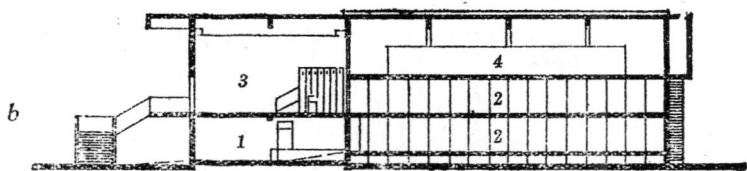

b

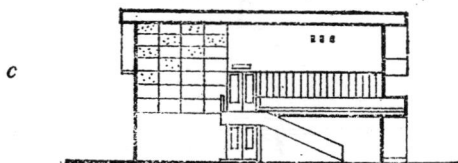

c

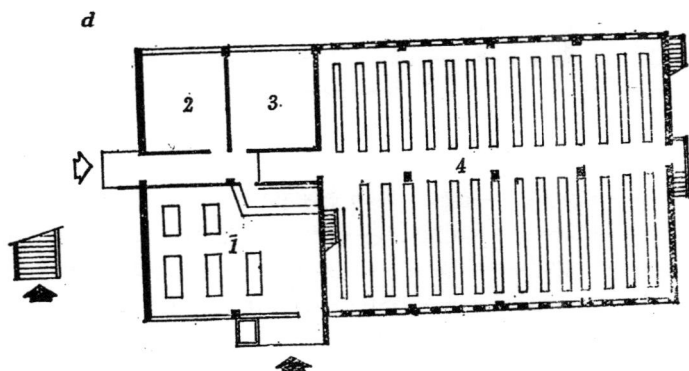

d

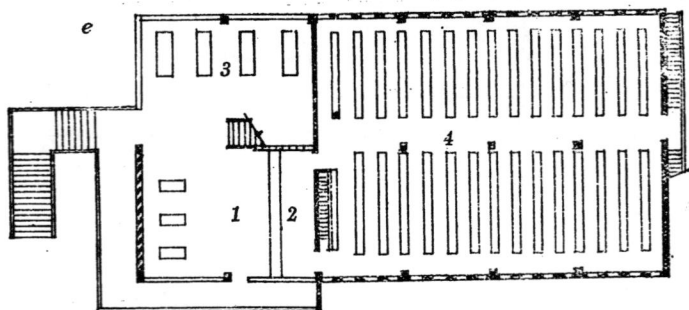

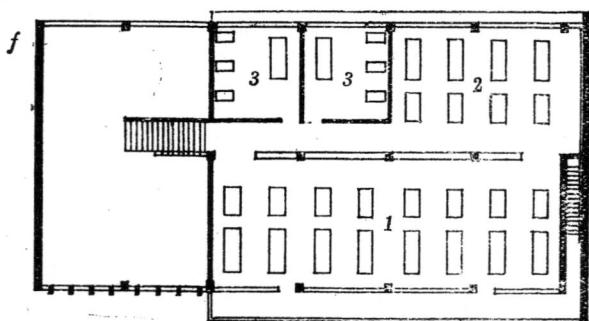

图中：

a——南立面;b——剖面,1——儿童阅览室,2——书库,3——借书处,
4——阅览室;c——西立面;d——底层,1——儿童阅览室,2——办公室,
3——采编室,4——书库;e——二层平面,1——目录室,2——出纳台
3——期刊兼陈列,4——书库;f——三层平面,1——普通阅览室,
2——科技阅览室,3——研究室

Ⅰ-38 戚墅堰机车车辆工艺研究所图书馆

此馆设计于1976年,目前业已建成使用。建筑面积约1030平方米,其中书库近640平方米,阅览室220平方米,其他共170平方米。

书库与阅览室呈"一"形布置,所有房间都朝向南北,采光、通风较好。

书库四层,采用薄钢板立柱,四层堆架;每层层高2.5米;阅览室两层,层高3.9米和3.1米。采编、出纳及目录室置于二楼,但与书库不在同一标高上,致使运送图书颇为不便。

图书馆阅览室采用阅览桌上安装照明灯具的方式。

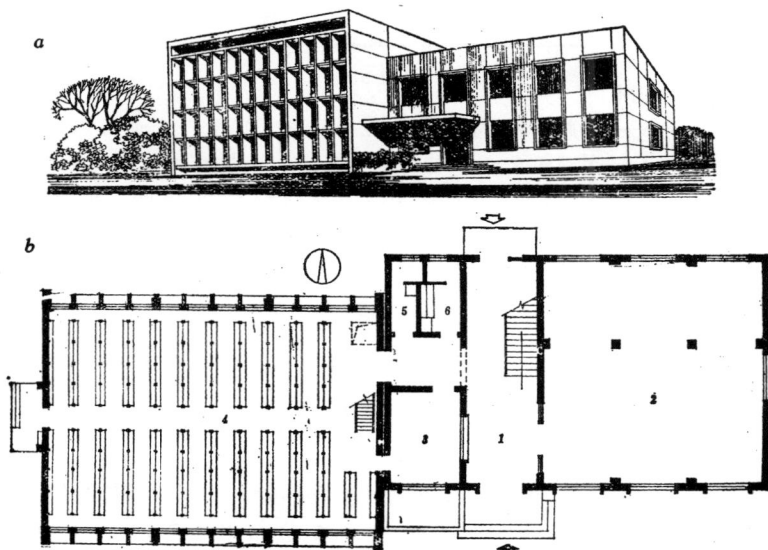

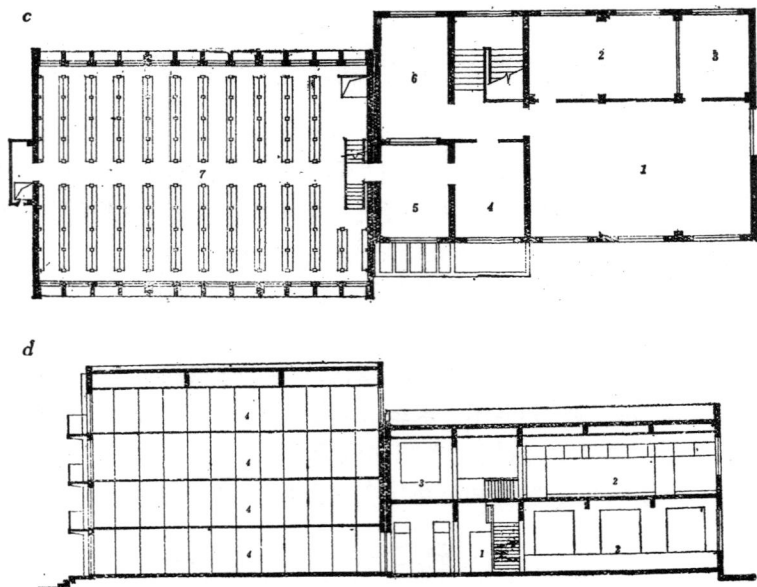

图中：
a——南面外观透视；b—— 一层平面，1——门厅，2——阅览室，
3——管理室，4——书库，5——女厕所，6——男厕所；
c——二层平面，1——阅览室，2——资料室，3——显微阅览室，
4——采编室，5——出纳室，6——目录室，7——书库；
d——剖面，1——门厅，2——阅览室，3——目录室，4——书库

I-39　无锡国家水产总局太湖淡水养殖培训中心图书馆

　　此馆于1980年由江苏省建筑设计院设计，1981年建成并交付使用。总建筑面积2000平方米，其中阅览面积约750平方米，藏书面积为420平方米，内部作业与办公为300平方米，借书部分约120

平方米。总投资35万元。

太湖淡水养殖培训中心设有教学、科研和图书馆用房。从总体规划着手,将它与教学馆、阶梯教室及科研馆组成一组群体,以抬高的平台把四幢建筑连成整体,构成一个完整的主体空间。

图书馆的设计采用了较大进深的平面,南北方向连续三跨,每跨8.4米,底层平面进深为25.2米,二层平面中由于南北两面出挑,使平面进深达到27米以上。开间均为5米。这种大进深的平面是图书馆设计的一次新的探讨。

整个建筑为两层,底层为借书部分及业务办公等用房,二层主要为阅览室。主要房间都朝向南北,并有直接的穿堂风。虽然平面进深大,但仍采用自然采光和通风,为了加强平面中部的采光,在屋顶上开设了天窗。

此平面简洁,内部流线短,书库与阅览室较为直接,布局紧凑,面积有效率较高。

建筑物采用混合结构。建筑造型简洁而有变化,并能充分地表现出建筑内部的空间。

b

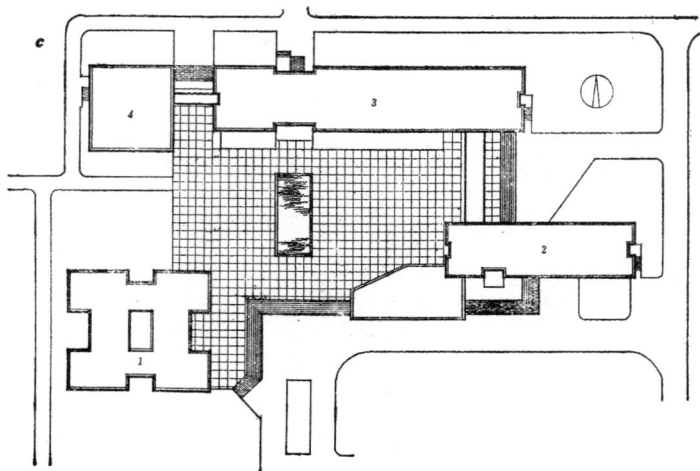

c

d

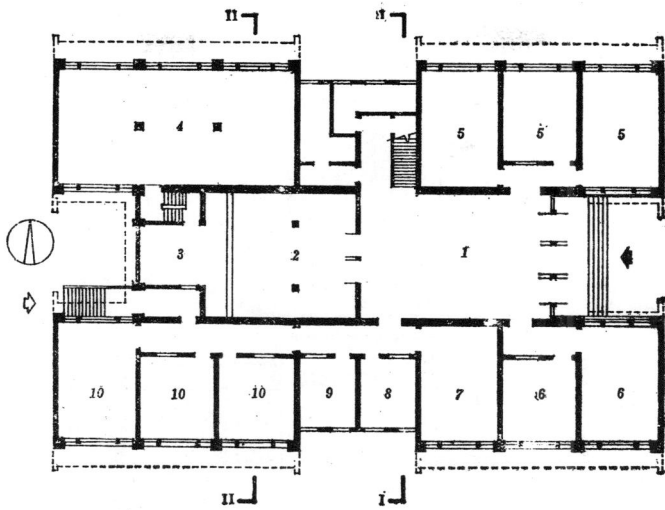

e

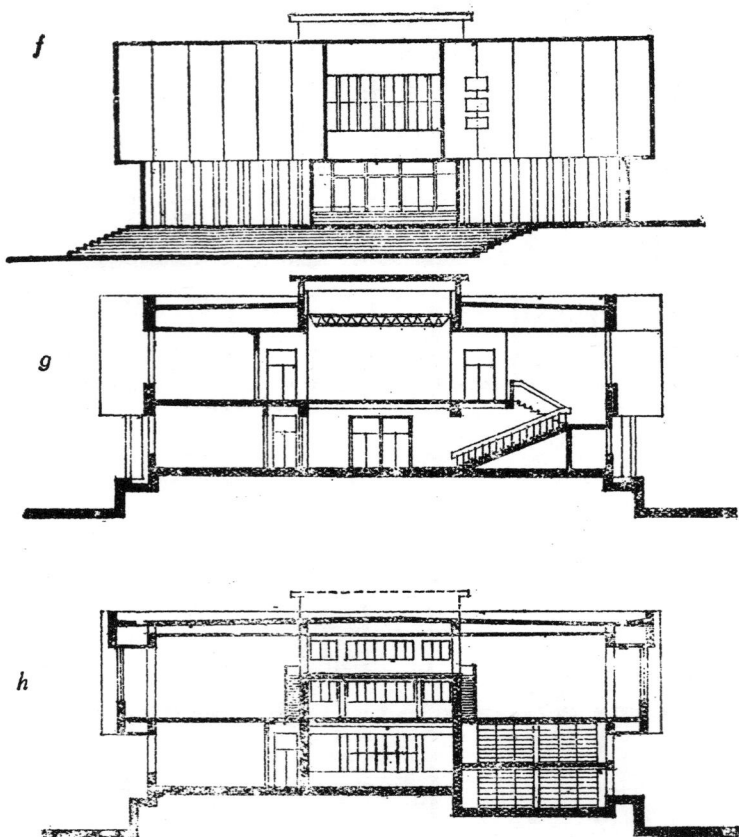

f

g

h

i

J

图中：

a——南面外观之一；

b——南面外观之二；

c——总平面，

1——图书馆，

2——科研楼，

3——教学馆，

4——阶梯教室；

d—— 一层平面，

1——门厅，

2——目录厅，

3——出纳台，

4——基本书库，

5——专题阅览室，

6——情报资料室，

7——翻拍室，

8——暗室，

9——复印室，

10——采编室；

e——二层平面，

1——陈列室，

2——文艺报刊阅览室，

3——显微语言阅览室，

4——显微胶卷录音带库，

5——留学生阅览室，

6——办公室，

7——期刊工具阅览室，

8——期刊库，

9——科技阅览室；

f——东立面；

g——Ⅰ-Ⅰ剖面；

h——Ⅱ-Ⅱ剖面；

i——南北阅览室之间的
　　夹层；

j——陈列厅上空天窗

623

Ⅰ-40 无锡国家水产总局太湖水产增殖科学基地图书馆

　　此馆1981年由江苏省建筑设计院设计。建筑面积1000平方米,预算造价每平方米173元。

　　建筑物建于地形复杂的基地上,图书馆置于科研楼与生活区之间。考虑到地形的高差,图书馆采用了错半层的平面布局方式。

　　建筑物主要部分为两层,报告厅为一层,书库、编目等用房设于底层,出纳、目录设于平台层,阅览室设于上层。报告厅可容纳100人。

　　主要用房朝向南北,布局比较紧凑,唯书库与阅览室上下布置,二者联系不够方便。

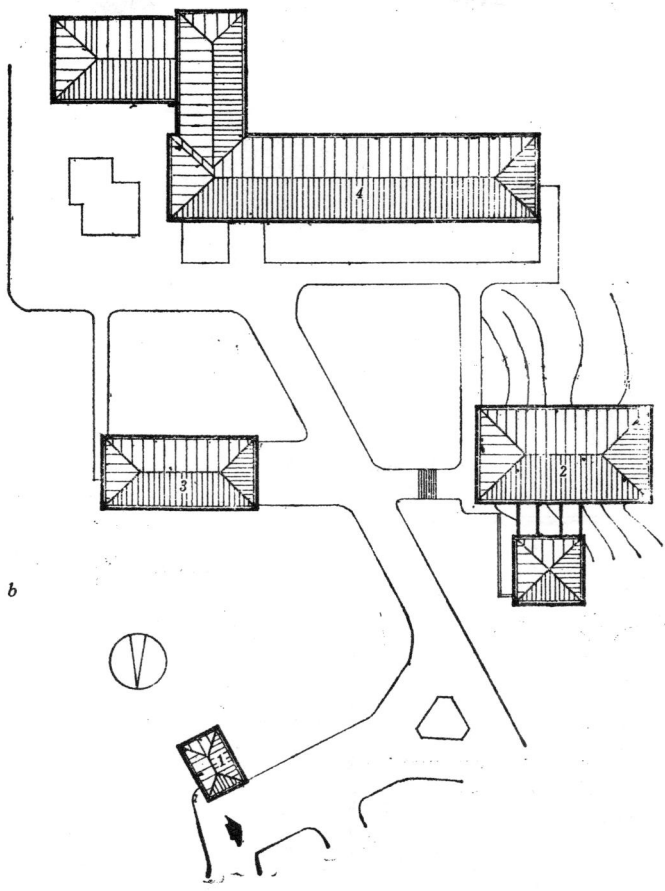

b

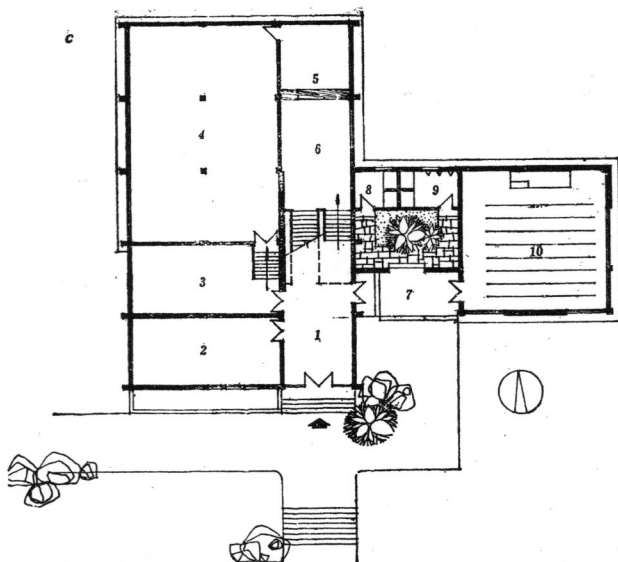

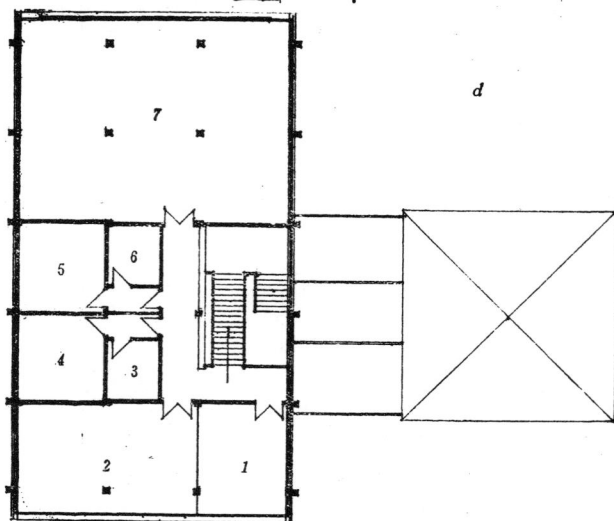

图中：

a——外观;b——总平面,1——传达室,2——图书馆,3——行政楼,
4——科研楼;c——一层平面,1——门厅,2——情报资料,3——编目室,
4——书库,5——出纳台,6——目录室,7——走廊,8——女厕所,
9——男厕所,10——报告厅;d——二层平面,1——报纸阅览室,
2——期刊阅览室,3——暗室,4——照相室,5——显微阅览室,
6——胶卷库,7——阅览室

Ⅰ-41 江苏省赣榆县图书馆

赣榆县图书馆可属于乙级县图书馆,全县人口70万,县城人口只有4万。此馆1978年建成。建筑面积780平方米,其中阅览室面积为280平方米,书库面积为220平方米,设有读者座位70个,现藏书4万册。总投资7万元,每平方米造价为96元,较为经济。采用木书架。

此馆规模适中,较能适应近期县级图书馆建设的需要。馆舍设计基本合理,尚能满足当前的使用要求,仅综合阅览室偏小。图书馆各部分采光、通风尚好。

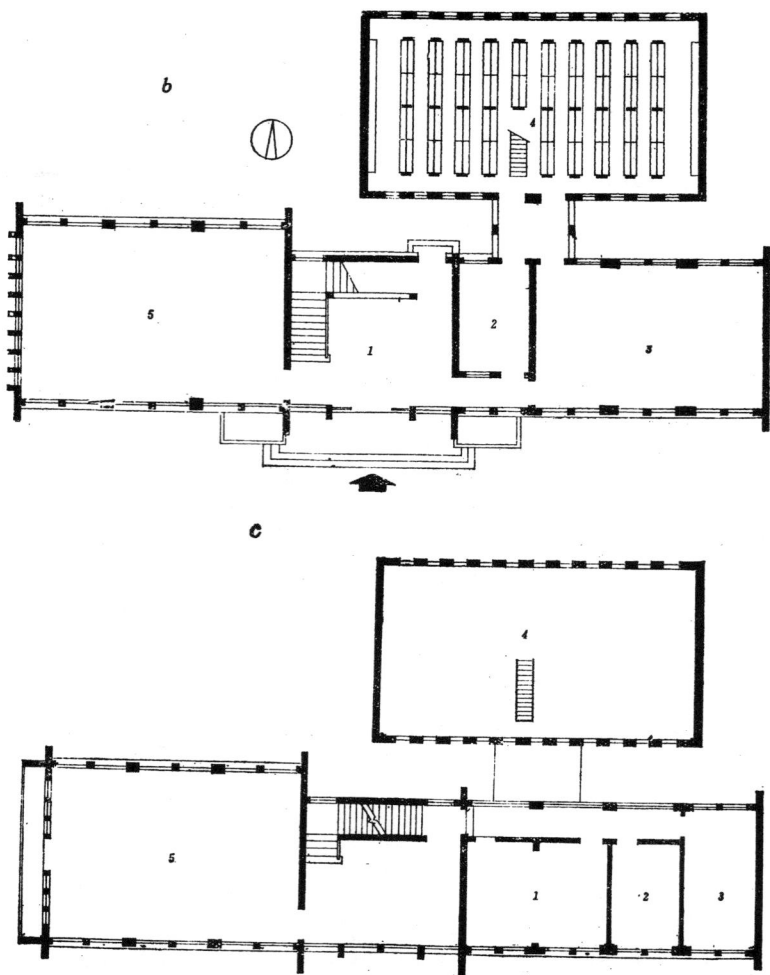

图中：
a——南立面；b—— 一层平面，1——门厅，2——采编室，3——借书室，
4——书库，5——阅览室；c——二层平面，1——办公室，2——文物室，
3——贮藏室，4——书库，5——科技阅览室

II 国外图书馆

II-1 美国纽约公共图书馆

纽约公共图书馆建于1899—1911年,为本世纪初所建大型公共图书馆之一。

此图书馆规模宏大,能藏书350万册,设有阅览席800余座,另设有许多专业阅览室和研究室。

这个图书馆平面较为独特,书库和阅览室均设于"囗囗"形平面的后部,并且是采用书库在下,阅览室在书库之上的垂直式布

a

局。阅览室空间高大,出纳台设于阅览室之中,与书库垂直上下相联系,运书方便,大大缩短了读者借书等候的时间。但是,由于阅览室置于后部,又居书库之上,读者进出不方便。

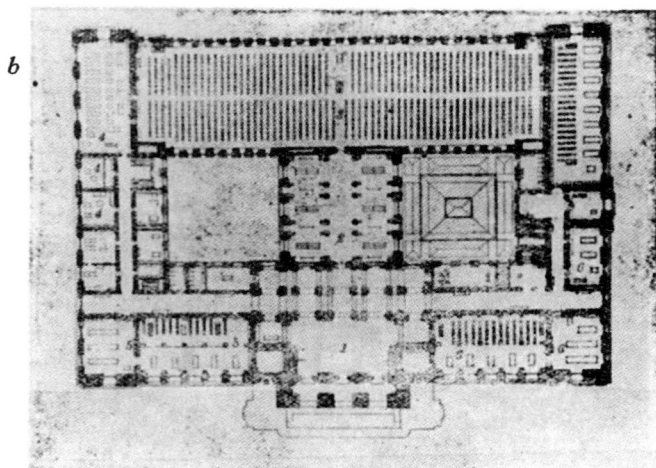

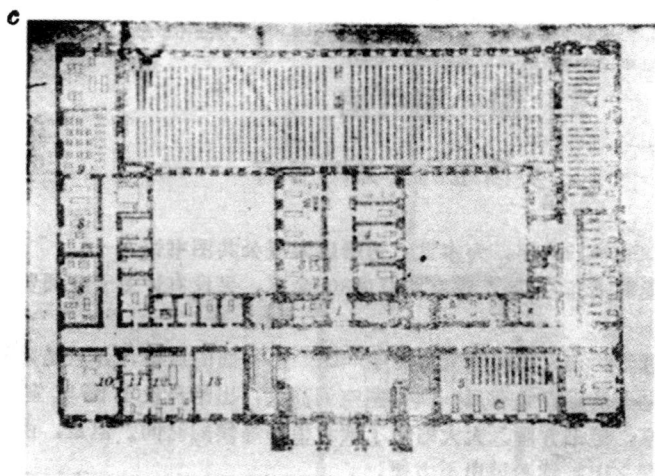

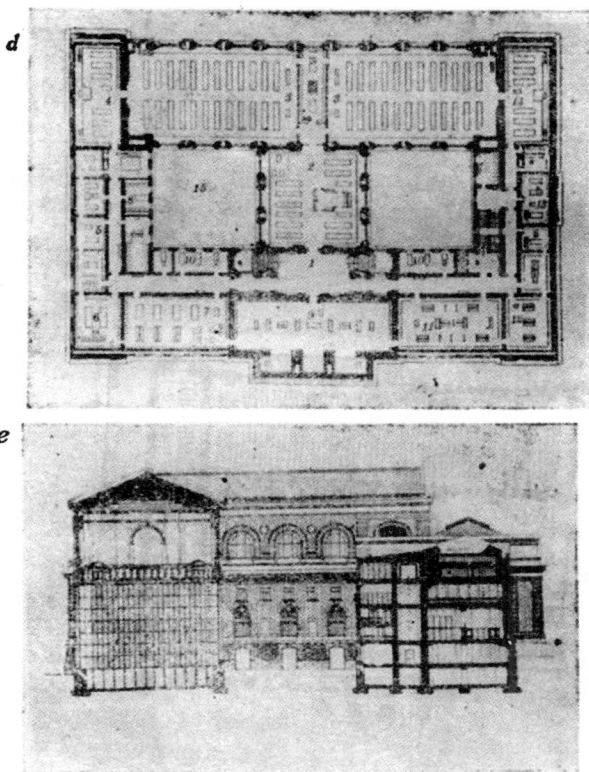

图中：

a——外观；b—— 一层平面,1——门厅,2——陈列室,3——书库,4——流通部,
5——现刊阅览室,6——科技阅览室;c——二层平面,1——过厅,
2——希伯莱文阅览室,3——斯拉夫文阅览室,4——研究室,
5——自然科学阅览室,6——政府文件阅览室,7——经济学阅览室,
8——分类室,9——编目室,10——董事会办公室,11——馆长室,
12——馆长办公室,13——会议室;d——三层平面图,1——过厅,
2——公共目录,3——主要阅览室,4——美国史阅览室,5——善本阅览室,
6——版画阅览室,7——艺术建筑阅览室,8——舆图阅览室,9——系谱阅览室,
10——阅览室,11——绘画陈列,12——绘画展览,13——音乐室,
14——乐谱阅览室,15——内部庭院;e——剖面

Ⅱ-2　加拿大哥伦比亚大学图书馆

　　这个新图书馆建于原有图书馆附近。原有图书馆前面为该校传统的林荫大道,种植有近50年历史的名贵橡树。因该处地段狭小,又为了保护这所学校原来的建筑面貌,保护林荫大道免遭破坏,就摈弃了传统的、在地上建造的方式,而采用了埋入地下和半地下的处理手法。

　　图书馆为两层,地下一层为入口、目录室及参考室、研究室等,地下二层为书库和阅览室。图书馆完全采用开架管理方式,书库位于平面的中部,两侧为阅览室。

　　由于平面两边也朝着凹下的庭园,加之利用楼梯作采光井,故仍有自然光线射入。

　　该图书馆仍保留按此方式进一步扩建的余地。

a

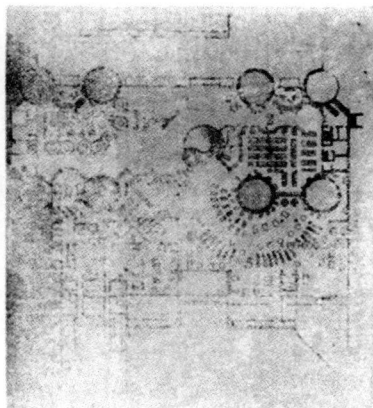

b

c

d

e

f

g

h

图中:

a——外貌;b——下层平面,

1——西院,2——阅览室,

3——主要书库,4——东院;

c——上层平面,1——主要入口,

2——成人视听室,3——出纳目录室,

4——技术服务室,5——参考室,

6——期刊室;d——纵剖面之一,

1——数学楼,2——流通期刊,

3——图书馆入口,4——主要林荫道,

5——将来扩建,6——老图书馆,

7——花园,8——阅览室;

e——纵剖面之二,1——参考室,

2——目录室,3——入口,

4——阅览室,5——书库,6——阅览室;

f——横剖面,1——走廊,2——研究室,

3——书库;g——阅览室内景;

h——楼梯采光口

634

Ⅱ-3 美国达拉斯公共图书馆

达拉斯现为美国第八大城市,全市人口250万,市中心区有90万人。达拉斯公共图书馆体系创建于1901年。今天包括有一个中心图书馆和17个分馆。原有的中心图书馆建于四十年代后期,已不敷使用,拟在市中心区新建一座新的中心图书馆。它靠近达拉斯会议中心,在新建的市服务大楼的对面。

此图书馆设计要求是:适合于大量不同的使用者,创造灵活使用的空间美学及便于有效的经营管理。它采用现代技术设备并能适应今后的技术发展。这是一座使人振奋,赋有活力的美的建筑,整个环境给人带来学习的欢乐。它是美国第一个以新技术系统装备而专门设计的图书馆。

新图书馆的设计特点是:藏书空间能增加两倍,最终的藏书能力可达300万册以上。规划设计也保留了扩充的余地,可扩充的空间相当于原规划空间的12.5%。

为了节约能源,考虑到设备的经济性,将藏书空间和读者使用空间分开。珍贵的善本书库采用空调设备,以保持一定的温度和湿度。

图书馆共设有2900个读者座位,还设置了个人研究室,供那些特殊需要的人使用。

新的图书馆在管理、传送、储存、索取、分发等方面广泛地采用新式的电子设备。它将能与其他城市、地区、州以及世界各地的资料库发展联系。

此馆地下为二层,地面以上为八层,各层是按不同专业来设置的。

图书馆的外部造型为逐层外挑的处理手法,寓意着一叠叠的书籍在不断增长。

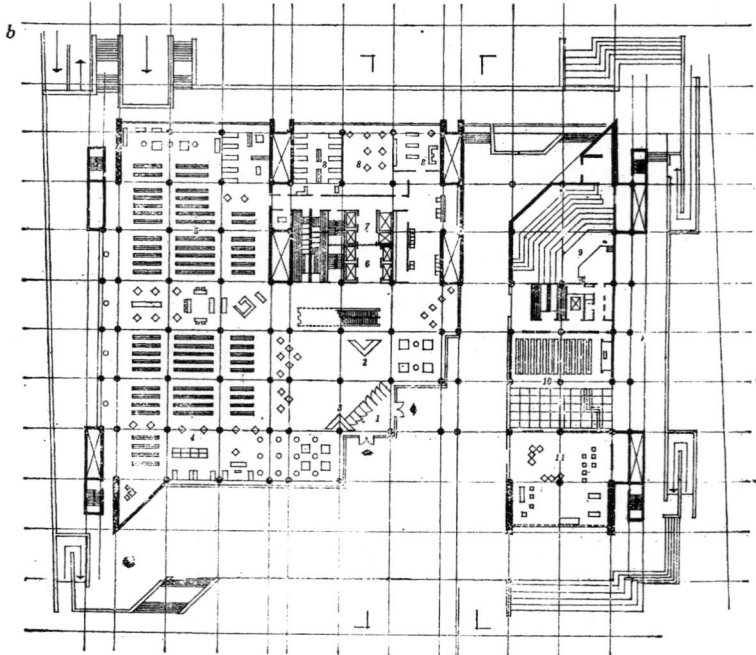

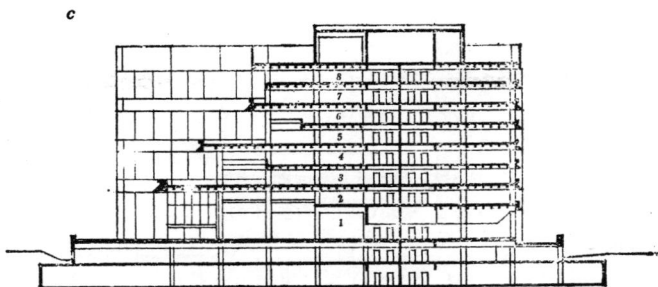

c

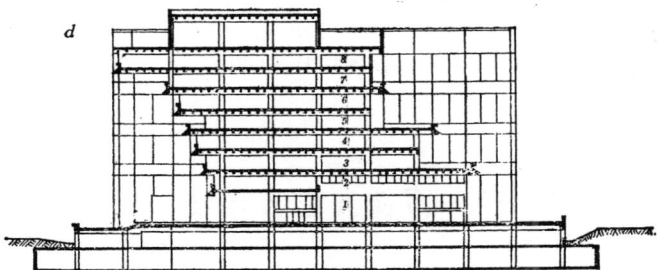

d

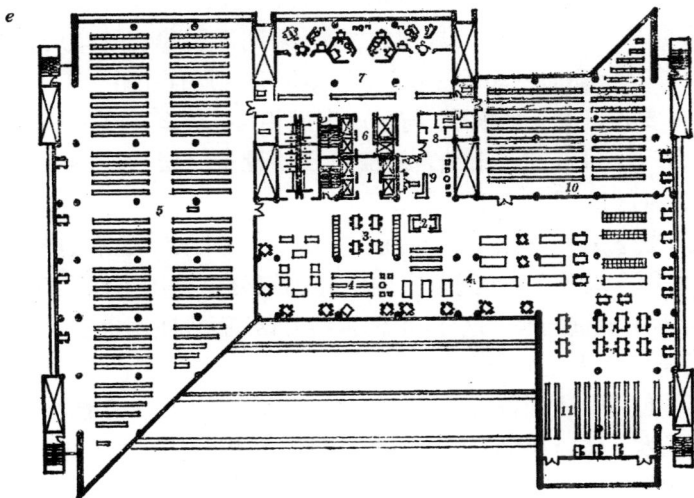

e

图中:

a——外观;b——底层平面,1——入口,2——问讯,3——出口检查,
4——通俗读物,5——城区分馆,6——读者电梯,7——馆员电梯,
8——内部工作室,9——讲演厅,10——会议室,11——陈列室;
c——左向剖面;d——右向剖面,
1——底层,地区分馆、公共活动及内部工作区,
2——二层,公共目录、情报中心及行政管理区,3——三层,文学、语言,
4——四层,美术,5——五层,商业,6——六层,地理、政府文献,
7——七层,州、市地方资料,8——历史社会科学;e——七层平面,
1——读者电梯,2——服务台,3——卡片目录,4—— 一般图书,
5——限制图书,6——馆员电梯,7——办公室,8——打字室,
9——缩微读物,10——限制图书,11——特藏

Ⅱ-4 西德波恩大学图书馆

波恩大学图书馆建于1960年,东临莱茵河,西面靠近城市大
道,根据基地特点及城市规划的要求,采用低层建筑的布局,临街
一面为三层,临河一面为一层,另外地下有三层作书库。

主要入口设于地面层,与城市大道相接。读者主要使用部分,
如入口门厅、目录厅、出纳台及阅览室均设于底层,以方便读者进
出。各种辅助用房位于三层。

阅览室采用开敞的大空间,它与过厅、目录厅及出纳台的分
隔都采用大玻璃隔断;阅览室内空间的划分也是用书籍和玻璃隔
断,均不用承重隔墙。这样,不仅视线开阔,而且使用也更灵活、方
便,便于管理人员照料看管。

阅览室中还开辟一个内部庭院,四周均为大片玻璃墙,与阅
览室浑然一体,这样室内外的景色可以互相利用,以达到调节读
者视力疲劳的效果。

书库设于阅览室之下,两者取垂直方向联系,上下传送方便,加之书库内装设有水平传送带,直送出纳台,取书迅速,传送带离地面1.8米。

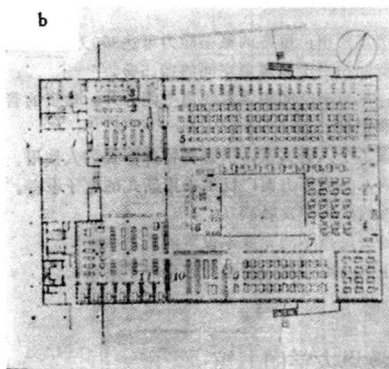

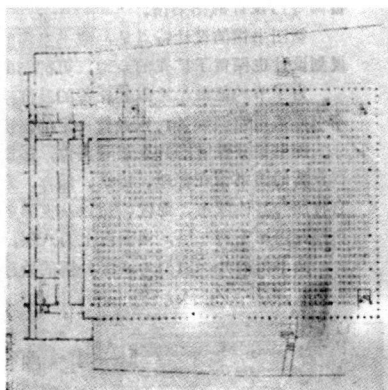

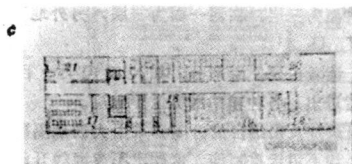

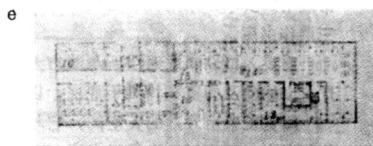

f

g

640

h

图中：

a——沿街鸟瞰外观；b——底层平面；c——二层平面；d——三层平面；
e——地下室；1——入口大厅；2——借书厅；3、4——书籍处理；
5——大阅览室168座；6——休息；7——专门阅览室60座；
8——教师阅览室；9——杂志；10——寄存；11——目录及馆员办公室，
12——管理；13——卡片准备；14——目录管理；15——采购；
16——交换；17——食堂；18——缩微胶卷；19——手稿；20——音乐；
21——看守人宿舍；f——门厅内景；g——由借书厅望阅览室及庭院；
h——沿河面外观

Ⅱ-5　日本国会图书馆

日本国会图书馆是第二次世界大战以后新建的国家图书馆中规模较大的一个，可藏书450万册，设有阅览座位1500个。建筑面积约50000平方米。此馆是按1954年设计竞赛一等奖设计方案设计施工的。设计者为田中诚等18人。

图书馆工程分两期建设，第一期始于1954年，1968年已全部建成。

图书馆位于东京永田町国会会议事堂的北面。四周有道路环绕，地段南高北低，高差约8米。设计者考虑了这一地形特点，合理安排了不同人流的入口，在南面（正对国会议事堂）的三层设议员入口，一般读者入口设于东面二楼，而将工作人员和图书的入口设在西、北两面的底层。

图书馆平面布局采用简洁的矩形，主轴线与议事堂主轴线相垂直，并使二者体型相和谐。

平面采用中心书库的布局方式。书库为正方形，每边长45米，四周为阅览室和办公室。它们隔着一圈窄天井围绕着书库，外缘也是一个正方形，每边长90米。书库共七层，每层高8米。书库高出七层屋面。

这个设计的特点是将两层高的大目录厅、出纳台夹在书库的中间，以垂直传送系统使上下书库都能与目录厅、出纳台相联系，同时也成功地解决了四周房间不致因中心式书库而使交通堵塞的问题。

书库为密闭式，装有空气调节设备，室内温度冬季保持18℃，夏季26℃；相对湿度保持在50—60%这一幅度内。

a

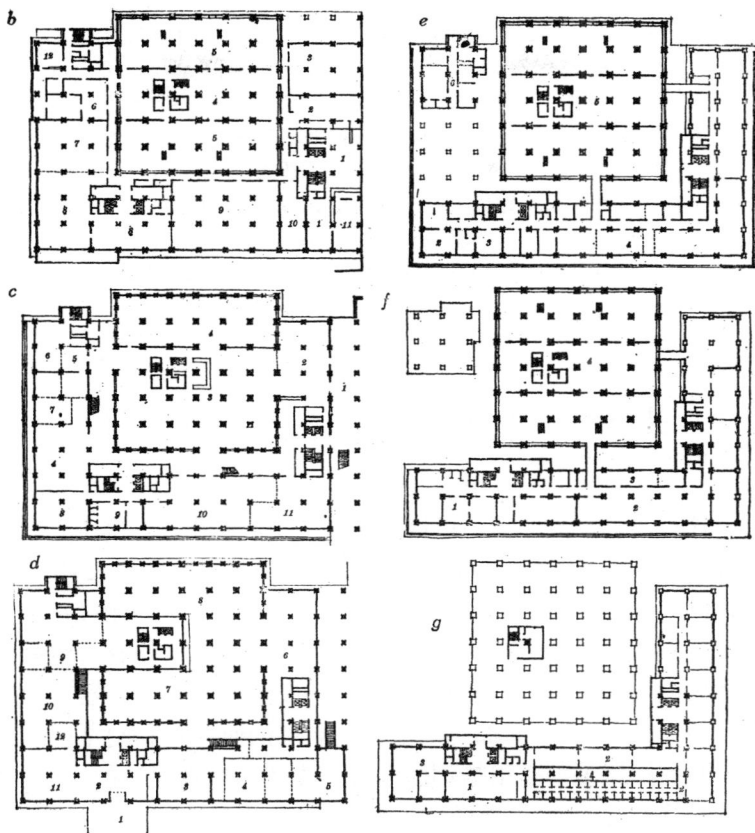

图中：

a——南侧外观；b——首层平面，1——食堂，2——小讲堂，

3——照相复制室，4——阅览部办公室，5——书库，

6——装卸室，7——馆际借书部，8——采购部，9——编目部，

10——医务室，11——厨房，12——看守人住处；c——二层平面，

1—— 一般读者入口，2——门厅，3——读者目录，4——普通阅览室，

5——舆图室，6——文化科学参考部，7——亚非资料室，

8——检索部，9——音乐部，10——科技阅览室，11——科技参考室；

d——三层平面,1——议员入口,2——门厅,3——议员法令资料室,
4——特别阅览室,5——阳台,6——门厅上空,7——目录厅上空,
8——阅览室上空,9——报刊办公室,10——报刊阅览室,
11——议员阅览室,12——联合国及政府资料;e——四层平面,
1——会议室,2——馆长室,3——副馆长室,4——行政办公室,
5——书库,6——电话交换室;f——五层平面,
1——年长专家阅览室,2——科研人员及议员参考部,
3——资料室,4——书库;g——六层平面,1——会议室,
2——议员研究室,3——基建科办公室

Ⅱ-6　以色列里捷夫大学中心图书馆

　　这是规模庞大的新的里捷夫大学的中心图书馆。这所大学校
园位于干旱地区,靠近贝尔谢巴平原。在这个平淡单调的地区,图
书馆的建筑形式设计,成为一种具有强烈雕塑感的实体,并且为
了象征它的功能,而作为一个学习的中心。该建筑外露的混凝土
墙所构成的形式,使人联想到它似如一个宝藏知识的容器。为数
众多的屋顶天窗,使北面光线漫射到上层的研究室和阅览区。这
些采光的小屋顶都是根据钢筋混凝土壳体的原理建造的,而且外
表都是用白色马赛克贴面,以与下部较粗糙的混凝土纹理相对
比。这些采光小屋顶都支撑在钢梁上,使它的内部空间形式得到
清彻的表现。

　　此图书馆可藏书50万册,能同时容纳1000名读者。读者由二
层进馆,这一层位于采用天光的阅览室的下方,都是小空间,供作
行政办公、卡片目录室和借书处用房。第一层设有咖啡馆、机器
房、汽车库和一个防空洞,它们面向低于地面的庭院开窗。从入口
到各层的交通,藉助于建筑物南面的二个塔中的楼梯。从外部看,

这些垂直的体量与整个建筑物水平的体型形成强烈的对比。

阅览室约占整个建筑面积的一半,它被安排在踏步式的三个楼层中,踏步式的三层楼面随屋顶斜度后退(见剖面)。这个想法使得各层的研究室和阅览室能相互分隔,而且能给人一个大空间的感觉。图书则藏在每层后部开架的书架上,用书架来分隔布置,形成一个个阅览空间以供各种科学研究之用。

a

b

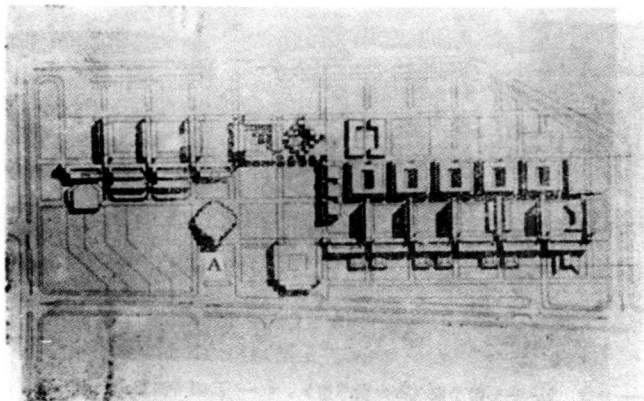

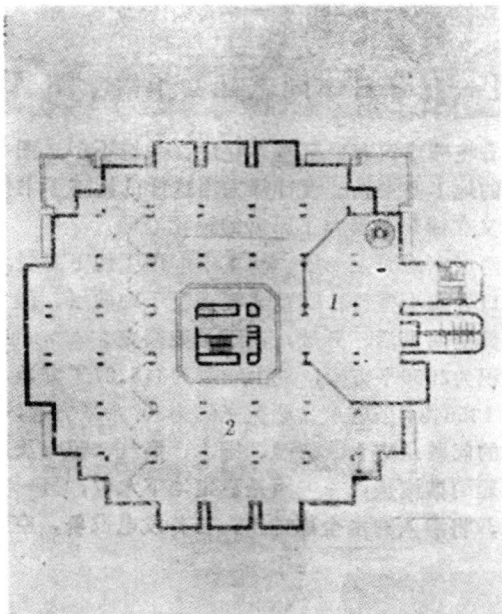

c

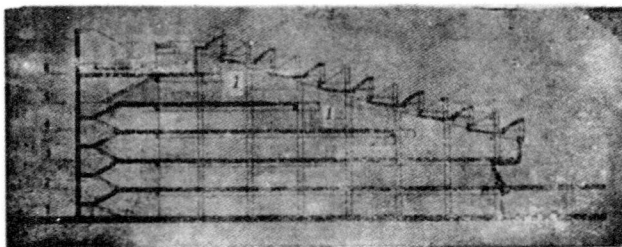

d

此图中正体数字为楼层次

图中：

a——外观；b——校园平面（A为图书馆）；c——三层平面图，1——门厅，
2——阅览大厅；d——剖面图，1——阅览室；e——阅览室内景

Ⅱ-7　日本同志社女子大学图书馆

　　这是一所因为原有校园建筑布局已基本完成，余地不多，图书馆的新建又不能破坏原有的美丽校园而建的地下图书馆。设计师采用这样的地下图书馆建设方案，既能保证所要求的空间，同时又在屋顶上保存了原有的绿化庭园。

　　此图书馆地下为两层，地面上一层。基本书库设于地下二层，开架阅览室和办公室等设于地下一层。入口处及小型特种阅览室等则设于地面层，但它的屋顶上精心安排用绿化覆盖，地下室内部空间灵活、开敞，便于开架阅览。

　　图书馆总建筑面积为2959平方米，地上一层为345.27平方米，地下一层为1258.57平方米,地下二层为1355.24平方米。阅览室约为900余平方米,书库约为950平方米。

地下图书馆特殊的问题是防水、防湿、排水、换气、防火及室内环境的设计等等,图书馆为解决这些问题的措施是:一方面是稳定地下水位;另一方面是采用双层地板和外墙壁,并设置水泵,将渗入的水全部排出;自备发电设备,空调、防火设备等机械室设在最底层。

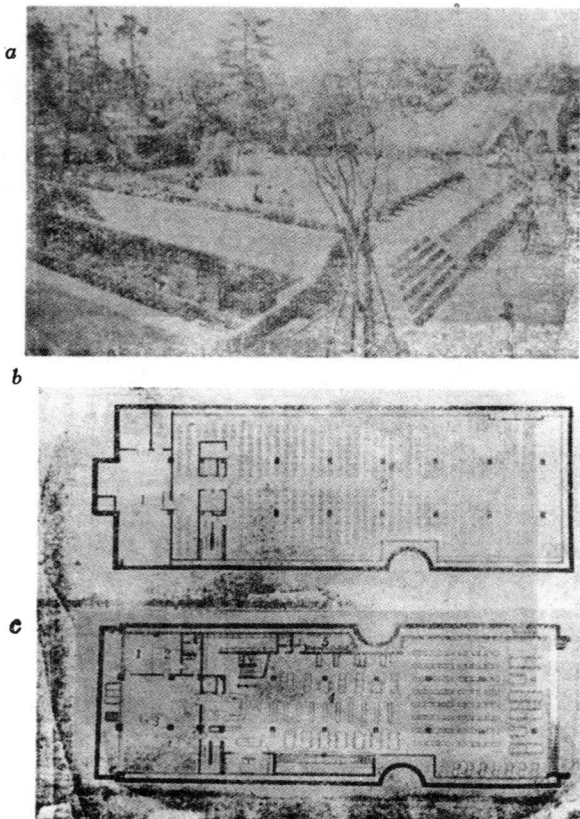

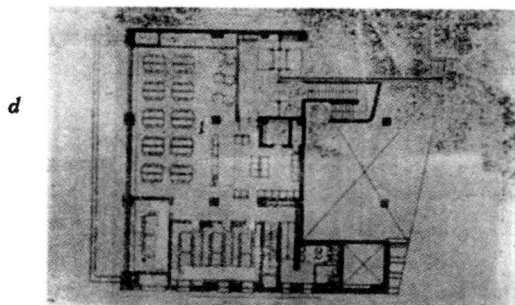

d

e

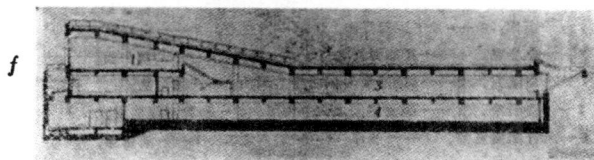

f

g

h

图中：

a——图书馆全景；b——地下二层平面，1——机械室，
2——书库；c——地下一层平面，1——馆长室，2——会议室，
3——办公室，4——开架阅览室，5——厕所；d—— 一层平面，
1——阅览室，2——厕所；e——剖面之一，1——阅览室，
2——办公室，3——机械室，4——厕所，5——特别阅览室，
6——开架阅览室，7——书库；f——剖面之二，1——阅览室，
2——办公室，3——开架阅览室，4——书库；g——东侧外观；
h——开架阅览室内外景

650

Ⅱ-8 英国爱丁堡大学图书馆

爱丁堡大学图书馆落成于1967年夏。它位于市乔治广场的东南角,六个附属图书馆分布于广场四周。新建的图书馆是全校的中心图书馆,也是英国大学图书馆中最大的一个。它可藏书200万册,设有读者席位2500座。总建筑面积为23700平方米。

这个图书馆主要服务于艺术系和社会科学系及少部分的科学、医学、神学、法律和音乐。

图书馆共八层,地下一层,地上七层。主要入口在底层,面向广场。这一层包括目录和出纳、期刊室、技术服务用房;第二层包括图书馆办公用房和大学生阅览室;第三层也是学生阅览室;第四到第七层大小都相同,主要是书库辅助部分阅览区。

书架中间距为1.37米,层高2.44米。阅览区布置在书库四周,既靠窗子又距书架较近,使每个座位都可以保持同样的照度和通风标准。四周全部是落地玻璃窗,这样可以减少天花板低的压抑感。为了使读者不致受到阳光的照射,四周楼板均向外伸挑(1.37米),形成连续的外廊,东西两面在窗子外面做了铝制的百叶遮阳窗,四周挑廊可供读者休息。

图书馆全部采用空调,室内设计温度为20℃,相对湿度为55%,桌面照度为377—430勒克司,书架垂直面照度为129—161勒克司。

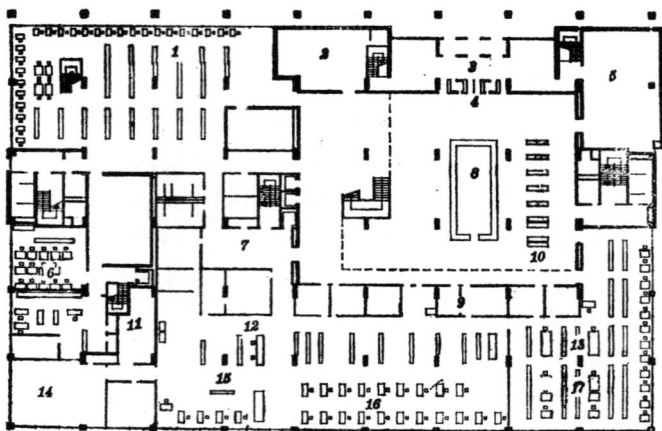

a

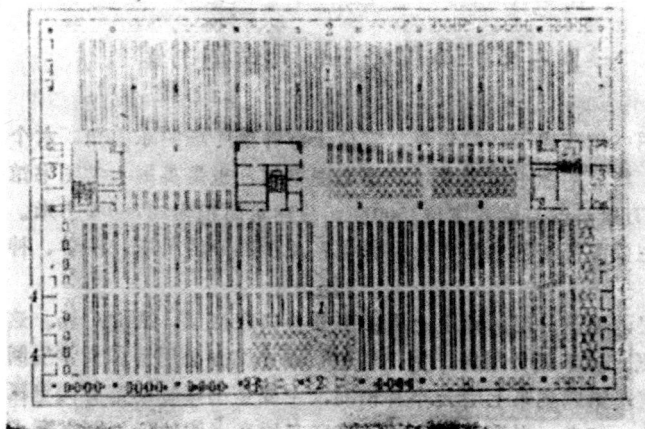

b

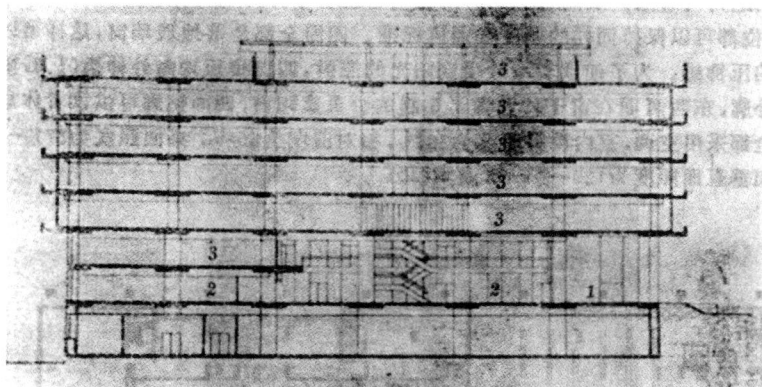

c

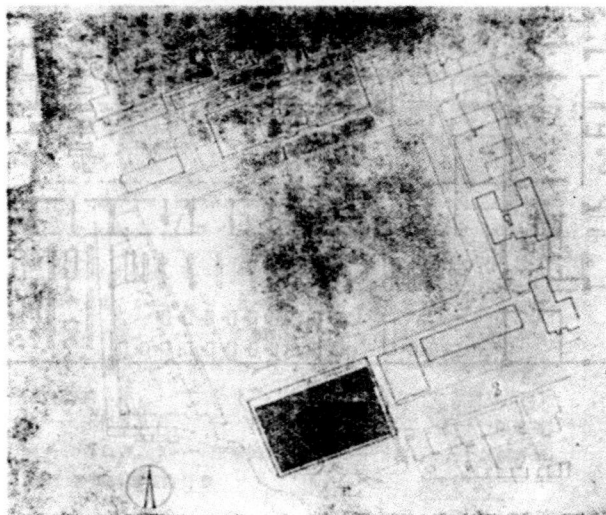

d

e

图中：

a——首层平面，1——期刊阅览室，2——书刊浏览室，3——前室，
4——管理室，5——陈列厅，6——善本室，7——运书小车停放，
8——出纳台，9——部门主任室，10——目录室，11——机房，
12——新书登记入册处，13——参考和书目检索室，
14——打字室，15——分类室，16——编目室；b——标准层平面，
1——研究厢，2——打字室、研究厢，3——书库、阅览，4——研究室；
c——剖面，1——入口，2——出纳台、目录及行政办公室，
3——阅览及书库；d——基地平面，1——乔治广场，2——巴士伦东街；
e——出纳台内景

Ⅱ-9　苏联莫斯科大学图书馆

这个图书馆采用严整的对称布局。结合地形,将三层书库设在下面,其中有两层在主要入口地面之下,总目录厅置于书库之上,二者垂直上下联系,颇为方便。

这个图书馆规模很大,按学科分设了许多阅览室,因此,除了在二层设立了总目录厅外,还在每层设立了分出纳台,每层两处,各置一翼。每一分出纳台都设有垂直运送设备及辅助书库,使它们都能方便地与下部基本书库相联系。这是该图书馆设计的一个明显的特点。

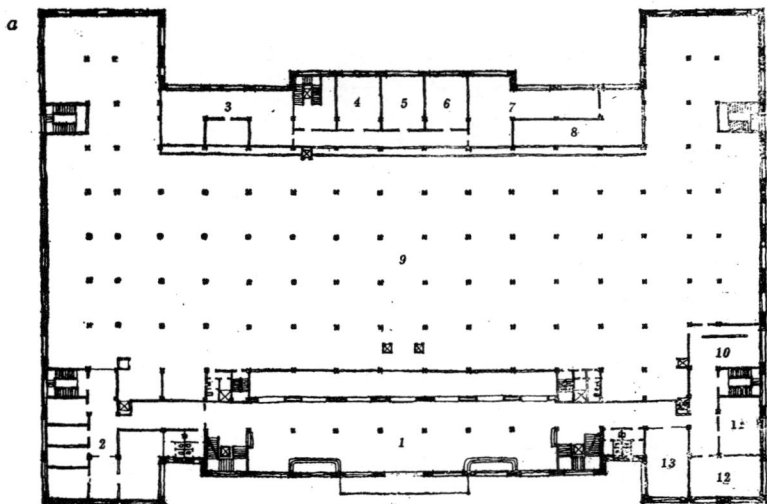

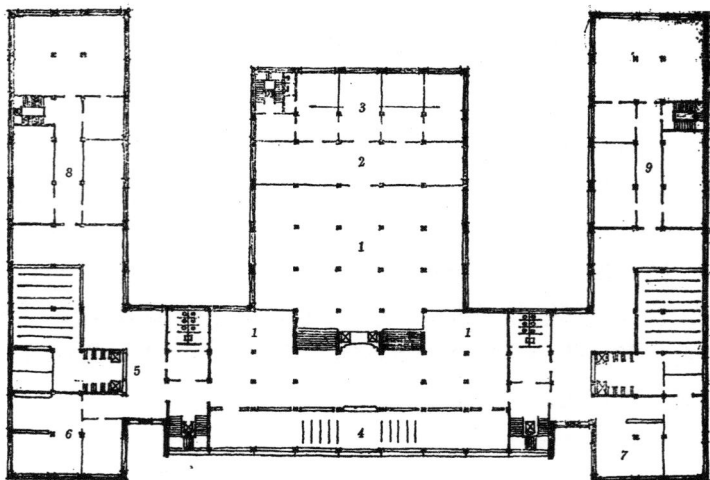

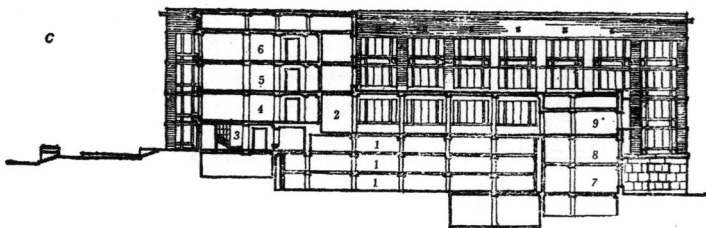

图中：

a—— 一层平面，1——前厅和衣帽间，2——党政办公室，3——本国文学补充室，
4——接书处，5——展览，6——休息，7——外国文学补充室，8——馆际交换室，
9——书库，10——科技订购室，11——国际定购室，12——国内定购室，
13——登记；b——二层平面，1——总目录厅，2——编目部，3——工作室，
4——咨询部，5——分出纳台，6——东方语言系，7——报刊，8——文学系，
9——新闻系；c——剖面图，1——书库，2——总目录厅，3——前厅和衣帽间，
4——总目录、咨询站，5——政治、经济、历史等阅览室，6——法律、哲学阅览室，
7——修复、装订、消毒、收发，8——展览、接书、休息，9——编目工作室

656

II-10 法国波尔多·皮利格林医科大学中心图书馆

这个图书馆设计于七十年代初，总建筑面积4500平方米，可藏书22万册。图书馆平面为方整的矩形，体型简洁，共有四层。书库设在第三层，中间另设一夹层，故书库有两层。底层为读者入口门厅及行政办公、采编等用房。二层为主层，目录厅、出纳台及大阅览室均设于这一层。四层是各种阅览室。书库夹在两层阅览室之间，为上下两层阅览室服务都较方便。书籍主要是由电梯垂直传送，并与读者路线分开。

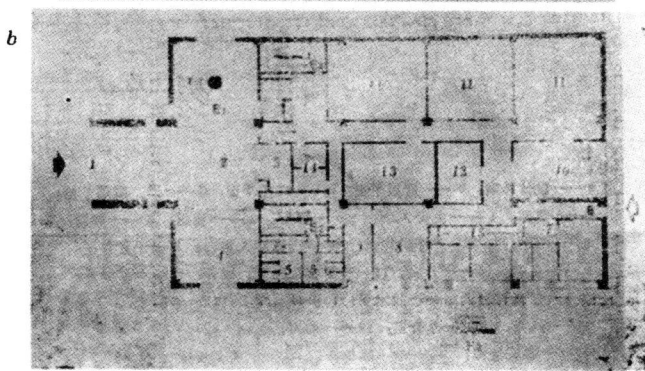

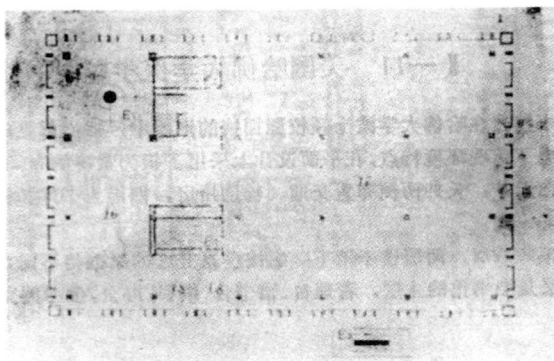

c

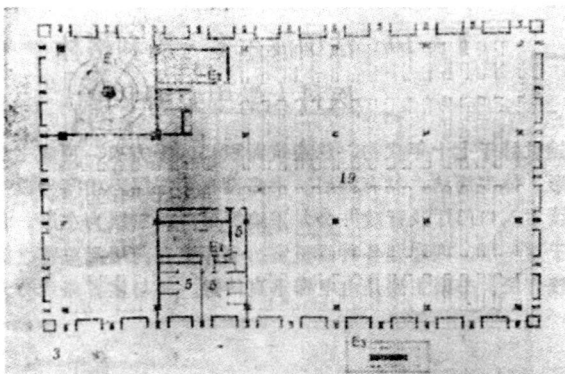

d

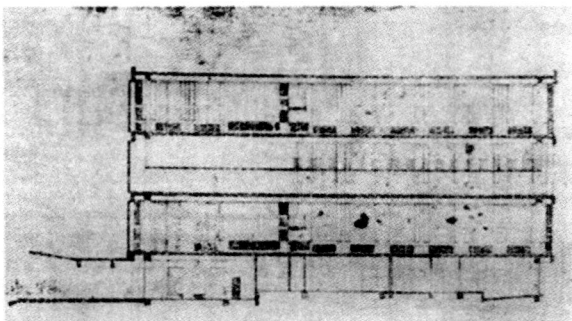

e

658

图中:

a——设计外观;b——底层平面;c——二层平面;d——三、四层平面;
e——剖面;1——主要入口;2——门厅;3——情报;4——咨询、休息;
5——卫生间;6——内部入口;7——看守人宿舍;8——食堂;
9——衣帽;10——月台;11——拆包、分类、装订;12——配电房;
13——空调机房;14——技术室;15——管理台;16——目录;
17——阅览;18——办公室;19——书库;
E_1——螺旋楼梯;E_2——一般楼梯;E_3——安全楼梯

Ⅱ-11　美国哈佛大学医学院图书馆

此图书馆建在哈佛大学波士顿校园拥挤的地段中,四周都是雄伟的古典建筑。设计者充分考虑了这些环境特点,在平面设计上采用了极为紧凑的布局方式。平面为正方形,中部为一内天井,天井两侧布置交通、辅助用房,四周为书库和阅览室,而又将阅览区布置在最外一圈。

图书馆共八层,两层设于地下。它按垂直分区的原则将不同功能的用房布置在不同层上。首层是图书馆的主层,管理台、借书台、编目、办公、参考阅览等都安排在这一层。首层之下是二层期刊部,由两部弧形楼梯与主层相连,这两部楼梯起着很好的装饰作用。主层之上则为书库和专题阅览,图书和读者距离很近。管理台置于入口门厅中,位置显要,上下左右均能照顾。

另外,这一图书馆建筑形式的处理也有其明显的特点。它的周围虽均为古典建筑,但设计者没有效仿旧形式,而采用了与原有古典建筑强烈对比的手法,选用了现代建筑形式,巧妙地考虑到了新、老建筑形式的协调。新的图书馆平屋顶做得很厚,并向外伸挑,以求与原有古典建筑的檐部相呼应;主面凸出的部分既表现了内部的一个个小凹室的幽静读书环境，又近似古典建筑"柱间"的处理；同时也使墙面与原有建筑相统一。此外，新图书馆的外部体型和高度也以老建筑为限约。这样，通过对比，使新的图书馆更为突出。

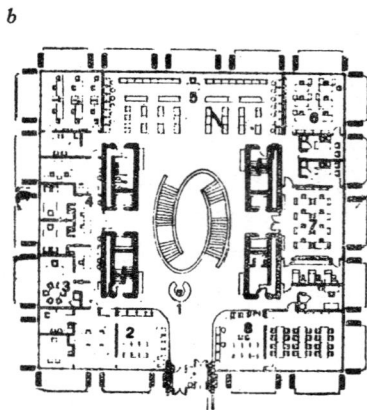

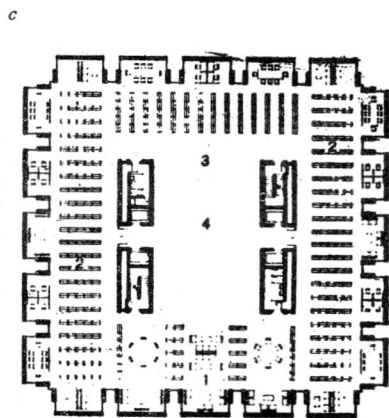

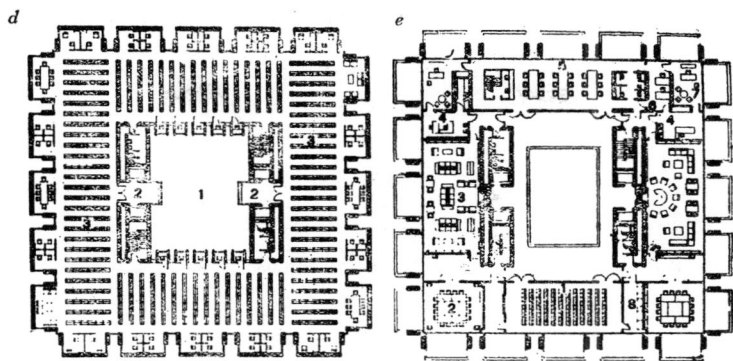

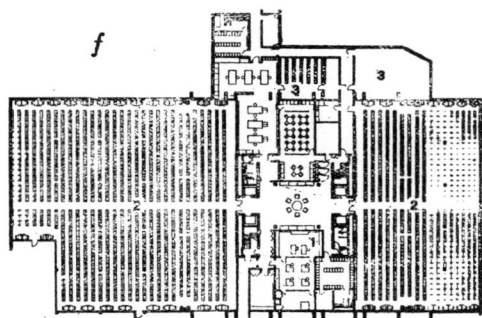

d

e

f

g

图中：
a——外观；b—— 一层平面，
1——管理台，2——借书处，
3——馆长室，4——办公室，
5——参考图书，6——采购，
7——编目，8——预约借书；
c——二层平面，
1——医学者室，
2—— 一般图书，3——陈列廊，
4——内庭；
d——三、四层平面，
1——内庭，2——挑台，
3——古书；e——五层平面，
1——讲堂，2——理事室，
3——医疗工作者阅览室，
4——办公室，
5——特藏资料阅览室，
6——登记管理，
7——贵宾室，8——厕所；
f——地下二层，1——复本，
2——期刊库，3——仓库；
g——内庭一楼梯

661

II-12 以色列国家图书馆兼希伯莱大学图书馆

　　以色列国家图书馆建于1959年。它可藏书200万册,设置有各种读者阅览席600余座。图书馆位于大学主要道路旁,地势高起。

　　图书馆采用模数制的设计,方格形柱网,平面为矩形,二层以上内开天井二个。

　　建筑空间采用垂直式的功能分区。建筑物共有六层,三层在地上,三层在地下。阅览室、研究室等设于上部,书库置于地下三层。门厅、陈列厅、出纳厅、检索室、采编工作室等置于首层。

　　阅览室以自然采光为主,除了大片玻璃侧窗外,尚开有天窗,致使阅览室内光线充足,室内采用空调设备。

a

b

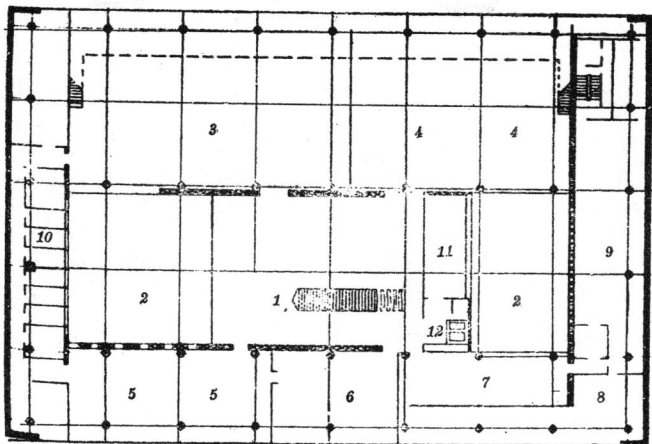

c

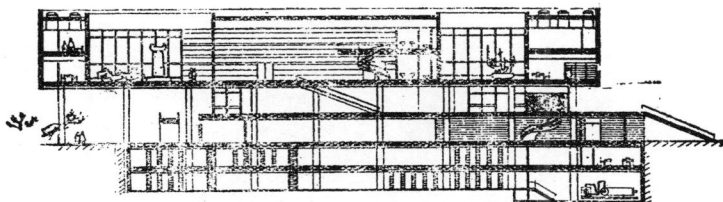

d

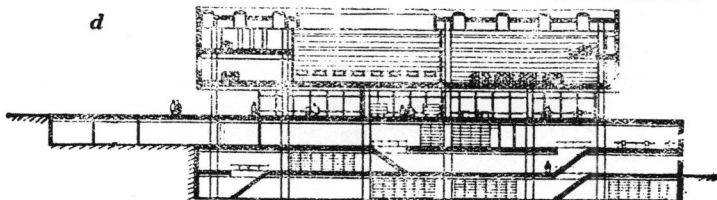

e

f

图中：

a——外观之一；b——二层平面（一层平面见本书图4-60），

1——门厅，2——内院，3——大阅览室，4——东方文学和犹太教阅览室，

5——美术和音乐阅览室，6——手稿阅览室，7——期刊阅览室，8——贮存，

9——期刊整理，10——音乐小间，11——卫生间，12——升降机；

c、d——纵、横剖面；e——阅览室内景；f——外观之二；g——外观之三

Ⅱ-13　瑞典维克舍图书馆

维克舍图书馆建成于1965年。地下一层，地上两层。平面为一正方形，空间组织较有特点。它建于市中心附近的公园内，四周道路环绕。为了给阅览创造较安静的环境，它将开架的选书处、借书台、报刊阅览，以及青少年阅览等安排在底层，而将研究室、作业室、工作室及讲演厅等置于二层，并且四周不向外开窗，仅在中部开设天井内庭。内庭除开设天窗供底层采光外，还兼作读者室外阅读及休息场所，创造了较为安静的环境。

底层全为玻璃墙面,上下虚实对比,立面简洁明朗,更能吸引读者。

地下一层为闭架书库,局部为密排式书库。

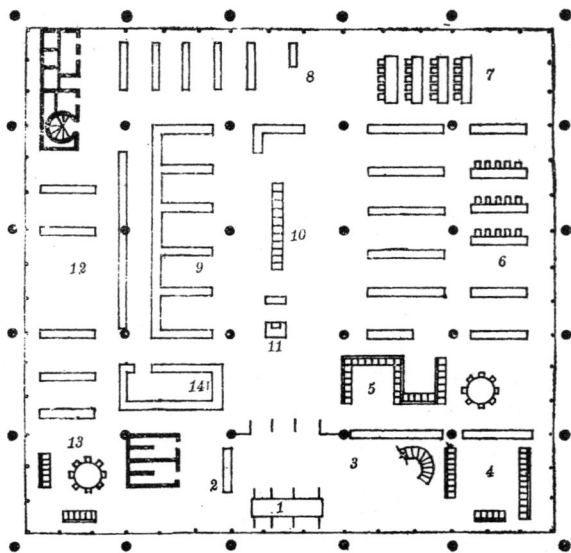

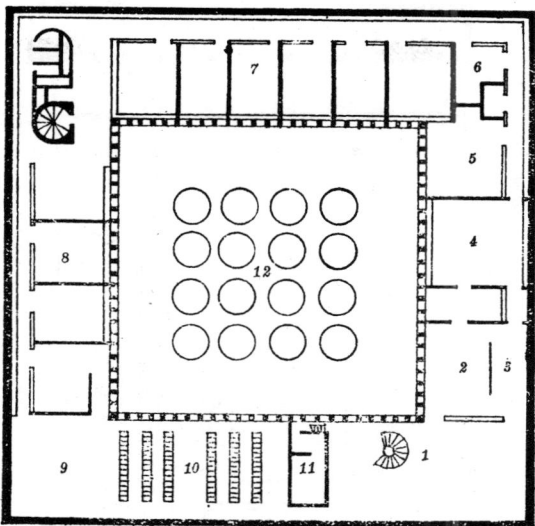

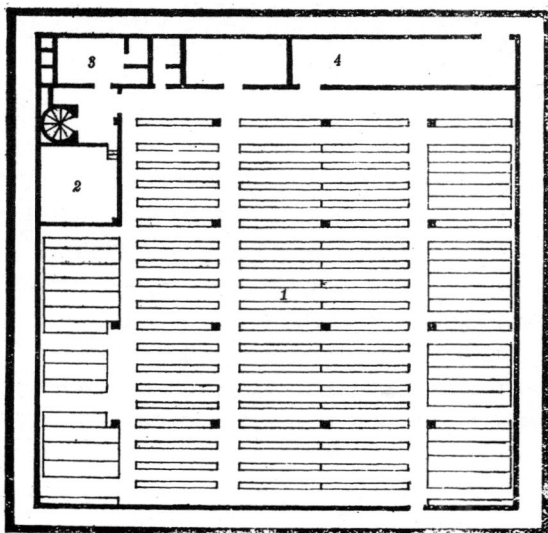

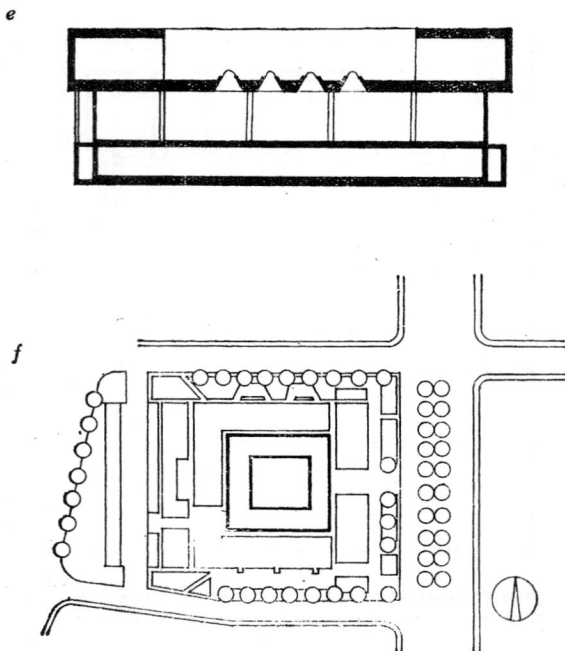

图中：

a——鸟瞰;b—— 一层平面,1——门厅,2——存衣物,3——阅报,4——展览,
5——杂志,6——科技阅览室,7—— 一般阅览室,8——音乐欣赏室,
9——艺术书,10——目录,11——咨询,12——儿童阅览室,
13——青年阅览室,14——出纳;c——二层平面,1——过厅兼陈列,
2——研究室,3——缩微阅读,4——会议室,5——食堂,6——复制室,
7——工作室,8——作业室,9——舞台兼故事室,10——演讲厅,
11——放映室,12——室外阅览;d——地下层平面,1——闭架书库,
2——锅炉,3——通风机房,4——分类库;e——剖面;f——总平面

Ⅱ–14　英国谢菲尔德大学图书馆

　　此图书馆建于1955—1959年。图书馆位于校园的东北,地势
倾斜,西面高,基地面积近50米见方。建筑平面为正方形,每边长
近48米,采用垂直空间布局,阅览室在上,书库在下。

　　读者入口设于建筑物东南角,位于底层,入口大厅左边设有
一个很大的衣帽间,可供400名读者存放衣物。

　　二层是全馆的主层。借书厅、阅览室和采编部门均设在这一
层。阅览室下为四层夹层,最上面一层夹层是陈列室和馆长办公
等用房,下面三层为闭架书库。

　　图书馆可藏书85万到100万册。大阅览室可设阅览席280座,
另有二层开架书库,可藏书11.5万册。

a

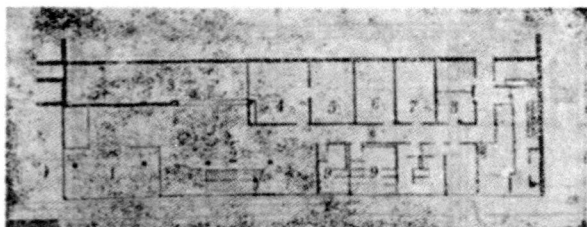

b

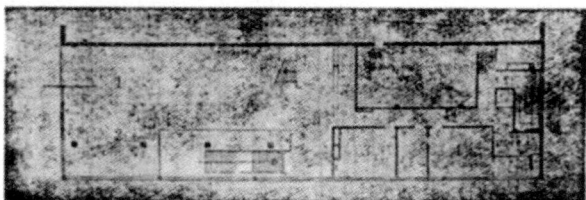

c

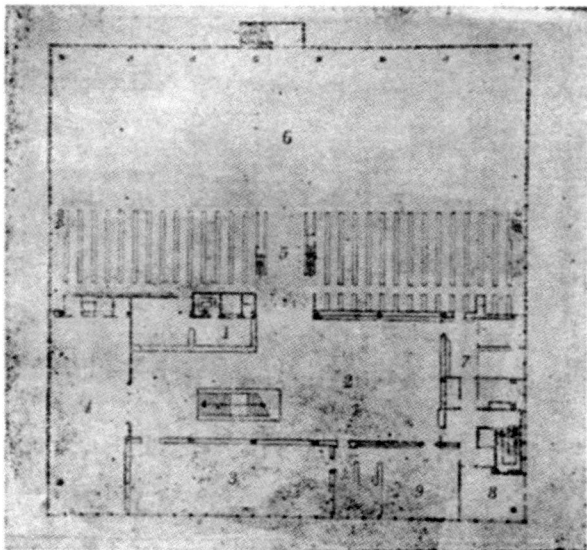

d

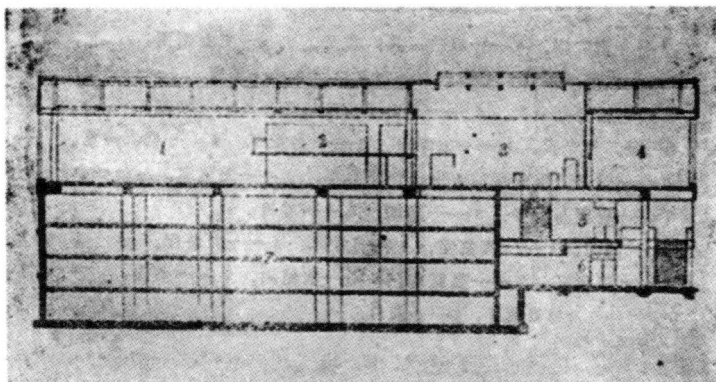

e

f

图中:

a——外观;b——底层平面,1——前厅,2——入口大厅,

3——衣帽间,4——照相,5——暗室,6——纸库,

7——保险库,8——清洁工具贮藏室,9——男女厕所;

c——夹层(入口)平面,1——入口,2——展览,3——会议室,

4——馆员办公室,5——小册子及宣传品,6——书库;

d——二层平面,1——出纳台,2——目录厅,3——期刊阅览,

4——研究生阅览室,5——开架书库,6——阅览室,

7——管理办公室,8——采购,9——编目;

e——剖面,1——阅览室,2——书库,3——目录厅,

4——期刊室,5——展览室,6——衣帽间,7——书库;

f——出纳台与目录厅;g——入口

II-15　日本东京立教大学图书馆

　　立教大学旧馆建于1918年。现在介绍的为新馆,它屹立在礼拜堂的正对面,并与一般教室等建筑组合成为一个较古老的建筑群。

672

这里采用二层砖石结构,有严格的对称中轴线。虽然立教大学不断扩大,但仍一直保持着原有的最佳环境。

这个新图书馆在规划和设计时,还充分考虑了与老图书馆的连接和与整个环境的有机结合。为了与原有环境协调统一,新馆外墙采用了与老馆相同的砖,同时也注意平面、立面和古老建筑群尺度的统一。在平面上,又利用旧馆二层作一部分阅览室。

新馆能藏书25万册,设有阅览席350座。

新馆共三层,书库在下,书库内分两个书架层,二层为阅览室。读者经室外大楼梯直登屋顶平台,从此处可进入阅览部分的书刊阅览、目录出纳台及参考阅览室。

a

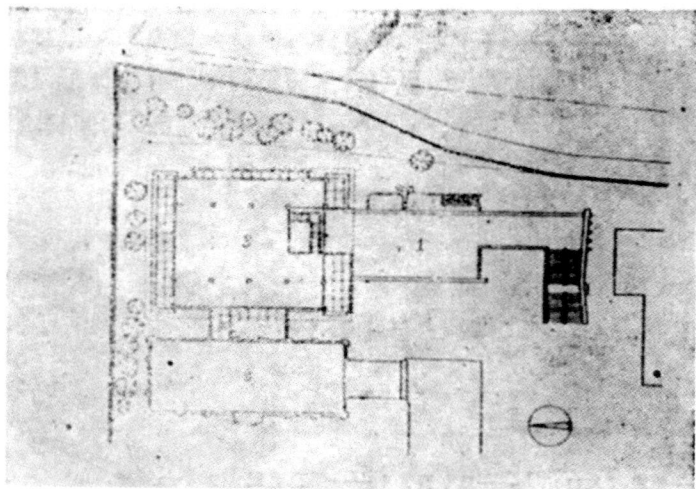

b

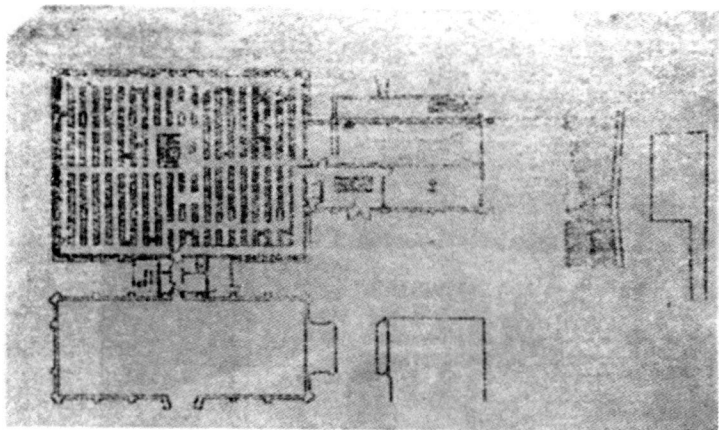

c

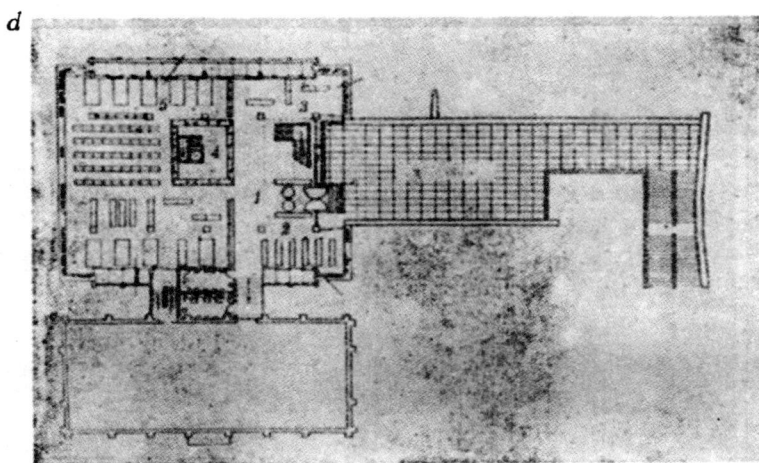

d

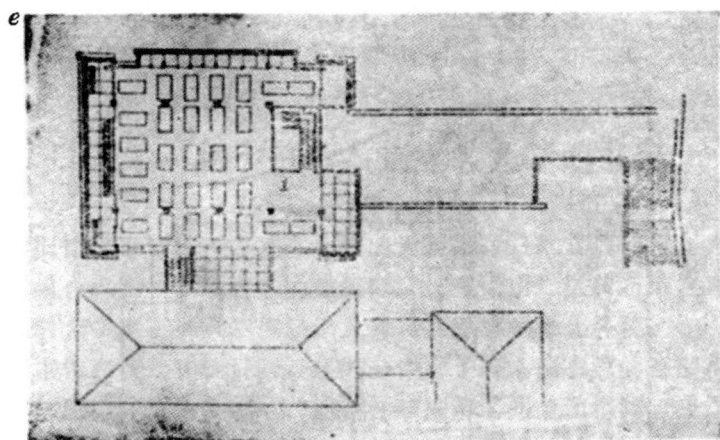

e

图中：

a——外观（入口）；b——总平面，1——屋顶庭园，2——新馆，

3——老馆；c—— 一层平面，1——门厅，2——办公室，3——书库；

d——二层平面，1——屋顶庭园，2——目录室，3——出纳台，

4——参考阅览室，5——杂志阅览室；e——三层平面

Ⅱ-16　澳大利亚国家图书馆

澳大利亚国家图书馆新馆建于堪培拉中心、伯利格里芬湖岸边，1968年8月完成，造价为800万美元。

目前图书馆藏书100多万册，计划到2068年图书馆将扩建成能容纳1200万册图书的规模；它按每年馆藏将增加10万册书计算。

国家图书馆主要为政府部门、学者及公众服务，同时也设计了一个庞大的书库及漂亮的陈列橱窗以展示国家的珍藏。

图书馆包括三个基本部分，即阅览空间、书库及工作人员工作室和他们的辅助用房。三者布局功能分区明确，两层的垫楼既形成建筑物的台座，又是主要的藏书空间；垫楼（台座）以上部分即为阅览空间和工作人员工作用房。而且三者又相互交差布置，书库内设有阅览席，阅览室内也设有开架书库。书库不开窗户，是一个两层的有空调设备的巨大地下室。读者阅览空间共有五层，开设有较大窗户，为读者提供观赏伯利格里芬湖的良好视野。

建筑物的形式和美学的处理，清楚地表现了建筑物的功能。甚至外部材料的使用也随功能而不同，高台基座层外表采用粗石板贴面，基座以上则采用精细磨光的白色大理石柱和罗马大理石墙面，以分别表现书库和读者阅览室间的区别。

两层书库可以自由地向三个方向发展扩建，而不妨碍图书馆的正常使用，基座最终发展的大小可达195×161米，那将成为世界上最大的独一无二的书库。

整个图书馆建筑有三大体量由二个联接体组成一个综合体。现只建了第一期工程，两侧建筑尚未建设。

已建成的这幢建筑物虽采用古典建筑的手法，但并未追求希腊、罗马建筑的细部构造。外装修全部采用了最高级的材料,有传统的大理石、花岗石、板石、青铜及铜制品,内装修则采用了澳大利亚最高级的木料。窗户是青铜的,屋顶上盖以铜片。同时,又装备了最现代化的空气调节和湿度控制等设备,为保证馆藏创造了良好的保存条件。

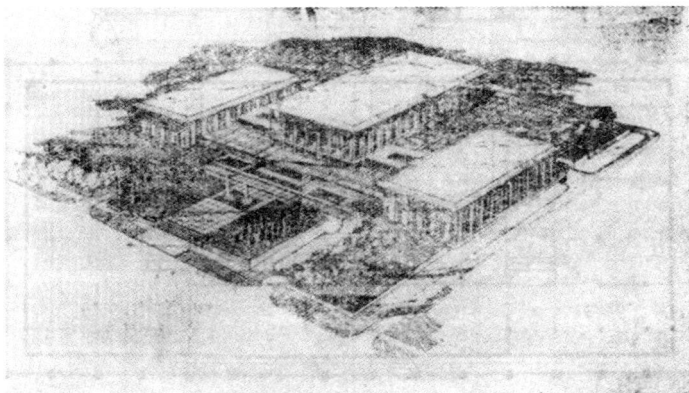

a

b

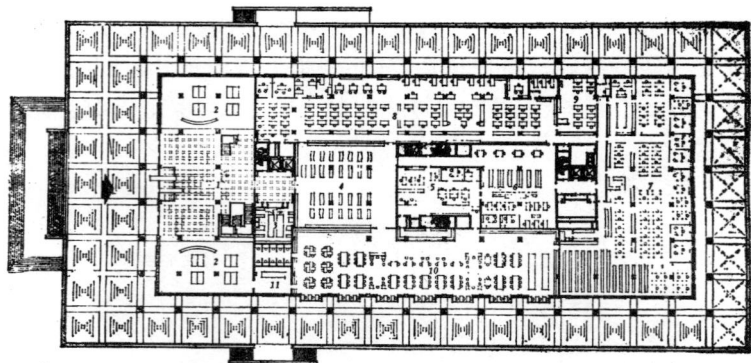

c

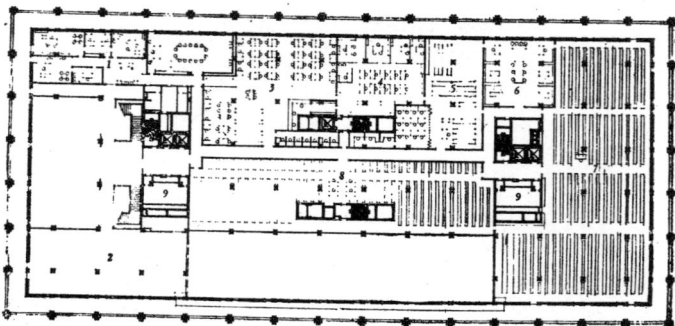

d

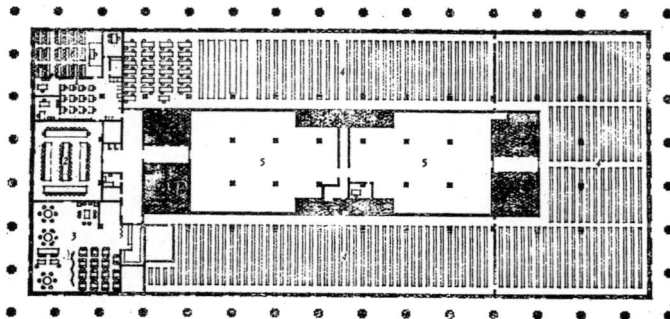

e

678

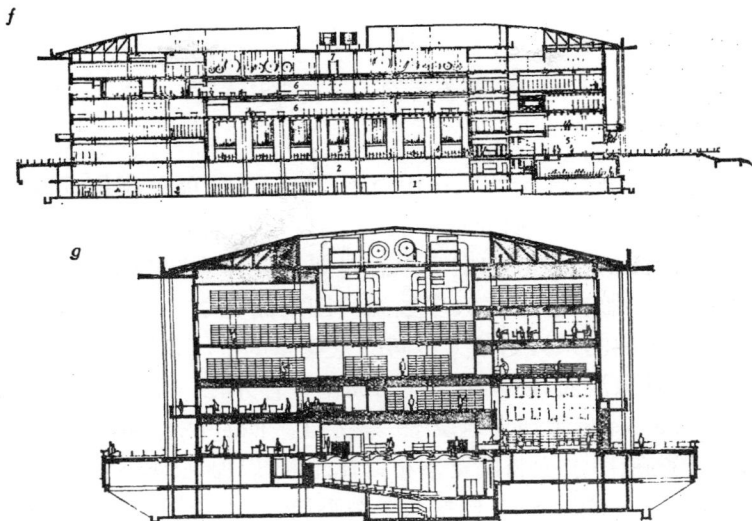

图中：

a——鸟瞰图（两翼为扩建部分）；b——模型外观；c——底层平面，

1——门厅，2——展览，3——衣帽，4——目录，5——办公室，6——联合目录，

7——采购，8——编目，9——打字，10——普通参考阅览室，11——小卖部；

d——二层平面，1——行政办公室，2——专题展览，3——高级阅览室，

4——办公室，5——缩微阅览，6——阅览室，7——书库，

8——连续性出版物书库，9——厕所；e——五层平面，

1——工作人员培训，2——会议室，3——读者休息，4——书库，

5——设备间；f——纵剖面，1——备用，2——备用书库，3——参考室，

4——会议室，5——前厅，6——阅览室，7——设备间；g——横剖面

注 基地位置参见本书图3-9。

Ⅱ-17　美国乔治亚工学院
普雷斯·吉尔伯特图书馆

这个图书馆建于1952—1955年,设有800座阅览席位,可藏书45万册,有17间单人研究室可上锁,共设170张单人阅览桌。

这个图书馆设计的中心思想是要充分体现图书馆成为大学生学习的心脏,它要将大多数系科图书阅览集中于一幢建筑物内,再按不同的系科划分为不同的专业阅览室。各层之间采用夹层,上下开敞流通,使开架书库与阅览室合并在一个空间内,而不是将开架书库单独孤立地设于一整层上。同时要求将服务用房和书库布置在南向,而将阅览室布置在北面,以保证均匀的照度。

这个图书馆实际上包括两个图书馆:人文科学和科学技术图书馆两部分。建筑物共五层,底层为音乐室、门厅及陈列室,二层和三层为人文科学阅览部,第四和第五层为科学教育阅览部。

馆内绝大多数藏书为开架式,采用立式书架,可改变排列,整个建筑物采用钢筋混凝土框架结构,柱网约为8.2×8.2米。

b

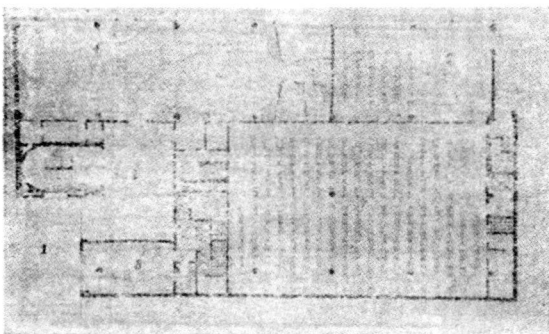

c

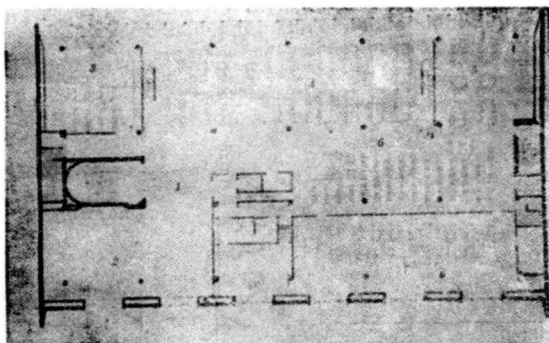

d

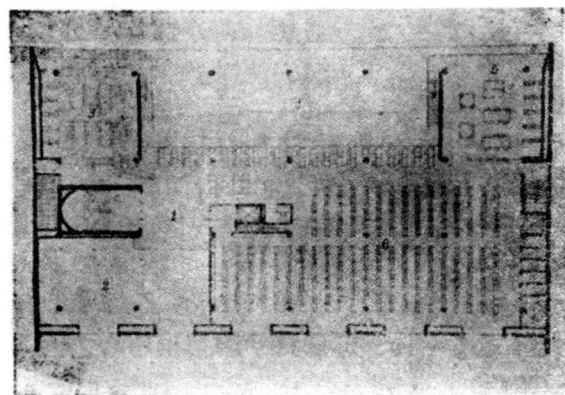

e

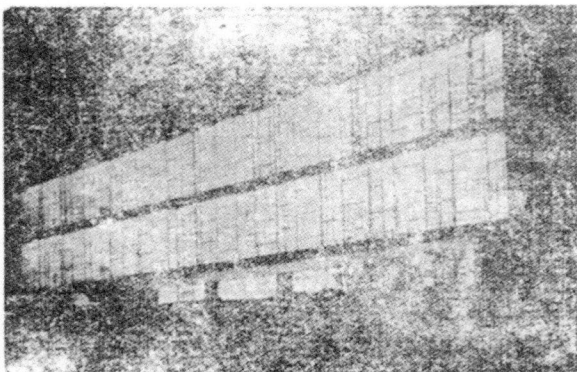

f

图中：

a——南侧外貌；b——底层平面，1——平台，2——前厅，
3——职员休息，4——绘画，5——音乐，6——接待室，7——书库；
c——首层平面，1——前厅，2——展览，3——单行本，4——阅览室，
5——期刊，6——书库，7——采购、编目、加工；d——二层平面，
1——前厅，2——展览上空，3——文献，4——阅览室上空，
5——研究生，6——书库；e——阅览室内部；f——外貌之二

Ⅱ-18 苏联科学院情报中心

苏联科学院情报中心建于苏联科学院之旁,形成一个科学中心,也称为苏联科学院社会科学图书馆。图书馆规模宏大,藏书700万册,阅览席位700座。图书馆建筑四周均为多层建筑,但图书馆只采用三层,体型简洁严整,主要入口处理灵活,立面也很丰富。

设计者将图书馆的服务用房设在第一、第二层,成组的阅览室和目录厅布置在第三层,这乃是这个三层图书馆空间组合的特点。三层上的阅览大厅空间开敞,仅以玻璃隔断,适当分开。

书库沿水平方向布置在一、二层。在苏联这是第一个采用这样原则建筑的图书馆。同时,这个图书馆也广泛地采用顶部自然采光,使得阅览室的光线均匀柔和,室内布置灵活自由,没有承重隔墙,利用玻璃隔断,根据功能需要来划分空间。书库共四层(每一结构层为两个书架层),各层之间上下有升降设备运送图书。

阅览厅使用大跨度结构,一层的面积约2500平方米。采用装配式的天花板,天花板上镶有圆形天窗孔,天窗孔为锥形,高约3米,在圆形采光孔间的正方形块内,置以发光的照明器,晚上天花板就发亮了,使室内具有更大的艺术表现力。但天花板上的圆形窗户和正方形灯罩在外观上不够协调,尤其在玻璃隔断与天花板相接处更感到不美观。

a

b

c

图中：

a——全景； b——主要入口外观； c——目录厅全景

Ⅱ-19 苏联土库曼加盟共和国 阿什哈巴德国家图书馆

　　这个图书馆建于七十年代初,位于土库曼加盟共和国首都阿什哈巴德的卡尔·马克思广场的一端，成为首都一个公共社会活动中心。

　　图书馆规模巨大,为90×75米的矩形平面,中间开了几个内天井,建筑物共三层。第一层除了部分阅览室外,设有较多的公共活动用房,如陈列室、小型永久性的博物馆、休息室及青年阅览室等;目录厅、出纳台、咨询部、讲演厅置于二楼;阅览室、研究室及办公室等置于第二层和第三层。

　　中心书库采用人工照明和空气调节设备。

　　建筑物的立面造型很注意地方色彩，室内也采用了一些马赛克的壁画装饰，并注意内部空间的完整与统一。

a

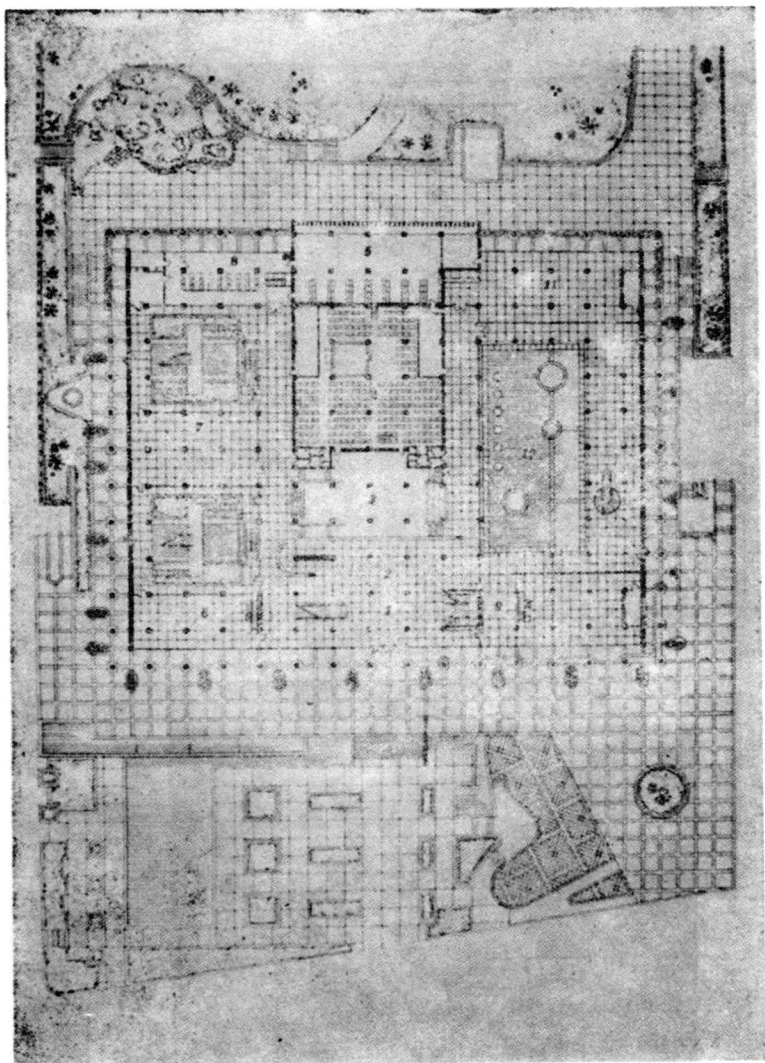

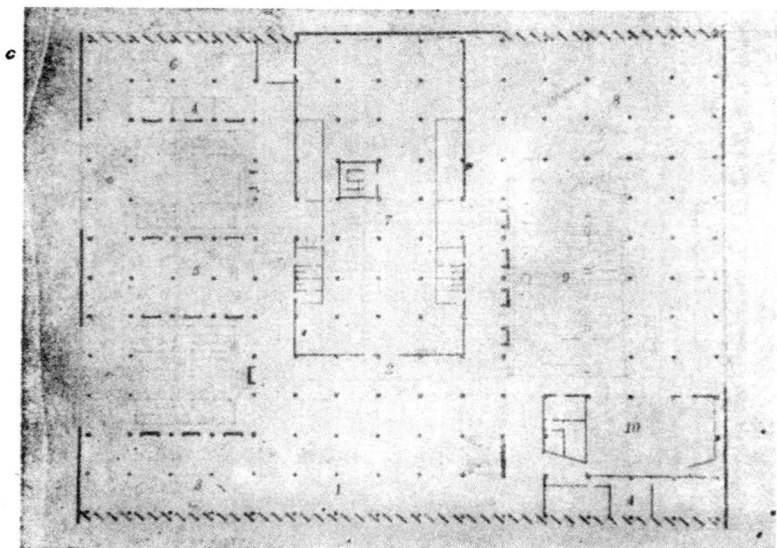

c

d

图中:

a——主要立面外观;b—— 一层平面,1——门厅,2——展览兼休息厅,
3——博物馆,4——书库,5——加工服务目录部,6——期刊阅览,
7——青年图书阅览室,8——装订部,9——工作间,10——内院,
11——艺术图书部;c——二层平面,1——目录,2——出纳,
3——咨询,4——办公室,5——阅览室,6——科学图书馆学部,
7——书库,8——地方志阅览室,9——内院,10——观众厅;
d——局部外观;e——门厅

Ⅱ-20　美国田纳西州诺克斯维尔
希科扬分部图书馆

图书馆设计时考虑的三个基本要求是:造价经济、维修方便
和便于发展。它服务于有5000人口的一个繁荣的居住区。

图书馆建筑采用了浅棕色的砖墙及平屋顶。因为建筑物面向朝西,除了入口为玻璃面外,东西墙面只在木梁之间开设窄长的窗户。从地面到天花板的大片玻璃窗只开设在南北墙面上,当需要扩建时,南北墙可向外伸延,玻璃墙面仍可再利用。

　　图书馆的主要部分是一个单一大空间,书架固定在两边墙上。儿童阅览区和成人阅览区是利用柜台式的书架分隔的,成人阅览区布置有较低的A—型书架和舒适的桌椅,像在家里一样,共有46个阅览座位,开架书有13870册。

　　管理台设于入口处,其后部为办公室、会议室等。

a

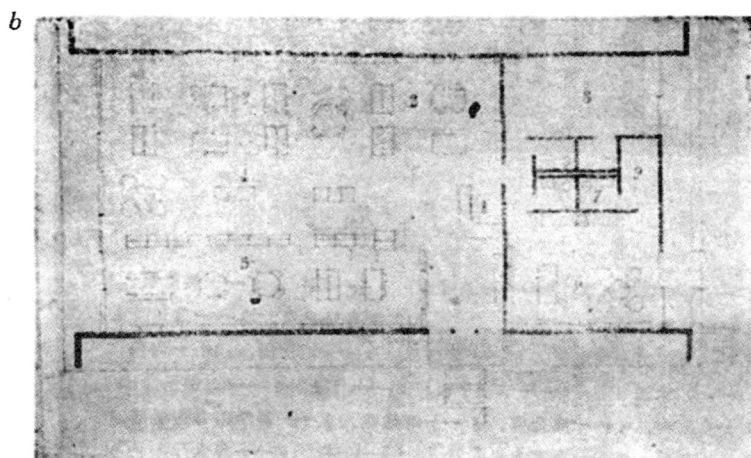

图中：

a——外貌；b——平面，1——管理，2——参考，3——成人阅览，
4——青年阅览，5——儿童阅览，6——办公室，7——厕所，
8——机械房，9——贮藏；c——内景

II-21　美国康涅狄格州
威士敦村公共图书馆

　　图书馆是为4500左右村民服务,拥有图书12000册,设有儿童及成人阅览席位40个。

　　图书馆设儿童阅览室和成人阅览室。成人阅览室包括四部分:参考区、青年阅览室、小说阅览区及其他文艺作品阅览区。它们之间彼此都是用不同高度的书架来分隔的。仅儿童阅览室采用了玻璃隔墙,高仅915毫米。

　　图书馆基本是一个大空间作阅览用,另有服务和工作房间。阅览室内部空间活泼有趣,内部空间都是用不同高度(2440—6100毫米)的天花板来分隔的。外墙的凹凸处理形成了很多阅览凹室,给人以宁静之感。虽然如此,但管理员从管理台处仍能看到室内每一个角落。

　　图书馆共有六个坡屋顶,最高的一个屋顶是在管理台的上部。这种高低不同的坡顶提供了三面开设高侧窗的机会。由于窗子多,即使阴天,室内也不用开灯。

　　整个建筑物主要用木和石建造,采用胶合木架造屋顶,天然毛石墙及木玻璃窗,建筑物外貌富有乡村色彩。

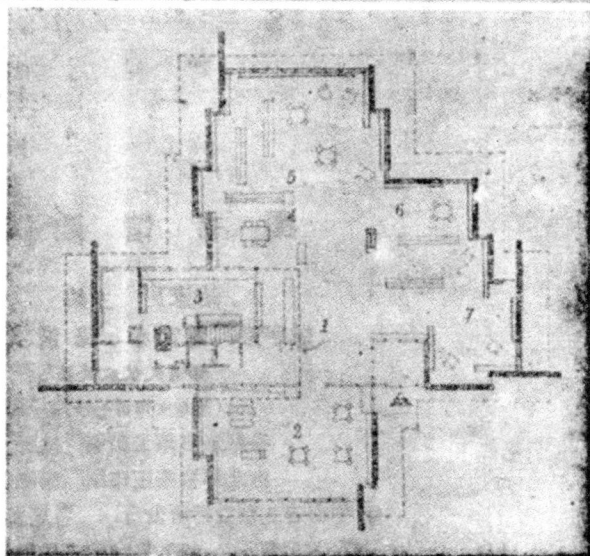

图中：

a——入口外观；b——平面，1——管理，

2——儿童阅览，3——工作室，4——参考室，

5——成人阅览，6——青年阅览，7——文艺小说